Die Basler Strassennamen

André Salvisberg

Die Basler Strassennamen

Christoph Merian Verlag

Die Deutsche Bibliothek - CIP Einheitsaufnahme
Die **Basler Strassennamen** / André Salvisberg.
- Basel : Christoph-Merian-Verl., 1999
ISBN 3-85616-104-x

Lektorat: Dr. Rudolf Suter, Basel
Korrektorat: Claus Donau, Basel; Ulrich Hechtfischer, Freiburg i. Br.
Lithos und Gestaltung: Atelier Urs und Thomas Dillier, Basel
Druck: Werner Druck AG, Basel
Einband: Grollimund AG, Reinach/BL
© 1999 Christoph Merian Verlag, Basel

Inhalt

Werner Messmer
Vorwort 7

Einführung 9

André Salvisberg
Die Basler Strassen und ihre Namen 11

Heinrich Löffler
Die Basler Strassennamen – linguistisch betrachtet 21

Mirjam Brunner
Die bauliche Entwicklung der Stadt Basel 31

André Salvisberg
Die Strassennamen A–Z 67

Anhang 445
Thematische Gruppen 447
Quellen und Literatur 459
Index ehemaliger und inoffizieller Namen 466
Abbildungsnachweis 477

Stadtplan 479

Werner Messmer

Vorwort

Auch im Zeitalter von Satellitennavigation für Fahrzeuge und Personen in einem globalen Koordinatensystem bildet die Benennung von Strassen und Örtlichkeiten durch Namen ein unentbehrliches Bindeglied zwischen dem Menschen und seinem Lebensraum.

In einer Zeit, die äusserlich von einem kulturellen Wandel mit vielfältigen Einflüssen geprägt ist, ist es hilfreich, diese Namen und ihre Wurzeln zu kennen, zu pflegen und zu vermitteln. Nur so können sie im Einklang mit der Bevölkerung und im Interesse der Stadt Basel künftig sinnvoll weiterentwickelt werden.

Das vorliegende Buch über die Basler Strassennamen schliesst in stark erweiterter Form an frühere Publikationen zu diesem Thema an: Von Paul Roth erschien 1959 das Büchlein ‹Die Strassennamen der Stadt Basel›, und 1921 veröffentlichte Paul Siegfried ‹Basels Strassennamen›.

Die Beweggründe für dieses neue Basler Strassennamenbuch sind im wesentlichen die gleichen geblieben, wenngleich andere Akzente gesetzt worden sind. Namen von Strassen und Plätzen sind jedem Anwohner zwar geläufig, da sie für ihn das lokale Orientierungssystem der engeren Wohnheimat bilden. Die Bedeutung der Namen gibt aber oft Rätsel auf, deren Lösung in der Geschichte, der Sprache, der städtebaulichen Entwicklung oder im politischen Zeitgeschehen zu finden ist.

Die Nomenklaturkommission des Justizdepartments wird immer wieder wegen der Bedeutung bestimmter Strassennamen angefragt. Sie beurteilt aber auch Anträge zur Benennung von neuen Strassen. Deshalb entstand vor über zehn Jahren der Wunsch nach einem neuen, nachgeführten und erweiterten Strassennamenbuch.

Das vorliegende Werk wurde nicht zu wissenschaftlichen Zwecken geschaffen. Es soll vielmehr in allgemein verständlicher Form einer breiteren, interessierten Leserschaft Auskunft und Erklärung zu unseren Strassennamen bieten. Gleichwohl wurde die Namensforschung anhand umfangreicher historischer und neuerer Quellen berücksichtigt; deren Ergebnisse wurden vom Autor zusammengetragen und systematisiert.

Die früheren Wege zur Darstellung der Ergebnisse, sei es als Wanderung durch die Quartiere wie bei Siegfried, sei es als Kurzdarstellung wie bei Roth, wurden verlassen und durch eine breitere und, so hoffen wir, gut verständliche und neu gestaltete Darstellung abgelöst.

In einem so dicht bebauten Gebiet wie Basel (mit rund 1000 Strassennamen) ergeben sich aus der gesellschaftspolitischen Entwicklung, aber auch aus den städtebaulichen Veränderungen laufend neue Fragestellungen und Aufträge.

Ein sorgfältiger Umgang mit der Benennung des öffentlichen Raums ist ebenso geboten wie der sorgfältige Umgang mit dem knappen Gut Boden selbst, welches durch die Namen erschlossen wird: Name ist gelegentlich auch Kurzform und Programm. Die Nomenklaturkommission hofft, mit diesem Buch einen Beitrag dazu zu leisten, dass sich Bevölkerung und politische Behörden der Bedeutung von Strassennamen bewusster werden.

Der Lotteriefonds und die Christoph Merian Stiftung haben durch ihre finanziellen Beiträge die Herausgabe dieses Werks ermöglicht. Dank der tatkräftigen und fachlichen Unterstützung des Leiters des Christoph Merian Verlages, Dr. Beat von Wartburg, und des Staatsarchivars, Dr. Josef Zwicker, sowie der guten Zusammenarbeit im vorbereitenden Ausschuss liegt dieses Buch nun vor.

Unser besonderer Dank gilt dem Autor André Salvisberg, der sich dem fast unerschöpflichen Thema mit grossem Engagement, Ausdauer und Disziplin angenommen hat, aber auch der Co-Autorin Frau Mirjam Brunner und dem Co-Autor Prof. Dr. Heinrich Löffler, die beide mit ihrem Spezialwissen Wesentliches zum Thema beigetragen haben. Einen wichtigen Beitrag zu diesem Buch hat Frau Judith Fischer mit ihrer Lizentiatsarbeit über die Basler Strassennamen und weiteren vorbereitenden Arbeiten geleistet. Dr. Rudolf Suter, ehemaliges Mitglied der Nomenklaturkommission, hat als ausgezeichneter Kenner der Materie das Lektorat übernommen, im Lektorat tätig wurden auch die Herren Christoph Philipp Matt und Peter-Andrew Schwarz von der Archäologischen Bodenforschung des Kantons Basel-Stadt. Herr Andreas Kettner vom Grundbuch- und Vermessungsamt des Kantons Basel-Stadt hat das Planmaterial sorgfältig aufbereitet.

Die Nomenklaturkommission dankt allen herzlich, die an diesem Werk mitgewirkt und zu dessen Gelingen beigetragen haben.

Für die Nomenklaturkommission
Der Präsident:
Werner Messmer, Kantonsgeometer

Basel, im September 1999

Dem Buch liegt das Strassennamenverzeichnis des Kantons Basel-Stadt für die Stadt Basel, Stand Ende Mai 1999, zugrunde. Von den insgesamt 978 Namen sind in vier Fällen (Gansgässlein, Rappenbodenweg-Promenade, Wachtelstrasse und Wiesenallee) die zugehörigen Strassen noch nicht ausgeführt. Im Stadtplan am Ende des Buchs, auf den auch die Plankoordinaten des Strassenverzeichnisses verweisen, stehen diese Strassennamen in Klammern. Die Einteilung in thematische Gruppen (S. 447ff.) wurde vom Autor vorgenommen.

Einführung

André Salvisberg

Die Basler Strassen und ihre Namen

Die Geschichte der Namengebung

Mittelalter bis 1798: Volksmund

Die Geschichte der Basler Strassennamen ist über 800 Jahre alt. Im ältesten bekannten Schriftstück dazu, einer Urkunde aus dem Jahr 1190, erscheint die Eisengasse in mittelhochdeutscher Sprache als ‹Isingazza›. Dieser Strassenname gehört wohl zu den frühesten. Tatsächlich begann man im 12. Jahrhundert in den meisten nordeuropäischen Städten damit, die Strassen zu benennen; Strassennamen waren nämlich zu einer Notwendigkeit geworden, die vor dem Hochmittelalter noch nicht bestanden hatte. Ohne sie hätte man sich kaum noch zurechtgefunden in den gegenüber früher stark gewachsenen Städten, inmitten einer bedeutend zahlreicheren Bevölkerung.

Diese Bevölkerung, nicht die städtischen Behörden, gab den Strassen ihre Namen. Der Volksmund taufte die Strassen nach dem, was sie besonders machte. Das konnten auffällige Anwohner sein, wie der ‹Weisse Hugo›, welcher der Weissen Gasse seinen Namen gab. Das konnten auch herausragende Gebäude wie Kirchen sein, vorherrschende Zunftgewerbe oder das Aussehen der Strasse selbst. Vielfalt und Vielzahl der Strassennamen gingen Hand in Hand; verschiedene Leute konnten derselben Strasse verschiedene Namen geben; für die Sternengasse kennt man vom 15. Jahrhundert an vierzehn verschiedene Namen.

Die früheren Namen sind nicht systematisch aufgezeichnet worden, man liest sie meistens in einzelnen Urkunden, die Rechtsgeschäfte oder Besitzverhältnisse belegen. Es gab keine Stadtpläne und Strassenverzeichnisse – Ortsfremde mussten sich bis zur Haustür des Gesuchten durchfragen. Immerhin zeigten die oftmals sprechenden Namen der Strassen und Häuser (Fischmarkt, Haus zur Gans) an, nach welchem Gewerbe oder welchem gemalten oder in Stein gehauenen Hausschild zu suchen war. Auch sorgten eine bunte Farbgestaltung der Fassade oder inschriftliche Nennung der Hausnamen dafür, dass man Ortsfremde an die richtige Adresse schicken konnte. Öffentlich angebrachte Hausnummern und Strassennamen als Orientierungshilfen gab es nicht, jahrhundertelang war die Stadt – wenigstens für die Einheimischen – übersichtlich genug. Erst äusserer Druck zwang zu Neuem.

1798: Wie die Franzosen

Mit Beginn der Helvetik wurde Basel zur Etappe für die durchziehende französische Armee. Am 28.4.1798 kam deren 109. Halbbrigade in Basel an. Damit die Soldaten, welche die deutschen Häusernamen nicht aussprechen konnten, ihre Unterkünfte auch fanden, ordnete der Regierungsstatthalter die Durchnumerierung aller Häuser von Gross- und Kleinbasel nach französischem Vorbild an. Dieses System fand im von französischen Truppen beherrschten Europa der napoleonischen Zeit weite Verbreitung. Das Duftwasser ‹4711› hat seinen Namen von der Nummer des Kölner Hauses, in dem es damals produziert wurde. In Basel erhielt das St. Johanns-Tor die Nummer 1, weil es am nächsten bei der französischen Festung Hüningen lag, woher die Truppen kamen. Zur Numerierung schrieb man den Häusern einer Strassenseite die Zahlen im allgemeinen fortlaufend an, auch wenn eine neue Strasse begann. Erst am Ende einer Sackgasse z.B. wendete man, und dann erhielt die andere Strassenseite ihre Nummern. Die Zahlen waren also wie an einer langen Perlenkette aufgereiht,

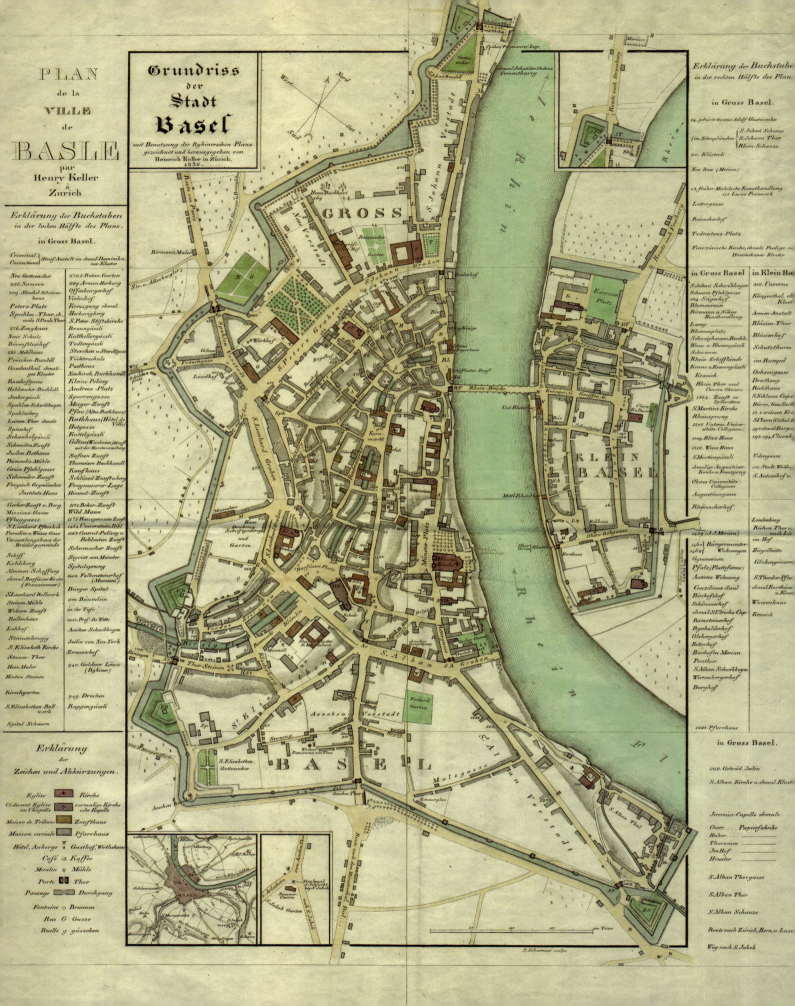

die sich den Strassenseiten entlang durch die Stadt wand.

Das System brachte es mit sich, dass gegenüberliegende Häuser manchmal weit auseinanderliegende Nummern trugen. Die Schneidergasse war das eindrücklichste Beispiel dafür. Vom Totengässlein herkommend, numerierte man zuerst die Bergseite (heute die geraden Nummern). Danach setzte sich die Numerierung durch den grössten Teil der Stadt fort und kam erst von der heutigen Stadthausgasse her zurück. So stand in der Schneidergasse N°596, dem letzten bergseitigen Haus, N°1759, das letzte talseitige Haus, gegenüber. N°1759 war überhaupt die letzte Hausnummer von Grossbasel, Kleinbasel wurde separat durchnumeriert und zählte 439 Häuser. Für die etwa 15 000 Menschen der Stadt gab es also 2198 Gebäude.

Erste Hälfte 19. Jahrhundert: Erste Adressbücher und neue Probleme

1798 erschien auch erstmals ein Basler Adressbuch (siehe auch S. 464). Es enthielt Strassenname, Hausnummer und Name der Besitzer für die Liegenschaften Basels innerhalb der Stadtmauern; die Liegenschaften ausserhalb finden wir erst im Adressbuch von 1811. Die Adressbücher gingen auf private Initiative zurück. Ihre Zusammenstellung erwies sich als schwierig. Die Herausgeber berichten, dass sie bei den Hausbesitzern und -bewohnern die nötigen Angaben nachfragen mussten. Die amtlichen Verzeichnisse (Brandlagerbücher und Hypothekenbuch) waren nicht à jour gehalten. Zudem erschwerte das Wachstum der Stadt die Bestandesaufnahme. Die Anzahl der Häuser nahm zu, die Neubauten erhielten, wenn sie nicht Altbauten ersetzten, einfach die Nachbarnummer, ergänzt mit A, dann B, dann C usw. Im Adressbuch von 1834 macht der Herausgeber den Vorschlag, die Strassen und Quartiere an den Ecken mit ihrem Namen zu bezeichnen und jede Strasse separat zu numerieren, «wie in vielen anderen Städten gebräuchlich». Die Orientierung fiel besonders den Fremden und Neuzugezogenen nicht leicht. Gegen Ende der 1850er Jahre hatte sich die Bevölkerung der Stadt innert dreissig Jahren auf rund 40 000 Einwohner verdoppelt.

1859–1862: Reform

Immer mehr Menschen und Wirtschaftsbetriebe siedelten sich vor den Stadtmauern Basels an. Aber erst Ende der 1850er Jahre gewann der Modernisierungs- und Öffnungswille die Oberhand; das Gesetz über die Erweiterung der Stadt trat am 27.6.1859 in Kraft. Dieses Gesetz sah vor: die Niederlegung der Mauern, das Auffüllen der Stadtgräben und ein «an die Strassen der Stadt sich anschliessendes und nach aussen hin sich verzweigendes Strassennetz». Damit wurde absehbar, dass ein amtliches Gremium neue Strassen benennen würde.

Der eigentliche Ausgangspunkt für die heute gültige Strassenbenennung und Häusernumerierung wurde dann das Gesetz zur Einführung des Grundbuchs vom 16.4.1860, mit dessen Hilfe die erwähnten Fehler in den amtlichen Unterlagen über die Besitzverhältnisse korrigiert werden sollten. Dazu gehörte auch die Ersetzung der alten Häusernummern aus dem Jahr 1798. Die durch das Grundbuchgesetz bewirkte Reform umfasste folgende Hauptpunkte: Eine «Commission ad hoc» legt dem Baukollegium (entspricht dem heutigen Baudepartement) und dieses darauf dem Kleinen Rat (entspricht dem heutigen Regierungsrat) neue Benennungen vor, sowohl für die neu angelegten als auch für die bisherigen Strassen. Als altertümlich und «abnorm» empfundene Strassennamen (z.B. ‹hinter dem Münster›) werden ersetzt; die Strassennamen enden auf -strasse, -gasse, -weg und -platz; einige Namen für kurze Strassen werden ganz gestrichen, die entsprechenden Strassen als Teilstücke in andere Strassen integriert; jede Strasse be-

ABB. 1
Stadtplan von Heinrich Keller (1832). Angegeben sind wichtige Lokalitäten, alte Strassennamen und an den Eckgebäuden die Hausnummern nach dem französischen System von 1798.

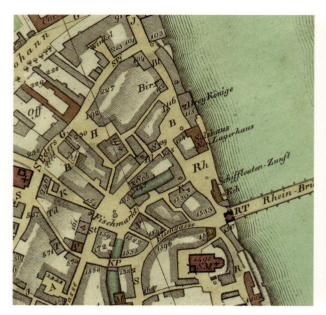

kommt ihre eigene Numerierung. Der Kleine Rat beauftragte das Baukollegium am 23.5.1860, die Strassen ausserhalb der Stadtmauern gemäss den eingereichten Vorschlägen zu benennen (revidiert am 8.6.1861). Für die Strassen innerhalb der Stadtmauern erging der entsprechende Ratserlass am 1.4.1861.

Die Numerierung aller Strassen Gross- bzw. Kleinbasels begann jeweils an dem Strassenende, das dem Gross- bzw. Kleinbasler Brückenkopf der Alten Rheinbrücke (heute Mittlere Brücke) am nächsten lag. Die ungeraden Nummern bekam die von der Brücke aus gesehen linke Strassenseite, die geraden die rechte. Somit erhielten die am nächsten beim Brückenkopf gelegenen Häuser die niedrigsten Zahlen, also 1 und 2. Emailschilder mit den Strassennamen darauf wurden in der Regel auf der linken Seite am Anfang der Strasse angebracht. Im Gegensatz zu heute waren die Schilder weiss und trugen schwarze Beschriftung. Die Beschriftung war auf Schildern angebracht, nachdem sie zuvor auf die Hausmauern gemalt und deswegen oft ausgebleicht oder bei Renovationen übertüncht worden war.

1862 kam aufgrund der neuen Strassenbenennung und Häusernumerierung ein ‹Neues Nummern- und Adressbuch der Stadt Basel› heraus, das nun auch «im Auftrag einer hohen Regierung» erstellt worden war (Näheres siehe S. 464).

Seit 1862: Amtsentscheidungen
Auch nach 1861 unterbreitete das Baukollegium die Namensvorschläge für neue Strassen dem Kleinen Rat. Nach der Verfassungsänderung von 1875 entschied anstelle des Kleinen Rats der Regierungsrat über die Benennung von Strassen, die Vorschläge kamen vom Baudepartement anstelle des Baukollegiums.

Das Verfahren von 1860/1861 bezog sich nur auf die damals vorhandenen oder geplanten Strassen der Stadt. In der Folge vergab weiterhin der Regierungsrat die Namen, allerdings ohne rechtliche Grundlage. Die Gesetzeslücke wurde 1888 offenbar, als die Gemeindeverwaltung des damals noch selbständigen Kleinhüningen die Dorfstrassen neu benannte und numerierte. Um Unstimmigkeiten in den amtlichen Unterlagen der

ABB. 2–4
Vergleich der Pläne von Heinrich Keller (1832) und Ludwig Löffel (1857–1859) mit der heutigen Situation im Bereich Schifflände / Petersberg. Nicht nur hat sich das Numerierungssystem grundlegend geändert, auch das Stadtbild ist durch die Neuanlage von Strassen völlig anders geworden.

verschiedenen Gemeinde- und Kantonsbehörden zu vermeiden, schritt der Regierungsrat ein. Durch das Gesetz vom 28.11.1888 institutionalisierte er das seit 1860 bestehende Verfahren, garantierte aber den Landgemeinden ein Mitspracherecht auf ihrem Boden. 1976 erhielten die Landgemeinden das Recht, ihre Gemeindestrassen selbst zu benennen.

Ein Beschluss des Bundesrates von 1938 verpflichtete die Kantone zur Bildung von Nomenklaturkommissionen, welche die öffentlich zu vergebenden Namen vorberaten sollten. In Basel-Stadt kam man dieser Weisung mit kriegsbedingter Verzögerung 1947 nach. Die Nomenklaturkommission ist seit 1956 eine ständige Kommission des Justizdepartements, ihr Präsident ist der jeweilige Kantonsgeometer. Seit 1979 beantragt die Nomenklaturkommission die Strassennamen, worüber das Justizdepartement mit einer Verfügung entscheidet. Vorher schlug die Nomenklaturkommission den Namen dem Baudepartement vor, welches dann erst dem Regierungsrat den Antrag zur Beschlussfassung stellte.

In Zukunft: Koordinaten und Vektoren

Die meisten Menschen orientieren sich heutzutage mittels Strassenname, Hausnummer und Ortsplan. Die neuen Möglichkeiten satellitengestützter Orientierung lassen einen tiefgreifenden Wechsel in der räumlichen Orientierung bzw. Führung erwarten. Seit 1996 steht das ursprünglich für militärische Bedürfnisse entwickelte Global Positioning System (GPS) der USA zivilen Nutzern in steigender Qualität und kostenlos zur Verfügung. Nicht zuletzt aufgrund wirtschaftlicher Erwägungen (die mit dem System verbundene Industrie hat ein finanzielles Volumen von 8 Milliarden US-$ und beschäftigt rund 100 000 Personen) hat man frühere Sicherheitsbedenken zurückgesetzt. Bei GPS handelt es sich um ein System von 24 Satelliten, von welchen hochpräzise Zeitsignale und Navigationsdaten in Echtzeit ausgesendet werden. Diese Daten können in den verschiedensten Bereichen genutzt werden: z.B. in der Schifffahrt, im Flugverkehr, natürlich in der Erdvermessung, im Wetterdienst, für automatisierte Erntemethoden oder auch im Rucksacktourismus. Die dreidimensionale, zentimetergenaue Orts-

ABB. 5
Keine zukünftigen Orientierungssysteme, aber zwei alte und zwei neue an einem Ort versammelt. Unter dem (wohl extra altertümelnd angeschriebenen) früheren Hausnamen steht nicht die Jahreszahl des Baus, obwohl das so wirken soll, sondern die alte Hausnummer von 1798. Darunter ist die heutige Hausnummer angebracht. Sogenannte ‹Tags›, angesprayte Zeichen, haben sich dazu gesellt – ein weiteres, wenn auch nicht allgemein verstandenes Orientierungssystem.

bestimmung erlaubt in ihrer konsequentesten Form, im Alltagsleben auf einen räumlichen Überblick in der Form von Strassenplänen völlig zu verzichten. Elektronische Führungssysteme, die zuerst für militärische Anwendungen entwickelt wurden, werden heute schon in Autos eingebaut und leiten mittels audiovisueller Richtungsangaben den Autofahrer vom Start- zum Zielpunkt. Bedingung für ein fehlerfreies Funktionieren ist dabei die ständig aktualisierte Verknüpfung der Ortsbestimmung mit den Ortsbedingungen (Strassennetz, Umleitungen, Sperrungen, Neubauten). Der nächste konsequente Schritt wäre es, auch die Lenkung des Fahrzeuges der Elektronik zu überlassen. Diese Entwicklung wird einen Verlust an Ortskenntnis mit sich bringen. Der Autofahrer ist nicht mehr gezwungen, zu wissen, wo er sich befindet, um den richtigen Weg zu finden. Einen ähnlichen Verlust hat schon die Modernisierung der Orientierung durch das Strassennamen- und Häusernummernsystem des 19. Jahrhunderts gebracht. Man muss sich vergegenwärtigen, dass die meisten Strassennamen und die Häusernummern keine Beziehung mehr zu ihrer Umgebung haben. Die mittelalterliche Orientierung hatte einen direkten Bezug zum gesuchten Objekt (man suchte die Imbergasse und fand sie, indem man nach Krämerläden Ausschau hielt; man fand das ‹Haus zum Bären›, indem man sich nach einem Bärensymbol umsah); Häusernummern, die meisten neuzeitlichen Strassennamen und Ortspläne geben eine abstrahierte Umgebungsinformation (Stimmt der schematische Strassenplan mit dem allgemeinen Strassennetz überein? Wo ist das Strassen-, wo das Hausnummernschild?). Ein Strassenname oder eine Hausbezeichnung ist ein sogenanntes Interface (Schnittstelle) zwischen Mensch und Umgebung. Dieses Interface war früher direkt mit der Umgebung verbunden, heute ist es mit einem Ortsplan gekoppelt. Die Entwicklung der Orientierung hat dazu geführt, dass das Aufsuchen von bestimmten Orten zunehmend von der sinnlichen Erfahrung der Umwelt losgelöst ist. Zu den Köhlereien des Kohlenbergs oder zu den Gerbereien der Gerbergasse ging es früher im wahrsten Sinn des Wortes immer der Nase nach. Doch immer noch ist die Orientierung zumindest ein, wenn auch meistens abstrahierter, visueller Vorgang. Die Zukunft lässt erwarten, dass das Aufsuchen von Orten durch ein Navigieren im Raum anhand von durch Koordinaten und Geschwindigkeit vorgegebenen Vektoren erfolgt, dass der visuelle also durch einen geometrischen Vorgang ersetzt wird.

Woher die Namen nehmen und wohin damit?
Es gibt in Basel zahlreiche Gruppen von Strassennamen, die nach einem gleichen oder vergleichbaren Sujet heissen. (Im Anhang findet sich eine Zusammenstellung verschiedener Gruppen von Strassennamen.) Das entscheidende Jahr für die Gruppenbildungen ist 1860, als die Benennung veramtlicht, d.h. lenkbar wurde. Seither beeinflussen verschiedenste Aspekte, wie sprachliche Überlegungen, Zeitgeschmack, Politik oder die Absicht, Orientierungshilfen zu geben, die Strassenbenennung.

Am auffälligsten sind die Orts- und Geländenamen aus dem Elsass und Baden im nordwestlichen Grossbasel und in Kleinbasel, also dort wo die Stadt an diese Regionen grenzt. Analog dazu haben im südlichen Basel Nordwestschweizer Namen Verwendung gefunden. Diese Gruppen sind leicht zu erkennen; es gibt aber auch Ensembles, deren Entstehung nicht mehr so leicht nachvollziehbar ist. Die von der Gleisführung der Gotthardeisenbahn angeregten nordalpinen Ortsnamen des Bachlettenquartiers haben ihr Gegenstück im Bruderholzquartier mit Strassennamen von Tessiner Orten an der Gotthardstrecke. Dazu gesellen sich Tessiner Standorte von Basler Kontingenten im Ersten Weltkrieg (sie finden ihr Echo in den nach Standorten eidgenössischer Truppen an der Basler Grenze benannten Strassen in Basel-West), verbunden damit die Schlachtorte des 16. Jahrhunderts im Tessin und in Norditalien. Dieses südalpine Ensemble aus den 1920er Jahren scheint am passenden Ort zu sein, erinnert doch das Bruderholzquartier, erst noch das südlichste Quartier der Stadt, mit seinem Umriss auffallend an das Tessin.

Benennungsprogramme gibt es bis heute. Die aktuellsten sind auf dem für den internationalen Güterumschlag benutzten Dreispitzareal zu finden, mit den Na-

ABB. 6
Vom Polizeidepartement an die Nomenklaturkommission weitergeleitetes Schreiben. Ein Strassenname kann für einzelne Personen längst Vergangenes wieder sehr lebendig machen und entsprechende Emotionen wachrufen.

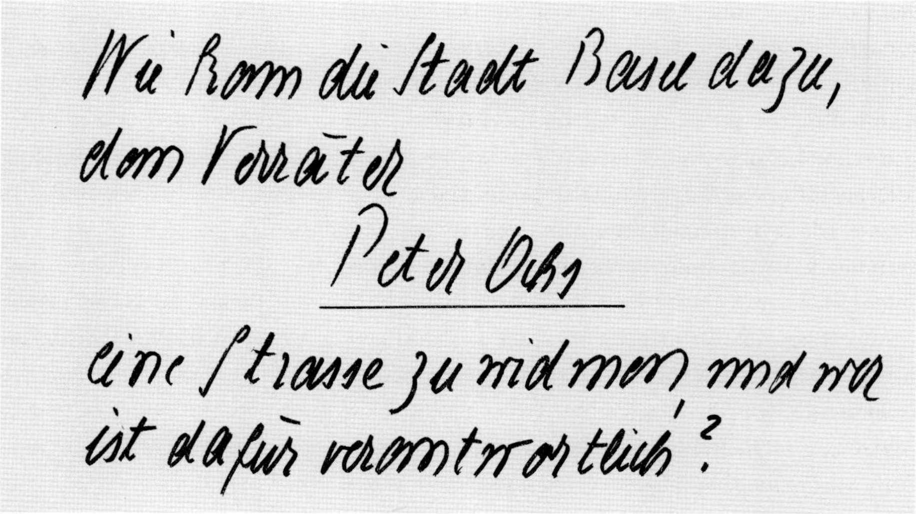

> Wie kommt die Stadt Basel dazu, dem Verräter <u>Peter Ochs</u> eine Strasse zu widmen, und wer ist dafür verantwortlich?

men europäischer Handelsstädte und in der bevorzugten Verwendung von Namen bekannter Frauen, mit denen den nach Männern benannten Strassen ein Gegengewicht gesetzt werden soll. Die Politik, bestehende Einseitigkeiten auszugleichen, ist nicht neu. Nachdem in den ersten drei Jahrzehnten des 20. Jahrhunderts bürgerliche Politiker in Strassennamen verewigt worden waren, bildeten nach Männern der politischen Linken benannte Strassen das Gegengewicht dazu. Die Ortswahl war dabei von zusätzlicher Bedeutung, finden wir solche Strassennamen doch in der Nähe von Genossenschaftsiedlungen.

Strassennamen widerspiegeln die Zeit, in der sie entstanden sind, und sie verweisen auf Konflikte, die nicht zuletzt mit ihrer Hilfe ausgetragen werden. Die zunehmende Verstädterung des Lebensraumes äussert sich in entsprechenden Strassennamen wie Eisenbahnweg oder Kohlenstrasse, aber auch in gegenläufigen Benennungen. Es scheint, dass ‹heimelige› Namen wie Amselstrasse oder Sonnenweg die verlorene Heimat zurückzubringen vermögen; auch Flurnamen sollen dies bewirken. Gerade das Verhältnis der an der Namengebung beteiligten Personen zu überlieferten oder flurnamenähnlichen Strassennamen hat sich, je nach herrschendem Moder-

nisierungswillen, wiederholt geändert. Im Strassennamenbuch von 1959 z.B. werden frühere Namen wie ‹Auf dem Hundsbuckel› oder ‹Gotterbarmweg› als «fragwürdig», ihr Verschwinden wird als «kein Unglück» bezeichnet. Heute ist das Festhalten überlieferter Bezeichnungen, die Erinnerung an alte Gegebenheiten ein wichtiges Element der Namengebung, heute gibt es ein Hundsbuckelweglein, und die Galgenhügel-Promenade erinnert wie der verschwundene ‹Gotterbarmweg› an eine alte Hinrichtungsstätte.

Es gibt nicht nur verschwundene, sondern auch nie realisierte Strassennamen. So war für die 1921 benannte Peter Ochs-Strasse und das 1925 benannte Airoloweglein auch der Name Nietzschestrasse vorgesehen, aber dann fallengelassen worden. Er tauchte erneut bei der geplanten Überbauung des Bäumlihofareals auf, und es gab noch vor wenigen Jahren Anregungen von akademischer Seite zu einer entsprechenden Ehrung des einstigen Basler Universitätsprofessors.

Die Bevölkerung nimmt überhaupt regen Anteil an der Benennung von Strassen. An die Behörden gerichtete persönliche Eingaben, die Neu- oder Umbenennungen anregen oder verhindern sollen, sind zahlreich. Als Beispiel dafür kann die Krakau-Strasse im Dreispitzareal dienen, die auf Ablehnung gestossen ist. Die nach der von der Unesco zum Weltkulturerbe erklärten Stadt benannte Strasse liess möglicherweise Bilder des krisengeschüttelten und verfallenen Osteuropa entstehen. Wie sich schon bei der Amselstrasse gezeigt hat, beeinflusst auch der Name das Ansehen oder die Wohnqualität einer Strasse. Die Bedeutung des Namens, oder was man sich darunter vorstellt, und die benannte Strasse werden kurzgeschlossen.

Ein Strassenname kann eine Botschaft in sich tragen, auf die zustimmend oder ablehnend reagiert wird; er kann diese aber auch allmählich verlieren. Es gibt keine Garantie, dass ein Name dauerhaft verständlich bleibt. Dem Rückgriff auf die Vergangenheit und dem gesteigerten Nationalbewusstsein an der Wende zum 20. Jahrhundert entsprangen Strassennamen nach alten Basler Adelsgeschlechtern wie den Thiersteinern, Marschalken oder Schalern und ihren Burgen, die in eigentlichen Nestern über die ganze Stadt verteilt sind. Die Bedeutung vieler dieser Namen wird nicht mehr erkannt, und so bleibt zwar der Klang des Wortes vertraut, aber nicht mehr dessen Inhalt.

Unwissenheit beunruhigt und weckt wohl auch das Bedürfnis, hinter den Sinn eines Strassennamens zu gelangen. Mit zunehmendem Abstand zum letzten Strassennamenbuch Basels, das 1959 erschienen ist, wird die Nomenklaturkommission immer häufiger angefragt, was es mit diesem oder jenem Strassennamen auf sich habe. Das neue Strassennamenbuch wird sie hoffentlich in Zukunft von dieser Arbeit entlasten.

Literatur

Bachmann Emil: Die Basler Stadtvermessung. Basel 1969

Fischer Judith: Engelgasse und Höllenweglein. Strassennamen in Basel: Aspekte der Namengebung und Bestandesaufnahme der Namen zu verschiedenen Zeitepochen. Unveröffentlichte Lizentiatsarbeit an der Universität Basel, Januar 1993

Fuchshuber-Weiss Elisabeth: Strassennamen: deutsch. In: Namenforschung. Ein internationales Handbuch zur Onomastik. Herausgegeben von Ernst Eichler, Gerold Hilty, Heinrich Löffler, Hugo Steger, Ladislav Zgusta. 2. Teilband. Berlin, New York 1996, S. 1468–1475

Handke Kwirina: Strassennamen: slavisch. In: Namenforschung. Ein internationales Handbuch zur Onomastik. Herausgegeben von Ernst Eichler, Gerold Hilty, Heinrich Löffler, Hugo Steger, Ladislav Zgusta. 2. Teilband. Berlin, New York 1996, S. 1476–1481

Roth Paul: Die Strassennamen der Stadt Basel. Basel 1959

Siegfried Paul: Basels Strassennamen. Basel 1921

Heinrich Löffler

Die Basler Strassennamen – linguistisch betrachtet

Namen als besondere sprachliche Zeichen
Für Strassennamen interessieren sich mehrere Wissenschaften. In besonderem Masse dafür zuständig sieht sich die linguistische Namenforschung oder Onomastik, handelt es sich doch bei Namen um eine besondere Art von Wörtern oder sprachlichen Zeichen.

Wie die Wörter so haben auch Namen eine sogenannte Ausdrucksseite aus sprachlichen Lauten und Silben und eine Bedeutungs- oder Inhaltsseite. Bei den normalen Wörtern, den sogenannten Gattungswörtern oder Appellativa, ist die Bedeutung jeweils eine ‹Gattung›: Mit dem Wort ‹Baum› sind alle Bäume gemeint, mit dem Wort ‹Strasse› alle Strassen. Namen hingegen individualisieren und heben einzelne Exemplare aus ihrer Gattung heraus. Ihre Bedeutung ist nicht die Vielzahl, sondern ein einzelnes Individuum.

Bei den eigenen Namen unterscheidet man Personennamen (Anthroponyme): Vornamen, Familiennamen, Spitznamen, Einwohnernamen, Völkernamen und Örtlichkeitsnamen (Toponyme). Bei letzteren kann man noch einmal die Namen der bewohnten Örtlichkeiten (Oikonyme): Höfe, Dörfer, Siedlungen, Städte von solchen der unbewohnten Örtlichkeiten (An-Oikonyme): Stellen, Plätze, Wege, Strassen, Fluren, Berge, Flüsse, Seen unterscheiden.

Strassennamen
Strassennamen sind nach der obigen Gliederung Teil der Örtlichkeitsnamen. Ihre wissenschaftliche Bezeichnung ist Hodonyme (griech. hodos: der Weg, die Strasse). Unter Strassennamen versteht man üblicherweise die amtlichen Benennungen im innerörtlichen System von Verbindungswegen, Strassen und Plätzen. Die Namen von Quartieren und Wohn-Bezirken oder die Namen markanter Gebäude, der Tramlinien und ihrer Haltestellen, der Bahnhöfe, Kirchen und Schulhäuser gehören zwar im weiteren Sinne ebenfalls zum innerörtlichen Benennungssystem, sie werden hier jedoch vernachlässigt. Die amtlichen Strassennamen sind auf Grund ihrer öffentlichen Funktion der besonderen administrativen Obhut unterstellt.

Die Funktionen der Strassennamen
Bei der Wahl der Namen müssen neben örtlichen Gepflogenheiten vor allem deren Funktionen berücksichtigt werden.

Öffentliche Orientierungsfunktion
Ab Mitte des 19. Jahrhunderts wurde die öffentliche Zuständigkeit für die Strassennamen durch Gesetze und Verordnungen (in Basel 1860 und 1888) eingeführt, so 1860 die strassenweise Numerierung der Häuser (zu den darauffolgenden Veränderungen siehe S. 13ff.). Seit 1947 sind Strassennamen und Hausnummern Teile des amtlichen Orientierungssystems. Ihr korrekter Gebrauch in amtlichem Zusammenhang (Zonenpläne, Grundbuch, Haltestellenverzeichnis, Adress- und Telefonbücher etc.) ist verbindlich.

Alltägliche Orientierungsfunktion
Die Strassennamen dienen auch und vor allem der alltäglichen Orientierung der Stadtbewohner. Man beschreibt und kennzeichnet mit ihnen einen Ort, ein Ziel oder den Weg dorthin. Auch die Wohnadressen werden hauptsächlich durch den Strassennamen bestimmt. Nicht nur auf den amtlichen Stadtplänen sind Strassen-

ABB. 1
Der volkstümliche Strassenname ist wichtiger als der offizielle: Eine Buchhandlung an der Aeschenvorstadt wirbt mit ihrer Lage am ‹Bankenplatz› (Plakat von 1998).

namen eingetragen, sie sind auch Teil unserer inneren Landkarte (mental map), mit der wir uns orientieren. Im alltäglichen Gebrauch hält man sich nicht genau an das amtliche System der Strassennamen. Zudem werden in Basel alle Strassennamen auf baseldeutsch ausgesprochen, und einige Strassen und Plätze haben daneben noch inoffizielle Namen (vgl. Index, S. 466). Der *Barfüsserplatz* heisst noch *dr Seibi* oder *Barfi*, der Bereich *Steinenvorstadt, Steinentorstrasse* heisst *In dr Staine*. Ebenso sagt man *In dr Dalbe* für das Gebiet von *St. Alban*(-Vorstadt,-Graben) und *s Dalbeloch* für den unteren Teil der Dalbe. Die Haltestelle ‹Messe Basel› heisst bei den Leuten immer noch *Muschtermäss*, die *St. Johanns-*(Vorstadt) ist die *Santihans-*(Vorstadt).

Erinnerungsfunktion

Strassennamen erinnern an die Entstehungszeit von Bauwerken *(Centralbahnstrasse, Markthallenbrücke, Nauen-Unterführung)* oder an frühere bauliche Gegebenheiten *(Schützengraben, Riehentorstrasse, Heuwaage)*, an historische Ereignisse von lokaler oder überörtlicher Bedeutung *(Marignanostrasse, Novarastrasse, Schweizergasse, Helvetiaplatz)*, an historisch bedeutende Persönlichkeiten *(Peter Ochs-Strasse)*, an Wissenschaftler *(Bachofenstrasse)*, Künstler *(Arnold Böcklin-Strasse)*, Mäzene *(Picasso- / Maja Sacher-Platz)*, an die geographische Einbettung in die umgebende Landschaft *(Jura-, Hohe Winde-Strasse, Gempen-, Blauen-, Schwarzwald-, Vogesenstrasse)*. Die zentralörtliche Funktion der Stadt symbolisieren die Zielorte von Ausfallstrassen *(Münchensteiner-* oder *Allschwilerstrasse)*, Namen von Orten der näheren und weiteren Umgebung *(Röschenzer-, Ensisheimer-, Breisacherstrasse)* oder solche von grossen Handelsstädten *(Mailand-, Frankfurt-, Lyon-, Rotterdam-Strasse* im Zollfreilager Dreispitz), mit denen man sich verbunden fühlt. Die amtlichen Strassennamen können mit ihrer Erinnerungs- und Symbolisierungsfunktion etwas zum Heimat- und Zugehörigkeitsgefühl (Identität) der Bewohner beitragen.

Das Basler Strassennamen-Bild

Aufgrund der bewussten Wahl und Pflege der Strassennamen ist ein für Basel charakteristisches Namenbild entstanden. Es gibt die Altstadt als einen inneren Kern, darum herum einen ersten Ausbaugürtel bis zur äusseren Stadtmauer, die mit Türmen und Toren und einem Stadtgraben versehen war. Der früheren äusseren Mauer folgen die Strassen auf -ring *(Spalenring, Steinenring)*; die Gräben sind ebenfalls in Strassennamen erhalten geblieben *(Steinengraben, Schützengraben)*. Auch die Tore haben ihre Namen behalten und prägen diejenigen ihrer weiteren Umgebung *(Spalen-, St. Alban-Tor)*. Die Strassen, die von der inneren Mauer zum äusseren Ring führen, werden *Vorstadt* genannt. Die Namen geben also die historische Stadt-Topographie wieder. Die nach Orten der näheren und weiteren Umgebung benannten Quartierstrassen vermitteln regionale Verbundenheit. Die Personennamen haben mit wenigen Ausnahmen *(Schiller-* und *Uhlandstrasse)* alle einen ausgesprochen örtlichen Bezug.

Die sprachliche Form der Basler Strassennamen
Wortbildung

Es gibt in Basel wenige einfache Strassennamen. Nur ein einziger Name besteht aus einem blossen Wort: *Pfalz* (Terrasse hinter dem Münster). Die anderen einfachen Namen haben alle noch eine Präposition bei sich: *Auf der Lyss, Auf dem Hummel, Auf der Alp, Auf dem Wolf*. Der Normalfall ist die Zusammensetzung (Komposition). Der zweite Teil der Komposition, auch Grundwort (GW) genannt, zeigt an, um welche Art von innerörtlicher Gegebenheit es sich handelt. Grundwörter in der Altstadt sind (unterstrichen = mehrfach vorhanden): -anlage, <u>-berg</u>, <u>-brücke</u>, <u>-gasse</u>, <u>-gässlein</u>, -gässli, <u>-graben</u>, -hof,

-lände, -markt, -Passage, -platz, -rain, -sprung, -strasse, -vorstadt, -weg. Grundwörter der äusseren Quartiere sind: -acker, -allee, -anlage, -berg, -brücke, -damm, -durchgang, -gasse, -gässlein, -graben, -hof, -letten, -matte, -park, -Parkplatz, -Passage, -Passerelle, -pfad, -platz, -Promenade, -rain, -ring, -schanze, -Steg, -strässchen, -strasse, -tal, -Unterführung, -viadukt, -wäldeli, -weg, -weglein.

Die Liste vermittelt einen Überblick über das Strassen-, Wege- und Platz-Geflecht und andere Gegebenheiten. So bezeichnet *Weglein* eine Fusswegverbindung, *Promenade* einen Fussweg in einer schönen Umgebung, *Passerelle* eine schmale Fussgängerbrücke usw.

Der erste Teil des Namens, auch Bestimmungswort (BW) genannt, ist neben der Orientierung vor allem auf die Erinnerung ausgerichtet: *Aeschenvorstadt, Andreasplatz, Arbedostrasse, Bellingerweg, Brunngässlein*.

Folgende Arten der Zusammensetzung kommen vor: Fugenlose Komposition (sehr häufig): *Ahornstrasse, Andreasplatz, Bellinzonaweglein, Burgweg, Batterieanlage*. Das BW steht im Genetiv (nur wenige; nie -*weg*) *Bundesstrasse, Friedensgasse, Petersgasse, Petersgraben, Petersplatz, Stiftsgasse*. Das BW steht im Plural (nicht besonders viele): *Blumenrain, Antilopenweg, Forellenweg, Johanniterbrücke, Gotenwegli*. Das BW ist ein adjektivierter Name, meistens ein Ortsname auf -er (sehr häufig): *Andlauerstrasse, Bettingerweg, Mülhauserweglein, Kleinhüningeranlage, Gundeldingerrain, Pruntrutermatte*. Das BW hat einen alten Genetiv als ‹Fugenlaut› beibehalten (selten): *Kasernenstrasse, Kapellenstrasse, Mühlenberg, Sonnenweg*.

Nach ihrer Wortart lassen sich die Bestimmungswörter weiter einteilen in: Appellative (sehr viele): *Blumenrain, Hölleweglein*; Eigennamen, Vorname: *Andreasplatz*; Familienname: *Gotthelfplatz, Hebelplatz, Oserweglein*; Vor- und Zuname (zahlreich): *Fritz Hauser-Promenade, C.F. Meyer-Strasse*; Berufsbezeichnung (wenige): *Schneidergasse, Webergasse*; Völkernamen (nur wenige): *Alemannengasse, Gotenwegli*; Ortsnamen: *Bernerring, Blotzheimerweg, Beuggenstrasse*; andere Strassennamen (wenige): *Claramattweg*; Quartiers- oder Bezirksnamen (häufiger): *Hirzbrunnen-Promenade, Hirzbrunnenstrasse, Spalen-Durchgang, Spalenvorstadt, Spalentorweg*;

Flussnamen (wenige): *Birsstrasse, Rheingasse*; Flurnamen (sehr viele): *Hechtliacker, Sesselackerweglein, Bruderholzallee, Rehhagstrasse*; Kantonsnamen: *Appenzellerstrasse; Obwaldner-, Nidwaldnerstrasse*; Pass-Namen: *Furka-, Grimselstrasse*; Adjektive (wenige): *Freie Strasse, Weisse Gasse, Lange Gasse, Eiserner Steg, Mittlere Strasse*; präpositionale Ausdrücke (Lageangabe; häufig): *Am Bachgraben, An der hohlen Gasse, Auf dem Hummel, Beim Buremichelskopf, Im langen Loh, In der Breite, In den Klosterreben, Ob der Wanne, Zu den drei Linden, Zum Bischofstein, Zur Gempenfluh*.

Orthographische Besonderheiten
Die Schreibung der Strassennamen richtet sich bis auf wenige Ausnahmen (*Cedernweg, Centralbahn-Passage, Centralbahnplatz*) nach der deutschen Orthographie. Bei der Verwendung des Bindestrichs weicht die Basler Namenschreibung von der Duden-Regelung ab: Komposita werden in der Regel zusammengeschrieben, auch wenn das Gesamtwort dadurch unübersichtlich wird: *Buremichelskopfanlage, Davidsbodenweglein, Jakobsbergerweglein, Leonhardskirchplatz, Wolfschluchtweglein*. Ausnahmen sind: *Elftausendjungfern-Gässlein* und die Komposita mit Durchgang: *Birsig-, Spalen-Durchgang*; Parkplatz: *Zoo-, Birsig-Parkplatz*; Passage: *Centralbahn-Passage*; Promenade: *Wasserturm-Promenade*; Steg: *Hohe Winde-Steg*; Unterführung: *Nauen-Unterführung*. Während der Duden bei Vornamen-Familiennamen-Kombinationen durchgehende Bindestriche vorsieht (Heinrich-von-Kleist-Strasse), schreiben die Basler den Bindestrich nur vor dem Grundwort: *C.F. Meyer-Strasse, Lukas Legrand-Strasse, Christoph Merian-Park*. Bei mehrteiligen Namen werden nach Duden das erste Wort und alle anderen (ausser Artikel, Präpositionen und Konjunktionen) gross geschrieben. Bei den Basler Namen ist das nicht immer der Fall: *Im langen Loh, Im tiefen Boden, Zu den drei Linden*.

Spuren der Basler Mundart
Obwohl die Namen der Basler Strassen und Plätze auf baseldeutsch ausgesprochen werden, macht sich im Geschriebenen die Mundart nur wenig bemerkbar: -*weglein*

ABB. 2 UND 3 *Das Volk hat ein waches Auge auf die neue Rechtschreibung (seit 1998 geltend). Anlässlich der Basler Fasnacht wurde das Strassenschild des Gemsbergs (Ecke Heuberg) von privater Hand ‹richtiggestellt› und das erste ‹e› mit einem ‹ä› überklebt. Wenn auch die neue Rechtschreibreform keine amtlichen Auswirkungen auf bestehende Strassenschilder haben dürfte, so hatte das die erste von 1903 sehr wohl. An der Ecke Riehentorstrasse und Oberer Rheinweg befindet sich das letzte Strassenschild Basels mit einem ‹th› anstelle des schon längst gültigen ‹t›.*

ist eine Basler Besonderheit und reflektiert das gesprochene *-wäägli*. Nur dreimal wird *-wegli* auch geschrieben: *Gotenwegli, Landauerwegli, Rauracherwegli*. Dasselbe gilt für die Normalform *-gässlein*, wo 25 *-gässlein* nur 3 *-gässli* gegenüberstehen: *Ueli-Gässli, Vogel-Gryff-Gässli* (aber *Greifengasse*), *Wild Ma-Gässli* mit den typischen Basler Wörtern Ueli, Vogel Gryff, Wild Ma. Mundartlich ist auch das *Ackermätteli*. Einmal schimmert im Namen *Wasensträsschen* (nicht *-strässlein*) mundartliches *-ströössli* durch. Spuren der Mundart finden sich in *Leuengasse* (aber: *Löwenbergerstrasse*), *Maiengasse* (Maie: Blumenstrauss) und in ehemaligen Flurnamen: *Am Krayenrain* (Krähe), *Bachlettenstrasse, Beim Buremichelskopf, Giessliweg, Letziturm, Auf der Lyss, Klybeckstrasse, Bürenfluh-, Byfangweg, Hechtliacker, Hirzboden, Hirzbrunnen, Im Holeeletten, Itelpfad, Leimgrubenweg, Rütlistrasse, Spittelmattweg*.

Fremdsprachige Namen

Das Basler Strassennamenbild macht einen ausgesprochen ‹schriftsprachlichen› und geschlossenen Eindruck. Hierzu gehört auch, dass nur wenige fremdsprachliche Namen in den Bestimmungswörtern vorkommen. In der Hauptsache sind es (italienische) Tessiner Namen:

ABB. 4 UND 5 (S. 28)   Pläne des Bannes (Hoheitsgebiet der Stadt ausserhalb ihrer Mauern) von Gross- und Kleinbasel (1820 und 1822) von Johann Heinrich Hofer mit den Landstrassen und den alten Flurnamen, die in vielen heutigen Strassen und Strassennamen aufgegangen sind.

Biascastrasse, Bellinzonastrasse, Giornicostrasse, Arbedostrasse und wenige Personennamen: *Castellioweglein, Cécile Ines Loos-Anlage; Guisan-Promenade.* Andere fremdsprachige Ortsnamen werden in ihrer deutschen oder eingedeutschten Form verwendet: *Mailand-Strasse* (ital. Milano). Dies gilt insbesondere für die elsässischen Namen: *Altkircher-, Bartenheimer-, Blotzheimer-, Colmarer-, Häsinger-, Hüninger-, Kaysersberger-, Mülhauser-, Neudorf-* (frz. Village-Neuf), *Rixheimerstrasse, Rufacher-, Schlettstadter-, Sennheimer-, Septer-* (frz. Seppois-le-Bas, -le-Haut), *Sierenzer-, Strassburger-, Thanner-, Türkheimer-, Volkensberger-, Waldighoferstrasse, Pfirtergasse* (frz. Ferrette). Auch die wenigen Westschweizer Ortsnamen werden in ihrer deutschen Form gebraucht: *Dachsfelder-* (frz. Tavannes), *Delsberger-* (frz. Delémont), *Murten-* (frz. Morat), *Pruntruter-* (frz. Porrentruy), aber: *Bonfolstrasse* (frz. Bonfol).

Zur Bedeutung der Strassennamen
Die eigentliche Namenbedeutung, die sich auf eine bestimmte Strasse oder einen Platz bezieht, wird durch die Grundwörter ausgedrückt. Aus der Bedeutung der Grundwörter kann man die Art des Strassen- und Wegnetzes erschliessen. Das Hauptinteresse der Namenforschung ist jedoch auf die Bedeutung der Bestimmungswörter ausgerichtet, deren individuelle Bedeutung jeweils durch eine Einzelanalyse geklärt werden muss (siehe «Die Strassennamen A-Z»). Die Bestimmungswörter bilden manchmal semantisch zusammengehörige Felder, die bestimmte Gebiete und Quartiere kennzeichnen. Solche Namenfelder können ebenfalls zur Orientierung dienen. So gehören die Vogelnamen in den Bestimmungswörtern oft auf das Bruderholz, die Bezeichnungen für Energiegewinnung *(Fabrik-, Gas-, Kraft-, Lichtstrasse)* kennzeichnen das Industrie-(wohn)-Gebiet. Ortsnamen, welche die lokale Verbundenheit eines Quartiers symbolisieren, können ebenfalls ‹Felder› bilden: Badische Ortsnamen finden sich nur im benachbarten Kleinbasel, die Elsässer Namen im Gotthelf-, Iselin- oder St. Johanns-Quartier, die Tessiner Namen auf dem Bruderholz. Die Beziehung zur übrigen Schweiz über die Umgebung hinaus äussert sich sehr zurückhaltend, weniger durch Ortsnamen als durch Namen von Bergen und Pässen. An die Schweizergeschichte wird mit einigen Schlacht-Orten erinnert: *Morgartenring, Murtengasse, Marignano-, Dornacherstrasse, St. Jakobs-Strasse*, ebenso mit zwei Generälen: *Dufourstrasse, General Guisan-Strasse, Guisan-Promenade.* Die wichtigsten Erinnerungssymbole sind indessen die Namen historischer Persönlichkeiten von hauptsächlich lokaler Bedeutung. Internationale Grössen kommen mit wenigen Ausnahmen *(Watt, Volta, Edison)* nur vor, wenn sie etwas mit Basel zu tun gehabt haben *(Paracelsus, Rudolf Steiner, Gotthelf, Arnold Böcklin* u.a.). Nur vier Frauennamen sind unter den personalen Bestimmungswörtern zu finden: *Cécile Ines Loos-Anlage, Mathilde Paravicini-Strasse, Maja Sacher-Platz* und *Julia Gauss-Strasse.*

Das Basler Strassennamen-Bild ist das Ergebnis einer gezielt ordnenden Hand. Die sprachlichen Mittel sind sehr behutsam angewendet, wobei nicht alle Wortbildungsmittel und Kombinationsmöglichkeiten genutzt werden. Fremdsprachliches und Internationales wird gemieden, und bei der Wahl von grossen Persönlichkeiten und berühmten Orten als Bestimmungswörter wird grösste Zurückhaltung geübt. Die Namen sind auf lokale Identität sowie auf die Verbundenheit mit Gegebenheiten und Personen von lokalem historischen Rang hin angelegt. Dies begründet die Funktionstüchtigkeit und Beständigkeit der Basler Strassennamen, die praktisch keine Fehl- und Umbenennungen kennen.

ABB. 5

Literatur

Duden, Rechtschreibung der deutschen Sprache. 21. Aufl. Auf der Grundlage der neuen amtlichen Rechtschreibregeln. Mannheim, Leipzig, Wien, Zürich 1996

Fuchshuber-Weiss Elisabeth: Strassennamen: deutsch. In: Namenforschung. Ein internationales Handbuch zur Onomastik. Herausgegeben von Ernst Eichler, Gerold Hilty, Heinrich Löffler, Hugo Steger, Ladislav Zgusta. 2. Teilband. Berlin, New York 1996, S. 1468–1475

Handke Kwirina: Strassennamen: slavisch. In: Namenforschung. Ein internationales Handbuch zur Onomastik. Herausgegeben von Ernst Eichler, Gerold Hilty, Heinrich Löffler, Hugo Steger, Ladislav Zgusta. 2. Teilband. Berlin, New York 1996, S. 1476–1481

Heuer Thomas: Die Strassennamen von Basel. Die Entwicklung der Aussenquartiere und die Verteilung der Strassennamen. Seminararbeit (Mskr.) am Deutschen Seminar Basel (Prof. H. Löffler), Februar 1992

Kohler Katerina: Die Strassennamen in Basel. Seminararbeit (Mskr.) am Deutschen Seminar Basel (Prof. H. Löffler), Januar 1992

Kolde Gottfried: Grammatik der Eigennamen. In: Namenforschung. Ein internationales Handbuch zur Onomastik. Herausgegeben von Ernst Eichler, Gerold Hilty, Heinrich Löffler, Hugo Steger, Ladislav Zgusta. 1. Teilband. Berlin, New York 1995, S. 400–408

Roth Paul: Die Strassennamen der Stadt Basel. Basel 1959

Siegfried Paul: Basels Strassennamen. Basel 1921

Steger Hugo: Institutionelle innerörtliche Orientierungssysteme – Fallstudien. In: Namenforschung. Ein internationales Handbuch zur Onomastik. Herausgegeben von Ernst Eichler, Gerold Hilty, Heinrich Löffler, Hugo Steger, Ladislav Zgusta. 2. Teilband. Berlin, New York 1996, S. 1499–1521

Tarpley Fred: Street Names as Signposts of World Cultures. In: Namenforschung. Ein internationales Handbuch zur Onomastik. Herausgegeben von Ernst Eichler, Gerold Hilty, Heinrich Löffler, Hugo Steger, Ladislav Zgusta. 2. Teilband. Berlin, New York 1996, S. 1481–1499

Mirjam Brunner

Die bauliche Entwicklung der Stadt Basel

Keltische Siedlungen am Rheinknie

Auf dem Basler Münsterhügel gewährt uns eine mit Glas überdachte Ausgrabungsstelle den Blick auf das keltische Basel. Sie befindet sich im Hof des ehemaligen grossen Schulhauses an der Rittergasse und ist Teil der Schutzbauten, die die Reste der in den 1970er Jahren freigelegten keltischen Befestigung (murus gallicus) umgeben. Diese bildete den südlichen Abschluss der um die Mitte des 1. Jahrhunderts v. Chr. von den Raurikern angelegten Siedlung (Oppidum) auf dem Münstersporn. Die strategisch günstig gelegene Niederterrasse zwischen Rhein und Birsig löste den offenen Handelsplatz am Rhein (Basel-Gasfabrik) gegenüber dem Mündungsdelta der Wiese ab. Während für die erste Standortwahl auf flachem Terrain vermutlich die durch das Wiesedelta entstandenen Furten ausschlaggebend waren, signalisiert die spätere Verlegung auf den Münsterhügel das Bedürfnis nach Schutz vor kriegerischen Nachbarstämmen aus dem Nordosten.

Das römische Kastell auf dem Münsterhügel

Unter Kaiser Augustus (27 v. Chr.–14 n. Chr.) eroberten die Römer den Alpenraum, so dass der Rhein für kurze Zeit die nördliche Reichsgrenze bildete. Die keltische Höhensiedlung wurde im Bereich des heutigen Münsterplatzes zum römischen Militärstützpunkt ausgebaut. Sowohl in verkehrsgeographischer als auch in topographischer Hinsicht eignete sich der Ort nicht für eine klassische Stadtanlage mit rechtwinkligem Strassensystem. Eine solche entstand als Colonia Augusta Raurica weiter rheinaufwärts auf flachem Terrain, bei der Verzweigung der beiden Hauptverkehrsachsen in die Ostschweiz bzw. in den Donauraum und in die Westschweiz zum Grossen St. Bernhard. Augusta Raurica war bis zu den Alamanneneinfällen um die Mitte des 3. Jahrhunderts wirtschaftliches und kulturelles Zentrum im Gebiet zwischen Elsass und Bodensee. Hingegen verlor der Militärstützpunkt am Rheinknie mit der Ausdehnung des römischen Reichs nach Norden vorübergehend an Bedeutung. Es entstand eine dorfartige Siedlung (vicus) dort (1.–3. Jahrhundert), die aber im Schatten Augusta Rauricas blieb. Als um die Mitte des 3. Jahrhunderts der römische Schutzwall im Donaugebiet aufgegeben und die Reichsgrenze unter dem Druck der Alamannenstürme an den Rhein zurückverlegt werden musste, erhielt die Festung auf dem Münsterhügel neue Wehrmauern. Aus dieser Zeit sind im Innern des Kastells verschiedene römische Bauten (Hauptquartier unter dem Münster, Getreidespeicher und Sodbrunnen in der Pflästerung gekennzeichnet) und die keltisch-römische Strasse auf der Linie Ritter- und Augustinergasse archäologisch nachgewiesen. Ausserhalb des Kastells zeigen sich in der Talsenke links des Birsig, wo die Hauptverkehrsstrasse (heute Freie Strasse) verlief, erste Siedlungsspuren beim Fischmarkt, mit Gräberfeldern im Bereich des Totentanzes und in der Aeschenvorstadt. In der Birsigmündung lag die natürliche Anlegestelle für Schiffe.

Basel im Frühmittelalter

Nach Abzug der römischen Truppen um 400 dürfte vorerst weiterhin eine gallorömische Bevölkerung auf dem Münsterhügel gelebt haben, von der nur spärliche Siedlungsfunde zeugen. Der heutige Forschungsstand lässt vermuten, dass das spätrömische Kastell im 6. Jahrhundert nur noch sporadisch bewohnt war. Erste alamanni-

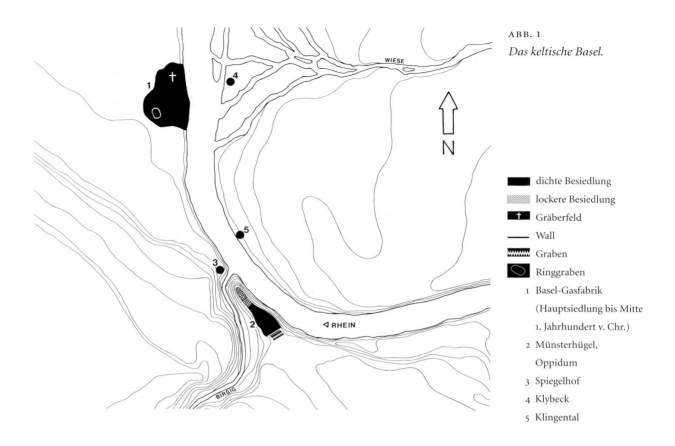

ABB. 1

Das keltische Basel.

- dichte Besiedlung
- lockere Besiedlung
- † Gräberfeld
- Wall
- Graben
- Ringgraben

1 Basel-Gasfabrik (Hauptsiedlung bis Mitte 1. Jahrhundert v. Chr.)
2 Münsterhügel, Oppidum
3 Spiegelhof
4 Klybeck
5 Klingental

sche und später fränkische Neusiedler schienen diesen Ort zu meiden. Sie hatten sich im 5./6. Jahrhundert im Umfeld des antiken Stadtkerns niedergelassen. Mit dem Nachweis von Grubenhäusern – Flechtwerkbauten, die 50 cm in die Erde eingetieft waren und Spuren von textilem Handwerk aufwiesen – lassen sich gegen Ende des 7. Jahrhunderts erstmals deutliche Zeichen einer neu einsetzenden baulichen Entwicklung auf dem Münsterhügel erkennen.

Die Anfänge des Christentums

Basels bauliche Entwicklung im Mittelalter wurde bestimmt durch die Tatsache, dass die Stadt Bischofssitz war. Die Anfänge des Christentums in Basel liegen zwar noch im dunkeln, doch wissen wir aus den Quellen, dass bereits um 346 ein Bischof namens Justinianus Rauricorum an der Kölner Synode teilnahm, dessen Bischofssitz in Kaiseraugst (Castrum Rauracense) lag. Basels mutmassliche frühchristliche Kirche müsste im Bereich des Münsters gelegen haben und könnte, wie in vielen anderen Städten römischen Ursprungs, an der Stelle eines römischen Vorgängerbaus, vielleicht sogar eines Heiligtums entstanden sein. Bisher wurde jedoch kein christliches Heiligtum gefunden.

Unter der von der Erneuerung der römischen Reichsidee geprägten karolingischen Herrschaft erfuhren die antiken Kerne zahlreicher Städte eine deutliche Wiederbelebung. In Basel ist es Bischof Haito (763–836), Abt des Klosters Reichenau, auch gerngesehener Gast am kaiserlichen Hof in Aachen, der zu Beginn des 9. Jahrhunderts den Münsterneubau in Angriff genommen haben soll. «Ein herrlicher Bau in glänzender Helle» sei aus den zer-

ABB. 2
Basel: frühstädtische Funde und Befunde (8.–10. Jh.).

1 karolingisches Münster, 9. Jh.
2 St. Alban, 9. Jh.
3 St. Theodor (?)
4 St. Martin (?)
5 St. Peter, 10. Jh.
A bischöflicher Immunitätsbezirk
B frühstädtische Funde in der Talstadt, 10. Jh.
C karolingische Funde im St. Alban-Tal, 10. Jh.
D Baselahe, 8. Jh. (um 1100: Oberbasel)
E karolingische Funde bei St. Theodor, 9. Jh.
F archälogische Funde und Siedlungstrukturen, 10.–11. Jh.; Rosshof, Nadelberg

✝ Datierung gesichert
☥ Datierung 1. Jahrtausend nicht gesichert

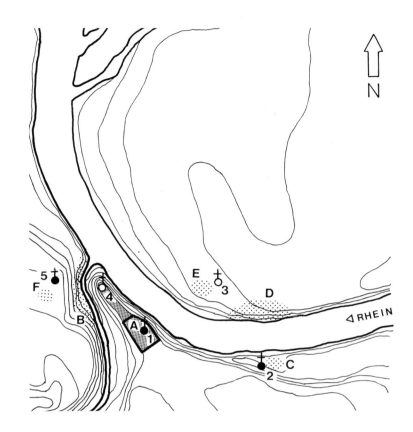

fallenen Mauern wieder erstanden, heisst es im Gedicht eines Zeitgenossen, der uns damit den wichtigen Hinweis gibt, dass damals bereits ein Vorgängerbau bestanden hat, der zur Zeit Haitos «in Schutt und Trümmern» lag. Die Münstergrabung in den 1970er Jahren förderte allerdings nur die Reste des karolingischen Baus zutage. Dieser war kürzer und schmäler als das heutige Münster, lag aber bereits über der keltisch-römischen Strasse. Seine Westfront flankierten zwei markante Rundtürme. Die Krypta lag ausserhalb, direkt über dem östlichen Steilhang zum Rhein.

Um die Jahrtausendwende hatte sich um die bischöfliche Kirche ein eigens befestigter Bezirk, die Domburg, gebildet. Innerhalb dieser Mauern, die im Osten und Süden weitgehend mit der keltisch-römischen Befestigung übereinstimmten und im Norden wohl eingangs Augustinergasse lagen, lag ein bischöflicher Immunitätsbezirk, der den Zugriff weltlicher Macht und Gerichtsbarkeit ausschloss. Dort wohnten die Domherren, die sich zu diesem Zeitpunkt bereits aus der klösterlichen Gemeinschaft des Domstifts gelöst hatten, in eigenen Häusern um den Münsterplatz. Am nördlichen Ende des Münstersporns dürfte ein Vorgängerbau der 1101 erstmals erwähnten Martinskirche den Bewohnern des ehemaligen Kastells als Pfarrkirche gedient haben. In dieser frühstädtischen Phase (8.–10. Jahrhundert) waren um die bischöfliche Burg an verkehrsgünstiger Lage verschiedene Siedlungsschwerpunkte entstanden, die häufig mit einer Kirche in Verbindung gebracht werden können: an den beiden Rheinufern bei St. Alban und St. Theodor (Datierung nicht gesichert) sowie in der Talsenke links des Birsig und auf dem Westplateau im

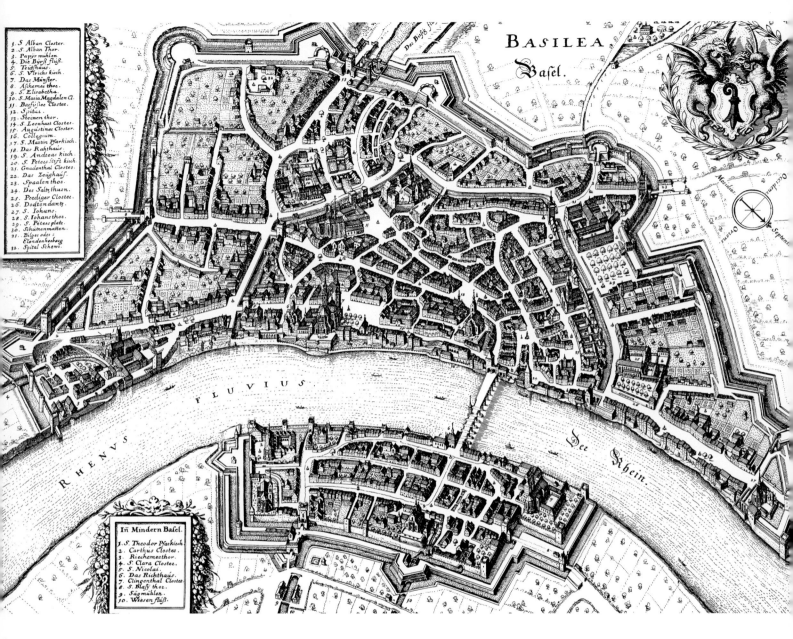

ABB. 3 *Matthäus Merian, Vogelschauplan von Norden, vor 1642/54.*

Bereich des heutigen Rosshof (Nadelberg) mit St. Peter als Begräbniskirche. So war der Münsterhügel im Norden, Süden und Osten von drei Gotteshäusern umgeben, die der Bau von St. Leonhard im ausgehenden 11. Jahrhundert im Westen zu einem ‹Kirchenkreuz› ergänzte.

Der Bischof als Stadtherr

Der Bischof als Lehensträger des deutschen Kaisers war zugleich geistlicher und weltlicher Herrscher über die Stadt. Die vom Kaiser delegierten Rechte gestatteten ihm u.a. die Wahl der höchsten Richter, das Schlagen eigener Münzen, die Kontrolle des öffentlichen Marktes und die Einziehung von Strassenzöllen und Steuern. Auf dem Münsterhügel mit der alles überragenden Kathedrale, dem bischöflichen Palast und den Amts- und Wohnsitzen des Domkapitels lag auch das Verwaltungszentrum. In der Talstadt, die sich im Verlauf des 11. Jahrhunderts vom Fischmarkt bis zum Bereich der Barfüsserkirche ausdehnte, wohnten und arbeiteten die Handwerker und Kaufleute. Noch heute verweisen Strassennamen wie Gerber-, Schneider- und Sattelgasse auf das dort ansässige Gewerbe. Märkte fanden am Fischmarkt, auf dem Münster- und dem Barfüsserplatz und in den umliegenden Gassen statt. Der Bereich des heutigen Marktplatzes lag damals noch im Schwemmgebiet des Birsig.

Wenn es im folgenden darum geht, die Gestalt der hoch- und spätmittelalterlichen Stadt zu erfassen, bietet uns der in Kupfer gestochene Vogelschauplan von Matthäus Merian, der den gesamten Baubestand von Gross- und Kleinbasel minutiös wiedergibt, eine wertvolle Hilfe. Obwohl erst 1615 entstanden, lassen sich an ihm die städtebaulichen Schwerpunkte früherer Jahrhunderte gut ablesen.

Basels erste Stadtbefestigungen und die Entstehung Kleinbasels

Vermutlich war schon die frühe Handwerkersiedlung am Fuss der Domburg durch eine einfache Palisadenwehr geschützt. Die Namen ‹Spalen› (evtl. von lat. palus = Pfahl) oder ‹Grünpfahlgasse› deuten in diese Richtung. Noch im 11. Jahrhundert erhielt Basel jedoch unter Bischof Burkhard von Fenis (1072–1107) seine erste Stadtmauer, die lange Zeit nur durch schriftliche Quellen bezeugt war und erst in jüngster Zeit auch archäologisch gesichert werden konnte. Die ‹Burkhardsche Mauer› verlief, abgesehen von einem Zwickel am Barfüsserplatz, wie die zweite Stadtmauer des 13. Jahrhunderts entlang von St. Alban-Graben, Steinengraben, Kohlenberg, Leonhardsgraben und Petersgraben. Die Annahme einer südöstlichen Stadterweiterung im 12. Jahrhundert hat sich als unrichtig erwiesen. Die Verteidigung derselben im Kriegsfall oblag vorerst den adligen Gefolgsleuten des Bischofs, die sich auf dem Hügelrücken zwischen St. Leonhard und St. Peter unmittelbar hinter der Mauer ansiedelten, noch bevor der westliche Talhang zum Birsig terrassiert und überbaut wurde. So bildeten sich in der mittelalterlichen Stadt spezifische Lebensräume für Klerus, Adel und Bürgerschaft heraus, die mit den topographischen Bedingungen in enger Beziehung standen und die bis weit in die Neuzeit erhalten blieben. Reste der früheren Stadtbefestigung sind im Lohnhof und im Hotel-Restaurant Teufelhof in situ konserviert.

Der zweite Befestigungsring, die in der Mitte des 13. Jahrhunderts errichtete ‹innere Mauer›, die im wesentlichen nur wenige Meter vor der Burkhardschen Mauer lag und seit ca. 1300 in regelmässigen Abständen mit Türmen bewehrt war, hatte vier Tortürme, die nach der späteren Ausdehnung der Stadt St. Alban-, Aeschen-, Spalen- und St. Johanns-Schwibbogen hiessen. Ungefähr in denselben Zeitraum fallen der Bau der ersten Rheinbrücke (ca. 1225–1240) und die zumindest provisorische Anlage Kleinbasels. Brückenschlag und Stadtgründung bildeten eine Einheit.

Mit diesem kühnen Unternehmen sicherte sich der Basler Bischof Heinrich von Thun (1216–1238) als Grundherr von Kleinbasel nicht nur seine Position gegenüber habsburgischem Territorium, sondern er erkannte auch die wirtschaftlichen Möglichkeiten, die sich durch den Ausbau der Wasserläufe (Nebenarme der Wiese) zur gewerblichen Nutzung ergaben. So entstanden am Riehenteich entlang dem heutigen Claragraben und an den drei Teicharmen innerhalb der Mauern zwischen Greifengasse und Kasernenstrasse zahlreiche

ABB. 4
Basel, Entwicklung der Stadtbefestigung (Stand 1989).

STADTTORE

1 Kunostor
    (St. Alban-Schwibbogen)
2 Eschemarstor
    (Aeschenschwibbogen)
3 Wasserturm
4 Eselturm
5 Spalen-Schwibbogen
6 Kreuztor
    (St. Johanns-Schwibbogen)
7 Rheintor
8 Vriedentor
    (Brigitta-Schwibbogen)
9 Riehentor
10 Inneres Bläsitor
11 Äusseres Bläsitor
12 Oberes Rheintörlein
13 Porta nova, Inneres St. Johanns-Tor
14 St. Alban-Tor
15 Aeschentor
16 Steinentor
17 Spalentor
18 St. Johanns-Tor
19 Eisenbahntor

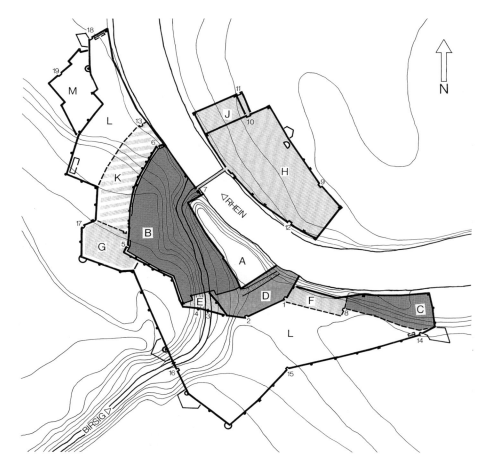

A antike Kernstadt, 1. Jh. v. Chr.–12. Jh.   B Talstadt, Burkhardsche Stadtmauer, 11. Jh.   C Kloster St. Alban, 11. Jh.   D Stadterweiterung, 12. Jh. (heute überholte Annahme.)   E Innenstadt, Innere Stadtmauer, 13. Jh.   F Obere St. Alban-Vorstadt, 13. Jh.   G Spalenvorstadt, 13. Jh.   H Kleinbasel, 13. Jh.   J Kloster Klingental, 12. Jh.   K Stadterweiterung, 13./14. Jh.   L Aussenstadt, Äussere Stadtmauer, 14. Jh.   M Erweiterung Elsässerbahnhof, 19. Jh.

Mühlen, Sägen, Schleifen und, mit dem Aufkommen der Textilindustrie, Bleichen, die bis ins 19. Jahrhundert das Kleinbasler Gewerbe prägten. Aus der einheitlichen Anlage der rechtsrheinischen Stadt resultiert eine regelmässige Strassenführung mit drei parallel zum Rhein verlaufenden Hauptadern, die von der Verlängerung der Rheinbrücke senkrecht durchschnitten werden, wogegen in Grossbasel die über Jahrhunderte gewachsene Siedlungsstruktur, im Zusammenspiel mit der Topographie, ein verästeltes Strassenbild ergibt.

Kirchen und Klöster

Das hochmittelalterliche Stadtbild war bestimmt von zahlreichen Kirchen und Klöstern, die innerhalb und ausserhalb der Mauern entstanden. Das erwähnte ‹Kirchenkreuz› hatte sich allmählich zum Kirchenkranz geformt, dessen geistiges und geistliches Zentrum das Münster bildete. Mindestens elf Klöster – sieben für Männer, vier für Frauen – können neben zwölf weiteren Kirchen und Kapellen, davon vier für die Ritterorden, auf dem Merianplan gezählt werden. Noch ins 11. Jahr-

ABB. 5

Die Alte Rheinbrücke um 1884. Die mittelalterliche Brücke mit ihren fünf Stein- und sechs Holzpfeilern wurde erst 1903 durch einen Neubau ersetzt. Links neben dem Hotel ‹Drei Könige› das 1899 abgebrochene Rheinlagerhaus (heute Basel Tourismus).

hundert fällt der Bau des Klosters bei St. Alban, das Benediktinermönche aus Cluny bezogen. Sein Bezirk erstreckte sich vom St. Alban-Graben bis zur Birs. 1135 erfolgte die Gründung des Chorherrenstifts bei St. Leonhard. Der eigentliche Bauboom ereignete sich aber im 13. Jahrhundert, als sich, nur zwanzig Jahre nach ihrer Gründung, die Bettelorden in der Stadt ansiedelten und vermehrt auch Frauenorden aufkamen. 1233 holte Bischof Heinrich von Thun die Dominikaner von Strassburg in die Stadt, damit, wie es in einer Urkunde heisst, «sie hier zu Basel wohnend durch Predigt, durch Beichthören und durch eifrige Seelsorge das Heil der Gläubigen förderten». Sie bauten das Predigerkloster vor den Mauern am Totentanz. Im gleichen Jahr entstand auch das Chorherrenstift St. Peter. Um 1258 bezogen die Franziskaner das Barfüsserkloster, und 1276 liessen sich die Augustiner an bevorzugter Lage auf dem Burghügel (heute Naturhistorisches Museum und Museum der Kulturen) nieder. Das erste Frauenkloster wurde um 1230 für den zur Bekehrung der Strassendirnen gegründeten Reuerinnenorden in den Steinen, auf dem heutigen Theaterareal, eingerichtet. Auf Kleinbasler Seite siedelten sich in den 1270er Jahren die Dominikanerinnen (Kloster Klingental) und die Clarissen (bei St. Clara) an. Das vierte Frauenkloster, ebenfalls von Clarissen bewohnt, lag vor dem ‹Tor zu Spalen› (heute Alte Gewerbeschule). Zuletzt kamen 1402 die Kartäuser nach Kleinbasel, die sich im Schutz der östlichen Stadtmauer niederliessen. Aus dieser Aufzählung wird eines deutlich: Die Zahl von kirchlichen Gebäuden war im Vergleich zu profanen Bauten extrem hoch. Gut ein Viertel der bebauten Gesamtfläche nahm die geistliche Welt für sich in Anspruch. Man stelle sich den enormen Bedarf an Handwerkern und Tagelöhnern vor, die die Steine brachen, transportierten, auf das vorgeschriebene Mass behauten und letztlich aufeinandersetzten, und bedenke, dass die Phase der grössten Bautätigkeit in die Entstehungszeit der inneren Stadtmauer fiel! Wo liegen die Ursachen

ABB. 6 *Der Marktplatz um 1651. Kupferstich von Jacob Meyer. Das nördliche Häusergeviert reichte bis zum Rathaus. Erst im 19. Jahrhundert erhielt der Marktplatz seine heutige Grösse. Am rechten Rand ist die Geltenzunft erkennbar. Die Häuser zeigen die typischen Vorbauten von Handwerker- und Krämerbuden.*

dieses Phänomens? Diese Frage hinreichend beantworten zu können, hiesse, sich mit der mittelalterlichen Frömmigkeit eingehend zu befassen. Der Historiker Hans Georg Wackernagel weist darauf hin, dass die Ehrung der Toten, die Sorge um das Seelenheil – um das eigene und um das der Verstorbenen – eine zentrale Rolle spielte. Dazu, so lesen wir bei Wackernagel, wurden unzählige Messen gelesen: «Solch kirchliche Verrichtung erforderte ebenso eine Vielheit an baulichen Massnahmen – an Gotteshäusern, Kapellen und Altären – wie ein wahres Heer von zelebrierender und anwesender Geistlichkeit.» In städtebaulicher Hinsicht waren die Klöster als aktive Wirtschaftsbetriebe mit Ökonomiegebäuden, Gewerbe- und Wohnanlagen für Handwerker und Bedienstete häufig Anziehungs- und Kristallisationspunkte wirtschaftlich-städtischer Entwicklung, um die sich im Verlauf des 13. Jahrhunderts die individuell befestigten Vorstädte bildeten (St. Johanns-, Spalen-, Steinen-, St. Alban-Vorstadt). Im St. Alban-Tal wuchs im Einflussbereich des Klosters eine mittelalterliche Gewerbesiedlung heran, an deren Teichläufen nicht weniger als zwölf Mühlen standen.

Die Erweiterung nach dem Erdbeben von 1356

Nachdem das archäologisch allerdings kaum fassbare Erdbeben und die damit verbundene Feuersbrunst die Stadt zu einem Teil in Schutt und Asche gelegt hatte, wurden beim Wiederaufbau zahlreiche Holzhäuser durch Stein- und Fachwerkbauten mit Lehm- oder Kalkverputz ersetzt. Statt mit den leicht brennbaren Schindeln wurden die Häuser auch mit Ziegeln gedeckt, die Hauptstrassen gepflastert. Im gleichen Zug erhielt die Stadt auch einen neuen Befestigungsring, die ‹Äussere Mauer›. Rund vierzig Jahre dauerte die Bauzeit (1361–1398). Der Mauerring war nun so weit gefasst, dass er auch die Vorstädte sowie ausreichend Grünfläche für bauliche Reserven und Landwirtschaft in der Stadt einschloss. Mauer, Wall und Graben verliefen vom Klosterbezirk St. Alban entlang der St. Alban-Anlage zum heutigen Aeschenplatz, dann in grossem Bogen über den Aeschen-, Steinen-, Schützen- zum Spalengraben und von hier in mehreren Vor- und Rücksprüngen, den Mauern der Vorstädte folgend, entlang der heutigen Bernoulli-, Klingelberg-, Schanzen-, Spital- und Johanniterstrasse zum Rhein. Von ihren fünf stattlichen, nach den jeweiligen Vorstädten benannten Tortürmen haben sich nur das St. Alban-, das Spalen- und das St. Johanns-Tor erhalten.

Die Stadt bot dem grossen ökumenischen Konzil 1431–1448 einen durchaus würdigen Rahmen. Dies erfahren wir aus den Schilderungen des italienischen Konzilssekretärs Enea Silvio Piccolomini, der später (1459, Eröffnung 1460) als Papst Pius II. der Stadt das Privileg zur Universitätsgründung erteilen wird. Die Stadt Basel sei, so schreibt er 1434 an einen Freund in Mailand, «wie aus einem Guss geformt, allenthalben neu, kein einziges Gebäude erzählt von der alten Zeit. [...] Die Häuser der Vornehmen sind sehr geschickt eingeteilt und so schön gehalten und fein, wie es in Florenz nicht besser ist. Sie sind alle getüncht, vielfach auch bemalt und haben Gärten, Brunnen und Höfe.» Zur Stadtbefestigung äussert der Italiener allerdings seine Bedenken: «Die Ringmauer und Vorwerke der Stadt würden kaum die harten Belagerungen und Kämpfe der italienischen Kriege aushalten, denn sie sind weder hoch noch stark genug.» In der Tat verlangte das Aufkommen der Feuerwaffen den Anbau von Bollwerken (Mitte 16. Jahrhundert) und Schanzen (17./18. Jahrhundert), doch war die Stadtbefestigung trotz der punktuellen Anpassungen an die Kriegstechnik schon im 17. Jahrhundert völlig veraltet.

Basels städtebauliche Entwicklung vom Beginn der Neuzeit bis ins 19. Jahrhundert

Das Konzil erwies sich für die Stadt Basel, die siebzehn Jahre lang im Zentrum abendländischer Kirchenpolitik stand, in wirtschaftlicher und kultureller Hinsicht als folgenreich. Zu nennen sind Papierproduktion und Buchdruck, die in der Folge zu internationalem Ruf gelangten, so dass berühmte humanistische Gelehrte und Künstler – unter ihnen Sebastian Brant, Erasmus von Rotterdam und Sebastian Münster – nach Basel kamen, um ihre Werke zu veröffentlichen. Bereits zwölf Jahre nach Konzilsende, 1460, war Basel die zehnte deutschsprachige Stadt mit einer Universität. Das erste Kollegium befand sich am Rheinsprung 9 (heute Zoologische Anstalt).

Obwohl die Stadt durch diese Ereignisse eine rege Zuwanderung erfuhr, die sich nach der Reformation im Zustrom protestantischer Glaubensflüchtlinge fortsetzte, verhinderte vor allem das häufige Auftreten von Krankheiten und Epidemien ein stetiges Wachstum der Bevölkerung. Vergleichen wir Merians Vogelschauplan mit dem von Friedrich Mähly aus dem Jahr 1847, so stellen wir fest, dass sich das bauliche Volumen der Stadt in diesem Zeitraum von über zweihundert Jahren nicht wesentlich vergrössert hat. Die dritte, um 1400 vollendete Ringmauer umschloss zur Mitte des 19. Jahrhunderts nach wie vor grosse Freiflächen. Das Stadtbild des 19. Jahrhunderts prägten noch immer schmale Häuser, deren Grundrisse sich auf den mittelalterlichen Parzellen in die Tiefe erstreckten. Seit dem Rathausbau (1507–1513, Erweiterung 1608–1610) und dem Bau der Geltenzunft (1578, Marktplatz 13) waren einige weitere öffentliche Repräsentationsbauten (Mueshaus 1652, neues Zeughaus 1775–1791, Erweiterung des Kaufhauses 1572), aber keine Gotteshäuser entstanden. Es waren auch die privaten Herrschaftshäuser einer neuen bürgerlichen Ober-

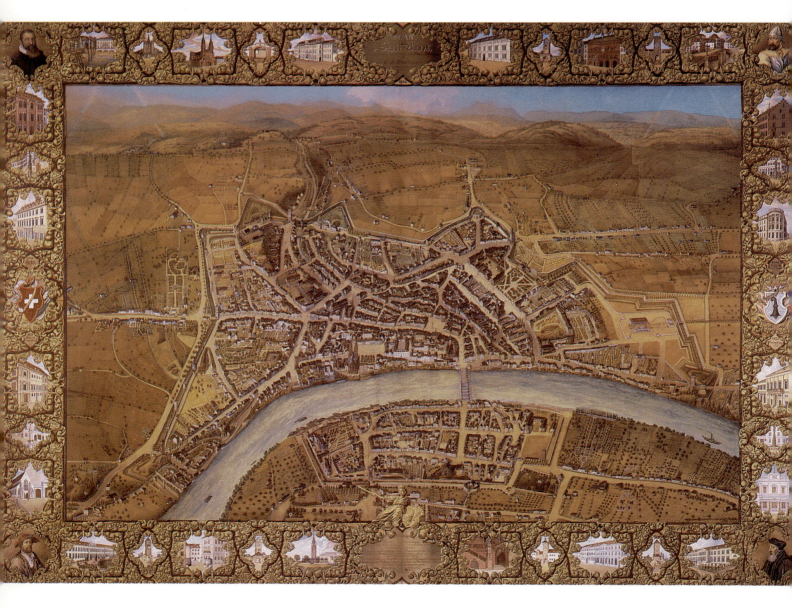

ABB. 7   *Johann Friedrich Mähly, Vogelschauplan 1847.*

schicht, die das mittelalterliche Gesicht Basels da und dort veränderten. Wohlhabende Bürger waren als protestantische Glaubensflüchtlinge (‹Refugianten›) im ausgehenden 16. Jahrhundert aus Oberitalien, Frankreich und den spanischen Niederlanden nach Basel gelangt und hatten hier Wohnsitz genommen. Bei den zugewanderten Familien der Orelli, Sozzini (Socin), Miville, Sarasin und Chrétien (Christ) befand sich manch qualifizierter Unternehmer, der es verstand, in Basel als Fabrikant, Bankier oder Handelsherr mit grenzüberschreitenden Verbindungen ein florierendes Geschäft aufzubauen. Als typisches Refugiantengewerbe hatte sich in Basel die Posamenterie, die Bandweberei, etabliert, welche die Zuwanderer aus den bedeutenden europäischen Produktionszentren für Textilien nach Basel brachten. Sie produzierten vorerst im Verlagssystem, d.h. sie

ABB. 8

Das Weisse und das Blaue Haus, 1763–1770 von Samuel Werenfels für die Bandfabrikanten Lucas und Jacob Sarasin errichtet. Rechts daneben die ehemalige Universität. Das ursprünglich aus drei Häusern bestehende Ensemble wurde 1859–1860 nach Plänen von Johann Jacob Stehlin d. J. aufgestockt und das Fassadenbild in neugotischem Stil vereinheitlicht.

beschäftigten Heimarbeiter, häufig Kleinbauernfamilien aus der Umgebung. So konnten sich die ‹Bändelherren› rasch zu Grossunternehmern entwickeln und während des 17. und 18. Jahrhunderts im Band-Welthandel eine starke Stellung halten. Ein neuer, am französischen Hofleben orientierter Lebensstil kam nach Basel, von dem heute die gediegenen, mehrachsigen Barockfassaden ihrer seit dem ausgehenden 17. Jahrhundert errichteten Stadtpalais und Landsitze, häufig mit Ehrenhof (Empfangshof vor dem Hauptportal, seitlich eingerahmt von Flügelbauten) und rückwärtiger Gartenanlage zeugen. In ihrer Grosszügigkeit durchbrachen diese ‹maisons entre cour et jardin›, die jeweils eine ganze Gruppe von Vorgängerbauten ersetzten, die kleinteiligen Strukturen der mittelalterlichen Stadt. Unübersehbar dominieren die beiden repräsentativen Schaufassaden des Weissen und Blauen Hauses die Häuserzeile der Grossbasler Rheinfront. Die Liegenschaften, zwei zusammengebaute Dreiflügelanlagen baute der Architekt Samuel Werenfels für die Bandfabrikanten Lucas und Jacob Sarasin

1763–1770. Während sich zur Rheinseite die beiden identisch gegliederten Fassaden mit betonter Mittelachse durch unterschiedlichen Bauschmuck auszeichnen, unterstreicht die einheitliche, mit Lukarnen (Fensterluken) durchsetzte Dachlandschaft die Zusammengehörigkeit dieser Paläste. In den rückseitigen Flügeln gegen die Martinsgasse waren die Kontor- und Lagerräume der Firma untergebracht. Der Holsteinerhof an der Hebelstrasse, der Ramsteinerhof an der Rittergasse, der Antönierhof in der St. Johanns-Vorstadt, das Haus zum Raben in der Aeschenvorstadt und das Wildtsche Haus am Petersplatz sind weitere Zeugen dieser wirtschaftlichen Blüte im 17./18. Jahrhundert. Während dieser Zeit hat auch sonst manches mittelalterliche Bürgerhaus ein Aussehen in neuem, ‹französischem› Stil erhalten. Die westliche Häuserzeile des Münsterplatzes, die der Merianplan noch in ihrer typisch gotischen Fassadengliederung mit seitlichem Eingangsportal und unterschiedlichen Fenstergrössen zeigt, erhielt in der zweiten Hälfte des 18. Jahrhunderts eine regelmässig durchkomponierte

ABB. 9   *Haus zum Kirschgarten. 1775–1780 von Johann Ulrich Büchel für den Bandfabrikanten Johann Rudolf Burckhardt als Stadtpalais in klassizistischer Stilprägung gebaut.*

Fassade mit grossen, einheitlichen Stichbogenfenstern und zentralem Eingangsportal.

Mit seinem ab 1775 errichteten Haus zum Kirschgarten (Elisabethenstrasse 27) setzte dann der Bändelherr Johann Rudolf Burckhardt einen deutlichen Gegenakzent zur barocken Stadt: die klaren, geradlinigen Fassadenformen ohne bewegtes, feingliedriges Beiwerk, das von toskanischen Säulenpaaren betonte Portal sowie die zierlichen ionischen Säulen im Vestibül (Vorhalle) künden von einer neuen Stilrichtung, dem Klassizismus, der aus dem nach strengen Regeln komponierten Formenvorrat der griechischen und römischen Antike schöpfte.

Neue Bauaufgaben im 19. Jahrhundert: Bauten für die Öffentlichkeit

Die sozialen Umwälzungen der Revolutionszeit hatten eine Öffnung des kulturellen Lebens zur Folge, das sich zuvor gewöhnlich in Zunft- und Privathäusern einfluss-

ABB. 10   *Museum der Kulturen und Naturhistorisches Museum an der Augustinergasse, erbaut 1842–1849 als Museums- und Universitätsgebäude von Melchior Berri, auf dem Areal des ehemaligen Augustinerklosters.*

reicher Familien abgespielt hatte. Da nun ein breiteres Bürgertum zum neuen Kulturträger der Gesellschaft wurde, entstand ein Bedarf an Grossbauten für Bildung, Kultur und gesellschaftliche Vereinsanlässe. Damit begannen neue, repräsentative Grossbauten das Basler Stadtbild zu beleben. Sie entstanden vorerst hauptsächlich auf private Initiative verschiedener Bildungs- und Geselligkeitsvereine. Der Beginn dieser etwa im 3. Jahrzehnt des 19. Jahrhunderts einsetzenden Entwicklung

kann wiederum am Mähly-Plan nachvollzogen werden. Er zeigt bereits das in den Jahren 1842–1849 von Melchior Berri errichtete Universitäts- und Museumsgebäude an der Augustinergasse, das in der Kombination von Unterrichts- und Sammlungsräumen für Kunst und Naturwissenschaft damals einzigartig war. Die repräsentative Fassade mit abschliessendem Figurenfries in der Attikazone lässt den am deutschen Klassizismus geschulten Baumeister erkennen, der seine Ausbildung

ABB. 11   *Johann Jacob Stehlin d. J. entwarf das Basler Kulturzentrum am Steinenberg. Die Abbildung zeigt die Ecke Theaterstrasse/Steinenberg mit Steinenschulhaus, altem Stadttheater und Kunsthalle.*

durch Kurse an der Akademie und durch das Studium antiker Bauten vor Ort, etwa in Rom und Pompeji, vervollständigt hatte. Die neuesten Tendenzen ausländischer Bautätigkeit spiegelnd – die Ausstrahlung von Schinkels Bauakademie in Berlin ist auch hier spürbar –, brachte Berris Hauptwerk eine neue Form der Monumentalität ins Stadtbild. Für öffentliche Grossprojekte dieser Art boten die aufgegebenen Klosteranlagen die nötige Landreserve. Berris Museum liegt auf dem Grundstück des ehemaligen Augustinerklosters. An die Stelle des Klosters Klingental kam 1863 die Kaserne, und auf dem Areal des Klosters ‹vor Spalen›, wo seit dem 16. Jahrhundert das Kornhaus stand, befand sich seit 1890 die Gewerbeschule. Für die mit dem Bau eines Casinos seit 1824 einsetzende Entwicklung des Basler Kulturzentrums am Steinenberg standen Teile des Barfüsser- und des Steinenklosters zur Verfügung. Das wiederum von Melchior Berri errichtete Stadtcasino mit Speise-, Musik- und Ballsaal an der Südseite des Barfüsserplatzes war die erste Frucht jahrelanger Bemühungen um ein Lokal für gesellschaftliche Anlässe. Das Vorhaben setzte den Abbruch der inneren Stadtmauer und zweier Türme sowie die Aufschüttung des Grabens voraus. Anders als beim heutigen Casino (1938) war die Hauptfassade auf den Steinenberg ausgerichtet mit der Absicht, die Strasse als Repräsentationsachse auszubilden. An ihr sollten in den 1870er Jahren die Kunsthalle mit Restaurant und Bildhauerateliers, das grosse Stadttheater und

ABB. 12   *Das ehemalige Steinenkloster (Bildmitte), vor der Säkularisierung Domizil des Reuerinnenordens. Links vorne das alte Stadtcasino. Aquarell von Johann Jacob Schneider.*

der an Berris Casino anschliessende Musiksaal entstehen. Diese Grossbauten, das Schulhaus an der heutigen Theaterstrasse eingeschlossen, basieren alle auf einem einheitlichen Überbauungsplan, den ein einziger Architekt, Johann Jacob Stehlin d. J. (1826–1894), seit den späten 1860er Jahren realisieren konnte. Von diesem bedeutenden, von der Elisabethenkirche (begonnen 1857) dominierten baulichen Ensemble haben sich nur der Musiksaal und die Kunsthalle erhalten. (Die heutige Überbauung wurde in den 1960er Jahren projektiert und brachte durch die Zurücksetzung des Theaters eine grundlegende städtebauliche Veränderung. Die ehemals geschlossenen Strassenfluchten von Steinenberg und Theaterstrasse wurden durch die gestufte Platzanlage aufgebrochen, der Stadtraum optisch erweitert.) Das am rechtsrheinischen Brückenkopf gelegene ‹Casino der kleinen Stadt›, das heutige ‹Café Spitz›, und das Hotel ‹Drei Könige› auf der gegenüberliegenden Rheinseite, beide von Bauinspektor Amadeus Merian 1838–1840 bzw. 1842–1844 erbaut, setzen die Reihe der neu errichteten Gesellschaftsbauten fort. Das schon im Mittelalter erwähnte Gasthaus ‹Drei Könige› wandelte sich zum luxuriös ausgestatteten Stadthotel für eine begüterte Kundschaft, die das bequeme Reisen mit Dampfschiff und Eisenbahn – 1844 nahm die Linie Basel–Strassburg den Betrieb auf – als neues Freizeitvergnügen entdeckt hatte.

ABB. 13
Der Steinenberg, heutige Situation.

ABB. 14
Centralbahnplatz mit dem Stationsgebäude vor dem Neubau, Aufnahme um 1900.

ABB. 15
*Wettsteinbrücke,
Alte Rheinbrücke und
Johanniterbrücke.*

Die neuen Verkehrsmittel

Als augenfällige Neuerung im Stadtgefüge zeigt der Mähly-Plan im Bereich der St. Johanns-Vorstadt das Stationsgebäude der 1844 eröffneten Elsässer Bahnlinie von Strassburg nach Basel. Für den ersten Bahnhof auf Schweizer Boden wurde der mittelalterliche Festungsring, dessen Funktionstüchtigkeit bekanntlich schon Piccolomini im 15. Jahrhundert angezweifelt hatte, nochmals erweitert. Die Elsässerbahn fuhr jeweils auf der Höhe der Vogesenstrasse durch ein mächtiges Tor in Basel ein, das nachts mit einem Fallgitter geschlossen wurde. Mit dem Anschluss an das Netz der Schweizer Centralbahn und der Badischen Bahn ein Jahrzehnt später (1854 bzw. 1855) hatte Basel an peripherer Lage drei Kopfbahnhöfe rund um die Stadt verteilt, die für Durchreisende jeweils nur mit Pferdefuhrwerken zu erreichen waren. Tramwagen rollten erst im Jahr 1895 durch Basels Strassen, nachdem die Stadt kurz zuvor ihre Elektrizitätsversorgung erhalten hatte. Die Zusammenlegung des Elsässer- und des Centralbahnhofs vor dem Elisabethenbollwerk um 1858 erübrigte dann diesen umständlichen Bahnhofswechsel. Nun fuhr die Elsässerbahn in einem grossen Bogen dem Spalen- und Steinenring entlang um die Stadt herum und über den 1857 errichteten Birsigviadukt zum neuen zweiteiligen Stationsgebäude am heutigen Centralbahnplatz. Das neubarocke Gesicht mit dem riesigen Glasfenster zwischen zwei massigen Uhrtürmen erhielt der Bahnhof allerdings erst bei einem Neubau 1903. Kurz nach der Bahnhofseröffnung setzte rund um den Centralbahnplatz der Hotelbau ein: in den 1860er Jahren entstanden die Hotels Schweizerhof und Euler, in den 1870er Jahren die Hotels Victoria und Jura. Schliesslich war mit dem Bau der Eisenbahnbrücke 1873 auch die Schienenverbindung zum Badischen Bahnhof hergestellt, für den 1913 eine Verlegung vom Riehenring an die Schwarzwaldallee erforderlich wurde.

Industrialisierung

1815 zählte Basel rund 16 700 Einwohner, das sind etwa 4000 mehr als zur Zeit des Konzils. Bereits 1833 lebten in der Stadt knapp 20 000 Menschen, und bis zum Ende des Jahrhunderts verfünffachte sich diese Zahl annähernd. Die Ursache lag in der einsetzenden Industrialisierung. Auf dem Mähly-Plan von 1847 kündigt einzig die Elsässerbahn dieses neue Zeitalter an. Unmittelbar danach änderte sich die Gestalt der Stadt innerhalb weniger Jahrzehnte grundlegend. So sehen wir auf der rund zwanzig Jahre später entstandenen Ansicht von Süden (ABB. 21, S. 53), dass die Stadtmauern breiten Boulevards und Grünanlagen gewichen sind, und dass an der Kleinbasler

ABB. 16 *Der offene Birsig (heute Falknerstrasse), Aufnahme 1886.*

Peripherie zahlreiche rauchende Schornsteine das künftige Industriequartier zu erkennen geben. Dort, im Klybeck, hatten sich vor allem Färbereibetriebe niedergelassen, aus denen später die chemische Industrie hervorging. Das Aufkommen industrieller Grossbetriebe steigerte den Bedarf an billigen Arbeitskräften enorm. Dies setzte einen beispiellosen Zustrom von Landbewohnern in Gang, die in ärmlichen Verhältnissen gelebt hatten und die sich in der Stadt eine bessere Existenz er-

hofften. Sie bildeten die neue soziale Unterschicht, das hart am Existenzminimum lebende Industrieproletariat. Die Arbeiter bezogen Wohnungen meist alter, baufälliger Häuser in der Altstadt, die mit wachsendem Zustrom in immer kleinere Einheiten zerlegt wurden. Diese waren bald hoffnungslos überfüllt. Um die Mitte des Jahrhunderts war in den typischen Arbeitervierteln am Spalen- und Heuberg, an der Gerbergasse und am Steinenbachgässlein auch die letzte Kammer bis unter

ABB. 17 Rudolf Ludwig Maring, Generalplan der Stadt Basel, 1857.

das Dach besetzt. Zur Not baute man Hinter- und Flügelgebäude an oder richtete behelfsmässig Stallungen und Schuppen ein, die für Wohnzwecke völlig ungenügend waren. Die Wohnungen waren dunkel und feucht, oft fehlte sogar die Küche. Am verheerendsten waren die Verhältnisse am Imbergässlein, in den Gassen dem Birsig entlang, am Petersberg und am Andreasplatz, in Kleinbasel in der Weber- und Rheingasse und am Lindenberg. Trotz der extremen Wohndichte war die Viehhaltung in der Stadt immer noch üblich. Die sanitären Einrichtungen wurden zum Problem. Über die Hälfte aller Aborte dienten mehreren Haushaltungen gemeinsam. Das Abwasser wurde grösstenteils in Gruben gesammelt oder in die Teiche (Gewerbekanäle), in den Birsig und in den Rhein geleitet. Entsprechend gross war die Geruchsbelästigung, zumal die Leitungen und Dolen häufig undicht waren und der Birsig zeitweise nur als dünnes Rinnsal durch die Stadt floss.

Basels «Gesundungswerk»
Infolge verseuchten Trinkwassers brach 1854/1855 eine verheerende Choleraepidemie aus, die den Staat zum Handeln zwang. Es wurde eine Kampagne zur ‹Stadtgesundung› gestartet, die eine Verbesserung der hygienischen Verhältnisse durch den Ausbau der Wasserversorgung und der Kanalisation vorsah. Ab 1875 war ein erstes Leitungsnetz der modernen Trinkwasserversorgung hergestellt. Ein verbindliches Kanalisationsgesetz liess allerdings auf sich warten. Erst 1899 ging man daran, den Birsig auf Stadtgebiet vollständig zu überdecken. Nun flossen alle Abwässer in unterirdischen Kanälen zusammen, die in den Rhein mündeten.

Im gleichen Zug wurde eine Verbesserung der Luft- und Lichtverhältnisse angestrebt. Zuvor waren Gesetze über Strassenkorrektionen und über die Stadterweiterung wirksam geworden, die nun auch die Niederlegung des mittelalterlichen Mauerrings guthiessen. «Die Zeiten haben sich geändert», heisst es im Ratschlag zum Stadterweiterungsgesetz von 1859, «vermehrte Bevölkerung, zehnfach gesteigerter Verkehr und ganz umgestellte Industrieverhältnisse verlangen breitere, ebenere und bequemere Strassen und erheischen im Interesse öffentlicher Sicherheit und Salubrität tätiges Einschreiten und Eingreifen des Staates in die Wohnungs- und Bauverhältnisse der Bürger und Anwohner.» Gleichzeitig wurde festgestellt, «dass seit ungefähr einem Jahrzehnt das Anbauen ausserhalb der Stadtmauern in einem Grade sich mehrt, wie früher nie». In der Tat sah vor allem das Grossbürgertum seine Ansprüche an eine gehobene Wohnqualität in der beengenden Stadt immer weniger erfüllt. Es zog vor die Tore auf den Gellert, wo allmählich das Basler Villenquartier entstand. Zur Kontrolle der baulichen Entwicklung ausserhalb der Mauern beauftragten die Behörden den deutschen Architekten R.L. Maring mit der Ausarbeitung eines Generalplanes (1857). Durch die Anlage eines differenzierten Strassennetzes, durchsetzt mit grosszügigen, zentralen Plätzen von ganz unterschiedlicher Gestalt, verstand er es, den einzelnen Sektionen jeweils einen spezifischen Quartiercharakter zu verleihen. Die Häuser sollten in Blockrandbebauung erstellt werden, so dass innerhalb eines Gevierts luftige Innenhöfe und -gärten entstehen sollten. Verwirklicht wurden von diesem Plan letztlich nur das Konzept der Ringstrassen, die den mittelalterlichen Stadtkern konzentrisch umgeben, sowie die drei projektierten Rheinbrücken (Eisenbahn-, Wettstein- und Johanniterbrücke). Als Eisenfachwerkkonstruktionen auf Steinpfeilern entstanden sie zwischen 1873 und 1882, im knappen Zeitraum von zehn Jahren, und waren damit nicht nur ein deutliches Indiz für die sprunghafte Zunahme der Mobilität unter der Bevölkerung, sondern galten auch als stolze Wahrzeichen der bahnbrechenden Errungenschaften im Ingenieurbau (die Brücken wurden in späteren Jahren durch Neubauten ersetzt).

Die Niederlegung der Stadtmauern
Die bereits angesprochene Entfestigung war in anderen Schweizer Städten einige Jahrzehnte früher in Gang gekommen – Zürich hatte damit 1833 begonnen, Bern 1834 und Genf 1849 – als in Basel, wo man den Entscheid bis 1859 hinauszögerte. In Zürich und Bern wurden die Stadtmauern als Zeichen der politischen Gleichstellung der Landbevölkerung niedergelegt; ein Umstand der in Basel seit der politischen Trennung von der Landschaft wegfiel. Die Stadtmauern erfüllten eben noch andere Funktionen als nur gerade fortifikatorische. Sie waren auch Zollschranke, gewährten die im Interesse des einheimischen Gewerbes durchgeführte Kontrolle des Warenverkehrs und boten Schutz gegen «Überschwemmung von Gesindel». Mit ihren mächtigen Türmen, die stets auch als Zierde empfunden wurden, galten sie zudem als das Wahrzeichen der Stadt schlechthin. Die überragende symbolische Bedeutung der Mauer für die Stadt drückt sich nicht zuletzt im dem Stadtrat gewidmeten Mählyplan aus, auf dem der leicht abgewandelte Psalm (C. 14 V. 13) «Herr, mache die Riegel deiner Thore feste» zu lesen ist. Die drei heute erhaltenen Tore, das Spalen-, das St. Johanns- und das St. Alban-Tor, sowie die Letzimauer im ‹Dalbeloch› künden von den denkmalschützerischen Anstrengungen, dank denen uns die «alte stolze, malerische und zugleich heimelige Umgürtung mit Mauern, Zinnen und Türmen» wenigstens in Fragmenten erhalten blieb. Als Folge dieser Bemühun-

Die bauliche Entwicklung der Stadt Basel

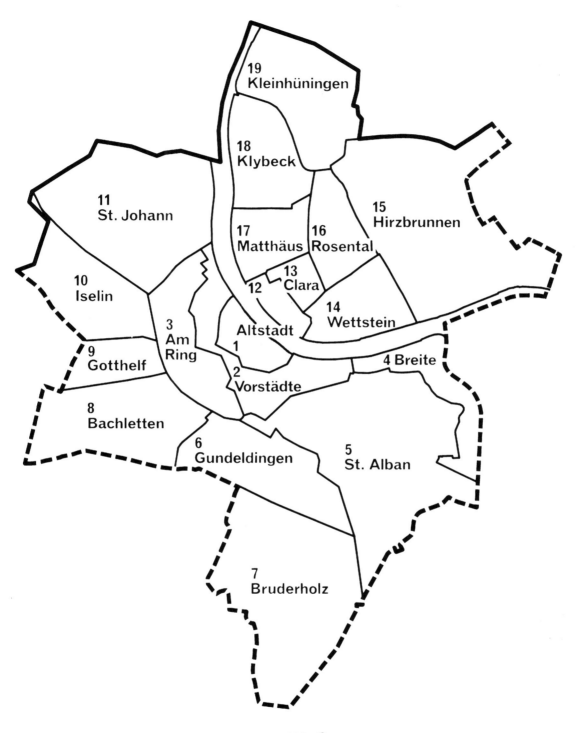

ABB. 18
Wohnviertel der Stadt Basel:
Grossbasel (1–11) und Kleinbasel (12–19).

ABB. 19
Der St. Johanns-Schwibbogen, Stadttor der Inneren Mauer, beim Seidenhof am Blumenrain.

ABB. 20
Das Steinentor und das Bollwerk ‹Dornimaug› vor der Elisabethenschanze, kurz vor dem Abbruch 1866.

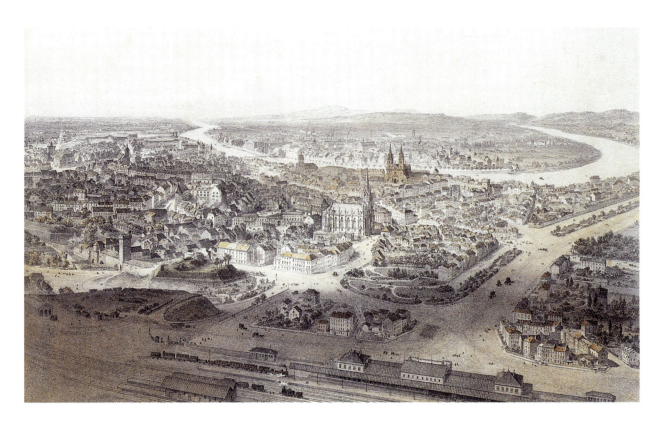

ABB. 21   *Basel, Ansicht von Süden, um 1865. Zeichnung und Lithographie von J. Arnout, aus der Serie ‹La Suisse à vol d'oiseau›. Im Vordergrund der Centralbahnhof mit den neuen Grünanlagen an der Stelle der abgetragenen Stadtmauern, von denen links, im Bereich des Steinentors, noch ein intakter Abschnitt zu erkennen ist.*

gen wurden die geretteten Monumente renoviert und mit mittelalterlich wirkenden Elementen ‹verschönert›.

Stadtbegrünung

Im Sinne der angegangenen Stadtsanierung entstanden nun an Stelle der Mauern, Bollwerke, Gräben und Schanzen grüne Promenaden und Parkanlagen, die mehr Luft und Licht in die Stadt bringen sollten. Allerdings hatte dieses Unternehmen auch wirtschaftliche und politische Gründe. Wäre das gewonnene Land als privates Bauland verkauft worden, so hätte der Staat gemäss dem bei der Kantonstrennung 1833 gefällten Schiedsgerichtsurteil dem Kanton Basel-Landschaft zwei Drittel des Ertrags abtreten müssen. Mangels einheimischer Fachkräfte zur Gestaltung öffentlicher Freiräume holte man 1860 den Münchner Hofgärtner Carl Effner nach Basel, der ein umfassendes Begrünungskonzept vorlegen sollte. Effner lieferte zahlreiche Pläne zur Anlage einer bepflanzten Ringstrasse (St. Alban-Anlage, Aeschen-, Steinen- und Schützengraben) mit Promenaden und kleinen Pärken und riet unter anderem auch zur Anlage eines zoologischen Gartens, wie er dann 1874 eröffnet wurde. Wohl erfuhren die Vorschläge des am grossstädtischen Massstab geschulten Effner nachträglich massive Veränderungen oder blieben teilweise ganz auf dem Papier, doch ist es sein Verdienst, die Anliegen des Basler Baukollegiums

ABB. 22   *Reihenhäuser an der Eulerstrasse (Quartier Am Ring), 2. Hälfte 19. Jahrhundert.*

seinerzeit genau formuliert und fachmännisch begründet zu haben.

Die Entstehung neuer Quartiere

Da die Stadt im Begriff war, sich ihrer ‹Zwangsjacke› zu entledigen, nahm die Baufreudigkeit ihrer Bürger stark zu. In einer ersten Ausbauphase zwischen 1860 und 1900 entstanden in den Quartieren um den Mauerring (Breite, Gellert, Gundeldingen, Am Ring, Wettstein, Clara und Matthäus) an die 6000 Wohnhäuser. Von 1900–1920 wurden die Quartiere St. Johann, Iselin, Gotthelf, Bachletten sowie das Bruderholz überbaut. Der unterschiedliche Sozialcharakter verlieh diesen neuen Vierteln ihr individuelles Gepräge, das sie bis heute behalten haben. Das seit den frühen 1860er Jahren angelegte Quartier Am Ring galt dem bürgerlichen Mittelstand. An der Missions-, Euler-, Leimen- und Schützenmattstrasse und am Holbeinplatz wurden für damalige Verhältnisse grosszügige, zwei- bis dreistöckige Mehrfamilienhäuser buchstäblich aus dem Boden gestampft. Das 1864 in Kraft tretende Gesetz über Hochbauten, das Fundamentstärke, Mauerkonstruktion, Bedachung usw. vorschrieb, und die sozusagen in einem Wurf geplanten Häuserzeilen ergaben hier ein einheitliches, harmoni-

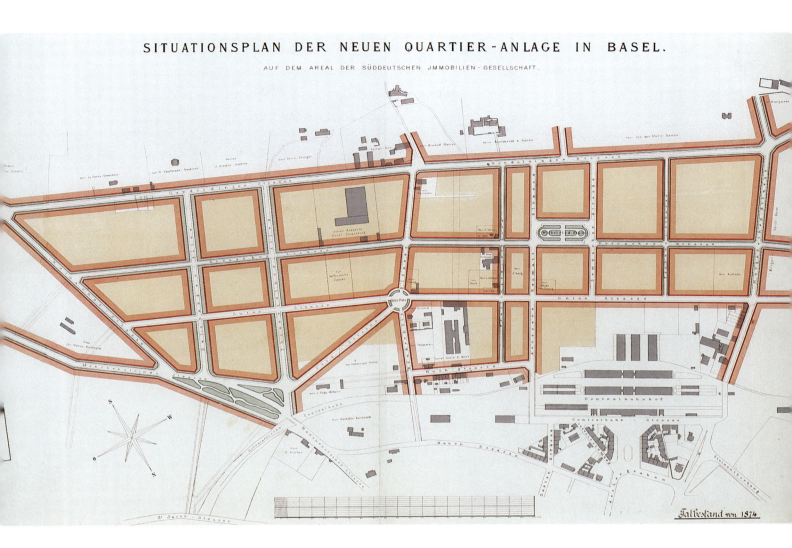

ABB. 23 *Gundeldingerquartier, Plan von 1874.*

sches Strassenbild mit breiten, klassizistischen ‹Herrschaftsfassaden›.

Spekulationsstrassen

Die Erstellung neuer Wohnquartiere war weitgehend bestimmt durch den Spekulationsbau. Der Ausdruck meinte generell das Bauen von Mehrfamilienhäusern durch Privatunternehmer, die noch während oder nach ihrer Fertigstellung weiterverkauft wurden. Solche ‹Speculanten›, häufig Inhaber von Zimmerei- und Baumeisterfirmen, hatten grössere Grundstücke im Stadtbann erworben, gemäss dem 1877 erweiterten «Gesetz über die Anlage und Korrektur von Strassen» erschlossen und die Überbauungspläne dem Baukollegium (seit 1875 Baudepartement) zur Genehmigung vorgelegt. Dabei mussten sie sich verpflichten, auch für den Anschluss an die Kanalisation und den späteren Unterhalt der Strasse selber aufzukommen. Der Staat war erst an einer Übernahme interessiert, wenn zwei Drittel der Strasse überbaut waren. Die Strassenbreite war auf 9 Meter festgelegt, der Baulinienabstand auf 15 Meter. Daraus ergaben sich, als typische Folge des ‹Hygienefeldzugs› im Städtebau des 19. Jahrhunderts, schmale Vorgärten, welche die Strasse «schön, luftig und hell» erscheinen liessen. Als

ABB. 24 ‹Arbeiter- und Kleinbürgersiedlung› im Bachlettenquartier. Die Häuser rechts sind im ursprünglichen Zustand erhalten, während links aufgestockt wurde.

Paradebeispiel einer spekulativen Überbauung im grossen Massstab mit Wohnungen für Beamte und Angestellte gilt das Gundeldingerquartier. Die ‹Süddeutsche Immobiliengesellschaft› als Eigentümerin dieses bis in die 1870er Jahre landwirtschaftlich genutzten Terrains begann 1874 mit der systematischen Überbauung, die sich über dreissig Jahre erstrecken sollte. Immerhin handelte es sich um eine Baufläche, die halb so gross war wie Grossbasel innerhalb des ehemaligen Mauergürtels. Das Quartier ist geprägt durch den rechtwinkligen Strassenraster mit drei parallel zu den Bahngleisen verlaufenden Hauptadern und mehrheitlich schmäleren Querverbindungen. Einzig das radiale Strassennetz beim Tellplatz und die teilweise Aussparung eines Blockgevierts beim Winkelriedplatz verschaffen dieser ‹Planung auf dem Reissbrett› eine gewisse Auflockerung. Heute ist die stilistische Vielfalt, in der sich die noch erhaltenen Strassenzüge präsentieren, von besonderem Reiz, etwa an der Gundeldinger-, der Froben- und der Neuensteinerstrasse.

Arbeiterwohnungsbau

Eine 1889 verfasste Studie zu den Basler Wohnverhältnissen brachte ans Licht, dass 35% der untersuchten Wohnungen in der Altstadt noch immer «mangelnde und sanitätswidrige Zustände» aufwiesen und die Mieten dabei unverhältnismässig hoch angesetzt waren. Die Forderung, neuen, gesunden und preisgünstigen Wohn-

ABB. 25 *Die untere Freie Strasse vor ihrer Verbreiterung 1896.*

raum für die soziale Unterschicht zu erstellen, stiess bei den Spekulanten auf kein Interesse. Erste Arbeiterhäuser entstanden auf Initiative von Fabrikbesitzern oder philanthropischer Kreise wie der ‹Gesellschaft zur Beförderung des Guten und Gemeinnützigen› (GGG). Sie liess bereits 1851–1856 ausserhalb der Stadt auf der Breite drei Mehrfamilienhäuser mit 31 Wohnungen errichten (heute abgebrochen). Das Raumangebot war mit Wohnzimmer, Küche und einer Kammer äusserst knapp bemessen. Da viele Arbeiter vom Land kamen, war jeder Wohnung ein Gemüsegarten zugeteilt.

Eine grössere ‹Arbeiter- und Kleinbürgersiedlung› gab es ab 1871 im Bachlettenquartier an der Oberwiler-, Birsig- und Bachlettenstrasse. Im Gegensatz zu den breit gelagerten Baukörpern am Ring bestand diese Siedlung ausschliesslich aus ein- und zweigeschossigen Reihenhäusern um grosse Gartengevierte. Wie die Arbeiterhäuser in der Breite bildeten sie das Kernstück des später überbauten Quartiers.

Neue Kirchen

Zum ersten Mal seit dem Mittelalter wurden im 19. Jahrhundert in Basel wieder Kirchen gebaut. Den Beginn markiert die neugotische Elisabethenkirche (1857–1864), eine Stiftung des Basler Wohltäters Christoph Merian, die mit ihrer Turmhöhe sogar das Münster übertrifft. Nun folgten eine Anzahl weiterer Kirchenneubauten, unter anderem die Matthäus-, die Josephs-, die

Marien- und die Pauluskirche sowie die Synagoge, die in den neuen Quartieren einen städtebaulichen Akzent setzten.

Die Sanierung der Altstadt

Gleichzeitig mit der Besiedlung der neuen Quartiere wurde auch die Sanierung der Altstadt vorangetrieben.

Manche Strassenkrümmung wurde begradigt, Niveauunterschiede wurden ausgeglichen und grosszügigere Baulinien gezogen. In den leeren Häusern – die Bewohner waren in die neuen Quartiere gezogen – richteten sich Banken, Geschäfts- und Kaufhäuser ein. Der Wandel zur modernen Geschäftsstadt war damit in die Wege geleitet. Mit ihm verloren viele Strassen ihr mittelalterliches Gepräge. Noch um die Mitte des 19. Jahrhunderts war die Freie Strasse von schmalen zwei- bis vierstöckigen Wohnbauten mit Läden im Erdgeschoss sowie von manchem stattlichen Zunfthaus gesäumt. Noch bis 1842 lag im Geviert zwischen Barfüsserkirche und Freier Strasse auch das um 1265 gegründete Spital. Mit der beschlossenen Strassenverbreiterung auf 12 Meter verschwand nun diese mittelalterliche Struktur; höhere und breitere Häuser wurden gebaut, deren reiche Palette von Neo-Stilen für die Basler Hauptgeschäftsader auch heute noch charakteristisch ist – vorausgesetzt man blickt über die modernisierten Schaufensterfronten hinweg zu den oberen Geschossen. Während dieser Umbauphase erhielt auch der Marktplatz eine völlig neue Gestalt. Bis in die 80er Jahre des 19. Jahrhunderts war er nur gut halb so gross wie heute. Dann kam es zum Abbruch der bis an den nördlichen Rathausflügel reichenden Häuserzeile. Eine Volksabstimmung entschied, dass die neugewonnene Freifläche nicht mehr überbaut werden sollte. Damit erhielt das vormals eckständige Rathaus einen dominanten Standort in der Platzmitte – seine Dimensionen standen nun allerdings in einem Missverhältnis zu denen des neuen Platzes. So zielte die Rathauserweiterung von 1898–1904 nicht nur darauf, den dringenden Raumbedarf der Staatsverwaltung zu decken, sondern die Platzfassade sollte durch den Anbau eines Turms und durch den höheren nördlichen Annex, die sich beide stilistisch dem spätgotischen Hauptbau angleichen, eine einprägsame Silhouette erhalten, die den städtebaulichen Massstab des 19. Jahrhunderts aufnahm.

Die Ausdehnung der Stadt bis 1940

Das 20. Jahrhundert steht bis zum Beginn des Zweiten Weltkriegs ganz im Zeichen der Erneuerung der städtischen Infrastruktur und des Siedlungsbaus. Grosse Themen sind, verbunden mit dem Aufkommen des Automobils, die allgemeine Planung des Strassen- und Schienenverkehrs sowie die Anlage technischer Grossbauten für Arbeit, Verkehr, Freizeit und Sport. Damit findet auch das Baumaterial Beton eine weite Verbreitung. Eindrücklich demonstriert dies Karl Mosers Antoniuskirche (1927) an der Kannenfeldstrasse, aber auch die in der Nähe des Bahnhofs gelegene Garage Schlotterbeck (1928, abgebrochen 1994) und die Markthalle (1928) als Verteilerzentrum für den Grosshandel schräg gegenüber. Ihre riesige Betonkuppel gehörte damals zu den drei grössten der Welt.

Ein sich über mehrere Bauetappen hinziehendes Grossprojekt war der Ausbau der Basler Rheinhäfen im St. Johann, im Klybeck und in Kleinhüningen, der 1902 mit der Korrektion der beiden Rheinufer einsetzte. Der Bau der beiden Hafenbecken erfolgte nach dem Ersten Weltkrieg in den Jahren 1919–1922 und 1936–1939. Das ehemalige Fischerdorf Kleinhüningen, das 1893 eingemeindet worden war, und das nördliche St. Johannquartier auf der gegenüberliegenden Rheinseite hatten sich innerhalb weniger Jahre zu Industriequartieren gewandelt. Dort, wo sich in angemessener Entfernung zur Stadt und in der Nähe fliessender Gewässer einst das Färbereigewerbe niedergelassen hatte, waren gegen Ende des 19. Jahrhunderts die chemischen Fabriken entstanden, die ihre Produktion von anorganischen Farbstoffen später auf Agrarprodukte und Pharmazeutika erweiterten. Diese Anlagen erfuhren eine kontinuierliche Anpassung an die neusten Erfordernisse, so dass sich im Lauf der Jahrzehnte eine abwechslungsreiche Industrielandschaft mit Silos, Tanks, Kaminen, ausgedehnten Produktionshallen mit Sheddächern (Dächer mit sägeförmigem Profil) neben hoch aufragenden Verwaltungsgebäuden herausbildete.

ABB. 26   *Werkareal der Ciba AG. Die Luftaufnahme von 1934 zeigt die gewachsene Siedlungsstruktur.*

Einen zweiten Schwerpunkt im Städtebau des 20. Jahrhunderts bildete (und bildet) der genossenschaftliche Siedlungsbau, der jetzt dank staatlichen Subventionen günstigen Wohnraum zur Verfügung stellen konnte. Der in Deutschland ausgebildete Basler Architekt Hans Bernoulli gehörte damals zu den engagiertesten Vertretern einer neuen, an der englischen und deutschen Gartenstadt orientierten Siedlungspolitik. Er plante und baute in den 1920er Jahren mehrere Siedlungen für Wohngenossenschaften, von denen die Überbauung des Hirzbrunnenareals (1924–1934) zwischen Riehen- und Bäumlihofstrasse die herausragendste ist. Die insgesamt sieben Siedlungseinheiten erfüllen unterschiedliche Ansprüche an das Wohnen und zeigen ein entsprechend differenziertes Bild von Ein- und Mehrfamilienhäusern. Das Angebot reicht vom eingeschossigen Kleinhaustyp für ärmere Familien (Im Vogelsang) bis zu grosszügigen Fünfzimmerhäusern (Im Heimatland). Allen Häusern war ein rückwärtiger Nutzgarten zur Selbstversorgung zugeteilt. Weitere grosse Wohnkolonien entstanden um diese Zeit im Bereich des Morgartenrings bis hin zur Allschwiler Grenze (z.B. Im langen Loh). Bedeutend, weil richtungweisend für den modernen Siedlungsbau, ist die Überbauung hinter dem Badischen Bahnhof (In den Schorenmatten 1929, Im Surinam 1930). Nach dem Vorbild der Stuttgarter Weissenhofsiedlung demonstrierten hier 22 junge Schweizer Architekten als Vertreter des ‹Neuen Bauens› anhand unterschiedlicher Haustypen

ABB. 27
Die Siedlung Im Vogelsang im Hirzbrunnenquartier, von Hans Bernoulli für ärmere Familien mit vier bis zehn Kindern entworfen.

eine neue Haltung dem sozialen Wohnungsbau gegenüber.

Die städtebauliche Entwicklung der letzten 50 Jahre

Durch die Rezession in den 1930er Jahren kam die Bautätigkeit vorübergehend zum Erliegen. Sie fand erst wieder zu neuem Aufschwung nach dem Zweiten Weltkrieg, und zwar in solchem Masse, dass bis Ende der 1960er Jahre das Bauland in Basel beinah vollständig ausgenutzt war.

Die Siedlung Jakobsberg, seit 1944 von Hermann Baur am Südosthang des Bruderholzes in Etappen erstellt, ist das letzte Beispiel einer ausgedehnten Genossenschaftssiedlung von ein- und zweigeschossigen Einfamilienhäusern mit vergleichsweise grosszügigen Gärten am Stadtrand. Die rasant ansteigenden Bodenpreise verunmöglichten später diesen aus heutiger Sicht verschwenderischen Umgang mit Bauland. Nach dem Prinzip des verdichteten Wohnungsbaus etablierte sich in den 1950er Jahren der vier- bis fünfgeschossige Mehrfamilienhaustypus, für den sich allgemein die Zeilenbauweise, meist als eine Serie von einheitlich gestalteten Wohnblöcken in Grünanlagen, durchsetzte.

Als neues städtebauliches Element begannen ebenfalls seit den frühen 1950er Jahren die ersten Hochhäuser die Stadtsilhouette neu zu formen. Wohl waren schon in den 1930er Jahren die ersten Hochhaus-Projekte entstanden, etwa für den Neubau des Stadtcasinos 1936, doch die Sorge um die Zerstörung des historischen Stadtbildes hatte dieses Vorhaben verhindert. Erst nach dem Zweiten Weltkrieg, als mit der enormen Expansion der Industrie die Zahl der Arbeitsplätze in die Höhe schnellte und die Stadt abermals einen massiven Wachstumsschub, vergleichbar mit demjenigen in der 2. Hälfte des 19. Jahrhunderts, erlebte, bekam das Hochhaus als sinnvolle Massnahme zur Stadtsanierung einen neuen Wert. Entstanden 1950 die ersten drei dreizehngeschossigen Wohntürme beim Kannenfeldplatz (Entenweidstrasse 4–8) noch in respektvollem Abstand zum historischen

ABB. 28
Wohnhochhäuser ‹Entenweid› an der Flughafenstrasse. Die ersten Wohntürme in Basel, 1950/1951 von Arnold Gfeller und Hans Mähly für eine Wohngenossenschaft erbaut.

Stadtkern, so war das 1953 begonnene Geschäftshochhaus an der Heuwaage bereits dicht an die Altstadt herangerückt – ein Unternehmen, das in weiten Kreisen als Verunstaltung des Stadtbildes empfunden wurde und deshalb heftige Kontroversen auslöste. Im Zeichen des wirtschaftlichen Aufschwungs entstanden besonders in den 1960er und 1970er Jahren zahlreiche Büro- und Verwaltungsbauten als hoch aufragende Blöcke, deren Fassadenbilder mehrheitlich vom monotonen Einheitsraster additiv aneinandergereihter standardisierter Fertigelemente (z.B. Fenster, Beton- oder Aluminiumausfachungen) beherrscht sind. Heute prägen sie auch das Strassenbild entlang den ehemaligen Stadtgräben, insbesondere im Bahnhofsgebiet bis zum Aeschenplatz und weiter zum St. Alban-Tor, wo sie manche herrschaftliche Fabrikantenvilla aus dem 19. Jahrhundert ersetzten. Aber auch in der Altstadt hat das moderne Büro- und Geschäftshaus Einzug gehalten, sei es mit der aufkommenden Kinokultur in der Steinenvorstadt oder mit der Verbreiterung der Aeschenvorstadt in den 1950er Jahren, die

ABB. 29   *Eingang zur Aeschenvorstadt um 1862, nach Abbruch des Tores. Aquarell von Johann Jacob Schneider.*

eine Neuüberbauung des ganzen Quartiers bis zur Elisabethenstrasse zur Folge hatte. Mehr noch als der Hochbau wurde der Ausbau des Strassennetzes in den 1950er Jahren rigoros vorangetrieben. Der bis in die 1960er Jahre wirksame Korrektionsplan des neu geschaffenen Stadtplanbüros von 1934 zielte darauf ab, dem motorisierten Verkehr in der Altstadtzone durch Verbreiterung der Strassen mehr Platz einzuräumen. Weil neues Bauen in der Altstadt mit einer Zurücksetzung der Baulinie verbunden war, zeigten sich die Behörden mit dem Erteilen von Baubewilligungen relativ grosszügig. Dem Resultat begegnen wir heute an der Greifen-, Spiegel-, Stadthaus-, Schneider- und Münzgasse und am Rümelinsplatz. Erst in den 1970er Jahren wurden dank der Einführung neuer ‹Schutz-› bzw. ‹Schonzonen› die Korrektionslinien von 1934 aufgehoben. Besondere Probleme bereitete die Verkehrsplanung im Bereich des Bahnhofs und bei der Linienführung der Anschluss- und Verbindungsstrecken zu den Autobahnen. Das heutige Ergebnis dieser allzu einseitig auf den rollenden Verkehr ausgerichteten Planung ist letztlich eine Vermischung verschiedener Projekte, die bis in die 1930er Jahre zurückdatiert werden können. So der erst in den 1960er Jahren realisierte Heuwaage-Viadukt, der als Überwindung der Birsig-Talsenke den in-

ABB. 30   *Der Aeschenplatz mit Springbrunnen, um 1870.*

neren Cityring schliesst. Als Folge der ausgebauten West-Ost-Achse für den Anschluss an das Autobahnnetz liegt heute eine breite Verkehrsschneise zwischen Centralbahnplatz und Elisabethenanlage. Damit wurde der ebenerdige Fussweg zur Innenstadt abgeschnitten, die zu Fuss jetzt nur via Unterführung zu erreichen ist. Diese städteplanerische Problemzone rund um den Bahnhof soll nun mit dem seit Beginn der 1980er Jahre ausgearbeiteten ‹Masterplan› zu einer in wirtschaftlicher, soziologischer und ökologischer Hinsicht funktionstüchtigen ‹Verkehrsdrehscheibe› umgebaut werden. Er umfasst u.a. eine Fussgänger- und Velofahrer-orientierte Gestaltung des Centralbahnplatzes, den Anschluss an die regionalen Tramlinien ins Birs- und ins Leimental sowie den Bau einer Zufahrt für den Individualverkehr auf der Südseite des Bahnhofs. Zudem werden durch die Errichtung eines Dienstleistungszentrums mit verschiedenen Standorten auf dem unternutzten Bahnareal 4000 Arbeitsplätze geschaffen, deren ‹ökologische Effizienz› in der Schonung wertvoller Wohnsubstanz und, bedingt durch die zentrale und mit öffentlichen Verkehrsmitteln gut erschlossene Lage, in einer Abnahme des Individualverkehrs liegt. Gleichzeitig soll die attraktive Geschäftslage der Erhaltung ansässiger Betriebe dienen sowie neue ‹wert-

ABB. 31 *Der Aeschenplatz heute.*

schöpfungsintensive› Firmen anlocken. 1994 wurde mit dem Bau der ersten Etappe begonnen. Inzwischen trägt das Projekt den Namen ‹Euroville Basel›, eine Bezeichnung, die vor dem Hintergrund der Diskussionen um Globalisierung und Nachhaltigkeit den zukunftsweisenden Aspekt des Unternehmens suggeriert.

Die Förderung des Wettbewerbswesens für staatliche und private Bauaufgaben, die Organisation von Tagungen und Vorträgen zu städtebaulich aktuellen Themen sowie das Hervortreten einer jungen Basler Architektengeneration bereiteten in den 1980er Jahren den Nährboden für eine qualitativ hochstehende Architektur, die seitdem in und um Basel entstehen konnte. Damit war Basel, wie schon zur Zeit des ‹Neuen Bauens› in den 1920er und 1930er Jahren, wieder zu einem ‹Zentrum für Architektur› mit internationaler Reichweite geworden.

Literatur

d'Aujourd'hui Rolf: Die Entwicklung Basels vom keltischen Oppidum zur hochmittelalterlichen Stadt. Überblick Forschungsstand 1989. Basel 1990 (2. Auflage)

Bachmann Emil: Die Basler Stadtvermessung. Basel 1969

Baer Casimir Hermann: Die Kunstdenkmäler des Kantons Basel-Stadt, Bd. I. Basel (1932) 1971

Barth Ulrich, Huber Dorothee, Alioth Martin: Basler Stadtgeschichte 2, vom Brückenschlag 1225 bis zur Gegenwart. Basel 1981

Birkner Othmar, Rebsamen Hanspeter (Red.): INSA. Inventar der neueren Schweizer Architektur 1850–1920. Herausgegeben von der Gesellschaft für schweizerische Kunstgeschichte, Bd. 2: Basel, Bellinzona, Bern. Zürich 1986

Birkner Othmar: Bauen und Wohnen in Basel. 159. Neujahrsblatt, Gesellschaft zur Beförderung des Guten und Gemeinnützigen. Basel 1981

Brönnimann Rolf: Basler Bauten 1860–1910. Basel 1973

Ders.: Villen des Historismus in Basel. Basel 1982

Ders.: Basler Industriebauten 1850–1930. Basel 1990

Eppens Hans: Baukultur im alten Basel. Basel 1962

Helmig Guido, Schön Udo: Die Stadtbefestigungen am St. Alban-Graben und Harzgraben. In: Jahresbericht der Archäologischen Bodenforschung des Kantons Basel-Stadt 1994. Basel 1997, S. 77–112

Helmig Guido: Basel – Etappen der Befestigung einer Stadt. In: Jahresbericht der Archäologischen Bodenforschung des Kantons Basel-Stadt 1996. Basel 1999, S. 31–43

Huber Dorothee: Architekturführer Basel. Basel 1993

Kaufmann Rudolf: Die bauliche Entwicklung der Stadt Basel. 126. und 127. Neujahrsblatt, Gesellschaft zur Beförderung des Guten und Gemeinnützigen. Basel 1948/1949

Matt Christoph Philipp: Zur Parzellenstruktur der Stadt Basel vor 1300. In: Jahresbericht der Archäologischen Bodenforschung des Kantons Basel-Stadt 1996. Basel 1999, S. 44–58

Meier Eugen A. (Hg.): Basel. Eine illustrierte Stadtgeschichte. Basel 1969

Teuteberg René. Basler Geschichte. Basel 1988 (2. Auflage)

Trevisan Luca: Das Wohnungselend der Basler Arbeiterbevölkerung in der zweiten Hälfte des 19. Jahrhunderts. 168. Neujahrsblatt, Gesellschaft zur Beförderung des Guten und Gemeinnützigen. Basel 1989

Wackernagel Rudolf: Geschichte der Stadt Basel, Bd. 1–3. Basel 1907–1924

Die Strassennamen

A–Z

Achilles Bischoff-Strasse	Airoloweglein	Amerbachstrasse	Arabienstrasse	Augustinergasse
Ackermätteli	Akazienweg	Am Krayenrain	Arbedostrasse	Austrasse
Ackerstrasse	Albert Schweitzer-Strasse	Amselstrasse	Archivgässlein	
Adlerstrasse	Alemannengasse	An der hohlen Gasse	Arlesheimerstrasse	
Aeneas Silvius-Strasse	Allmendstrasse	Andlauerstrasse	Arnold Böcklin-Strasse	
Aeschengraben	Allschwilerplatz	Andreas Heusler-Strasse	Asconastrasse	
Aeschenplatz	Allschwilerstrasse	Andreasplatz	Auberg	
Aeschenvorstadt	Altkircherstrasse	Angensteinerstrasse	Auf dem Hummel	
Aescherstrasse	Altrheinweg	Antilopenweg	Auf dem Wolf	
Ahornstrasse	Am Bachgraben	Anwilerstrasse	Auf der Alp	
Airolostrasse	Am Bahndamm	Appenzellerstrasse	Auf der Lyss	
			Augsterweg	

Ackermätteli

Strassenname	**Achilles Bischoff-Strasse**
Gruppe	*28.5, 12.5*
Plankoordinaten	*E 7*
Amtlich benannt	*1966*
Bedeutung	Achilles Bischoff (1797–1867), Bankier, gemässigt-konservativer Politiker und erster baselstädtischer Nationalrat. Bischoff betätigte sich zuerst im italienischen Tuchhandel, dann engagierte er sich in der oberrheinischen Dampfschiffahrt. Seit 1843 war er Bankier, er gründete das ‹Giro- und Depositenbank› (später ‹Bank in Basel›) genannte erste öffentliche Bankinstitut am Ort. 1846 zog er sich aus dem Erwerbsleben zurück, 1847 wählte man ihn in den Kleinen Rat, die Kantonsregierung. 1848 gewann er die Wahl um den einzigen baselstädtischen Nationalratssitz gegen den Radikalen Carl Brenner. Als Parlamentarier setzte er sich für die Vereinheitlichung des Postwesens, die Aufhebung der schweizerischen Binnenzölle und für Handelsverträge mit dem Ausland ein. Seit 1847, als Vorsitzender der vorbereitenden Eisenbahnkommission und als Verwaltungsrat der 1852 in Basel gegründeten Schweizerischen Centralbahn, warb er erfolglos für einen staatlich organisierten Bahnbau. 1852 erlitt er einen Schlaganfall mit Gesichtslähmung, was ihn zum Rücktritt aus dem öffentlichen Leben zwang.
Bemerkenswertes	Der Benennung einer Strasse nach Achilles Bischoff ging für die geplante, aber nicht realisierte Überbauung des Bäumlihofareals der Vorschlag einer ‹Benedikt La Roche-Strasse› voraus (der ursprüngliche Vorschlag war ‹Nietzsche-Strasse›). La Roche (1795–1867) wurde 1848 zum Generalpostdirektor des schweizerischen Bundesstaats ernannt. Neben Johann Jakob Speiser (Finanzfachmann) und Achilles Bischoff wäre Benedikt La Roche der dritte derjenigen Basler gewesen, die entscheidend zur Gestaltung der modernen Schweiz beigetragen haben und deswegen mit einem Strassennamen geehrt wurden.

→ *Airolostrasse, Centralbahnplatz, Speiserstrasse*	*Weiteres siehe*
ANK: 1966	*Quellen*
Basler Nachrichten, 29./30.4.1967	*Literatur*

Ackermätteli	*Strassenname*
27	*Gruppe*
E 3	*Plankoordinaten*
1990	*Amtlich benannt*
→ *Ackerstrasse*	*Siehe*
Fischer: Anhang S. 35	*Literatur*

Ackerstrasse	*Strassenname*
27	*Gruppe*
E 3	*Plankoordinaten*
1899	*Amtlich benannt*
Die Benennung der Strasse nach einem Acker bezieht sich ganz allgemein auf deren Nähe zu früher landwirtschaftlich genutztem Land. Das Ackermätteli ist eine Spielwiese neben dem gleichnamigen Schulhaus.	*Bedeutung*
→ *Ackermätteli*	*Siehe auch*
Siegfried: S. 94. Roth: S. 13	*Literatur*

Adlerstrasse	*Strassenname*
8.1	*Gruppe*
F 6	*Plankoordinaten*
1913	*Amtlich benannt*
Adlerberg (528 m ü. M.), Anhöhe des Tafeljura zwischen Pratteln und Frenkendorf, 9 km südöstlich von Basel. Weitere Flurnamen bei Pratteln sind Adlerhof, Adlerfeld und Adlerwald, der Adlerberg selbst kann auch einfach der ‹Adler› sein.	*Bedeutung*
Die Strasse wurde unter dem Namen ‹Adlerbergstrasse› projektiert.	*Frühere Namen*

Bemerkenswertes — Die Adlerstrasse führt zur Verbindungsstrasse nach Pratteln, heute die A 2/3. In der Nähe liegen die ebenfalls auf diese Ortschaft verweisenden Pratteler- und Salinenstrasse (Saline Schweizerhalle bei Pratteln).

Literatur — Roth: S. 13

Aeneas Silvius-Strasse

Strassenname	**Aeneas Silvius-Strasse**
Gruppe	12.5
Plankoordinaten	E 8
Amtlich benannt	1922

Bedeutung — Aeneas Silvius (ital. Enea Silvio) Piccolomini (1405–1464), aus Pienza bei Siena, Kleriker. Piccolomini kam als Schreiber an das Basler Konzil (1431–1445), wo er bald eine wichtige Rolle spielte. Er wurde zum Wortführer des Konziliarismus, d.h. der Anschauung, dass dem Konzil die höchste kirchliche Rechts- und Lehrgewalt zustehe. In den 1440er Jahren machte er eine völlige Kehrtwende zum Papalismus hin, d.h. zur Anschauung, dass der Papst über dem Konzil stehe. 1446 erhielt er die Priesterweihe und wurde 1458 als Pius II. zum Papst gewählt. 1460 verurteilte er dann die Anrufung eines allgemeinen Konzils als Häresie. Das Hauptziel seines Pontifikats war, eine geschlossene Abwehrfront der abendländischen Staaten gegen das moslemische Osmanische Reich herbeizuführen. Silvius hat für Basel eine besondere Bedeutung, weil er 1459 der Stadt das Universitätsprivileg erteilte. Die Gründung der Hochschule erfolgte 1460. Aus seiner Zeit am Basler Konzil stammt auch eine lateinische Beschreibung der Stadt Basel während des Winters 1433/1434 und während des Herbsts 1438.

Literatur — Roth: S. 13

Aeschengraben

Strassenname	**Aeschengraben**
Gruppe	12.8, 23
Plankoordinaten	E 6
Erstmals genannt	1811
Amtlich benannt	1861
Siehe	→ Aeschenvorstadt
Frühere Namen	

Im Hoferplan von 1820 erscheint ein Weg ‹hinter dem Eschemer Bollwerk›. Dieses Befestigungsrondell stand an der Ecke Elisabethenanlage und Aeschengraben. Der Name ‹Speer Strasse› bezeichnete den Weg entlang dem Graben und der Mauer auf der Länge der heutigen St. Alban-Anlage und des Aeschengrabens. Die in den Adressbüchern von 1811 bis 1854 belegten Strassen ‹An der Ringmauer› und ‹Stadtgrabenstrasse› (zwischen Aeschen- und Steinentor) sind im Adressbuch von 1862 in den Aeschengraben integriert.

Bemerkenswertes — Mit Ausnahme von Erdbeergraben und Am Bachgraben weisen alle Basler Strassen mit der Endung auf ‹-graben› auf die alte Stadtbefestigung hin. Dies bedeutet, dass die Strasse über einer künstlichen Erdvertiefung entlang der Stadtmauer entstanden ist. Die breiten Stadtgräben dienten zwar primär der Befestigung, mangels unmittelbarer Bedrohung aber auch gänzlich zivilen Zwecken. Zum einen bestellten Stadtbürger dort ihre Gärtchen, zum anderen hielt der Rat in den Grossbasler Gräben einige Hirsche zur Unterhaltung; gewissermassen war dort das erste Tiergehege Basels. Als die Hirsche 1669 entlaufen konnten, verlor Basel seinen ‹Hirschengraben›. Im Fall der inneren, zweiten Stadtmauer aus dem 13. Jahrhundert (die erste aus dem 11. Jahrhundert war lange Zeit unbekannt, deswegen die Bezeichnung als ‹innere› Stadtmauer) begann man die Stadtgräben schon seit dem Mittelalter zumindest teilweise aufzuschütten (Petersgraben, Leonhardsgraben, St. Alban-Graben). Die Gräben vor Kleinbasel (Claragraben, Klingentalgraben, Theodorsgraben) und vor der äusseren Stadtmauer aus dem 14. Jahrhundert (Aeschengraben, Mühlegraben, Schützengraben, Spalengraben, Steinengraben) kamen seit Beginn des 19. Jahrhunderts an die Reihe, endgültig nach dem Gesetz zur Stadtentfestigung von 1859. Oft schüttete man einfach die Steine der niedergelegten Stadtmauer in den Graben unmittelbar davor.

Quellen Adressbuch 1854; 1862. Hoferplan 1820
Literatur Roth: S. 13. Siegfried: S. 22

Strassenname **Aeschenplatz**
Gruppe 12.8
Plankoordinaten E 6
Erstmals genannt 1861
Amtlich benannt 1956
Siehe → Aeschenvorstadt
Frühere Namen Vor 1956 gehörten die Liegenschaften des Platzes zur St. Alban-Anlage. Die amtliche Namengebung verspottete die ‹Basler Woche› folgendermassen: «D'Regierig het e ganz e flotte / Namme fir dr ‹Aescheplatz› / (Im Fall Si's noni wisse sotte) / Erfunde, nämlig – Aescheplatz!» Der Aeschenplatz hatte vor der offiziellen Benennung im Jahr 1956 schon längst als Tramhaltestelle und im Volksmund seinen heutigen Namen. Auf alten Strassenplänen des 19. Jahrhunderts erscheint er jedenfalls eine Zeitlang als Aeschenplatz.
Bemerkenswertes Der Aeschenplatz, ursprünglich als Ort für den Hauptbahnhof der Centralbahn gedacht, erlangte seine Bedeutung und Ausgestaltung als zentrale Verkehrsdrehscheibe der Stadt erst mit Beginn des 20. Jahrhunderts. Mit der 1900 ausgeführten Dufourstrasse, der St. Jakobs-Strasse, der St. Alban-Anlage und dem Aeschengraben stossen hier vier der wichtigsten Strassen Basels aufeinander. Dazu kommen heute sieben Tramlinien. Der erste von Pferden gezogene Omnibus fuhr seit 1881 durch die Aeschenvorstadt zum Bahnhof, 1895 kam das elektrische Tram, 1902 und 1907 die Überlandbahnen ins Baselbiet. In der Mitte des Aeschenplatzes stand seit den 1860er Jahren ein grosser Springbrunnen, den die erste Druckwasserversorgung der Stadt speiste. Der Brunnen, der den neuen, grösseren Stadteingang nach dem Abbruch des Aeschentors markieren sollte, wurde 1908 bei der Verlegung von Tramgleisen entfernt.

→ Centralbahnplatz, Tramweglein *Weiteres siehe*
Kradolfer Wilhelm: Aeschenvorstadt und Aeschenplatz *Literatur*
im Wandel der Zeiten. Eine geschichtliche Studie zur
Eröffnung des Coop-Hauses Basel, August 1958. Basel
1958, S. 7–18; 22. Roth: S. 13. Siegfried: S. 22

Aeschenvorstadt *Strassenname*
12.8 *Gruppe*
E 6 *Plankoordinaten*
1328 *Erstmals genannt*
1861 *Amtlich benannt*
Bedeutung
Der Strassenname geht auf das Aeschentor der inneren Stadtmauer aus dem späten 12. Jahrhundert am Eingang zur Freien Strasse zurück, das wiederum seinen Namen von einem bei oder vor dem Tor wohnhaften Mann namens Eschemar bekommen haben soll. Im Laufe der Zeit wurde aus dem Vornamen ‹Eschemar› die Ortsbezeichnung ‹Aeschen›. Die ersten indirekten Hinweise auf die Aeschenvorstadt liefern eine Urkunde des Jahres 1279 mit den lateinischen Worten ‹iuxta portam Eschemertor› (‹bei dem Eschemertor›) und eine weitere von 1288 mit ‹ante portam Basiliensem dictam Eschmartor› (‹vor dem Eschmartor genannten Basler Stadttor›). Ausdrücklich erscheint

die Aeschenvorstadt bei der Erwähnung einer ‹habitatio in suburbio ze Eschemertor› (‹Liegenschaft in der Vorstadt beim Aeschentor›) aus dem Jahr 1328. 1610 heisst es bei Felix Platter noch ‹Eschamer Vorstat›. Das Aeschentor der Vorstadtummauerung kommt ausdrücklich erstmals in einer Urkunde von 1376 als ‹porta extrema Eschemarthor› (‹äusseres Aeschentor›) vor. Das frühere, innere Aeschentor nannte man später auch ‹Aeschenschwibbogen›. (Ein Schwibbogen ist ein zwischen zwei Mauerteilen freistehender Bogen.) Der Name entstand, als die alten Tore ihre ursprüngliche Funktion verloren. Zum Gebiet der Aeschenvorstadt gehörte noch 1475 auch das Brunnen- und Sternengässlein und die Elisabethenstrasse, die damals auch Vorstadt ‹ze Spittelschüren› hiess.

Siehe auch → *Aeschengraben, Aeschenplatz*

Frühere Namen Die französische Übersetzung der Aeschenvorstadt als ‹faubourg des cendres› auf alten Stadtplänen deutete ‹Aeschen› missverständlich als ‹Asche›. In den Adressbüchern vor 1862 heissen die Abschnitte unmittelbar vor dem Ausgang beim Aeschentor ‹Am Aeschenthor› und ‹Beim Aeschenthor›.

Das nicht mehr existente ‹Rappengässlein›, 1861 in die Aeschenvorstadt integriert, war eine enge Sackgasse zwischen Brunngässlein und St. Alban-Graben.

Inoffizielle Namen Mundartlich heisst es ‹Eschemergraben, -vorstadt, -platz›. Die Kreuzung Elisabethenstrasse–Aeschenvorstadt–Steinenberg–Freie Strasse–St. Alban-Graben hat der Volksmund zuerst ‹Handelsbank›, dann ‹Bankenplatz› getauft. Anträge der Schweizerischen Kreditanstalt, den volkstümlichen Namen zu offizialisieren, um so ein Gleichgewicht zum ‹Bankverein›, der dort befindlichen Haltestelle der Basler Verkehrsbetriebe, zu schaffen, scheiterten mehrmals.

Die Aeschenvorstadt ist Teil einer alten Heerstrasse, die als Fortsetzung der Freien Strasse über die Birsbrücke bei St. Jakob nach Liestal und von dort an die obere und untere Hauensteinstrasse führt. Der Personen- und Warenverkehr aus Jura und Mittelland führte hauptsächlich durch das 1861 abgebrochene Aeschentor. Deswegen fanden sich zahlreiche Herbergen und Stallungen in der Aeschenvorstadt, sowie einschlägige Gewerbebetriebe, wie Schmieden oder Wagnereien. Unter den Herbergen und Häusern in der Aeschenvorstadt sind drei besonders zu erwähnen, die anderen Strassen (Sternengasse, Hirschgässlein und Beim Goldenen Löwen) ihre Namen gegeben haben. Die Wirtschaft ‹Zum Goldenen Sternen› erscheint bereits im 14. Jahrhundert und gilt als älteste Gaststätte der Stadt. In der Wirtschaft ‹Zum Hirzen› fand im Jahr 1501 der Empfang der eidgenössischen Gesandtschaft zur Aufnahme Basels in den Bund statt. ‹Zum Hirzen› wurde abgebrochen, ‹Zum Goldenen Sternen› an den St. Alban-Rheinweg verlegt, als die Aeschenvorstadt in den 1950er Jahren einschneidende Veränderungen erfuhr, indem man die Baulinie auf der südwestlichen Seite zurücknahm. Vom Haus ‹Zum Goldenen Löwen› ist nur noch die Fassade übrig. Sie steht jetzt in der St. Alban-Vorstadt, dahinter verbirgt sich die Kantine des Bankvereins bzw. der neuen UBS. Gegen die Strassenkorrektion fand 1953 sogar ein volkstümlicher Demonstrationszug mit Trommlern und Pfeifen statt, und man drohte dem Regierungsrat halb scherzhaft, halb ernsthaft mit dem Aufknüpfen an einer Laterne.

Bemerkenswertes

ANK: 1961–1962; 1968 *Quellen*

Fechter 1856: S. 106; Plan. Fischer: Anhang S. 2. Huber: *Literatur*
S. 361–362. Kradolfer Wilhelm: Aeschenvorstadt und
Aeschenplatz im Wandel der Zeiten. Eine geschichtliche

Studie zur Eröffnung des Coop-Hauses Basel, August 1958. Basel 1958, S. 7–18; 22. Platter: S. 224. Roth: S. 13. Siegfried: S. 22. Suter Rudolf: Von der alten zur neuen Aeschenvorstadt. Basel 1991

Strassenname	**Aescherstrasse**
Gruppe	1
Plankoordinaten	D 6
Amtlich benannt	1925
Bedeutung	Aesch, Gemeinde im Baselbieter Bezirk Arlesheim, 10 km südlich von Basel.
Literatur	Roth: S. 13

Strassenname	**Ahornstrasse**
Gruppe	14
Plankoordinaten	DC 5
Amtlich benannt	1895
Bedeutung	Ahorn (lat. Acer), eurasische und nordamerikanische Baumgattung.
Weiteres siehe	→ Palmenstrasse
Literatur	Roth: S. 13. Siegfried: S. 69

Strassenname	**Airolostrasse**
Gruppe	5, 10.4, 24.2
Plankoordinaten	E 8
Amtlich benannt	1925
Bedeutung	Airolo, Tessiner Gemeinde am Südeingang des Gotthardtunnels. Die Strasse hat ihren Namen nach einem Standort der Basler Truppen während der Grenzbesetzung im Ersten Weltkrieg erhalten.
Siehe auch	→ Airoloweglein
Bemerkenswertes	Die Strasse sollte ursprünglich ‹Nietzschestrasse› heissen. Der Philosoph Friedrich Nietzsche (1844–1900) war 1869–1879 Professor für Altphilologie in Basel. Die in Basel immer wieder aufgeworfene, aber nie realisierte Benennung einer Strasse nach Nietzsche war auch für die Peter Ochs-Strasse vorgesehen. Für die nicht realisierte ‹Benedikt La Roche-Strasse› der gescheiterten Bäumlihofüberbauung stand zuerst ebenfalls der Name Nietzsches zur Diskussion.
Weiteres siehe	→ Gotthardstrasse
Literatur	Roth: S. 13. Siegfried: S. 41

Strassenname	**Airoloweglein**
Gruppe	5, 10.4
Plankoordinaten	E 8
Amtlich benannt	1970
Siehe	→ Airolostrasse
Quellen	ANK: 1970

Strassenname	**Akazienweg**
Gruppe	14
Plankoordinaten	FG 3
Erstmals genannt	1822
Amtlich benannt	1946
Bedeutung	Akazie (lat. Acacia), tropisch-subtropische Baumgattung.
Frühere Namen	Auf dem Hoferplan von 1822 erscheint die Strasse als ‹Allee›.
Bemerkenswertes	Die Strasse ist ein Fussweg im Baum- und Waldpark Lange Erlen. Das ist nur ein Grund, warum die Ortswahl gut getroffen ist. Die an der Basler Fasnacht als ‹Mimosen› massenhaft verteilten gelben Blütenzweige sind im Mittelmeergebiet gezüchtete Akazienarten, und in den Langen Erlen finden die vorfasnächtlichen Spiel- und Marschübungen der Trommler- und Pfeifergesellschaften statt.
Quellen	Hoferplan 1822
Literatur	Roth: S. 14

Strassenname	**Albert Schweitzer-Strasse**
Gruppe	12.6
Plankoordinaten	F 7
Amtlich benannt	1966
Bedeutung	Albert Schweitzer (1875–1965), aus Kaysersberg (Oberelsass), Pfarrer und Tropenarzt. Zuerst als Theologe ausgebildet, studierte er Medizin in Strassburg und ging nach Afrika. Er gründete 1913 das Urwaldspital Lambarene in Gabun (Westküste Afrikas), wo die Behandlung von Lepra und Schlafkrankheit die hauptsächlichen Forschungsgebiete waren. Für sein internationales pazifistisches Engagement erhielt er 1952 den Friedensnobelpreis. Schweitzer war auch ein bedeutender Organist und ist der Verfasser eines wichtigen Buches über Johann Sebastian Bach.
Quellen	ANK: 1966

Strassenname	**Alemannengasse**
Gruppe	13
Plankoordinaten	F 5
Erstmals genannt	1861
Amtlich benannt	1892
Bedeutung	Die Alemannen oder Alamannen (germ. ‹alle Männer›) waren ein Bund westgermanischer Stämme aus dem unteren Elbegebiet. Im Zuge der Völkerwanderung besiedelten sie die Basler Gegend im 4. und 5. Jahrhundert.
Frühere Namen	1892 fasste man die 1861 amtlich benannten Strassen ‹(Äussere) Kartausgasse› (Fortzetzung der Kartausgasse nach der Wettsteinstrasse und Theodorsgraben bis zur Römergasse) und ‹Hinterer Burgweg› zur Alemannengasse zusammen.
Bemerkenswertes	Die Alemannengasse liegt nahe bei der Römergasse und dem Burgweg, die ein Ensemble bilden, das auf das (spät-)antike Basel hinweist. Gotenwegli, Rauracherwegli und Hunnenstrasse, ebenfalls Namen, die in diesem Zusammenhang stehen, liegen abseits, die zwei ersten zum Teil auf Riehener Boden. Die Grossbasler Burgunderstrasse erinnert nicht an die Spätantike.
Weiteres siehe	→ Burgunderstrasse, Burgweg
Literatur	Fischer: Anhang S. 12. Roth: S. 15. Siegfried: S. 88

Strassenname	**Allmendstrasse**
Gruppe	27
Plankoordinaten	G 4 H 5
Erstmals genannt	1822
Amtlich benannt	1926
Bedeutung	Die Allmend ist Gemeindeeigentum an Grund und Boden, dessen Nutzung allen zusteht.
Frühere Namen	Im Hoferplan von 1822 erscheint die Strasse erstmals als ‹Allmendweg›.
Quellen	Hoferplan 1822
Literatur	Roth: S. 15

Strassenname	**Allschwilerplatz**
Gruppe	1
Plankoordinaten	C 5
Amtlich benannt	1895
Siehe	→ Allschwilerstrasse
Literatur	Roth: S. 15

Strassenname	**Allschwilerstrasse**
Gruppe	1
Plankoordinaten	DC 5
Erstmals genannt	1811
Amtlich benannt	1861
Bedeutung	Allschwil, nordwestlichste Gemeinde des Kantons Baselland im Bezirk Arlesheim, als Vorort mit der Stadt Basel zusammengewachsen. Die Allschwilerstrasse führt nach Allschwil, wo sie ihren Namen zu Baslerstrasse wechselt.

Siehe auch	→ *Allschwilerplatz*
Frühere Namen	Die alte Landstrasse nach Allschwil hiess auch ‹Almswiler Strasse›, nach einer Variante des Dorfnamens. Im Adressbuch von 1811 kommt sie als ‹Allschwilergass› vor.
Frühere Namen von Teilstücken	Das Teilstück vom Allschwilerplatz (eigentlich nur eine Strassenkreuzung) bis zur Kantonsgrenze trug von ca. 1899 bis 1909 den Namen ‹Äussere Allschwilerstrasse›, das Teilstück vom Allschwilerplatz bis zum Spalenring hiess von 1906 bis 1909 ‹Innere Allschwilerstrasse›.
Bemerkenswertes	Der ehemalige innere Teil der Allschwilerstrasse, von der Missionsstrasse beim Spalentor bis zum Spalenring verlaufend, wurde 1900 in Socinstrasse umbenannt.
Weiteres siehe	→ *Socinstrasse*
Quellen	Adressbücher 1811; 1899–1909
Literatur	Fischer: Anhang S. 12. Roth: S. 15

Strassenname	**Altkircherstrasse**
Gruppe	2
Plankoordinaten	C 6,5
Amtlich benannt	1877
Bedeutung	Altkirch, Hauptort des gleichnamigen Arrondissements im benachbarten Sundgau (Elsass), 28 km nordwestlich von Basel an der Strecke nach Belfort gelegen.
Literatur	Roth: S. 16

Strassenname	**Altrheinweg**
Gruppe	11.1
Plankoordinaten	E 3,2
Amtlich benannt	1896
Bedeutung	Der Altrhein ist ein natürlich belassener Nebenarm des Hauptstroms, der heute wenige Kilometer jenseits der Basler Grenze auf deutschem Gebiet beginnt und sich bis nach Breisach erstreckt. Der Altrheinweg führt dem verlandeten Nebenarm des Rheins entlang, der einst die Klybeckinsel bildete.
Weiteres siehe	→ *Inselstrasse*
Literatur	Siegfried: S. 81

Strassenname	**Am Bachgraben**
Gruppe	11.1
Plankoordinaten	C 3
Amtlich benannt	1938
Bedeutung	Der Bachgraben ist die Fortsetzung des Allschwiler Dorfbachs, der aus dem Zusammenfluss von Lützelbächli (Quelle bei Schönenbuch) und Mühlebach bzw. Neuwilbächli (Quelle bei Biel-Benken) entsteht. Der Bachgraben versickerte noch in den 1920er Jahren vor der Bahnlinie ins Elsass im Boden, heute aber bereits vor der Kantonsgrenze auf dem Feld bei den Neuallschwiler Sportanlagen Bachgraben. Die Bachgraben-Promenade führt diesem alten Bachbett entlang.
Siehe auch	→ *Bachgraben-Promenade*
Bemerkenswertes	Der Allschwilerbach und der Dorenbach (vor seiner Umleitung in den ehemaligen Schützenmattweiher und den Birsig im 13. Jahrhundert) vereinigten sich früher bei Neuallschwil und flossen unter dem Namen Dorenbach in Richtung der Hegenheimerstrasse, von da zum Paraplegikerzentrum und zum Wohn- und Werkzentrum WWB, wo der alte Dorenbach gegen Bourgfelden ein Stück weit die Basler Grenze bildete. Der Bach mündete vermutlich nahe der Landesgrenze beim Hafen St. Johann in den Rhein.
Weiteres siehe	→ *Aeschengraben, Dorenbach-Promenade*
Literatur	Roth: S. 19

Strassenname	**Am Bahndamm**
Gruppe	28.3
Plankoordinaten	F 4,3
Amtlich benannt	1929
Siehe	→ Centralbahnplatz
Bedeutung	Der Strassenname weist auf die hügelige Topographie Basels hin. Der Badische Bahnhof in Kleinbasel sowie die Gleisverbindungen liegen auf aufgeschüttetem Untergrund. Die Strasse erschliesst eine Wohnsiedlung für den Durchgangsverkehr und liegt im Dreieck der Bahndämme des Badischen Bahnhofs und der Bahnstrecke nach Weil-Otterbach.
Literatur	Roth: S. 19

Strassenname	**Amerbachstrasse**
Gruppe	12.2, 12.4
Plankoordinaten	E 4
Amtlich benannt	1864
Bedeutung	Johannes Amerbach (1443–1513), aus Amorbach (Unterfranken), der erste bedeutende Buchdrucker und Verleger in Basel. Amerbach studierte die alten Sprachen in Paris; dort erhielt er wohl auch eine Ausbildung als Buchdrucker. Er lebte in Nürnberg und Venedig und liess sich 1475 in Basel nieder, wo er 1484 das Bürgerrecht erhielt und an der Rheingasse 23 im Haus ‹Zum Kaiserstuhl› lebte. Eine lateinische Bibel, 1479–1489 in acht Auflagen erschienen, begründete seinen Ruf als hervorragender Drucker. Nach 1500 bildete er mit Johann Froben und Johann Petri eine Druckergemeinschaft. Zwischen 1480 und 1512 sind 73 Werke in Amerbachs Druckerei entstanden. Johannes Amerbach liegt in der Kleinbasler Kartause (heute Bürgerliches Waisenhaus) begraben.
Bemerkenswertes	Die Druckerei im Haus ‹Zum Sessel› (Totengässlein 3) erwarb Johannes Amerbachs Kompagnon Johann Froben 1507 und führte sie weiter. Die Amerbachstrasse wurde nicht generell nach der Familie Amerbach benannt, erinnert aber dennoch an Johannes' Söhne Bruno und Bonifacius und den Enkel Basilius, die hervorragende Rechtsgelehrte und Kunstsammler waren. Aus dem Familienbesitz stammen das Amerbachkabinett, eine umfangreiche Sammlung von antiker und mittelalterlicher Kleinkunst und Medaillen (heute im Historischen Museum), von Gemälden (heute im Kunstmuseum) und von Büchern (heute in der Universitätsbibliothek), und die Amerbachkorrespondenz, eine Sammlung von etwa 6000 Briefen des 15. und 16. Jahrhunderts. Die Stadt Basel kaufte das Amerbachkabinett 1661 und machte es nach Zürich als zweite öffentliche Kunstsammlung eines bürgerlichen Gemeinwesens dem Publikum zugänglich. Es ist der Ausgangspunkt für den späteren Basler Anspruch, eine ‹Museumsstadt› zu sein. Die Sammlung befand sich 1671–1849 im Haus ‹Zur Mücke› (Schlüsselberg 14), wo auch die öffentliche Bibliothek untergebracht war. 1849 zogen Sammlung und Bibliothek ins Museum an der Augustinergasse 2 (heute Naturhistorisches Museum und Museum der Kulturen). Die mittelalterlichen Sammlungsbestände separierte man bereits 1856 und brachte sie im Bischofshof an der Rittergasse unter. Sie bildeten den Grundstock des Historischen Museums Basel, das seinen Sitz 1894 in der Barfüsserkirche fand. Die Universitätsbibliothek zog 1896 in den Neubau an der Schönbeinstrasse, nachdem sie sich bereits 1889 in die Liegenschaft Augustinergasse 8 und Münsterplatz 7 hatte einmieten müssen. Die Bestände der Kunstsammlung schliesslich kamen 1936 in das heutige Kunstmuseum am St. Alban-Graben 16.

Weiteres siehe → *Frobenstrasse, Henric Petri-Strasse*
Literatur Basler Woche, 15.1.1943. Blum / Nüesch: S. 57–60. Roth: S. 16. Settelen-Trees Daniela (Red.): Historisches Museum Basel in der Barfüsserkirche 1894–1994. Rückblicke in die Museumsgeschichte. Herausgegeben von der Direktion des Historischen Museums Basel. Basel 1994, S. 17–18. Siegfried: S. 93. Teuteberg: S. 173–176

Strassenname **Am Krayenrain**
Gruppe 7
Plankoordinaten D 4
Amtlich benannt 1924
Bedeutung Der Krayenrain (mundartlich für Krähenrain) war der alte Landbesitz der Spalemer Vorstadtgesellschaft ‹Zur Krähe›. Ein Rain ist ein langgestreckter Abhang oder ein Grasstreifen zwischen Feldern oder allgemein eine Grenze.
Literatur Roth: S. 67

Strassenname **Amselstrasse**
Gruppe 15.2
Plankoordinaten E 7
Amtlich benannt 1908
Bedeutung Amsel (lat. Turdus merula), eurasische Singvogelart, auch Schwarzdrossel genannt. Die Amsel wurde in den Städten im letzten Drittel des 19. Jahrhunderts heimisch und ist neben den Spatzen und Tauben der typische Stadtvogel.
Bemerkenswertes Die Amselstrasse wurde 1908 gemeinsam mit der Lerchen- und der Drosselstrasse angelegt. Die Starenstrasse, obwohl erst 1911 benannt, gehört auch zu diesem Ensemble. Sie alle liegen auf dem Bruderholz, nahe bei einem alten Grundstück, das Vogelacker hiess. Flamingo und Pelikan haben als exotische Vögel Strassen nahe beim Zoologischen Garten ihre Namen gegeben, Pirol, Fink und Fasan wiederum Strassen beim Tierpark Lange Erlen. Meisengasse und die nur namentlich existente Wachtelstrasse, die erste in Kleinbasel, die zweite auf dem Bruderholz, liegen etwas isoliert.
Roth: S. 16. Siegfried: S. 43 *Literatur*

An der hohlen Gasse *Strassenname*
7 *Gruppe*
F 3 *Plankoordinaten*
1925 *Amtlich benannt*
Der Strassenname rührt von einem früheren *Bedeutung*
Namen des heutigen Schorenwegs her. Dieser tauchte in den Adressbüchern vor 1862 und auf den Plänen des 19. Jahrhunderts auch als ‹Hohle Gasse› auf, weil es sich um einen Hohlweg im Waldgebiet der Langen Erlen handelte.
→ *Schorenweg* *Weiteres siehe*
Roth: S. 56 *Literatur*

Andlauerstrasse *Strassenname*
18 *Gruppe*
E 4 *Plankoordinaten*
1897 *Amtlich benannt*
Die Andlau waren ein aus dem Elsass stammendes Basler Ministerialengeschlecht (ursprünglich unfreie Gefolgsleute im Ritterstand) mit Gütern im Fürstbistum Basel. Der österreichische Zweig wurde 1540 zu Erbrittern, 1817 zu Grafen erhoben. Sie hatten bis zum Ende des Fürstbistums wichtige Ämter inne und besassen umfangreichen Grundbesitz. Dazu gehörten die Schlösser Homburg und Birseck sowie die aus dem 18. Jahrhundert stammende Ermitage in Arlesheim. Der Andlauerhof (Münsterplatz 17, heute Sozialpädagogischer Dienst der Schulen) gehörte bis zur Reformation ebenfalls der Familie. Georg von Andlau (um 1390–1466), Basler Dompropst *Bedeutung*

(Vorsteher der Geistlichen der Diözese), war der erste Rektor der 1460 gegründeten Basler Universität.

Weiteres siehe	→ Homburgerstrasse
Literatur	Roth: S. 16

Strassenname	**Andreas Heusler-Strasse**
Gruppe	12.7
Plankoordinaten	F 6
Amtlich benannt	1922
Bedeutung	Andreas (II.) Heusler (1834–1921), Jurist, Rechtshistoriker, Präsident des Basler Appellationsgerichts. Heusler schrieb 1860 die ‹Verfassungsgeschichte der Stadt Basel im Mittelalter›, seit 1863 war er Professor an der Juristischen Fakultät. Seit 1860 betätigte er sich in führender Stellung an der kantonalen und schweizerischen Gesetzgebung (baselstädtische Zivilprozessordnung von 1875 und eidgenössisches Schuldbetreibungs- und Konkursgesetz von 1889). Neben einer ‹Deutschen Verfassungsgeschichte› (1905) schrieb er auch eine ‹Schweizerische Verfassungsgeschichte› (1920). Als Ehrung zu seinem 86. Geburtstag liess der Bundesrat sie an sämtliche Mitglieder der Bundesversammlung abgeben. Politisch stand er auf der Seite der konservativen Föderalisten. Er war 1866–1902 Grossrat und engagierte sich vehement gegen die Revision der Bundesverfassung von 1874. Seine ‹Basler Geschichte› von 1917 ist nach den Werken Christian Wurstisens (1580 erschienen) und Peter Ochs' (1786–1822 erschienen) die dritte, die von den Anfängen bis zur Gegenwart reicht.
Literatur	Basler Nachrichten, 7.11.1971. Roth: S. 17. Teuteberg: S. 27

Andreasplatz	Strassenname
12.1.1	Gruppe
E 5	Plankoordinaten
1241	Erstmals genannt
1861	Amtlich benannt
	Bedeutung

Die St. Andreaskapelle, die auf diesem Platz stand, ging auf einen Bau aus der zweiten Hälfte des 11. Jahrhunderts zurück. Sie kam 1376 aus bischöflichem in den Besitz der Safranzunft. Zur Safranzunft gehörten die Krämer, die eine Brüderschaft bildeten und sich in der St. Andreaskapelle versammelten. Der heilige Andreas war der Bruder des Apostels Petrus. Er soll das Evangelium von Griechenland bis nach Kiew verkündet haben. Der heilige Andreas erlitt den Märtyrertod an einem Kreuz, das die Form eines ‹X› hatte, woher das Andreaskreuz auch seinen Namen hat. Er ist unter anderem der Patron von Russland und Griechenland und hat seinen Kalendertag am 30. November. Darüber, wann der Platz das erste Mal nach ihm benannt wurde, gibt es verschiedene Angaben. In einer Urkunde von 1241 kommen zumindest die ‹territoria inter St. Andream› vor, also der Raum zwischen der Kapelle und den umliegenden Häusern.

Der Andreasplatz soll auch ‹in dem Wiele› geheissen haben. Eine diesbezügliche Erwähnung stammt aus dem Jahr 1287.	Frühere Namen
Die Kapelle war mit einem Begräbnisplatz verbunden und hatte ein zusätzliches Beinhaus. Der Begräbnisplatz ist erstmals 1359 belegt und wird urkundlich 1450 erwähnt. Nach der Reformation diente die Kapelle als Warenlager. Die Kirche auf dem kleinen Platz führte zu sehr beengten Raumverhältnissen und entsprechender Feuergefahr. 1792 liess der Rat sie deswegen auf Ansuchen der Anwohner, die dies schon 1718 gefordert hatten, abbrechen und auf dem Platz einen Geflügelmarkt einrichten. Die Umrisse der	Bemerkenswertes

Kirche sind heute durch die Pflasterung des Platzes zurückhaltend markiert. Das Haus mit der Nummer 15 heisst ‹Zum Andreas›. 1429 taucht es als ‹Zwingers Badstube› auf, 1457 als ‹St. Andreas Badstube›, 1738 auch als ‹Weiberbad›. Der ‹Affenbrunnen› auf dem Platz ist eine Replik des Originals im Historischen Museum. Der Brunnen wurde 1867 von seinem ursprünglichen Standort zwischen Aeschenvorstadt und Freier Strasse wegen des zunehmenden Verkehrs entfernt.

Weiteres siehe → *Imbergässlein*

Literatur d'Aujourd'hui Rolf, Schön Udo: Archäologische Grabungen bei St. Andreas. In: Basler Stadtbuch 1987. Basel 1988, S. 227–236. Fechter 1856: S. 80. Fischer: Anhang S. 4. Roth: S. 17. Sellner: S. 401–402

Strassenname	**Angensteinerstrasse**
Gruppe	18
Plankoordinaten	F 6
Amtlich benannt	1890
Bedeutung	Burg Angenstein im Birstal bei Duggingen, Baselbieter Bezirk Laufen, ehemaliger Besitz der Grafen von Thierstein (1338–1522) und der Bischöfe von Basel (1522–1792), 10 km südlich von Basel. Die Burg steht auf dem breiten Felskopf über der Engnis des Birstals zwischen Aesch und Duggingen, die ihr den Namen (‹eng› = ‹ang›) gegeben hat. Die wohl im 13. Jahrhundert erbaute Anlage, deren Ausgestaltung aber neuzeitlich ist (ein Polygontürmchen stammt erst aus dem 19. Jahrhundert), ist seit 1951 im Besitz des Kantons Basel-Stadt.
Weiteres siehe	→ *Thiersteinerstrasse*
Literatur	Meyer: S. 153–155. Roth: S. 17

Antilopenweg	*Strassenname*
15.3	*Gruppe*
D 6	*Plankoordinaten*
1945	*Amtlich benannt*
Antilopen, Sammelbezeichnung für verschiedene, in Herden lebende Huftierarten Afrikas und Asiens aus der Familie der Horntiere (lat. Bovidae). Der Zoologische Garten von Basel, in dessen Nähe die Strasse liegt, hält Antilopen.	*Bedeutung*
→ *Zoo-Parkplatz*	*Weiteres siehe*
Roth: S. 17	*Literatur*

Anwilerstrasse	*Strassenname*
1	*Gruppe*
E 8	*Plankoordinaten*
1966	*Amtlich benannt*
Anwil, Gemeinde im Baselbieter Bezirk Sissach, 28 km südöstlich von Basel.	*Bedeutung*
ANK: 1966	*Quellen*

Appenzellerstrasse	*Strassenname*
4	*Gruppe*
C 5	*Plankoordinaten*
1921	*Amtlich benannt*
Appenzell, Hauptort des Halbkantons Appenzell-Innerrhoden in der Ostschweiz.	*Bedeutung*
Roth: S. 17	*Literatur*

Arabienstrasse	*Strassenname*
7	*Gruppe*
E 8	*Plankoordinaten*
1922	*Amtlich benannt*
‹In Arabien› ist der Name eines ziemlich unfruchtbaren Grundstücks auf dem Bruderholz. Der Name soll von Ende des 18. oder Anfang des 19. Jahrhunderts stammen, als die ägyptischen Feldzüge Napoleon Bonapartes und die Reiseberichte des Basler For-	*Bedeutung*

schers Johann Ludwig Burckhardt (1784–1817), des sogenannten ‹Scheich Ibrahim›, das Interesse am Orient weckten.

Literatur Roth: S. 17

Strassenname **Arbedostrasse**
Gruppe 5, 24.2, 25.2
Plankoordinaten E 8
Amtlich benannt 1922
Bedeutung Arbedo, Tessiner Gemeinde nördlich von Bellinzona. In der nach Arbedo benannten Schlacht schlugen 1422 die Truppen des Herzogs von Mailand die Eidgenossen, wodurch die Eroberung des Tessins vorerst gescheitert war. Die Strasse heisst allerdings nach einem Standort der Basler Truppen während der Grenzbesetzung im Ersten Weltkrieg.

Literatur Roth: S. 17

Strassenname **Archivgässlein**
Gruppe 20
Plankoordinaten E 5
Erstmals genannt 1610
Amtlich benannt 1976
Bedeutung Das Staatsarchiv (Martinsgasse 2–4) wurde 1898–1900 als historisierender Bau auf dem Areal des ehemaligen Rathausgartens erstellt. Seine Vielteiligkeit suggeriert ein Entstehen über einen längeren Zeitraum und verweist so auf die Verbindung des Archivs mit der Vergangenheit. Die kreuzgangartige Umfassung des Hofs erinnert an eine Klosteranlage und damit an einen der Ausgangspunkte des heutigen Archivwesens. Das Staatsarchiv ist durch Treppen und Untergeschosse mit dem Rathaus verbunden. Die Bulldogge nahe beim Eingang ist ein Pendant zum Rathaushund (beides Wächtergestalten). Vor der Eröffnung des neuen Gebäudes war das Staatsarchiv in Räumlichkeiten im Rathaus, in der ehemaligen Fruchtschütte bei St. Leonhard, im Sakristeigewölbe des Münsters und im Bischofshof an der Rittergasse untergebracht.

1610 bezeichnet Felix Platter die Strasse als ‹Gesslin gegen S. Martin› (vom Rheinsprung aus gesehen) oder als ‹Gesslin gegem Collegio› (von der Martinsgasse aus gesehen). Andere Namen waren ‹Teufelsgässlein› und ‹Deuchelgässlein›. Wahrscheinlich ist ‹Teufel› aus der Verballhornung von ‹Deuchel› (hölzerne Wasserleitung) entstanden. Die Beziehung des ‹gegem Collegio› führenden Gässleins zum Teufel rührt möglicherweise daher, dass gemäss einer Erzählung von Johannes Gast (‹Sermones convivales›, Basel 1548) Doktor Faust im ‹oberen Kollegium› der Universität an der Augustinergasse (heute stehen dort das Naturhistorische Museum und das Museum der Kulturen) zu Besuch war und einen Hund und ein Pferd bei sich hatte, die als Teufel galten. Vielleicht erzählte man sich daran anschliessende Spukgeschichten über das ‹untere Kollegium› am Rheinsprung (heute Zoologisches Institut), die sich im Strassennamen niederschlugen. Möglich ist auch, dass analog zum oberen Teil der Freien Strasse das steil zum Rheinsprung hinab führende Gässlein zuerst ‹tiefes Gässlein› hiess, woraus dann ein ‹Teufelsgässlein› wurde. Ein weiterer Name, ‹Mosesgässlein›, entstand wohl, weil an den ehemaligen Stallungen des Blauen Hauses ein, verlorengegangenes, Medaillon angebracht gewesen sein soll, das Moses im Schilfkorb zeigte.

Frühere Namen

Quellen ANK: 1975; 1976
Literatur Blum / Nüesch: S. 62–63. Huber: S. 190. Platter: S. 444; 448

Strassenname	**Arlesheimerstrasse**
Gruppe	1
Plankoordinaten	F 7
Amtlich benannt	1905
Bedeutung	Arlesheim, Baselbieter Gemeinde im Birstal, 7 km südlich von Basel. Arlesheim ist Hauptort des gleichnamigen Bezirks.
Literatur	Roth: S. 17

Strassenname	**Arnold Böcklin-Strasse**
Gruppe	12.2
Plankoordinaten	D 6
Erstmals genannt	1877
Amtlich benannt	1897
Bedeutung	Arnold Böcklin (1827–1901), aus Basel, einer der berühmtesten und einflussreichsten Schweizer Maler des 19. Jahrhunderts. Böcklin begann seine Ausbildung zum Maler in Basel, das er 1845 verliess und wohin er nur noch zeitweise zurückkehrte. Er wechselte für das weitere Studium und Erwerbsleben immer wieder seinen Aufenthaltsort, war in Paris, Rom, München, Zürich, Florenz. Zuletzt lebte er in Fiesole bei Florenz (1893/1895–1901). Breite Anerkennung fand er mit seiner Arbeit seit Ende der 1880er Jahre, die Preise für seine Bilder stiegen seit den 1890er Jahren um das 10–20fache, schliesslich erreichten sie einen der höchsten Marktwerte überhaupt. Böcklins Werk beginnt mit alpinen Stimmungslandschaften, denen mediterrane mit kleiner mythologischer Staffage folgen. Die für ihn typische mythologisch-allegorische Bildsprache (‹Toteninsel›, ‹Pest›) entwickelt der Maler gegen Ende der 1850er Jahre. Böcklin übte auf die deutsche Malerei grossen Einfluss aus, es entstanden heftige Kontroversen für und wider sein Werk. Einige seiner Bildtitel waren zu seiner Zeit geradezu sprichwörtlich.

	An Böcklins 70. Geburtstag fanden in der Schweiz, in Deutschland und in Italien zahlreiche öffentliche Huldigungen statt. In Basel benannte man zu seinen Ehren die alte ‹Sundgauerstrasse› auf seinen Namen um. Die alte ‹Sundgauerstrasse› sollte nach einem Vorschlag des Baudepartements in ‹Strassburgerstrasse› umbenannt werden, was die Regierung aber ablehnte. Die Benennung von Strassen nach noch lebenden Personen ist äusserst selten. Im allgemeinen wartet man eher ab, ob der Name auch noch längere Zeit nach dem Tod seine Bekanntheit behält. Im Fall des noch berühmteren Pablo Picasso fiel der grundsätzliche Beschluss zur Strassenbenennung zwar auch schon zu Lebzeiten des Künstlers. Man verstand sich aber darauf, mit der offiziellen Benennung bis nach Picassos Tod zu warten.
Früher Namen	
Bemerkenswertes	
Weiteres siehe	→ Picassoplatz
Literatur	Roth: S. 17. Siegfried: S. 65

Asconastrasse	*Strassenname*
5	*Gruppe*
E 9	*Plankoordinaten*
1931	*Amtlich benannt*
Ascona, Tessiner Ferien- und Kurort am Rand des Maggiadeltas am Lago Maggiore.	*Bedeutung*
Roth: S. 18	*Literatur*

Auberg	*Strassenname*
7	*Gruppe*
ED 6	*Plankoordinaten*
1811	*Erstmals genannt*
1942	*Amtlich benannt*
→ Austrasse	*Siehe*
Die vom früheren Feuchtgebiet (‹Au›) des Birsigs zur Anhöhe ‹Auf der Au› hinaufführende Strasse (‹-berg›) war bis 1942 ein Teil der Austrasse.	*Frühere Namen*
Roth: S. 18	*Literatur*

Strassenname	**Auf dem Hummel**
Gruppe	7
Plankoordinaten	E 8
Amtlich benannt	1922
Bedeutung	‹Auf dem Hummel› ist der Name eines Grundstücks auf dem Bruderholz. Er dürfte von dem Personennamen Humbolt beziehungsweise Humpol(d)t eines früheren Besitzers oder Nutzniessers abstammen. So gibt es in Bettingen ein Waldgebiet namens ‹Humpelsgraben›, das in alten Quellen als ‹Hummelsgraben› erscheint.
Siehe auch	→ *Hummelweglein*
Literatur	*Burgermeister Gaby: Die Flurnamen der Gemeinde Bettingen. Basel und Frankfurt am Main 1995, S. 44. Roth: S. 57*

Strassenname	**Auf dem Wolf**
Gruppe	7
Plankoordinaten	G 7
Amtlich benannt	1952
Bedeutung	Der Flurname ‹Auf dem Wolf› erinnert an das Vorkommen von Wolfsrudeln in der Umgebung der Stadt bis in das 19. Jahrhundert hinein. Andere Flurnamen, die sich darauf beziehen sind der ‹Wolfsacker› rechts der St. Jakobsstrasse, der mit Reben bepflanzte ‹Wolfsrain›, die ‹Wolfsreben› und die ‹Wolfsschlucht› auf dem Bruderholz. In Bettingen befand sich eine als ‹Wolfsgalgen› bezeichnete Wolfsfalle.
Siehe auch	→ *Wolf-Passerelle*
Bemerkenswertes	Möglicherweise erhielt ein früherer Landeigentümer seinen Familiennamen nach dem Wolf. Eine Urkunde von ca. 1350 erwähnt das Haus ‹Zem Wolfe› am Spalenberg 22.
Weiteres siehe	→ *Wolfschlucht-Promenade*
Literatur	*Roth: S. 117*

Auf der Alp	*Strassenname*
7	*Gruppe*
E 9	*Plankoordinaten*
1931	*Amtlich benannt*
Auf der Alp, Anhöhe des Bruderholz südlich von Basel, die als Weide und Grasland diente und zum Teil heute noch dient.	*Bedeutung*
Roth: S. 15	*Literatur*

Auf der Lyss	*Strassenname*
31	*Gruppe*
D 5	*Plankoordinaten*
1970	*Amtlich benannt*
Die genaue Herkunft des Namens ‹Lyss› ist unbekannt. Dies führte zu zahlreichen Namensvarianten wie ‹lüss› (1610), ‹Leis› (Adressbücher vor 1862) und auch ‹Laus›. Die wahrscheinlichste These deutet das Wort als ‹Los›, althochdeutsch ‹hluz›. Unter Verlust der Berechtigung, die Allmend zu benutzen, kamen durch Loswahl im Frühmittelalter öffentliche Grundstücke an einzelne Gemeindemitglieder. Die Lyss wäre somit die Gegend, wo verloste Grundstücke lagen. Andere Herleitungen deuten das Wort als Weide von angelsächsisch ‹läsa›, als Grenze von französisch ‹lisière› oder als Laus. Darunter ist einerseits der Parasit selbst zu verstehen. Diese Erklärung war im Volksmund weit verbreitet. Der 1900 abgetragene kleine Hügel bei der Heuwaage, wo die mit Ungeziefer verseuchten Heubühnen waren, hiess in Anlehnung an den ‹Lysbüchel› (Gegend zwischen Kannenfeldporte und Zollstätten an der Elsässerstrasse), der auch als ‹Lausbüchel› auftritt, ebenfalls scherzhaft ‹Lysbüchel›. Andererseits gibt es Pflanzenarten, die als ‹Lausgras› zwischen Nutzpflanzen gesetzt Blattläuse vertreiben sollen. Schliesslich gibt es auch die Erklärung, dass es sich um einen Flurnamen handeln soll, der auf	*Bedeutung*

Auf der Alp

eine ehemals linsenförmige Erhebung der Gegend Bezug nimmt.

Frühere Namen Frühere Bezeichnungen waren auch ‹By der alten Elenden Herberg uff der Lys›, ‹uff dem Lysgraben› und ‹by Eglofstor›. 1862 wurde die Strasse in den Leonhardsgraben integriert. Auch im Adressbuch von 1798 war die Strasse schon zum Leonhardsgraben gerechnet worden, trug eine Zeitlang aber die separate Bezeichnung ‹Auf der Leis›.

Quellen ANK: 1970

Literatur Roth: S. 70. Seiler Adolf: Die Ortsnamen Lys und Lysbüchel. In: Alemannia. Zeitschrift für Sprache, Kunst und Altertum besonders des alemannisch-schwäbischen Gebiets. NF Bd. 2, 1901, S. 259–288. Siegfried: S. 25

Strassenname **Augsterweg**
Gruppe 1
Plankoordinaten G 4
Amtlich benannt 1943
Bedeutung Augst, Gemeinde im Baselbieter Bezirk Sissach, 10 km östlich von Basel. Ihr Name stammt von der ehemaligen Römerstadt Augusta Raurica ab, die Lucius Munatius Plancus als ‹colonia Raurica› im Gebiet der keltischen Rauriker im Jahr 44 v. Chr. gegründet hat. Den Namen Augusta Raurica erhielt die Stadt durch Kaiser Augustus im Jahr 15. v. Chr. Nach einer Blütezeit im 2. Jahrhundert kam es im Jahr 259/260 womöglich durch Bürgerkrieg zur Zerstörung der Stadt. Die Bevölkerung wanderte nach 300 in das Castrum Rauracense ab, eine Festungsanlage direkt am Rhein. Dieser Ort ist heute das aargauische Kaiseraugst, wobei Kaiseraugst im Gegensatz zu (Basel-)Augst auf die frühere Zugehörigkeit zum kaiserlich-österreichischen Krongut Fricktal hinweist. Erste wissenschaftliche Ausgrabungen in Augusta Raurica erfolgten 1582–1585, die systematische wissenschaftliche Erforschung begann 1882.

Weiteres siehe → Rauracherwegli

Literatur Roth: S. 17. Teuteberg: S. 62–68

Strassenname **Augustinergasse**
Gruppe 16.2
Plankoordinaten E 5
Erstmals genannt 1290
Amtlich benannt 1861
Bedeutung 1276 gründeten Augustinermönche ihren Basler Klostersitz an der Stelle, wo heute das Naturhistorische Museum und das Museum der Kulturen stehen. Das Kloster war nach der Reformation von 1531 bis 1844 als das ‹Obere Kollegium› ein Universitätsgebäude. Das ‹Untere Kollegium› befand sich am Rheinsprung. 1844 riss man das ehemalige Kloster ab und errichtete bis 1849 den heutigen Museumskomplex.

Frühere Namen Vor der Ansiedlung der Mülhausener Augustinermönche und der Benennung nach ihrem Ordensheiligen trug die Strasse den Namen ‹Spiegelgasse›. 1290 heisst es bei der ersten Erwähnung der Strasse von einem Haus, es liege ‹in vico dicto Spiegelgaz› (‹in der Spiegelgasse genannten Strasse›). Eine Begründung für diesen Strassennamen gibt es nicht. Denkbar wäre, dass wie bei der heutigen Spiegelgasse ein – allerdings urkundlich nicht mehr belegtes – Haus ‹Zum Spiegel› in der Strasse stand. Die Namensänderung erfolgte nicht sofort, die Bezeichnung ‹Spiegelgassen› kommt noch bis 1398 vor.

Literatur Fechter 1856: S. 23–24. Roth: S. 18. Siegfried: S. 9

Strassenname	**Austrasse**
Gruppe	7
Plankoordinaten	D 6,5
Erstmals genannt	1811
Amtlich benannt	1860
Bedeutung	Eine Au ist ein Feuchtgebiet an einem Wasser oder ein bei Hochwasser überfluteter Talboden. Das Gelände am linken Birsigufer vor dem Steinentor und die Anhöhe bis zur jetzigen Leimenstrasse wurden ‹In der Au›, ‹Auf der Au›, in der städtischen Frühzeit ‹Uff Owe›, ‹Uffenowe› genannt. Die Austrasse liegt auf der Anhöhe, der Auberg führt dort hinauf.
Siehe auch	→ Auberg
Frühere Namen	Der von Schützenmattstrasse bis Holbeinstrasse führende Weg, im Ryhinerplan von 1784 namenlos abgebildet, hiess in den Adressbüchern von 1811 bis 1854 ‹Unteres Schützenmattgässlein›. Das benachbarte, gewinkelte ‹Obere Schützenmattgässlein› zwischen Schützenmattstrasse und Holbeinstrasse entspricht nur ungefähr dem heutigen Steinenring.
Frühere Namen von Teilstücken	Der unterste Teil der Austrasse als Verbindung zur Heuwaage hinab, heute Teil des Aubergs, gehörte vor 1920 zum Steinengraben.
Quellen	*Adressbücher 1811–1854; 1919–1920. Ryhinerplan*
Literatur	*Roth: S. 18. Siegfried: S. 55*

Bachgraben-Promenade	Bäumlihofstrasse	Bechburgerstrasse	Bellinzonastrasse	Birkenstrasse	Blauensteinerstrasse
Bachlettenstrasse	Bahnhof-Unterführung	Beckenstrasse	Bellinzonaweglein	Birmannsgasse	Blauenstrasse
Bachofenstrasse	Bahnweglein	Bedrettostrasse	Benkenstrasse	Birseckstrasse	Bleichestrasse
Bad. Bahnhof-Passage	Baldeggerstrasse	Beim Buremichelskopf	Bergalingerstrasse	Birseckweglein	Blochmonterstrasse
Badenstrasse	Bannwartweg	Beim Goldenen Löwen	Bernerring	Birsfelderstrasse	Blotzheimerstrasse
Badenweilerstrasse	Barfüssergasse	Beim Letziturm	Bernoullistrasse	Birsig-Durchgang	Blotzheimerweg
Badweglein	Barfüsserplatz	Beim Wagdenhals	Bettingerweg	Birsig-Parkplatz	Blumengasse
Bändelgasse	Bartenheimerstrasse	Beim Wasserturm	Beuggenstrasse	Birsigstrasse	Blumenrain
Bärenfelserstrasse	Batterieanlage	Beinwilerstrasse	Beuggenweg	Birskopfsteg	Bollweilerstrasse
Bärschwilerstrasse	Batterieweglein	Belchenstrasse	Biascastrasse	Birskopfweglein	Bollwerk-Promenade
Bättwilerstrasse	Bauhinweglein	Belforterstrasse	Binningerstrasse	Birsstrasse	Bonergasse
Bäumleingasse	Baumgartenweg	Bellingerweg	Binzenstrasse	Bläsiring	Bonfolstrasse

Strassenname	**Bachgraben-Promenade**
Gruppe	7
Plankoordinaten	C 4,5
Amtlich benannt	1952/1954
Siehe	→ Am Bachgraben
Bedeutung	Bachgraben, Fortsetzung des Allschwiler Dorfbachs; heute versickert der Bach bereits vor der Kantonsgrenze.
Literatur	Roth: S. 19

Strassenname	**Bachlettenstrasse**
Gruppe	7
Plankoordinaten	D 6
Erstmals genannt	1811
Amtlich benannt	1861
Bedeutung	Mit ‹Letten› bezeichnet man einen lehmhaltigen Boden. Solcher Boden findet sich im Gebiet des Rümelinbachs und des Birsigs.
Frühere Namen von Teilstücken	Die Bachlettenstrasse folgt einem Teilstück des alten ‹Bachletten Strässleins›, das dem Rümelinbach entlang führte. In den Adressbüchern 1811–1854 lagen dortige Häuser an der ‹(Oberen) Binningerstrasse›, am ‹Binningersteg› oder ‹Am Dorenbach bei Binningen›.
Quellen	Adressbücher 1811–1854
Literatur	Siegfried: S. 51

Strassenname	**Bachofenstrasse**
Gruppe	12.7
Plankoordinaten	E 7
Erstmals genannt	1924
Amtlich benannt	1932
Bedeutung	Johann Jakob Bachofen (1815–1887), Professor für römisches Recht an der Universität Basel und Appellationsrat. Bachofen studierte in Basel, Berlin, Göttingen und Paris und wurde bereits mit 25 Jahren Rechtsprofessor in Basel, noch nicht ganz dreissigjährig Grossrat. Die Professur legte er schon 1844 mit Hinweis auf die Enge des Lehrbetriebs freiwillig nieder, ein Jahr darauf auch das politische Amt. Er war fortan als Mythenforscher, Rechts- und Kulturhistoriker tätig. Er ist bekannt durch sein 1861 erschienenes und bis heute heftig umstrittenes Werk ‹Das Mutterrecht›. Darin formulierte er die Theorie von der führenden Stellung der Frauen (‹Gynaikokratie›) in den frühen Kulturen, die dann das Patriarchat abgelöst haben soll. Die antike Mythologie und Symbolik deutete er eher romantisch, seine diesbezüglichen Schriften sind weniger von wissenschaftlicher Genauigkeit als von Vision und Eingebung geprägt. Wissenschaftliche Anerkennung blieb ihm zu Lebzeiten sowohl aufgrund seiner Umstrittenheit als auch wegen seines extremen Konservativismus und seiner Demokratiefeindlichkeit verwehrt. Anerkennung fand er nur als Kunstsammler. Ein Nachruf nennt ihn einen ‹vielleicht besser [von der Gelehrtenwelt] als von seiner eigenen Vaterstadt gekannten Mann›.
Frühere Namen	1924 als ‹Obere Brunnmattstrasse› gebaut, erhielt die Strasse 1932 ihre heutigen Namen.
Bemerkenswertes	An der Bachofenstrasse 1 stand statt der heutigen Alterssiedlung das sogenannte Bachofen-Schlösslein. Es war das Landhaus des sehr vermöglichen Bachofen. Errichtet wurde es um 1840, abgebrochen 1971.
Literatur	Basler Nachrichten, 28.11.1887. Bernoulli Carl Albrecht: Johann Jakob Bachofen und das Natursymbol. Basel 1924. Brönnimann Rolf: Villen des Historismus. Basel 1982. Neue Zürcher Zeitung, 21.11.1987. Roth: S. 19

Bad. Bahnhof-Passage	*Strassenname*
28.3	*Gruppe*
F 4	*Plankoordinaten*
1982	*Amtlich benannt*
→ Centralbahnplatz	*Siehe*

Bedeutung Im Jahr 1900 einigten sich die Grossherzoglich-Badische Bahn und die Basler Kantonsbehörden auf eine Verlegung des ersten, 1855 in Betrieb genommenen Badischen Bahnhofs vom Riehenring an den neuen Stadtrand Kleinbasels. Nach einer längeren Ausschreibungs- und Planungsphase wurde der zweite Badische Bahnhof 1910–1913 gebaut. Im Gegensatz zum alten Kopfbahnhof ist der neue Bahnhof ein Durchgangsbahnhof, der sich in Berücksichtigung der Niveauunterschiede der miteinander verbundenen Basler Bahnhöfe durch ein hochgelegtes Schienentrassee auszeichnet. Der exterritoriale Badische Bahnhof ist heute eines der grössten Grundstücke in Kleinbasel.

Quellen ANK: 1982

Literatur Huber: S. 144–146

Strassenname **Badenstrasse**
Gruppe 9
Plankoordinaten E 3,2
Amtlich benannt 1896
Bedeutung Die rechtsrheinisch an Basel angrenzende Markgrafschaft Baden, entstanden aus Zähringer Besitz, war von 1535 bis 1771 politisch in Baden-Baden und Baden-Durlach geteilt. 1803 kam die Markgrafschaft in den Rang eines Kurfürstentums, 1806 in den eines Grossherzogtums. Durch kontinuierliche Erwerbungen (u.a. des österreichischen Breisgaus) erhielt das Kurfüstentum 1805 erstmals ein zusammenhängendes Staatsgebiet. 1871 wurde das Grossherzogtum Baden Teil des Deutschen Reichs, 1953 entstand das deutsche Bundesland Baden-Württemberg.

Weiteres siehe → *Markgräflerstrasse*

Literatur Roth: S. 19

Badenweilerstrasse *Strassenname*
3 *Gruppe*
E 3,4 *Plankoordinaten*
1896 *Amtlich benannt*

Badenweiler, badische Gemeinde und Kurort, 30 km nördlich von Basel. *Bedeutung*

Die Badenweilerstrasse kreuzt die Müllheimerstrasse. Die Stadt Müllheim liegt nahe bei Badenweiler. *Bemerkenswertes*

Roth: S. 19 *Literatur*

Badweglein *Strassenname*
21 *Gruppe*
BC 4,5 *Plankoordinaten*
1974 *Amtlich benannt*

Das Gartenbad Bachgraben entstand 1960–1962 als jüngstes der drei Basler Freibäder. Die anderen zwei sind das Gartenbad Eglisee (1910 bzw. 1930–1931 gebaut) und das Sportbad St. Jakob (1954–1955 gebaut). Das Gartenbad Bachgraben liegt zum grösseren Teil auf dem Gebiet der Baselbieter Gemeinde Allschwil. *Bedeutung*

Badestuben als Orte der Körperpflege (Hautkrankheiten waren weit verbreitet) und gesellschaftliche Treffpunkte gab es im 14. Jahrhundert nicht weniger als fünfzehn. In Kleinbasel führte noch bis ins 20. Jahrhundert das ‹Badergässlein›, 1610 als ‹Gesslin zum badt› oder ‹Badtgesslin› erwähnt, entlang des sogenannten ‹Mittleren Teichs› von der Webergasse zur Ochsengasse. An seiner Einmündung in die Webergasse war ein Frauenbad, ein Männerbad befand sich in der Ochsengasse 15. Man muss sich aber vor Augen halten, dass das Wasser dieser Badestuben zum Teil aus den Basler Gewerbekanälen stammte. Die Sauberkeit entsprach kaum heutigem Standard. Das Badewesen ging wegen der zunehmenden Ansteckungsgefahr durch Haut- und Geschlechtskrank- *Bemerkenswertes* heiten nach dem Mittelalter stark zurück, erst die Hygienebewegung im 19. Jahrhundert liess es wieder aufleben. 1831 entstand unterhalb des Münsterhügels im Rhein eine Badeanstalt für Männer, 1849 eine für Frauen, beide hiessen in späterer Zeit ‹Pfalzbadhysli› und wurden 1961 aufgehoben. 1856 eröffneten zwei weitere Badeanstalten: im St. Albanteich (1934 geschlossen) und im Riehenteich (1906 geschlossen). Die Badeanstalten im Rhein bei St. Johann und bei der Breite begannen ihren Betrieb 1891 bzw. 1895. Daneben wurden in den Quartieren Brausebäder oder Waschanstalten eingerichtet. Das erste Hallenschwimmbad für Basel ist das 1934 gebaute ‹Rialto› in Grossbasel an der Viaduktstrasse 60.

Weiteres siehe	→ *Egliseestrasse*
Quellen	ANK: 1974
Literatur	Blum / Nüesch: S. 146. Huber: S. 337. Platter: S. 474; 490

Strassenname	**Bändelgasse**
Gruppe	26
Plankoordinaten	E 3
Amtlich benannt	1913
Bedeutung	‹Bändel› steht umgangssprachlich für Seidenbänder, die in Fabriken in der Nähe der Strasse hergestellt wurden. Die seidenverabeitende Industrie war einer der wichtigsten Basler Wirtschaftszweige des 18. und 19. Jahrhunderts. Aus den Zulieferbetrieben der Stoffarbenindustrie entstand als Basler Hauptwirtschaftszweig des 20. Jahrhunderts die chemische Industrie. An diese Industrie, deren Standort durch das für die Produktion wichtige Netz der Kleinbasler Gewerbekanäle vorgegeben war, erinnern auch die Färber- und die Bleichestrasse.
Weiteres siehe	→ *Bleichestrasse, Färberstrasse, Teichgässlein*
Literatur	Roth: S. 20

Bärenfelserstrasse	*Strassenname*
18	*Gruppe*
E 4	*Plankoordinaten*
1882	*Amtlich benannt*
Bärenfels, Burgruine oberhalb von Angenstein im Birstal, 10 km südlich von Basel. Das aus dem Wiesental stammende bischöflich-baslerische Ministerialengeschlecht (ursprünglich unfreie Gefolgsleute im Ritterstand) von Bärenfels brachte sechs Basler Bürgermeister, zahlreiche Schultheisse und Vögte hervor. Johannes von Bärenfels (1294–1311) führte als erster den von der Burg entlehnten Namen. Noch vor der Mitte des 16. Jahrhunderts ging der Bärenfelser Grundbesitz Arisdorf an Basel über, die Familie Bärenfels spielte von da an keine Rolle mehr in der Stadt. Im beginnenden 17. Jahrhundert trennte sich die Familie in eine Grenzacher und eine Hegenheimer Linie. Als Grundherren des Dorfes Bettingen lebte bis ins 18. Jahrhundert der Grenzacher Zweig der Familie im Schloss Grenzach. Die Hegenheimer Linie erlosch 1846.	*Bedeutung*
Roth: S. 20	*Literatur*

Bärschwilerstrasse	*Strassenname*
1	*Gruppe*
E 7	*Plankoordinaten*
1896	*Amtlich benannt*
Bärschwil, Gemeinde der Solothurner Amtei Dorneck-Thierstein, 20 km südwestlich von Basel.	*Bedeutung*
Roth: S. 21	*Literatur*

Strassenname	**Bättwilerstrasse**	**Bäumlihofstrasse**	*Strassenname*
Gruppe	1	22	*Gruppe*
Plankoordinaten	D 6	GH 4	*Plankoordinaten*
Amtlich benannt	1903	1903	*Amtlich benannt*
Bedeutung	Bättwil, Gemeinde der Solothurner Amtei Dorneck-Thierstein, 9 km südwestlich von Basel.		*Bedeutung*
Literatur	Roth: S. 21		

Bedeutung: Bäumlihof, früher auch ‹Klein-Riehen› genannt, Landgut zwischen Basel und Riehen. Der Name geht auf die ‹Bäumlimatten› zurück, ein durch Grundwasser, Wiese und Riehenteich bewässertes und deshalb für die Landwirtschaft gut geeignetes Areal. Das ehemalige Rebgelände soll zuerst dem Kloster Klingental gehört haben und blieb wohl bis in die zweite Hälfte des 17. Jahrhunderts unbebaut. Das Hauptgebäude des Bäumlihofs stammt als einstöckiger Bau aus dem Jahr 1686. 1735/1736 erfolgte ein grossangelegter Umbau nach französischem Muster zum Herrenhaus mit angrenzenden Ökonomiegebäuden und Gartenanlage, die 1802 eine Umwandlung zum englischen Park erfuhr. Seit Ende des 19. Jahrhunderts ist der Bäumlihof im wesentlichen unverändert geblieben. 1982 entschied das Stimmvolk, das Areal anzukaufen und als landwirtschaftlich genutzte Grünzone zu erhalten, anstatt es überbauen zu lassen.

Strassenname	**Bäumleingasse**		
Gruppe	14		
Plankoordinaten	E 5		
Erstmals genannt	1284		
Amtlich benannt	1861		

Bedeutung: Das ‹Bäumlein› war zuerst die eingangs der Gasse gepflanzte Linde, später dann die Platane. Das Haus mit der Nummer 12 heisst ‹Zum Maulbeerbaum›. Als ‹Bäumli› bezeichnet der Volksmund heute das an der Strasse gelegene Gerichtsgebäude mit Konkursamt, Appellations- und Zivilgericht.

1423 findet sich die Strasse in der Erwähnung ‹in vico ze Eptingerbrunnen› (‹in der Gasse zum Eptingerbrunnen›), so benannt, da sie am Hof der Adelsfamilie von Eptingen vorbeiführte. 1610 lautet die Umschreibung der Strasse ‹Gassen hinab zum beumlein›. Sie kommt auch einfach nur als ‹Bäumlein› (1784) vor.

Frühere Namen

Frühere Namen von Teilstücken: In den Adressbüchern vor 1862 heisst ‹Bäumlein› fast die ganze Bäumleingasse und ein Teil der Freien Strasse, ‹Am Bäumlein› ein kurzes Stück der Bäumleingasse und ein längeres der Freien Strasse bis zum Münsterberg. Die mittelalterliche Bezeichnung ‹An den Schwellen› für denselben Bereich der Freien Strasse griff wiederum auf den unteren Teil der Bäumleingasse über.

→ *Kleinriehen-Promenade, Kleinriehenstrasse* — *Siehe auch*

Bemerkenswertes: Es gibt mehrere Dutzend ehemalige baslerische Landsitze rund um Basel. In der Nähe Basels mied man die Gegenden im Schussfeld der Festung Hüningen, vor dem Spalen- und St. Johanns-Tor und bei Weil und Kleinhüningen, ebenso die Gegenden vor dem Steinen-, Aeschen- und St. Alban-Tor wegen ihrer Nähe zu Hinrichtungsstätten. Man wählte eher die Gegend zwischen Basel und Riehen, unter dem Bruderholz und im näheren Baselbiet. Der Bau von Landsitzen, eine Repräsentationsweise des aufstrebenden Bürgertums im 18. Jahrhundert, war aber nicht so ausgeprägt wie in anderen Schweizer Städten, da innerhalb der Stadt-

Weiteres siehe → *Freie Strasse*
Quellen Adressbuch 1854; 1862. Kellerplan. Ryhinerplan
Literatur Fechter 1856: S. 7. Roth: S. 21. Siegfried: S. 9

Bahnhof-Unterführung

mauern bis zur Mitte des 19. Jahrhunderts noch genügend freier Raum vorhanden war für die Errichtung von Stadtpalais mit Gartenanlagen, die selbst schon Landsitzen glichen. An der ‹Neuen Vorstadt› (heute Hebelstrasse) zum Beispiel baute man Wein an. Neben dem Bäumlihof sind die Sandgrube und der Wenkenhof in Riehen weitere nennenswerte Anlagen.

Literatur — *Bühler Hans: Der ‹Bäumlihof› (‹Klein-Riehen›). In: Basler Stadtbuch 1972. Basel 1971, S. 41–57. Huber: S. 56–57; 82–83. Roth: S. 21*

Strassenname	**Bahnhof-Unterführung**
Gruppe	28.3
Plankoordinaten	E 6
Amtlich benannt	1970
Siehe	→ *Centralbahnplatz*
Bedeutung	Der Bahnhof SBB (oder Bundesbahnhof) wurde erbaut 1904-1907. Die Bahnhof-Unterführung führt von der Güterstrasse unter den Gleisen zu den Perrons und in die Schalterhalle.
Quellen	*ANK: 1970*

Strassenname	**Bahnweglein**
Gruppe	28.3
Plankoordinaten	G 7
Amtlich benannt	1964
Siehe	→ *Centralbahnplatz*

Strassenname	**Baldeggerstrasse**
Gruppe	18
Plankoordinaten	G 5,6
Amtlich benannt	1896
Bedeutung	Die Herren von Baldegg waren ein habsburgisches Dienstmannengeschlecht (ursprünglich unfreie Gefolgsleute im Ritterstand), das 1513 erlosch. Verschiedene Angehörige der Familie übernahmen hohe weltliche und geistliche Ämter in der Stadt Basel und ihrer Umgebung. Schloss Baldegg lag am Südende des gleichnamigen Sees im Kanton Luzern. 1833 wurde an dessen Stelle die Anstalt der ‹Schwestern der göttlichen Vorsehung› (Lehrerinnenseminar mit Pensionat) gegründet.
Literatur	*Roth: S. 19*

Strassenname	**Bannwartweg**
Gruppe	32
Plankoordinaten	F 5
Amtlich benannt	1927
Bedeutung	Der Bannwart ist ein Flur- und Waldhüter. Der Strassenname ist die Wiederaufnahme des ehemaligen Bannwartwegs, der in Chrischonastrasse und Chrischonaweglein aufgegangen ist.
Weiteres siehe	→ *Chrischonastrasse*
Literatur	*Roth: S. 20. Siegfried: S. 86*

Strassenname	**Barfüssergasse**
Gruppe	16.2
Plankoordinaten	E 5
Erstmals genannt	1291
Amtlich benannt	1861
Bedeutung	Das Barfüsserkloster und die Barfüsserkirche gehen auf die erste Niederlassung von Franziskanermönchen in Basel im Jahr 1231 im Kloster Gnadental in der Spalenvorstadt zurück. 1250 erhielten die Franziskaner von der Bürgerschaft das Gelände zwischen Barfüsserplatz und Steinenberg zum Bau einer Kirche, die 1256 bereits vollendet war. (Die Klostergebäude waren schon spätestens 1253 bezogen.) Etwas weiter nördlich entstand zu Beginn des 14. Jahrhunderts die heutige Anlage; sie dürfte vor dem Erdbeben von 1356 fertiggestellt gewesen sein. Der Übername Barfüsser für die Franziskanermönche rührt

von deren Barfussgehen her, welches als Zeichen der Demut und Busse Teil der Ordensregel war. Der Flurname ‹Barfüsser› existiert auch in der baselstädtischen Landgemeinde Bettingen, wo der Franziskanerorden über Grundbesitz verfügte.

Siehe auch → *Barfüsserplatz*

Frühere Namen Der alte Strassenname ‹Hinder den Barfüssen› taucht 1498 erstmals auf. Andere, noch frühere Erwähnungen wie ‹in dem agtot an den Swellen› aus dem Jahr 1291, ‹in dem agtum› aus dem Jahr 1347 oder ‹in dem magtun› aus dem Jahr 1327 bringt man mit einer früheren Wasserleitung, lateinisch ‹aquaeductum›, in Verbindung, die zur Entwässerung der Freien Strasse in den Birsig gedient haben soll. Unter ‹Magtun› verstand man allmählich das deutsche Wort ‹Mägden› oder ‹Mädchen›, was im Jahr 1427 zum lateinischen Strassennamen ‹ad virgines› führte. Die Bezeichnung ‹In dem Loch› von 1425 könnte ebenfalls mit der Entwässerung in Zusammenhang stehen. Der bis 1861 gültige Name ‹Spitalgässlein› rührt vom Bürgerspital an der oberen Freien Strasse her, wo die Gasse hinführte. Das Spital zog 1842 an die Hebelstrasse, der Name blieb noch 19 Jahre lang an seinem alten Ort bestehen.

Bemerkenswertes Nach der Reformation 1529 benützte das nahe Spital an der Freien Strasse die Klostergebäude, man hielt im Kirchenschiff reformierte Gottesdienste ab und legte im Chor einen obrigkeitlichen Fruchtvorrat an. 1794 erfolgte die vollständige Profanation der baufälligen Kirche. Bis zum Ende des 19. Jahrhunderts diente der Bau als Salzmagazin, als Lagerhalle für Handelsgut, als eidgenössisches Postlokal, sogar als Ankenmarkt und Gantlokal. Verschiedene Projekte sahen den Umbau zum Staatsarchiv, zu einer Töchterschule oder zu einer Schwimmhalle vor. Der Kanton bot die Barfüsserkirche 1888 dem Bundesrat als schweizerisches Nationalmuseum an, das indessen seinen Sitz in Zürich erhielt. Schliesslich wurde in der Barfüsserkirche im April 1894 das Historische Museum Basel eröffnet. Eine umfangreiche Renovation erfolgte 1975–1981.

→ Amerbachstrasse, Spitalstrasse *Weiteres siehe*

Fechter 1856: S. 28–36. Huber: S. 192–193. Roth: S. 20. *Literatur*
Siegfried: S. 9

Barfüsserplatz

Barfüsserplatz	Strassenname
16.2	Gruppe
E 5	Plankoordinaten
1299	Erstmals genannt
1861	Amtlich benannt
→ *Barfüssergasse*	Siehe

Der Barfüsserplatz ist im Jahr 1531, kurz nach der Reformation und damit nach der Schliessung der Klöster als ‹Holzplatz› belegt, dann 1535 als ‹Nüwer Platz›, 1545 endlich als ‹Nüwer Barfüsserplatz›. Eine weitere Bezeichnung ist ‹Barfüsserkirchhof›. Auf dem Plan der Stadt Basel im Neujahrsblatt 1852 heisst der Platz wegen seiner Nähe zum städtischen Kaufhaus, wo man die Importwaren verzollte, auf Französisch ‹Place de la Douane›. *Frühere Namen*

Heute wird der Birsig vom Barfüsserplatz überwölbt. Noch im 13. Jahrhundert durchfloss er ihn in einem offenen Bett. 1299 taucht ein ‹Barfüssersteg› unmittelbar vor der heutigen Falknerstrasse auf. Der untere Teil des Barfüsserplatzes bei der Weissen Gasse, Streitgasse und Falknerstrasse hiess auch ‹Plätzli›, der obere, grössere Teil ‹Platz›. Nach der ‹Stock› genannten isolierten Häusergruppe vor dem Eingang in die Gerbergasse hatte der Platz hier den Namen ‹hinterm Stöcklin›. *Frühere Namen von Teilstücken*

Für den Barfüsserplatz gibt es im Dialekt die Kurzform ‹Barfi›. Früher noch geläufiger war *Inoffizielle Namen* die Bezeichnung ‹Seibi›. Diese geht auf die Zeit zurück, als auf dem Barfüsserplatz unter anderem auch ein Schweinemarkt stattfand. ‹Sei› ist eine Dialektform von ‹Säue›.

Weiteres siehe → Kaufhausgasse

Quellen Adressbuch 1826; 1862

Literatur Blum / Nüesch: S. 87–88. Burgermeister Gaby: Die Flurnamen der Gemeinde Bettingen. Basel und Frankfurt am Main 1995, S. 21–22. Fechter 1852: Plan. Roth: S. 21. Settelen-Trees Daniela (Red.): Historisches Museum Basel in der Barfüsserkirche 1894–1994. Rückblicke in die Museumsgeschichte. Herausgegeben von der Direktion des Historischen Museums Basel. Basel 1994, S. 9–16

Strassenname **Bartenheimerstrasse**

Gruppe 2

Plankoordinaten C 5

Amtlich benannt 1893

Bedeutung Bartenheim, elsässische Gemeinde an der Strecke nach Mulhouse, 12 km nordwestlich von Basel.

Literatur Roth: S. 21

Strassenname **Batterieanlage**

Gruppe 7, 23

Plankoordinaten E 8

Amtlich benannt 1954

Bedeutung ‹Batterie›, ehemalige Geschützstellung auf dem Bruderholz.

Siehe → Oberer Batterieweg

Strassenname **Batterieweglein**

Gruppe 7, 23

Plankoordinaten E 8

Amtlich benannt 1954

Siehe → Oberer Batterieweg

Strassenname **Bauhinweglein**

Gruppe 12.6

Plankoordinaten F 7

Amtlich benannt 1982

Bedeutung

Jean Bauhin (1511–1582), aus Amiens (Nordfrankreich), Arzt. Bauhin hatte Margarethe von Navarra, die Schwester des französischen Königs François I. erfolgreich behandelt, vor den vom König eingeleiteten Glaubensverfolgungen musste der Hugenotte Bauhin aber fliehen und fand 1543 in Basel Aufnahme. Er arbeitete als Korrektor in der Druckerei von Hieronymus Froben und betätigte sich auch als Botaniker. Sein Sohn Johann Bauhin (1541–1613) studierte in Tübingen, Padua, Bologna und besonders Montpellier an den damals bedeutendsten Universitäten für Medizin und Botanik. In Lyon wirkte Johann Bauhin als Stadt- und Pestarzt, nach seiner aus religiösen Gründen erzwungenen Abreise stellte ihn der Herzog von Montbéliard als Leibarzt ein. Sein Hauptwerk, die ‹Historia plantarum universalis› erschien erst postum. Sein Bruder Caspar (1560–1624) und dessen Sohn Johann Caspar (1606–1685) waren Professoren der Medizinischen Fakultät in Basel, zeichneten sich aber besonders durch wissenschaftliche Arbeiten auf dem Gebiet der Botanik aus. Caspar studierte ebenfalls in Tübingen, Padua und Montpellier. In Basel lehrte er zuerst Griechisch, von 1589 an als erster auf dem Lehrstuhl für Botanik und Anatomie. Diese Kombination ergab sich aus praktischen Gründen. Im Sommer standen die Pflanzen zur Verfügung, im Winter verwesten die zur Sektion bestimmten Leichen nicht so schnell. Die anatomischen Veranstaltungen fanden in einem Häuschen, dem ‹Theatrum anatomicum›, beim ‹unteren Kollegium› am Rheinsprung öffentlich statt. Caspar Bauhin legte den ersten Botanischen

Garten der Universität an, dessen Nachfolger sich heute neben der Universitätsbibliothek und in Brüglingen befinden. Der Botanische Garten war der ‹hortus medicus› im Gegensatz zum ‹hortus siccus›, dem Herbarium. Caspar Bauhins Herbarium enthielt schon etwa 4000 Pflanzen. Linné verwendete später Bauhins Grundlagenarbeit für seine botanische Systematik. Johann Caspar Bauhin schliesslich, dritter Inhaber der Professur für Anatomie und Botanik, führte das Mikroskop in Basel ein, das er während seiner Studien in Leyden kennengelernt hatte. Bauhinweglein und Lachenalweglein, beide heissen nach berühmten Medizinern und Botanikern, führen zu und entlang der Grünfläche des Wolf-Gottesackers. Zusammen mit dem Castellioweglein (diese Strasse liegt im ehemaligen Papierproduktionszentrum des St. Alban-Tals – Sebastian Castellio war theologischer Publizist) bilden die drei 1982 benannten Strassen ein Ensemble, das an die Aufnahmebereitschaft Basels für politisch und religiös verfolgte Menschen erinnern soll. Der Name Castellios erinnert aber gleichzeitig an die in Basel ebenfalls ausgeübte geistige Unterdrückung.

Bemerkenswertes

Weiteres siehe → Brüglingerstrasse, Castellioweglein, Lachenalweglein

Quellen ANK: 1982–1983

Literatur Basler Zeitung, 6.1.1998. Rieder Marilise, Rieder Hans Peter, Suter Rudolf: Basilea botanica. Basel 1979, S. 182–199. Teuteberg: S. 232

Baumgartenweg

Strassenname	**Baumgartenweg**
Gruppe	7
Plankoordinaten	E 7
Amtlich benannt	1892
Bedeutung	Baumgarten hiess ein Areal mit entsprechender Bepflanzung in Gundeldingen.
Literatur	Roth: S. 21

Bechburgerstrasse

Strassenname	**Bechburgerstrasse**
Gruppe	18
Plankoordinaten	G 6,5
Amtlich benannt	1896
Bedeutung	Alt-Bechburg, Burgruine aus dem 11. Jahrhundert (nach längerdauerndem Zerfall 1713 durch einen Brand fast völlig zerstört) oberhalb der Gemeinde Holderbank, Solothurner Bezirk Balsthal. Neu-Bechburg, Burg aus dem 13. Jahrhundert und Privatbesitz oberhalb der Gemeinde Oensingen, Solothurner Bezirk Balsthal. Das Geschlecht von Bechburg, das beide Burgen erbauen liess, erlosch 1366. Neu-Bechburg war um 1400 eine Zeitlang im Besitz der Grafen von Thierstein und des Konrad von Laufen, eines Basler Bürgers. 1835 erwarb die Basler Familie Riggenbach die stark beschädigte Burg, stellte sie wieder instand und wohnte dort während der Sommermonate.
Literatur	Roth: S. 22

Beckenstrasse

Strassenname	**Beckenstrasse**
Gruppe	12.8
Plankoordinaten	D 3
Amtlich benannt	1913
Bedeutung	‹Beck› ist der mundartliche Ausdruck für Bäcker. Der Besitzer des Landes, über das die Strasse führt, war ein Bäckermeister an der Elsässerstrasse.
Literatur	Roth: S. 22. Siegfried: S. 77

Bedrettostrasse

Strassenname	**Bedrettostrasse**
Gruppe	5, 10.4
Plankoordinaten	E 9
Amtlich benannt	1931
Bedeutung	Bedretto, Nordtessiner Gemeinde im Val Bedretto, an der Strecke vom Nufenenpass nach Airolo.
Weiteres siehe	→ Nufenenstrasse
Literatur	Roth: S. 22

Strassenname	**Beim Buremichelskopf**	**Beim Wagdenhals**	Strassenname
Gruppe	7	23	Gruppe
Plankoordinaten	E 8	E 6	Plankoordinaten
Amtlich benannt	1922	1994	Amtlich benannt
Bedeutung	Der Buremichelskopf ist der höchste Punkt (363 m ü. M.) eines Feldes auf dem Bruderholz, welches einem Besitzer namens Michael der Bur bzw. mit Übernamen Buremichel gehörte.	→ Schertlingasse	Siehe
		‹Wagdenhals›, 1548 gebautes Festungsbollwerk nördlich des Steinentors.	Bedeutung
		ANK: 1994	Quellen
Siehe auch	→ Buremichelskopfanlage, Buremichelskopf-Promenade		
Literatur	Roth: S. 28. Siegfried: S. 41		

		Beim Wasserturm	Strassenname
		28.2	Gruppe
		E 8,9	Plankoordinaten
		1928	Amtlich benannt
Strassenname	**Beim Goldenen Löwen**	→ Reservoirstrasse	Siehe
Gruppe	19	Wasserturm, Teil des Wasserreservoirs auf dem Bruderholz, gebaut 1925/26 für die Versorgung von Bruderholz und Chrischona.	Bedeutung
Plankoordinaten	E 5,6		
Amtlich benannt	1961		
Bedeutung	Das Haus ‹Zum Goldenen Löwen› war ein Barockbau von 1740. Er stand an der Aeschenvorstadt 4. Im Zuge der Korrektionsarbeiten an der Strasse wurde das Haus abgebrochen und die Steine wurden eingelagert. Für die Verkleidung der Kantine des Bankvereins (St. Alban-Vorstadt 36) fand die Fassade wenige Jahre später eine Wiederverwendung.	Roth: S. 114	Literatur
		Beinwilerstrasse	Strassenname
		1	Gruppe
		E 7	Plankoordinaten
		1896	Amtlich benannt
		Beinwil, Gemeinde der Solothurner Amtei Dorneck-Thierstein, 21 km südlich von Basel. Dort stand von 1085 bis 1648 ein wohlhabendes Benediktinerkloster, dessen Mönche später nach Mariastein zogen.	Bedeutung
Weiteres siehe	→ Aeschenvorstadt		
Quellen	ANK: 1961		
Literatur	Huber: S. 67	Roth: S. 22	Literatur

Strassenname	**Beim Letziturm**	**Belchenstrasse**	Strassenname
Gruppe	23	8.1	Gruppe
Plankoordinaten	F 5	D 5,6	Plankoordinaten
Amtlich benannt	1952	1877	Amtlich benannt
Siehe	→ Letziplatz	Belchen oder Bölchen, Höhenzug des Kettenjura oberhalb von Eptingen im Kanton Baselland. Der höchste Punkt des Belchen und ein beliebtes Ausflugsziel ist die Belchenfluh mit 1099 m ü. M., 26 km südöstlich	Bedeutung
Bedeutung	‹Letzi›, militärische Sperre in einer Senke (hier der ‹Mühlegraben›).		
Literatur	Roth: S. 70		

Bemerkenswertes von Basel, von wo aus sich ein Panoramablick auf Alpen, Mittelland und Jura bietet. Ein Belchen genannter Berg findet sich auch im Schwarzwald und in den Vogesen (franz. Ballon d'Alsace). Der Name leitet sich von indoeuropäisch ‹bhel-› für ‹glänzend weiss› her und bedeutet eine unbewaldete Stelle, einen Berggipfel. Es gibt auf astronomischer Grundlage Spekulationen, nach denen die drei Belchen in einem Bezugssystem gestanden hätten und auf eine keltische Kultgemeinschaft am Oberrhein verweisen würden. Diese Theorie mit ihren mathematischen Berechnungen ist nicht ohne Widerspruch geblieben.

Literatur d'Aujourd'hui Rolf: Zum Genius Loci von Basel. Ein zentraler Ort im Belchen-System. In: Basler Stadtbuch 1997. Basel 1998, S. 125–138. Moosbrugger-Leu Rudolf: Fünf kritische Bemerkungen zum sogenannten Belchen-System. In: Das Markgräflerland. 1996, Heft 2, S. 74–83. Roth: S. 22. Siegfried: S. 64

Strassenname	**Belforterstrasse**
Gruppe	2
Plankoordinaten	BC 4
Amtlich benannt	1877
Bedeutung	Belfort, Hauptstadt des gleichnamigen französischen Territoires, 55 km westlich von Basel. Wegen ihrer strategisch wichtigen Lage an der Burgunderpforte (30 km breite Senke zwischen Vogesen und Jura), dem Zugang vom Oberrhein nach Burgund, baute Vauban 1687 die bestehende Zitadelle zur Festung aus.
Bemerkenswertes	Zusammen mit der Belforterstrasse benannte man im Jahr 1877 eine ganze Reihe von Strassen nach grösseren Elsässer Ortschaften. Diese Strassen sind alle nahe beieinander, nur die Belforterstrasse liegt abseits. Dieser Entscheid bewies politisches Fingerspitzengefühl. Das Elsass war durch den deutsch-französischen Krieg von 1870/1871 an das Deutsche Reich gefallen. Die Festung Belfort blieb indessen bei Frankreich und beschützte von da an die Grenze. Die reale politische Trennung der Elsässer Ortschaften von Belfort spiegelte sich also im Basler Strassennetz wider.
Literatur	Roth: S. 23

Strassenname	**Bellingerweg**
Gruppe	3
Plankoordinaten	E 3
Erstmals genannt	1890
Amtlich benannt	1893
Bedeutung	Bad Bellingen, badische Gemeinde bei Müllheim, 25 km nördlich von Basel. In Bellingen hatte Basel bzw. der Bischof Besitzungen. Zur Strassenbenennung kam es zu einer Zeit, als der Ort noch einfach Bellingen hiess. Die Bezeichnung ‹Bad› erhielt er erst, als Ende der 1950er Jahre bei Probebohrungen nach Öl eine Thermalwasserquelle entdeckt und danach ein Kurzentrum eingerichtet wurde.
Frühere Namen	Den bis 1893 gültigen Namen ‹Kleinkembserweg› gab man nach der Benennung einer Strasse im Schützenmattquartier als Kembserweg wegen der Verwechslungsgefahr auf.
Literatur	Roth: S. 23. Siegfried: S. 92

Strassenname	**Bellinzonastrasse**
Gruppe	4, 5
Plankoordinaten	E 8
Amtlich benannt	1939
Bedeutung	Bellinzona, Hauptstadt des Kantons Tessin. Die Stadt liegt am Anfang der Flussebene des Ticino vor dem Lago Maggiore.
Literatur	Roth: S. 23

Strassenname	**Bellinzonaweglein**
Gruppe	4, 5
Plankoordinaten	E 8
Amtlich benannt	1970
Siehe	→ Bellinzonastrasse
Quellen	ANK: 1970

Strassenname	**Benkenstrasse**
Gruppe	1.2
Plankoordinaten	DC 6
Amtlich benannt	1897
Bedeutung	Benken, Teil der Doppelgemeinde Biel-Benken, 8 km südwestlich von Basel. Die Dörfer Biel und Benken bildeten von 1526, als sie an die Stadt Basel fielen, bis zur Kantonstrennung im Jahr 1833 bereits eine Verwaltungseinheit. Nach der Gründung von Basel-Landschaft waren sie eigenständige Ge- meinden, aber das gemeinsame Bürgerrecht und einige gemeinsame Institutionen (Armenkasse, Feuerwehr, zeitweise das Schulwesen) blieben. 1972 kam es zur Wiedervereinigung.
Bemerkenswertes	Der ursprünglich vorgesehene Name war Neuensteinerstrasse. Diesen Namen hat dann eine Strasse im Gundeldingerquartier erhalten.
Literatur	Roth: S. 23

Strassenname	**Bergalingerstrasse**
Gruppe	3
Plankoordinaten	F 5
Amtlich benannt	1915
Bedeutung	Bergalingen, Ortsteil der badischen Gemeinde Rickenbach, 28 km östlich von Basel.
Literatur	Roth: S. 23

Bernerring	Strassenname
4	Gruppe
DC 6	Plankoordinaten
1897	Amtlich benannt
Bern, Haupstadt des gleichnamigen Kantons und der Schweizerischen Eidgenossenschaft.	Bedeutung
Roth: S. 23	Literatur

Bernoullistrasse	Strassenname
12.6	Gruppe
D 5	Plankoordinaten
1610	Erstmals genannt
1862	Amtlich benannt
Die Familie Bernoulli kam im 16. Jahrhundert aus Antwerpen über Frankfurt nach Basel. Die aus dieser Familie stammenden Gelehrten, vor allem Mathematiker und Physiker, zählten zu den bedeutendsten ihrer Zeit. Jakob Bernoulli (1654–1705) war Mathematikprofessor. Er bestimmte unendliche Zahlenreihen (Bernoullische Zahlen), führte den Begriff des Integrals ein und begründete mit anderen Mathematikern die Wahrscheinlichkeitsrechnung. Johann Bernoulli (1667–1748), Bruder von Jakob, war ebenfalls Mathematikprofessor und Lehrer von Leonhard Euler. Auf ihn geht der Energieerhaltungssatz zurück. Daniel Bernoulli (1700–1782) war Universalgelehrter. Er untersuchte besonders die Beziehungen zwischen Druck und Geschwindigkeit strömender Flüssigkeiten.	Bedeutung
Die Strasse erscheint 1610 als häuserlose Verbindung entlang der Stadtmauer vom ehemaligen Wasenbollwerk mit dem Turm ‹Lueginsland› beim heutigen Bernoullianum zum Petersplatz unter der Umschreibung ‹Ein gesslin vom Polwerch, so beschlossen auf den blatz reichend›.	Frühere Namen
Zusammen mit der Strasse entstand das ‹Bernoullianum› auf der ehemaligen ‹Ho-	Bemerkenswertes

hen Schanze› der Stadtbefestigung in den Jahren 1872–1874 als Institut für Chemie, Physik und Astronomie (heute Geographie). Ursprünglich war hier der Bau einer Sternwarte beabsichtigt gewesen; der Kuppelaufbau erinnert daran.

Weiteres siehe	→ *Eulerstrasse*
Quellen	Platter: S. 180
Literatur	Blum / Nüesch: S. 12–13. Huber: S. 207. Roth: S. 23. Siegfried: S. 26; 75

Strassenname	**Bettingerweg**
Gruppe	1
Plankoordinaten	H 4
Amtlich benannt	1914
Bedeutung	Bettingen, 6 km östlich von Basel, ist die kleinere der zwei baselstädtischen Landgemeinden.
Quellen	StABS Bau H 4: 1914
Literatur	Roth: S. 23

Strassenname	**Beuggenstrasse**
Gruppe	3
Plankoordinaten	F 5
Amtlich benannt	1915
Bedeutung	Beuggen, badische Ortschaft bei Rheinfelden, 16 km östlich von Basel. Hier stand seit 1246 eine Komturei, d.h. ein Komplex von Gütern und Gebäuden, des Deutschritterordens. Die Gebäude liessen pietistisch-baslerische Kreise 1820 als Armenkinderanstalt einrichten und nannten sie ‹Armenschullehrer- und Rettungsanstalt Beuggen›. Seit 1935 schickte die Schweiz aus finanziellen und politischen Gründen keine Kinder mehr dorthin. 1954 kam die Anstalt in den Besitz der evangelischen Landeskirche in Baden, heute ist sie eine Begegnungs- und Tagesstätte.
Siehe auch	→ *Beuggenweg*

	Roth: S. 23. Zeugin Ernst: Beuggen und das Baselbiet. o.O. 1965

Beuggenweg	*Strassenname*
3	*Gruppe*
F 5	*Plankoordinaten*
1964	*Amtlich benannt*
→ *Beuggenstrasse*	*Siehe*
ANK: 1964	*Quellen*

Biascastrasse	*Strassenname*
5, 10.4	*Gruppe*
E 8	*Plankoordinaten*
1928	*Amtlich benannt*
Biasca, Hauptort des Tessiner Bezirks Riviera. Der Ort liegt in einer Weitung des Tessintals an der Einmündung des Val Blenio an der Gotthardbahn.	*Bedeutung*
→ *Gotthardstrasse*	*Weiteres siehe*
Roth: S. 23	*Literatur*

Binningerstrasse	*Strassenname*
1	*Gruppe*
E 6 D 6,7	*Plankoordinaten*
1811	*Erstmals genannt*
1861	*Amtlich benannt*
Binningen, Gemeinde im Baselbieter Bezirk Arlesheim, als Vorort mit der Stadt Basel zusammengewachsen. Die Strasse führt nach der Ortschaft Binningen, auf deren Boden sie zur Baslerstrasse wird. Die Strasse ist – noch ohne Namen – erstmals auf dem Plan von Sebastian Münster aus dem Jahr 1550 abgebildet. In den Adressbüchern erscheint sie von Beginn an, d.h. von 1811 an, unter ihrem heutige Namen.	*Bedeutung*
Münsterplan. Adressbuch 1811	*Quellen*
Roth: S. 23	*Literatur*

Strassenname	**Binzenstrasse**
Gruppe	3
Plankoordinaten	G 4
Amtlich benannt	1930
Bedeutung	Binzen, badische Gemeinde bei Lörrach, 9 km nördlich von Basel.
Literatur	Roth: S. 23

Strassenname	**Birkenstrasse**
Gruppe	14
Plankoordinaten	D 5
Amtlich benannt	1894
Bedeutung	Birke (lat. Betula), Laubbaumgattung der nördlichen Erdhalbkugel mit verschiedenen Arten. In Städten findet sich die Weissbirke (Betula veruscosa).
Weiteres siehe	→ Palmenstrasse
Literatur	Roth: S. 23

Strassenname	**Birmannsgasse**
Gruppe	12.2
Plankoordinaten	D 5
Amtlich benannt	1861
Bedeutung	Peter Birmann (1758–1844), Maler und Kunsthändler. Birmann kam in Basel als Sohn des Steinmetzen Rudolf Birmann zur Welt. Er erlernte anfänglich den Beruf des Vaters, ging aber seit 1771 bei diversen Malern in die Lehre, wo er mehr handwerkliches als künstlerisches Malen übte. Auf sein Talent als Landschaftsmaler wurde man erst allmählich aufmerksam, und 1781 konnte Birmann nach Rom reisen, um seine künstlerischen Fähigkeiten zu erweitern. Er machte sich nach einigen Jahren selbständig und malte vor allem Veduten der römischen Landschaft für eine aristokratische Käuferschicht. 1790 kehrte er nach Basel zurück und gründete eine Verlagsanstalt für druckgraphische Werke. Er malte sowohl klassizistische Phantasielandschaften als auch Ansichten der Stadt und Landschaft Basel. Birmann war erfolgreich im Basler Kunsthandel tätig, wobei er grosse Gewinne durch An- und Verkauf von Sammlungen machte, die durch die Wirren der Französischen Revolution auf den Markt gelangten. Seine unternehmerische Tätigkeit gewann fortwährend an Bedeutung gegenüber seiner künstlerischen. Er beschäftigte eine grosse Anzahl von Kupferstechern und Koloristen, die seine sehr gefragten Werke reproduzierten. In Basel bot sein Atelier lange Jahre die einzige Ausbildungsmöglichkeit für einheimische Maler. Der von der Strasse durchschnittene Grund gehörte ihm. Seine Söhne Samuel (1793–1847) und Wilhelm (1794–1830) waren ebenfalls künstlerisch und im Kunsthandel tätig. Samuel Birmanns Alpenbilder fanden einige Beachtung.
Literatur	Roth: S. 24

Strassenname	**Birseckstrasse**
Gruppe	9
Plankoordinaten	F 8
Amtlich benannt	1944
Bedeutung	Das Birseck, der südlichste Teil des oberrheinischen Tieflandes, zwischen der Stadt Basel und den vordersten Jurahöhen, umfasst das untere Birstal und gehört politisch zum Baselbieter Bezirk Arlesheim. Es war Teil des von Frankreich 1793 annektierten Fürstbistums Basel und kam 1815 durch einen Beschluss des Wiener Kongresses an Basel. Die Stadt hatte die Eingliederung des Birsecks schon im 16. Jahrhundert angestrebt, was das Fürstbistum Basel aber verhindert hatte. Als es 1815 doch noch an Basel fiel, entstand ausgerechnet hier die stärkste landschaftliche Opposition gegen die Stadt, die 1833 zur Trennung in Stadt- und Land-

kanton führte. Das Schloss Birseck steht bei Arlesheim.

Siehe auch → Birseckweglein
Literatur Roth: S. 24

Strassenname **Birseckweglein**
Gruppe 9
Plankoordinaten F 8
Amtlich benannt 1954
Siehe → Birseckstrasse

Strassenname **Birsfelderstrasse**
Gruppe 1
Plankoordinaten G 5
Amtlich benannt 1876
Bedeutung Birsfelden, Basler Nachbargemeinde im Baselbieter Bezirk Arlesheim, 4 km östlich von Basel. Sie ist bekannt durch den Hafen, das Wasserkraftwerk und als Industriestandort.
Bemerkenswertes Birsfelden, das als Ortschaft zuvor kaum existent war, wurde nach der Kantonsteilung von 1833 als Konkurrenzort zu Basel neugegründet und erhielt den Übernamen ‹Baseltrutz›. Es war aber nur ein Ortsteil von Muttenz und erhielt erst 1875 eigenen Gemeindestatus. Der Flurname ‹Im Birsfeld› existierte auch vor dem ehemaligen Aeschentor.
Literatur Roth: S. 24

Strassenname **Birsig-Durchgang**
Gruppe 11.1
Plankoordinaten E 6
Amtlich benannt 1970
Siehe → Birsigstrasse
Bemerkenswertes Die Strasse ist eine überdeckte, kurze Fussgängerpassage mit Vitrinenaushang vom Birsig-Parkplatz zur Steinentorstrasse durch die Liegenschaft Steinentorstrasse 18.
Quellen ANK: 1970

Birsig-Parkplatz Strassenname
11.1 Gruppe
E 6,5 Plankoordinaten
1950 Amtlich benannt
→ Birsigstrasse Siehe
In den Adressbüchern vor 1862 heissen die Brücken über den noch offenen Birsig ‹Steinenbruck› (heute Teil der Stänzlergasse) und ‹Kurzer Steg› (heute Teil der Passage zwischen Birsig-Parkplatz und Steinenbachgässlein) oder sind namenlos. Der Birsig wurde hier erst 1948/1950 vollständig überwölbt.
KB: 1951 Quellen
Frühere Namen
von Teilstücken

Birsigstrasse Strassenname
11.1 Gruppe
ED 6 Plankoordinaten
1811 Erstmals genannt
1861 Amtlich benannt
Der Birsig ist ein linksseitiger Zufluss zum Rhein. Seine Quelle liegt beim Sundgauer Ort Wolschwiller, 17 km südwestlich von Basel. In Basel fliesst der Birsig unweit des Zoos in einen Tunnel ein und durchquert seit Ende des 19. Jahrhunderts die Stadt unterirdisch, bis er bei der Schifflände in den Rhein mündet. Der Name bedeutet ‹Kleine Birs›. Bedeutung
→ Birsig-Durchgang, Birsig-Parkplatz Siehe auch
Noch ohne Namen erscheint die Strasse im Ryhinerplan von 1784, im Hoferplan von 1820 nach dem für die Halter von Zuchtstieren (im Dialekt ‹Munis›) zugewiesenen Land entlang des Birsigs als ‹Muny Matten Weeg›; allerdings nicht in den Adressbüchern, dort tauchen ‹Obere Binningerstrasse› (1845) und ‹Binningersteg› (1811) auf. Als man den ‹Munimattenweg› 1861 umbenannte, sollte der neue Name, wie man anmerkte, «zivilisierter» sein. Der vom Birsig abzweigende und zum Bundesplatz füh- Frühere Namen
von Teilstücken

Birsig-Durchgang

rende, höhergelegene Teil der Strasse trug ebenfalls einen anderen Namen, nämlich ‹Lettenstrasse›. Er hatte seinen Namen von den nahen Bachletten und Holeeletten. 1890 integrierte man ihn in die Birsigstrasse, nachdem man den Namen ‹Sternenbergstrasse› (nach der Burgruine Sternenberg oberhalb der Gemeinde Hofstetten im Solothurner Bezirk Dorneck-Thierstein, 1903 einer anderen Strasse gegeben) verworfen hatte und Verwechslungsgefahr mit der Bachlettenstrasse bestand.

Quellen   *Adressbücher 1811–1854. Hoferplan 1820. Ryhinerplan*
Literatur   *Roth: S. 24. Siegfried: S. 51–52*

Strassenname   **Birskopfsteg**
Gruppe   *11.1*
Plankoordinaten   *G 5*
Amtlich benannt   *1963*
Siehe   → *Birsstrasse*

Strassenname   **Birskopfweglein**
Gruppe   *11.1*
Plankoordinaten   *G 5*
Amtlich benannt   *1974*
Siehe   → *Birsstrasse*
Quellen   *ANK: 1974*

Strassenname   **Birsstrasse**
Gruppe   *11.1*
Plankoordinaten   *G 5,6,7*
Amtlich benannt   *1876*
Bedeutung   Die Birs ist ein rechtsseitiger Zufluss zum Rhein und der grösste Fluss des Juras (73 km Länge). Ihre Quelle liegt bei Tramelan, 52 km südwestlich von Basel, ihre Mündung in den Rhein bei Birsfelden, der ‹Birskopf›, oberhalb von Basel. ‹Birs› scheint ein alter Gattungsname für ein fliessendes Gewässer zu sein. In alten Quellen ist noch von anderen Flüssen namens ‹Birs› die Rede. Die Strasse liegt entlang des linken Flussufers.

→ *Birskopfsteg, Birskopfweglein*   *Siehe auch*

Die alte Birsstrasse, die im St. Albanquartier in einiger Entfernung von der Birs liegt, taufte man in Grellingerstrasse um.   *Bemerkenswertes*

Roth: S. 24. Siegfried: S. 36   *Literatur*

Bläsiring   *Strassenname*
12.1.1   *Gruppe*
E 4   *Plankoordinaten*
1860   *Erstmals genannt*
1904   *Amtlich benannt*

Der Name ‹Bläsi› ist eine Dialektform von Blasius, einem der 14 Nothelfer. Blasius war Bischof von Sebaste in Armenien. Der Legende nach heilte er Menschen und wilde Tiere, die ihn während einer Christenverfolgung in seinem Waldversteck aufsuchten. Er erlitt das Martyrium im Jahr 316 durch Enthauptung. Der hl. Blasius, der seinen Kalendertag am 3. Februar hat, ist u.a. der Schutzpatron der Schweine und wilden Tiere, gegen Gewissensbisse und Blähungen und von St. Blasien. Das Kloster St. Blasien im Schwarzwald, eine Benediktinerabtei, hatte in der Stadt Basel und der Umgebung bedeutenden Grundbesitz. Es hatte daher grossen Einfluss auf die städtische Namengebung. In Kleinbasel wohnte ein Meier (Verwalter der Klostergüter) im Bläsihof an der Unteren Rebgasse beim Bläsitor. Blasius ist auch der Schutzpatron der Weber, die ihr Gewerbe in der unmittelbar benachbarten Webergasse ausübten.   *Bedeutung*

Bis 1904 hiess die Strasse noch ‹Bläsiringweg›. Bei allen Strassen, die heute auf ‹-ring› enden, nahm man damals eine Kürzung des Namens vor, da sie nicht mehr das Aussehen eines Wegs hatten.   *Frühere Namen*

Bemerkenswertes	Das Bläsitor kommt urkundlich erstmals 1256 als ‹porta quae tendit versus Ystein› (‹Tor, das nach Istein weist›) vor, 1283 als ‹nideres tor›, dann 1387 als ‹St. Bläsien tor›. Es hiess im 16. Jahrhundert nach der nahen Kapelle der St. Anna auch St. Annator und öffnete Kleinbasel nach Norden zur badischen Nachbarschaft. Es wurde 1867 abgerissen, seine Schlaguhr aus dem Jahr 1747 brachte man an der Clarakirche an, damit, wie es heisst, die Fabrikarbeiter pünktlich zur Arbeit gingen. Die neue Stadtverwaltung schied Kleinbasel nach der Basler Revolution von 1798 entlang der Greifengasse in eine Bläsisektion und eine Riehensektion, eine Unterteilung, die bis in die 80er Jahre des 19. Jahrhunderts Gültigkeit hatte. Ein Revolutionär von 1798 verlangte die Benennung in Wilhelm-Tells-Sektion anstelle des Heiligennamens, den er als unzeitgemäss und «abgeschmackt» ansah. 1888 kam es zur Aufteilung des Bläsiquartiers in ein inneres und äusseres Bläsiquartier, letzteres hiess später Horburgquartier. Der Name Bläsi als offizielle Quartierbezeichnung verschwand (im Volksmund besteht er weiter) kurz vor dem Ersten Weltkrieg, als man Kleinbasel in acht neue Wohnviertel unterteilte.
Literatur	Meles / Wartburg: S. 56–59; 122. Roth: S. 25. Sellner: S. 52–54. Siegfried: S. 83–84. Wackernagel: S. 227–228

Strassenname	**Blauensteinerstrasse**
Gruppe	18
Plankoordinaten	D 7
Amtlich benannt	1903
Bedeutung	Blauenstein, Burgruine bei der Solothurner Ortschaft Kleinlützel, 19 km südwestlich von Basel. Als Lehen der Bischöfe von Basel war die Burg im 13. Jahrhundert und 14. Jahrhundert im Besitz der Edelknechte von Biedertan, die sich später von Blauenstein nannten. Basler Truppen haben die Burg 1412 zerstört.
Literatur	Roth: S. 25

Blauenstrasse	*Strassenname*
8.1	*Gruppe*
D 5,6	*Plankoordinaten*
1877	*Amtlich benannt*
Blauen (820 m ü. M.), nördlichster, 20 km langer Höhenzug des Kettenjuras. Der Name leitet sich von der starken Bewaldung und dem sich daraus ergebenden farblichen Eindruck aus der Ferne ab. Als ‹Blauen› bezeichnete man früher auch den gesamten Kettenjura. Der Name bezeichnet ebenfalls eine Erhebung des Schwarzwaldes bei Badenweiler. Das Baselbieter Dorf Blauen (531 m ü. M.) im Bezirk Laufen liegt an dessen Südseite, 12 km südwestlich von Basel.	*Bedeutung*
Roth: S. 25	*Literatur*

Bleichestrasse	*Strassenname*
26	*Gruppe*
F 4	*Plankoordinaten*
1861	*Erstmals genannt*
1912	*Amtlich benannt*
Tuchbleichen und andere stoffverarbeitende Industriebetriebe siedelten sich entlang des alten Riehenteichs an. Das Ausbleichen geschah zuerst durch Sonnenlichtbestrahlung auf den Wiesen am Kanalufer, im 19. Jahrhundert dann durch künstliche chemische Prozesse in dort befindlichen Fabriken.	*Bedeutung*
Die Strasse bei der ‹Industrie-Gesellschaft für Schappe› (Gespinst aus Abfallseide) zwischen Mattenstrasse und Riehenring hiess zuerst ‹Bleichenweg›. Der alte ‹Bleichen Weg›, benannt nach der dort betriebenen Tuchbleiche, entsprach ungefähr dem	*Frühere Namen*

Clarahofweg östlich der Hammerstrasse und kommt bereits auf dem Hoferplan von 1822 vor.

Weiteres siehe → Bändelgasse
Literatur Roth: S. 25. Siegfried: S. 90

Strassenname **Blochmonterstrasse**
Gruppe 18
Plankoordinaten D 6
Amtlich benannt 1929
Bedeutung Blochmont, Sundgauer Bergruine bei Kiffis, 22 km südwestlich von Basel. Die Burg gehörte einem Zweig der Herren von Eptingen, der sich auch nach Blochmont nannte. Basler Truppen haben die Burg 1449 erobert und zerstört.
Bemerkenswertes Die alte ‹Blochmonterstrasse›, bis 1893 ‹Thomas Platter-Strasse›, hob man 1923 infolge der Erweiterung des Frauenspitals auf. Die Umbenennung von 1893 war erfolgt, weil der Schulhausneubau am Claragraben nach Thomas Platter hiess und die gleichnamige Strasse am ‹falschen› Ort lag. Den Namen ‹Blochmonterstrasse› seinerseits trug bis 1893 die heutige Pestalozzistrasse. Es gibt bzw. gab also bisher drei nach Blochmont benannte Strassen.
Weiteres siehe → Pestalozzistrasse
Literatur Roth: S. 25. Siegfried: S. 67

Strassenname **Blotzheimerstrasse**
Gruppe 2
Plankoordinaten C 5
Erstmals genannt 1820
Amtlich benannt 1921
Bedeutung Blotzheim, elsässische Gemeinde beim EuroAirport Basel-Mulhouse, 9 km nordwestlich von Basel.
Siehe auch → Blotzheimerweg

Auf dem Hoferplan von 1820 erscheint die Strasse als ‹Hegenheimer Fussweg›.

Hoferplan 1820 *Quellen*
Roth: S. 25 *Literatur*

Blotzheimerweg *Strassenname*
2 *Gruppe*
C 5 *Plankoordinaten*
1984 *Amtlich benannt*
→ Blotzheimerstrasse *Siehe*

Der Blotzheimerweg gehörte vor seiner Benennung zur Blotzheimerstrasse. *Frühere Namen*

Blumengasse *Strassenname*
19 *Gruppe*
E 5 *Plankoordinaten*
1610 *Erstmals genannt*
1908 *Amtlich benannt*
→ Blumenrain *Siehe*
 Frühere Namen

Vor den umfangreichen Korrektionsarbeiten im Bereich der heutigen Marktgasse und Spiegelgasse vom Ende des 19. Jahrhunderts bis Ende der 1930er Jahre war die Strasse die Passage zwischen der alten ‹Spiegelgasse› und der ehemaligen ‹Schwanengasse› (die ‹Schwanengasse› ist heute überbaut bzw. durch die Marktgasse ersetzt). Das näher zum Rhein gelegene, längere und engere Teilstück der ‹Schwanengasse›, in den die Passage einmündete, erscheint vor 1861 selbst als ‹Blumengasse›. Bei der Benennung der Blumengasse im Jahr 1908 griff man also auf einen 1861 aufgegebenen Namen zurück. 1610 ist die heutige Blumengasse umschrieben als ‹Gesslin, so ans bluomen gesslin goth› (von der Spiegelgasse aus gesehen) oder als ‹Gesslin zum Herbrigsberg› (von der ‹Schwanengasse› aus gesehen). Die Verbindung hiess auch ‹Korbgässlein› (nach dem Eckhaus

‹Zum Korb›, Spiegelgasse 13) und ‹Harnischgässlein›.

Weiteres siehe → Marktgasse, Spiegelgasse
Quellen Adressbuch 1854; 1862. Platter: S. 268; 348
Literatur Roth: S. 25. Siegfried: S. 11

Strassenname **Blumenrain**
Gruppe 19
Plankoordinaten E 5
Erstmals genannt 1255
Amtlich benannt 1861
Bedeutung Die nicht mehr bestehende Herberge ‹Zum Blumen› (Blumenrain 8, erwähnt 1433) wird neben der ehemaligen Wirtschaft ‹Zum Goldenen Sternen› in der Aeschenvorstadt als der wohl älteste noch bestehende Gasthof der Stadt genannt. Noch weitere Häuser bezeichnete man nach ihrer Nähe zum Wirtshaus, bis schliesslich ‹Zum Blumen› ein Örtlichkeitsnamen geworden war, der auch bestehen blieb, als es die Herberge ‹Zum Blumen› selbst schon nicht mehr gab. Der Name ‹Blumenrain› taucht ziemlich spät, erst im 19. Jahrhundert auf. Die Bezeichnung ‹Rain› (langgestreckter Abhang) weist auf das starke Gefälle der Strasse hin, das den Fuhrwerksverkehr vor Probleme stellte. Für besonders schwer beladene Fuhrwerke musste man zusätzliche Pferdegespanne einsetzen. Die Nivellierung der Strasse erfolgte erst 1902 beim Bau des ehemaligen Kantonalbankgebäudes (Blumenrain 2) an Stelle der 1899 wegen der Birsigkorrektion abgebrochenen Gewerbehalle, früher ‹Salzhaus›.
Siehe auch → Blumengasse, Drei König-Weglein
Frühere Namen Die Strasse trug früher verschiedene andere Namen. 1255 wird die ‹domus zem blumen in vico crucis› (‹Haus zum Blumen in der Kreuzgasse›) erwähnt, 1280 die ‹gassen ze Crüz›. Die Bezeichnung ‹Kreuzgasse› entstand, weil die Strasse zu dem um 1100 gebauten Tor ‹ze Crüze› (St. Johanns-Schwibbogen) führte, durch das man in die St. Johanns-Vorstadt kam. Das besagte Kreuz stand vor dem Tor und zeigte die Grenze der städtischen Rechtsprechung an. Das Kreuz, nach dem auch Häuser in der Vorstadt und die Vorstadt selbst hiessen, wanderte mit dem Anwachsen der St. Johanns-Vorstadt immer weiter in Richtung Hüningen. 1610 kommt die Strasse bei Platter unter dem Namen ‹S. Johans vorstat inneren schwibogen bis an Bluomenplatz› vor, 1483 als ‹brediger gassen›, da die Strasse an Predigerkloster und -kirche vorbeiführte.

Ein Teil des Blumenrains, etwa von der Schiffländer bis zur Spiegelgasse, war der nicht mehr bestehende ‹Blumenplatz›, der 1532 erwähnt wird. Wegen der baulichen Veränderungen in diesem Bereich liess man 1861 den Namen ‹Blumenplatz› wegfallen. Der Teil des heutigen Blumenrains von der Petersgasse bis zur St. Johanns-Vorstadt hiess nach dem dort gelegenen ehemaligen inneren Stadttor St. Johann-Schwibbogen, im Adressbuch von 1798 auch einfach nur ‹Schwibogen›. *Frühere Namen von Teilstücken*

Die Herberge ‹Zum Blumen› erhielt 1681 den Namen ‹Drei Könige› und galt als der vornehmste Gasthof Basels mit internationaler Bekanntheit. Das heutige Hotel ‹Drei Könige› entstand 1842–1844 als den baslerischen Verhältnissen angepasster, vornehm zurückhaltender Luxusbau. Sowohl dieses Gebäude als auch sein Vorgänger beherbergten immer wieder berühmte Gäste, von denen Napoleon Bonaparte, am 24.11.1797 zum Mittagessen abgestiegen, wohl der bekannteste ist. *Bemerkenswertes*

→ St. Johanns-Vorstadt *Weiteres siehe*
HGB: Blumenrain. Platter: S. 260. StABS Bau H 4: 1.4.1861 *Quellen*
Blum / Nüesch: S. 103–105. Fechter 1856: S. 91; 128–129. Huber: S. 120. INSA: S. 134–135. Roth: S. 26. Siegfried: S. 11 *Literatur*

Strassenname	**Bollweilerstrasse**
Gruppe	2
Plankoordinaten	C 4
Amtlich benannt	1937
Bedeutung	Bollweiler (franz. Bollwiller), Gemeinde des elsässischen Arrondissements Guebwiller, 40 km nordwestlich von Basel.
Literatur	Roth: S. 26

Strassenname	**Bollwerk-Promenade**
Gruppe	23
Plankoordinaten	E 6
Erstmals genannt	1907
Amtlich benannt	1972
Siehe	→ Schertlingasse
Frühere Namen	Vor der Neubenennung von 1972 hiess die Strasse nach der Befestigungsanlage ‹Dornimaug› von 1548 ‹Bollwerkgasse› bzw. ‹Bollwerkgasse-Promenade›. Nach der grundlegenden Umgestaltung der Heuwaage im Zusammenhang mit dem Bau des Heuwaage-Viadukts verlor die Strasse ihren Gassencharakter, was zusätzlich nahelegte, den umständlichen Namen zu vereinfachen.
Quellen	ANK: 1972
Literatur	Roth: S. 26

Strassenname	**Bonergasse**
Gruppe	12.8
Plankoordinaten	E 2
Erstmals genannt	1860
Amtlich benannt	1896
Bedeutung	Samuel Dietrich Boner (†1800), Gewürzhändler in Kleinbasel. Boner vermachte testamentarisch 2 Jucharten (ca. 7200 Quadratmeter) Reben vor dem Bläsitor ‹an der geraden Strasse› der Gemeinde Kleinhüningen «mit dem ausdrücklichen Anhang und Beding, dass selbige stets und zu ewigen Zeiten ohnverkäuflich bleiben». Den Erlös aus diesen Reben verwaltete der damalige Schullehrer von Kleinhüningen und verteilte ihn jedes Jahr am Tag nach Weihnachten unter die Armen der Gemeinde. Nach dem Tod des Schulmeisters durften gemäss Testament die Armen der Gemeinde zwei Männer als zukünftige Verwalter wählen. 1843 gelangte der Rebberg trotz der testamentarisch festgehaltenen Unverkäuflichkeit zum Verkauf, und der Erlös, dessen Zinsen den bedürftigen Dorfbewohnern zugute kommen sollten, fiel als ‹Bohnersches Legat› dem Kleinhüninger Armengut zu, nach der Eingemeindung des Dorfes in Basel 1908 der städtischen Fürsorge. Von den damals rund 100 000 Franken Armengut machte das ‹Bohnersche Legat› immerhin 11 000 Franken aus.
Frühere Namen	1860 heisst die Bonergasse ‹Hinterer Dorfweg›. Der nördliche Teil der gewinkelt verlaufenden Strasse hiess bis 1937 ‹Krautgasse›.
Bemerkenswertes	Als Fortsetzung der Bonergasse führte eine ‹Fischer Weg› bzw. ‹Wäscherweg› genannte Strasse zur Wiese und entlang dem Fluss zu dessen Mündung in den Rhein. Diese Strasse ist verschwunden, ebenso wie die ‹Bündtenweg› (‹Bündten› = Hanf-, Flachs- oder Rübenpflanzung) genannte Abzweigung in Richtung Hafenbecken I.
Quellen	Adressbuch 1937
Literatur	National-Zeitung, 6.8.1956. Roth: S. 26

Strassenname	**Bonfolstrasse**
Gruppe	1, 24.1
Plankoordinaten	C 4
Amtlich benannt	1927
Bedeutung	Bonfol, Gemeinde des jurassischen Bezirks Pruntrut in der östlichen Ajoie, 34 km westlich von Basel. Während der Grenzbesetzung im Ersten Weltkrieg (1914–1918) waren dort auch Truppen stationiert.

Bemerkenswertes — Auf den 1919 eingegangenen Vorschlag des Baudepartements hin wurden noch mehrere benachbarte Strassen im Iselinquartier nach Orten benannt, die wie Bonfol als Truppenstandort während des Ersten Weltkriegs gedient hatten: Felsplattenstrasse, Rämelstrasse, Rodersdorferstrasse, Roggenburgerstrasse, Schönenbuchstrasse und Welschmattstrasse. Die vorgeschlagene ‹Löwenburgerstrasse› realisierte man erst etliche Jahrzehnte später unter dem Namen Löwenbergstrasse und unter anderen Vorzeichen. Gleich neben diesen Strassen, aber im St. Johanns-Quartier, finden sich drei Strassen, die nach elsässischen Orten benannt sind, wo während des Ersten Weltkrieges Kämpfe stattfanden: Dammerkirchstrasse, Largitzenstrasse und Septerstrasse. Der noch weitergehende und viel deutlichere Vorschlag, an den Weltkrieg mit Namen wie Bombenstrasse, Granatenstrasse, Geiselnstrasse, Evakuiertenstrasse und Fliegerstrasse zu erinnern, setzte sich beim Regierungsrat nicht durch. Das gleiche galt für die Norweger-, Dänen-, Schweden-, Holländer- und Spanierstrasse auf dem Bruderholz, die an die im Krieg neutralen Staaten hätten erinnern sollen.

Quellen — StABS Bau H 4: 1919

Literatur — Fischer: S. 45–46. Roth: S. 26. Siegfried: S. 69

Strassenname — **Bordeaux-Strasse**

Gruppe — 6

Plankoordinaten — F 7,8

Amtlich benannt — 1996

Bedeutung — Bordeaux, Hauptstadt des Departements Gironde und der Region Aquitaine, wichtigste Stadt Südwestfrankreichs und bedeutender Hafen. Die am Ausfluss der Garonne in den Atlantik gelegene Stadt ist nicht nur wegen des gleichnamigen Weines bekannt, sie ist auch ein Zentrum für den Handel mit anderen landwirtschaftlichen Gütern und mit Holz. Neu etablierte Produktionszweige sind die Elektronik und die Luftfahrttechnik. Die Blütezeit von Bordeaux war das 18. Jahrhundert, als ein Grossteil der französischen Kolonialwaren über diese Hafenstadt nach Europa kamen. Viele Basler waren mit Geschäftsniederlassungen in Bordeaux an diesem Überseehandel beteiligt. Heute gibt es dort noch eine nach der Familie Stéhélin (Staehelin) benannte Strasse. Durch die engen Beziehungen mit Bordeaux konnte Basel noch im 19. Jahrhundert am Ort in Personenangelegenheiten diplomatisch einwirken.

Quellen — ANK: 1996

Strassenname — **Brantgasse**

Gruppe — 12.3, 12.7

Plankoordinaten — E 4

Erstmals genannt — 1875

Amtlich benannt — 1896

Bedeutung — Sebastian Brant (1458–1521), aus Strassburg, Rechtsprofessor, humanistischer Gelehrter und Schriftsteller. Brant kam 1475 nach Basel und lebte in einem Kreis elsässischer Humanisten bis 1501 in der Stadt. Nach dem Beitritt Basels zur Eidgenossenschaft kehrte der reichstreue Brant nach Strassburg zurück. Sebastian Brant ist als Verfasser der Versdichtung ‹Das Narrenschiff› bekannt, die 1494 Johannes Froben in Basel erstmals verlegte und die zu den erfolgreichsten deutschsprachigen Büchern überhaupt gehört. Das Werk ist eine Predigt gegen die Torheit, deren Ursache die sieben Todsünden seien. Neben den mittelalterlichen Wurzeln finden sich mit Beispielen aus der griechischen und römischen Literatur aber schon typisch humanistische Züge – generell gilt Vergil als besonders gute Lektüre. Wer die hervorragenden Holzschnitte für das Buch geschaffen hat, ist unbekannt; man vermutet sogar Albrecht Dürer.

Frühere Namen Die Brantgasse, geplant als ‹Erasmusgasse›, hiess ursprünglich ‹Brandgasse› mit einem ‹d›. Nachdem der Name ‹Erasmusgasse› keine Zustimmung gefunden hatte, berichtete Regierungsrat Falkner 1875 der Regierung, dass man den Namen ‹Brandgasse› vorschlage, weil die Strasse über den Besitz des Kleinbasler Gerichtsherrn Brand führe. Aus der Kleinbasler Familie Brand stammte auch Theodor Brand (1488–1558), der 1533 zum Oberstzunftmeister und 1544 zum Bürgermeister ernannt wurde. Da der Strassenname aber seit 1896 mit einem ‹t› geschrieben wird, erinnert er an den humanistischen Gelehrten.

Weiteres siehe → Frobenstrasse

Literatur INSA: S. 135. Roth: S. 27. Siegfried: S. 93–94. Teuteberg: S. 183–184

Strassenname **Breisacherstrasse**
Gruppe 3
Plankoordinaten E 4
Amtlich benannt 1873
Bedeutung Breisach am Rhein, badische Stadt südwestlich des Kaiserstuhls, 50 km nördlich von Basel. Keltisch-römische Festung (Mons Brisiacus), 1275 Reichsstadt, bald darauf unter habsburgischer Hoheit, seit 1810 zu Baden gehörend.

Literatur Roth: S. 27

Brennerstrasse *Strassenname*
12.5 *Gruppe*
D 6 *Plankoordinaten*
1912 *Amtlich benannt*
Ernst Brenner (1856–1911), Anwalt und Politiker. Brenner, dessen Vater Carl Brenner bereits der radikalen Bewegung in den 1840er und 1850er Jahren vorgestanden hatte, wurde 1881 freisinniger Grossrat; überregionalen Ruf erwarb er sich 1883 durch einen Ehrbeleidigungsprozess. Er vetrat erfolgreich den Baselbieter Kläger, dem ein Basler vorgeworfen hatte, nach dem Gefecht bei Pratteln 1833 einen bereits kampfunfähigen städtischen Soldaten ermordet zu haben. Brenner war 1884–1897 freisinniger Regierungsrat, 1887–1897 Nationalrat und 1897–1911 der erste Basler Bundesrat und Bundespräsident (1901 und 1908). Dabei folgte er nach einer Kampfwahl dem abgetretenen Baselbieter Emil Frey nach, dessen Vater er bei erwähntem Ehrbeleidigungsprozess 1883 erfolgreich vertreten hatte. Brenner förderte die Vereinheitlichung des Zivilrechts (in Kraft 1912), die Revision des Obligationenrechts und leistete Vorarbeiten für die Vereinheitlichung des Strafrechts. *Bedeutung*

Die Brennerstrasse war der östlichste Teil der Altkircherstrasse und der westlichste der alten ‹Sundgauerstrasse›, seit 1897 Arnold Böcklin-Strasse. Seit 1880 gab es Bestrebungen, den Flurnamen ‹Auf dem Brenner› an der Grenze zu Burgfelden beim heutigen Werkstätten und Wohnzentrum WWB, welcher auf einen Besitzer dieses Namens zurückgehen soll, in Form eines Strassennamens zu retten. An die Familie Brenner hätte auch die 1921 vorgeschlagene ‹Emma Kron-Strasse› erinnert, benannt nach der Ehefrau von Carl Brenner. *Bemerkenswertes*

Basler Woche, 13.2.1941. Basler Zeitung, 2.9.1991, S. 26. Roth: S. 27. Siegfried: S. 64 *Literatur*

Bristenweg

Strassenname	**Bristenweg**		**Bruderholzstrasse**	*Strassenname*
Gruppe	*10.4*		*7*	*Gruppe*
Plankoordinaten	*C 6*		*E 7*	*Plankoordinaten*
Amtlich benannt	*1921*		*1811*	*Erstmals genannt*
Bedeutung	Bristen, kleines Bergdorf am Eingang zum Maderanertal, zuammen mit der Station Amsteg der Gotthardbahn Teil der Urner Gemeinde Silenen. Der Bristenstock ist ein 3072 m hoher Berg oberhalb von Amsteg und Bristen.		*1861*	*Amtlich benannt*

Das Bruderholz, die Anhöhe im Süden der Stadt Basel und heute ein Wohnquartier, war früher bewaldet und von Einsiedlern bewohnt, die Brüder oder Klausner hiessen. Die Ansiedlung der Brüder war wohl auf dem ‹Bei den drei Häusern› genannten Land hinter dem ehemaligen Hof und heutigen Strafvollzugseinrichtungen Klosterfiechten. Auf dem Plan des Jakob Meyer von 1653 steht dazu die Anmerkung: «Hier seind der Brüder Häuser gestanden.» Die Bezeichnung für ein Waldstück (‹Holz›) im äussersten Süden des Stadtgebiets ist schliesslich zum Namen für die gesamte Anhöhe und deren Abhänge geworden.

Weiteres siehe → *Gotthardstrasse*
Literatur *Roth: S. 27*

Strassenname **Brombacherstrasse**
Gruppe *3*
Plankoordinaten *E 4*
Amtlich benannt *1896*
Bedeutung Brombach, Ortsteil der badischen Kreisstadt Lörrach, 12 km nordöstlich von Basel.
Literatur *Roth: S. 27*

Strassenname **Bruderholzallee**
Gruppe *7*
Plankoordinaten *E 7,8 F 8*
Amtlich benannt *1911*
Siehe → *Bruderholzstrasse*
Literatur *Roth: S. 27*

→ *Bruderholzallee, Bruderholzrain, Bruderholzweg*   *Siehe auch*

Der für die Bruderholzstrasse vor 1861 verwendete Name ‹Schnurrenweg› oder ‹Schnurrenfeldweg› kam von dem ‹Schnurrenfeld› genannten Grundstück beim heutigen Tellplatz her, dessen Besitzer Schnurr oder Schnorr hiess. Die Umbenennung des ‹Schnurrenwegs› in Bruderholzstrasse erfolgte, weil der Name als unpassend für eine wichtige Verkehrsstrasse galt; eine Herleitung vom Mundartbegriff ‹schnuure› für dummes Reden und Schmuggeln oder von ‹schnorren› für aufdringliches Betteln lag nahe. Den Strassennamen schaffte man aber vorerst nicht ab, er ging an die neuerstellte, aber schon 1871 wegen der gleichen Unzufriedenheit über den Strassennamen umbenannte heutige Hochstrasse über. Im Adressbuch von 1811 taucht die Bezeichnung ‹Schurrenfeld› auf, später auch ‹Scheurenfeld›.   *Frühere Namen*

Strassenname **Bruderholzrain**
Gruppe *7*
Plankoordinaten *E 7*
Amtlich benannt *1925*
Siehe → *Am Krayenrain, Bruderholzstrasse*
Literatur *Roth: S. 27*

Roth: S. 27. Siegfried: S. 39; 46–47   *Literatur*

Strassenname	**Bruderholzweg**
Gruppe	7
Plankoordinaten	E 7
Erstmals genannt	vor 1861
Amtlich benannt	1861
Siehe	→ Bruderholzstrasse
Frühere Namen	Die Strasse führt vom Fuss der Anhöhe bei Gundeldingen auf das Bruderholz hinauf, ohne aber eine wirkliche Zufahrt dahin zu sein. Sie erscheint 1820 als ‹Weeg auf das Bruder Holtz›.
Quellen	Hoferplan 1820
Literatur	Roth: S. 28

Strassenname	**Brüglingerstrasse**
Gruppe	22
Plankoordinaten	FG 7
Erstmals genannt	1820
Amtlich benannt	1941
Bedeutung	Brüglingen, Landgut ausserhalb der Stadt, 2 km südöstlich von Basel. Es stammt als Gründung eines Brugilo aus der Zeit der alemannischen Besiedlung. Urkundlich kommt der Hof noch 1359 als ‹Brügelingen› vor.
Frühere Namen	Andere Namen waren vor 1941 das dialektgefärbte ‹Brüggligerweg›, ‹Brüglingerweg› (spätestens seit den 1920er Jahren) und ‹Walkestrasse› zur Unterscheidung von dem heute noch bestehenden Walkeweg.
Frühere Namen von Teilstücken	Das Anfangsstück bei der Münchensteinerstrasse erscheint 1820 als ‹Brüglinger Sträslein›. Die Strasse führte aber nicht entlang der heutigen Kantonsgrenze, sondern nach Brüglingen hinein.
Bemerkenswertes	In Brüglingen bestand schon seit dem Hochmittelalter eine Mühlenanlage. Seit der Birsmelioration im 16. Jahrhundert nützte man das Gebiet landwirtschaftlich und baute es seit dem 18. Jahrhundert zu einem Musterbetrieb aus. Christoph Merian (1800–1858) erweiterte das Gut nach 1824 beträchtlich und vermachte es testamentarisch der Stadt Basel. Brüglingen ist seit 1969 als ausgedehnter Naherholungspark mit botanischem Garten und Kutschenmuseum eingerichtet worden und beherbergt die Stadtgärtnerei. Dort fand 1980 die ‹Grün 80› genannte Gartenschau statt, so dass Brüglingen auch unter diesem Namen bekannt ist. Die Geschichte der öffentlichen botanischen Gärten in Basel reicht bis 1589 zurück, als Caspar Bauhin für die medizinische Fakultät einen Heilpflanzengarten am Rheinsprung beim ältesten Universitätsgebäude anlegte. 1692 zog der botanische Garten, auch ‹Doktorgarten› genannt, in den Garten des ehemaligen Predigerklosters am Petersgraben um. Schon damals war dieser Garten auch für die Allgemeinheit bestimmt. Im 18. Jahrhundert von Werner de Lachenal reorganisiert, erweiterte man den Garten 1808 um den des benachbarten Markgräfischen Hofes und verlegte ihn 1836 an die St. Jakobs-Strasse. Von dieser Anlage ist nur noch das als Polizeiposten benutzte Gärtnerhaus übriggeblieben. Ein erneuter Umzug erfolgte 1896–1898 an den Platz des heutigen Botanischen Gartens der Universität auf dem ehemaligen Spalengottesacker neben der Universitätsbibliothek. Die Erweiterung der Universitätsbibliothek und der Bau des Instituts für Mikrobiologie in den 1960er Jahren hatten Terrainverluste zur Folge. Als Ergänzung fand sich Brüglingen.
Weiteres siehe	→ Bauhinweglein, Christoph Merian-Platz, Lachenalweglein, Spitalstrasse
Quellen	Hoferplan 1820
Literatur	Huber: S. 128–129. Oeri Hans Georg: Das Brüglinger Gut im Wandel. In: Basler Stadtbuch 1982. Basel 1983, S. 155–165. Rieder Marilise, Rieder Hans Peter, Suter Rudolf: Basilea botanica. Basel 1979, S. 186–190. Roth: S. 28. Siegfried: S. 32

Strassenname	**Brüssel-Strasse**	**Brunngässlein**	*Strassenname*
Gruppe	6	32	*Gruppe*
Plankoordinaten	F 7,8	E 6	*Plankoordinaten*
Amtlich benannt	1996	1415	*Erstmals genannt*
		1861	*Amtlich benannt*

Bedeutung — Brüssel (franz. Bruxelles), zweisprachige Hauptstadt Belgiens und Hauptsitz der Institutionen der Europäischen Union. Seit 1967 ist die Stadt auch Sitz der obersten politischen und militärischen Führungsorgane der NATO. Der für Basel bedeutendste Brüsseler Bürger ist Andreas Vesalius, nach dem eine Strasse und ein Institut der Universität Basel (Vesalianum) benannt sind.

Bemerkenswertes — Die Strassennamen auf dem Umschlagsplatz des Dreispitz-Areals verdeutlichen die besondere europäische Einbindung der Grenzstadt Basel, wo die grösste Gütermenge in die Schweiz eingeführt wird. Die dort genannten Städte selbst pflegen oder pflegten nennenswerte Handelsbeziehungen mit Basel. Die Schreibweise mit Bindestrich an Stelle des früher üblichen Anhängsels ‹-er› erleichtert einerseits die Lesbarkeit des Strassennamens für ausländische Camioneure, verhindert andererseits falsche Assoziationen mit Lebensmitteln: Frankfurterli, Lyonerwurst, Mailänderli. Als erste Gruppe entstanden die Frankfurt-, Lyon-, Mailand- und Rotterdam-Strasse. In einer zweiten Staffel sind die Bordeaux-, Brüssel-, Hamburg-, Prag-, Krakau-, Wien- und Stuttgart-Strasse dazugestossen. Auf dem Gebiet Münchensteins liegen zusätzlich die benachbarten Florenz-, Helsinki-, Neapel-, Oslo-, Barcelona-, Genua- und Venedig-Strasse. Die Gemeinde Münchenstein entscheidet über die Strassennamen auf diesem Areal nach Anhörung der baselstädtischen Nomenklaturkommission.

Weiteres siehe → Vesalgasse
Literatur ANK: 1996

Bedeutung — Der Jakobsbrunnen bei der Hausnummer Aeschenvorstadt 45, wo das Brunngässlein einmündet, und die Brunnen bei den Hausnummern 7 und 11 des Brunngässleins werden ebenso wie damals das ‹Brunngesslin› schon 1481 erwähnt.

Frühere Namen — In einer Urkunde von 1415 erscheint die Strasse als ‹Isenlis Gesseli›, 1436 als ‹Valckners Gesslin›, 1471 als ‹Kleines Gesslin› und 1475 als ‹Enges Gesslin›. In einer Urkunde von 1549 trägt sie den Namen ‹Augustinergessli›, bei Platter 1610 die Bezeichnung ‹Gesslin hinderen› (Gässlein nach hinten).

Bemerkenswertes — Die ersten laufenden Brunnen Basels entstanden an lokalen Quellen im Birsigtal. Sonst grub man Wasserlöcher, sogenannte Sodbrunnen. Die Versorgung der höher gelegenen Stadtteile mit laufendem Wasser hat ihren Anfang im 13. Jahrhundert. Vor 1265 verlegte man eine Wasserleitung zum Kloster St. Leonhard, die Quellwasser aus Allschwil heranführte. Solche aus der näheren Umgebung gespeiste Brunnen hiessen Stockbrunnen. Nach dem Erdbeben von 1356 liess der städtische Rat die Wasserversorgung über Leitungsnetze erheblich ausbauen. 1443 zählte die Stadt 40 öffentliche und 20 private Brunnen. 1861, vor der Eröffnung des Wasserreservoirs auf dem Bruderholz, waren es insgesamt 61 öffentliche Brunnen. Acht sogenannte Lochbrunnen (Brunnen mit fliessendem Wasser) hatten ihre Quellen im Stadtgebiet selbst. Drei Wasserleitungsnetze, das Münster-, das Spalen- und das Riehenwerk, versorgten die restlichen 53 öffentlichen und die 74 privaten Brunnen. Heute gibt es rund 170 Brunnen, davon etwa 30 standardisierte ‹Basiliskenbrunnen› nach einem Modell von 1884.

Weiteres siehe → *Reservoirstrasse, Wasserstrasse*
Quellen *Platter: S. 232*
Literatur *Blum / Nüesch: S. 159–160. Die Wasserversorgung von Basel. Herausgegeben von den Industriellen Werken Basel. Basel 1995, S. 18. Fechter 1856: S. 74–76. Meles / Wartburg: S. 99. Roth: S. 28*

Strassenname **Brunnmattstrasse**
Gruppe 7
Plankoordinaten E 7
Amtlich benannt 1924
Bedeutung Die Benennung erfolgte nach der Brunnmatte, einer Wiese mit Quellen am Fuss des sehr wasserreichen Bruderholzes.
Literatur *Roth: S. 28*

Strassenname **Buchenstrasse**
Gruppe 14
Plankoordinaten D 5 C 5
Amtlich benannt 1898
Bedeutung Buche (lat. Fagus), europäische Baumgattung.
Weiteres siehe → *Palmenstrasse*
Literatur *Roth: S. 28*

Strassenname **Bündnerstrasse**
Gruppe 4
Plankoordinaten C 5
Amtlich benannt 1899
Bedeutung Bünden oder Graubünden (rätoroman. Grischun; ital. Grigioni) ist der grösste Kanton der Schweiz. 1524 vereinigten sich der Gotteshausbund (seit 1367), der Obere oder Graue Bund (seit 1395) und der Zehngerichtebund (seit 1436) zum Freistaat der drei Bünde, der als ‹Zugewandter Ort› ein Bündnis mit der Eidgenossenschaft einging. Bereits seit 1799 als Kanton Rhätien Teil der Helvetischen Republik, zählt Graubünden aber erst mit dem Eintrittsjahr 1803 als fünfzehnter Kanton der Eidgenossenschaft.

Roth: S. 28 *Literatur*

Bürenfluhstrasse *Strassenname*
8.3 *Gruppe*
F 8 *Plankoordinaten*
1947 *Amtlich benannt*
Bürenfluh (727 m ü. M.), Anhöhe des Tafeljuras im Solothurner Bezirk Dorneck, 12 km südöstlich von Basel. *Bedeutung*

→ *Bührenfluhweglein* *Siehe auch*
Roth: S. 28 *Literatur*

Bürenfluhweglein *Strassenname*
8.3 *Gruppe*
EF 8 *Plankoordinaten*
1954 *Amtlich benannt*
→ *Bührenfluhstrasse* *Siehe*

Bundesplatz *Strassenname*
25.1 *Gruppe*
D 6 *Plankoordinaten*
1901 *Amtlich benannt*
Der Bund Basels mit der Eidgenossenschaft wurde am 13. 7. 1501, dem Kaiser-Heinrich-Tag beschworen. Nach dem Ende des Schwabenkriegs veranlassten die schwierige Lage Basels zwischen der Eidgenossenschaft und dem Deutschen Reich, die fortwährenden kriegerischen Auseinandersetzungen mit dem österreichisch gesinnten Rheinfelden und die eidgenössisch gesinnte Landschaft die Hinwendung zur Eidgenossenschaft. Für die Eidgenossenschaft waren wirtschaftliche Gründe, die Verbindung zum oberrheinischen Wirtschaftsraum und eine mögliche *Bedeutung*

Hinwendung Basels zu Österreich (wie im Fall von Strassburg, Colmar und Schlettstadt) statt der früheren Neutralität ausschlaggebend, Basel den Bund anzubieten. Dem Bundesschluss gingen schwierige Verhandlungen mit der Eidgenossenschaft über die Rechte (obwohl Basel chronologisch das elfte Mitglied war, nahm es den neunten Rang, noch vor Fribourg und Solothurn, ein) und Pflichten Basels (Neutralität innerhalb des Bundes, keine eigene Aussenpolitik mehr) und innerhalb der baslerischen Räte voraus, in deren Verlauf schliesslich die reichstreuen Vertreter ihre Ämter aufgeben mussten. Der Bau und die Benennung des Bundesplatzes erfolgten zum vierhundertsten Jahrestag des Eintritts von Basel in den eidgenössischen Bund.

Siehe auch → *Bundesstrasse*
Literatur *Roth: S. 28. Siegfried: S. 50–51*

Strassenname **Bundesstrasse**
Gruppe *25.1*
Plankoordinaten *D 6*
Amtlich benannt *1901*
Siehe → *Bundesplatz*
Frühere Namen Die Bundesstrasse war früher ein Teil der Schützenmattstrasse, die man aus Anlass der Bundesfeier von 1901 auf der Länge vom Steinenring bis zum Bundesplatz in Bundesstrasse umtaufte.
Literatur *Roth: S. 28. Siegfried: S. 50–51*

Strassenname **Bungestrasse**
Gruppe *12.6*
Plankoordinaten *C 4*
Amtlich benannt *1968*
Bedeutung Gustav von Bunge (1844–1920), aus Dorpat (Estland), Arzt. Bunge studierte in Leipzig und promovierte dort 1882 zum Doktor der Medizin. Nachdem er bei einer Professorenwahl übergangen worden war (politische Gründe spielten mit; Bunge verkehrte in Arbeiterkreisen), nahm er einen Ruf an die Basler Universität an. Bunge war seit 1886 Professor der physiologischen Medizin. Er verfasste Lehrbücher über die pathologische und physiologische Chemie, über die Physiologie des Menschen und über die organische Chemie. Nicht zuletzt wurde er durch sein soziales Engagement ein Begründer der Abstinenzbewegung. Seine Antrittsvorlesung an der Basler Universität hielt er nicht über ein spezielles medizinisches Fachproblem, sondern über den Alkoholismus. Diese Vorlesung galt als das eigentliche Startsignal der wissenschaftlichen Anti-Alkoholbewegung. Seine Gegnerschaft zum Alkohol ist besonders im Zusammenhang mit der grossen Verbreitung billigen Schnapses durch die fallenden Binnenzölle und den preisgünstigen Warentransport mit der Eisenbahn seit der zweiten Hälfte des 19. Jahrhunderts zu sehen. Er trat mit grosser sozialer, wissenschaftlicher und persönlicher Überzeugungskraft für die Abstinenz ein, was seine Wirkung nicht verfehlte. Überall, aber besonders in Basel, das bald den Ruf einer ‹Bungestadt› hatte, fand die Abstinenzbewegung in der Folge zahlreiche Anhänger. 1920 führte Basel das Morgenschnapsverbot als erste Schweizerstadt ein. Das Brunnendenkmal zu Ehren Bunges, das die Basler Abstinentenbewegung gestiftet hat, befand sich ursprünglich auf der Steinenschanze, heute steht es am Rand der Anlage des St. Johanns-Platzes gegenüber der Strafanstalt Schällemätteli.

ANK: 1968 *Quellen*
Basler Nachrichten, 27.3.1974. Basler Volksblatt, 24.8. *Literatur*
1990. Stadt Tambour, 3/95

Strassenname	**Buremichelskopfanlage**		**Burgunderstrasse**	*Strassenname*
Gruppe	7		9, 25.2	*Gruppe*
Plankoordinaten	E 8		D 5,6	*Plankoordinaten*
Amtlich benannt	1968		1876	*Amtlich benannt*
Siehe	→ Beim Buremichelskopf			*Bedeutung*
Quellen	ANK: 1968			

Burgund (franz. Bourgogne) ist eine historische Landschaft in Ostfrankreich, zwischen Jura, Pariser Becken und Zentralmassiv. Basel gehörte von ca. 890 bis 1006 zum untergegangenen Königreich Burgund. Das neue Herzogtum Burgund erfuhr unter Herzog Karl dem Kühnen im 15. Jahrhundert die grösste Machtentfaltung und erstreckte sich bis nach Holland und Belgien an die Nordseeküste. Im Burgunderkrieg mit der Eidgenossenschaft von 1474–1477 unterlag das Herzogtum, und Karl verlor sein Leben (Schlachten von Grandson, Murten und Nancy). Die Ländereien Burgunds fielen danach durch Erbteilung an Frankreich und Österreich.

Strassenname	**Buremichelskopf-Promenade**
Gruppe	7
Plankoordinaten	E 8
Amtlich benannt	1954
Siehe	→ Beim Buremichelskopf
Bedeutung	‹Buremichelskopf›, höchster Punkt des Bruderholzes (363 m ü. M.).
Quellen	KB: 1954

Strassenname	**Burgfelderplatz**
Gruppe	2
Plankoordinaten	D 5
Amtlich benannt	1967
Siehe	→ Burgfelderstrasse
Quellen	ANK: 1967

In die Burgunderstrasse mündet die Murtenstrasse, was die Bedeutung des Namens festlegt. Allerdings gab es noch zur Entstehungszeit der Strasse den Vorschlag, in der Nachbarschaft eine Helvetier- oder Alemannenstrasse zu benennen. Das Vorbild für den Strassennamen wäre dann der germanische Stamm der Burgunder gewesen. Ein Ensemble zur Erinnerung an die antik-spätmittelalterliche Vergangenheit entstand aber durch Alemannengasse, Römergasse und Burgweg in Kleinbasel.

Bemerkenswertes

→ Alemannengasse, Murtenstrasse *Weiteres siehe*
Roth: S. 29. Siegfried: S. 60 *Literatur*

Strassenname	**Burgfelderstrasse**
Gruppe	2
Plankoordinaten	B 4,3 C 4 D 5,4
Erstmals genannt	1798
Amtlich benannt	1861
Bedeutung	Burgfelden (franz. Bourgfelden), ehemals ein Dorf, jetzt ein Quartier der elsässischen Gemeinde Saint-Louis, angrenzend an das Wohnviertel St. Johann. Die Strasse führt vom Zoll direkt nach Bourgfelden.
Siehe auch	→ Burgfelderplatz, Im Burgfelderhof
Frühere Namen	Als ‹Burgfelderweg› führte die Strasse von der Grenze bis zum Spalentor. Das innere Teilstück bis zum St. Johanns-Ring erhielt 1861 den Namen Missionsstrasse.
Quellen	Adressbuch 1798
Literatur	Roth: S. 29

Strassenname	**Burgweg**
Gruppe	7
Plankoordinaten	F 5
Erstmals genannt	1811
Amtlich benannt	1861
Bedeutung	Ein archäologisch nur bruchstückhaft erfasster Fundplatz aus römischer Zeit dehnt sich im Raum Burgweg und Alemannengasse aus. Mauerreste gaben der Gegend entsprechende Flurnamen. 1296 wird ein «Garten in dem Banne minren Basils im gemure» erwähnt, 1309 ein «garten im banne ze minren basil uf dem ürre» (‹Ürre› bedeutet Befestigung), 1425 «Reben im mindern baselbann uf dem gemüre, so jetzt die burg genannt». Hier bieten sich für einen Fährbetrieb günstige Übersetzmöglichkeiten zur Geländeterrasse im St. Alban-Tal an, das ebenfalls römisch besiedelt gewesen zu sein scheint. Der spätrömische Geschichtsschreiber Ammianus Marcellinus (um 330–395) erwähnt 374 einen befestigten Stützpunkt bei Basel («robur munimentum prope Basiliam»). Ob es sich dabei um diese Überreste handelt, um das zwischen Rheingasse, Utengasse und Reverenzgässlein gefundene Mauergeviert oder um eine andere befestigte Anlage, ist bisher nicht zu entscheiden.
Frühere Namen	Im Adressbuch von 1811 erscheint der Name ‹Auf der Burg›, später auch ‹im / am Burggässlin› und 1822 ‹Weg auf die Burg›. Die Strasse ist schon auf dem Plan von Emanuel Büchel aus dem Jahr 1737, aber noch ohne Namen, abgebildet.
Bemerkenswertes	An diesem Ort vermutet man das 788 erwähnte Dorf Basel (villa Baselahe). Es handelt sich aber nicht um den Siedlungskern des späteren Kleinbasel. Das Dorf wurde um 1200 aufgegeben, erhielt aber vorher, um 1100, noch den Namen Oberbasel im Gegensatz zu Niederbasel, einer Siedlung aus dieser Zeit im Gebiet zwischen Lindenberg und Greifengasse. Kleinbasel selbst ist durch seine gleichmässige Strassenstruktur als eine geplante Stadtgründung des 13. Jahrhunderts ausgewiesen.

→ Alemannengasse, Römergasse	Weiteres siehe
Adressbuch 1811. Der Stadt Basel Bann mit den unteren Vogteyen Münchenstein, Riehen und Kleinhüningen. Emanuel Büchel. Basel 1737. Hoferplan 1822	Quellen
Fechter 1856: S. 133. Meles / Wartburg: S. 12–14. Roth: S. 29. Siegfried: S. 88	Literatur

Buschweilerweg	Strassenname
2	Gruppe
C 5	Plankoordinaten
1820	Erstmals genannt
1877	Amtlich benannt
Buschweiler (franz. Buschwiller), elsässische Gemeinde bei Hegenheim, 7 km westlich von Basel.	Bedeutung
→ Buschweilerweglein	Siehe auch
Die Strasse erscheint als namenlose Abzweigung des ‹Hegenheimer Fussweg› auf dem Hoferplan von 1820.	Frühere Namen
Hoferplan 1820	Quellen
Roth: S. 29	Literatur

Buschweilerweglein	Strassenname
2	Gruppe
C 5	Plankoordinaten
1970	Amtlich benannt
→ Buschweilerweg	Siehe
ANK: 1970	Quellen

Byfangweg	Strassenname
7	Gruppe
D 6	Plankoordinaten
1860	Erstmals genannt
1861	Amtlich benannt

Bedeutung Byfang ist die Bezeichnung für eine Rodung im Wald oder vom allgemeinen Weidland durch einen Grünhag abgegrenzte, ‹eingefangene› Fläche (‹byfangen› bedeutet ‹einfangen›). In Basel gab es verschiedene Byfange (vor dem Steinentor, bei Brüglingen, bei St. Jakob, vor Kleinbasel).

Frühere Namen Der Byfangweg erhielt noch 1860 den Namen ‹Byfangstrasse›, aber schon ein Jahr später seinen heutigen.

Literatur Roth: S. 29. Siegfried: S. 31; 58

Casinostrasse	**Claragraben**
Castellioweglein	**Clarahofweg**
Cécile Ines Loos-Anlage	**Claramatte**
Cedernweg	**Claramattweg**
Centralbahn-Passage	**Claraplatz**
Centralbahnplatz	**Clarastrasse**
Centralbahnstrasse	**Colmarerstrasse**
C.F. Meyer-Strasse	**Cratanderstrasse**
Chrischonastrasse	
Chrischonaweglein	
Christoph Merian-Park	
Christoph Merian-Platz	

Strassenname	**Casinostrasse**
Gruppe	*19*
Plankoordinaten	*F 6*
Amtlich benannt	*1936*
Bedeutung	Das Sommercasino wurde 1822–1824 zusammen mit einer grosszügigen Parkanlage erstellt und 1937 dem Staat verkauft. Seit 1962 ist es ein Jugendhaus, wo auch regelmässig Konzerte stattfinden.
Bemerkenswertes	Die Casinostrasse führt über die Parkanlage des Sommercasinos. Die alte ‹Kasinostrasse› zwischen Münchensteiner- und Nauenstrasse bekam den gleichen Namen wie die in sie einmündende Lindenhofstrasse.
Literatur	*Huber: S. 107. Roth: S. 30*

Strassenname	**Castellioweglein**
Gruppe	*12.7*
Plankoordinaten	*F 5*
Amtlich benannt	*1982*
Bedeutung	Sebastian Castellio (1515–1563), aus Savoyen, Humanist. Castellio (auch Chastellion, Châtillon oder Châteillon genannt) kam aus ärmlichen bäuerlichen Verhältnissen und studierte in Lyon alte Sprachen. Den Namen Castalio, später Castellio, nahm er in Anlehnung an die Quelle der Musen an. Er hielt sich in Strassburg und Genf auf, wo er sich mit Jean Calvin überwarf, da er im Gegensatz zur calvinschen Strenge in Glaubensfragen eine tolerante Haltung einnahm. 1545 kam er nach Basel, wo er eine schlecht bezahlte Stelle als Buchdruckergehilfe annahm und, um seine Familie zu ernähren, zusätzliche Gelegenheitsarbeiten als Fischer, Holzhacker oder Wasserträger leistete. Auf Betreiben Bonifacius Amerbachs wurde er 1553 Professor für Griechisch an der Universität Basel. 1554 veröffentlichte er die Schrift ‹Über die Ketzer und ob man sie verfolgen soll›, worin er zwar dem Staat das Recht zur Strafverfolgung in Glaubensfragen zugestand, aber die Todesstrafe ablehnte, da man letztlich nicht klären könne, was der rechte Glauben sei. Anlass dazu gab die von Jean Calvin wegen Ketzerei veranlasste Verbrennung des spanischen Arztes und Laientheologen Miguel Servet in Genf bei lebendigem Leibe. Castellio schrieb dazu, dass einen Menschen zu töten nicht bedeute, einen Glauben zu verteidigen, sondern einen Menschen zu töten. Nach dieser Schrift verbot ihm allerdings die Zensur weitere Veröffentlichungen, so dass er zwischen 1554 und 1562 praktisch mundtot war, während seine Feinde eine eigentliche Kampagne gegen ihn führen konnten. Nur die dadurch entstandene Rufschädigung der Basler Universität liess die Zensur das Publikationsverbot für Castellio lockern. Nachdem er sich erneut schriftlich für religiöse Toleranz eingesetzt hatte, klagten ihn seine Feinde 1563 doch noch wegen Ketzerei an, er starb aber vor dem Urteil. Die Basler Obrigkeit bannte seine Schriften in der Folge als religionswidrig, erst nach 1720 erlebten seine Lehrbücher für den lateinischen Unterricht, die eine europaweite Verbreitung genossen hatten, eine Neuauflage. Das Castellioweglein liegt im St. Alban-Tal direkt neben dem Mühlenberg, was an die enge Verbindung der Basler Papiermühlen mit dem humanistischen Schrifttum erinnern soll.
Weiteres siehe	→ *Amerbachstrasse, Bauhinweglein, Henric Petri-Strasse, Mühlenberg*
Quellen	*ANK: 1982*
Literatur	*Basler Zeitung: Magazin, 3.5.1997. Teuteberg: S. 216–217*

Cécile Ines Loos-Anlage

Strassenname	**Cécile Ines Loos-Anlage**
Gruppe	12.3
Plankoordinaten	G 5
Amtlich benannt	1990
Bedeutung	Cécile Ines Loos (1883–1959), Schriftstellerin. Loos verlor ihre Basler Eltern im Alter von einem Jahr und wuchs in einem Waisenhaus und bei Adoptiveltern in Bern auf. Mit 16 Jahren ging sie als Kindermädchen nach Deutschland, dann nach England und Irland. Sie bereiste auch Italien, Frankreich, Griechenland, Ägypten und Palästina. Seit 1923 lebte sie in Basel als Sekretärin. Ihre schriftstellerische Begabung zeigte sich früh, doch reichte der damit erzielte Verdienst nicht aus, und sie hatte zeitlebens grosse materielle Nöte. Ihr unstetes Leben und die Geburt eines unehelichen Kindes verarbeitete sie im Roman ‹Matka Boska› (1929). Sie erlangte damit grosse Beachtung, konnte aber erst 1938 mit ‹Der Tod und das Püppchen› an diesen ersten Erfolg anschliessen. Im Gegensatz zu späteren Romanen wurden besonders ihre Feuilletons, Skizzen und Kurzerzählungen von der Literaturkritik gut aufgenommen. 1952 nannte Walter Muschg sie die «bedeutendste literarische Begabung in Basel».
Weiteres siehe	→ *Mathilde Paravicini-Strasse*
Literatur	Basler Zeitung, 12.7.1983. KB: 1990

Strassenname	**Cedernweg**
Gruppe	14
Plankoordinaten	F 4
Amtlich benannt	1878
Bedeutung	Zedern (lat. Cedrus), Baumgattung im Mittelmeerraum und im Himalaya, in Europa nur als Zierbaum vorkommend. Eine Zedernpflanzung befand sich auf einem Grundstück, an dem die Strasse vorbeiführte.
Literatur	Roth: S. 30

Centralbahn-Passage	*Strassenname*
28.3	*Gruppe*
E 6	*Plankoordinaten*
1989	*Amtlich benannt*
→ *Centralbahnplatz*	*Siehe*
Fischer: Anhang S. 35	*Literatur*

Centralbahnplatz	*Strassenname*
28.3	*Gruppe*
E 6	*Plankoordinaten*
1861	*Amtlich benannt*
	Bedeutung

Die Schweizerische Centralbahn gründeten vornehmlich Industrielle und Bankiers 1852 in Basel, als sich die Idee des staatlichen Eisenbahnbaus im Bundesstaat vorerst nicht durchsetzte und Gefahr bestand, dass das wachsende schweizerische Bahnnetz Basel abseits liegen lassen könnte. Das Netz der Centralbahn begann in Basel und verzweigte sich am Knotenpunkt Olten-Aarburg ins westliche Mittelland. Wie die anderen Privatbahnen ging die Centralbahn nach dem Volksentscheid 1901 in den Schweizerischen Bundesbahnen auf. Der Bahnhof der damaligen Centralbahn und der von der französischen Ostbahn gemietete Teil nahmen 1861 zusammen mit dem Güterbahnhof (daher die Güterstrasse) und Lagerhäusern ihren Betrieb auf. Centralbahnplatz, -strasse und Güterstrasse entstanden in der gleichen Zeit. Der besonders seit der Eröffnung der Gotthardbahn 1882 zunehmende Reise- und Güterverkehr führte zum Bau der Güterbahnhöfe Wolf und St. Johann. Der neue Bundesbahnhof an Stelle des alten Centralbahnhofs entstand 1904–1907. 1901 eröffnete man die neue, tiefgelegte und weiter westwärts verlegte Trasseeführung der Elsässerbahn vom zum Güterbahnhof umgebauten Bahnhof St. Johann zum Centralbahnhof. Auf dem alten Trassee entstanden die Ringstrassen Kannenfeldstrasse – Spalenring – Steinenring – Viaduktstrasse.

Siehe auch → *Am Bahndamm, Bad. Bahnhof-Passage, Bahnhof-Unterführung, Bahnweglein, Centralbahn-Passage, Centralbahnstrasse, Eisenbahnbrücke, Eisenbahnweg, Güterstrasse*

Bemerkenswertes Schon 1844 endete die erste Bahnlinie der Schweiz (Strecke Saint-Louis–Basel) in einem Provisorium am Ort des heutigen Bahnhofs St. Johann vor den Stadtmauern. Der erste feste Bahnhof Basels (Linie Strassburg–Basel) befand sich von 1845 bis 1861 auf dem ‹Schällemätteli› an der Spitalstrasse. Um diesen Bahnhof innerhalb der Stadt bauen zu können, liessen die Behörden extra eine Stadterweiterung mit neuer Mauer samt Tor vornehmen. 1854 folgten ein Stationsgebäude der Schweizerischen Centralbahn an der Langen Gasse (Strecke Basel–Liestal–Olten) und 1855 der erste Badische Bahnhof am Riehenring beim Abschluss der Clarastrasse auf dem heutigen Messeplatz (Strecke Basel–Haltingen–Mannheim). Damit bestanden zuerst drei Kopfbahnhöfe in Basel, die heute alle durch Durchgangsbahnhöfe ersetzt sind. Der Bau des schweizerischen Bahnhofs 1858–1861 an seinem heutigen Standort, der an die eigentliche City schlecht angeschlossen ist, war umstritten. Die städtischen Behörden hatten den Standort am Aeschenplatz bevorzugt, der jedoch zugunsten des bahntechnisch besseren Platzes vor dem damaligen Elisabethenbollwerk aufgegeben wurde. 1910–1913 entstand der neue Badische Bahnhof an der Schwarzwaldallee. Der Güterbahnhof St. Johann, 1902 in Betrieb genommen, ist seit 1997 als Teil der Regio-S-Bahn, die im Nahverkehr die Nordwestschweiz mit der badischen und elsässischen Nachbarschaft verbindet, der vierte Personenbahnhof Basels.

Weiteres siehe → *Achilles Bischoff-Strasse, Speiserstrasse*

Literatur Huber: S. 140–146. Roth: S. 30. Siegfried: S. 48

Centralbahnstrasse *Strassenname*
28.3 *Gruppe*
E 6 *Plankoordinaten*
1861 *Amtlich benannt*
→ *Centralbahnplatz* *Siehe*
Roth: S. 30. Siegfried: S. 48 *Literatur*

C. F. Meyer-Strasse *Strassenname*
12.3 *Gruppe*
E 8 *Plankoordinaten*
1950/1978 *Amtlich benannt*

Conrad Ferdinand Meyer (1825–1898), aus Zürich, Verfasser von Gedichten (‹Der römische Brunnen›), Novellen (‹Der Schuss von der Kanzel›) und Romanen (‹Jürg Jenatsch›). Meyer war zusammen mit Gottfried Keller, nach dem ebenfalls eine Strasse benannt ist, der bedeutendste schweizerische Schriftsteller in der zweiten Hälfte des 19. Jahrhunderts. *Bedeutung*

Der Strassenname führte ursprünglich die Vornamen im vollen Wortlaut. Doch bei der Überführung aller Strassennamen in die elektronische Datenverarbeitung auf Lochkartenbasis erwies sich der Strassenname als zu lang. Man verkürzte ihn daraufhin. Aus dem gleichen Grund führt die J. J. Balmer-Strasse ebenfalls Initialen statt ausgeschriebene Vornamen. *Bemerkenswertes*

→ *Gottfried Keller-Strasse* *Weiteres siehe*
ANK: 1977–1978 *Quellen*
Roth: S. 32 *Literatur*

Chrischonastrasse *Strassenname*
12.1.2 *Gruppe*
F 5 *Plankoordinaten*
1822 *Erstmals genannt*
1887 *Amtlich benannt*

St. Chrischona mit Pilgermission, Diakonissenhaus, Klinik des Bürgerspitals und Sen- *Bedeutung* deturm auf dem Gebiet der Gemeinde Bettingen ist mit 522 m ü. M. die höchste Erhebung des Kantons. Zur heiligen Chrischona oder Christiana als Namenspatronin der Erhebung gibt es verschiedene Legenden. Eine besagt, dass sie im 9. oder 10. Jahrhundert auf der Rückreise von einer Wallfahrt nach Rom gestorben sei, worauf ein führerloses Pferdegespann den Wagen mit ihrem Leichnam auf den nach ihr benannten Chrischonaberg gezogen habe, wo man über ihrem Grab dann die Kirche erbaut habe. In einer anderen Überlieferung verstarb sie auf der Flucht vor den Heiden; vor den führerlosen Wagen seien aber Ochsen gespannt gewesen. Eine Konstanzer Urkunde sieht in ihr eine der elftausend Jungfrauen, die in Basel auch in einer Strasse verewigt sind. Chrischona wurde erst um 1500 heiliggesprochen, ihr Grab 1504 geöffnet, die Gebeine wurden der Heiligenverehrung zugänglich gemacht. Der Wallfahrtsort hatte wegen der Basler Reformation von 1529 nur eine kurze Blütezeit. Es gibt Vermutungen, dass die Kirche aus dem 7. Jahrhundert stammt und ursprünglich dem heiligen Brictius, Schutzpatron der Richter und Kinder, geweiht war.

Siehe auch → *Chrischonaweglein*

Frühere Namen Chrischonastrasse und Chrischonaweglein entsprechen in ihrem Verlauf ungefähr dem bereits auf dem Plan von Samuel Ryhiner aus dem Jahr 1784 abgebildeten alten ‹Bannwartweg›. Dieser führte aber noch viel weiter, bis ins heutige Hirzbrunnenquartier zur ehemaligen ‹Heimatgasse›. Auf Plänen der Jahrhundertwende erscheint die Chrischonastrasse als Verlängerung bzw. Abzweigung des ‹Duttliwegs› (in den Adressbüchern von 1811 an als ‹Im Dutli› benannt) zwischen Grenzacher- und Riehenstrasse. Das letzte Stück des ‹Duttliwegs› vom alten deutschen Bahntrassee (heute Riehenring–Wettsteinallee) bis zur Grenzacherstrasse sollte, so ein Projekt, an den Rhein führen und ‹Lörracherstrasse› heissen.

Quellen Hoferplan 1822
Literatur Burgermeister: S. 25–26; 32–34. Roth: S. 31

Chrischonaweglein
Strassenname
12.1.2 *Gruppe*
F 5 *Plankoordinaten*
1822 *Erstmals genannt*
1954 *Amtlich benannt*
→ *Chrischonastrasse* *Siehe*

Frühere Namen Das Chrischonaweglein entstand ursprünglich als Teil der bereits 1887 von der Grenzacherstrasse bis zur Schwarzwaldallee geplanten, 1908 kürzer ausgeführten Chrischonastrasse, in die es einmündet.

Literatur Roth: S. 31

Christoph Merian-Park
Strassenname
12.5 *Gruppe*
F 6 *Plankoordinaten*
1959 *Amtlich benannt*
→ *Christoph Merian-Platz* *Siehe*

Frühere Namen Der Park hiess vor 1959 ‹Sommer-Casino›.

Quellen ANK: 1959

Christoph Merian-Platz
Strassenname
12.5 *Gruppe*
G 6 *Plankoordinaten*
1903 *Amtlich benannt*

Bedeutung Christoph Merian (1800–1858), Basler Grossgrundbesitzer und Philanthrop. Merian war Sohn eines Grosskaufmanns. Nach einer Handelslehre wandte er sich der Landwirtschaft zu. Bei seiner Heirat mit Margaretha Burckhardt (1806–1886) im Jahre 1824 erhielt er als Hochzeitsgeschenk von seinem Vater das Hofgut Brüglingen. Dort liess er einen nach den modernsten wissenschaftlichen Erkenntnissen geführten Musterbetrieb einrichten. Durch Erbschaft und Ankauf erlangte Merian den seinerzeit grössten privaten Grundbesitz in der Schweiz (ca. 600 ha). 1854 stellte er der Stadt 100 000 Franken zur Senkung des Brotpreises zur Verfügung, 1856 stiftete er den Bau der Elisabethenkirche, 1857 den Ausbau des Bürgerspitals. Testamentarisch verfügte er, dass das riesige Vermögen der Eheleute nach dem Tod seiner Frau (die Ehe war kinderlos geblieben) an die Stadt Basel als Universalerbin überging, damit diese den Vermögensertrag für ‹wohltätige und nützliche städtische Zwecke› verwende. Das Original des Testaments galt als verschollen, nur eine beglaubigte Abschrift war erhalten. Erst 1994 tauchte das eigenhändig von Christoph Merian verfasste Schriftstück in Baselland wieder auf. Original und Abschrift stimmen überein. Die zur Verwaltung des Vermögens gegründete Christoph Merian Stiftung ist Basels wichtigste nichtstaatliche Organisation für kulturelle und soziale Werke.

Siehe auch Bemerkenswertes → *Christoph Merian-Park*

Der heute 900 ha umfassende Grundbesitz der Stiftung besteht zu einem Drittel aus Waldungen, die Hälfte dient der Landwirtschaft. Auf dem Rest stehen Wohnbauten (rund 1500 Wohnungen und Eigenheime), Industrie-, Gewerbe- (u.a. Dreispitzareal) und Erholungsanlagen (u.a. Brüglingen). Die Stiftung selbst verwaltet auch andere an sie ergangene Stiftungen (u.a. Karikatur & Cartoon Museum). Die sozialen Aktivitäten umfassen ein breites Spektrum, bei dem die Jugend- und Altersbetreuung einen besonderen Platz einnimmt. Ein anderer Schwerpunkt ist das Bauwesen, dessen Spektrum von der Sanierung alter Bausubstanz (St. Alban-Tal) bis zur Errichtung neuartiger Überbauungen (Davidsboden) reicht. Schliesslich engagiert sich die Stiftung im kulturellen Bereich, zum Beispiel mit der Initiierung einzelner Projekte (Internationale Austausch Ateliers Region Basel), aber auch mit der Unterstützung von Institutionen (Museum für Gegenwartskunst). Der Christoph Merian-Platz ist auf einem Gelände angelegt, das Christoph Merian der Stadt geschenkt hat. Den Namen vergab man bereits 1903, der Platz entstand aber erst 1951.

→ *Brüglingerstrasse, Elisabethenstrasse, St. Alban-Tal* *Weiteres siehe*
Christoph Merian Stiftung [Informationsbroschüre]. *Literatur*
Basel 1994. Roth: S. 31. Siegfried: S. 38. Suter Rudolf: Die
Christoph Merian Stiftung 1886–1986. Basel 1985. Wanner Gustav Adolf: Christoph Merian 1800–1858. Basel
1958

Claragraben

Claragraben	*Strassenname*
12.1.1, 23	*Gruppe*
E 5,4	*Plankoordinaten*
1860	*Amtlich benannt*
→ *Clarastrasse*	*Siehe*

Bemerkenswertes

Die heutige Strassenlänge übertrifft die des alten Stadtgrabens vor den längs zum Rhein verlaufenden Stadtmauern, und die Strassenführung folgt nicht mehr ganz dem ursprünglichen Verlauf von Graben und Mauer, die beim ehemaligen Klingentalkloster zum Rhein hin umbogen. 1878 wurde der Claragraben zum Wettsteinplatz hin verlängert, 1895 die alte Seilerstrasse als Querverbindung zwischen Sperrstrasse und Haltingerstrasse aufgehoben und der Claragraben selbst von der Sperrstrasse bis zur Feldbergstrasse verlängert.

→ *Aeschengraben* *Weiteres siehe*
Adressbuch 1894–1895 *Quellen*
Roth: S. 31. Siegfried: S. 20 *Literatur*

Strassenname	**Clarahofweg**
Gruppe	12.1.1
Plankoordinaten	E 5 F 4
Amtlich benannt	1861
Siehe	→ Clarastrasse
Bemerkenswertes	Clarahof hiessen schon seit dem 17. Jahrhundert die innerhalb der ehemaligen Stadtmauern befindlichen Anlagen auf der Südseite des Klosters St. Clara. Der Clarahofweg befindet sich aber ausserhalb der ehemaligen Stadtmauern und führt auf das Gelände des Clarahofs. Der Clarahofweg bekam 1860 zuerst den Namen ‹Clarahofstrasse›, aber schon 1861 seinen heutigen Namen. Man hatte auch den Strassennamen ‹Im Flösch› oder ‹Flöschstrasse› vorgeschlagen, nach dem früheren Flurnamen ‹Im Flösch› (d.h. Sumpffläche oder Pfütze) des Bodens, über den die Strasse führt.
Literatur	Roth: S. 31. Siegfried: S. 20. Wackernagel: S. 320–322

Strassenname	**Claramatte**
Gruppe	12.1.1
Plankoordinaten	E 4
Amtlich benannt	1970
Siehe	→ Clarastrasse
Bemerkenswertes	Die Claramatte, auch ‹Munimatte› genannt und jetzt eine öffentliche Anlage, war seit 1285 Eigentum des Clarissenklosters gewesen. Sie lag ausserhalb der Stadtbefestigung. Seit 1820 diente sie als Turnplatz, seit 1826 als Schlittschuhbahn. Die Parkanlegung erfolgte 1872–1873.
Quellen	ANK: 1970
Literatur	INSA: S. 139. Roth: S. 31. Siegfried: S. 20

Claramattweg	Strassenname
12.1.1	Gruppe
E 4	Plankoordinaten
1863	Amtlich benannt
→ Claramatte, Clarastrasse	Siehe
Roth: S. 31. Siegfried: S. 20	Literatur

Claraplatz	Strassenname
12.1.1	Gruppe
E 5	Plankoordinaten
1861	Amtlich benannt
→ Clarastrasse	Siehe
Der Claraplatz entstand durch den Umbau des ehemaligen Klosters und der Kirche St. Clara in den Jahren 1858–1860 und durch den Abriss der städtischen Mauern nach 1859.	Bemerkenswertes
Roth: S. 31. Siegfried: S. 20	Literatur

Clarastrasse	Strassenname
12.1.1	Gruppe
E 5,4 F 4	Plankoordinaten
1854	Erstmals genannt
1861	Amtlich benannt
Kloster und Kirche St. Clara entstanden 1279/1280 in Kleinbasel, nachdem sich die Schwestern von St. Clara, gemeinhin Clarissinnen oder Clarissen genannt, zuerst im Kloster Gnadental in der Spalenvorstadt niedergelassen hatten. Vor ihnen hatten in den Kleinbasler Gebäuden die Brüder der Busse Jesu Christi oder die sogenannten Sackbrüder ihr Kloster eingerichtet. Der Orden, dessen Mönche sich nur von Almosen ernährten, wurde aber 1274 verboten und bis 1279 aufgelöst. Der Hauptunterschied des von der heiligen Clara von Assisi (1194–1253) gegründeten ersten franziskanischen Frauenordens zu anderen Frauenorden ist das Armutsgelübde. Die heilige Clara hat ihren traditio-	Bedeutung

nellen Kalendertag am 12. August und ist Patronin u.a. der Wäscherinnen, Glaser, Vergolder und des Fernsehens. Als der Badische Bahnhof auf dem heutigen Gelände der Messe Basel aufging, legte man die Clarastrasse 1854 als direkte Verbindung zur Rheinbrücke an. Dazu liess man das Clarabollwerk bei der Kirche abreissen und als nur kurz bestehendes Provisorium das Claratörlein, ein hölzernes Gatter, errichten. Der Schutt des Bollwerks wiederum diente dazu, den Claragraben aufzufüllen. Zusammen mit dem Abbruch der Stadtmauern seit 1859 kam es bis 1860 auch zum Umbau der Kirche und des ehemaligen Klosters, und es entstanden zusätzlich Claraplatz, Clarahofweg und Claramattweg. Die Claramatte kam als Strassenname erst im 20. Jahrhundert hinzu.

Siehe auch → *Claragraben, Clarahofweg, Claramatte, Claramattweg, Claraplatz*

Bemerkenswertes Das Kloster St. Clara entfaltete eine rege Tätigkeit auf dem Kleinbasler Liegenschaftsmarkt und im gewerblichen Leben. Es war ein aktiver städtischer Wirtschaftsbetrieb, und trotz Auseinandersetzungen mit den Kleinbasler Ehrengesellschaften trug es wesentlich zum Aufblühen Kleinbasels bei. Die städtischen Behörden hoben das Kloster im Zug der Basler Reformation nach 1529 auf und verboten katholische Gottesdienste. Diese wurden erst mit der durch die Helvetische Republik eingeführten Glaubensfreiheit nach 1798 allein in der Clarakirche erlaubt, vorher hatten sie in der Wohnung des französischen Gesandten stattgefunden. Von 1853 an benutzte ausschliesslich die katholische Kirchgemeinde die Clarakirche. Das Alleinnutzungsrecht erhielt sie nach dem Umbau der Clarakirche in den Jahren 1859/1860.

Literatur *Blum / Nüesch: S. 114–115. Fechter 1856: S. 140–141.*

Huber: S. 122. Meles / Wartburg: S. 121–122. Roth: S. 31. Siegfried: S. 20. Sellner: S. 269–270. Wackernagel: S. 317–322

Colmarerstrasse	*Strassenname*
2	*Gruppe*
DC 5	*Plankoordinaten*
1877	*Amtlich benannt*
	Bedeutung

Colmar, Hauptstadt des französischen Departements Haut-Rhin am Fuss der Vogesen, 60 km nördlich von Basel. Dieses an Basel angrenzende Departement bildet zusammen mit dem Departement Bas-Rhin das Elsass. Colmar gründete zusammen mit Schlettstadt, Strassburg und Basel im Jahre 1474 den ‹Niedere Vereinigung› genannten Städtebund, dem sich weitere Orte anschlossen.

Roth: S. 32. Teuteberg: S. 141 *Literatur*

Cratanderstrasse	*Strassenname*
12.4	*Gruppe*
E 6	*Plankoordinaten*
1946	*Amtlich benannt*
	Bedeutung

Andreas Hartmann († 1540), genannt Cratander, Buchdrucker. Cratander stammte aus Strassburg, studierte in Heidelberg und kam zwischen 1503 und 1505 nach Basel, um die Buchdruckerei zu erlernen. 1515 liess er sich auf Dauer in Basel nieder, wo er in der Buchdruckerei Adam Petris arbeitete, aber schon 1518 seine eigene Offizin gründete. 1519 wurde er ins Bürgerrecht aufgenommen, 1530 in die Schlüsselzunft. Damals gräzisierte er auch seinen Familiennamen zu Cratander (deutsch ‹Härte› und ‹männlich› entsprechen griechisch ‹kratos› und ‹andreios›). Cratander stand der reformatorischen Bewegung sehr nahe. Er hatte schon 1519 Schriften von Martin Luther gedruckt und nahm 1522 den aus Weinsberg in Schwaben stammenden künftigen Basler Reformationsführer Johannes Oekolampad auf, der auch in seiner Druckerei als Korrektor arbeitete. Cratander druckte rund 200 Werke theologischen, wissenschaftlichen und humanistischen Inhalts. 1536 verkaufte er seine Buchdruckerei im Haus ‹Zum schwarzen Bären› an der Petersgasse 13 und blieb nur noch Buchhändler. Er starb verarmt.

Bemerkenswertes Die Druckerei Cratander AG an der Petersgasse 34 hat ursprünglich nichts mit dem reformatorischen Buchdrucker Andreas Cratander zu tun. Im Gegenteil, sie hat ihre Ursprünge im katholischen Widerstand gegen den antiklerikalen Kulturkampf des liberalen Bundesstaates während der 1870er Jahre. Das katholische ‹Basler Volksblatt› erschien als Druckerzeugnis der 1870 gegründeten ‹Pressgesellschaft› des Basler Katholikenvereins seit 1873, sein Druck erfolgte in wechselnden Setzereien in Basel. 1894 zog die Pressgesellschaft mit dem Volksblatt in den Schönkindhof an der Petersgasse 34. In diesem Haus hatte Andreas Cratander gelebt. 1929 gab sich die Gesellschaft in Erinnerung an den berühmten Drucker und ehemaligen Hausbesitzer den Namen ‹Druckerei Cratander AG›.

Weiteres siehe → *Henric Petri-Strasse, Oekolampadstrasse*

Literatur *Meier Eugen A., Pfister-Burckhalter Margarethe, Schmid Markus: Andreas Cratander – ein Basler Drucker und Verleger der Reformationszeit. Basel 1967.*
Roth: S. 32. Teuteberg: S. 208

Dachsfelderstrasse	Dorenbachviadukt
Dammerkirchstrasse	Dorfstrasse
Daniel Fechter-Promenade	Dornacherstrasse
	Drahtzugstrasse
Davidsbodenstrasse	Dreihäusernweglein
Davidsbodenweglein	Drei König-Weglein
Davidsrain	Dreirosenanlage
Delsbergerallee	Dreirosenbrücke
De Wette-Strasse	Dreirosenstrasse
Dittingerstrasse	Drosselstrasse
Dolderweg	Dufourstrasse
Dorenbach-Promenade	Duggingerhof

Strassenname	**Dachsfelderstrasse**
Gruppe	1
Plankoordinaten	D 6
Amtlich benannt	1900
Bedeutung	Dachsfelden (franz. Tavannes), Gemeinde im bernischen Amtsbezirk Münster zwischen Moutier und Biel, 45 km südwestlich von Basel.
Literatur	Roth: S. 33

Strassenname	**Dammerkirchstrasse**
Gruppe	2, 24.3
Plankoordinaten	C 4
Amtlich benannt	1924
Bedeutung	Dammerkirch (franz. Dannemarie), Hauptort des gleichnamigen elsässischen Bezirks (‹canton›) an der Eisenbahnverbindung Mulhouse–Belfort, 35 km westlich von Basel. Im Ersten Weltkrieg fanden an diesem Ort Kämpfe zwischen Deutschen und Franzosen statt.
Weiteres siehe	→ Bonfolstrasse
Literatur	Roth: S. 33

Strassenname	**Daniel Fechter-Promenade**
Gruppe	12.7
Plankoordinaten	E 8
Erstmals genannt	1922
Amtlich benannt	1935
Bedeutung	Daniel Albert Fechter (1805–1876), Lehrer und wichtiger Lokalhistoriker. Fechter trat 1824 in den Schuldienst und wurde 1857 Konrektor des Gymnasiums; er unterrichtete vor allem Griechisch und Latein. Neben zahlreichen historiographischen Veröffentlichungen, z.B. über die Geschichte des Basler Schulwesens, gab er in eidgenössischem Auftrag mehrere Bände der älteren eidgenössischen Abschiede (Tagsatzungsberichte) heraus. Er hat als erster die Basler Strassennamen innerhalb der Stadtmauern erklärt und die Stadt in ihrer baulichen Entwicklung, besonders im 13. und 14. Jahrhundert, dargestellt. Seine ‹Topographie Basels mit Berücksichtigung der Kultur und Sittengeschichte› (Basel 1856) ist der erste Vorläufer des hier vorliegenden Buches. Durch seine wissenschaftliche Tätigkeit nahm er auch selbst Einfluss auf die Namengebung der Strassen in den 1860er Jahren.
Siehe auch	→ Fechterweglein
Frühere Namen	Die Strasse erhielt 1935 ihren heutigen Namen, nachdem sie ab 1922 die ‹Daniel Fechter-Strasse› gewesen war.
Literatur	Roth: S. 33

Strassenname	**Davidsbodenstrasse**
Gruppe	7
Plankoordinaten	D 4
Erstmals genannt	1811
Amtlich benannt	1883
Bedeutung	‹Im Davidsboden›, beziehungsweise ‹In Davids Beyfang› sind alte Flurnamen für die grosse ebene Feldflur, die sich nordwestlich vor dem Spalentor ausdehnte und nach einem früheren Besitzer heissen soll.
Siehe auch	→ *Davidsbodenweglein, Davidsrain, Im Davidsboden*
Frühere Namen	Die sich kreuzenden Davidsbodenstrasse und St. Johanns-Ring waren in den Adressbüchern von 1811 bis 1854 als ‹Davidsboden› zusammengefasst. Der St. Johanns-Ring von St. Johanns-Vorstadt bis Mittlere Strasse (1861 ‹St. Johanns-Ringweg› genannt) galt aber auch als das ‹grosse Davids Boden Gässlein› und die Davidsbodenstrasse (1861 ‹Im Davidsboden› benannt) als das ‹kleine Davids Boden Gässlein› (1820). Zwischen 1880 und 1883 erhielt die Davidsbodenstrasse ihren heutigen Namen.
Bemerkenswertes	Die alte ‹Davidsgasse› innerhalb der Stadtmauern auf dem Gelände des heutigen Kan-

tonsspitals, ebenfalls nach dem Besitzer des Davidsboden benannt, kam 1861 ins Strassenverzeichnis, ist aber jetzt verschwunden.

Quellen Adressbuch 1811; 1826; 1854; 1862. Hoferplan 1820
Literatur INSA: S. 140; 206. Roth: S. 34. Siegfried: S. 74–75

Strassenname **Davidsbodenweglein**
Gruppe 7
Plankoordinaten D 4
Amtlich benannt 1990
Siehe → Davidsbodenstrasse
Literatur Fischer: Anhang S. 35

Strassenname **Davidsrain**
Gruppe 7
Plankoordinaten D 4
Amtlich benannt 1897
Siehe → Am Krayenrain, Davidsbodenstrasse
Literatur Roth: S. 34

Strassenname **Delsbergerallee**
Gruppe 1
Plankoordinaten F 7
Amtlich benannt 1895
Bedeutung Delsberg (franz. Delémont), Hauptstadt des Kantons Jura. Delémont gehörte bis 1792 zum Fürstbistum Basel, von 1793 bis 1815 zum französischen Département du Mont-Terrible, von 1815 bis zur Gründung des Kantons Jura im Jahr 1979 zum Kanton Bern.
Literatur Roth: S. 33

Strassenname **De Wette-Strasse**
Gruppe 12.7
Plankoordinaten E 6
Amtlich benannt 1898
Bedeutung Wilhelm Martin Leberecht De Wette (1780–1849), aus Ulla bei Weimar, Theologe. De Wette lehrte ursprünglich in Heidelberg. 1819 verlor er seinen Berliner Lehrstuhl wegen seines Trostbriefs an die Mutter des Studenten Carl Sand, der den Schriftsteller und russischen Geheimrat August von Kotzebue ermordet hatte und deswegen hingerichtet worden war. Der Basler Erziehungsrat berief ihn mit zwei Stimmen Mehrheit als Professor an die Universität, die damals ihren Lehrkörper erneuerte. Pietistische Kreise warfen ihm vor allem vor, die Autorität der Kirche und die Lehren der Bibel anzuzweifeln sowie das Bild einer reinen Vernunftreligion zu entwerfen. De Wette vertrat eine historisch-kritische Lehrrichtung in der Theologie als Mittelweg, weshalb ihn sowohl Konservative als auch Progressive angriffen. Nach ihm ist neben einer Strasse auch das im gleichen Jahr gebaute De Wette-Schulhaus benannt. Die Strasse selbst geht direkt über das Grab De Wettes auf dem ehemaligen Elisabethenkirchhof.

Bemerkenswertes In den 1820er Jahren lehrten noch weitere politische Flüchtlinge als Professoren an der Universität. Einer davon war der Mediziner Carl Gustav Jung, nach dem eine andere Strasse benannt ist. Die Fluchtbewegung in die Schweiz hatten die Karlsbader Beschlüsse von 1819 verursacht, als die konservativen Monarchien Preussen und Österreich gemeinsam die ‹Demagogenverfolgung› (gemeint sind Demokraten) beschlossen. Die beiden Staaten übten wegen der Anstellungspolitik der Basler Universität Druck auf Basel und die Schweiz aus, ihren Studenten verboten sie, in Basel zu lernen.

Weiteres siehe → Jungstrasse
Literatur Basler Nachrichten, 31.12.1939. Roth: S. 33. Siegfried: S. 23. Teuteberg: S. 289–290

Delsbergerallee

Strassenname	**Dittingerstrasse**	**Dorenbach-Promenade**	*Strassenname*
Gruppe	1	11.1	*Gruppe*
Plankoordinaten	E 7	C 6 B 7	*Plankoordinaten*
Amtlich benannt	1925	1911	*Erstmals genannt*
Bedeutung	Dittingen, Gemeinde im Baselbieter Bezirk Laufen, 14 km südwestlich von Basel.	1954	*Amtlich benannt*
Literatur	Roth: S. 33		*Bedeutung*

Der Dorenbach ist ein kleines Gewässer, dessen Quelle beim Allschwiler Wald liegt, südwestlich von Basel. Sein Verlauf bildet vom Allschwiler Weiher bis zu seiner Einmündung in den Birsig die Kantonsgrenze. Der Name des Bachs soll sich vom Dorngestrüpp herleiten, durch das er floss.

Strassenname **Dolderweg**

Gruppe 19

Plankoordinaten E 5

Erstmals genannt 1693

Amtlich benannt 1884

Bedeutung Das Eckhaus ‹Zum Dolder› (Rebgasse 15 an der Einmündung zum Dolderweg) taucht erstmals 1455 als Haus zum ‹Tolden› auf. Dolder ist ein anderes Wort für Baumwipfel.

Frühere Namen Der Dolderweg, 1615 im Vogelschauplan von Matthäus Merian eingezeichnet und 1693 ‹Iltisgässlein› genannt, hiess vor 1884 ‹Kanonenweg›, weil man auf ihm die Mauergeschütze an die Schanzen heranführte. Den Namen liessen die Behörden fallen, um Verwechslungen mit der Kanonengasse in Grossbasel zu vermeiden.

Bemerkenswertes Der Besitzer des Hauses ‹Zum Dolder› erwarb um 1800 den Weg und nutzte ihn privat. Teilweise liess er ihn sogar überbauen und gegen die Rebgasse absperren. Für dieses Alleinnutzungsrecht erhielt er 1854 eine gerichtliche Bestätigung, und die Stadt konnte erst 1870 die Strasse wieder auslösen und öffentlich zugänglich machen.

Weiteres siehe → Kanonengasse

Literatur Roth: S. 34. Siegfried: S. 19; 24. Wackernagel: S. 324

→ *Dorenbachviadukt*   *Siehe auch*

Ursprünglich floss der Dorenbach nicht wie heute vom 1674 angelegten Allschwilerweiher aus nach Osten, sondern nach Norden über das Allschwilerfeld. Dort verlor er sein starkes Gefälle und lagerte den bei Hochwasser mitgeführten Kies ab. Der daraus entstandene Schuttkegel in Allschwil hiess Steinbühl, an den heute noch die Namen Steinbühlallee, -platz und -weg erinnern. In Neuallschwil vereinigte sich der Dorenbach mit dem Allschwilerbach, worauf beide unter dem Namen Dorenbach dem Rhein zuflossen. Das heutige Bachbett war der Überlaufsgraben einer wohl im 13. Jahrhundert von den Chorherren von St. Leonhard erstellten Wasserspeisung für den Teuchel- oder Schützenmattweiher, den sogenannten ‹Herrengraben›. Seitdem Weiher und Graben 1873 aufgeschüttet sowie der Schützenmattpark angelegt sind, fliesst das gesamte Wasser des Dorenbachs in den Birsig.   *Bemerkenswertes*

→ *Herrengrabenweg*   *Weiteres siehe*

Roth: S. 34. Siegfried: S. 61–62   *Literatur*

Strassenname	**Dorenbachviadukt**
Gruppe	11.1
Plankoordinaten	D 7
Amtlich benannt	1932
Siehe	→ Dorenbach-Promenade
Bemerkenswertes	Der Dorenbachviadukt führt über den Birsig vom Gundeldingerquartier nach Binningen und Allschwil in Richtung des Dorenbachs.
Literatur	Roth: S. 34

Strassenname	**Dorfstrasse**
Gruppe	1
Plankoordinaten	E 2
Erstmals genannt	1860
Amtlich benannt	1897
Siehe	→ Kleinhüningerstrasse
Frühere Namen	1860 heisst die Strasse noch ‹Dorfweg›.
Literatur	Roth: S. 34

Strassenname	**Dornacherstrasse**
Gruppe	1, 25.2
Plankoordinaten	D 6 E 6,7 F 7
Amtlich benannt	1874
Bedeutung	Dornach, Hauptort des Solothurner Bezirks Dorneck, 8 km südlich von Basel. Bekannt ist die für die eidgenössischen Truppen erfolgreiche Schlacht von Dornach im Jahr 1499 während des sogenannten Schwabenkrieges gegen das Deutsche Reich. Basel selbst war in diesem Krieg neutral geblieben. Der Name Schwabenkrieg rührt daher, dass vor allem schwäbischer Adel die Reichstruppen anführte. Der Frieden von Basel im Jahr 1500 löste die Eidgenossenschaft praktisch vom Reichsverband; Basel und Schaffhausen traten 1501 als neue Orte der Eidgenossenschaft bei.
Literatur	Roth: S. 34

Drahtzugstrasse	Strassenname
26	Gruppe
EF 4	Plankoordinaten
1806	Erstmals genannt
1863	Amtlich benannt
Der sogenannte ‹Drahtzug› war eine in ein Vorwerk der Stadtbefestigung eingebaute Häusergruppe beim Claragraben, wo man mittels Wasserkraft des Riehenteichs Draht herstellte und noch andere Fabriken ansässig waren.	Bedeutung
Im Adressbuch von 1806 taucht der ‹Drahtzug› als nummernloses Gebäude an der Strasse ‹Vor dem Bläsithor› auf. Auf dem Hoferplan von 1822 kommt die Strasse als ‹Weg gegen den Drahtzug› vor. Von der Hammerstrasse bis zum heutigen Riehenring, etwa auf der Strecke Drahtzugstrasse–Brantgasse–Klingentalstrasse, verlief bis in die erste Hälfte des 19. Jahrhunderts das ‹Mördergässlein›.	Frühere Namen
Adressbuch 1806. Hoferplan 1822	Quellen
Roth: S. 34. Siegfried: S. 86	Literatur

Dreihäusernweglein	Strassenname
7	Gruppe
E 8,9	Plankoordinaten
1994	Amtlich benannt
Der Name des Grundstückes, auf das sich der Strassenname bezieht, ist ‹Bei den drei Häusern›. Offensichtlich hat die frühere Anzahl der Gebäude der Gegend ihren Namen gegeben.	Bedeutung
ANK: 1994	Quellen

Dorenbachviadukt

Strassenname	**Drei König-Weglein**	**Dreirosenstrasse**	*Strassenname*
Gruppe	19	22	*Gruppe*
Plankoordinaten	E 5	E 4	*Plankoordinaten*
Amtlich benannt	1982	1882	*Amtlich benannt*

Siehe → Blumenrain

Bedeutung Nach dem Hotel ‹Drei Könige› benannter Rheinuferweg.

Quellen ANK: 1982

Bedeutung Das Landgut ‹Drei Rosen› gehörte der Familie Iselin, deren Wappen mit den drei stilisierten Rosen dem Besitz den Namen gab. Die Dreirosenstrasse setzte die Horburgstrasse von dem oben genannten Landgut aus entlang dem früheren ‹Klusergarten› zum Unteren Rheinweg fort.

Siehe auch → Dreirosenanlage, Dreirosenbrücke

Literatur Roth: S. 35. Siegfried: S. 85

Strassenname	**Dreirosenanlage**		
Gruppe	22		
Plankoordinaten	E 4		
Amtlich benannt	1970		

Siehe → Dreirosenstrasse

Quellen ANK: 1970

		Drosselstrasse	*Strassenname*
		15.2	*Gruppe*
		E 7	*Plankoordinaten*
		1908	*Amtlich benannt*

Bedeutung Drossel (lat. Turdidae), weltweit verbreitete Singvogelfamilie. In den städtischen Parkanlagen findet man die Singdrossel (Turdus philomelos) und die Wacholderdrossel (Turdus pilaris).

Weiteres siehe → Amselstrasse

Literatur Roth: S. 35

Strassenname	**Dreirosenbrücke**		
Gruppe	22		
Plankoordinaten	DE 4		
Amtlich benannt	1934		

Siehe → Dreirosenstrasse

Bemerkenswertes Seit 1897 begannen die Überlegungen für einen Ersatz der erst 1895 in Betrieb genommenen, stets überlasteten Schlachthausfähre. Der Bau erfolgte von 1930 an, die Einweihung fand am 1./2.9.1934 statt. Als Basels nördlichste Brücke schafft sie eine direkte Verbindung zwischen dem Bahnhof St. Johann und dem Güterbahnhof der Deutschen Bahn. Als Teil der Basler Nordtangente, die die französischen und deutschen Autobahnanschlüsse an der Grenze verbindet, ist ein Neubau vorgesehen. Die eingestellte Schlachthausfähre nahm man 1989 als St. Johannsfähre ‹Ueli› wieder in Betrieb.

Literatur INSA: S. 142–143. Roth: S. 34

		Dufourstrasse	*Strassenname*
		12.8, 25.3	*Gruppe*
		E 5,6	*Plankoordinaten*
		1878	*Amtlich benannt*

Bedeutung Guillaume Henri Dufour (1787–1875), aus Konstanz, Militär und Kartograph. Dufour war Oberbefehlshaber der eidgenössischen Truppen im Sonderbundskrieg von 1847 und 1856/1857 erster General des schweizerischen Bundesstaates während des Neuenburger Handels, des politischen Streits mit Preussen um die Zugehörigkeit Neuenburgs, das damals noch in einer Doppelstellung als eidgenössischer Stand und deutsches Fürstentum mit dem preussischen König als Staatsoberhaupt war. Unter der Leitung von Guillaume Henri Dufour wurde ferner 1844–1864 das erste gesamtschweizerische Kartenwerk, die sogenannte Dufourkarte, herausgegeben. Die Klarheit der Geländedarstellung begründete den Weltruf der schweizerischen Kartographie.

Bemerkenswertes Die Dufourstrasse plante man bereits 1878 im Zusammenhang mit dem Bau der Wettsteinbrücke. Die Ausführung erfolgte aber erst im Jahr 1900 nach einer Neuplanung von 1896–1898. Sie durchschneidet das ehemalige Areal des Forcartschen Gartens. Die 1794 fertiggestellte repräsentative Anlage in englischem Parkstil galt bis in die 1850er Jahre als eine der wichtigsten Sehenswürdigkeiten der Stadt.

Literatur Blum / Nüesch: S. 35–36. Boerlin Paul-Henry: Basler Gärten – Bäumlihof. Basel 1972. INSA: S. 143. Roth: S. 35. Bär: S. 222

Strassenname	**Duggingerhof**
Gruppe	1
Plankoordinaten	FG 7
Amtlich benannt	1964
Bedeutung	Duggingen, Gemeinde im Baselbieter Bezirk Laufen, 11 km südlich von Basel.
Bemerkenswertes	Die Strasse Duggingerhof erschliesst in Form einer in sich zurückführenden Schlaufe ein Areal von Spielwiesen und Mehrfamilienhäusern unterschiedlicher Höhe und verschiedenen Alters für den rollenden Verkehr.
Weiteres siehe	→ Rappoltshof
Quellen	KB: 1967

Edisonstrasse	Eisenbahnweg	Emanuel Büchel-Strasse	Erlenstrasse
Efringerstrasse	Eisengasse		Erstfeldstrasse
Eggfluhstrasse	Eiserner Steg	Emil Angst-Strasse	Eugen Wullschleger-Strasse
Eglisee-Parkplatz	Eisweglein	Engelgasse	
Egliseestrasse	Elftausendjungfern-Gässlein	Ensisheimerstrasse	Eulerstrasse
Egliseeweglein		Entenweidstrasse	
Eichenstrasse	Elisabethenanlage	Eptingerstrasse	
Eichhornstrasse	Elisabethen-Passage	Erasmusplatz	
Eichhornweglein	Elisabethenschanze	Erdbeergraben	
Eidgenossenweg	Elisabethenstrasse	Erikastrasse	
Eimeldingerweg	Elsässerrheinweg	Erlenparksteg	
Eisenbahnbrücke	Elsässerstrasse	Erlenparkweg	

Strassenname	**Edisonstrasse**
Gruppe	12.6, 28.5
Plankoordinaten	D 6
Amtlich benannt	1924
Bedeutung	Thomas Alva Edison (1847–1931), amerikanischer Erfinder (mehr als 2000 Patente) und Unternehmer. Zu seinen Erfindungen gehörten das Mikrophon, der Phonograph als Vorläufer des Plattenspielers, die Kohlefadenglühlampe und der Bau des ersten Elektrizitätswerkes. Die Edisonstrasse liegt in der Nähe des Elektrizitätswerkes Basel, das heute in die Industriellen Werke Basel integriert ist.
Weiteres siehe	→ Gasstrasse
Literatur	Roth: S. 36

Strassenname	**Efringerstrasse**
Gruppe	3
Plankoordinaten	E 4
Amtlich benannt	1877
Bedeutung	Efringen-Kirchen, badische Gemeinde am Altrhein im Landkreis Lörrach, 11 km nördlich von Basel.
Literatur	Roth: S. 36

Strassenname	**Eggfluhstrasse**
Gruppe	8.3
Plankoordinaten	D 6,7
Amtlich benannt	1929
Bedeutung	Eggfluh (688 m ü. M.), Erhebung des Tafeljura, 11 km südlich von Basel, oberhalb der Gemeinden Pfeffingen und Grellingen im Baselbieter Bezirk Arlesheim, wo die Birs von Laufen herkommend nach Norden zum Rhein hin abbiegt.
Literatur	Roth: S. 36

Eglisee-Parkplatz	*Strassenname*
11.1	*Gruppe*
G 4	*Plankoordinaten*
1990	*Amtlich benannt*
→ Egliseestrasse	*Siehe*
Fischer: Anhang S. 35	*Literatur*

Egliseestrasse	*Strassenname*
11.1	*Gruppe*
FG 4	*Plankoordinaten*
1918	*Amtlich benannt*
Der Eglisee hiess ursprünglich ‹Egelsee›. Er war vor der Umgestaltung der Langen Erlen als Basler Naherholungspark im letzten Drittel des 19. Jahrhunderts ein Waldtümpel, in dem sich Blutegel und Schnaken sammelten.	*Bedeutung*
→ Eglisee-Parkplatz, Egliseeweglein, Innerer Egliseeweg	*Siehe auch*
Die Bezeichnung als See rührt daher, dass früher jedes stehende Wasser ohne Abfluss (wie bei einem Weiher zum Fischfang) als See galt. An der Stelle des Eglisees enstand 1910 als Ersatz für das 1906 wegen des Neubaus des Badischen Bahnhofs abgebrochene ‹Badhysli› am Riehenteich und für ein nicht ausgeführtes Hallenschwimmbad am Wettsteinplatz (ein anderes Projekt sah die Verwendung der Barfüsserkirche dafür vor) die Luft- und Badeanstalt am Riehenteich, seit 1930/1931 das Gartenbad Eglisee.	*Bemerkenswertes*
→ Badweglein	*Weiteres siehe*
Blum / Nüesch: S. 16; 57. Fechter 1856: S. 81–82. Huber: S. 284–285. Ludwig Carl: Erinnerungen an die Schwimmschule. In: Basler Stadtbuch 1962. Basel 1961, S. 84–92. Roth: S. 36. Meles / Wartburg: S. 94–95	*Literatur*

Egliseeweglein	*Strassenname*
11.1	*Gruppe*
G 3,4	*Plankoordinaten*
1954	*Amtlich benannt*
→ Egliseestrasse	*Siehe*

Eglisee-Parkplatz

Bemerkenswertes	Das Egliseeweglein führt entlang des alten Teichareals, heute am Gartenbad entlang.	Der Eidgenossenweg spielt durch seine Nähe zu St. Jakob auf die Schlacht von St. Jakob an der Birs im Jahr 1444 an. Mit Eidgenossen ist vor allem die dort kämpfende Vorhut des eidgenössischen Heeres gemeint.	*Bemerkenswertes*
Literatur	Roth: S. 36		

	→ St. Jakobs-Strasse
	Roth: S. 36

Weiteres siehe
Literatur

Strassenname	**Eichenstrasse**
Gruppe	14
Plankoordinaten	C 5
Amtlich benannt	1898
Bedeutung	Eichen (lat. Quercus), Baumgattung der nördlichen Erdhalbkugel.
Weiteres siehe	→ Palmenstrasse
Literatur	Roth: S. 36

Eimeldingerweg	*Strassenname*
3	*Gruppe*
E 3	*Plankoordinaten*
1890	*Amtlich benannt*

Eimeldingen, Gemeinde im badischen Landkreis Lörrach, 9 km nördlich von Basel. *Bedeutung*

Roth: S. 37 *Literatur*

Strassenname	**Eichhornstrasse**
Gruppe	15.3
Plankoordinaten	F 8
Amtlich benannt	1904
Bedeutung	Der Ursprung des Strassennamens ist dunkel. Sciurus vulgaris, das Gemeine Eichhörnchen, ist wohl gemeint, aber um des Wohlklangs willen mit leicht verändertem Namen.
Siehe auch	→ Eichhornweglein
Weiteres siehe	→ Schlangenweglein
Literatur	Roth: S. 36. Siegfried: S. 42

Eisenbahnbrücke	*Strassenname*
28.3	*Gruppe*
G 5	*Plankoordinaten*
1873	*Amtlich benannt*
→ Centralbahnplatz	*Siehe*

Die Eisenbahnbrücke über den Rhein beim Birskopf, gebaut 1873, verbindet den Badischen Bahnhof, damals noch an der Riehenstrasse gelegen, und den Bahnhof der Schweizerischen Bundesbahnen, damals noch der Bahnhof der Schweizerischen Centralbahn. Nachdem man die alte Eisenfachwerkkonstruktion mehrmals verstärkt hatte, brach man sie 1962 ab und ersetzte sie durch eine zweispurige Stahlkonstruktion. *Bedeutung*

National-Zeitung, 26.2.1964. Roth: S. 37 *Literatur*

Strassenname	**Eichhornweglein**
Gruppe	15.3
Plankoordinaten	EF 7,8
Amtlich benannt	1954
Siehe	→ Eichhornstrasse
Literatur	Roth: S. 36

Strassenname	**Eidgenossenweg**
Gruppe	13, 25.5
Plankoordinaten	G 7
Amtlich benannt	1952
Siehe	→ Schweizergasse

Eisenbahnweg	*Strassenname*
28.3	*Gruppe*
G 5	*Plankoordinaten*
1897	*Amtlich benannt*
→ Centralbahnplatz	*Siehe*

Bemerkenswertes	Der Weg führt auf Kleinbasler Gebiet von der Grenzacherstrasse über eine Treppe zum Fussgängerweg auf der Eisenbahnbrücke hinauf. Auf der Grossbasler Seite steigt man zum Birskopf hinunter.
Literatur	Roth: S. 37

Strassenname **Eisengasse**
Gruppe 31
Plankoordinaten E 5
Erstmals genannt 1190
Amtlich benannt 1861

Bedeutung Vermutlich hat der Verkauf von Eisen und Eisenwaren durch Schlosser und Schmiede, die hier ihr Gewerbe ausgeübt haben sollen, der Gasse ihren Namen gegeben. Analog zur Utengasse könnte der Strassenname auch auf den alten Personennamen ‹Iso› (was ‹Eisen(hart)› heisst) zurückgehen. Der Name könnte sogar von mittelhochdeutsch ‹Îs› (‹Eis›) herkommen, da die Eisengasse am schattigen Nordhang des Münsterhügels und im ehemaligen Feuchtgebiet der Birsigmündung liegt. Leider gibt es für keine dieser Vermutungen schlüssige Beweise. Die Eisengasse ist die Basler Strasse, deren Name als erster überhaupt festgehalten ist. Sie erscheint in einer Urkunde aus dem Jahr 1190 in mittelhochdeutscher Sprache als Strasse, ‹qui vocatur Isingazza› (‹die Eisengasse heisst›). Aus dem Jahr 1232 stammt die lateinische Erwähnung ‹in vico ferreo› (‹in der eisernen Gasse›).

Bemerkenswertes Die Eisengasse war ursprünglich eine viel engere, unebene und zudem in einem Winkel verlaufende Gasse. Da an der engsten Stelle nicht soviel Platz war, dass zwei Fuhrwerke einander passieren konnten, musste eine Schildwache den Verkehr regeln. Eine Erweiterung und eine Begradigung der Strasse sowie der Abriss des Rheintors drängten sich auf. Die Planung dazu begann seit 1820, die Ausführung erfolgte 1839 und 1840. Diese Umbauten kosteten die damals immense Summe von nahezu einer halben Million Franken. 1859 bekam die Eisengasse einen Asphaltbelag und breitere Trottoirs, in den 1890er Jahren führte die erste Tramlinie vom Centralbahnhof über Aeschengraben, Barfüsserplatz, Mittlere Brücke zum Badischen Bahnhof auch durch die Eisengasse. Die letzte Korrektion durch Zurücksetzen der Häuser auf der Fischmarktseite geschah erst in den 1910er Jahren. Durch diese Umbauten verschwanden das kleinere ‹Riesengässlein› (auch ‹Fischmarkt-› oder ‹Helmgässlein› genannt, zwischen Eisengasse und Fischmarkt gegenüber dem Kellergässlein gelegen) und das ‹Kronengässlein› (zwischen Eisengasse und Marktgasse etwa gegenüber der Blumengasse gelegen).

→ Marktgasse	*Weiteres siehe*
Fechter 1856: S. 51. Roth: S. 37. Siegfried: S. 10	*Literatur*

Eiserner Steg	*Strassenname*
32	*Gruppe*
G 3	*Plankoordinaten*
1974	*Amtlich benannt*
Der Strassenname leitet sich von dem als Baumaterial für diesen Fussgängersteg über die Wiese benutzten Eisen her.	*Bedeutung*
ANK: 1974	*Quellen*

Eisweglein	*Strassenname*
21	*Gruppe*
E 7	*Plankoordinaten*
1970	*Amtlich benannt*
Die Kunsteisbahn St. Margarethen, im Volksmund ‹Kunschti› genannt, liegt bereits auf basellandschaftlichem Gebiet. Sie wurde 1933–1934 als grösste Anlage ihrer	*Bedeutung*

Eiserner Steg

Art in der Schweiz erbaut und seither erweitert.

Quellen ANK: 1970
Literatur Huber: S. 285

Strassenname **Elftausendjungfern-Gässlein**
Gruppe 12.1
Plankoordinaten E 5
Erstmals genannt 1610
Amtlich benannt 1941
Bedeutung Nach der Legende kam die britische Königstochter Ursula im 5. Jahrhundert zusammen mit elftausend Jungfrauen, die sie zuvor vom Heidentum bekehrt hatte, auf der Wallfahrt nach Rom durch Basel und stieg betend durch dieses Gässlein zur Martinskirche hinauf. Von Rom zurückkehrend, wurden sie in Köln von den Hunnen überfallen und starben ohne Ausnahme als Märtyrerinnen. Die Zahl elftausend ist vielleicht durch falsche Lesung einer Legendenschrift entstanden, indem «XI M V», d.h. «XI Martyres Virgines» («elf jungfräuliche Märtyrerinnen») als «XIM Virgines» («elftausend Jungfrauen») verstanden wurde. Die heilige Ursula ist unter anderem die Patronin der Jugend und hat ihren Kalendertag am 21. Oktober.
Frühere Namen Das Elftausendjungfern-Gässlein soll unter seinem heutigen Namen im Volksmund schon seit dem 14. Jahrhundert bekannt gewesen sein. Es trug aber auch zahlreiche andere Namen wie ‹Stegen zur linchen Hand› (1610, den Rheinsprung hinab gesehen), ‹Am Sprung zur Rhinbruck›, ‹St. Martins Stegen›, ‹Steinin Stegen›, ‹Lange Stege / Stiege›, ‹Martins Treppe›, ‹Rheinsprung zur St. Martinskirche›.
Bemerkenswertes Das Elftausendjungfern-Gässlein ist als letzte Strasse der Altstadt offiziell benannt worden, obwohl es das erste feste Strassenstück Basels gebildet haben soll. Der steile und enge Zugang zur Martinskirche hat laut der ‹Geschichte der Stadt und Landschaft Basel› von Peter Ochs 1352 von einem Privatmann ein Pflaster und steinerne Stufen erhalten. 1350 hatte der Bischof jedem einen vierzehntägigen Ablass versprochen, der diesen Weg ging. Doch noch 1369 verhängten die Behörden einem gewissen Meyer eine Busse, weil er gesagt hatte, «die von Basel [...] mögent nit ein gassen schön gemachen», und die staatlich geregelte Bepflasterung begann erst im Jahr 1387. Es fällt auf (oder eben gerade nicht), dass das Namensschild der Strasse, wo sie in den Rheinsprung einmündet, sehr hoch oben hängt – man bemerkt es kaum noch. Das Schild mit dem ausgesprochen attraktiven Strassennamen ist nach diversen Diebstählen immer weiter hinaufgewandert, um weitere Verluste an öffentlichem Eigentum zu verhindern. Das Ursula-Haupt, eine Goldschmiedearbeit des 14. Jahrhunderts aus dem nach der Kantonstrennung geteilten Münsterschatz, kam durch Ankauf 1955 ins Historische Museum zurück. Am Feierzug von der Schifflände zur Barfüsserkirche nahmen 400 Mädchen, also Jungfrauen, mit dem Namen Ursula teil.

Quellen Platter: S. 444
Literatur Basler Nachrichten, 30.11.1941. Basler Zeitung, 30.11.1941. Fechter 1856: S. 29; 54. Frohnmeyer Ida: Von Basels alten Gassen. In: Die Garbe, Schweizerisches Familienblatt, Jg. 31, H. 18, 15.6.1948, S. 557. Ochs: Bd. 2, S. 181. Roth: S. 37. Settelen-Trees Daniela (Red.): Historisches Museum Basel in der Barfüsserkirche 1894–1994. Rückblicke in die Museumsgeschichte. Herausgegeben von der Direktion des Historischen Museums Basel. Basel 1994, S. 42

Strassenname	**Elisabethenanlage**		→ *Schertlingasse*	*Weiteres siehe*
Gruppe	12.1.1		ANK: 1959	*Quellen*
Plankoordinaten	E 6		Blum / Nüesch: S. 6	*Literatur*
Erstmals genannt	1861			
Amtlich benannt	1881			
Siehe	→ *Elisabethenstrasse*		**Elisabethenstrasse**	*Strassenname*
Bemerkenswertes	Die Elisabethenanlage umgab zuerst zweiseitig den 1815–1817 eingerichteten Elisabethenkirchhof neben dem Aeschenbollwerk.		12.1.1	*Gruppe*
			E 6	*Plankoordinaten*
			1354	*Erstmals genannt*
			1861	*Amtlich benannt*

Bemerkenswertes Die Elisabethenanlage umgab zuerst zweiseitig den 1815–1817 eingerichteten Elisabethenkirchhof neben dem Aeschenbollwerk. Nicht zuletzt die Typhusepidemie während der Anwesenheit alliierter Truppen im Jahr 1814 hatte die Anlage dieses Friedhofs und das Verbot von Beerdigungen in den städtischen Kirchen veranlasst. Der Friedhof wurde 1872 durch den Wolf-Gottesacker ersetzt, 1901–1903 teilweise durch De Wette-Strasse und -Schulhaus überbaut. Das Strassburger Denkmal an der Frontseite der Anlage gegen den Bahnhof hin erinnert an die Verbindung des Elsass mit der Schweiz. Es ist eine Stiftung der Stadt Strassburg als Dank für die Basler Hilfeleistungen während des Deutsch-Französischen Krieges von 1870/1871.

Literatur INSA: S. 144–145. Roth: S. 37

Strassenname	**Elisabethen-Passage**
Gruppe	12.1.1
Plankoordinaten	E 6
Amtlich benannt	1970
Siehe	→ *Elisabethenstrasse*
Quellen	ANK: 1970

Strassenname	**Elisabethenschanze**
Gruppe	12.1.1, 23
Plankoordinaten	E 6
Amtlich benannt	1959
Siehe	→ *Elisabethenstrasse*
Frühere Namen	Vor der Benennung von 1959 hiess die Anlage ‹alte Schanz›.

Bedeutung Die aus dem 13. Jahrhundert stammende Kapelle der heiligen Elisabeth gehörte ursprünglich zur Margarethenkirche bei Binningen, dann zur Kirche St. Ulrich, nach der auch die Kirchgemeinde St. Ulrich ihren Namen hatte. Nach der Aufhebung der Kirche St. Ulrich an der Rittergasse wurde die Ulrichsgemeinde zur Elisabethengemeinde. Die Kapelle St. Elisabeth wurde 1864 abgebrochen. Christoph Merian stiftete an ihrer Stelle den Bau der Elisabethenkirche. 1864 übergab man die neue Kirche dem Gottesdienst. Die heilige Elisabeth von Thüringen (1207–1231) war mit dem thüringischen Landgrafen verheiratet, aber schon als Zwanzigjährige eine Witwe. Man verstiess sie vom Hof, und sie ging in ein Kloster. Bereits mit 24 Jahren starb sie dort an der harten Askese und den Züchtigungen. Ihre Mildtätigkeit war schon zu ihren Lebzeiten berühmt, und ihre Anrufung soll über 100 Wunder bewirkt haben. Die Heiligsprechung erfolgte schon vier Jahre nach ihrem Tod. Sie ist die Patronin unter anderem der Bettler; ihr Kalendertag ist der 19. November.

Siehe auch → *Elisabethenanlage, Elisabethen-Passage, Elisabethenschanze*

Frühere Namen Die Elisabethenstrasse hiess bis 1861 einfach ‹St. Elisabethen›, 1610 erscheint sie als ‹Zuo S. Elsbethen›. Noch früher, im Mittelalter, zählte sie zur Aeschenvorstadt. Die Mauer der Aeschenvorstadt hatte zwei Öffnungen: das Aeschentor und ein weiteres, am Ende der Elisabethenstrasse gelegenes Tor. Dieses lag bei der dem früheren Spital in der Freien Strasse (‹Altes Spital an den Schwellen›) gehörenden Scheune und wurde erstmals 1335 in ‹ante portam dictam des Spitals schürentor› (‹vor dem sogenannten Spitalscheurentor›) erwähnt. Die Spitalscheune lag im von der heutigen Wallstrasse gebildeten rechten Winkel und wurde 1859/1860 abgebrochen. Vom im 14. Jahrhundert zugemauerten Spitalscheurentor erhielt die Strasse auch den Namen Vorstadt ‹Ze Spittelschüren›. Die erste Erwähnung, ‹ager ante suburbium spitalschuren› (‹ein Feld vor der Spitalscheurenvorstadt›), ist 1354 datiert.

Bemerkenswertes St. Elisabethen war der erste Kirchenneubau in Basel seit der Reformation. Die mittelalterlich wirkende Bauweise wurde ausdrücklich verlangt. In den 1960er Jahren war die Kirche vom Abbruch bedroht, blieb aber als eine der bedeutendsten Bauten des Historismus in der Schweiz erhalten.

Weiteres siehe → Christoph Merian-Platz, Spitalstrasse
Quellen Platter: S. 218
Literatur Fechter 1856: S. 106–108; Plan. Huber: S. 226–227. Roth: S. 37. Sellner: S. 388–390. Siegfried: S. 22–23

Strassenname **Elsässerrheinweg**
Gruppe 9, 11.1
Plankoordinaten D 4
Erstmals genannt 1889
Amtlich benannt 1986
Siehe → Elsässerstrasse
Bemerkenswertes 1986 erfuhr die Strasse eine gründliche Neugestaltung im Rahmen der Überbauung des alten Schlachthofareals, und eine nochmalige Benennung erfolgte.
Literatur Roth: S. 37

Elsässerstrasse *Strassenname*
9 *Gruppe*
D 4,3 *Plankoordinaten*
1653 *Erstmals genannt*
1861 *Amtlich benannt*

Das Elsass ist die historische Landschaft in Ostfrankreich zwischen dem Hauptkamm der Vogesen und dem Oberrhein. Mit dem Breisgau ist es das natürliche Einzugsgebiet der Stadt Basel. Das Elsass umfasst die Departemente Haut-Rhin (Hauptstadt Colmar), Bas-Rhin (Hauptstadt Strasbourg) und das Territorium Belfort. *Bedeutung*

→ Elsässerrheinweg *Siehe auch*

Die Strasse war unter verschiedenen Namen bekannt. Die Bezeichnung von 1653 als ‹Untere Landstrass› ins Elsass sollte sie von der oberen Landstrasse über Burgfelden und Blotzheim unterscheiden. Andere Bezeichnungen waren ‹Gegen dem Lüsbüchel› und ‹Strasse nach St-Louis› (Adressbücher vor 1862). Den Grenzort Saint-Louis, dessen Name an die französischen Könige erinnert, insbesondere an den 1297 heiliggesprochenen Ludwig IX. (1214–1270), tauften die französischen Revolutionäre 1792 in ‹Bourglibre› um. Den im Volksmund offenbar stark verankerten Namen ‹Bourglibemerstrasse› (im Adressbuch von 1811 ‹Bourgliberstrasse›) zog man aber aus sprachlichen und politischen Gründen 1861 nicht in Betracht: Der Name war republikanisch und Frankreich unter Napoleon III. ein Kaiserreich. *Frühere Namen*

Adressbücher 1811–1854 *Quellen*
Roth: S. 37–38. Siegfried: S. 66–67 *Literatur*

Strassenname	**Emanuel Büchel-Strasse**
Gruppe	12.2
Plankoordinaten	G 6
Amtlich benannt	1922
Bedeutung	Emanuel Büchel (1705–1755), Bäckermeister und Künstler. Büchel hatte keine zeichnerische Ausbildung, er führte nach dreijähriger Wanderschaft seit 1726 eine Bäckerei in Basel; zum Künstlerberuf wechselte er erst in der Mitte der 1730er Jahre. Er wurde bekannt als Zeichner und Aquarellmaler von Ansichten der Stadt Basel und der Basler Landschaft. Zudem malte er Motive aus der Tier- und Pflanzenwelt. Büchel lieferte 1744–1751 die Ansichtszeichnungen für Daniel Bruckners ‹Merkwürdigkeiten der Landschaft Basel› und seit 1754 einen Grossteil der Vorlagen für David Herrlibergers ‹Helvetische Topographie›. Büchels repräsentativsten Werke sind seine vier Ansichten der Stadt Basel von Norden, Süden, Osten und Westen. Büchel produzierte überdies während seines ganzen Lebens zahllose kleine Landschaftsbilder. Ein Kennzeichen seiner Werke ist, dass er topographische Genauigkeit anstrebte und das künstlerische Moment hintanstellte. Kunsthistorisch bedeutsam sind seine Manuskripte, in denen in ausserordentlich sauberen Aquarellzeichnungen Basler Kirchen und Klöster bildnerisch festgehalten sind (Klingentalkloster, Münster, Kartause, Johanniterkirche, Totentanz im Predigerkloster), wodurch viele verlorengegangene Kunstwerke überliefert sind.
Literatur	*Basler Nachrichten, 3.2.1952. Roth: S. 38. Trachsler Beat: Das vielseitige Werk des Basler Zeichners Emanuel Büchel (1705–1775). Basel 1973*

Emil Angst-Strasse	*Strassenname*
12.5	*Gruppe*
F 8	*Plankoordinaten*
1944	*Amtlich benannt*
Emil Angst (1861–1941), Lehrer und Genossenschafter. Angst, aus bäuerlichem Milieu (Wil bei Rafz, Bezirk Bülach, Kt. Zürich) stammend, liess sich zum Mittellehrer ausbilden und kam in den 1890er Jahren nach Basel, um an der Mädchensekundarschule zu unterrichten. 1910 gab er den Lehrerberuf auf und war bis 1936 als Zentralverwalter des ‹Allgemeinen Consumvereins beider Basel› tätig. Unter seiner Leitung wuchs der ACV bedeutend an und unterstützte auch die Wohngenossenschaften in Basel. Angst wirkte darüber hinaus im ‹Verband Schweizerischer Konsumvereine›, von 1923 bis 1935 als Präsident von dessen Aufsichtsrat. Er war auch politisch tätig, sass im Grossen Rat und im Erziehungsrat und wirkte an der Einrichtung der Öffentlichen Krankenkasse Basel mit.	*Bedeutung*
Basler Nachrichten, 13.10.1941. National-Zeitung, 23./ 24.8 und 17.10.1941. Roth: S. 38	*Literatur*

Engelgasse	*Strassenname*
7	*Gruppe*
F 6	*Plankoordinaten*
1811	*Erstmals genannt*
1861	*Amtlich benannt*
Der Flurname ‹Engel› soll vom Grundbesitzer selbst abstammen, der Engel hiess, oder der Name eines Hauses in der Stadt, in welchem der Grundbesitzer lebte (z.B. Gasthof ‹Zum Engel› an der Spalenvorstadt 3 oder der ‹Engelhof› am Nadelberg 4), soll auf den Besitz übergegangen sein.	*Bedeutung*
Die Engelgasse erscheint erstmals auf dem Ryhinerplan von 1784, aber noch ohne Namen. Sie heisst in den Adressbüchern von	*Frühere Namen*

1811 bis 1854 ‹Engelgässlein›, 1860 erhielt sie den Namen ‹Engelstrasse›, im Jahr darauf den heute gültigen Namen.

Bemerkenswertes Entlang des damaligen ‹Engelgässleins› zog sich 1854 bis 1860 die Linie der schweizerischen Centralbahn, die im provisorischen Kopfbahnhof an der Kreuzung von ‹Engelgässlein› und Langer Gasse endete. Das Haus in der Langen Gasse 86 erhielt deswegen den Namen ‹Zum alten Bahnhof›.

Literatur Fischer: Anhang S. 15. Roth: S. 39. Siegfried: S. 31

Strassenname **Ensisheimerstrasse**
Gruppe 2
Plankoordinaten C 4
Amtlich benannt 1929
Bedeutung Ensisheim, Hauptort des gleichnamigen elsässischen Bezirks (‹canton›) an der Strecke Mulhouse–Colmar, 38 km nördlich von Basel. 1444 schlossen hier nach der Schlacht von St. Jakob die Eidgenossenschaft und der französische König Frieden. Der Ort war vor 1648 Regierungssitz des österreichischen Sundgaus und Breisgaus, kam dann aber an Frankreich.

Literatur Roth: S. 39

Strassenname **Entenweidstrasse**
Gruppe 7
Plankoordinaten D 4
Erstmals genannt 1820
Amtlich benannt 1898
Bedeutung Eine Entenweide befand sich früher vor dem St. Johannstor.
Frühere Namen Die Strasse erscheint 1820 bereits als das ‹Ente Wayd Gäslein›.
Quellen Hoferplan 1820
Literatur Fischer: Anhang S. 15. Roth: S. 39

Eptingerstrasse *Strassenname*
18 *Gruppe*
F 5 *Plankoordinaten*
1900 *Amtlich benannt*

Die Herren von Eptingen waren ein bischöflich-baslerisches Dienstmannengeschlecht (ursprünglich unfreie Gefolgsleute im Ritterstand), das vom 13.–15. Jahrhundert mehrere Bürgermeister und Ratsherren stellte. Es gab zwei Linien, die eine von Pratteln (erloschen Mitte des 16. Jahrunderts), die andere von Blochmont im Sundgau (erloschen 1854). Eptingen, Baselbieter Gemeinde im Bezirk Waldenburg, 25 km südöstlich von Basel. *Bedeutung*

Eptinger-, Waldenburger-, Schauenburger-, Ramsteiner-, Froburg-, Homburger- und Farnsburgerstrasse wurden alle im letzten Viertel des 19. Jahrhunderts benannt und liegen in einer Reihe entlang des Rheinufers zwischen St. Alban-Rheinweg und Zürcherstrasse. Sie stellen die auffälligste und grösste Gruppe der zahlreichen, über das ganze Stadtgebiet verstreuten Strassen dar, die nach Basler Burgen und Adelsgeschlechtern heissen. *Bemerkenswertes*

Roth: S. 39. Siegfried: S. 37 *Literatur*

Erasmusplatz *Strassenname*
12.3, 12.7 *Gruppe*
E 4 *Plankoordinaten*
1878 *Amtlich benannt*

Desiderius Erasmus von Rotterdam (1469–1536), eigentlich Gerhard Gerhards, humanistischer Gelehrter. Als Theologe, Übersetzer antiker Schriften und Schriftsteller (‹Lob der Torheit›, erstmals 1511 in Paris erschienen) hatte er europäische Bedeutung. Er war Anhänger kirchlicher Reformen, und seine griechisch-lateinische Ausgabe des Neuen Testaments diente Luther für seine *Bedeutung* deutsche Bibelübersetzung; die Reformation lehnte er aber ab. Erasmus von Rotterdam hielt sich in vielen europäischen Ländern, besonders in England, auf. 1514–1516 und 1521–1529 lebte er in Basel, wo er sich in einem engen Kreis humanistischer Gelehrter und Buchdrucker bewegte. Wegen der Basler Reformation ging er nach Freiburg im Breisgau, kam aber 1535 nach Basel zurück und starb hier im folgenden Jahr. Im Münster steht seine Gedenkplatte, gestiftet von Bonifacius Amerbach und Hieronymus Froben, den Söhnen der zwei wichtigsten Buchdrucker Basels.

Literatur Roth: S. 39. Teuteberg: S. 186–192

Strassenname	**Erdbeergraben**
Gruppe	7
Plankoordinaten	D 6
Amtlich benannt	1900
Bedeutung	Der Erdbeergraben war das unterste Stück eines Bachlaufs, der Wasser vom Bruderholz über Gundeldingen in den Birsig leitete. Dem Bachbett entlang wuchsen dort Erdbeersträucher.
Bemerkenswertes	Den Namen ‹Erdbeerstrasse› sollte ursprünglich die Güterstrasse tragen, die noch bis kurz nach 1900 in dieser Gegend direkt an die Binningerstrasse angeschlossen war.
Weiteres siehe	→ Aeschengraben, Güterstrasse, Zoo-Parkplatz
Literatur	Blum / Nüesch: S. 114. Roth: S. 39. Siegfried: S. 47

Strassenname	**Erikastrasse**
Gruppe	31
Plankoordinaten	E 4
Erstmals genannt	1910
Amtlich benannt	1937
Bedeutung	Vielleicht ist mit ‹Erika› die Glockenheide (lat. Erica tetralix) gemeint, und der Strassenname soll einfach nur freundlich tönen, ähnlich wie die Florastrasse, die auch an Blumen denken lässt. Vielleicht steckt auch eine Person dahinter. Die Benennung von Strassen nach Frauenvornamen hatte man 1918 in Betracht gezogen, die Friedrichsstrasse (1869) und die Heinrichsgasse (1892) trugen bereits Männervornamen. Das Projekt einer an Stelle der heutigen Sackgasse von der Badenweiler- zur Horburgstrasse durchgehenden ‹Erikastrasse› taucht in den Adressbüchern bereits ab 1910 auf.
Weiteres siehe	→ Mathilde Paravicini-Strasse
Quellen	Adressbuch 1910
Literatur	Roth: S. 39. Siegfried: S. 94

Strassenname	**Erlenparksteg**
Gruppe	7
Plankoordinaten	F 3
Amtlich benannt	1974
Siehe	→ Erlenstrasse
Quellen	ANK: 1974

Strassenname	**Erlenparkweg**
Gruppe	7
Plankoordinaten	FGH 3
Erstmals genannt	1822
Amtlich benannt	1922
Siehe	→ Erlenstrasse
Frühere Namen	1822 erscheint die Strasse als ‹Holz Weg›. Bis zur Benennung von 1922 hiess die Strasse einfach ‹Parkweg›.
Quellen	Hoferplan 1822. StABS Bau H 4: 1922
Literatur	Roth: S. 39. Siegfried: S. 89

Strassenname	**Erlenstrasse**
Gruppe	7
Plankoordinaten	F 4
Erstmals genannt	1874
Amtlich benannt	1904

Bedeutung	Die Langen Erlen sind der Wald entlang dem ehemaligen Überschwemmungsgebiet der Wiese, der seinen Namen wegen seiner langgestreckten Form im Unterschied zu den sogenannten ‹Kurzen Erlen› erhielt, die noch 1775 urkundlich erscheinen, heute aber nicht mehr existieren. Heute sind die Langen Erlen eines der beliebtesten Naherholungsgebiete für die städtische Bevölkerung.
Siehe auch	→ Erlenparksteg, Erlenparkweg
Frühere Namen	Bis 1904 hiess die Strasse ‹Erlenweg›.
Bemerkenswertes	Die Langen Erlen hatte man 1863–1867 entsumpft sowie mit einer Promenade und Waldwegen versehen. 1870 setzte man erstmals Schwäne und Enten aus, die ein grosser Publikumserfolg waren, aber auch Wilderern zum Opfer fielen. Der 1871 gegründete Erlen-Verein erreichte im Jahr darauf die Gründung des Tierparks Lange Erlen. Eine Sommerwirtschaft entstand 1895. 1904 musste der Tierpark wegen des Baus des neuen Badischen Bahnhofs auf sein heutiges Gelände verlegt werden. Seit 1970 erfolgten grössere Sanierungsarbeiten, und es besteht das Projekt, den Park zu erweitern, damit mehr einheimische Tiere präsentiert werden können.
Literatur	Blum / Nüesch: S. 120. INSA: S. 148. Kirschbaum-Reimer Emil, Wirz Peter: Der Tierpark Lange Erlen. 125 Jahre Erlen-Verein. In: Basler Stadtbuch 1996. Basel 1997, S. 88–92. Roth: S. 39. Siegfried: S. 89

Strassenname	**Erstfeldstrasse**
Gruppe	10.4
Plankoordinaten	C 6
Amtlich benannt	1909
Bedeutung	Erstfeld, Urner Gemeinde an der Reuss, am nördlichen Ausgangspunkt der Gotthardbahn.
Weiteres siehe	→ Gotthardstrasse
Literatur	Roth: S. 39

Eugen Wullschleger-Strasse	*Strassenname*
12.5	*Gruppe*
G 4	*Plankoordinaten*
1924	*Erstmals genannt*
1941	*Amtlich benannt*
	Bedeutung

Eugen Wullschleger (1862–1931), Gewerkschafter und Politiker. Wullschleger, aus einer Arbeiterfamilie stammend, war 1887–1896 Redaktor des ‹Arbeiterfreundes› und des aus diesem hervorgegangenen ‹Vorwärts›. Er war einer der markantesten sozialdemokratischen Politiker der Zeit vor dem Ersten Weltkrieg. 1886 gehörte er zu den ersten beiden Arbeitervertretern, die noch zusammen in Wahlgemeinschaft mit den Freisinnigen in den Grossen Rat kamen. Er war 1902–1920 erster sozialdemokratischer Regierungsrat (bis 1914 im Departement des Innern, danach im Finanzdepartement), 1896–1902 und 1912–1917 Nationalrat sowie 1925–1928 erster sozialdemokratischer Ständerat von Basel-Stadt. Wullschleger wirkte mit dem linksfreisinnigen Wilhelm Klein im Grütliverein, war 1886 Mitgründer des Basler Arbeiterbundes und 1890 der Sozialdemokratischen Partei Basels. Die SP Schweiz präsidierte er 1892–1894. Wullschleger engagierte sich hauptsächlich in der kantonalen Politik; das grösste Aufsehen erregte aber die Rolle, die er 1889 als Grossrat in der internationalen Politik spielte. Zur Unterwanderung der auslandsdeutschen sozialistischen Presse und Organisationen in der Schweiz versuchte die deutsche Polizei, in Basler Arbeiterkreisen Agenten anzuwerben. Ein deutscher Polizeiinspektor gab den vorgeblich interessierten Arbeitern Anweisung: ‹Wühlen Sie lustig drauf los.› Die angesprochenen Arbeiter unterrichteten aber Wullschleger davon, dieser gab die Information an die Schweizer Polizei weiter, welche daraufhin den eingereisten deutschen Polizeiinspektor verhaftete. Der sogenannte ‹Wohlgemuthhandel› (nach dem Namen des verhafteten deutschen Polizisten) führte zu einem scharfen diplomatischen Notenaustausch und der Androhung wirtschaftlicher und politischer Repressalien, und endete mit der Ausweisung des deutschen Polizisten, aber auch eines deutschen Informanten Wullschlegers.

Frühere Namen Der vorgesehene Strassenname ‹Hintere Bahnhofstrasse› (nach der Nähe zum Badischen Bahnhof) wurde 1924 in ‹Gotterbarmweg› und ‹Hinterer Gotterbarmweg› abgeändert. Der ‹Hintere Gotterbarmweg› bezeichnete den Strassenkomplex der Wohnsiedlung ‹Im Vogelsang›. Dieser ‹Hintere Gotterbarmweg› ist seit 1941 die Eugen Wullschleger-Strasse. Im gleichen Jahr taufte man den ‹Gotterbarmweg› in Paracelsusstrasse und Im Surinam um.

Weiteres siehe → Im Surinam
Literatur National-Zeitung, 31.8.1931 und 1.9.1931. Roth: S. 40. Siegfried: S. 87

Sehschwäche und endlicher Blindheit verfassten zahlreichen Werke (85 Quartbände, welche die ersten eigentlichen mathematischen Lehrbücher Europas waren, bis ins 19. Jahrhundert Verwendung fanden und eine Gesamtschau des (höheren) mathematischen Wissens boten), sind immer noch nicht vollständig herausgegeben.

Die Eulerstrasse war vor 1871 das gegen 1860 entstandene und von der Birmannsgasse bis zur Leimenstrasse reichende Teilstück der Leonhardsstrasse, die bemerkenswerterweise den Vornamen Eulers als Strassennamen führt, ihn aber von der Kirche St. Leonhard übernommen hat. *Frühere Namen*

Leonhard Euler hat als Wissenschafter zusammen mit Bernoulli Weltgeltung. In Paris gibt es z.B. die Rue Euler und die Rue Bernoulli. *Bemerkenswertes*

→ Leonhardsstrasse *Weiteres siehe*
Roth: S. 40. Siegfried: S. 60–61. Teuteberg: S. 232 *Literatur*

Strassenname **Eulerstrasse**
Gruppe 12.6
Plankoordinaten D 5
Erstmals genannt 1860
Amtlich benannt 1871
Bedeutung Leonhard Euler (1707–1783), Mathematiker und Physiker. Euler besuchte von seinem dreizehnten Lebensjahr an die Universität Basel und studierte bei Johann Bernoulli. Nachdem er sich mit 21 Jahren erfolglos um die vakante Basler Physikprofessur beworben hatte, ging er nach St. Petersburg und wurde dort schon bald Professor. 1741 zog er nach Berlin, 1766 wieder nach St. Petersburg, wo er auch starb. Er gilt als einer der bedeutendsten Wissenschafter des 18. Jahrhunderts, und seine trotz fortschreitender

Fabrikstrasse	Feierabendstrasse	Frankfurt-Strasse	Fringeliweglein
Färberstrasse	Feldbergstrasse	Freiburgersteg	Fritz Hauser-
Fäschengasse	Felsplattenstrasse	Freiburgerstrasse	Promenade
Fäschenweglein	Finkenweg	Freie Strasse	Fritz Hauser-Strasse
Fahnengässlein	Fischerweg	Friedensgasse	Frobenstrasse
Faidostrasse	Fischmarkt	Friedhofgasse	Froburgstrasse
Falkensteinerstrasse	Flachsländerstrasse	Friedmattweglein	Fröschgasse
Falknerstrasse	Flamingosteg	Friedrich Miescher-	Fürstensteinerstrasse
Farnsburgerstrasse	Florastrasse	Strasse	Furkastrasse
Fasanenstrasse	Flughafenstrasse	Friedrich Oser-Strasse	
Fatiostrasse	Föhrenstrasse	Friedrichstrasse	
Fechterweglein	Forellenweg	Fringelistrasse	

Strassenname	**Fabrikstrasse**
Gruppe	26
Plankoordinaten	D 4,3
Amtlich benannt	1889
Bedeutung	Die chemischen Fabriken Sandoz AG, Durand & Huguenin und andere Unternehmen, die sich im ausgehenden 19. Jahrhundert vor dem St. Johanns-Tor installiert hatten, gaben der Fabrikstrasse ihren Namen. Diese Lage war für die chemische Industrie günstig, da die Basler Teerfarbenindustrie des 19. Jahrhunderts die Grundsubstanz für die Fabrikation, den Kohlenteer, direkt von der nahegelegenen Kohlegasfabrik beziehen konnte. Diese wiederum hatte sich beim alten Elsässerbahnhof (heute steht dort die Strafanstalt ‹Schällemätteli›) angesiedelt, um die vom Saarland importierte Kohle möglichst einfach umladen zu können. Die erste Basler Gasfabrik hatte sich zuvor bei der Heuwaage befunden.
Frühere Namen	Die Strasse sollte ursprünglich von der Hüningerstrasse bis zum St. Johanns-Rheinweg verlaufen und hiess ‹Schlachthausstrasse›. Da die Strasse nur verkürzt bis zum Gaswerk an der Voltastrasse entstand und nicht bis zum städtischen Schlachthaus führte, wurde der Namenswechsel notwendig. Ein reines Projekt blieb die ebenfalls beim Schlachthaus liegende ‹Metzgerstrasse›, die vom Elsässerrheinweg bis zum Anfang der Elsässerstrasse führen sollte. Der Name hat aber ein Echo in der nahen Metzerstrasse gefunden, die wegen Verwechslungsgefahr sonst nicht diesen Namen hätte tragen können.
Bemerkenswertes	Den Namen ‹Fabrikstrasse› trug in Kleinbasel zu Beginn der 60er Jahre des 19. Jahrhunderts ebenfalls für wenige Jahre die Sperrstrasse, welche aber ihren alten Namen wieder erhielt. Hier hatte sich die tuchverarbeitende Industrie entlang den Kleinbasler Gewerbekanälen angesiedelt.
Weiteres siehe	→ Schlachthofstrasse
Literatur	Roth: S. 41. Siegfried: S. 77

Färberstrasse	Strassenname
26	Gruppe
E 5	Plankoordinaten
1896	Amtlich benannt
Die chemischen Färbereien in Kleinbasel sollen als Vorlage für die Namensgebung dieser Strasse gedient haben.	Bedeutung
→ Bändelgasse	Weiteres siehe
Roth: S. 41. Siegfried: S. 94	Literatur

Fäschengasse	Strassenname
12.2	Gruppe
E 8	Plankoordinaten
1925	Amtlich benannt
Aus der Basler Familie Faesch stammen zahlreiche Gelehrte, Politiker und Offiziere. Die Familie ist erstmals 1404 urkundlich erwähnt mit einem Heinzmann und einem Burckhard Vaesch, beides Steinmetzen. Johann Rudolf Faesch (1572–1659) erwarb durch seine Handels- und Unternehmertätigkeit ein sehr grosses Vermögen. 1636 wurde er zum Bürgermeister gewählt. Er stand in Konkurrenz zu Johann Rudolf Wettstein, der ihn später politisch verdrängte. Das Faeschsche Kabinett des Remigius Faesch (1595–1667), 1823 in das Universitätsgut eingegliedert und auf Spezialsammlungen verteilt, bildete zusammen mit dem Amerbachkabinett den Grundstock der Öffentlichen Basler Kunstsammlung. Die Familie Faesch hatte sogar verwandtschaftliche Beziehungen zu Napoleon Bonaparte. Der Hauptmann in französischen Diensten Franz Faesch (*1711) heiratete als Garnisonsoffizier im korsischen Ajaccio die Witwe Angela Ramolino, die aus erster Ehe bereits eine Tochter namens	Bedeutung

Fahnengässlein

Letizia hatte. Diese Tochter heiratete den Advokaten Charles Bonaparte, und dieser Verbindung entstammt Napoleon Bonaparte. Franz Faesch und Angela Ramolino wiederum zeugten einen Sohn namens Joseph (1763–1839). Joseph Faesch, der zum Priester ausgebildet wurde, war also ein Halbonkel Napoleons. Während der Revolution musste er aufgrund von politischen Intrigen aus Korsika fliehen und fand in Basel nur einen ärmlichen Unterschlupf; sein Onkel Werner Faesch, Pastetenbäcker, wollte nichts von seinem katholischen Neffen wissen. Als Napoleon 1796 durch seine Erfolge als General zu Einfluss kam, konnte auch Joseph Faesch nach Frankreich zurückkehren, wo er eine erstaunliche kirchliche Karriere durchlaufen und es bis zum Kardinal bringen sollte. Zu seinem eigenen Schaden überwarf sich Faesch aber mit Napoleon, überdies musste er, als nach dessen Sturz die bourbonische Königsfamilie erneut an die Macht kam, wieder flüchten, diesmal nach Rom. Trotz der eher schlechten Behandlung, die ihm in Basel widerfahren war, bedachte er testamentarisch die Faeschsche Familienstiftung mit der damals beträchtlichen Summe von 25 000 Franken.

Siehe auch	→ Fäschenweglein
Weiteres siehe	→ Amerbachstrasse
Literatur	Basler Nachrichten, 13.5.1956. Roth: S. 42

Strassenname	**Fäschenweglein**
Gruppe	12.2
Plankoordinaten	E 8
Amtlich benannt	1970
Siehe	→ Fäschengasse
Quellen	ANK: 1970

Fahnengässlein	Strassenname
19	Gruppe
E 5	Plankoordinaten
1610	Erstmals genannt
1862	Amtlich benannt

Das Eckhaus ‹Zur roten Fahne› steht an der Freien Strasse 43. Das enge und steile Gässlein verbindet die Freie Strasse mit dem Schlüsselberg. — *Bedeutung*

1610 heisst die Strasse noch ‹Rotenfan gesslin›. — *Frühere Namen*

Am Eingang des Gässschens stand ‹Lallos Turm›, benannt nach seinem Besitzer. Er bildete die Grenze zwischen den innerstädtischen Kirchgemeinden St. Martin und St. Alban. — *Bemerkenswertes*

Platter: S. 394	Quellen
Fechter 1856: S. 37. Roth: S. 41	Literatur

Faidostrasse	Strassenname
5, 10.4	Gruppe
E 8	Plankoordinaten
1929	Amtlich benannt

Faido, Hauptort des Tessiner Bezirks Valle Leventina an der Gotthardstrecke. — *Bedeutung*

→ Gotthardstrasse	Weiteres siehe
Roth: S. 41	Literatur

Falkensteinerstrasse	Strassenname
18	Gruppe
F 7	Plankoordinaten
1896	Amtlich benannt

Neu-Falkenstein, Burgruine oberhalb St. Wolfgang hinter Balsthal im Kanton Solothurn, 27 km südlich von Basel; Alt-Falkenstein, Burganlage in der Nähe von Klus im Solothurner Bezirk Balsthal. Auf diesen Burgen residierten die Grafen und Freien von Falkenstein, eine 1568 erloschene Adelsfamilie. Die oberste Lehensgewalt hatte bis 1669 — *Bedeutung* der Bischof von Basel. Die im 15. Jahrhundert eingerichtete Solothurner Vogtei trug ebenfalls den Namen Falkenstein; der Sitz des Vogts war auf Neu-Falkenstein. Diese Burg stammt wohl aus dem ausgehenden 11. Jahrhundert. Sie wurde 1374 zerstört und dann wieder aufgebaut, weswegen sie von da an Neu-Falkenstein hiess, obwohl das aus dem 13. Jahrhundert stammende, aber ohne bauliche Veränderung gebliebene Alt-Falkenstein wesentlich jünger ist. Beim Untergang des Ancien régime mit dem Einmarsch französischer Truppen 1798 kam es zur Zerstörung von Neu-Falkenstein. Das erhalten gebliebene Alt-Falkenstein war Sitz der solothurnischen Landschreiberei Falkenstein. 1800 ging die Burg durch Kauf an Private über, verfiel aber, bis man sie im 20. Jahrhundert restaurierte. Heute dient die Burg als lokales Museum.

Literatur Meyer: S. 190–191; 210–213. Roth: S. 41

Strassenname	**Falknerstrasse**
Gruppe	12.5, 28.5
Plankoordinaten	E 5
Amtlich benannt	1899
Bedeutung	

Rudolf Falkner (1827–1898), freisinniger Politiker und Regierungsrat im Baudepartement. Falkner war zuerst Förster, er trat 1855 als Katastergeometer in den Staatsdienst und übte dieses Amt bis 1873 aus. Die für die historische Topographie und dieses Buch zentralen sogenannten Löffelpläne überprüfte und ergänzte er Anfang der 1860er Jahre. 1864 kam er in den Grossen Rat. Falkner gehörte verschiedensten Kommissionen und Gremien an und nahm auch in der Basler Kirche eine wichtige Stellung ein. In der Schweizer Armee befehligte er als Oberst (damals der höchste Rang) eine Artilleriebrigade. Seine grösste Bedeutung erlangte er aber als Mitglied der Regierung, der er von 1873 bis 1894 angehörte. Er stand dem Baudepartement während der Phase der grössten baulichen Erweiterung Basels vor, wozu auch die Sanierung des Birsigs gehörte. Die unmittelbar nach seinem Tod zu seinen Ehren benannte Falknerstrasse entstand, als Ende des 19. Jahrhunderts das letzte offene Teilstück des Birsigs zwischen Barfüsserplatz und Postgebäude überdeckt wurde.

Literatur National-Zeitung, 4.9.1898. Roth: S. 41. Siegfried: S. 11

Farnsburgerstrasse	*Strassenname*
18	*Gruppe*
G 5	*Plankoordinaten*
1876	*Amtlich benannt*
	Bedeutung

Farnsburg, Burgruine auf der Nordseite des Farnsbergs zwischen Gelterkinden und Buus, 21 km östlich von Basel. Sie ist eine Gründung der Grafen von Thierstein aus der ersten Hälfte des 14. Jahrunderts (die auf ihr residierende Linie Thierstein-Farnsburg erlosch 1418, die Herrschaft kam an die Falkensteiner) und war seit 1461 der Sitz des für das gleichnamige Amt (Verwaltungsbezirk) zuständigen Basler Landvogts. Das Amt Farnsburg entsprach ungefähr dem heutigen Bezirk Sissach. Im Januar 1798 verbrannte die Landbevölkerung die Farnsburg während der Basler Revolution. Den wegen seiner Boshaftigkeit heute noch im Baselbiet legendären letzten Landvogt Hans Franz Hagenbach, den sogenannten ‹Buggeli-Hagenbach›, hatte sie zuvor verjagt.

Weiteres siehe → Eptingerstrasse, Hagenbachstrasse

Literatur Roth: S. 41

Strassenname	**Fasanenstrasse**		**Feierabendstrasse**	Strassenname
Gruppe	15.2		7	Gruppe
Plankoordinaten	F 3,4 G 4		D 6,5	Plankoordinaten
Amtlich benannt	1918		1875	Amtlich benannt

Bedeutung: Fasanen (lat. Phasianidae), weltweit verbreitete Hühnervogelfamilie. Der Tierpark Lange Erlen liegt in der Nähe der Strasse.

Weiteres siehe: → Amselstrasse, Erlenstrasse

Literatur: Roth: S. 41

Strassenname: **Fatiostrasse**
Gruppe: 12.5, 12.6
Plankoordinaten: D 4
Amtlich benannt: 1925

Bedeutung: Johannes Fatio (1649–1691), Arzt. Er gehörte mit Johann Henric-Petri zu den Volksführern während des ‹Einundneunzigerwesens›, der Revolution der städtischen Zünfte gegen die Alleinherrschaft und schlechte Finanzpolitik der privilegierten Familien Socin und Burckhardt. Fatio liessen die Behörden nach dem Zusammenbruch der revolutionären Bewegung gefangennehmen, foltern und köpfen. Sein Schädel soll als Warnung für zukünftige Aufrührer noch bis 1750 auf einer Stange am Rheintor gesteckt haben, und erst 1752 konnte ein von ihm geschriebenes medizinisches Lehrbuch in Basel erscheinen.

Weiteres siehe: → Henric Petri-Strasse

Literatur: Roth: S. 42. Teuteberg: S. 244

Strassenname: **Fechterweglein**
Gruppe: 12.7
Plankoordinaten: E 8
Amtlich benannt: 1970
Siehe: → Daniel Fechter-Promenade

Bedeutung: Daniel Albert Fechter (1805–1876), Lehrer, Lokalhistoriker und erster wissenschaftlicher Erforscher der Basler Strassennamen.

Quellen: KB: 1970

Feierabendstrasse

Bedeutung: ‹Im Feyerabend› oder ‹Firobens Acker› sind alte Flurnamen. Der Name stammt wohl von einem Besitzer namens Feyerabend ab, hat aber nichts mit Franz Feierabend (1755–1800), dem Basler Genreszenenmaler, zu tun.

Bemerkenswertes: Die heutige Feierabendstrasse zwischen Schützenmattstrasse und Holbeinstrasse verläuft weiter nördlich und nicht geknickt wie die erste ‹Feierabendstrasse› von 1861. Diese erschien im Adressbuch von 1845 unter dem Namen ‹Im Feierabend› und 1820 als ‹Oberes Schützenmattgässlein›. Wegen ihres Verlaufs hiess sie auch ‹Krummes Gässlein›. Sie verlief vom Birsigtalboden bei der Viaduktstrasse dem Steinenring entlang bis zur Leimenstrasse, wo es in einem Knick zuerst nach Norden und dann nach Westen weiterging; die Strasse endete an der Schützenmattstrasse beim Schützenhaus. Da die Behörden schon mit Beginn der amtlichen Namenvergabe auf den Dialekt Rücksicht nehmen sollten, gab der Name Feierabendstrasse speziellen Anlass zu Kritik: Die Aussprache von ‹Feierabend› ist im Basler Dialekt (‹Fyrobe› / ‹Fyrobig›) sehr verschieden vom Hochdeutschen, was die Orientierung für Auswärtige erschweren könnte.

Quellen: Adressbuch 1845. Hoferplan 1820

Literatur: Fischer: S. 33. Roth: S. 42. Siegfried: S. 54–55

Strassenname: **Feldbergstrasse**
Gruppe: 9
Plankoordinaten: E 4
Amtlich benannt: 1878

Bedeutung: Feldberg (1493 m ü. M.), Erhebung des Schwarzwaldes, 47 km nordöstlich von

Fischmarkt

Basel. Der Feldberg ist der höchste Punkt dieses Mittelgebirges und ein beliebtes Ausflugsziel. Die Wiese hat hier ihre Quelle.

Bemerkenswertes Als Verlängerung der Johanniterbrücke sollte die Strasse zuerst ‹Untere Rheinbrückenstrasse› heissen.

Literatur INSA: S. 151. Roth: S. 42

Strassenname **Felsplattenstrasse**
Gruppe 8.2, 24.1
Plankoordinaten C 4
Amtlich benannt 1921
Bedeutung Oberhalb von Pfeffingen befindet sich auf dem Berg Blauen die (Fels-)Platte. Sie war auch Truppenstandort während der Grenzbesetzung im Ersten Weltkrieg (1914–1918).
Weiteres siehe → Bonfolstrasse
Literatur Roth: S. 42

Strassenname **Finkenweg**
Gruppe 15.2
Plankoordinaten G 4,3
Amtlich benannt 1900
Bedeutung Finken (lat. Fringillidae), weltweit verbreitete Singvogelfamilie. Der Tierpark Lange Erlen befindet sich in der Nähe der Strasse.
Weiteres siehe → Amselstrasse, Erlenstrasse
Literatur Roth: S. 42

Strassenname **Fischerweg**
Gruppe 26
Plankoordinaten F 5
Erstmals genannt 1822
Amtlich benannt 1861
Bedeutung Die Rheinfischer nahmen früher diesen Weg, um ans Ufer zu gelangen, wo die Fischergalgen (Fanggeräte an seichten Wasserstellen des Stromes) standen. Nebenan findet man den Stachelrain. Mit sogenannten Fischstacheln, einem gegabelten Fanggerät, spiesst man Fische im Wasser auf und holt sie dann heraus. Beide Strassen bilden ein Namenspaar, das auf das früher für Basel sehr wichtige Fischereiwesen, sowohl als Gewerbe wie auch als private Betätigung, hinweist. Die das gesamte Rheinufer säumenden Fischergalgen (auch ‹Salmenwaagen› genannt) waren zwar weit auffälliger als die Fischstacheln. Womöglich griff man zur Benennung der Strasse aber auf die Fischstacheln zurück, um falsche Assoziationen (‹Galgenrain›) zu vermeiden.

→ Stachelrain *Siehe auch*
→ Fischmarkt, Nasenweg *Weiteres siehe*
Hoferplan 1822 *Quellen*
Roth: S. 42. Siegfried: S. 88 *Literatur*

Fischmarkt *Strassenname*
26 *Gruppe*
E 5 *Plankoordinaten*
13. Jahrhundert *Erstmals genannt*
1861 *Amtlich benannt*
Bedeutung

Die Ansiedlung des Fischhandels an diesem Ort erklärt man mit der Schifflände dem natürlichen Landeplatz für den Bootsverkehr am Auslauf des früher noch nicht überdeckten Birsigs in den Rhein. Der Verkauf von Fischen fand an diesem Platz seit dem Mittelalter bis 1938 statt, zuerst täglich, später nur noch freitags. Man verlegte ihn 1938 wegen des Baus der Tramschleife am Fischmarkt an den Andreasplatz, 1940 an den Rümelinsplatz; der Name aber blieb an seinem alten Ort. Ebenfalls auf dem oder beim Fischmarkt waren die Brotverkaufsstände und die Basler Kunsthandwerker angesiedelt, auch fand hier im Mittelalter der Münzwechsel statt.

Der Fischmarkt war bis in die zweite Hälfte des 15. Jahrhunderts durch den offen flies- *Bemerkenswertes* senden Birsig in zwei Hälften getrennt. Über diesen ging eine kleine Brücke beim verschwundenen ‹Helmgässlein› oder ‹Riesengässlein› (zwischen Eisengasse und Fischmarkt, gegenüber dem Kellergässlein). Der Platz und die angrenzenden Strassen erfuhren in der zweiten Hälfte des 19. Jahrhunderts erhebliche Umgestaltungen. Bei diesen Korrektionsarbeiten sind zwei Strassen verschwunden, die von der heutigen Schifflände zum Fischmarkt hinführten. Die rechts des Birsigs gelegene hiess ‹Kronengasse›, die früher auch den Namen ‹Unter den Bulgen› hatte. Sie ist schon seit 1217 durch eine ‹domus under bulgon› (ein ‹Haus unter den Bulgen›) belegt, wo Münzbeutel, sogenannte Bulgen, zum Verkauf lagen. Die links des Birsigs gelegene Strasse war die ‹Schwanengasse› (das namengebende Haus ‹Zum Schwan› ist 1481 erstmals belegt), deren engerer Abschnitt zur Schifflände hin vor 1861 ‹Blumengasse› hiess. Hier stand die ‹Fronwaage›, die obrigkeitliche Waage zur Kontrolle von Mass und Gewicht. In dieser Gasse wurde zudem Handel mit Salz getrieben, weswegen die ‹Schwanengasse› auch ‹Unter den Salzkasten› oder ‹Salzgasse› genannt wurde (1241 wird ein Haus ‹undern Salzcasten›, 1252 eines in der ‹Saltzgazza› erwähnt), der Anstieg zum Petersberg bei der Spiegelgasse ‹Salzberg›. Im 20. Jahrhundert verschwunden ist das oben erwähnte ‹Helmgässlein›, das aber schon 1862 nicht mehr im Basler Adressbuch auftaucht.

Weiteres siehe	→ Marktgasse
Quellen	HGB: Schwanengasse
Literatur	Basler Nachrichten, 20.9.1940. Blum / Nüesch: S. 176–185. Fechter 1852: S. 14–15. Fechter 1856: S. 51–52; 83–89; Plan. Fischer: Anhang S. 16. Roth: S. 42

Flachsländerstrasse	Strassenname
18	Gruppe
E 4	Plankoordinaten
1897	Amtlich benannt
Die 1825 erloschene Basler Ministerialenfamilie (usprünglich unfreie Gefolgsleute im Ritterstand) von Flachsland(en) stammte aus dem Elsass und stand im Dienst der Bischöfe von Basel. Das Elsässer Dorf Flaxlanden an der Eisenbahnstrecke Mulhouse–Belfort liegt 26 km nordwestlich von Basel.	Bedeutung
Die Brüder Hans von Flachsland als Basler Bürgermeister 1454–1462 und Werner von Flachsland als Kammerherr des Papstes waren in führender Stellung verantwortlich für die Gründung der Universität Basel. Die Darstellung der Eröffnungsfeier der Universität zeigt, wie der Bürgermeister Hans von Flachsland kniend die päpstliche Stiftungsurkunde aus den Händen des Basler Bischofs erhält.	Bemerkenswertes
Roth: S. 42. Siegfried: S. 92. Teuteberg: S. 163–164	Literatur

Flamingosteg	Strassenname
15.2	Gruppe
D 6	Plankoordinaten
1996	Amtlich benannt
Flamingos (lat. Phoenicopteridae), Vogelfamilie mit den Hauptverbreitungsgebieten Afrika, Asien, südliches Nordamerika, auch Rhonedelta und Südspanien. In zoologischen Gärten sind die gesellig lebenden Flamingos wegen ihrer grazilen Gestalt und der weiss-rötlichen Färbung eine der Hauptattraktionen. Der Flamingosteg liegt in der Nähe des Zoologischen Gartens Basel.	Bedeutung
→ Amselstrasse, Zoo-Parkplatz	Weiteres siehe
ANK: 1996	Quellen

Strassenname	**Florastrasse**
Gruppe	7
Plankoordinaten	E 4
Amtlich benannt	1886
Bedeutung	Das Gartengelände, über das die Strasse verläuft, gehörte dem Stadtratspräsidenten Johann Jakob Minder, der es in Anspielung auf Flora, die römische Göttin der Blumen, Blüten und der Jugend, Floragut taufte. Dieser einst beliebte Strassenname (es gibt ihn in zahlreichen Gemeinden um Basel) wird in Paul Siegfrieds Basler Strassennamenbuch von 1921 als «Gipfel des Ungeschmacks» bezeichnet.
Literatur	Roth: S. 42. Siegfried: S. 94

Strassenname	**Flughafenstrasse**
Gruppe	32
Plankoordinaten	C 3,4 D 4
Erstmals genannt	1820
Amtlich benannt	1957
Bedeutung	Der EuroAirport Basel-Mulhouse-Freiburg wurde 1946 als binationaler Flughafen von Frankreich und der Schweiz gegründet. Der Flughafen liegt 6 km nordwestlich von Basel. Er ersetzte den seit 1920 betriebenen Flugplatz auf dem Sternenfeld bei Birsfelden (heute Areal des Auhafens). Die erste Piste bestand aus verlegten Metallplatten, 1953 eröffnete man die Zollstrasse und nahm die Betonpiste in Betrieb. Im ersten Betriebsjahr wurden 33 000 Passagiere befördert, 1996 waren es insgesamt 2,5 Millionen. Der Euro-Airport soll in den kommenden Jahren einen Kapazitätsausbau für 3,2 Millionen Passagiere erfahren.
Frühere Namen	Die Strasse hiess 1950 zuerst ‹Flugplatzstrasse›. Vor dem Ausbau als Verbindungsstrasse zum Flugplatz verlief sie unter dem Namen ‹Milchsuppe› entlang von Friedmatt und Sportplatz Union und endete an der französischen Grenze. Seit 1880 taucht die ‹Milchsuppe› in den Adressbüchern auf. Das der Strasse den Namen gebende Spitalgut, auch ‹Spalenmatten› genannt, soll seinen Namen dadurch erhalten haben, dass es ein Todkranker, dessen letzter erfüllter Wunsch ein Teller Milchsuppe war, dem Spital als Dank vermachte. Eine pointiertere Fassung dieser Geschichte, die wenn nicht wahr, dann doch gut fabuliert ist, geht folgendermassen: Die Besitzerin der ‹Spalenmatten› trat betagt und krank in die ‹reiche Pfrund› des Spitals ein und vermachte (wie üblich) ihr Vermögen inklusive Landbesitz dem Spital. Als erste Mahlzeit verlangte sie eine Milchsuppe und starb nach deren Genuss plötzlich. Damit war das Spital fast ohne Gegenleistung in den Besitz von Vermögen und Land gekommen. 1820 erscheint die Strasse als ‹Fussweg› neben dem ‹Waasen Rayn›, 1852 als ‹Waasen Rayn› selbst. Vom ‹Milchsuppen-Hof› an der Kreuzung Flughafenstrasse/Luzernerring führte als Stichstrasse der ‹Milchsuppen-Weg› in die Felder, wo heute die Psychiatrische Universitätsklinik steht. Der Weg besteht nicht mehr.
Frühere Namen von Teilstücken	Bis 1958 gehörte die Strecke zwischen Kannenfeldplatz und Wasenssträsschen zur Mittleren Strasse.
Weiteres siehe	→ Gustav Wenk-Strasse, Wasenssträsschen
Quellen	Adressbuch 1880. Hoferplan 1820. Packplan
Literatur	Roth: S. 42

Föhrenstrasse	Strassenname
14	Gruppe
C 5	Plankoordinaten
1898	Amtlich benannt
Föhre oder Waldkiefer (lat. Pinus silvestris), einheimische Baumart.	Bedeutung
→ Palmenstrasse	Weiteres siehe
Roth: S. 43. Siegfried: S. 69	Literatur

Strassenname	**Forellenweg**	
Gruppe	15.1	
Plankoordinaten	G 6	
Amtlich benannt	1948	
Bedeutung	Forellen (lat. Salmo), Fischgattung der nördlichen Erdhalbkugel, sowohl in Süss- als auch in Meerwasser vorkommend.	
Weiteres siehe	→ Nasenweg	
Literatur	Roth: S. 43	

Strassenname	**Frankfurt-Strasse**
Gruppe	6
Plankoordinaten	F 7–9
Amtlich benannt	1984
Bedeutung	Frankfurt am Main, grösste Stadt des deutschen Bundeslandes Hessen und Finanzzentrum Deutschlands. Frankfurt ist einer der wichtigsten Verkehrsknotenpunkte Europas, wirtschaftlicher Mittelpunkt des oberrheinischen Tieflands. Ihre Lage verband die Stadt schon früh mit Basel; der Handel mit den Nordseehäfen führte haupt-sächlich über Frankfurt. Die Frankfurter Messe ist schon seit 1227 belegt und machte die Stadt zur wichtigsten Messestadt Deutschlands, welche auch die Basler Kaufleute jahrhundertelang rege besuchten. Zumal die Frankfurter Buchmesse war für die Basler Buchdrucker von besonderer Bedeutung.
Quellen	ANK: 1984

Strassenname	**Freiburgersteg**
Gruppe	3
Plankoordinaten	F 3
Amtlich benannt	1999
Siehe	→ Freiburgerstrasse
Quellen	KB: 1999

Freiburgerstrasse	*Strassenname*
3	*Gruppe*
F 3,2	*Plankoordinaten*
1822	*Erstmals genannt*
1861	*Amtlich benannt*
Freiburg im Breisgau, seit 1457 Universitätsstadt, katholischer Erzbischofssitz, Verwaltungssitz des gleichnamigen Regierungsbezirks im deutschen Bundesland Baden-Württemberg, 50 km nördlich von Basel. 1120 von Zähringer Herzögen gegründet, kam die durch Silberbergbau reich gewordene Stadt 1218 an die Grafen von Urach-Freiburg, 1328 an die Habsburger. Ab 1651 war sie Sitz der Regierung von Vorderösterreich, 1679–97 französische Festung, 1805 ging sie an Baden.	*Bedeutung*
→ Freiburgersteg	*Siehe auch*
Die Freiburgerstrasse ist eine alte Landstrasse über die Wiesenbrücke und den Otterbach nach Freiburg. Diese ‹Strass nach Freiburg›, wie sie im Hoferplan von 1822 namentlich auftritt, nahm ihren Anfang am Bläsitor und verlief entlang der Klybeck- und Horburgstrasse.	*Bemerkenswertes*
Hoferplan 1822	*Quellen*
Roth: S. 43. Fischer: Anhang S. 16	*Literatur*

Freie Strasse	*Strassenname*
31	*Gruppe*
E 5	*Plankoordinaten*
1243	*Erstmals genannt*
1861	*Amtlich benannt*
Zu Herkunft und Bedeutung des Namens ‹Freie Strasse› gibt es verschiedene Erklärungen. Die älteste geht davon aus, dass die Freie Strasse eine unter besonderem königlichen Schutz stehende offene Reichsstrasse gewesen sein soll. Da die Benützung allen frei stand, war sie also die ‹Freie Strasse›. Damit verwandt ist die Erklärung, dass die Freie	*Bedeutung*

Strasse, im Gegensatz zu den angrenzenden Strassen, nicht durch Türme und Tore gesichert wurde und deswegen ohne Zoll frei passierbar gewesen sein soll. Den Namen Freie Strasse erklärt man weiter als freie, d.h. offene, nicht überbaute grosse Landstrasse oder als Strasse des ‹freien[!] Römischen Reiches Deutscher Nation›. Schliesslich gibt es auch die These, dass der Name sich von den dort angesiedelten reichsfreien Leuten aus dem gehobenen Handwerker- und Kaufleutestand übertragen habe. Erstmals erwähnt ist die Freie Strasse in einer lateinischen Urkunde aus dem Jahr 1243 als ‹libera strata›. Das mittelhochdeutsche ‹Vriunstrazze› oder ‹Frigenstraze› stammt auch aus dem 13. Jahrhundert.

Frühere Namen

Die besondere Bedeutung der Freien Strasse zeigt sich bereits darin, dass sie schon in den frühesten Quellen als Strasse und nicht als Gasse erscheint, obwohl im Mittelalter das Wort Strasse für ausserstädtische und das Wort Gasse für innerstädtische Verkehrswege üblich war. Die Bezeichnung ‹Frienstros Gassen› von 1610 verdeutlicht, dass dieser alte Name als ein fester Begriff galt. Die Freie Strasse war wegen ihrer Länge früher in einzelne Abschnitte unterteilt. Erst im Adressbuch von 1862 hat sie von Marktplatz bis Aeschenvorstadt ihren heutigen einheitlichen Namen. Der oberste Abschnitt bis zur Streitgasse erscheint erstmals im 13. Jahrhundert als ‹An den Schwellen› oder lateinisch-deutsch als ‹vicus swel(l)on› (‹Schwellengasse›). Die Bezeichnung soll davon herrühren, dass man Balken und Steine, Schwellen genannt, als Schutz gegen in die Häuser dringendes Wasser vor die Türen gelegt habe. Dies dürfte bei der Freien Strasse wichtig gewesen sein, da sie das Wasser aufnehmen musste, das vom Münsterhügel durch die Verbindungsgassen herabströmte.

Frühere Namen von Teilstücken

Ein Indiz dafür, dass gerade der obere Teil der Freien Strasse dieses besondere Problem hatte, ist, dass gleich oberhalb durch die Barfüssergasse ein künstlicher Wasserabfluss zum Birsig hin gewesen sein soll. Der Name ‹Uf den Schwellen› bezeichnet 1610 aber nur noch den Abschnitt von der Aeschenvorstadt bis zur Bäumleingasse. Im 18. Jahrhundert und in den Adressbüchern vor 1862 erscheint dieser als ‹Tiefe› oder ‹In der Tiefe›. Der Name lässt sich mit der Abschüssigkeit der Freien Strasse der Talstadt erklären, während die an die ‹Tiefe› anschliessende Aeschenvorstadt schon oben auf dem Ostplateau liegt. Ebenfalls im 18. Jahrhundert und in den Adressbüchern vor 1862 belegt ist der Name ‹Am Bäumlein› für den oberen Teil der Freien Strasse zwischen Bäumleingasse und Münsterberg. 1610 ist der Name dafür ‹Blatz vor dem Spital›, da hier von spätestens 1265 bis 1842 das Bürgerspital stand. Die Bezeichnung ‹In der Frienstros oben› (1610) oder ‹Freie Strasse› (Adressbücher vor 1862) galt für den Abschnitt bis zum Schlüsselberg. Bis zum Marktplatz folgte die ‹Frienstros unden› (1610) oder ‹Untere Freienstrasse› (Adressbücher vor 1862). Im 13. Jahrhundert und später hiess der untere Teil der Freien Strasse vor dem Marktplatz nach den dort angesiedelten Bechermachern ‹Unter den Becherern›.

Der offizielle Strassenname wird im Dialekt zu ‹Freii› abgekürzt.

Inoffizielle Namen

Die Freie Strasse war vielleicht schon im 3. Jahrzehnt v. Chr., spätestens aber im 3./4. Jahrhundert n. Chr. Teil der römischen Militär- und Handelsstrasse zwischen Augst und Kembs. Im Mittelalter wurde sie zu einer Hauptverkehrsachse von Basel, an der das städtische Kaufhaus (Magazin zur Verzollung und zur Verteilung der Waren an die städtischen Händler) bei der heutigen Hauptpost

Bemerkenswertes

an der Rüdengasse lag. Nach ersten Korrektionen um 1850 kam es in den 1880er und 1890er Jahren zu bedeutenden Umgestaltungen und Verbreiterungen; kleinere Nachkorrektionen erfolgten in den 1950er und 1960er Jahren. Ein in den 1990er Jahren geplanter Ersatz des Asphaltbelags durch Marmorplatten, die den Status als bevorzugte Strasse verdeutlichen sollten, kam nicht zustande.

Quellen HGB: Freie Strasse. Platter: S. 380–398. Urkundenbuch der Stadt Basel. Hg. von der historischen und antiquarischen Gesellschaft zu Basel. Bearbeitet von Rudolf Wackernagel und Rudolf Thommen. Basel 1890–1910. 11 Bde.: Bd. 2, S. 166/29

Literatur Basler Volksblatt, 7.1.1950. Burckhardt-Finsler Albert: Die Freie Strasse zu Basel. In: Basler Jahrbuch 1905, S. 133–158. Fechter 1856: S. 37. Huber: S. 208–215. Roth: S. 43. Siegfried: S. 10. Teuteberg 1986: S. 116

Strassenname **Friedensgasse**
Gruppe 32
Plankoordinaten D 4,5
Amtlich benannt 1872
Bedeutung Der Frankfurter Friede vom 10.5.1871 zwischen Frankreich und dem Deutschen Reich nach dem Krieg von 1870/1871 gab Anlass zur Benennung dieser Strasse.
Frühere Namen Am 4.5.1872 wurde die Strasse ‹Wilhelm-Tell-Strasse› benannt. Schon am 11.5.1872 erhielt die Strasse zur Jahresfeier des Frankfurter Friedens ihren jetzigen Namen. Ein anderer Vorschlag war ‹Rosenweg›.
Literatur Roth: S. 43. Siegfried: S. 78

Strassenname **Friedhofgasse**
Gruppe 17
Plankoordinaten E 2
Erstmals genannt 1860
Amtlich benannt 1892
Siehe → Kleinhüningerstrasse

Bedeutung Der alte Kleinhüninger Friedhof im Kirchhof soll seit 1849 benutzt worden und vielleicht noch älter sein. Unhaltbare sanitarische Zustände (es war sogar von Leichengeruch in der Nachbarschaft die Rede) zwangen zur Verlegung des Gemeindefriedhofs an die Grenze. Dort fanden die Erdbestattungen von 1882 bis 1932 statt, danach ruhte der Friedhof bis zu seiner Aufhebung im Jahr 1951. Während aus den aufgehobenen Horburg-Gottesacker und Gottesacker auf dem Kannenfeld Parkanlagen wurden, kamen auf den ehemaligen Kleinhüninger Friedhof Tanklager für den nahegelegenen Rheinhafen.

Frühere Namen Vor 1892 hiess die Strasse ‹Schneidergässchen›.

Bemerkenswertes Kirchhöfe waren die ältesten öffentlichen Begräbnisplätze in Basel. Seit 1300 kamen Begräbnisstätten in den Klöstern dazu, wo man vorher nur die Insassen und die Wohltäter beerdigt hatte. Stifter erhielten sogar das Recht, ein Grab in den Pfarr- bzw. Klosterkirchen zu erhalten. Um 1450 gab es insgesamt 19 verschiedene Begräbnisplätze, von denen man aber einige noch im 16. Jahrhundert aufgab. 1766 führten die Behörden aufgrund sanitarischer Bedenken Einschränkungen für die Bestattung in den Kirchen ein, seit 1769 kam es zu vorübergehenden Schliessungen von überfüllten Friedhöfen (St. Peter und St. Leonhard). 1771 liessen die Behörden zur Entlastung den Friedhof beim Johanniterhaus anlegen. Die sich zusehends verschlechternde Hygiene an den Begräbnisplätzen führte 1814 zum Verbot, in den Kirchen zu bestatten. Dieses Verbot konnte sich aber erst 1825 durchsetzen, die allerletzte Beerdigung dieser Art war die des Vaters von Jacob Burckhardt 1858 im Münsterkreuzgang. 1815–1817 wurde der Elisabethenkirchhof angelegt, der bis 1872 in Gebrauch blieb.

1825 kam der Spalen- oder Neue Gottesacker dazu, 1832 der neue Gottesacker vor dem Riehentor, beide vor den Stadtmauern. Das zunehmende Wachstum der Stadt machte seit der Mitte des 19. Jahrhunderts weitere Friedhöfe nötig. 1868 kam der Gottesacker auf dem Kannenfeld hinzu (für die Stadtteile links des Birsigs), 1872 der Gottesacker auf dem Wolf (für die Stadtteile rechts des Birsigs) und 1889/1890 der Horburg-Gottesacker für Kleinbasel. Die früheren Friedhöfe schloss man alle noch im 19. Jahrhundert und gestaltete sie, wenn man sie nicht ganz überbaute, zu Parkanlagen um. Dies geschah mit dem Horburg-Gottesacker und dem Gottesacker auf dem Kannenfeld 1932 mit der Eröffnung des Friedhofs am Hörnli. Der Israelitische Friedhof an der Grenze zu Burgfelden besteht erst seit 1902. Vorher lag der Friedhof der jüdischen Gemeinde in Hegenheim im Elsass. Der erste jüdische Friedhof datiert bis mindestens 1265 zurück, er wurde während des Pogroms von 1348 zerstört. Der Friedhof der zweiten jüdischen Gemeinde befand sich wohl am Aeschengraben. Wie lange dieser in Gebrauch war, ist unbekannt.

Weiteres siehe → Hörnliweglein, Theodor Herzl-Strasse

Literatur Baer Casimir Hermann: Die Kunstdenkmäler des Kantons Basel-Stadt, Band III. Die Kirchen, Klöster und Kapellen, erster Teil: St. Alban bis Kartause. Basel 1941, S. 29–40. Hugger Paul: Kleinhüningen. Von der ‹Dorfidylle› zum Alltag eines Basler Industriequartiers. Basel 1984, S. 86–90. Roth: S. 43. Siegfried: S. 80

Strassenname	**Friedmattweglein**
Gruppe	20
Plankoordinaten	C 4
Amtlich benannt	1954
Bedeutung	‹Friedmatt› ist die volkstümliche Bezeichnung für die Psychiatrische Universitätsklinik Friedmatt (Wilhelm Klein-Strasse 27), die 1886 als ‹Irrenanstalt Friedmatt›, 1899 umbenannt in ‹Kantonale Heil- und Pflegeanstalt Friedmatt›, eröffnet worden ist. Die ‹Friedmatt› folgte als erste Klinik der Schweiz dem sogenannten Pavillonsystem, welches das gesamte Spital auf einzelne villenartige Anlagen in einer eigentlichen Parkanlage verteilte.

Bemerkenswertes Die Insassen der ‹Friedmatt› waren von 1842 bis zur Eröffnung der Pflegeanstalt in einer Abteilung mit vierzig Betten des Bürgerspitals an der Spitalstrasse (früher Lottergasse) untergebracht. Im Mittelalter pflegte man einige Geisteskranke im alten Spital an der Freien Stasse, andere waren in kleinen Gebäuden, z.B. im ‹Thuobhüslin im winkel› (Ecke Kohlenberg und Barfüsserplatz) eingesperrt. Von der 2. Hälfte des 16. Jahrhunderts an diente zur Unterbringung von Geisteskranken das dem Spital zugehörige ‹Almuosen hauss im Winckell› des ehemaligen Barfüsserklosters längs des Steinenbergs. Dort gab es zehn Zellen zur Ankettung aufgeregter Insassen und zwei geschlechtergetrennte Stuben für je 25–30 Personen seit der 2. Hälfte des 16. Jahrhunderts, die zum alten Spital an der Freien Strasse gehörten. Quellen des 14. Jahrhunderts zeigen, dass die Obrigkeit damals Geisteskranke, wenn sie keine private Versorgung hatten, auch oft gewaltsam aus der Stadt vertreiben liess.

Weiteres siehe → Spitalstrasse, Wilhelm Klein-Strasse

Quellen Platter: S. 354; 356

Literatur Blum / Nüesch: S. 77–78; 84. Fechter 1856: S. 32–33. Huber: S. 222. Roth: S. 43. Siegfried: S. 77

Strassenname	**Friedrich Miescher-Strasse**	**Friedrich Oser-Strasse**	*Strassenname*
Gruppe	12.6	12.3	*Gruppe*
Plankoordinaten	C 3	DE 8	*Plankoordinaten*
Amtlich benannt	1968	1922	*Amtlich benannt*
Bedeutung			*Bedeutung*

Bedeutung (Miescher): Johann Friedrich Miescher (1844–1895), Mediziner. Miescher studierte in Basel und Göttingen. Er übernahm 1872 den neuen Lehrstuhl für Physiologie von seinem Onkel Wilhelm His, der nach Leipzig ging. Unter seiner Leitung wurde 1885 das Vesalianum erbaut. Die erhoffte Zusammenarbeit mit Gustav Bunge gestaltete sich nicht nach seinen Wünschen, da Bunge mehr und mehr allgemein-soziale Probleme der Medizin behandelte, während Miescher der Theoretiker blieb. Er zählte zu den Pionieren der damals entstehenden physiologisch-chemischen Forschung. Schon mit 24 Jahren wandte er sich der damals neuen Zellkernforschung zu. Grundlegend für den Wissenschaftszweig wurde seine erstmalige Darstellung des Nucleins (DNS), der für die Vererbung entscheidenden Kernsäuren, anhand von Eiterzellen (bereits 1869/1871) und die Forschung am Rheinlachs. Die Benennung einer Strasse nach ihm feierte den 100. Jahrestag der Entdeckung der Nukleinsäuren als Träger des Erbmaterials im Jahr 1969.

Frühere Namen: Die neu erstellte Strasse im Gebiet Burgfelderstrasse–Luzernerring–Friedmatt sollte zuerst den alten Flurnamen ‹Zur Milchsuppe› tragen. ‹Milchsuppe› oder ‹Friedmatt› waren als Hinweis auf die nahegelegenen gleichnamigen Institute zur Betreuung geistig Behinderter und psychisch Kranker aber eher verpönte Namen, weswegen es Widerstand gegen diese Benennung gab.

Weiteres siehe → *Bungestrasse, Flughafenstrasse, Friedmattweglein, Wilhelm His-Strasse*

Quellen: ANK: 1986

Literatur: Basler Zeitung, 7./12.6.1995. National-Zeitung, 16.6. 1944

Bedeutung (Oser): Friedrich Oser (1820–1891), Pfarrer und Dichter. Oser studierte in Basel und wurde 1842 zum Prediger ordiniert. Er hielt sich anschliessend zur weiteren Ausbildung u.a. in Berlin, Prag und München auf und kehrte 1843 nach Basel zurück. In diesem Jahr erhielt er eine Stelle als Vikar von Diegten, von 1845 bis 1867 war er Pfarrer von Waldenburg. Danach übte er das Amt des Strafanstalt-Pfarrers in Basel aus, von 1885 bis zu seinem Tod betreute er die Gemeinde Biel-Benken. Über seine Gemeinden hinaus erlangte Oser Bekanntheit als Verfasser von Liedern geistlich-patriotischen Inhalts. Er war Ehrenmitglied der Basler Liedertafel. Ein erster Erfolg waren die ‹Kreuz- und Trostlieder› (Basel 1856 und 1866), gedichtet nach dem Tod seiner siebenjährigen Tochter, 1875 folgte das ‹Liederbuch›. Sein umfangreiches Werk, darunter Gedichte, humoristische Sinnsprüche und Erzählungen, war in der Schweiz und Deutschland sehr verbreitet. 300 weltliche und geistliche Lieder wurden vertont, seine Klosteridylle ‹Adolphus› von 1886 kam wegen starker Nachfrage in einer Volksausgabe heraus. Das populärste Lied war eine Hymne auf die Nationalfahne, ‹Das weisse Kreuz im roten Feld, weh jedem, der's bedroht›.

→ *Oserweglein* — *Siehe auch*

Literatur: Basler Nachrichten, 17.12.1891. National-Zeitung, 29.2.1920. Roth: S. 43

Strassenname	**Friedrichstrasse**
Gruppe	12.5
Plankoordinaten	D 5
Amtlich benannt	1869
Bedeutung	Leonhard Friedrich (1821–1887), Basler Baumeister. Er liess die ersten Häuser dieser Strasse erstellen.
Bemerkenswertes	In der Nachbarschaft der Friedrichstrasse finden sich die einige Jahre später benannten Heinrichsgasse und Rudolfstrasse. Alles sind typische deutsche Herrschernamen mit Persönlichkeiten, die eine besondere Rolle in der Basler Geschichte spielten. Kaiser Friedrich III. (1415–1493) bat während des Alten Zürichkrieges den französischen König um Unterstützung, worauf dieser seinen Sohn, den Dauphin, mit dem Armagnakenheer gegen die Eidgenossenschaft losschickte. Am 26.8.1444 kam es zur Schlacht bei St. Jakob. Kaiser Friedrich III. hat aber auch eine ganz andere und ausschliesslich friedliche Beziehung zu Basel. Er erteilte Basel im Jahr 1471 das Messeprivileg, auf das die heutige Herbst- und die Frühjahrsmesse zurückgehen. Bei der Heinrichsgasse (die nach einem Grundstücksbesitzer so hiess) kann man an den Kaiser und Förderer des Münsterneubaus denken. Aber erst die zuletzt entstandene Rudolfstrasse ist tatsächlich nach dem Habsburger König Rudolf benannt. So bilden die drei Strassen ein in Stufen gewachsenes pseudohistorisches Ensemble.
Literatur	Roth: S. 43. Siegfried: S. 64

Strassenname	**Fringelistrasse**
Gruppe	8.1
Plankoordinaten	E 7,8
Amtlich benannt	1925
Bedeutung	Fringeli (913 m ü. M.), Höhenzug des Kettenjuras oberhalb Bärschwil im Baselbieter Bezirk Laufen, 26 km südöstlich von Basel. Am Fringeli befinden sich Lagerstätten von Fossilien.
Siehe auch	→ Fringeliweglein
Literatur	Roth: S. 43

Fringeliweglein	Strassenname
8.1	Gruppe
E 8	Plankoordinaten
1970	Amtlich benannt
→ Fringelistrasse	Siehe
ANK: 1970	Quellen

Fritz Hauser-Promenade	Strassenname
12.5	Gruppe
E 8	Plankoordinaten
1979	Amtlich benannt
→ Fritz Hauser-Strasse	Siehe
ANK: 1979	Quellen

Fritz Hauser-Strasse	Strassenname
12.5	Gruppe
E 8	Plankoordinaten
1946	Amtlich benannt
Fritz Hauser (1884–1941), sozialdemokratischer Nationalrat und Regierungsrat im Erziehungsdepartement in den Jahren des ‹Roten Basels› von 1935–1950. Hauser übte 1906–1918 den Lehrerberuf aus, 1911 wurde er in den Grossen Rat gewählt, 1915 erwarb er das Doktordiplom. 1918 kam er als zweiter Sozialdemokrat neben Eugen Wullschleger in den Regierungsrat, wo er zuerst das Departement des Innern, seit 1919 das Erziehungsdepartement leitete. Hauser war seit 1919 ebenfalls im Nationalrat. In seine Basler Regierungszeit fallen das Schulgesetz von 1929/1930 und das Universitätsgesetz von 1937, die bis in die 1990er Jahre gültig blieben, die Schaffung des Kunstkredits (1919),	Bedeutung

die Abschaffung des obligatorischen Schulgebets (1933), die Einrichtung des Kantonalen Lehrerseminars und der Bau von Kunstmuseum und Kollegiengebäude der Universität.

Siehe auch → Fritz Hauser-Promenade
Weiteres siehe → Gustav Wenk-Strasse
Literatur Abend-Zeitung, 27.3.1941. Roth: S. 44. Teuteberg: S. 369. Zschokke Peter: 50 Jahre Basler Kunstkredit. Basel 1969

Strassenname **Frobenstrasse**
Gruppe 12.4
Plankoordinaten E 6,7 D 7
Amtlich benannt 1880
Bedeutung Johannes Froben (1460–1527), aus Hammelburg (Franken), Buchdrucker und Verleger. Froben erwarb 1490 das Basler Bürgerrecht und arbeitete bald allein, bald in Gemeinschaft mit den Buchdruckern Adam Petri und Johannes Amerbach, dessen Zögling man ihn auch nannte. Seine Druckerei richtete er im Haus ‹Zum Sessel› (Totengässlein 3) ein, das er 1507 käuflich von Amerbach erwarb. Nach dem Tod Amerbachs (1513) übernahm er dessen Geschäft. Er verlegte neben den Schriften der Kirchenväter und der Antike auch die von Humanisten, vor allem seit 1514 die Werke des Erasmus von Rotterdam (mit dem ihn eine lebenslange Freundschaft verband) und wurde zum bedeutendsten Drucker im deutschsprachigen Raum. Froben modernisierte die nordalpine Buchgestaltung grundlegend. Er führte nach dem Beispiel des Venezianers Aldus Manutius die heute noch gebräuchlichen Antiquabuchstaben ein. Dies, die Verwendung hochqualitativen Papiers und des Oktavformats (etwa Taschenbuchgrösse) erhöhten die Lesbarkeit seiner Ausgaben derart, dass er zum Vorbild für die anderen Drucker wurde. Weiteres Merkmal seiner Bücher war der wirkungsvolle Einsatz von Initialen, Zierleisten und Titeleinfassungen, Holz- und Kupferstichen für Illustrationen. Als Künstler war dafür anfänglich Urs Graf zuständig, später Hans Holbein d. J. Letzterer entwarf auch das Druckerzeichen Frobens: ein Stab, um den sich zwei Schlangen winden und auf dem eine Taube sitzt. Es ist der Stab Merkurs, des römischen Gottes der Händler und Überbringer von Botschaften. Die Tiere sind eine Anspielung auf das Bibelzitat Matthäus 10.16: «Seid klug wie die Schlangen und ohne Falschheit wie die Tauben.» Froben gab über 300 Bücher heraus, darunter Erasmus' ‹Lob der Torheit›, Sebastian Brants ‹Narrenschiff› und Thomas Morus' ‹Utopia›. Frobens Sohn Hieronymus führte die Druckerei nach seinem Tod weiter; sie ging aber um 1590 ein.

→ *Amerbachstrasse, Brantgasse, Erasmusplatz, Henric Petri-Strasse, Holbeinplatz, Urs Graf-Strasse* *Weiteres siehe*

Roth: S. 44. Teuteberg: S. 176–178 *Literatur*

Froburgstrasse *Strassenname*
18 *Gruppe*
G 5 *Plankoordinaten*
1860 *Erstmals genannt*
1878 *Amtlich benannt*
Froburg, Solothurner Burgruine oberhalb von Trimbach bei Olten, 31 km südöstlich von Basel. Die Burg wurde im 11. Jahrhundert erbaut, wohl auf älteren Fundamenten. Im 17. Jahrhundert war sie bereits zerfallen. Die Grafen von Froburg, die auch einige Bischöfe von Basel stellten, stammen von dort. Die Froburger hatten ausgedehnte Besitzungen im Sisgau, Aargau, Elsass, Breisgau und Burgund. *Bedeutung*
Die Froburgstrasse war ursprünglich ein Teil des nicht in geplantem Umfang ausgeführten ‹St. Albanringwegs› und hiess auch so. *Frühere Namen*

Als sie aber mit diesem nicht verbunden wurde, nannte man sie 1878 um.

Weiteres siehe → Eptingerstrasse
Literatur Roth: S. 44. Siegfried: S. 34; 37

Strassenname **Fröschgasse**
Gruppe 23
Plankoordinaten B 6
Amtlich benannt 1925
Siehe → Schützenmattstrasse
Bedeutung Die heutige Fröschgasse nahe des Schiessplatzes am Allschwilerweiher erinnert an die alte ‹Fröschgasse› nahe des Teuchelweihers und der Schützenmatte.
Literatur Roth: S. 44

Strassenname **Fürstensteinerstrasse**
Gruppe 18
Plankoordinaten EF 7
Amtlich benannt 1903
Bedeutung Fürstenstein, Burgruine des 13. Jahrhunderts bei Ettingen am Nordrand des Blauen, 11 km südwestlich von Basel. Die Burg, ein Lehen der Herren von Rotberg, nahmen Basler Truppen 1412 aus Anlass einer Fehde ein und zerstörten sie.
Bemerkenswertes Die miteinander verbundenen Fürstensteiner-, Mönchsberger-, Sternenberger- und Waldeckstrasse spiegeln durch ihre Lage am Nordfuss des Bruderholzes die Lage der namengebenden Burgruinen nördlich des markanten Blauen wider.
Literatur Roth: S. 44. Siegfried: S. 43

Strassenname **Furkastrasse**
Gruppe 10.1
Plankoordinaten C 6
Amtlich benannt 1909

Die Furka (2431 m ü. M.), Pass in den Schweizer Zentralalpen. Die Furka bildet die Wasserscheide zwischen Rhone und Reuss. 1864–1866 wurde der Saumweg zur Passstrasse ausgebaut. Die Furka-Oberalp-Bahn mit Autoverlad nahm ihren Betrieb 1926 mit dem Furka-Scheiteltunnel (2163 m ü. M.) auf, seit 1982 erlaubt der Furka-Basistunnel (1551 m ü. M.) ganzjährigen Betrieb. Auf der restaurierten Bergstrecke fahren Dampflokomotiven zu Nostalgietouren aus. Strasse und Bahn verbinden die Kantone Uri (Urserental) und Wallis (Goms). *Bedeutung*

Roth: S. 44. Siegfried: S. 68 *Literatur*

Gärtnerstrasse	General Guisan-Strasse	Gotenwegli	Grienstrasse
Galgenhügel-Promenade	Gerberberglein	Gottesackerstrasse	Grimselstrasse
	Gerbergässlein	Gottfried Keller-Strasse	Grimselweglein
Gansgässlein	Gerbergasse		Grosspeterstrasse
Gartenstrasse	Giebenacherweg	Gotthardstrasse	Grünpfahlgasse
Gasstrasse	Giessliweg	Gotthelfplatz	Güterstrasse
Gellertpark	Gilgenbergerstrasse	Gotthelfstrasse	Guisan-Promenade
Gellertstrasse	Giornico-Promenade	Greifengasse	Gundeldingerrain
Gellertweglein	Giornicostrasse	Grellingerstrasse	Gundeldingerstrasse
Gempenfluhweglein	Glaserbergstrasse	Grenzacher-Promenade	Gundeli-Passerelle
Gempenstrasse	Glockengasse	Grenzacherstrasse	Gustav Wenk-Strasse
Gemsberg	Göschenenstrasse	Grenzstrasse	

Strassenname	**Gärtnerstrasse**
Gruppe	26
Plankoordinaten	E 3
Amtlich benannt	1896
Bedeutung	Entlang des Wiesendamms wurden Gärtnereien betrieben, die der Strasse ihren Namen gaben.
Frühere Namen	Die Gärtnerstrasse trat vor der amtlichen Namengebung als ‹Gärtnerweg› in Erscheinung. Ihr Verlauf entspricht dem der ‹(Alten) Kleinhüningerstrasse› oder des ‹Kleinhüninger(fuss)weges› zwischen Wiese und Inselstrasse.
Literatur	Roth: S. 45. Siegfried: S. 90

Strassenname	**Galgenhügel-Promenade**
Gruppe	7
Plankoordinaten	G 6
Amtlich benannt	1970
Bedeutung	Auf der Geländeerhebung an der Gellertstrasse mit dem früheren Hochgericht, ‹Galgenhübeli› oder ‹Galgen› genannt, war die Haupthinrichtungsstätte Basels. Wie der Henker, den ein Tabu umgab und dessen Gesellschaft man mied, hatten auch die Werkzeuge der Hinrichtung einen zweifelhaften Ruf. Beim Abbruch des Galgens im Jahr 1823 mussten die Behörden öffentlich verlauten lassen: Die am Abbau beteiligten Handwerker müssten keinen Schaden an ihrem guten Ruf erleiden, wenn sie sich am Galgen zu schaffen machten.
Bemerkenswertes	In und um Basel gibt es verschiedene Orte, die früher Richtplätze waren. In frühester Zeit wurde die Todesstrafe auf dem Marktplatz vollstreckt, später vor allem für politische Verbrechen. Auf dem Lysbüchel vor dem St. Johanns-Tor stand ein Galgen, seit dem 15. Jahrhundert erfolgten Hinrichtungen auch auf dem ‹Kopfabhaini› genannten Gelände vor dem Steinentor (heute der birsigwärts gelegene Teil des Zoo-Parkplatzes). Die letzte Hinrichtung in Basel wurde dort 1819 durch Köpfen mit dem Schwert an drei Raubmördern vollzogen. An eine alte Hinrichtungsstätte vor Kleinbasel, das östlich der Riehenstrasse gelegene sogenannte ‹Galgenfeld›, erinnerte der ehemalige Strassenname ‹Gotterbarmweg› der zwei Strassen Im Surinam und Eugen Wullschleger-Strasse.
Weiteres siehe	→ Kohlenberggasse
Quellen	ANK: 1970
Literatur	Blum / Nüesch: S. 3; 7. Fischer: Anhang S. 35. Siegfried: S. 30

Strassenname	**Gansgässlein**
Gruppe	19
Plankoordinaten	E 5
Amtlich benannt	1978
Bedeutung	Das Haus ‹Zur Gans› (Spalenberg 2) liegt am Eingang zu dieser geplanten Gasse. Die amtliche Benennung ist erfolgt, die Strasse selbst aber noch nicht gebaut. An der Hauswand ist noch das alte, aus dem 14. Jahrhundert stammende Wappenrelief mit einer Gans darauf angebracht. Früher standen an diesem Ort das Haus ‹Zur Gans› (unten) und das Haus ‹Zur Ente› (oben). Das Haus ‹Zur Gans› trat erstmals auf einer Urkunde von 1345 in Erscheinung und hiess nach der Familie ‹zer Gense›. Das Haus ‹Zur Ente› taucht unter diesem Namen seit 1401 auf, bei seiner ersten Erwähnung 1351 war es noch namenlos.
Bemerkenswertes	Der Name ‹Gansgesslin›, nach den beiden Liegenschaften ‹Zur Gans› (Imbergässlein 12 und 13), taucht 1716 als Bezeichnung für das Imbergässlein auf.
Quellen	ANK: 1975–1978
Literatur	Bischoff Karl: Das Haus zur ‹Gens›. In: Basler Jahrbuch 1921. Basel 1920, S. 120–143

Strassenname	**Gartenstrasse**
Gruppe	7
Plankoordinaten	F E 6
Amtlich benannt	1860
Bedeutung	‹In den Gärten› war der Name des von der Strasse durchzogenen Grundstücks. Von 1836 bis in die 1890er Jahre lag in der Nähe neben dem heutigen Polizeiposten an der St. Jakobs-Strasse der ehemalige Botanische Garten der Universität Basel.
Weiteres siehe	→ Parkweg
Literatur	Blum / Nüesch: S. 5–6. Roth: S. 45. Siegfried: S. 47

Strassenname	**Gasstrasse**
Gruppe	28.1
Plankoordinaten	D 4
Amtlich benannt	1898
Bedeutung	Die nach Gas, Kohle, Kraft, Licht und Wasser benannten Strassen weisen auf die Industrialisierung Basels in der zweiten Hälfte des 19. Jahrhunderts hin. Es sind dies die Hauptelemente für die Modernisierung der städtischen Infrastruktur. Die Strassen liegen alle in der Nähe der alten Gasfabrik und des 1899 in Betrieb genommenen und von Gasturbinen angetriebenen Elektrizitäts- bzw. Kraftwerks (1943 für die Fernheizung zur Dampfzentrale ausgebaut). Die Benennung geht auf die ehemalige Basler Gasfabrik vor dem St. Johanns-Tor (Fabrikstrasse 40, alte Gasstrasse 6) zurück. Die Fabrik fing mit ihrem Betrieb 1860 an und verkokte Kohle zu Gas, das in Lampen Strassen und Häuser erleuchtete. Die erste, noch private Gasfabrik hatte von 1852 an vor dem Steinentor (Binningerstrasse 4–8) gestanden. Der neue Standort erleichterte die Zulieferung der aus dem Saarland auf dem Schienenweg herantransportierten Kohle. Die Gasfabrik im Wohnviertel St. Johann übernahm 1868 der Staat. 1931 verlegte man sie nach Kleinhüningen an den Rheinhafen (Neuhausstrasse 65), was den direkten Transport der Kohle von den Schiffen ins Werk ermöglichte. 1970 stellte man den Betrieb ein. Die heutige Versorgung erfolgt mittels Gaspipelines. Die Gasstrasse kreuzte früher die Elsässerstrasse. Ihr Teilstück von der Elsässerstrasse bis zur Gasfabrik am Rhein wurde 1898 aufgehoben, die Fortsetzung, die den Namen Gasstrasse behielt, wurde aber von der Elsässerstrasse bis zur Entenweidstrasse verlängert. Der Name Gasstrasse blieb trotz der Verlegung der Gasfabrik nach Kleinhüningen an seinem Ort. Den letzten Gasbehälter, aus dem Jahr 1912 stammend und 50 000 Kubikmeter fassend, brach man im Frühling 1985 ab.
Siehe auch	→ Kohlenstrasse, Kraftstrasse, Lichtstrasse, Wasserstrasse
Bemerkenswertes	Zum Ensemble der Namen, die an die Industrialisierung im 19. Jahrhundert erinnern, gehören auch die nach Alessandro Volta und James Watt benannten Strassen. Die Edisonstrasse ist unabhängig davon benannt worden und befindet sich auch in einem anderen Quartier. Alle drei Personen haben keine direkte Verbindung zu Basel, aber eine zentrale Stellung in der technischen Innovationsgeschichte.
Weiteres siehe	→ Edisonstrasse, Voltaplatz, Voltastrasse, Wattstrasse
Literatur	Blum / Nüesch: S. 150–152. INSA: S. 149. Roth: S. 45. Teuteberg: S. 342–343. Vögelin Hans Adolf: Das St. Johann-Quartier. In: Basler Stadtbuch 1983. Basel 1984, S. 177–187

Strassenname	**Gellertpark**
Gruppe	7
Plankoordinaten	F 6
Amtlich benannt	1945
Siehe	→ Gellertstrasse
Bemerkenswertes	Der Gellertpark gehört zu den schönsten historischen Parkanlagen in Basel. Der ur-

Gellertpark

sprünglich private Gellertpark entstand durch sukzessiven Landkauf im 19. Jahrhundert. Als Stiftung ist er nach Umgestaltungen seit 1992 der Öffentlichkeit zugänglich. Die Strasse, eine Parkanlage mit einer Häusergruppe, ist eine Sackgasse. Die benachbarten Strassen Magnolienpark und Hirzbodenpark gehen ebenfalls von der Gellertstrasse aus und sind Sackgassen.

Literatur	Linn Andreas: Das private Gellertgut – ein öffentlicher Park. In: Basler Stadtbuch 1992. Basel 1993, S. 101–106. Roth: S. 45

Strassenname	**Gellertstrasse**
Gruppe	7
Plankoordinaten	F 6 G 6,7
Erstmals genannt	1811
Amtlich benannt	1861
Bedeutung	Die Herkunft des Begriffs ‹Gellert›, der schon im 14. Jahrhundert auftaucht, ist unbekannt. Die Strasse hat nichts mit dem Dichter Christian Fürchtegott Gellert (1715–1769) zu tun, es könnte sich aber tatsächlich um einen Personennamen handeln, der als Name eines früheren Landbesitzers zum Flurnamen geworden ist. Eine andere Deutung versteht ‹Gellert› als ‹Gäle Hard›, also als Gelben Hardwald, ohne aber die Farbe Gelb zu erklären. ‹Gellert› heisst volkstümlich auch das Villenquartier entlang der Gellertstrasse. Es ist aber keine offizielle Bezeichnung dieser Gegend.
Siehe auch	→ Gellertpark, Gellertweglein
Frühere Namen	Im Plan von Sebastian Münster aus dem Jahr 1550 ist die Gellertstrasse ohne Namen eingezeichnet. In den Adressbüchern von 1811 bis 1854 heisst die Strasse einfach ‹Gellert›. 1847 findet sich die Variante ‹Göllertsträsslein›.
Frühere Namen von Teilstücken	Die Strasse unterteilte man auch in ‹vordere Gölhard Straas› vom St. Albantor bis zum Neusatzweg und in ‹hintere Gölhard Straas› bis St. Jakob (1820). Die beiden Strassenteile trennte das Hochgericht (Galgen), an das heute die Galgenhügel-Promenade erinnert.
Weiteres siehe	→ Galgenhügel-Promenade
Quellen	Adressbücher 1811–1854. Hoferplan 1820. Münsterplan
Literatur	Roth: S. 45. Siegfried: S. 30

Strassenname	**Gellertweglein**
Gruppe	7
Plankoordinaten	G 6
Amtlich benannt	1959
Siehe	→ Gellertstrasse
Quellen	ANK: 1959

Strassenname	**Gempenfluhweglein**
Gruppe	8.3
Plankoordinaten	F 8
Amtlich benannt	1954
Siehe	→ Zur Gempenfluh
Weiteres siehe	→ Gempenstrasse
Literatur	Roth: S. 45

Strassenname	**Gempenstrasse**
Gruppe	1
Plankoordinaten	E 6,7
Amtlich benannt	1881
Bedeutung	Gempen, Gemeinde der Solothurner Amtei Dorneck-Thierstein, 10 km südöstlich von Basel.
Bemerkenswertes	Wegen der Hoheitsrechte über Gempen kam es zwischen Solothurn und Basel 1531 zum sogenannten Galgenkrieg, als Basel dort einen von Solothurn errichteten Galgen (Symbol der Hohen Gerichtsbarkeit) umhauen liess. Nach ersten Truppenbewegungen an der Grenze konnten eidgenössische Gesandtschaften einen Vergleich zwischen den beiden Kantonen herbeiführen.

Weiteres siehe	→ Zur Gempenfluh
Literatur	Roth: S. 45

Strassenname	**Gemsberg**
Gruppe	19
Plankoordinaten	E 5
Erstmals genannt	1272
Amtlich benannt	1861
Bedeutung	Die Liegenschaft Gemsberg 7 hiess ‹Zur Gemse›, früher ‹Zum Gembsberg›. Der Name taucht seit 1536 auf (Teile des Hauskomplexes erscheinen erstmals 1322 als ‹bi dem durren Sod›), die Strasse übernahm den Namen aber erst im 19. Jahrhundert.
Frühere Namen	Als Verbindungsweg zwischen dem Heuberg und dem Spalenberg erhielt der Gemsberg den Namen dieser beiden Strassen. Aus der Nachbarschaft zu weiteren Strassen und Orten ergeben sich auch die Bezeichnungen ‹Leonhardsberg›, ‹An den Spalen› oder im Jahr 1488 ‹Sprung bei Höberg› und 1610 ‹Gassen vom Heuberg zum Kalten Keller›.
Frühere Namen von Teilstücken	Nach einer anderen Bezeichnung des Heubergs erhielt der Gemsberg insgesamt oder sein oberer Teil im 14. bis 16. Jahrhundert den Namen ‹Schlossgasse›. Nach einem nicht sehr wasserreichen Sodbrunnen (der ‹dürre Sod›) wurde der untere Teil des Gemsbergs ‹Sodgasse› genannt, was erstmals 1272 als ‹iuxta stratam Sotgassen› (‹bei der Sodgasse›) belegt ist. Die Gegend war auch als ‹Zum dürren Sod› bekannt. Dieser Sodbrunnen wurde aufgehoben; der heutige Brunnen von 1861 ist der erste Brunnen Basels mit einer Gussplastik, natürlich einer Gemse.
Weiteres siehe	→ Heuberg
Quellen	HGB: Gemsberg. Platter: S. 306
Literatur	Burger Arthur: Brunnengeschichte der Stadt Basel. Basel 1970, S. 9; 121. Fechter 1856: S. 74–75. Roth: S. 46. Siegfried: S. 15

General Guisan-Strasse	Strassenname
12.8, 25.3	Gruppe
C 6	Plankoordinaten
1881	Erstmals genannt
1960	Amtlich benannt
Henri Guisan (1874–1960), aus Mézières (Kt. Waadt), General der schweizerischen Armee im Zweiten Weltkrieg. Als nationale Identifikationsfigur dieser Zeit nahm er tiefgreifenden Einfluss auf das schweizerische Selbstverständnis in der zweiten Hälfte des 20. Jahrhunderts. Der mit ihm verbundene Gedanke des Rückzugs der Schweiz auf ein Réduit (Zuflucht) hat Innen- und Aussenpolitik wesentlich beeinflusst.	Bedeutung
→ Guisan-Promenade	Siehe auch
Die früheren Namen der Strasse waren ‹Militärstrasse› (Wielandplatz bis Morgartenring) und ‹Kriegerstrasse› (Morgartenring bis Im langen Loh) aufgrund ihrer Nähe zum Schiessplatz auf der Schützenmatte.	Frühere Namen
→ Schützenmattstrasse	Weiteres siehe
ANK: 1960	Quellen
INSA: S. 157. Roth: S. 76	Literatur

Gerberberglein	Strassenname
26	Gruppe
E 5	Plankoordinaten
1972	Amtlich benannt
→ Gerbergasse	Siehe
ANK: 1972	Quellen

Gerbergässlein	Strassenname
26	Gruppe
E 5	Plankoordinaten
1333	Erstmals genannt
1861	Amtlich benannt
→ Gerbergasse	Siehe
Das Gerbergässlein, das parallel zur Gerbergasse, aber etwas höher gelegen verläuft,	Frühere Namen

erscheint urkundlich erstmals im Jahr 1333 als ‹under den obern gerwern›. Das für ihr Gewerbe nötige laufende Wasser bezogen diese ‹oberen Gerber› vom künstlich angelegten Rümelinbach.

Frühere Namen von Teilstücken — In den Adressbüchern vor 1862 zählte der Abschnitt vom Barfüsserplatz bis zum Leonhardsstapfelberg zur damaligen ‹Gerbergasse›, die vom Barfüsserplatz bis zur Rüdengasse ging. Darauf folgte das ‹Hintere Gerbergässlein› bis zur nächsten Querverbindung hinab zur ‹Gerbergasse› gegenüber dem Pfluggässlein. Hier begann das ‹Vordere Gerbergässlein›.

Weiteres siehe → *Rümelinsplatz*

Quellen Adressbücher 1798–1854

Literatur Fechter 1856: S. 64. Roth: S. 46. Siegfried: S. 13

Strassenname **Gerbergasse**
Gruppe 26
Plankoordinaten E 5
Erstmals genannt 1260
Amtlich benannt 1861
Bedeutung Die Gerber, die für ihr Gewerbe fliessendes Wasser benötigten, siedelten sich sowohl längs des linken Birsigufers als auch am weiter oben parallel verlaufenden Rümelinbach an.

Siehe auch → *Gerberglein, Gerbergässlein*

Frühere Namen von Teilstücken — In der heutigen Gerbergasse fand sich früher eine Abfolge von Gewerben, die alle mit dem Handel und der Verarbeitung von Tieren und Tiermaterialien zu tun hatte. Die Teilstücke der Strasse erhielten deswegen unterschiedliche Namen. Vom ‹Kornmarkt›, dem heutigen Marktplatz, ausgehend verlief der ‹Rindermarkt› oder ‹Viehmarkt› bis zur Rüdengasse. Er erscheint 1264 als ‹in vico antiqui fori boum› (‹in der alten Rindermarktgasse›), 1387 als ‹Vichmerkt›. Diese Bezeichnung blieb bis 1861 erhalten, obwohl der Rindermarkt seit den 1830er Jahren am Steinenberg stattfand. Am alten ‹Rindermarkt› siedelten sich auch die Bermender oder Berminer (Pergamenthersteller) sowie die Kürschner an. Das anschliessende Strassenstück bis zum Pfluggässlein erhielt seinen Namen dann von den Gerbern, als ‹vicus, qui vulgo dicitur Gerwerstraze› (‹Gasse, die auf deutsch Gerberstrasse genannt wird›) 1291 erstmals erwähnt. 1294 findet sich der lateinische Ausdruck ‹inter cerdones› (‹unter den Gerbern›). Das folgende Stück der Strasse wurde bereits 1260 ‹Sutergasse› genannt, nach den Sutern oder Schuchsutern, d.h. Schustern. Den Abschluss bildete die nach dem gleichnamigen Stadttor bezeichnete ‹Eseltürligasse›, 1267 durch ‹in vico Esilturli› (‹in der Eseltürleingasse›) belegt, die zum grossen Teil im Barfüsserplatz aufgegangen ist. Im Adressbuch von 1854 gibt es neben der ‹Gerbergasse› (von Barfüsserplatz bis Pfluggässlin, Talseite) noch eine ‹Obere Gerbergasse› (von Barfüsserplatz bis Pfluggässlein, Bergseite) und eine ‹Untere Gerbergasse› (von Pfluggasse bis Rüdengasse). Im Adressbuch von 1798 heisst der Abschnitt entlang der heutigen Safranzunft und der Hauptpost ‹Beym Kaufhaus›.

Bemerkenswertes — Noch um das Jahr 1000 bildete der Birsig die Stadtgrenze. Der Name Rindermarkt für den zum Marktplatz hin nächsten Teil der Gerbergasse stammt aus dieser Zeit, da Rindermärkte im Mittelalter grundsätzlich ausserhalb der Stadt stattfanden. An der Verbindung zum Gerbergässlein hinauf, gegenüber dem Pfluggässlein, steht der unscheinbare Richtbrunnen. In ihm soll der Sage nach die Höhle des Basilisken gewesen sein, welcher der Stadt Basel ihren Namen gegeben habe.

Quellen Adressbuch 1854

Literatur Blum / Nüesch: S. 93–94. Fechter 1856: S. 57–58; 64–66. Roth: S. 46. Siegfried: S. 13

Strassenname	**Giebenacherweg**		**Giornico-Promenade**	*Strassenname*
Gruppe	1		5, 25.2	*Gruppe*
Plankoordinaten	G 4		E 8	*Plankoordinaten*
Amtlich benannt	1943		1954	*Amtlich benannt*
Bedeutung	Giebenach, Gemeinde im Baselbieter Bezirk Liestal, 12 km östlich von Basel.		→ *Giornicostrasse*	*Siehe*
Literatur	Roth: S. 46		Roth: S. 46	*Literatur*

Strassenname	**Giessliweg**		**Giornicostrasse**	*Strassenname*
Gruppe	11.1		5, 25.2	*Gruppe*
Plankoordinaten	E 2,3		F 8 E 8,9	*Plankoordinaten*
Amtlich benannt	1896		1925	*Amtlich benannt*
Bedeutung	Der Giesslibach war ein Zufluss in den verschwundenen Altrhein.		Giornico, Tessiner Gemeinde in der unteren Leventina. Bei Giornico besiegten im Jahr 1478 eidgenössische Truppen den Mailänder Herzog Sforza.	*Bedeutung*
Literatur	Roth: S. 46		→ *Giornico-Promenade*	*Siehe auch*
			Roth: S. 46	*Literatur*

Strassenname	**Gilgenbergerstrasse**		**Glaserbergstrasse**	*Strassenname*
Gruppe	18		8.1	*Gruppe*
Plankoordinaten	F 7		C 4	*Plankoordinaten*
Amtlich benannt	1896		1924	*Amtlich benannt*
Bedeutung	Gilgenberg, Burgruine oberhalb Nunningen im Solothurner Bezirk Dorneck, 19 km südlich von Basel. Die Burg entstand als Gründung der Freiherren von Ramstein im 14. Jahrhundert. Ihren Namen hat sie von den Gilgenstäben (d.h. Lilienstäben) im Wappen der Ramsteiner. Die Herren zu Gilgenberg waren eine Seitenlinie der Freiherren von Ramstein, nach deren Erlöschen (1459) sie den Besitz übernahmen. Hans Imer zu Gilgenberg war Basler Bürger, 1496 und 1498 sogar Bürgermeister, musste aber 1499 als Vertreter der Ritterschaft und angeblicher österreichischer Sympathisant während des Schwabenkriegs die Stadt verlassen. 1527 kaufte Solothurn Gilgenberg, worin der vögtliche Sitz war. Als die Franzosen 1798 einmarschierten, zerstörte das aufständische Landvolk das Schloss. Zwei Jahre später versteigerte der Staat schliesslich das Schlossgut.		Glaserberg (785 m ü. M.), Bergrücken des Sundgauer Kettenjuras oberhalb von Roggenburg, 22 km südwestlich von Basel.	*Bedeutung*
			Roth: S. 47	*Literatur*

			Glockengasse	*Strassenname*
			19	*Gruppe*
			E 5	*Plankoordinaten*
			1293	*Erstmals genannt*
			1907	*Amtlich benannt*
			Häuser ‹Zur Glocke› finden sich unter den Strassennummern Fischmarkt 11, Hutgasse 10 und Spalenberg 32. Namengebend war das Haus an der Hutgasse. Es erscheint erstmals in einer Urkunde von 1258, noch ohne Namen, 1271 als ‹Apotheka› und seit 1438 als Haus ‹zer nuwen Gloggen›.	*Bedeutung*
Literatur	Roth: S. 46			

Frühere Namen	Ursprünglich war die Glockengasse eine von der heutigen Sattelgasse abzweigende Sackgasse. Sie taucht schon 1293 als ‹Hinderars›, 1310 als ‹Hinderaffreten› und 1610 wieder als ‹Gesslin hinder ars› auf. Der Name stammt von der in einem Winkel am Ende der Sackgasse liegenden Schleife ‹Zum Hinderars›. Der derbe Ausdruck ‹Hinterarsch› bedeutet, dass die Schleife im hintersten Winkel der Sackgasse lag. Im Adressbuch von 1798 heisst die Sackgasse ‹Bey der Schleiffe›, in den weiteren Adressbüchern vor 1862 dann ‹Sattelgasse›, die heutige Sattelgasse aber ‹Hinter der School›. Von 1862 an sind die beiden zusammengefasst und treten unter dem Namen der letzteren auf. 1907/1909 verbreitete man die Sackgasse erheblich, führte sie zur Hutgasse weiter und benannte sie in Glockengasse um.	

	Gotenwegli	*Strassenname*
	13	*Gruppe*
	H 4	*Plankoordinaten*
	1968	*Amtlich benannt*
	Die Goten waren ein germanischer Volksstamm aus Skandinavien, der sich im 2. Jahrhundert im Schwarzmeergebiet ansiedelte und sich darauf in Ost- und Westgoten teilte. Beide Stämme wanderten im Verlauf der Völkerwanderung weiter nach Westen und gründeten in Spanien und Südfrankreich sowie in Italien eigene Reiche.	*Bedeutung*
Bemerkenswertes	Die Korrektion der Glockengasse zusammen mit der Hutgasse und der Sattelgasse bezweckte einerseits, verschiedenen Geschäftshäusern am Marktplatz eine hintere Zufahrt zu verschaffen. Andererseits waren die sanitarischen Zustände in diesen Strassen untragbar geworden. Die hauptsächlich von armen und ärmsten Arbeiterfamilien bewohnte Gegend am Petersberg gehörte zu den schlimmsten Slums von Basel. Die Korrektion dieser Gegend dauerte noch bis in die Mitte des 20. Jahrhunderts.	Das Gotenwegli ist die Fortsetzung der schon auf Riehener Gebiet gelegenen Gotenstrasse. Das benachbarte Rauracherwegli liegt sowohl auf Basler als auch auf Riehener Gebiet. Zusammen mit den nahe gelegenen Riehener Strassen Helvetierstrasse, Rauracherstrasse und Keltenweg bilden sie ein gemeindeübergreifendes Ensemble (spät-)antiker Völkernamen.	*Bemerkenswertes*
	→ Alemannengasse	*Weiteres siehe*
Quellen	Adressbücher 1798–1854. Platter: S. 340	
Literatur	INSA: S. 158. Roth: S. 47. Siegfried: S. 11	

	Gottesackerstrasse	*Strassenname*
	17	*Gruppe*
	E 3	*Plankoordinaten*
	1896	*Amtlich benannt*
	→ Mauerstrasse	*Siehe*
	Vor ihrer Umbenennung hiess die Strasse ‹Rheinweilerweg›.	*Frühere Namen*
	Roth: S. 47. Siegfried: S. 90	*Literatur*

Strassenname	**Göschenenstrasse**		**Gottfried Keller-Strasse**	*Strassenname*
Gruppe	10.4		12.3	*Gruppe*
Plankoordinaten	BC 6		C 5	*Plankoordinaten*
Amtlich benannt	1920		1920	*Amtlich benannt*
Bedeutung	Göschenen, Urner Gemeinde am nördlichen Eingang zum Gotthardtunnel.		Gottfried Keller (1819–1890), aus Zürich, Zürcher Staatsschreiber und Schriftsteller (‹Der grüne Heinrich›, ‹Die Leute von Seldwyla›, ‹Zürcher Novellen›).	*Bedeutung*
Weiteres siehe	→ Gotthardstrasse			
Literatur	Roth: S. 47			

Weiteres siehe	→ C.F. Meyer-Strasse, Gotthelfplatz
Literatur	Roth: S. 47. Siegfried: S. 71

Strassenname	**Gotthardstrasse**
Gruppe	10.1
Plankoordinaten	C 6
Amtlich benannt	1898
Bedeutung	Gotthardmassiv, Gebirgsstock in den Schweizer Zentralalpen, Quellgebiet von Rhein, Rhone, Reuss und Ticino, im Pizzo Rotondo 3192 m hoch. Sankt Gotthard (ital. Passo del San Gottardo) ist der Name der Passstrasse (2108 m ü. M.), welche Urserental und Leventina verbindet. Ihre Anfänge reichen bis in vorgeschichtliche Zeit zurück, Bedeutung gewann die Strasse erst seit dem 14. Jahrhundert durch einen ausgebauten Saumpfad. Der Ausbau zur Passstrasse erfolgte im 19. Jahrhundert, ein letzter Ausbau 1967–1977. Die Aufgabe der Passstrasse haben die Gotthardeisenbahn (1872–1882 erbaut) und der Gotthard-Strassentunnel (1969–1980 erbaut) übernommen. Als Kernstück der Neuen Eisenbahn-Alpentransversale (NEAT) ist zusammen mit dem Lötschbergbasistunnel auch ein Gotthardbasistunnel anstelle der bisherigen Linie mit ihren Brücken und Kehrtunnels geplant.
Bemerkenswertes	Im Bachletten- und im Bruderholzquartier erinnern mehrere Strassennamen (Airolostrasse, -weglein, Biascastrasse, Bristenweg, Erstfeldstrasse, Faidostrasse, Göschenenstrasse, Schöllenenstrasse) speziell an die Gotthardeisenbahn, im Bachlettenquartier und im Gotthelfquartier weitere Strassennamen an die Hochalpen und Voralpen. Im nördlich anschliessenden Iselinquartier finden sich dann gehäuft Schweizer Orts- und Kantonsnamen sowie die sinnträchtige Helvetiastrasse
Literatur	Roth: S. 47. Siegfried: S. 68

Strassenname	**Gotthelfplatz**
Gruppe	12.3
Plankoordinaten	C 5,6
Amtlich benannt	1898
Bedeutung	Jeremias Gotthelf (1797–1854), eigentlich Albert Bitzius, aus Bern, Pfarrer, Lehrer und bedeutendster Schweizer Schriftsteller der ersten Hälfte des 19. Jahrhunderts (‹Uli der Knecht›, ‹Geld und Geist›, ‹Die schwarze Spinne›). Gotthelf war 1831 als Feldprediger für Berner Truppen in Basel, ein zweites Mal 1841 als Gast Rudolf Hagenbachs sowie 1844 beim eidgenössischen Schützenfest zur 400-Jahr-Feier der Schlacht von St. Jakob an der Birs. Er hegte grosse Sympathien für die konservative Stadt und machte den Kanton zum Schauplatz seines Romans ‹Jakobs, des Handwerksgesellen, Wanderungen durch die Schweiz› (1846/47).
Bemerkenswertes	Den Namen von Jeremias Gotthelf trägt auch das an Gotthelfplatz und -strasse liegende Schulhaus sowie das ganze Wohnviertel. Die nach dem Zürcher Schriftsteller benannte Gottfried Keller-Strasse führt zum Gotthelfplatz hin.
Weiteres siehe	→ Gottfried Keller-Strasse
Literatur	Muschg Walter: Gotthelf und Basel. In: Basler Jahrbuch 1954. Basel 1953, S. 75–130. Roth: S. 47. Siegfried: S. 71

Strassenname	**Gotthelfstrasse**
Gruppe	12.3
Plankoordinaten	C 5,6
Amtlich benannt	1898
Siehe	→ Gotthelfplatz
Literatur	Roth: S. 47

Strassenname	**Greifengasse**
Gruppe	19, 29
Plankoordinaten	E 5
Erstmals genannt	1375
Amtlich benannt	1861
Bedeutung	Das Haus ‹Zum Greifen›, Greifengasse 31, war der ursprüngliche Sitz der Kleinbasler Gesellschaft zum Greifen, die dieses Fabelwesen als Ehrenzeichen führt. Die Gesellschaft hat sich nach dem Haus genannt, früher hiess sie ‹Gesellschaft zum Baum›. Der Hausname ‹Zum Griffen› ist schon für das Jahr 1465 belegt, der Name Greifengasse taucht aber erst 1689 auf.
Frühere Namen	1375 und 1403 lautet die Umschreibung der Strasse ‹gasse als man wider sant Claren uffhin gat›, was 1423 zur ‹sant Claren gassen› vereinfacht ist. 1443 taucht ‹Kremergasse› auf, 1478 ‹Burgergasse› und 1550 ‹Crützgasse›. Der Name ‹Burgergasse› weist darauf hin, dass hier eine wirtschaftliche, soziale und politische Oberschicht gelebt haben muss. Alle diese Namen galten aber eher für Teilstücke der Strasse.
Frühere Namen von Teilstücken	1577 wurde die Strasse im unteren Teil als ‹Grempergasse›, im Bereich von Uten- und Ochsengasse als ‹Kreuzgasse›, gegen St. Clara hin als ‹Burgergasse› bezeichnet. 1610 ist die Strasse nur noch in ‹Grempergassen› von der Rheinbrücke bis zur Ochsengasse und in ‹Burgergassen› von der Ochsengasse bis St. Clara unterteilt, die Ochsengasse selbst hat den Namen ‹Kreutzgassen›. Die Kremper bereiteten rohe Wolle oder Werg zur weiteren Verarbeitung in den Spinnereien auf. Den Namen ‹Krempergasse› brauchte man noch bis 1861, als die Strasse in ihrer vollen Länge den heutigen Namen erhielt. Neben ‹Krempergasse› hiess der unterste Abschnitt auch ‹An der Rheinbrücke›.
Weiteres siehe	→ *Rheingasse, Vogel Gryff-Gässli*
Quellen	Adressbuch 1840; 1862. HGB: Greifengasse. Platter: S. 480
Literatur	Fechter 1856: S. 140; Plan. Meles / Wartburg: S. 32. Roth: S. 47. Siegfried: S. 20. Wackernagel: S. 246; 252

Grellingerstrasse	*Strassenname*
1	*Gruppe*
F 6	*Plankoordinaten*
1860	*Erstmals genannt*
1876	*Amtlich benannt*
Grellingen, Gemeinde im Baselbieter Bezirk Laufen, 12 km südlich von Basel.	*Bedeutung*
Die Grellingerstrasse hiess vor 1876 ‹Birsstrasse›, welchen Namen sie 1860 amtlich erhalten hat. Mit der Ausführung der neuen Birsstrasse wurde es nötig, sie umzutaufen.	*Frühere Namen*
Den Namensvorschlag ‹Merianstrasse› nach dem Kartographen Matthäus Merian, der die berühmte Vogelschau von Basel im Jahr 1615 geschaffen hat, lehnte die Regierung ab.	*Bemerkenswertes*
Roth: S. 47. Siegfried: S. 36	*Literatur*

Grenzacher-Promenade	*Strassenname*
3	*Gruppe*
G 5	*Plankoordinaten*
1967	*Amtlich benannt*
→ *Grenzacherstrasse*	*Siehe*
ANK: 1966/1967	*Quellen*

Grenzacherstrasse	*Strassenname*
3	*Gruppe*
FG 5 H 5,4	*Plankoordinaten*
1806	*Erstmals genannt*
1861	*Amtlich benannt*
Grenzach, badische Grenzgemeinde am Rhein, 5 km östlich von Basel. Die Bedeutung des Ortsnamens ist unklar, er hat ursprünglich wohl nichts mit der nahen Grenze zu tun. Möglicherweise stammt er von der römischen Ortsbezeichnung	*Bedeutung*

	‹Carantiacum› oder einem alemannischen Personennamen ‹Cranzo› ab.
Siehe auch	→ Grenzacher-Promenade, Im Grenzacherhof
Frühere Namen	Die Grenzacherstrasse, deren ehemaliges Anfangsstück, die heutige Rheinfelderstrasse schon auf dem Münsterplan von 1550 abgebildet ist, erscheint im Adressbuch von 1806 als ‹Grenzacher Strasse›, 1811 aber als ‹Krenzacherstrass›.
Frühere Namen von Teilstücken	Der ‹Herrenmattweg›, der in die Grenzacherstrasse einmündete, wurde als Verbindungsstück zum Wettsteinplatz 1878 in dieselbe integriert und umbenannt. Der ‹Herrenmattweg› war nach der wohl an die ehemaligen Kartäuserherren erinnernden ‹Herrenmatte› neben der Theodorskirche benannt. Wegen des neuen Verlaufs der Grenzacherstrasse musste man das Stück der Grenzacherstrasse bis zum ehemaligen Riehentor umbenennen. Es hat den Namen Rheinfelderstrasse erhalten.
Quellen	Adressbuch 1806; 1811
Literatur	Roth: S. 47. Siegfried: S. 86; 91–92

Grenzstrasse

Strassenname	**Grenzstrasse**
Gruppe	32
Plankoordinaten	EF 2
Amtlich benannt	1946
Bedeutung	Die Strasse verläuft zwischen der Landesgrenze zum badischen Ort Friedlingen und dem Kleinhüninger Hafenbecken II.
Literatur	Roth: S. 48

Grienstrasse

Grienstrasse	Strassenname
7	Gruppe
C 4,5	Plankoordinaten
1921	Amtlich benannt
‹Grien› bedeutet ‹Kies›. ‹Auf dem Grien› ist ein alter Flurname bei Neuallschwil, wo der dort früher durchfliessende Dorenbach mitgeführten Kies ablagerte.	Bedeutung
→ Dorenbach-Promenade	Weiteres siehe
Roth: S. 48	Literatur

Grimselstrasse

Grimselstrasse	Strassenname
10.1	Gruppe
C 6	Plankoordinaten
1931	Erstmals genannt
1948	Amtlich benannt
Die Grimsel (2165 m ü. M.), Pass in den Berner Alpen. Der Pass verbindet das Goms und das Haslital und wird wohl seit der Bronzezeit benutzt. Durch ihre einfache Passierbarkeit hatte die Grimsel grosse Bedeutung für den Warenverkehr über die Alpen – die aber durch den Bau der Gotthardbahn völlig verlorenging. Eine neue Aufgabe erhielt die Passstrasse durch den Ausbau für den Sommertourismus in den Jahren 1891–1895 und besonders in den 1980er Jahren.	Bedeutung
→ Grimselweglein	Siehe auch
Die Grimselstrasse entstand 1931 als ein Teilstück der Strasse In den Ziegelhöfen.	Frühere Namen
Roth: S. 48	Literatur

Grimselweglein

Grimselweglein	Strassenname
10.1	Gruppe
C 6	Plankoordinaten
1970	Amtlich benannt
→ Grimselstrasse	Siehe
ANK: 1970	Quellen

Strassenname	**Grosspeterstrasse**
Gruppe	7
Plankoordinaten	F 6
Amtlich benannt	1901
Bedeutung	Das Grosspetergut erhielt seinen Namen wohl nach einem früheren Landbesitzer. Die Strasse nimmt den ehemaligen Namen der heutigen Thiersteinerallee wieder auf, die bis 1874 ‹Grosspeterstrasse› hiess.
Weiteres siehe	→ *Thiersteinerallee*
Literatur	Roth: S. 48. Siegfried: S. 46

Strassenname	**Grünpfahlgasse**
Gruppe	19
Plankoordinaten	E 5
Erstmals genannt	1567
Amtlich benannt	1893
Bedeutung	Das Haus ‹Zum grünen Pfahl›, 1689 erwähnt, hat die Adresse Grünpfahlgasse 6. Der Name deutet auf die behelfsmässige Befestigung dieses Stadtteils im Mittelalter hin.
Frühere Namen	1567 erscheint die Strasse als ‹Scherbengesslin›, 1610 als ‹Gesslin von Rimelins müle zum Rindermerckt›, 1628 als ‹Judengässlein›, 1683 als ‹Judenschulgässlin› und 1683 als ‹Obere Brodlaube›. Die ‹Judenschule› war die ehemalige Synagoge an der Grünpfahlgasse. Die ‹Brodlaube› war der Ort des Brotverkaufs, der auch an anderen Orten, besonders aber auf der ehemaligen Brücke über den offenen Birsig zwischen Eisengasse und Totengässlein (heute Teil der Stadthausgasse) stattfand.
Bemerkenswertes	Die ‹Judenschule› war die Synagoge der zweiten jüdischen Gemeinde Basels. Die erste jüdische Gemeinde Basels, die seit dem frühen 12. Jahrhundert dokumentiert ist und ihr Ende im Pogrom von 1348 fand, hatte ihre Synagoge am Rindermarkt (heute Gerbergasse 12). Spätestens 1362 ist die zweite jüdische Gemeinde wieder in Basel präsent, die aber wohl aus Angst vor neuen Pogromen die Stadt 1397 verliess. Während 400 Jahren durften sich danach nur noch wenige Juden mit besonderer Bewilligung vorübergehend in Basel niederlassen. Die dritte jüdische Gemeinde geht erst auf das Jahr 1798 zurück, als Juden und Katholiken von der Helvetischen Republik die Religions- und Niederlassungsfreiheit erhielten. Die erste Betstube der neuen jüdischen Gemeinde lag am Schlüsselberg 3, seit 1808 an der Lyss, von 1810 an am Unteren Heuberg 9 (wieder in der Nähe der alten Synagogen der ersten und der zweiten Gemeinde an der Gerbergasse und an der Grünpfahlgasse). 1849 richtete man eine erste Synagoge durch Umbau des Unteren Heubergs 21 ein, die von der heutigen Synagoge an der Eulerstrasse 2 (1867–1868 erbaut) abgelöst wurde.
Weiteres siehe	→ *Theodor Herzl-Strasse, Unterer Heuberg Platter: S. 366*
Quellen	Fechter 1852: Plan. Fechter 1856: S. 57–58. Roth: S. 49. Siegfried: S. 12

Güterstrasse	*Strassenname*
28.3	*Gruppe*
D 6 E 6,7 F 7	*Plankoordinaten*
1861	*Amtlich benannt*
→ *Centralbahnplatz*	*Siehe*
Das Projekt der Strasse entlang dem neuen Güterbahnhof lautete noch auf den Namen ‹Erdbeerenstrasse›, benannt nach dem Flurnamen in der Nähe der Binningerstrasse, an die sie bis kurz nach 1900 noch direkt angeschlossen war. Dort ist heute der Erdbeergraben.	*Bemerkenswertes*
→ *Erdbeergraben*	*Weiteres siehe*
Roth: S. 49. Siegfried: S. 48	*Literatur*

Strassenname	**Guisan-Promenade**
Gruppe	12.8, 25.3
Plankoordinaten	C 6
Amtlich benannt	1970
Siehe	→ General Guisan-Strasse
Bedeutung	Henri Guisan, General der Schweizer Armee im Zweiten Weltkrieg.
Quellen	ANK: 1970

Strassenname	**Gundeldingerrain**
Gruppe	22
Plankoordinaten	E 7,8
Amtlich benannt	1925
Siehe	→ Am Krayenrain, Gundeldingerstrasse
Literatur	Roth: S. 49

Strassenname	**Gundeldingerstrasse**
Gruppe	22
Plankoordinaten	DEF 7
Erstmals genannt	1811
Amtlich benannt	1861
Bedeutung	Gundeldingen (mundartlich ‹Gundeli› genannt) ist eine alemannische Gründung, erste Siedlungsspuren stammen aber schon aus der Bronzezeit. Das erstmals 1194 als Besitz des Klosters Beinwil erwähnte ‹Gundoltingin› (der Name bedeutet ‹bei der Sippe des Gundolt›) blieb über Jahrhunderte hinweg nur schwach besiedelt. Das heutige Gundeldingerquartier entstand nach 1874 durch Landkauf der ‹Süddeutschen Immobilien-Gesellschaft› und durch Veräusserung des Bodens gemäss einem behördlich genehmigten Erschliessungsplan.
Siehe auch	→ Gundeldingerrain, Gundeli-Passerelle
Frühere Namen	Vor 1861 hiess die Landstrasse am Nordhang des Bruderholzhügels ‹Gundeldingerstrasse›. Nach den alten Weierschlösschen an der Strasse unterteilte man sie auch in ‹Inneres, Mittleres und Äusseres Gundeldingen›. Das alte ‹Margarethenlettensträsschen› von der Binningerstrasse bis zur Pfeffingerstrasse (damals ‹Heumatt Gasse›) integrierte man 1861, um Verwechslungen mit anderen Strassen zu vermeiden, die -letten oder Margarethen- in ihrem Namen trugen. Seit 1932 ist ein Teil des Margarethenlettensträsschens unter dem Namen Margarethenstich wieder eine eigene Strasse.
Bemerkenswertes	Neben dem ‹Gundeldingersträsschen›, dessen Strassenprofil man 1837 aufgeschüttet und befestigt hatte, verliefen dort ursprünglich noch die Nauenstrasse, Münchensteinerstrasse und die Reinacherstrasse. Das am Abhang der Bruderholzes gelegene Gundeldingen zeichnet sich durch Wasserreichtum aus, im Spätmittelalter entstanden vier Weierschlösschen als ausserstädtische Landsitze, von denen zwei noch bestehen: Das ‹Vordere/innere Gundeldingen› (Gundeldingerstrasse 170) als Villa des späten 19. Jahrhunderts und zumindest noch teilweise das mittelalterliche ‹Untere mittlere Gundeldingen›, bekannt als Thomas Platter-Haus (Gundeldingerstrasse 280).
Literatur	Huber: S. 171. Roth: S. 49. Schenk Rolf: Das Gundeldingerquartier. In: Basler Stadtbuch 1984. Basel 1985, S. 77–88. Siegfried: S. 44. Suter Rudolf: Die Odyssee des Thomas Platter-Hauses. In: Basler Stadtbuch 1974. Basel 1975, S. 197–204

Strassenname	**Gundeli-Passerelle**
Gruppe	22
Plankoordinaten	E 6
Amtlich benannt	1979
Siehe	→ Gundeldingerstrasse
Bemerkenswertes	Der Fussgängersteg überquert die Gleisanlagen vor dem Bahnhof SBB und verbindet Bruderholzstrasse und Lindenhofstrasse. Er wurde 1997 im Zuge der ‹Euroville›-Über-

bauung teilweise abgebrochen und ist nicht benutzbar.

Quellen ANK: 1979

Strassenname **Gustav Wenk-Strasse**
Gruppe 12.5
Plankoordinaten C 4
Erstmals genannt 1955
Amtlich genannt 1956
Bedeutung Gustav Wenk (1884–1956), Lehrer und Politiker. Wenk absolvierte das kantonale Lehrerseminar und begann den Schuldienst 1904. Er trat der Sozialdemokratischen Partei 1911 bei und wurde 1914 sozialdemokratischer Grossrat. Seit 1916 präsidierte er den Eisenbahnarbeiterverein. Für seine aktive Rolle am Generalstreik von 1919 erhielt er eine Gefängnisstrafe. Nach der Abtrennung der Kommunisten von der SP im Jahr 1920 baute er die Partei in führender Rolle wieder auf. 1935–1956 war er Ständerat, 1925–1953 Regierungsrat im Departement des Innern. Er schuf mit dem Feriengesetz und der kantonalen AHV sozialpolitische Pionierwerke. Im Ständerat wirkte er als Verkehrsfachmann, er förderte die Autobahn Hamburg–Frankfurt–Basel und initiierte als Präsident des Schweizerischen Autostrassen-Vereins den Bau des nationalen Autobahnnetzes.
Frühere Namen 1955 bekam die entlang einem dem Spital gehörenden alten Bauerngut verlaufende und auch dahin führende Strasse zuerst den Namen ‹Bei der Milchsuppe›. Als es um die Änderung des ungeliebten Namens ging, sprach sich die Mehrheit der Anwohner für eine ‹Henri Guisan-Strasse› aus, was man ablehnte, weil Strassen im Prinzip nicht nach lebenden Personen benannt werden. Die Benennung nach Wenk geschah mit dem Hinweis, dass er sich besonders für die Realisierung des binationalen Flughafens Basel-Mulhouse eingesetzt hatte und dass die Strasse in dessen Nähe liegt. Die alte ‹Milchsuppe›-Strasse war bereits 1950 in ‹Flugplatzstrasse› umbenannt worden, heute heisst sie Flughafenstrasse.

Weiteres siehe → Flughafenstrasse
Literatur Abend-Zeitung, 17.3.1956. National-Zeitung, 14.10.1956. Roth: S. 49. Siegfried: S. 73

Habsburgerstrasse	Hardstrasse	Heinrichsgasse	Herrengrabenweg	Hirzbrunnen-Promenade	Hofstetterstrasse
Häsingerstrasse	Hasenberg	Helfenbergstrasse	Herrenweg		Hofweglein
Hafenstrasse	Hasenmattstrasse	Helvetiaplatz	Hersbergerweg	Hirzbrunnenschanze	Hohe Winde-Steg
Hagenaustrasse	Hasenmattweglein	Henric Petri-Strasse	Heuberg	Hirzbrunnenstrasse	Hohe Winde-Strasse
Hagenbachstrasse	Hauensteinstrasse	Herbergsgasse	Heumattstrasse	Hochbergerplatz	Holbeinplatz
Hagentalerstrasse	Hauserweglein	Herbstgasse	Heuwaage	Hochbergersteg	Holbeinstrasse
Haltingerstrasse	Hebelplatz	Hermann Albrecht-Strasse	Heuwaage-Viadukt	Hochbergerstrasse	Holderstrasse
Hamburg-Strasse	Hebelschanze		Hiltalingerstrasse	Hochstrasse	Holeestrasse
Hammerstrasse	Hebelstrasse	Hermann Kinkelin-Strasse	Hirschgässlein	Hochwaldstrasse	Homburgerstrasse
Hangweglein	Hechtliacker		Hirzbodenpark	Höhenweg	Horburgpark
Hans Huber-Strasse	Hechtweg	Hermann Suter-Strasse	Hirzbodenweg	Hölleweglein	Horburgstrasse
Hardrain	Hegenheimerstrasse		Hirzbrunnenallee	Hörnliweglein	Hüningerstrasse

ummelweglein
undsbuckelweglein
unnenstrasse
utgasse

Strassenname	**Habsburgerstrasse**
Gruppe	18
Plankoordinaten	DC 5
Amtlich benannt	1877
Bedeutung	Die Habsburg (eigentlich Habichtsburg), Sitz des nach ihr benannten, wohl aus dem Elsass stammenden Geschlechts der seit dem 11. Jahrhundert reichsdeutschen Grafen und zuletzt bis 1918 österreichischen Kaiser, steht beim aargauischen Brugg. Die Habsburger hatten im schweizerischen Mittelland eine zentrale Machtposition. Durch ihre Auseinandersetzungen um Territorien und Rechte mit den Urschweizer und den anderen Kantonen des Bundes vom 13. bis zum 15. Jahrhundert kamen sie in den Ruf, Hauptfeind der Eidgenossenschaft zu sein.
Bemerkenswertes	Basel hatte im Hochmittelalter zu den Habsburgern enge Beziehungen, die bis ins 14. Jahrhundert andauerten. Kleinbasel war von 1375 bis 1392 an Habsburg verpfändet, Grossbasel von 1376 bis 1386 unter habsburgischer Gerichtsbarkeit. Im Seidenhof (Blumenrain 34) befindet sich eine Statue, die wahrscheinlich aus dem 14. Jahrhundert stammt. Mit der wohl im 16. Jahrhundert angebrachten Zahl 1273 (Krönungsjahr Rudolfs I.) verbindet sich der volkstümliche Glaube, es handle sich um ein authentisches Abbild des ersten Habsburger-Königs. 1564 gelangte die Bitte an Basel, die Statue als Geschenk nach Innsbruck zu senden, 1578 die Bitte um eine gemalte Kopie für die Stadt Wien. Dem Wunsch wurde 1580 entsprochen. Mit der Benennung zweier Strassen nach Rudolf von Habsburg und den Habsburgern selbst ist die Stadt Basel mit Verzögerung diesem Wunsch gewissermassen nachgekommen. Nicht in unmittelbarer Nachbarschaft, aber auch nicht in ganz verschiedenen Stadtteilen liegend und vor allem im gleichen Jahr benannt, bilden Rudolfstrasse und Habsburgerstrasse ein eng verbundenes Ensemble. Bereits 1876 baten die Anwohner der Leimengasse um eine Umbenennung in ‹Rudolfstrasse›.
Weiteres siehe	→ Rudolfstrasse
Literatur	Roth: S. 50. Siegfried: S. 65. Wanner Gustav Adolf: Rund um Basels Denkmäler. Basel 1975, S. 16-19

Strassenname	**Häsingerstrasse**
Gruppe	2
Plankoordinaten	C 4,5
Amtlich benannt	1901
Bedeutung	Häsingen (franz. Hésingue), elsässische Gemeinde, 6 km nordwestlich von Basel.
Literatur	Roth: S. 51. Siegfried: S. 66

Strassenname	**Hafenstrasse**
Gruppe	28.4
Plankoordinaten	E 2
Amtlich benannt	1931
Bedeutung	Die Rheinschiffahrt bei Basel nahm auf Initiative des Ingenieurs Rudolf Gelpke nach jahrzehntelangem Unterbruch 1904 durch einen ersten Schleppdampferzug ihren Neuanfang. Für den Güterumschlag in und bei Basel ersetzten die Häfen St. Johann (seit 1905 bestand dort ein Umschlagsquai), Kleinhüningen, Klybeck, Birsfelden und Au die nicht mehr genügende Schifflände an der alten Rheinbrücke. Der erste neue Rheinhafen entstand 1906–1907 und in einer zweiten Etappe 1911–1912 bei St. Johann. Der Hafenausbau in Kleinhüningen setzte 1902 mit ersten Uferkorrektionen ein; das Hafenbecken I entstand 1919–1922, das Hafenbecken II 1936–1939 aufgrund eines Investitionsprogramms während der Weltwirtschaftskrise und mit Einsatz von Arbeitslosen. Die Rheinhäfen Birsfelden und Au-Muttenz wurden 1937–1941 erbaut.

Siehe auch	→ Südquaistrasse, Westquaistrasse
Bemerkenswertes	Neben der Hafenstrasse weisen Westquaistrasse entlang des Kleinhüninger Hafenbeckens I und Südquaistrasse entlang des Kleinhüninger Hafenbeckens II auf die Hafenanlagen in Kleinbasel hin.
Weiteres siehe	→ Inselstrasse, Schifflände
Literatur	Huber: S. 289–299. INSA: S. 196. Roth: S. 50

Strassenname	**Hagenaustrasse**
Gruppe	2
Plankoordinaten	C 3
Amtlich benannt	1939
Bedeutung	Hagenau (franz. Haguenau), Stadt im Unterelsass, 140 km nördlich von Basel. Die elsässische Stadt Hagenau war im 12. Jahrhundert die bevorzugte Residenz der staufischen Kaiser, die aber keine besondere Beziehung zu Basel hatten. Die Basler Friedrichstrasse hat nichts mit den Stauferkaisern Friedrich Barbarossa oder Friedrich II. zu tun. Hagenau ist auch der Name eines 1956 stillgelegten und später abgebrochenen Gutshofs der Christoph Merian Stiftung bei St. Jakob und eines dort an der Birs gelegenen Waldstücks.
Literatur	Roth: S. 50

Strassenname	**Hagenbachstrasse**
Gruppe	12.5, 12.7
Plankoordinaten	F 6
Amtlich benannt	1922
Bedeutung	Als erster der Familie Hagenbach, die aus Mülhausen stammt, bekam der Tuchscherer Hans Hagenbach 1482 das Basler Bürgerrecht. Neben den Tuchhändlern und Goldschmieden, die bedeutenden Reichtum und politischen Einfluss hatten, stammen seit der Mitte des 16. Jahrhunderts aus der Familie Hagenbach einige Gelehrte der Universität Basel, vor allem des medizinisch-naturwissenschaftlichen Bereichs. Karl Rudolf Hagenbach (1801–1874) war Professor für Kirchen- und Dogmengeschichte an der Universität Basel. Er war mit De Wette befreundet und wandte sich sowohl gegen religiöse Erweckungsbewegungen als auch gegen das Reformkirchentum. Mit Jeremias Gotthelf führte er einen regen Briefwechsel. Ausserdem war er ein unermüdlicher Förderer der Basler Mundartpoesie. Sein Sohn, Eduard Hagenbach-Bischoff (1833–1910), wohl die populärste Gestalt der Familie, war Professor der Mathematik und Physik an der Universität Basel. Als freisinniger Grossrat von 1867 bis 1910 setzte er sich für die Einführung des Proporzsystems bei Wahlen ein, welches in Basel-Stadt 1905 erstmals Anwendung fand. Erwähnenswert ist auch der letzte Landvogt auf der Farnsburg, Hans Franz Hagenbach.
Weiteres siehe	→ De Wette-Strasse, Farnsburgerstrasse
Literatur	Basler Zeitung, 9.10.1982. Roth: S. 50. Teuteberg: S. 269; 346

Strassenname	**Hagentalerstrasse**
Gruppe	2
Plankoordinaten	C 4,5 D 5
Amtlich benannt	1877
Bedeutung	Hagenthal-le-Bas und Hagenthal-le-Haut, elsässische Doppelgemeinde am Lertzbach hinter Schönenbuch, 10 km westlich von Basel.
Bemerkenswertes	Das Baudepartement schlug ohne Erfolg den Namen ‹Pariserstrasse› vor.
Weiteres siehe	→ Vogesenstrasse
Literatur	Roth: S. 50. Siegfried: S. 66

Strassenname	**Haltingerstrasse**
Gruppe	3
Plankoordinaten	E 4
Amtlich benannt	1878
Bedeutung	Haltingen, Ortsteil der badischen Kreisstadt Weil am Rhein, 7 km nördlich von Basel.
Literatur	Roth: S. 50. Siegfried: 77

Strassenname	**Hamburg-Strasse**
Gruppe	6
Plankoordinaten	F 7,8
Amtlich benannt	1996
Bedeutung	Die Freie und Hansestadt Hamburg ist für Deutschland ähnlich wie Basel für die Schweiz das traditionelle ‹Tor zur Welt›. Die Stadt, 10 km oberhalb der Elbmündung in die Nordsee, besitzt einen der bedeutendsten Häfen Europas. Die ersten wichtigen Handels-, Zoll- und Schiffahrtsprivilegien erhielt sie bereits im 12. Jahrhundert. Heute sind auch die Luftfahrtindustrie und das Zeitungs- und Verlagswesen besonders zu erwähnen. Über die Strecke Hamburg–Frankfurt–Basel (durch die in den 1920er Jahren geplante deutsche Nord-Süd-Autobahn ‹HaFraBa› zu weiterer Ehre gekommen) wurde ein grosser Teil der über die Nordseehäfen kommenden Waren bezogen. Einer der bedeutendsten Basler Politiker, Peter Ochs, verbrachte seine Kindheit in Hamburg, als Sohn eines Baslers, der zu den reichsten Hamburger Kaufleuten gehörte.
Weiteres siehe	→ Peter Ochs-Strasse
Quellen	ANK: 1996

Hammerstrasse	Strassenname
26	Gruppe
F 5 E 5,4	Plankoordinaten
1806	Erstmals genannt
1861	Amtlich benannt
Beim ehemaligen Riehentor (Beginn der Riehentorstrasse beim Claragraben) stand eine alte Hammerschmiede mit einer Lederstampfe. Die Strasse hat ihren Namen nach einer Kurzform dieser Betriebsbezeichnung, beziehungsweise nach dem eigentlichen Werkzeug der dortigen Lederverarbeitung.	Bedeutung
In den Adressbüchern ab 1806 gehört die Hammerstrasse zur ‹Mittleren Strasse› Kleinbasels, ihr heutiger Name taucht erst ab 1845 (noch in Klammern) auf. Der Name ‹Mittlere Strasse› rührt wohl daher, dass sie eine später erstellte Strasse zwischen den von Riehentor und Bläsitor ausgehenden Strassen ist.	Frühere Namen von Teilstücken
Adressbuch 1806; 1845	Quellen
Roth: S. 50. Siegfried: S. 82	Literatur

Hangweglein	Strassenname
7	Gruppe
F 8	Plankoordinaten
1954	Amtlich benannt
Die Strasse führt durch das ‹Am Hang› genannte Grundstück von der Hochwaldstrasse zur Giornicostrasse.	Bedeutung
Roth: S. 51	Literatur

Hans Huber-Strasse	Strassenname
12.2	Gruppe
D 6	Plankoordinaten
1930	Amtlich benannt
Hans Huber (1852–1921), aus Eppenberg (Kt. Solothurn), Musiker. Huber kam nach einer Klavierlehrerausbildung 1877 nach Basel, wo er zuerst an der Allgemeinen Musikschule	Bedeutung

unterrichtete und sie von 1896 an (seit 1905 zusammen mit dem neu gegründeten Konservatorium) leitete. Seine vom Klavier ausgehende Komponierweise war für die Schweiz des 19. Jahrhunderts eher ungewohnt, da das musikalische Interesse hauptsächlich dem Männergesang galt. Huber fand aber allmählich Anerkennung und wurde als ein bedeutender Komponist der geistige Mittelpunkt des 1900 gegründeten Schweizer Tonkünstlervereins, durch den erstmals das Musikschaffen in der Schweiz einen Zusammenhalt fand. Lokale Popularität errang er durch seine Kompositionen für die für Basel damals so typischen Festspiele; dazu gehörten vor allem die Gedenkfeier von 1892 zur Vereinigung von Gross- und Kleinbasel und die Gedenkfeier von 1901 zum Bundesbeitritt.

Weiteres siehe	→ Hermann Suter-Strasse
Literatur	Basler Woche, 14.5.1943. Roth: S. 51

Strassenname	**Hardrain**
Gruppe	7
Plankoordinaten	G 6
Amtlich benannt	1947
Siehe	→ Am Krayenrain, Hardstrasse
Literatur	Roth: S. 51

Strassenname	**Hardstrasse**
Gruppe	7
Plankoordinaten	F 6
Erstmals genannt	1695
Amtlich benannt	1860
Bedeutung	Die Hard, ausgedehntes Waldgebiet und Grundwasserreservoir östlich von Basel. Die Hard war im Mittelalter Teil eines zusammenhängenden Waldes den Rhein entlang vom Elsass bis in die Schweiz. Sie kam 1478 bzw. 1521 durch Kauf an Basel. Die Hard liegt im Gemeindebann von Birsfelden, Muttenz und Pratteln, ist aber Eigentum der Basler Bürgergemeinde (seit 1875). Der Name ‹Hard› bezeichnet eine Waldung oder ein früher bewaldetes Gebiet.
Siehe auch	→ Hardrain
Frühere Namen	Der Name ‹Hardsträsslein› wurde nach 1695 in ‹Heerdsträsslein› oder ‹Heertsträsslein› verballhornt, wohl weil die Bedeutung von ‹Hard› nicht mehr geläufig war. Unter dem Namen ‹Herdsträsslein› erscheint die Strasse in den Adressbüchern von 1811 bis 1854.
Bemerkenswertes	Die Hardstrasse führte vor 1850 in weitem Bogen um die Felder des Gellerts. 1856 schloss man sie in gerader Linie an die heutige St. Alban-Anlage an.
Quellen	Adressbücher 1811–1854
Literatur	Idiotikon: 2, 1641. INSA: S. 162. Roth: S. 51. Siegfried: S. 30–31

Strassenname	**Hasenberg**
Gruppe	18, 22
Plankoordinaten	D 6
Erstmals genannt	1845
Amtlich benannt	1861
Bedeutung	Die Strasse hat ihren Namen von dem ehemaligen Landgut ‹Hasenburg›. Die Verwandlung von -burg zu -berg dient als Hinweis auf die Steigung der Strasse. Die Liegenschaft Hasenberg 9 heisst ‹Zur Hasenburg›. Hasenburg (franz. Asuel) ist auch der Name einer Schlossruine bei der gleichnamigen Gemeinde im jurassischen Bezirk Pruntrut. Die Herren von Hasenburg, die eine wichtige Rolle im Bistum Basel spielten, wurden unrichtigerweise mit den Herren von Fenis in Zusammenhang gebracht, deren Stammsitz im Berner Bezirk Erlach auch Hasenburg hiess. Der bekannteste Vertreter dieser Familie war der Basler Bischof Burkhard von Fenis, auf den der

	Bau der ersten Stadtmauer im 11. Jahrhundert zurückgeht.
Frühere Namen	Die Strasse erscheint auf dem Ryhinerplan von 1784 und dem Hoferplan von 1820 ohne Namen, als ‹Lustbergli› in den Adressbüchern von 1845 bis 1854.
Quellen	Adressbücher 1845–1854. Hoferplan 1820. Ryhinerplan
Literatur	Roth: S. 51. Siegfried: S. 71

Strassenname	**Hasenmattstrasse**
Gruppe	8.1
Plankoordinaten	E 8
Amtlich benannt	1930
Bedeutung	Hasenmatt (1445 m ü. M.), Bergrücken des Kettenjuras bei der Passstrasse am Weissenstein oberhalb Solothurns, 35 km südlich von Basel.
Siehe auch	→ Hasenmattweglein
Literatur	Roth: S. 51

Strassenname	**Hasenmattweglein**
Gruppe	8.1
Plankoordinaten	E 8
Amtlich benannt	1970
Siehe	→ Hasenmattstrasse
Quellen	ANK: 1970

Strassenname	**Hauensteinstrasse**
Gruppe	8.1
Plankoordinaten	E 8
Amtlich benannt	1925
Bedeutung	Oberer Hauenstein (731 m ü. M.) und Unterer Hauenstein (691 m ü. M.), zwei schon in römischer Zeit (Heerstrasse Italien–Grosser St. Bernhard–Rhein) benutzte wichtige Passübergänge am Jurasüdfuss 25 bzw. 27 km südöstlich von Basel. Der Obere Hauenstein verbindet das Waldenburgertal mit Balsthal und Solothurn. Der Untere Hauenstein liegt an der Strecke Olten–Sissach. Der Ort Hauenstein selbst (674 m ü. M.) liegt südlich des Unteren Hauensteins. Der Name bezieht sich auf die Felsdurchbrüche bei Langenbruck (der erste stammt aus der Römerzeit) und Hauenstein. Heute durchqueren der Eisenbahntunnel (1857 fertiggestellt) und der Eisenbahnbasistunnel (1915 fertiggestellt) unter dem Unteren Hauenstein und der Bölchen-Autobahntunnel zwischen Oberem und Unterem Hauenstein die Basler Juraberge. Die Passstrassen haben deswegen ihre frühere Bedeutung verloren und werden eher lokal und als Ausflugsrouten benutzt.
Literatur	Roth: S. 51

Strassenname	**Hauserweglein**
Gruppe	12.5
Plankoordinaten	E 8
Amtlich benannt	1970
Siehe	→ Fritz Hauser-Strasse
Bedeutung	Fritz Hauser (1884–1941), sozialdemokratischer Politiker, Nationalrat und Regierungsrat.
Quellen	ANK: 1970

Strassenname	**Hebelplatz**
Gruppe	12.3
Plankoordinaten	D 4
Amtlich benannt	1897
Siehe	→ Hebelstrasse
Literatur	Roth: S. 51. Siegfried: S. 77

Strassenname	**Hebelschanze**
Gruppe	12.3, 23
Plankoordinaten	D 5
Amtlich benannt	1959
Siehe	→ Hebelstrasse
Weiteres siehe	→ Schanzenstrasse
Quellen	ANK: 1959

Strassenname	**Hebelstrasse**
Gruppe	12.3
Plankoordinaten	D 5,4
Erstmals genannt	1349
Amtlich benannt	1871
Bedeutung	Johann Peter Hebel (*1760 Basel, †1826 Schwetzingen), alemannischer Mundartdichter (‹Alemannische Gedichte› 1803) und bedeutender Erzähler (‹Schatzkästlein des Rheinischen Hausfreundes› 1811). Verfasser des «an Frau Meville» gerichteten Liedes ‹Z'Basel an mi'm Rhi› (Originaler Titel: ‹Erinnerung an Basel›), der Basler ‹Nationalhymne›. Hebelstrasse 3 galt lange Zeit fälschlicherweise als Hebels Geburtshaus. Fritz Liebrich wies 1926 das Haus Totentanz 2 als tatsächliches Geburtshaus nach.
Siehe auch	→ Hebelplatz, Hebelschanze
Frühere Namen	Die Strasse entstand auf einem Hofgut, das zum sogenannten Pfaffenhof (später Offenburgerhof) gehörte. Hof und Hofgut, beide teilweise ein kaiserliches Lehen, nannte man nach ihren Besitzern, der ritterlichen Familie der Pfaffen. Der Hof selbst stand noch innerhalb der um 1200 erbauten zweiten Stadtmauer, das Hofgut lag ausserhalb. Die durch Errichtung von Häusern im 14. Jahrhundert entstandene und noch bis zum Bau der dritten Stadtmauer Ende des 14. Jahrhunderts vor der Stadt liegende Strasse kommt erstmals in einer Urkunde von 1349 als ‹phaffen vorstatt› vor, 1354 dann als ‹nüwe vorstatt by sant peter›. Durch Latinisierung des Familiennamens der Pfaffen (Clerici) taucht die Strasse auch als ‹Suburbium Clericorum› (Vorstadt der Pfaffen) auf, durch Latinisierung von ‹Neue Vorstadt› als ‹Suburbium civitatis novum›. Den Namen ‹Neue Vorstadt› trug die Strasse bis 1871.
Weiteres siehe	→ Spitalstrasse
Literatur	Fechter 1856: S. 123–124. Roth: S. 51–52. Siegfried: S. 77

Hechtliacker	*Strassenname*
7	*Gruppe*
F 7,8	*Plankoordinaten*
1904	*Amtlich benannt*
‹Hechtliäcker› und ‹bym Hechtlibom› sind alte Flurnamen auf dem Bruderholz. Die Flurnamen gehen auf den Personennamen ‹Hecht(li)› eines früheren Besitzers dieser Grundstücke zurück. Der Hechtliacker ist heute eine Parkanlage.	*Bedeutung*
Roth: S. 52. Siegfried: S. 42	*Literatur*

Hechtweg	*Strassenname*
15.1	*Gruppe*
G 6	*Plankoordinaten*
1914	*Amtlich benannt*
Hecht (Esox lucius), Raubfisch der nördlichen Erdhalbkugel.	*Bedeutung*
→ Nasenweg	*Weiteres siehe*
Roth: S. 52. Siegfried: S. 38	*Literatur*

Hegenheimerstrasse	*Strassenname*
2	*Gruppe*
B 4 D 5 C 5,4	*Plankoordinaten*
1350	*Erstmals genannt*
1862	*Amtlich benannt*
Hégenheim, elsässische Grenzgemeinde gegenüber Allschwil, 5 km westlich von Basel. Der Strassenname erscheint erstmals 1350 als ‹Hegner Stross›. In den Urkunden kommt	*Bedeutung*

sie in den folgenden Jahrhunderten statt als Strasse auch als Weg, Gasse oder Fusspfad vor. Die Strasse führt direkt nach Hegenheim, auf französischem Gebiet heisst sie Rue de Bâle. In Allschwil führt ebenfalls eine Hegenheimerstrasse zu diesem Ort, die nach der Grenze zur Rue d'Allschwil wird. Beide Strassen treffen sich dann im Ortszentrum. In der Mundart wird die Strasse ‹Hägemerstross› genannt.

Inoffizielle Namen

Literatur Roth: S. 52

Strassenname **Heinrichsgasse**
Gruppe 12.5
Plankoordinaten D 5
Amtlich benannt 1892
Bedeutung Die Strasse führt über Land, das Heinrich Müller-Bruckner (1806–1891), Gastwirt zum Schwarzen Ochsen in der ehemaligen Fröschgasse (heute Ecke Spalenvorstadt / Schützenmattstrasse), gehörte. Der Gastwirt war ein Freund des Regierungsrats Falkner, Vorsteher des städtischen Bauwesens.
Bemerkenswertes Der Name erinnert auch an Kaiser Heinrich II. (973–1024), den Förderer des 1019 geweihten Münsterbaus. Heinrich II., heiliggesprochen 1146, ist der Basler Stadt- und Bistumspatron; so geschah denn auch die feierliche Aufnahme in den eidgenössischen Bund 1501 am Kaiser-Heinrich-Tag (13. Juli).
Weiteres siehe → Friedrichsstrasse
Literatur Roth: S. 52. Siegfried: S. 61. Teuteberg: S. 90–92

Helfenbergstrasse *Strassenname*
8.1 *Gruppe*
E 8 *Plankoordinaten*
1945 *Amtlich benannt*

Helfenberg (1124 m ü. M.), Bergrücken des Kettenjuras beim Oberen Hauenstein, 25 km südöstlich von Basel. *Bedeutung*

Roth: S. 52 *Literatur*

Helvetiaplatz *Strassenname*
25.4 *Gruppe*
C 5 *Plankoordinaten*
1921 *Amtlich benannt*

Helvetia ist die auf jeder schweizerischen Münze zu findende Personifizierung der Schweiz, benannt nach dem keltischen Stamm der Helvetier, der im 2. Jahrhundert v. Chr. von Südwestdeutschland ins schweizerische Mittelland abwanderte. Die Helvetiastrasse selbst liegt mitten in einem Ensemble von Strassen, die alle auf Schweizer Orte und Kantone hinweisen. *Bedeutung*

Roth: S. 52 *Literatur*

Henric Petri-Strasse *Strassenname*
12.4 *Gruppe*
E 6 *Plankoordinaten*
1947 *Amtlich benannt*

Heinrich Petri (1508–1579), Buchdrucker und Verleger. Petri brach nach dem Tod seines Vaters im Jahr 1528 sein Medizinstudium in Wittenberg ab (später erlangte er den Doktortitel in Basel) und übernahm die Leitung der Druckerei Petri, die unter ihm ihre grösste Bedeutung erlangte. Neben theologischen und philosophischen Schriften kamen auch in grosser Zahl naturwissenschaftliche Werke heraus. Auf Fürsprache des berühmten Anatomen Andreas Vesal adelte Kaiser Karl V. im Jahr 1556 Heinrich Petri, der sei- *Bedeutung* nen Familiennamen von da an Henricpetri schrieb. Der Gründer der Petrischen Druckerei war Johannes Petri (1441–1511) aus Langendorf (Franken). Dieser war seit 1488 Basler Bürger und Druckereibesitzer und arbeitete bald selbständig, bald zusammen mit Johannes Froben und Johannes Amerbach. Johannes Petris Neffe Adam (1454–1525), der Vater von Heinrich Petri, übernahm als zweiter in der Reihe die Familiendruckerei. Er machte sich einen Namen mit dem Vertrieb von lutherischen Kampfschriften. Druckerei und Verlag Petri hatte sich bereits in den 1660er Jahren in zwei Familienbetriebe aufgespalten, die aber im 19. Jahrhundert als Schweighausersche Buchhandlung wieder zusammenkamen. 1868 übernahm sie Benno Schwabe, und sie tritt heute als Basels ältester, 1488 gegründeter Verlag unter dem Namen Schwabe & Co. AG auf.

Bemerkenswertes

Henric Petri wirkte am Ende der Blütezeit des Basler Buchdrucks. Der Buchdruck kam, etwa 30 Jahre nach seiner Erfindung, um 1470 nach Basel, als der ehemalige Geselle von Johannes Gutenberg, Berthold Ruppel, aus Mainz flüchtete. Die verkehrstechnisch günstige Lage, die bereits vorhandene Papierproduktion und der Glücksfall, dass zur gleichen Zeit viele fähige Buchdrucker ansässig waren, machte Basel zur bedeutendsten Schweizer Buchdruckerstadt des Humanismus. Um 1500 gab es in Basel 70 Buchdrucker, von denen die bedeutendsten die sogenannten ‹drei Hannsen› aus Franken waren: Johannes Amerbach, Johannes Froben und Johannes Petri. Für den Buchdruck arbeiteten zahlreiche wichtige Persönlichkeiten wie Erasmus von Rotterdam, Hans Holbein, Sebastian Brant, Urs Graf, Johannes Oekolampad, die in unterschiedlichsten Verbindungen miteinander in Kontakt standen und alle in Basler Strassennamen Eingang fanden. Die Blütezeit des Basler Buchdrucks endete aber mit den 1530er Jahren. Durch die erfolgreiche Reformation gingen die katholischen Absatzmärkte verloren, während in Basel eine immer schärfere Zensur (1524 eingeführt) herrschte; der nach Basel gekommene Glaubensflüchtling Sebastian Castellio z.B. erhielt wegen seiner toleranten Einstellung in Glaubensfragen ein Publikationsverbot. Trotzdem herrschte ein ausserordentlich freies geistiges Klima, das z.B. den Druck von Koran und Talmud erlaubte. Dies änderte sich 1585, als der lutherisch gesinnte Antistes der Basler Kirche, Simon Sulzer, starb und Johann Jakob Grynaeus seine Nachfolge antrat. Der Name Henric Petri erinnert in diesem Zusammenhang an einen weiteren Vertreter dieser Familie. Dr. Jakob Henric-Petri (1644–1695) musste als Volksführer nach dem gescheiterten städtischen Aufstand von 1691 nach Frankfurt am Main flüchten. Dort gab er 1693 die bekannte Satire auf seine Heimatstadt ‹Basel-Babel› heraus, die man vor dem Basler Rathaus auf dem ‹heissen Stein› öffentlich verbrannte. Die medizinischen Lehrbücher von Dr. Johannes Fatio, eines anderen Volksführers von 1691, blieben während mehrerer Jahrzehnte verboten. Seit dem 17. Jahrhundert war Basel mit den Einschränkungen durch obrigkeitliche Zensur und Zunftbestimmungen eine Druckerstadt wie andere auch.

→ *Amerbachstrasse, Castellioweglein, Craterstrasse, Fatiostrasse, Frobenstrasse, Vesalgasse*

Weiteres siehe

Basler Zeitung, 26.11.1988. Roth: S. 52. Teuteberg: S. 174; 244. Tschudin Peter: Handwerk, Handel, Humanismus. Zur Geschichte von Papier, Schrift und Druck in Basel. Basel 1984

Literatur

Strassenname	**Herbergsgasse**
Gruppe	20
Plankoordinaten	E 5
Erstmals genannt	1798
Amtlich benannt	1861
Bedeutung	1441 war eine Elenden- oder Armenherberge zur Unterbringung von (armen) Reisenden gegründet worden, wo die nach der Basler Ritterfamilie Münch benannten ‹Gesesse (Hof) der Mönche› standen. Die älteste derartige Anstalt hatte sich an der Barfüssergasse befunden.
Frühere Namen	Die Herbergsgasse bzw. der Platz an der Einmündung des Petersbergs (vor 1861 ‹Herbergberg›) in die Petersgasse hiess vor 1861 ‹Oberer Herbergberg›. Der ‹Petersberg› oder ‹Herbergberg› und der ‹Untere Herbergberg›, die Verlängerung der Herbergsgasse jenseits der Petersgasse zum Fischmarkt hinab, verschwanden im 20. Jahrhundert mit der Korrektion der Spiegelgasse. Noch im ersten Drittel des 19. Jahrhunderts hiess es ‹Herbrigberg› anstatt Herbergberg.
Bemerkenswertes	Die eigentliche Strasse entstand auf dem Areal der ehemaligen Armenherberge gegenüber dem Petersberg oder Herbergberg erst nach 1853, als man den Bau abgerissen hatte. In den notdürftigst eingerichteten und vergitterten Räumlichkeiten wurden auch beim Gassenbettel aufgegriffene Herumziehende untergebracht. Bis 1820 befand sich dort zudem eine Arbeitsanstalt. Um die 1840er Jahre verpflegte die Herbergsleitung jährlich bis zu 3000 Personen. 1844 gliederte man die Einrichtung mitsamt ihrem bedeutenden Vermögen ins Spital ein und verkaufte neun Jahre danach das später abgebrochene Gebäude.
Weiteres siehe	→ Spiegelgasse
Quellen	Adressbuch 1826; 1854; 1862
Literatur	Blum / Nüesch: S. 101–102. Fechter 1856: S. 93. Roth: S. 52–53. Siegfried: S. 16

Strassenname	**Herbstgasse**
Gruppe	30
Plankoordinaten	D 4
Amtlich benannt	1897
Bedeutung	In den 1890er Jahren entstanden die nach den Jahreszeiten benannten Sommer-, Herbst- und Wintergasse. Der Frühling kam erst 1907 als Lenzgasse hinzu.
Siehe auch	→ Lenzgasse, Sommergasse, Wintergasse
Literatur	Roth: S. 53. Siegfried: S. 78

Strassenname	**Hermann Albrecht-Strasse**
Gruppe	12.3
Plankoordinaten	G 4
Amtlich benannt	1931
Bedeutung	Anton Hermann Albrecht (1835–1906), aus Freiburg, Schriftsteller und Pfarrer in Kleinkembs am Isteinerklotz. Albrecht studierte zuerst katholische Theologie und klassische Philologie, trat aber 1859 vom katholischen zum reformierten Glauben über. Noch bevor er diesen Schritt tat, studierte er im Jahr zuvor ein Semester an der evangelischen Theologischen Fakultät in Basel. 1868 wurde er reformierter Pfarrer. Neben seiner kirchlichen übte er auch eine schriftstellerische Tätigkeit aus, wobei er sich mit kirchlichen und geschichtlichen Themen auseinandersetzte. Er verfasste auch Alltagserzählungen in der Nachfolge Johann Peter Hebels, dem er auch einen biographischen Roman (‹Der Präzeptoratsvikari›) widmete. Die Anerkennung als Volksschriftsteller blieb ihm aber zeitlebens versagt.
Literatur	National-Zeitung, 13.8.1954. Roth: S. 53

Strassenname	**Hermann Kinkelin-Strasse**
Gruppe	12.5
Plankoordinaten	E 6
Amtlich benannt	1936

Bedeutung	Georg David Hermann Kinkelin (1832–1913), aus Bern, Mathematiker. Er studierte in Zürich, Lausanne und München, 1860 kam er als Mathematiklehrer an die Basler Gewerbeschule / Obere Realschule (heute Gymnasium Kirschgarten), der er als Rektor 1866–1869 und 1875–1903 vorstand. 1867 übernahm er das Ordinariat für Mathematik an der Universität Basel. Im gleichen Jahr kam er als Freisinniger in den Grossen Rat (bis 1903), 1890 in den Nationalrat (bis 1899). Kinkelin zeichnete sich besonders in der Entwicklung der Versicherungsmathematik und statistischer Berechnungen u.a. für private Versicherungsgesellschaften aus, wofür er auch internationale Anerkennung fand. Er hatte entscheidenden Anteil an der Entwicklung des kantonalen und nationalen Versicherungswesens (u.a. die Vorlage zur Kranken- und Unfallversicherung als erste nationale Sozialversicherung, allerdings 1900 vom Volk verworfen und erst 1911 in abgeschwächter Form angenommen, sowie die Militärversicherung 1902). Ebenfalls mitverantwortlich war er für die Einführung der Mitteleuropäischen Standardzeit (MEZ) in der Schweiz.
Frühere Namen	Das kurze Stück zwischen heutiger Sternengasse und Elisabethenstrasse war ursprünglich Teil der Sternengasse.
Literatur	*Basler Anzeiger, 3.1.1913. Flatt Robert: Prof. Dr. Hermann Kinkelin. In: Basler Jahrbuch 1914. Basel 1913, S. 302–332. Roth: S. 53*

Strassenname	**Hermann Suter-Strasse**
Gruppe	*12.2*
Plankoordinaten	*D 6*
Amtlich benannt	*1930*
Bedeutung	Hermann Suter (1870–1926), aus Kaiserstuhl (Kt. Aargau), Musiker. Suter erhielt seine musikalische Ausbildung von 1888 an in Stuttgart und Leipzig und kam 1892 nach Zürich, wo er den Gemischten Chor leitete. 1902 übernahm er in Basel die Leitung des Orchesters der Allgemeinen Musikgesellschaft, des Gesangvereins und der Liedertafel. Nach dem Tod Hans Hubers stand er auch dem Konservatorium 1918–1923 vor. Er förderte die moderne Musik (Honegger, Strawinski, Schönberg) und zählte als Komponist selbst zu den führenden schweizerischen Musikern seiner Zeit. Von ihm stammen unter anderem der sogenannte ‹Wettsteinmarsch› (1923), die immer noch aufgeführten ‹Laudi di San Francesco d'Assisi› (1924) und eine schweizerische Landeshymne.
Weiteres siehe	→ *Hans Huber-Strasse*
Literatur	*Baur Hans: Hermann Suter. In: Basler Jahrbuch 1927. Basel 1926, S. 1–25. Roth: S. 53*

Strassenname	**Herrengrabenweg**
Gruppe	*11.2*
Plankoordinaten	*D 5 C 5,6*
Amtlich benannt	*1869*
Bedeutung	‹Unserer Herren Graben› oder einfach ‹Herrengraben› war eine wohl im 13. Jahrhundert von den Chorherren von St. Leonhard erstellte Wasserspeisung für den Teuchel- oder Schützenmattweiher. Sie ging als Abzweigung des Dorenbachs von Allschwilerweiher und Neubad aus und folgte den heutigen Strassenzügen Neubadstrasse – Reiterstrasse – Morgartenring – Wanderstrasse – Weiherweg. 1873 wurden Weiher und Graben aufgeschüttet sowie der Schützenmattpark angelegt. Durch den Überlaufgraben des Herrengrabens fliesst seitdem das gesamte Wasser des Dorenbachs in den Birsig.
Bemerkenswertes	Der frühere, den gleichen Verlauf wie die Wasserspeisung nehmende Weg entlang des Herrengraben hiess ‹Am Herrengraben› oder ‹Neben dem Herren Graben›, ‹Herren-

Heuberg

graben-Fussweg› oder einfach nur ‹Herrengraben›.

Weiteres siehe → Dorenbach-Promenade
Literatur Roth: S. 54

Strassenname **Herrenweg**
Gruppe 7
Plankoordinaten B 6
Amtlich benannt 1927
Bedeutung Der Flurname ‹Am Herrenweg› weist vielleicht auf den Bischof von Basel als früheren Besitzer dieses Bodens hin, ähnlich dem bis 1878 bestehenden ‹Herrenmattweg›.
Weiteres siehe → Grenzacherstrasse
Literatur Roth: S. 54

Strassenname **Hersbergerweg**
Gruppe 1
Plankoordinaten G 4
Amtlich benannt 1967
Bedeutung Hersberg, Gemeinde im Baselbieter Bezirk Liestal, 15 km südöstlich von Basel.
Quellen ANK: 1966/1967

Strassenname **Heuberg**
Gruppe 27
Plankoordinaten DE 5
Erstmals genannt 1280
Amtlich benannt 1861
Bedeutung Die zahlreichen Heubühnen in der Nähe der Strasse gehörten ursprünglich wohl den Chorherren der Stiftskirche St. Leonhard, die ausgedehnte Ländereien besassen. Später verwendeten Metzger diese Gebäude als Stallungen. Der Name Heuberg taucht in der zweiten Hälfte des 15. Jahrhunderts auf.
Siehe auch → Unterer Heuberg
Frühere Namen Der erste Strassenname ‹Slozgazzun› (‹Schlossgasse›) aus dem Jahr 1280 leitet sich von dem einst auf der Anhöhe des Heubergs oberhalb des Birsigs stehenden Schloss Wildeck her. Das Schloss freilich ist wohl eine Legende; angeblich wurde es in das Chorherrenkloster der Stiftskirche St. Leonhard umgewandelt. Wegen der Nähe zu dieser Kirche ist der Heuberg im 14. Jahrhundert auch als ‹Mons St. Leonhardi›, im 14. und 15. Jahrhundert als ‹St. Lienhardsberg› bekannt. 1365 wird er als Teil des Spalenbergs bezeichnet, andere Benennungen sind: ‹An den Spalen›, ‹An der inneren Spalen› und ‹Inwendig dem Spalentor›. Der Name ‹Rufberg›, im 14. Jahrhundert belegt, ist nicht zu erklären.

Die ehemalige ‹Spiesshofgasse› integrierte man 1861 in den Heuberg (im Adressbuch von 1798 bereits der Fall). Die Strasse war nach dem Haus ‹Zum Spiess› oder ‹Spiesshof› (Heuberg 7) benannt und erstreckte sich vom Spalenberg bis zum Gemsberg. Der Name ‹Spiess› selbst geht wahrscheinlich auf Burckhardt von Spietz zurück, Kellermeister und Kantor des Stifts St. Leonhard im 14. Jahrhundert.

Frühere Namen von Teilstücken

Der Spiesshof ist einer der schönsten Basler Repräsentationsbauten. In der Hochrenaissance um 1550–1589 angelegt, erfuhr er im Barock um 1724 eine Erweiterung. Sein prominentester Bewohner war der niederländische Sektenführer David Joris, der als vermögender Flüchtling im Jahr 1544 unter falschem Namen im reformierten Basel Aufnahme fand und grosses Ansehen erlangte. Als nach seinem Tod im Jahr 1556 seine wahre Identität bekannt wurde, liess der Rat den Leichnam öffentlich verbrennen. Das Stadtgerücht liess den David Joris aber weiterhin als Geist im Spiesshof herumspuken, und sein Name taucht auch im Umkreis der Faust-Sage auf. Eine David-Joris-Strasse befindet sich heute auf dem Bruderholz, allerdings auf Baselbieter Boden.

Bemerkenswertes

Literatur	Blum / Nüesch: S. 90–91. Fechter 1852: S. 12–13. Fechter 1856: S. 66–67; 74. Jösel Martin: Am Heuberg spukt es: David Joris. In: Basler Stadtbuch 1996. Basel 1997, S. 225–227. Roth: S. 54. Siegfried: S. 14

Heumattstrasse

Strassenname	**Heumattstrasse**
Gruppe	7
Plankoordinaten	E 6
Erstmals genannt	1811
Amtlich benannt	1861
Bedeutung	‹Im Haimen / Heimen› war der Name der Gegend, wo die Strasse angelegt ist. Der Flurname, der von Haymo / Heymo stammt, dem Geschlechtsnamen einer Anzahl Domkaplane des 13. bis 15. Jahrhunderts, wurde mit der Zeit unverständlich und wechselte zu ‹Heimat› oder ‹Heumatt›.
Frühere Namen	In den Adressbüchern von 1811 bis 1854 erscheint die Strasse als ‹Heumattgasse›.
Bemerkenswertes	Die Heumattstrasse war ursprünglich viel länger. Der Bau des Centralbahnhofs teilte sie in Heumattstrasse (im Wohnviertel St. Alban) und ‹Äussere Heumattstrasse› (im Wohnviertel Gundeldingen); die zwei Strassen schlossen aber nicht unmittelbar aneinander an. Die ‹Äussere Heumattstrasse› erhielt eine leicht veränderte Linienführung und 1872 den Namen Pfeffingerstrasse. Der alte Name ging an eine neuerstellte Strasse über (die den Verlauf der alten ‹Äusseren Heumattstrasse› in einem kurzen Stück direkt hinter dem Bahnhof aufnahm), aber diese bekam 1877 den neuen Namen Solothurnerstrasse.
Weiteres siehe	→ Solothurnerstrasse
Literatur	Fischer: Anhang S. 18. Roth: S. 54. Siegfried: S. 45

Heuwaage

Strassenname	**Heuwaage**
Gruppe	27
Plankoordinaten	E 6
Amtlich benannt	1870
Bedeutung	Die amtliche Heuwaage kam 1870/1874 an diesen Ort, nachdem sie vorher auf dem Barfüsserplatz gewesen war. 1901 wurde das ‹Waghaus› an der Binningerstrasse 2 gebaut, das 1959 abgerissen wurde.
Siehe auch	→ Heuwaage-Viadukt
Bemerkenswertes	Auf dem Platz der Heuwaage stand das zusammen mit den angrenzenden Befestigungsanlagen 1866 abgebrochene Steinentor. Auf dem freigewordenen Platz entlang des Flusses fand von 1866 bis 1885 der vom Steinenberg verlegte Schweinemarkt statt. Die Schreibweise ‹Heuwaage› mit zwei ‹a› ist erst seit 1964 amtlich festgelegt.
Weiteres siehe	→ Birsigstrasse, Heuwaage-Viadukt
Literatur	Blum / Nüesch: S. 6–7. INSA: S. 164. Roth: S. 54. Wullschleger Max: Der Heuwaage-Viadukt – eine gute städtebauliche Lösung. In: Basler Stadtbuch 1965. Basel 1964, S. 227–230

Heuwaage-Viadukt

Strassenname	**Heuwaage-Viadukt**
Gruppe	27
Plankoordinaten	E 6
Amtlich benannt	1970
Bedeutung	Für den Heuwaage-Viadukt zwischen Steinengraben und Centralbahn-Platz gab es bereits 1889 ein Projekt. Als Teil des City-Rings, der das Stadtzentrum vom Durchgangsverkehr entlasten sollte, entstand er aber erst 1966–1970.
Weiteres siehe	→ Heuwaage
Quellen	ANK: 1970

Heuwaage

Strassenname	**Hiltalingerstrasse**
Gruppe	3
Plankoordinaten	E 2
Amtlich benannt	1897
Bedeutung	Hiltalingen (auch bekannt als Hiltelingen, Hiltlingen oder Hültlingen), im 17. Jahrhundert eingegangenes Dorf und Weiherschloss bei der badischen Ortschaft Haltingen, 7 km nördlich von Basel.
Frühere Namen	Auf den Katasterplänen von Falkner von ca. 1860 erscheint die Strasse als ‹Alter Rheinweg›.
Literatur	Roth: S. 55

Strassenname	**Hirschgässlein**
Gruppe	19
Plankoordinaten	E 6
Erstmals genannt	1462
Amtlich benannt	1861
Bedeutung	Die während der Strassenkorrektion der 1950er und 1960er Jahre abgebrochene Liegenschaft Aeschenvorstadt 50 mit dem Namen ‹Zum Hirschen› taucht noch ohne eigenen Namen seit 1401 in den Urkunden auf. Spätestens an der Wende vom 15. zum 16. Jahrhundert scheint sie die Bezeichnung ‹Zum Hirzen› erhalten zu haben. Der Name ‹Hirzengässlin› erscheint erstmals 1511. Die Gastwirtschaft war ziemlich angesehen; 1501 empfing man hier die Gesandtschaft zur Aufnahme Basels in die Eidgenossenschaft.
Frühere Namen	In einer Urkunde aus dem Jahr 1462 findet sich der Name ‹Bergers Gesslin›, 1480 ‹Ekgesslin›. 1646 wird die Strasse als ‹Hunckhelingässlin› erwähnt.
Weiteres siehe	→ Aeschenvorstadt, Hirzbodenweg, Hirzbrunnenallee
Quellen	HGB: Aeschenvorstadt
Literatur	Roth: S. 55. Siegfried: S. 22

Hirzbodenpark	*Strassenname*
7	*Gruppe*
F 6	*Plankoordinaten*
1975	*Amtlich benannt*
→ *Hirzbodenweg*	*Siehe*
ANK: 1975	*Quellen*

Hirzbodenweg	*Strassenname*
7	*Gruppe*
F 6	*Plankoordinaten*
1859	*Erstmals genannt*
1861	*Amtlich benannt*
Hirzboden ist die Zusammensetzung des Wortes ‹Boden› als Begriff für eine ebene Fläche und des älteren Wortes ‹Hirz› für Hirsch. Wahrscheinlich gehörte das Grundstück, von welchem die Strasse den Namen erhalten hat, zur Gastwirtschaft ‹Zum Hirzen› in der Aeschenvorstadt.	*Bedeutung*
→ *Hirzbodenpark*	*Siehe auch*
Der erste Name der 1859 angelegten Strasse lautete auf ‹Lettenstrasse›. ‹Letten› ist der Name für einen lehmhaltigen Boden.	*Frühere Namen*
→ *Hirschgässlein*	*Weiteres siehe*
INSA: S. 164. Roth: S. 55. Siegfried: S. 35	*Literatur*

Hirzbrunnenallee	*Strassenname*
22	*Gruppe*
G 4	*Plankoordinaten*
1924	*Amtlich benannt*
Das Landgut ‹Hirschenbrunnen› oder ‹Hirzbrunnen› verband diese Allee mit der Riehenstrasse. An der Riehenstrasse 74 und 76 standen zwei Häuser, genannt ‹Zum Hirschenbrunnen›. Anlässlich des Neuenburger Handels, der Auseinandersetzung zwischen der Schweiz und Preussen über den Kanton Neuenburg, der damals noch zugleich schweizerischer Kanton und preussisches Fürstentum war, legten 1856/1857 schweizeri-	*Bedeutung*

sche Truppen in dieser Gegend Grenzbefestigungen (‹Schanzen›) gegen einen möglichen Angriff an. Heute steht auf dem Areal das Claraspital. Vielleicht gehörte das Landgut zur Gastwirtschaft ‹Zum Hirzen› in der Aeschenvorstadt, oder es befand sich dort eine Quelle, aus der Hirsche und anderes Wild tranken. Das Wort ‹Hirz› ist ein alter Ausdruck für ‹Hirsch›.

Siehe auch	→ Hirzbrunnen-Promenade, Hirzbrunnenschanze, Hirzbrunnenstrasse
Weiteres siehe	→ Hirschgässlein
Literatur	Muster Hans Peter: Das Hirzbrunnenquartier. In: Basler Stadtbuch 1987. Basel 1988, S. 51–63. Roth: S. 55

Strassenname	**Hirzbrunnen-Promenade**
Gruppe	22
Plankoordinaten	G 4,5
Amtlich benannt	1967
Siehe	→ Hirzbrunnenallee

Strassenname	**Hirzbrunnenschanze**
Gruppe	22, 23
Plankoordinaten	G 4
Amtlich benannt	1924
Siehe	→ Hirzbrunnenallee
Literatur	Roth: S. 55

Strassenname	**Hirzbrunnenstrasse**
Gruppe	22
Plankoordinaten	G 4
Amtlich benannt	1924
Siehe	→ Hirzbrunnenallee
Bemerkenswertes	Die Strasse erscheint auf dem Hoferplan von 1822 als namenloser Feldweg.
Literatur	Roth: S. 55

Hochbergerplatz	Strassenname
18	Gruppe
E 2	Plankoordinaten
1918	Amtlich benannt
→ Hochbergerstrasse	Siehe
Roth: S. 55. Siegfried: S. 92	Literatur

Hochbergersteg	Strassenname
18	Gruppe
F 3	Plankoordinaten
1999	Amtlich benannt
→ Hochbergerstrasse	Siehe
KB: 1999	Quellen

Hochbergerstrasse	Strassenname
18	Gruppe
FE 3,2	Plankoordinaten
1822	Erstmals genannt
1896	Amtlich benannt
Hochberg oder Hachberg heisst eine Nebenlinie der Markgrafen von Baden und ihre Stammburg bei Emmendingen, 65 km nördlich von Basel.	Bedeutung
→ Hochbergerplatz, Hochbergersteg	Siehe auch
1822 erscheint die Strasse als ‹Communications Strasse nach Klein Hüningen› oder als ‹Weg von Klein Hüningen›, 1860 als ‹Kleinhüningerstrasse›.	Frühere Namen
Hoferplan 1822	Quellen
Roth: S. 55. Siegfried: S. 92	Literatur

Hochstrasse	Strassenname
32	Gruppe
E 6,7 F 7	Plankoordinaten
1861	Erstmals genannt
1871	Amtlich benannt
Diese Strasse war um 1871 die höchstgelegene feste Strasse Basels. (Das Bruderholz wurde erst später zum Wohnquartier.)	Bedeutung

Bemerkenswertes	Die Hochstrasse hiess vor 1871 ‹Schnurrenweg›. Den Namen hatte sie von der 1861 umbenannten Bruderholzstrasse übernommen. Der Name ‹Hochstrasse› deutet sonst in der Regel auf eine frühere, evtl. römische Heerstrasse hin. Die Basler Hochstrasse befindet sich aber nicht auf alten Plänen.
Weiteres siehe	→ Bruderholzstrasse
Literatur	Roth: S. 56. Siegfried: S. 46

Strassenname	**Hochwaldstrasse**
Gruppe	1
Plankoordinaten	F 8
Amtlich benannt	1944
Bedeutung	Hochwald, Gemeinde der Solothurner Amtei Dorneck-Thierstein, Ausflugsziel, 11 km südlich von Basel. In der Basler Mundart wird sie auch ‹Hobel› genannt.
Literatur	Roth: S. 56

Strassenname	**Höhenweg**
Gruppe	7
Plankoordinaten	D 6
Amtlich benannt	1900
Bedeutung	‹Uff der Höhi› oder ‹Uff dem hohen Acker› ist der Flurname der gegen den Birsig abfallenden Anhöhe am Rande des Gundeldingerquartiers.
Literatur	Roth: S. 56. Siegfried: S. 47

Strassenname	**Hölleweglein**
Gruppe	7
Plankoordinaten	E 9
Amtlich benannt	1994
Bedeutung	Mit ‹Hölle› ist ein Hohlweg im Wald gemeint.
Quellen	ANK: 1994
Literatur	Siegfried: S. 40

Strassenname	**Hörnliweglein**
Gruppe	9, 17
Plankoordinaten	H 4
Amtlich benannt	1958
Bedeutung	Der Friedhof am Hörnli ist der Basler Zentralfriedhof. Er wurde 1932 der Öffentlichkeit übergeben und ersetzte damals den Gottesacker auf dem Kannenfeld (Grossbasel), den Horburg-Gottesacker (Kleinbasel) und den Friedhof von Kleinhüningen. Neben dem Friedhof am Hörnli gibt es heute den 1872 eröffneten und mit seinen bedeutenden Grabmälern unter Denkmalschutz stehenden Wolf-Gottesacker und den Israelitischen Friedhof. Die Vorbereitungs- und Planungsphase hatte zu Beginn des 20. Jahrhunderts angefangen mit aufgegebenen Friedhofsprojekten beim Münchensteiner Ruchfeld und in der Hard. Der Friedhof am Hörnli bedeckt eine Fläche von 50 Hektar und ist für 60 000 Gräber angelegt. Seine Gestaltung macht ihn auch zu einer vielbesuchten Parkanlage. Der Friedhof liegt am Fuss des Grenzacher Horns oder Hornfelsens, daher der Name. Das Grenzacher Horn wiederum ist ein stark abfallender Felsvorsprung, benannt nach seiner hornartigen Form. Die erste Erwähnung datiert von 1262. Die Verkleinerungsform ‹Hörnlein› taucht ab 1779 auf. Das Horn diente als Steinbruch für die Basler Häuser und Stadmauern und sogar für die Festung Hüningen. Der Steinbruch blieb bis Anfang des 20. Jahrhunderts in Betrieb.
Weiteres siehe	→ Friedhofstrasse, Kannenfeldpark, Mauerstrasse, Theodor Herzl-Strasse, Wolf-Passerelle
Literatur	Petignat Raymond: Das ‹Hörnli› – Park der Besinnung. In: Basler Stadtbuch 1982. Basel 1983, S. 167–170. Richter Erhard: Das Grenzacher Horn war wichtigster Steinlieferant für die Stadt Basel und die Festung Hüningen. In: Das Markgräflerland. 1997, Bd. 1, S. 81–87

Strassenname	**Hofstetterstrasse**	**Holbeinplatz**	Strassenname
Gruppe	1	12.2	Gruppe
Plankoordinaten	C 6	D 5	Plankoordinaten
Amtlich benannt	1929	1859	Erstmals genannt
Bedeutung	Hofstetten, Gemeinde der Solothurner Amtei Dorneck-Thierstein, 10 km südwestlich von Basel.	1861	Amtlich benannt

Hans Holbein der Jüngere (*1497 Augsburg, †1543 London), bedeutendster deutscher Renaissancemaler neben Albrecht Dürer. Sein Vater Hans Holbein der Ältere und sein Bruder Ambrosius waren ebenfalls Maler. Hans Holbein d. J. kam 1515 nach Basel, wo er sich mit Unterbrüchen insgesamt 15 Jahre aufhielt. Seit 1536 war er Hofmaler Heinrichs VIII. von England. Hans Holbein d. J. war mit den Buchdruckern Johann Froben und Johann Amerbach sowie mit Erasmus von Rotterdam bekannt. Zu den bekanntesten in Basel befindlichen Werken Holbeins (Holbeinsaal im Basler Kunstmuseum) zählen die Erasmusbildnisse, der Leichnam Christi und das Bildnis seiner Frau mit den beiden Kindern.

Bedeutung (rechts)

Literatur	Roth: S. 56		
Strassenname	**Hofweglein**		
Gruppe	22		
Plankoordinaten	F 8		
Amtlich benannt	1954		
Siehe	→ Jakobsbergerstrasse		
Bedeutung	Jakobsbergerhof, altes Bauerngut auf der Jakobsberger Anhöhe auf dem Bruderholz.		
Literatur	Roth: S. 56		
Strassenname	**Hohe Winde-Steg**		
Gruppe	8.1		
Plankoordinaten	E 8		
Amtlich benannt	1970		
Siehe	→ Hohe Winde-Strasse		

→ Holbeinstrasse	Siehe auch
	Frühere Namen
	von Teilstücken

Der Platz entstand 1859 vor dem durch den Abbruch der Stadtbefestigung neu eröffneten Stadtausgang bei der Lyss und hiess zuerst ‹Leimenplatz› oder ‹Egloffplatz›, nach dem Eglofstor an der Lyss, das als ‹Leimentor› erwähnt wird.

→ Leimenstrasse	Weiteres siehe
Blum / Nüesch: S. 8. Fechter 1856: S. 114. Roth: S. 56. Siegfried: S. 53. Teuteberg: S. 198–201	Literatur

Bedeutung: Für die Strasse schlug man ursprünglich den Namen ‹Tramweglein› nach der Tramhaltestelle ‹Studio› der Basler Verkehrsbetriebe vor. Der Name fand später bei einem anderen Weg auf dem Bruderholz Verwendung.

Quellen: ANK: 1970

Strassenname	**Hohe Winde-Strasse**	**Holbeinstrasse**	Strassenname
Gruppe	8.1	12.2	Gruppe
Plankoordinaten	E 8	D 5,6	Plankoordinaten
Amtlich benannt	1945	1811	Erstmals genannt
Bedeutung	Hohe Winde (1204 m ü. M.), Berggipfel zwischen Scheltenpass und Beinwil an der Lüssel, 23 km südlich von Basel.	1875	Amtlich benannt
		→ Holbeinplatz	Siehe
Siehe auch	→ Hohe Winde-Steg		Frühere Namen
Literatur	Roth: S. 56		

Die bereits auf dem Merianplan von 1615 abgebildete und in den Adressbüchern von 1811 bis 1854 einfach als ‹Mostacker›, sonst auch als ‹Mostackergässlein› oder ‹Mostackersträsschen› bezeichnete Strasse erhielt 1861 den amtlichen Namen ‹Mostackerstrasse›. Auf Wunsch ihrer Anwohner sollte sie wegen ihres wenig attraktiven Namens wie bereits 1861 der ‹Leimenplatz› nach dem Maler Hans Holbein d. J. umbenannt werden. 1874 und 1875 fanden zwei Eingaben an das Baukollegium statt, worin man als Grund angab, Hans Holbein d. J. habe in der Gegend der Strasse ein Gartenhäuschen mit einem Selbstporträt in Form eines Freskos besessen. Tatsächlich war das besagte Bild ein Selbstporträt des Malers Johann Jakob Neustück aus dem 19. Jahrhundert. Das Gerücht eines Bildes von Holbein ging auf einen Scherz aus dem Jahr 1861 zurück. Die Umbenennung fand 1875 statt. Es war auch zu Verwirrungen gekommen, weil es neben der ‹Mostackerstrasse› noch ein ‹Mostackergässchen› gab und weil die Wirtschaft ‹Zum Mostacker› nicht mehr am alten ‹Mostackergässlein› stand, sondern an der Schützenmattstrasse. In der Schützenmattstrasse und im aufgeschütteten und als Strasse ausgeführten Schützengraben war 1859 ein Teil des alten ‹Mostackergässleins› aufgegangen. Den Namen Mostackerstrasse erhielt 1877 dann das ‹Mostackergässchen›.

Frühere Namen von Teilstücken Das Teilstück vom Steinenring bis zur Austrasse wurde 1875 ‹Äussere Holbeinstrasse› benannt, nachdem es zuvor noch das ‹Feierabendgässlein› gewesen war.

Weiteres siehe → Feierabendstrasse, Mostackerstrasse

Quellen Adressbücher 1811–1854. Merianplan

Literatur Blum / Nüesch: S. 8. Fischer: Anhang S. 18; 21. Roth: S. 56. Siegfried: S. 52–54. Wanner Gustav Adolf: Rund um Basels Denkmäler. Basel 1975, S. 23

Holderstrasse	*Strassenname*
14	*Gruppe*
E 3	*Plankoordinaten*
1897	*Amtlich benannt*

Holder oder Holunder (lat. Sambucus), Gattung der Geissblattgewächse. In der Gegend der Strasse sollen Holunderbüsche gestanden haben. *Bedeutung*

Literatur Roth: S. 56. Siegfried: S. 90

Holeestrasse	*Strassenname*
7	*Gruppe*
D 7,6 C 6	*Plankoordinaten*
1820	*Erstmals genannt*
1878	*Amtlich benannt*

Der Name Holee ist sehr alt. Schon 1033 erscheint er als ‹Zum hohen Lewe›. Mit ‹Lewe› oder ‹Lee› bezeichnete man früher eine sanft geneigte Anhöhe oder einen Hügel. *Bedeutung*

Vor 1878 war die Strasse als ‹Holeeweg› oder ‹Holee Sträslein› (1820) bekannt. Im Adressbuch von 1845 erscheint sie bereits unter dem Namen Holeestrasse. *Frühere Namen*

Quellen Adressbuch 1845. Hoferplan 1820

Literatur Roth: S. 57. Siegfried: S. 54

Homburgerstrasse	*Strassenname*
18	*Gruppe*
G 5	*Plankoordinaten*
1889	*Amtlich benannt*

Homburg, Schlossruine am unteren Hauenstein im Baselbieter Bezirk Sissach, 25 km südöstlich von Basel. Graf Hermann von Froburg liess das Schloss 1240 erbauen, der Name stammt von seiner Ehefrau, der Erbtochter des letzten Grafen von Homberg aus der älteren Linie. Die dadurch entstandene neue Linie der Grafen von Homburg erlosch aber schon 1351. Homburg hiess auch eine baslerische Vogtei von 1400 bis 1798. Sie ent- *Bedeutung* sprach etwa dem südwestlichen Teil des heutigen Bezirks Sissach. Das Baselbieter Volk zerstörte Schloss Homburg, wo der Vogt seinen Sitz hatte, am 23.1.1798 während der Basler Revolution.

Siehe auch	→ Horburgpark
Weiteres siehe	→ Eptingerstrasse
Literatur	Roth: S. 57. Siegfried: S. 37

Strassenname	**Horburgpark**
Gruppe	22
Plankoordinaten	E 3
Amtlich benannt	1959
Siehe	→ Horburgstrasse
Frühere Namen	Der Park ist auf dem 1932 geschlossenen und 1951 aufgehobenen Horburg-Gottesacker entstanden.
Weiteres siehe	→ Mauerstrasse
Quellen	ANK: 1959

Strassenname	**Horburgstrasse**
Gruppe	22
Plankoordinaten	E 4,3
Erstmals benannt	1798
Amtlich benannt	1861
Bedeutung	‹Zur Horburg› hiess ein im 17. Jahrhundert erbauter Landsitz, der an der heutigen Kreuzung Horburger- und Efringerstrasse stand. Die Liegenschaft Horburgerstrasse 18 hiess ‹Zur Horburg›. Der Name ist auch auf die ehemaligen Horburgmatten übergegangen. Ob der Name ‹Horburg› von den Grafen von Horburg bei Colmar, einer bereits im 14. Jahrhundert ausgestorbenen elsässischen Adelsfamilie stammt oder vom Flurnamen ‹Horrenberg› zu beiden Seiten der nahen Sperrstrasse, ist nicht entschieden.
Siehe auch	→ Horburgpark
Frühere Namen	Die Verbindung vom Horburg zur Wiesenbrücke erscheint in den Adressbüchern von 1811 bis 1854 als ‹Neuer Weg›. Im Hoferplan von 1822 ist sie ein Teil der ‹Strass nach Freyburg›.
Weiteres siehe	→ Dreirosenstrasse
Quellen	Adressbücher 1811–1854. Hoferplan 1822
Literatur	Roth: S. 57. Siegfried: S. 85

Strassenname	**Hüningerstrasse**
Gruppe	2
Plankoordinaten	D 3,4
Erstmals benannt	1811
Amtlich benannt	1899
Bedeutung	Hüningen (franz. Huningue), Hauptort des gleichnamigen elsässischen Bezirks (‹canton›), Grenzort auf der linken Rheinseite gegenüber dem rechtsrheinischen Wohnviertel Kleinhüningen und alte Festung, 5 km nördlich von Basel. Die Hüningerstrasse wird nach dem Hüninger Zoll auf französischer Seite zur Rue de Bâle. Die Hüningerstrasse ist zwar eine alte Verbindungsstrasse und taucht auch schon im Adressbuch von 1811 auf, bekam ihre offizielle Benennung aber erst 1899.
Bemerkenswertes	Sébastien le Prestre Vauban, Baumeister des französischen Königs Ludwig XIV., liess das Dorf Hüningen um 1680 zur Festung umbauen und dessen Bevölkerung in die zwei neuen Dörfer Village-Neuf und Saint-Louis nahe Basel umsiedeln. Die Festung reichte mit ihren Vorwerken bis auf wenige hundert Meter an die Stadt heran. 1813/1814 und 1815 belagerten österreichische und russische Truppen die Festung. An der zweiten Belagerung nahmen auch Basler Truppen teil, Kanonen aus Hüningen beschossen die Stadt zweimal. Der Festungskommandant Barbanègre kapitulierte am 28.8.1815 vor dem österreichischen Erzherzog Johann. Der Zweite Pariser Frieden 1815 zwang Frankreich, Hüningen zu schleifen, und

legte fest, dass es im Umkreis von drei Stunden (rund 12 km) um Basel keine Festung mehr geben durfte.

Weiteres siehe → *Schiffmühlestrasse*
Quellen Adressbuch 1881
Literatur Roth: S. 57. Siegfried: S. 65

Strassenname **Hummelweglein**
Gruppe 7
Plankoordinaten E 8
Amtlich benannt 1954
Siehe → *Auf dem Hummel*
Bedeutung ‹Auf dem Hummel›, alter Flurname für ein Grundstück auf dem Bruderholz.

Strassenname **Hundsbuckelweglein**
Gruppe 7
Plankoordinaten E 9
Amtlich benannt 1994
Bedeutung ‹Hinterm Hundsbuckel› ist ein Areal, das neben einer Erhebung liegt. Ähnliche Flurnamen, die eine Anhöhe mit dem Rücken eines Hundes vergleichen, finden sich z.B. auch im deutschen Hunsrück oder in den ‹Hunderücken› genannten Erhebungen in den Kantonen Zürich und Bern.
Quellen ANK: 1994
Literatur Siegfried: S. 40

Strassenname **Hunnenstrasse**
Gruppe 13
Plankoordinaten E 2
Amtlich benannt 1896
Bedeutung Hunnen, zentralasiatisches Reitervolk vielleicht mongolischen Ursprungs. Die Hunnen durchzogen im 5. Jahrhundert nach der Zerstörung ihres Reiches in Zentralasien im Verlauf der Völkerwanderung Mitteleuropa bis in die Poebene. Ihr Anführer Attila ist als Etzel in die Nibelungensage eingegangen. Nach seinem Tod im Jahr 453 zerfiel das Hunnenreich, das sein Zentrum im heutigen Ungarn hatte, rasch. Die Hunnen haben eigentlich keine Verbindung zu Basel, das allerdings im Jahr 917 von ungarischem Reitervolk geplündert wurde. In Ungarn selbst gilt das hunnische Reich als Vorläufer des ungarischen. Eine volkstümliche Deutung leitet zudem den Ortsnamen Hüningen von den Hunnen her (die Strasse liegt in Kleinhüningen), der wahrscheinlich aber ‹Huninge›, d.h. ‹Sippe des Huno›, bedeutet. Das Ortswappen von Kleinhüningen zeigt seit 1908 auf blauem Grund Attila, den Hunnenkönig, in rotem Gewand mit blauem Judenhut, weissem Szepter und Handschuhen, hinter ihm ein weisses Zelt. Das Wappen stammt aus dem 17. Jahrhundert, im 18. und 19. Jahrhundert diente der Baselstab als Wappen.

Weiteres siehe → *Alemannengasse, Kleinhüningerstrasse*
Quellen StABS Bau H 4: 1896

Hutgasse *Strassenname*
26 *Gruppe*
E 5 *Plankoordinaten*
1255 *Erstmals benannt*
1861 *Amtlich benannt*
Bedeutung Die Hutmacher siedelten sich wie viele andere Handwerker im 11. Jahrhundert links des Birsigs an und gaben einer Strasse den Namen.
Frühere Namen Die erste urkundliche Erwähnung der Strasse stammt aus dem Jahr 1255 und lautet auf ‹Winardsgassun›. Die dort ansässigen Winhard waren eine über Basel hinaus angesehene Familie; der Dichter Konrad von Würzburg erwähnt sie sogar in seinen Werken. Noch älter, aber nicht datiert ist der Name ‹vicus fori› (‹Marktgasse›).

Bemerkenswertes   Die Hutgasse und der anschliessende Spalenberg bildeten die Scheidelinie zwischen den Wohnsitzen der Handwerker (birsigaufwärts) und der Händler (birsigabwärts).

Literatur   Fechter 1856: S. 56–57. Roth: S. 57. Siegfried: S. 12–13

Igelweglein	Im Margarethental	In den Klosterreben
Imbergässlein	Immengasse	In den Schorenmatten
Im Burgfelderhof	Im Rankhof	In den Ziegelhöfen
Im Davidsboden	Im Rheinacker	In der Breite
Im Ettingerhof	Im Sesselacker	Ingelsteinweg
Im Grenzacherhof	Im Spitzacker	Ingelsteinweglein
Im Heimatland	Im Surinam	Innere Margarethenstrasse
Im Heimgarten	Im tiefen Boden	
Im Holeeletten	Im Wasenboden	Innerer Egliseeweg
Im langen Loh	Im Witterswilerhof	Inselstrasse
Im Lohnhof	Im Zimmerhof	Isteinerstrasse
Im Margarethenletten	In den Klostermatten	Itelpfad

Strassenname	**Igelweglein**
Gruppe	15.3
Plankoordinaten	E 8
Amtlich benannt	1966
Bedeutung	Igel (lat. Erinaceus europaeus), nachtaktiver Insektenfresser.
Weiteres siehe	→ Schlangenweglein
Quellen	ANK: 1966

Strassenname	**Imbergässlein**
Gruppe	14, 19, 26
Plankoordinaten	E 5
Erstmals genannt	13. Jahrhundert
Amtlich benannt	1861
Bedeutung	Das Haus ‹Zum Imber› (Imbergässlein 30), nach dem die Strasse spätestens seit 1480 benannt ist, hat seinen Namen vom Ingwer (lat. Zingiber officinale), einer tropischen Staude, deren Wurzelstock ein aromatisches Gewürz ist und auch in der Heilkunde Verwendung fand. Auf diese Herkunft soll das erst 1978 benannte benachbarte Pfeffergässlein hinweisen. Krämer (Kaufleute), die sich besonders hier und in der Schneidergasse niederliessen, wählten den Ingwer als Zeichen ihrer Gesellschaft und ihres Gesellschaftshauses, das 1345 noch Haus ‹zem Walraven› hiess.
Frühere Namen	Die Strasse erscheint erstmals im 13. Jahrhundert zusammen mit einem Haus ‹in vico St. Andree› (‹in der St. Andreasgasse›). Sie führt dem Platz entlang, auf dem die St. Andreaskapelle stand. Nach einer Nennung aus dem Jahr 1303 als ‹St. Andreasgasse› wird sie im Jahr 1311 als ‹mons S. Andree› (‹St. Andreasberg›) und als ‹vardellingassen› bezeichnet, Hinweis auf eine Bardel, die hier ihren Wohnsitz hatte. Nach den beiden Liegenschaften ‹Zur Gans› (Imbergässlein 12 und 13) taucht 1716 der Name ‹Gansgesslin› auf.
Bemerkenswertes	Das Gesellschaftshaus der Krämer kam noch im 14. Jahrhundert an den Rindermarkt (heute Gerbergasse), zuerst in den alten Sitz der Safranzunft (Gerbergasse 12), zu der die Krämer gehörten, seit 1423 in den ehemaligen ‹Ballhof› (Lagerhaus für Kaufmannsgüter) gegenüber (Gerbergasse 11). Die mittelalterliche Safranzunft ersetzt heute ein historisierender Neubau aus den Jahren 1900–1902, gründlich restauriert 1978/1979.
Weiteres siehe	→ Andreasplatz
Literatur	Fechter 1856: S. 78–81. Feldges Uta, Ritter Markus: Das Zunfthaus zu Safran. In: Basler Stadtbuch 1979. Basel 1980, S. 103–120. Koelner Paul: Die Safranzunft in Basel und ihre Handwerke und Gewerbe. Basel 1935, S. 66–79. Roth: S. 58. Siegfried: S. 15

Strassenname	**Im Burgfelderhof**
Gruppe	2
Plankoordinaten	BC 3, 4
Amtlich benannt	1968
Siehe	→ Burgfelderstrasse, Rappoltshof
Bedeutung	Burgfelden, Quartier der elsässischen Nachbargemeinde Saint-Louis.
Bemerkenswertes	Die Strasse Im Burgfelderhof führt von der Burgfelderstrasse hinab in Richtung des früheren Grundstücks ‹Auf dem Brenner›, wo heute das Werkstätten- und Wohnzentrum Basel, das Rehabilitationszentrum REHAB, die Sportanlage Pfaffenholz und einige Mehrfamilienhäuser stehen.
Quellen	ANK: 1968

Strassenname	**Im Davidsboden**
Gruppe	7
Plankoordinaten	D 4
Amtlich benannt	1990
Siehe	→ Davidsbodenstrasse
Bedeutung	Davidsboden, ehemalige Feldflur nordwestlich des Spalentors.
Literatur	Fischer: Anhang S. 35

Im Ettingerhof

Strassenname	**Im Ettingerhof**
Gruppe	1
Plankoordinaten	C 5
Amtlich benannt	1954
Bedeutung	Ettingen, Gemeinde im Baselbieter Bezirk Arlesheim, 8 km südwestlich von Basel.
Bemerkenswertes	Im Ettingerhof ist eine an den Seiten von Mehrfamilienhäusern umgebene Zufahrt zu Einstellplätzen für Personenwagen. Das gleiche gilt für die unmittelbar daneben gelegene Strasse Im Witterswilerhof.
Weiteres siehe	→ Im Witterswilerhof, Rappoltshof
Literatur	Roth: S. 39

Strassenname	**Im Grenzacherhof**
Gruppe	3
Plankoordinaten	G 5
Amtlich benannt	1967
Siehe	→ Grenzacherstrasse
Bedeutung	Grenzach, badische Nachbargemeinde von Basel.
Bemerkenswertes	Die Strasse Im Grenzacherhof ist eigentlich nur eine kurze Sackgasse, die als Parkplatz dient. Sie geht von der Strasse Im Rankhof aus, mit der sie die Hochhaussiedlung Rankhof für den rollenden Verkehr erschliesst.
Weiteres siehe	→ Rappoltshof
Quellen	ANK: 1966/1967

Strassenname	**Im Heimatland**
Gruppe	7
Plankoordinaten	G 4
Amtlich benannt	1925
Bedeutung	Das Landgut ‹Im Heimatland› liegt an der Riehenstrasse. Der Strassenname erinnert an die alte ‹Heimath Gass› des 19. Jahrhunderts zwischen Grenzacherstrasse und Riehenstrasse. Ob wie bei der Heumattstrasse, auf einen Besitzer namens Haimo zurückgeht, ist nicht untersucht.

	→ Im Surinam
Weiteres siehe	
Literatur	Roth: S. 52

Im Heimgarten	Strassenname
32	Gruppe
C 6	Plankoordinaten
1929	Amtlich benannt
‹Im Heimgarten› ist nur scheinbar ein Flurname. Er steht in keinerlei Beziehung zur natürlichen Umgebung. Möglicherweise soll der Name einfach nur idyllisch wirken und mit der ähnlich klingenden, benachbarten Strasse Im Holeeletten ein Ensemble bilden.	Bedeutung
Roth: S. 52	Literatur

Im Holeeletten	Strassenname
7	Gruppe
C 6	Plankoordinaten
1925	Amtlich benannt
→ Bachlettenstrasse, Holeestrasse	Siehe
‹Holee›, alter Name für eine Anhöhe; ‹Letten›, alter Name für lehmhaltigen Boden.	Bedeutung
Roth: S. 57	Literatur

Im langen Loh	Strassenname
7	Gruppe
C 5,6	Plankoordinaten
1904	Amtlich benannt
Das Wort ‹Loh› bedeutet ein Gehölz oder ein Waldstück. Der Lange Loh war ursprünglich Teil des Hardwaldes. Er taucht schon 1003 als ‹Hinter dem Langen Loh› auf. Der Flurname änderte sich zu ‹Im langen Lohn›, als man ihn nicht mehr verstand, und wurde so zu einem Strassennamen. 1942 strich man den letzten Buchstaben und verkürzte den Namen auf seine ursprüngliche Form.	Bedeutung
Roth: S. 68. Siegfried: S. 31; 70	Literatur

Strassenname	**Im Lohnhof**	**Immengasse**	*Strassenname*	
Gruppe	20	15.3	*Gruppe*	
Plankoordinaten	E 5	D 4	*Plankoordinaten*	
Amtlich benannt	1998	1880	*Amtlich benannt*	
Siehe	→ Lohnhofgässlein			

Bedeutung Lohnhof, ehemaliges Untersuchungsgefängnis von Basel. Heute ist der Lohnhof ein Wohn- und Kulturkomplex.

Bemerkenswertes Im Lohnhof bezeichnet den an den Leonhardskirchplatz anschliessenden Hof hinter der Kirche St. Leonhard und eigentlichen Innenhof des früheren Untersuchungsgefängnisses. Im Lohnhof und Spiegelhof weisen als einzige Strassennamen Basels, die auf -hof enden, auf eine tatsächlich vorhandene Hofsituation hin.

Weiteres siehe → Rappoltshof

Quellen KB: 1998

Bedeutung ‹Imme› ist ein alter mundartlicher Ausdruck für die Honigbiene (lat. Apis mellifica). Die sonnige und einst für die Bienenzucht günstige Lage des Areals, durch das die Strasse führt, soll damit zum Ausdruck kommen.

Literatur Roth: S. 58. Siegfried: S. 78

		Im Rankhof	*Strassenname*	
		22	*Gruppe*	
		G 5	*Plankoordinaten*	
		1967	*Amtlich benannt*	
		→ Rankstrasse	*Siehe*	

Bedeutung ‹Im Rank›, Flurname am Rhein auf der Höhe der Schwarzwaldallee.

Bemerkenswertes Die Strasse Im Rankhof ist eine von der Grenzacherstrasse ausgehende Sackgasse. Sie und die Strasse Im Grenzacherhof erschliessen die Hochhaussiedlung Rankhof.

Weiteres siehe → Rappoltshof

Quellen ANK: 1966/1967

Strassenname	**Im Margarethenletten**			
Gruppe	7, 12.1.2			
Plankoordinaten	D 6			
Amtlich benannt	1929			
Siehe	→ Bachlettenstrasse, Margarethenstrasse			

Bedeutung St. Margarethen, Landgut und Klosterkirche in der Baselbieter Gemeinde Binningen; ‹Letten›, alter Name für lehmhaltige Böden.

Literatur Roth: S. 73

		Im Rheinacker	*Strassenname*	
		7	*Gruppe*	
		GH 4	*Plankoordinaten*	
		1955	*Amtlich benannt*	

Bedeutung Der Flurname ‹Rheinacker› hat sich aus der Nähe des Gebiets zum Rhein ergeben.

Literatur Roth: S. 90

Strassenname	**Im Margarethental**			
Gruppe	7, 12.1.2			
Plankoordinaten	D 7			
Amtlich benannt	1958			
Siehe	→ Margarethenstrasse			

Bemerkenswertes Die Strasse verläuft unter dem Dorenbachviadukt im Talgrund von Rümelinbach und Birsig.

Literatur Roth: S. 73

		Im Sesselacker	*Strassenname*	
		7	*Gruppe*	
		EF 7	*Plankoordinaten*	
		1924	*Amtlich benannt*	

Bedeutung Das Grundstück mit Namen ‹Sesselacker› gehörte wahrscheinlich früher zum Haus

‹Zum Sessel› (Totengässlein 3). Das Haus gehörte seit 1507 dem Buchdrucker Johannes Froben, der es Erasmus von Rotterdam als ersten Basler Wohnsitz zur Verfügung stellte. 1856 neu erbaut, befindet sich dort heute das Pharmazeutische Institut und das Schweizer Pharmazie-Historische Museum.

Siehe auch → Sesselackerweglein

Bemerkenswertes Die 1966 benannten Löwenbergstrasse, Spiegelbergstrasse und Schönenbergstrasse der Überbauung ‹Im Sesselacker› heissen auf Wunsch der Bauherrin, der Christoph Merian Stiftung, nach Adelsfamilien, die enge Beziehungen zu Basel pflegten.

Weiteres siehe → Erasmusplatz, Frobenstrasse

Literatur Roth: S. 100

Strassenname **Im Spitzacker**
Gruppe 7
Plankoordinaten EF 8
Amtlich benannt 1922
Bedeutung Der Name ‹Spitzacker› leitet sich von der Form des betreffenden Grundstücks her.
Literatur Roth: S. 103

Strassenname **Im Surinam**
Gruppe 22
Plankoordinaten F 4,3
Erstmals genannt 1811
Amtlich benannt 1941
Bedeutung ‹Surinam› hiess ein Landgut an der nahegelegenen Riehenstrasse. Das an der nördlichen Atlantikküste Südamerikas gelegene Surinam war früher eine Kolonie der Niederlande. Der Name hat nichts mit der bekannten Zeichnerin und Naturforscherin Maria Sybilla Merian (1647–1717), Tochter des Basler Kupferstechers Matthäus Merian d. Ä. zu tun, die während einiger Jahre dort lebte. Das Landgut geht zurück auf die Heirat zwischen Jean Jacques Faesch (1732–1796) und der in Surinam geborenen Niederländerin Catharina Maria van Hoy im Jahr 1759, die mehrere in Surinam gelegene Kaffee-Plantagen als Mitgift in die Ehe brachte. Das Ehepaar schenkte 1782 die Plantagen seiner Tochter Margarethe Maria (1763–1827) zur Hochzeit. Ein vom Schwiegersohn gebautes Landhaus in den sogenannten Schoren erhielt den Namen ‹Zum kleinen Surinam›.

Frühere Namen Vor 1941 war die Strasse wie die Paracelsusstrasse ein Teil des damals noch von Fasanenstrasse bis Bäumlihofstrasse durchgehenden ‹Gotterbarmwegs›. Dieser hatte seinen Namen 1924 erhalten. Zuvor hiess er ‹Hintere Bahnhofstrasse›, war mit dem neuen Badischen Bahnhof um 1908 projektiert worden und hatte den alten ‹Gotterbarmweg› von 1861 ersetzt, der von Schorenweg bis zur Grenzacherstrasse an der Solitude führte. Der nördliche Teil des ‹Gotterbarmwegs›, also das Stück des heutigen Im Surinam vom Schorenweg bis zur Riehenstrasse, erscheint 1822 als ‹Schohren Strass›, der andere Teil von der Riehenstrasse bis zur Grenzacherstrasse als ‹Heymath Gass›. Der ‹Gotterbarmweg› erscheint im Adressbuch von 1811 als ‹auf dem Gotterbarm›, danach bis 1854 nur als ‹Gotterbarm›. Den Flurnamen ‹Gotterbarm› führt man auf einen Grundbesitzer mit dem Spottnamen Gotterbarm zurück oder auf die Bezeichnung einer Häusergruppe des nahen ‹Galgenfeldes›, einer ehemaligen Hinrichtungsstätte.

Frühere Namen von Teilstücken Neben dem schon erwähnten Stück vom Schorenweg bis zur Riehenstrasse erscheint 1822 das andere von den Langen Erlen bis zum Schorenweg als ‹Schnaphahne Weg›. Schnapphähne waren Wegelagerer bzw. die Galgen, an denen man sie hängte. Das Strassenstück wurde aufgehoben und ent-

Bemerkenswertes	stand erst neu der ‹Hinteren Bahnhofstrasse› von 1908. Der Name Im Surinam war nicht überall beliebt. Beklagt wurde, dass bereits der Name Gotterbarmweg den Eindruck erweckt hatte, man wohne in einer Gegend ‹zum Gotterbarmen›. Der neue Name sei dann noch schlimmer gewesen, da der Eindruck entstand, man wohne in einem «Negerdorf».
Quellen	Adressbuch 1811. Hoferplan 1822
Literatur	Roth: S.107. Thieme Hans: Ein Basler in Niederländisch-Indien. In: Basler Stadtbuch 1970. Basel 1969, S. 39

Strassenname	**Im tiefen Boden**
Gruppe	7
Plankoordinaten	E 8
Amtlich benannt	1922
Bedeutung	‹Im tiefen Boden› bedeutet ein ebenes, tiefgelegenes Gelände. Das Grundstück befindet sich unterhalb der ‹Batterie›, dem höchsten Punkt des Stadtgebiets.
Siehe auch	→ Tiefenbodenweglein
Literatur	Roth: S. 109. Siegfried: S. 40

Strassenname	**Im Wasenboden**
Gruppe	7
Plankoordinaten	C 4
Amtlich benannt	1919
Siehe	→ Wasensträsschen
Bedeutung	‹Wasenboden›, alter Name für ein feuchtes, leicht erhöhtes Grundstück an der Grenze zu Hegenheim.
Literatur	Roth: S. 113

Strassenname	**Im Witterswilerhof**
Gruppe	1
Plankoordinaten	C 5
Erstmals genannt	1929
Amtlich benannt	1954
Siehe	→ Im Ettingerhof

Bedeutung	Witterswil, Gemeinde der Solothurner Amtei Dorneck-Thierstein, 9 km südwestlich von Basel.
Frühere Namen	Der erste Name der Strasse war 1929 noch ‹Witterswilerstrasse›. Die Umbenennung ergab sich, als die Strasse zur Sackgasse umgebaut wurde. In Basel kennzeichnet man solche Strassen mit ‹-hof› am Schluss.
Weiteres siehe	→ Rappoltshof
Literatur	Roth: S. 116

Strassenname	**Im Zimmerhof**
Gruppe	19
Plankoordinaten	D 5
Amtlich benannt	1926
Bedeutung	Die Strasse ist eine Sackgasse auf dem ehemaligen Besitz ‹Zimmerhof› des Rudolf Plattner-Bruckner an der Thannerstrasse.
Bemerkenswertes	Im Zimmerhof ist eine Sackgasse; es liegt keine Hofsituation vor.
Weiteres siehe	→ Rappoltshof
Literatur	Roth: S. 118

Strassenname	**In den Klostermatten**
Gruppe	7
Plankoordinaten	G 6
Amtlich benannt	1936
Bedeutung	Das ehemalige Wiesengelände gehörte dem Kloster St. Alban.
Weiteres siehe	→ St. Alban-Vorstadt
Literatur	Roth: S. 65

Strassenname	**In den Klosterreben**
Gruppe	7
Plankoordinaten	F 5
Amtlich benannt	1944
Bedeutung	Das ehemalige Rebgelände gehörte dem Kloster St. Alban.
Weiteres siehe	→ St. Alban-Vorstadt
Literatur	Roth: S. 66

Strassenname	**In den Schorenmatten**		**Ingelsteinweglein**	*Strassenname*
Gruppe	7		8.2	*Gruppe*
Plankoordinaten	F 4,3		E 7	*Plankoordinaten*
Amtlich benannt	1928		1998	*Amtlich benannt*
Siehe	→ Schorenweg		→ Ingelsteinweg	*Siehe*
Bedeutung	‹Schoren›, Flurname für die Gegend zwischen Eglisee und Badischem Bahnhof.			
Literatur	Roth: S. 99			

Strassenname **Innere Margarethenstrasse**
Gruppe 12.1.2
Plankoordinaten E 6
Amtlich benannt 1901
Siehe → Margarethenstrasse
Bedeutung St. Margarethen, Landgut und Klosterkirche in der Baselbieter Gemeinde Binningen.
Literatur Roth: S. 74. Siegfried: S. 44–45

Strassenname **In den Ziegelhöfen**
Gruppe 26
Plankoordinaten BC 6
Amtlich benannt 1925
Bedeutung Ziegelbrennereien sind schon seit dem 15. Jahrhundert in der Umgebung der Strasse bekannt.
Bemerkenswertes In den Ziegelhöfen ist eine Durchgangsstrasse; es liegt keine Hofsituation vor.
Literatur Roth: S. 118

Strassenname **Innerer Egliseeweg**
Gruppe 11.1
Plankoordinaten G 4
Amtlich benannt 1943
Siehe → Egliseestrasse
Bemerkenswertes Die Strasse ist aus einem alten Allmendweg beim früheren Egliseebad entstanden.
Literatur Roth: S. 36

Strassenname **In der Breite**
Gruppe 7
Plankoordinaten G 5
Amtlich benannt 1871
Siehe → Zürcherstrasse
Bedeutung ‹Breite›, Flurname des breiten Feldwegs zwischen St. Alban und der Birsmündung.
Literatur Roth: S. 27

Strassenname **Inselstrasse**
Gruppe 7
Plankoordinaten E 3
Amtlich benannt 1896
Bedeutung Ein heute verlandeter Nebenarm des Rheins trennte einst die Klybeckinsel vom Festufer. Ihre Ausdehnung entsprach etwa dem dreieckigen Areal, das zwischen Uferstrasse und Altrheinweg liegt. Die Klybeckinsel ist nicht zu verwechseln mit der ebenfalls verlandeten Schusterinsel nördlich der Wiesenmündung, deren nördliche Hälfte zur ehemaligen Markgrafschaft Baden gehörte. Das parallel zum Rhein angelegte Hafenbecken I hat den Basler Teil der ehemaligen Schusterinsel

Strassenname **Ingelsteinweg**
Gruppe 8.2
Plankoordinaten E 7
Amtlich benannt 1943
Bedeutung Ingelstein, Erhebung des Tafeljura zwischen Dornach und Gempen, 9 km südlich von Basel.
Literatur Roth: S. 58

heute fast wieder zur Insel gemacht, die mit dem Festland durch die Westquaistrasse verbunden ist.

Siehe auch → Uferstrasse
Weiteres siehe → Altrheinweg, Hafenstrasse
Literatur Roth: S. 58. Siegfried: S. 81

Strassenname **Isteinerstrasse**
Gruppe 3
Plankoordinaten F 4
Erstmals genannt 1861
Amtlich benannt 1871
Bedeutung Istein, Ortsteil der badischen Gemeinde Efringen-Kirchen am Fuss des Isteiner Klotz genannten Kalkfelsens in der Vorbergzone des Schwarzwaldes, 12 km nördlich von Basel.
Frühere Namen Vor 1871 hiess die Strasse wegen ihrer Lage beim alten Badischen Bahnhof auf dem heutigen Messeplatz ‹Hintere Bahnhofstrasse› im Gegensatz zur ‹Bahnhofstrasse›, einem Teil des heutigen Riehenrings. Sie dürfte etwa um 1855 beim Bau des Bahnhofs entstanden sein.
Literatur Roth: S. 58. Siegfried: S. 92

Strassenname **Itelpfad**
Gruppe 7
Plankoordinaten F 5,4
Erstmals genannt 1463
Amtlich benannt 1875
Bedeutung Das alte Rebgelände bei dieser Strasse hiess urspünglich ‹In dem Iteger› (1255), benannt nach einem ehemaligen Landeigentümer. Der Name verschliff sich zu ‹Jgger› und schliesslich zu ‹Ital› oder ‹It(t)el›. Der Itelpfad verband in gerader Linie die Vogelsangstrasse bzw. den ‹Vogelsangweg› mit dem alten ‹Bannwartweg› (heute verkürzt in der Chrischonastrasse erhalten). Durch den Ausbau Kleinbasels und die neuen Strassenführungen ist vom Itelpfad heute nur noch ein kleines Teilstück vorhanden.

Die Strasse erscheint erstmals 1463 als ‹Ickerpfadt›. Der Orts- bzw. Strassenname war bereits in der Zeit seiner ersten urkundlichen Erwähnung unverständlich. Er taucht in den verschiedensten Varianten auf: ‹Igkhardpfad› 1510, ‹nigertenpfad› 1556, ‹Jeckerpfad› zwischen 1576 und 1637 oder ‹Eitelpfadgesslin› 1740. Im Hoferplan von 1822 heisst die Strasse ‹Weg ins Ittelpfad›. Die zwei Bezeichnungen ‹Eitelpfadgesslin› und ‹Weg ins Ittelpfad› zeigen, dass der Name des schmalen Fussweges in das Grundstück, ‹der Itelpfad›, selbst zum Flurnamen wurde. Die amtliche Benennung von 1875 machte dies rückgängig. Allerdings hiess es damals noch ‹Ittelpfad›, die Schreibweise mit einem ‹t› gilt erst seit 1935. *Frühere Namen*

Wie beim ‹Weg in das Vogelsang› hat im Hoferplan von 1822 noch ein anderer Weg den gleichen Namen. Er verlief parallel, aber weiter westlich und südlich und setzte sich nach einer scharfen S-förmigen Biegung nördlich als ‹Weg ins Duttly› fort. Diese Verbindung der Riehenstrasse mit der Grenzacherstrasse hiess aber meistens in ihrer ganzen Länge ‹Duttliweg›. *Bemerkenswertes*

→ Peter Rot-Strasse *Weiteres siehe*

Hoferplan 1822. Ryhinerplan. Urkundenbuch der Stadt Basel. Hg. von der historischen und antiquarischen Gesellschaft zu Basel. Bearbeitet von Rudolf Wackernagel und Rudolf Thommen. Basel 1890–1910. 11 Bde., Bd. 1, N° 293.II *Quellen*

Roth: S. 58. Siegfried: S. 86 *Literatur*

Jacob Burckhardt-Strasse	Jungstrasse
Jägerstrasse	Jurastrasse
Jakobsbergerholzweg	
Jakobsbergerstrasse	
Jakobsbergerweglein	
J.J. Balmer-Strasse	
Johanniterbrücke	
Johanniterstrasse	
Joh. Jak. Spreng-Gässlein	
Julia Gauss-Strasse	

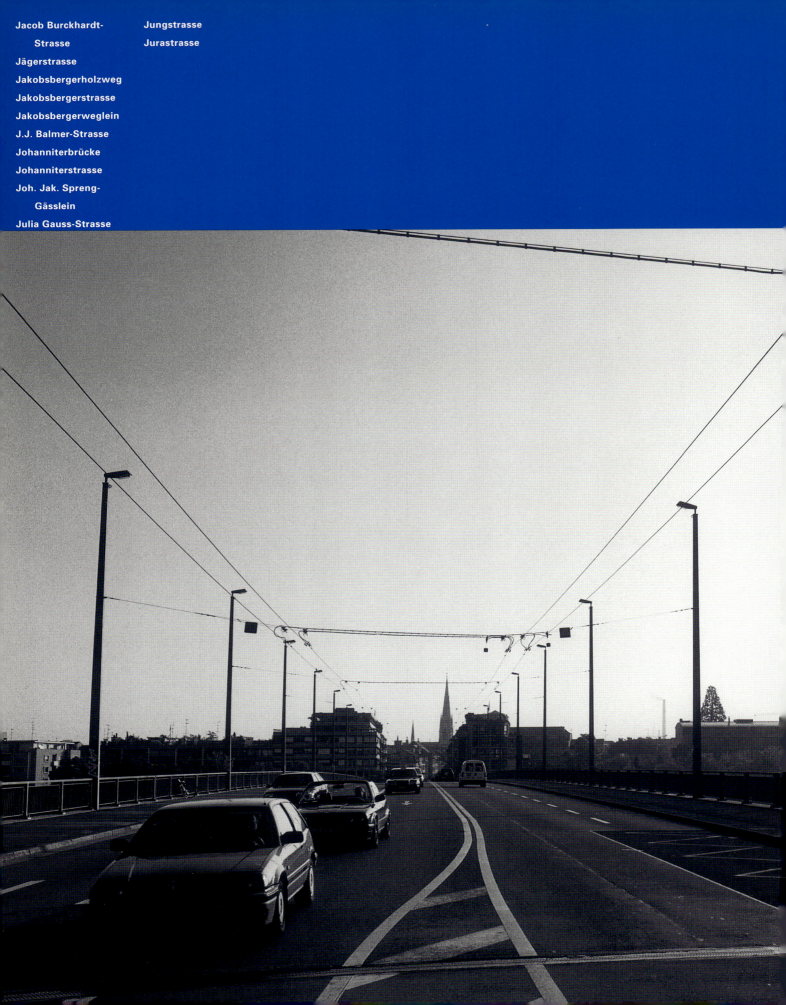

Strassenname	**Jacob Burckhardt-Strasse**
Gruppe	12.7
Plankoordinaten	F 6
Amtlich benannt	1922/1959
Bedeutung	Jacob Burckhardt (1818–1897 Basel), Professor an der Universität Basel, bedeutendster schweizerischer Kultur- und Kunsthistoriker. Seine Hauptwerke sind die ‹Kultur der Renaissance in Italien› (1860) sowie die postum erschienenen ‹Griechische Kulturgeschichte› (1898–1902) und ‹Weltgeschichtliche Betrachtungen› (1905).
Bemerkenswertes	Jacob Burckhardt schrieb seinen Vornamen immer mit einem ‹c›. Der Strassenname hatte 1922 aber ein ‹k› erhalten. 1959 korrigierte man diesen Fauxpas.
Literatur	Kaegi Werner: Jacob Burckhardt. Eine Biographie. Bd. I–VII. Basel 1947–1982. Roth: S. 59. Teuteberg René: Wer war Jacob Burckhardt? Basel 1997

Strassenname	**Jägerstrasse**
Gruppe	31
Plankoordinaten	F 4
Amtlich benannt	1881
Bedeutung	Die Nähe der Strasse zum Waldgebiet Lange Erlen mit seinem Wildbestand lässt eine Anspielung auf das Jagdwesen vermuten.
Literatur	Roth: S. 59

Strassenname	**Jakobsbergerholzweg**
Gruppe	7
Plankoordinaten	EF 8
Amtlich benannt	1923
Siehe	→ Jakobsbergerstrasse
Literatur	Roth: S. 59

Jakobsbergerstrasse	*Strassenname*
7	*Gruppe*
F 8	*Plankoordinaten*
1921	*Amtlich benannt*
Der Jakobsberg, eine Anhöhe auf dem Bruderholz, war früher entweder im Besitz des Siechenhauses St. Jakob an der Birs oder einer Person namens Jakob. Mit seiner Überbauung hat man in den 1940er Jahren begonnen. Auf der Anhöhe steht der Jakobsbergerhof, ein altes Bauerngut. Das Waldstück auf der Anhöhe heisst Jakobsbergerholz. Der Name des Bauernguts diente in einer verkürzten Form als Vorlage für den Strassennamen Hofweglein. Der Jakobsberg, beziehungsweise das Waldstück Jakobsbergerholz wurden dagegen unverkürzt in Jakobsbergerstrasse, Jakobsbergerweglein und Jakobsbergerholzweg übernommen.	*Bedeutung*
→ Hofweglein, Jakobsbergerholzweg, Jakobsbergerweglein	*Siehe auch*
Roth: S. 59	*Literatur*

Jakobsbergerweglein	*Strassenname*
7	*Gruppe*
EF 8	*Plankoordinaten*
1954	*Amtlich benannt*
→ Jakobsbergerstrasse	*Siehe*
Roth: S. 59	*Literatur*

J. J. Balmer-Strasse	*Strassenname*
12.6	*Gruppe*
E 7	*Plankoordinaten*
1966	*Amtlich benannt*
Johann Jakob Balmer (1825–1898), Mathematiker und Physiker, Ehrenbürger der Stadt Basel. Balmer stammte aus Lausen, ging in Basel ins Gymnasium und studierte in Karlsruhe und Berlin. Nach Basel zurückgekehrt, wurde er Lehrer an der Töchter-	*Bedeutung*

Johanniterbrücke

schule und Privatdozent an der Universität Basel. Sein Forschungsfeld war die Spektralanalyse. Die Balmer-Formel (1884/1885 veröffentlicht) zur Vorhersage von Wellenlängen erwies sich 1913 als wesentliche Bestätigung der Quantentheorie und als grundlegend für die Entwicklung der Atomtheorie durch Niels Bohr. Balmer war Mitglied des Kleinen Rats und der Kirchensynode und verfasste auch Schriften zu den Bauwerken des alten Jerusalems. Die Proportionen des Tempels in Jerusalem führte er auf symbolische Zahlenverhältnisse zurück, die er auch in der Barfüsserkirche zu erkennen glaubte. Als man den Abbruch der letzteren 1882 ernsthaft diskutierte, setzte er sich vehement für deren Erhaltung ein. Balmers wissenschaftliche Arbeiten waren von einer tief verwurzelten Religiosität bestimmt. In den Naturgesetzen sah er den Ausdruck einer höheren göttlichen Harmonie, weswegen er ein entschiedener Gegner der darwinistischen Evolutionstheorie war. Er engagierte sich sozial und förderte die Erstellung von Arbeiterwohnungen und die allgemeine Besserung der Wohnverhältnisse. Die schiefe Anlage der zweiten Brücke über den Rhein, d.h. der Wettsteinbrücke, geht im wesentlichen auf ihn zurück.

Weiteres siehe	→ Barfüsserkirche, Wettsteinbrücke
Quellen	ANK: 1966
Literatur	Basler Nachrichten, 2./3.7.1966. Stohler Gerhard: Johann Jakob Balmer, Wegbereiter der Atomphysik. In: Basler Stadtbuch 1985. Basel 1986, S. 70–75.

Johanniterbrücke

Strassenname	Johanniterbrücke
Gruppe	16.2
Plankoordinaten	DE 4
Amtlich benannt	1877
Siehe	→ St. Johanns-Vorstadt

Die Brücke verbindet das Kleinbasler Matthäuswohnviertel mit den Grossbasler Wohnvierteln Vorstädte und Am Ring. Die Planung begann 1855, der Baubeschluss erfolgte 1879. Die erste Johanniterbrücke war wie die Wettsteinbrücke konstruiert. Nach ihrem Abriss 1964 entstand die neue Brücke 1964–1967 in Eisenbetontechnik.

Bemerkenswertes

Huber: S. 147. INSA: S. 167. Roth: S. 59. Siegfried: S. 27	Literatur

Johanniterstrasse

Strassenname	Johanniterstrasse
Gruppe	16.2
Plankoordinaten	D 4
Erstmals genannt	1844
Amtlich benannt	1861
Siehe	→ St. Johanns-Vorstadt

Bis 1861 zählte die Johanniterstrasse zur St. Johanns-Vorstadt.

Frühere Namen

Die Strasse entstand 1844 als Verbindung zwischen der St. Johanns-Vorstadt und dem ehemaligen französischen Bahnhof auf dem Schällemätteli. 1927/1931 erfolgte eine Neuführung und teilweise Umbenennung in Wilhelm His-Strasse.

Bemerkenswertes

→ Wilhelm His-Strasse	Weiteres siehe
INSA: S. 168. Roth: S. 59. Siegfried: S. 27	Literatur

Joh. Jak. Spreng-Gässlein

Strassenname	Joh. Jak. Spreng-Gässlein
Gruppe	12.3
Plankoordinaten	E 4
Amtlich benannt	1983

Bedeutung

Johann Jakob Spreng (1699–1768), Gelehrter und Dichter. Spreng studierte Theologie, 1721 erhielt er die Ordination. Er kam als Hoflehrer nach Wien, Heilbronn und Stuttgart. 1741 kehrte er nach Basel zurück und erhielt 1743 die erste ausserordentliche Professur für deutsche Poesie und Beredsamkeit an der Universität Basel. Nach 20 Jahren germanistischer Lehrtätigkeit erhielt er durch

Loswahl 1762 die angesehene Professur für griechische Sprache. Er setzte sich aber weiterhin prominent für die Förderung der deutschsprachigen Dichtung und Rhetorik ein. Von ihm stammen handschriftlich ein historisch-kritisches Wörterbuch der deutschen Sprache, ein Wörterbuch der Basler Mundart (‹Idioticon Rauracum›) und eine geschichtliche Darstellung der Eidgenossenschaft und Basels. Spreng war zudem seit 1746 Pfarrer am Waisenhaus. Er lehnte den Pietismus ab, und seine Aversion gegen die katholische Religion, die er als Geschichtsprofessor (seit 1754) freimütig äusserte, führte sogar zu einem diplomatischen Notenaustausch Basels mit den katholischen Ständen der Eidgenossenschaft. Sein Einsatz für die Beibehaltung des Vogel Gryff-Brauches gegen die von manchen Basler Geistlichen geführten Attacken hat bewirkt, dass heute zum Dank dafür die Kleinbasler Ehrenzeichen stets auch im Hof des Waisenhauses tanzen, wo eine Gedenkplatte an ihn erinnert.

Bemerkenswertes Der Vorschlag ‹Sprenggasse› als Strassenname löste seinerzeit Bedenken aus. Es hiess, er könnte ein Attentat suggerieren.

Weiteres siehe → Vogel Gryff-Gässli

Literatur ANK: 1983. Basler Nachrichten, 2.1.1900. Basler Zeitung, 27.2.1992. Socin Adolf: Johann Jakob Spreng. Ein baslerischer Gelehrter und Dichter aus dem XVIII. Jahrhundert. In: Basler Jahrbuch 1893. Basel 1893, S. 227–250

Strassenname **Julia Gauss-Strasse**
Gruppe 12.7
Plankoordinaten C 4
Amtlich benannt 1990
Bedeutung Julia Gauss (1901–1985), Historikerin und Lehrerin. Gauss studierte in Basel zuerst Naturwissenschaften, dann Geschichte, Philosophie und Sprachen. Ihr Doktorexamen legte sie 1931 ab. Sie unterrichtete von 1927 bis 1961 am damaligen Mädchengymnasium (jetzt Gymnasium Leonhard) in Basel. Sie verfasste über 80 Publikationen zu verschiedensten Bereichen der Geschichte und war in wissenschaftlichen Kreisen weit über Basel hinaus bekannt. Ihre Forschungsobjekte waren Goethe, Bürgermeister Johann Rudolf Wettstein, westliche und byzantinische Kirchengeschichte und die schweizerische Politik des 19. und 20. Jahrhunderts. Ein wichtiges Thema ihrer Arbeit blieb der Toleranzgedanke, den sie in der Auseinandersetzung der mittelalterlichen Christenheit mit Judentum und Islam und an der Person Sebastian Castellios untersuchte. 1968 erhielt sie den Dr. theol. h.c. der Universität Zürich und 1979 den Wissenschaftspreis der Stadt Basel.

Weiteres siehe → Castellioweglein, Mathilde Paravicini-Strasse
Literatur Basler Zeitung, 23.12.1985. KB: 1990

Strassenname **Jungstrasse**
Gruppe 12.6
Plankoordinaten D 4
Amtlich benannt 1897
Bedeutung Karl Gustav Jung (1793–1864), aus Mannheim, Mediziner. Jung studierte in Heidelberg, wo er 1817 den Doktorgrad erwarb. Schon in Heidelberg hatte er die Bekanntschaft von revolutionären Burschenschaften gemacht, die ihre Wurzeln in den deutschen Freiheitskriegen gegen Napoleon hatten. Als er für weitere Studien nach Berlin kam, setzte ihn die Polizei als Dozenten für Chemie an der Kriegsakademie unter besondere Aufsicht und verhaftete ihn schon bald wegen staatsfeindlicher Umtriebe. Er verbrachte 19 Monate in Haft. Nach seiner Freilassung ging er nach Paris, von wo er

mit Empfehlung Alexander von Humboldts 1822 nach Basel kam. Jung übernahm die neue Professur für Anatomie während einer für die Universität schwierigen Übergangsphase. Seit dem Ende des 18. Jahrhunderts war die Qualität des Lehrbetriebs in Basel immer weiter gesunken, so dass man sich sogar die Aufhebung der medizinischen Fakultät überlegte, deren erste grosse Zeit unter Felix Platter, Jean Bauhin und Theodor Zwinger im 16. Jahrhundert schon weit zurücklag. Es fehlte zudem fast ganz an Studenten. Erst die Universitätsreform von 1818 schuf die Voraussetzungen für einen Neuanfang. Jung machte sich an den Ausbau der medizinischen Fakultät in Basel und leitete die zweite Blüte der Basler Medizin im 19. Jahrhundert ein. Er sorgte für die Erweiterung der anatomischen Sammlung und der Räumlichkeiten. Die Verlegung des Bürgerspitals aus den unzulänglichen mittelalterlichen Gebäuden an der Freien Strasse in die Hebelstrasse geschah weitgehend auf seine Initiative hin. Er blieb bis zu seinem Tod Professor an der medizinischen Fakultät der Universität Basel. Er stiftete die ‹Anstalt zur Hoffnung zur Pflege und Schulung blödsinniger Kinder› (heute ‹Kantonales Sonderschulheim Zur Hoffnung›). Diese befand sich in der Nähe der Jungstrasse, zog aber 1905, fünf Jahre vor der tatsächlichen Ausführung der Strasse, nach Riehen. Jung war der Grossvater des Psychoanalytikers Carl Gustav Jung (1875–1961).

Weiteres siehe → *Bauhinweglein, Spitalstrasse, Zwingerstrasse*
Literatur *Basler Nachrichten, 26.9.1954. Roth: S. 61. Siegfried: S. 78*

Jurastrasse	Strassenname
9	Gruppe
E 7	Plankoordinaten
1897	Amtlich benannt

Der Jura, niedriges Kalkgebirge, das sich, im Aargau beginnend, südlich der Stadt Basel und entlang der schweizerischen Grenze zu Frankreich bis zum Lac Léman zieht. Bei Basel werden die Jurahöhenzüge nach ihrem Ausssehen in Kettenjura (Blauen z.B.) und Tafeljura (Bruderholz z.B.) unterschieden. — *Bedeutung*

Jura ist auch der Name des aus Teilen des ehemaligen Fürstbistums Basel gebildeten und 1979 von Bern getrennten dreiundzwanzigsten Schweizer Kantons. Jura heisst zudem ein an die Waadt angrenzendes französisches Département. — *Bemerkenswertes*

Bär Oskar: Geographie der Schweiz. Lehrmittelverlag des Kantons Zürich (Hg.). o.O. 1979, S. 20–25. Roth: S. 61. Siegfried: S. 48 — *Literatur*

Käferholzstrasse	Karl Barth-Platz	Kirchgasse	Klosterberg	Kraftstrasse
Kahlstrasse	Karl Jaspers-Allee	Kirschblütenweg	Klosterfiechtenweg	Krakau-Strasse
Kaltbrunnen-Promenade	Karpfenweg	Kirschgartenstrasse	Klostergasse	Kronenplatz
	Kartausgasse	Kleinhüningeranlage	Kluserstrasse	Küchengasse
Kaltbrunnenstrasse	Kasernenstrasse	Kleinhüningerstrasse	Klybeckstrasse	
Kandererstrasse	Kastanienweg	Kleinriehen-Promenade	Knöringerstrasse	
Kannenfeldpark	Kastelstrasse	Kleinriehenstrasse	Kohlenberg	
Kannenfeldplatz	Kaufhausgasse	Klingelbergstrasse	Kohlenberggasse	
Kannenfeldstrasse	Kaysersbergerstrasse	Klingental	Kohlenstrasse	
Kannenfeldweglein	Kellergässlein	Klingentalgraben	Kornhausgasse	
Kanonengasse	Kembserweg	Klingentalstrasse	Krachenrain	
Kapellenstrasse	Kienbergstrasse	Klingnaustrasse	Krachenrainweglein	

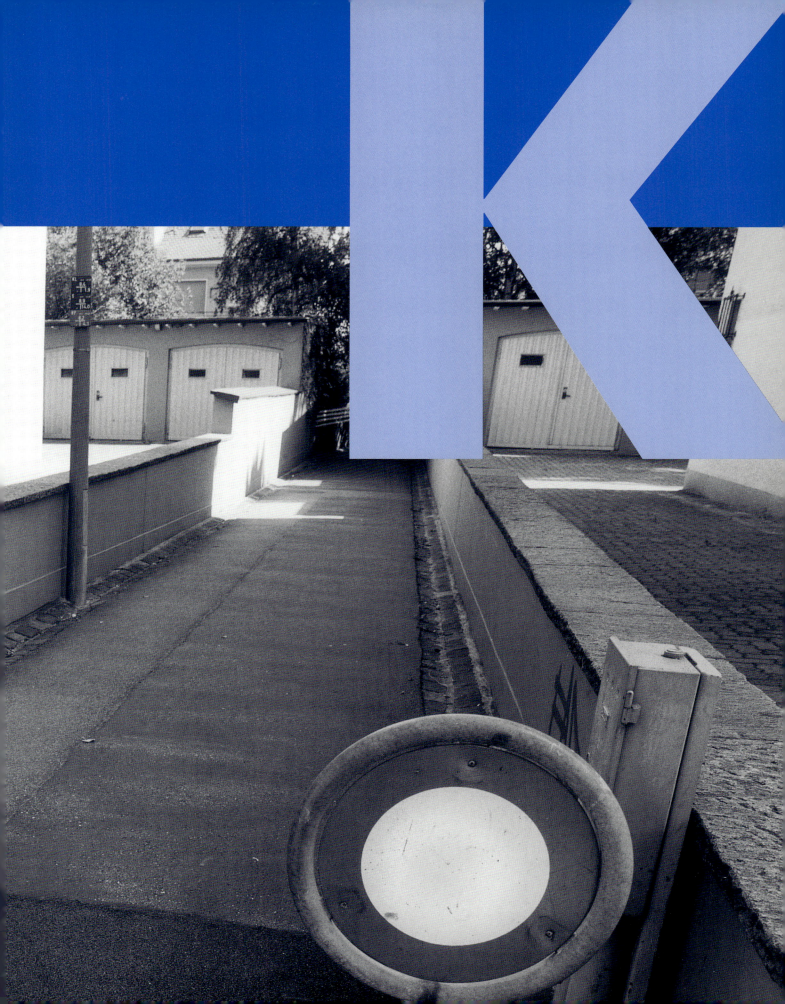

Strassenname	**Käferholzstrasse**
Gruppe	9
Plankoordinaten	G 4
Amtlich benannt	1934
Bedeutung	Das Käferholz (460 m ü. M.) ist der bewaldete, höchste Punkt auf dem Tüllinger Hügel, 7 km nordöstlich von Basel. Der Name dürfte auf den Insektenreichtum in diesem Waldstück zurückzuführen sein.
Literatur	Roth: S. 62

Strassenname	**Kahlstrasse**
Gruppe	8.2
Plankoordinaten	D 6
Amtlich benannt	1929
Bedeutung	Challhöchi (804 m ü. M.) und Challplatten, Berg- und Waldgelände bei Burg in der Solothurner Amtei Dorneck-Thierstein, 15 km südwestlich von Basel.
Literatur	Roth: S. 62

Strassenname	**Kaltbrunnen-Promenade**
Gruppe	8.2
Plankoordinaten	C 6
Amtlich benannt	1949
Siehe	→ Kaltbrunnenstrasse
Literatur	Roth: S. 62

Strassenname	**Kaltbrunnenstrasse**
Gruppe	8.2
Plankoordinaten	CD 6
Amtlich benannt	1929
Bedeutung	Kaltbrunnental oder Chaltbrunnental, rechtsseitiges Seitental der Birs zwischen Grellingen und Zwingen, 13 km südlich von Basel. Ein Pumpwerk speist das Quellwasser des Tals in die Wasserleitungen Basels ein. Die ‹Industriellen Werke Basel› vertreiben dieses auch als in Flaschen abgefülltes Tafelwasser.
Siehe auch	→ Kaltbrunnen-Promenade
Weiteres siehe	→ Reservoirstrasse
Literatur	Roth: S. 62

Strassenname	**Kandererstrasse**
Gruppe	3
Plankoordinaten	E 4
Amtlich benannt	1895
Bedeutung	Kandern, badische Stadt an der Kander im Schwarzwald, 19 km nördlich von Basel.
Bemerkenswertes	In der Kanderer Papiermühle wurde General Johann August Sutter (1803–1880), der aus dem Baselbieter Rünenberg stammende spätere Goldsucher und Militärgouverneur Kaliforniens, geboren.
Literatur	Roth: S. 62. Siegfried: S. 91

Strassenname	**Kannenfeldpark**
Gruppe	7
Plankoordinaten	CD 4
Amtlich benannt	1959
Siehe	→ Kannenfeldstrasse
Bemerkenswertes	Der Kannenfeldpark entstand aus dem mit der Eröffnung des Friedhofs am Hörnli 1932 geschlossenen und 1951 aufgehobenen Gottesacker auf dem Kannenfeld. Der 1912 erweiterte Gottesacker ersetzte den 1868 geschlossenen Spalengottesacker. Dieser wiederum war 1825 für den Friedhof zu St. Leonhard errichtet worden.
Weiteres siehe	→ Leonhardskirchplatz
Quellen	ANK: 1959

Strassenname	**Kannenfeldplatz**
Gruppe	7
Plankoordinaten	D 4
Amtlich benannt	1912
Siehe	→ Kannenfeldstrasse
Literatur	Roth: S. 62

Kannenfeldweglein

Strassenname	**Kannenfeldstrasse**
Gruppe	7
Plankoordinaten	D 5,4
Erstmals genannt	1877
Amtlich benannt	1901
Bedeutung	Ausserhalb des St. Johanns-Rings, zwischen Hegenheimerstrasse und Mittlerer Strasse, erstreckte sich das ‹Kannenfeld›, 1720 als die ‹langen Ackher› und 1723 auch als ‹Äcker vor dem Spalentor› bezeichnet. Eine Variante der Gebietsbezeichnung war ‹im Kantenfeld›. Eine Urkunde des Jahres 1475 weist Hans Uli, den Wirt zur ‹Schwarzen Kanne› (Spalenvorstadt 5), als Eigentümer dieses Bodens aus. Die gleiche Wirtsstube erscheint bereits 1309 als ‹Rote Kanne›, 1675 als ‹Kandten›.
Siehe auch	→ *Kannenfeldpark, Kannenfeldplatz, Kannenfeldweglein*
Frühere Namen	Bis zur Aufhebung der alten Verbindung der Elsässerbahn zum Centralbahnhof war die Strasse in die 1877 angelegten Strassen ‹Äussere Kannenfeldstrasse› (westlich des Schienenstrangs) und ‹Innere Kannenfeldstrasse› (östlich des Schienenstrangs) geteilt.
Literatur	Roth: S. 62. Siegfried: S. 72

Strassenname	**Kannenfeldweglein**
Gruppe	7
Plankoordinaten	C 4
Amtlich benannt	1958
Siehe	→ *Kannenfeldstrasse*

Strassenname	**Kanonengasse**
Gruppe	23
Plankoordinaten	E 5,6
Erstmals genannt	1610
Amtlich benannt	1861
Bedeutung	Die Kanonen der Leonhards- oder Steinenschanze gelangten über diesen Weg aus dem Zeughaus am Petersgraben in ihre Stellungen.
	1610 taucht die Kanonengasse als ‹Gesslin auf dem Kolenberg› auf. Bei der Entfestigung der Stadt nach 1859 erfuhr die Strasse eine Verlängerung über die Stadtmauer hinaus bis zur Holbeinstrasse.
Frühere Namen	
Weiteres siehe	→ *Dolderweg, Kohlenberg, Kohlenberggasse*
Quellen	Platter: S. 198
Literatur	Roth: S. 63

Strassenname	**Kapellenstrasse**
Gruppe	16.2
Plankoordinaten	F 6
Amtlich benannt	1895
Bedeutung	Die Engelgasskapelle, 1882 im neugotischen Stil erbaut, stand an der Ecke Engelgasse und Sevogelstrasse (Engelgasse 61). Sie wurde 1970 abgebrochen, an ihre Stelle wurde eine Alterssiedlung mit Kindergarten, Spielplatz und Gottesdienstlokal gebaut. In den Saaleingang der Alterssiedlung mauerte man den Portalstein der Kapelle ein und setzte daneben eine Erinnerungstafel.
Literatur	Basler Nachrichten, 14.8.1975. Roth: S. 63. Siegfried: S. 36

Strassenname	**Karl Barth-Platz**
Gruppe	12.7
Plankoordinaten	F 6
Amtlich benannt	1970
Bedeutung	Karl Barth (1886–1968), reformierter Theologe, Professor für Theologie an der Universität Basel. Er schrieb mit der ‹Kirchlichen Dogmatik› (1932–1967) das meistbeachtete theologisch-systematische Werk des 20. Jahrhunderts. Als Wortführer der ‹Bekennenden Kirche› trat er offen gegen den Nationalsozialismus auf und hatte weitreichenden Einfluss auf die kirchliche und öffentliche Diskussion aktueller Fragen.

Weiteres siehe	→ Karl Jaspers-Allee
Quellen	ANK: 1970
Literatur	Lindt Andreas: Karl Barth (1886–1968). In: Basler Stadtbuch 1970. Basel 1969, S. 142–148

Strassenname	**Karl Jaspers-Allee**
Gruppe	12.7
Plankoordinaten	FG 6
Amtlich benannt	1970
Bedeutung	Karl Jaspers (1883–1969), aus Oldenburg, Philosoph. Jaspers lehrte seit 1948 in Basel, wo er, 1967 Basler Bürger geworden, auch starb. Er war einer der Hauptvertreter der Existenzphilosophie, die das menschliche Dasein anhand konkreter existentieller Zustände (‹Grenzsituationen›, Tod, Kampf, Leiden, Schuld) zu deuten versucht. Jaspers trat nach dem Zweiten Weltkrieg mit politisch-philosophischen Schriften hervor, in denen er sich mit der Friedensordnung, der Atombombe und dem geteilten Deutschland befasste.
Frühere Namen	Bis zur Neubenennung war die Strasse ein Teilstück der Hardstrasse.
Bemerkenswertes	Zwei der im 20. Jahrhundert bedeutendsten theologischen bzw. philosophischen Gelehrten der Basler Universität, Karl Jaspers und Karl Barth, bilden mit ihren Namen ein Ensemble. Die Karl Jaspers-Allee führt zum Karl Barth-Platz hin, und die Benennung geschah im gleichen Jahr.
Quellen	ANK: 1970
Literatur	Hänggi Max: Was uns Karl Jaspers lehrt. In: Basler Stadtbuch 1983. Basel 1984, S. 129–140. INSA: S. 169. Meyer-Gutzwiller Paul: Karl Jaspers und Basel. In: Basler Stadtbuch 1970. Basel 1969, S. 149–163

Strassenname	**Karpfenweg**
Gruppe	15.1
Plankoordinaten	G 6
Amtlich benannt	1914

Bedeutung	Karpfen (lat. Cyprinus carpio), aus Ostasien stammender, heute weltweit gezüchteter Nutzfisch.
Weiteres siehe	→ Nasenweg
Literatur	Roth: S. 63. Siegfried: S. 38

Strassenname	**Kartausgasse**
Gruppe	16.2
Plankoordinaten	E 5
Erstmals genannt	1281
Amtlich benannt	1878
Bedeutung	Eine Niederlassung der Kartäuser scheint in Kleinbasel bereits im 13. Jahrhundert bestanden zu haben. Das Kartäuserkloster St. Margarethental bzw. die Kartause wurde aber erst 1401 in dem ehemaligen ‹Hof des Bischofs von Basel› in Kleinbasel, seit 1392 dem städtischen Rat gehörig, gegründet. Den Namen St. Margarethental trug das Kloster seit 1403; die St. Margarethenkapelle neben dem Bischofshof, die wohl in jenem Jahr abgetragen wurde, scheint aus den Jahren 1250–1275 zu stammen. Der Bischofshof wäre selbst für den Bau einer bescheidenen Kartause zu klein gewesen, weshalb es bis in die Mitte des 15. Jahrhunderts zu weiteren Landkäufen kam. Der Name ‹Kartusergasse› erscheint erstmals im Jahr 1534. Ab 1861 hiess die Strasse ‹Kartausgässlein›, seit ihrer Korrektion im Jahr 1878 Kartausgasse.
Frühere Namen	Nach der Kirche St. Theodor trug die Strasse bereits 1281 den Namen ‹Untere Kilchgasse›, 1434 ‹nidre Kilchgasse› (auch ‹Kilch- oder Kirchgässlein›), zur Unterscheidung von der parallel zu ihr ebenfalls auf die Kirche zulaufenden ‹Oberen Kilchgasse› (heute Kirchgasse). 1767 findet sich der Name ‹Zuchthausgässlein›, nach der in der Kartause eingerichteten städtischen Strafanstalt.
Bemerkenswertes	Seit 1669 diente die nach der Reformation säkularisierte Kartause (ihre Verwaltung

lag von 1557 an ganz in weltlichen Händen) als Zucht- und Waisenhaus der Stadt. Die räumliche Trennung von Waisen und zu Strafarbeit verurteilten Stadtbürgern geschah durch Umbauten im 18. Jahrhundert, weitere Umbauten erfolgten in der Mitte des 19. Jahrhunderts. Die Sträflinge kamen aber bis auf Ausnahmen erst 1806 in das ‹Schellenwerk› am Predigergässlein. Bis 1830 beschäftigte man die Waisen mit Fabrikarbeit, dann mit handwerklicher Betätigung. 1886 entschloss sich der Rat, die Waisen öffentliche Schulen besuchen zu lassen. Heute ist das Waisenhaus zur Hauptsache ein Heim für Kinder, die nicht bei ihrer Familie leben können.

Weiteres siehe → Kirchgasse, Lohnhofgässlein, Predigergässlein

Literatur Baer Casimir Hermann: Die Kunstdenkmäler des Kantons Basel-Stadt, Band III. Die Kirchen, Klöster und Kapellen, erster Teil: St. Alban bis Kartause. Basel 1941, S. 449–491. Blum / Nüesch: S. 131–135. Fechter 1856: S. 139. Huber: S. 221–222. Roth: S. 63. Siegfried: S. 18. Wackernagel: S. 276

Strassenname	**Kasernenstrasse**
Gruppe	23
Plankoordinaten	E 5,4
Amtlich benannt	1892
Bedeutung	

Die Kasernenbauten für 1 Bataillon Infanterie und 2 Batterien Artillerie entstanden in den Jahren 1860 bis 1863 auf dem Gelände des ehemaligen Klosters Klingental, das schon im ausgehenden 18. Jahrhundert zur Unterbringung von Truppen gedient hatte. Die Strasse selbst entstand erst um die Jahrhundertwende als Fortsetzung der Klingentalstrasse. Die Kaserne im Klingental hat nur indirekt etwas mit der ehemaligen Blömleinkaserne an der Ecke Steinenberg und Theaterstrasse zu tun. Diese wurde von der bereits 1856 aufgelösten Stadtgarnison (den ‹Stänzlern›) benutzt. Mit dem Bau der Kaserne in den 1860er Jahren beabsichtigte man, Basel als eidgenössischen Waffenplatz zu etablieren. Die städtische Enge verhinderte dies aber; es fanden regelmässige Sanitätsrekrutenschulen und vereinzelte Spezialkurse statt, 1966 zog das Militär definitiv aus. Die Kaserne fand als Schulhaus Verwendung und ist heute als «die Kaserne» ein Kulturzentrum (Veranstaltungsräume, Künstlerateliers, moslemische Gebetsstube u.a.) mit Restaurantbetrieb.

Weiteres siehe → Klingental, Stänzlergasse

Literatur Huber: S. 186. Meles / Wartburg: S. 62. Roth: S. 63. Siegfried: S. 18

Strassenname	**Kastanienweg**
Gruppe	14
Plankoordinaten	G 6
Amtlich benannt	1950
Bedeutung	

Ess- oder Edelkastanie (lat. Castanea sativa), südeuropäische und kaukasische Baumart der Buchengewächse; Rosskastanie (lat. Aesculus hippocastanum), südosteuropäische Baumart der Kastaniengewächse

Literatur Roth: S. 63

Strassenname	**Kastelstrasse**
Gruppe	1
Plankoordinaten	CD 6
Amtlich benannt	1929
Bedeutung	

Kastel oder Chastel, Siedlung der Solothurner Amtei Dorneck-Thierstein, 13 km südlich von Basel. Die Siedlung liegt auf der Kastelhöhe, der Kastelbach fliesst vorbei zur Birs. Der Name geht auf die lateinische Bezeichnung ‹castellum› zurück und bedeutet soviel wie Burg oder grosses Haus.

Bemerkenswertes Kaltbrunnen- und Kastelstrasse verlaufen parallel zueinander und imitieren so die geographische Nähe von Kastel zum Kaltbrunnental.

Literatur Roth: S. 63

Strassenname	**Kaufhausgasse**
Gruppe	20
Plankoordinaten	E 5
Erstmals genannt	1846
Amtlich benannt	1871
Bedeutung	1846 wurde am Steinenberg zwischen Stadtcasino und Barfüsserkirche das neue städtische Kaufhaus eröffnet, das man schon 1873 wieder abriss. Die gleichzeitig mit dem Kaufhaus gebaute und bis 1871 ‹Kaufhausgässlein› genannte Strasse führte eigentlich auf die Barfüsserkirche zu, die seit 1840 als Lagergebäude der Kaufhausanstalt diente.
Bemerkenswertes	Im Kaufhaus war die städtische Zollbehörde untergebracht. Hier mussten die Händler ihre Waren verzollen und einlagern, die dann Zwischenhändler an den Detailhandel weiterveräusserten. Das erste Kaufhaus stand im früher ‹Rindermarkt› genannten Teil der Gerbergasse; dieses ersetzte ein Neubau von 1376–1378 an der Stelle der jetzigen Hauptpost, bevor dessen Funktion das kurzlebige dritte Kaufhaus am Steinenberg übernahm. Für das städtische Zollwesen war ab 1848 der Bundesstaat zuständig. Man baute vier Zollhäuser näher an der Grenze zu Deutschland und Frankreich und schaffte die Einrichtung des Kaufhauses 1865 ab.
Weiteres siehe	→ Barfüssergasse, Gerbergasse, Rüdengasse
Literatur	Blum / Nüesch: S. 78. Roth: S. 63. Settelen-Trees Daniela (Red.): Historisches Museum Basel in der Barfüsserkirche 1894–1994. Rückblicke in die Museumsgeschichte. Herausgegeben von der Direktion des Historischen Museums Basel. Basel 1994, S. 13. Siegfried: S. 12

Kaysersbergerstrasse	*Strassenname*
2	*Gruppe*
C 4	*Plankoordinaten*
1924	*Amtlich benannt*
Kaysersberg, Ortschaft bei Colmar am Fuss der Vogesen, 70 km nördlich von Basel.	*Bedeutung*
Roth: S. 63	*Literatur*

Kellergässlein	*Strassenname*
19	*Gruppe*
E 5	*Plankoordinaten*
1424	*Erstmals genannt*
1861	*Amtlich benannt*
Die früheste Erwähnung der Liegenschaft ‹Zum grossen Keller› bzw. ‹Zum kalten Keller› im Kellergässlein 7 lautet 1312 auf ‹Grosser Kelr›, 1492 heisst sie ‹Grosser kalter Keller›, 1539 ‹Schöner Keller›.	*Bedeutung*
Erstmals taucht die Strasse 1424 als ‹S. Petersberg› auf, 1451 als Teil des ‹Vischmergkts›. Weitere Namen waren ‹Lange Gasse› als zwar kürzeste, aber langgestreckte Verbindung von der Peterskirche zum Fischmarkt und ‹Münzgässlein› nach den Wechselstuben auf diesem Platz. In den Adressbüchern vor 1862 hiess die Strasse ‹Kaltkellergässlein›.	*Frühere Namen*
Roth: S. 63. Siegfried: S. 16	*Literatur*

Kembserweg	*Strassenname*
2	*Gruppe*
DC 5	*Plankoordinaten*
1893	*Amtlich benannt*
Kembs, elsässische Gemeinde am Rhein, 17 km nördlich von Basel.	*Bedeutung*
→ Bellingerstrasse, Kannenfeldstrasse	*Weiteres siehe*
Roth: S. 64	*Literatur*

Strassenname	**Kienbergstrasse**	
Gruppe	*8.1*	
Plankoordinaten	*F 4,5*	
Amtlich benannt	*1944*	
Bedeutung	Kienberg (743 m ü. M.), Erhebung des Tafeljura mit gleichnamiger Siedlung im Baselbieter Bezirk Sissach oberhalb Sissach, 19 km südöstlich von Basel.	
Literatur	*Roth: S. 64*	

Strassenname	**Kirchgasse**
Gruppe	*16.2*
Plankoordinaten	*E 5*
Erstmals genannt	*1281*
Amtlich benannt	*1861*
Siehe	→ *Kartausgasse, Theodorskirchplatz*
Frühere Namen	Der Name ‹Obere Kirchgasse› von 1374 diente zur Unterscheidung von der Kartausgasse, die als ‹Untere Kirchgasse› galt. Bei Felix Platter heisst die Strasse 1610 ‹Gassen zuo S. Joder› (Abkürzung für St. Theodor), 1736 ist der Name ‹Kirchweg› erwähnt.
Quellen	*Platter: S. 464*
Literatur	*Roth: S. 64. Siegfried: S. 17*

Strassenname	**Kirschblütenweg**
Gruppe	*14*
Plankoordinaten	*E 7,8*
Amtlich benannt	*1948*
Bedeutung	Kirsche (lat. Prunus), Baumfamilie der Rosengewächse. Die Blüten sind besonders auffällig bei den Ziergewächsen der Kirschpflaume und der japanischen Blütenkirsche.
Literatur	*Roth: S. 64*

Strassenname	**Kirschgartenstrasse**
Gruppe	*19*
Plankoordinaten	*E 6*
Amtlich benannt	*1866*

Das Haus ‹Zum Kirschgarten›, unterteilt in den ‹Grossen Kirschgarten› (Elisabethenstrasse 27) und den ‹Kleinen Kirschgarten› (Elisabethenstrasse 29), galt lange Zeit als bedeutendster bürgerlicher Repräsentationsbau Basels und der Schweiz. Der ‹Grosse Kirschgarten›, das erste Stadtpalais klassizistischer Stilprägung, wurde 1775–1780 nach Plänen von J. U. Büchel erbaut. Bauherr und erster Besitzer war Johann Rudolf Burckhardt (1750–1813), der noch vor der Basler Revolution von 1798 die Stadt verliess und in der Emigration starb. Das Haus ‹Zum Kirschgarten› kam 1930 zum Historischen Museum als Ersatz für den 1935 abgerissenen Segerhof am Blumenrain 19. Im Jahr 1951 wurde der Kirschgarten als Museum der Basler Wohnkultur des 18. und 19. Jahrhunderts eröffnet.

Bedeutung

Blum / Nüesch: S. 31. Huber: S. 79–80. Roth: S. 64. Settelen-Trees Daniela (Red.): Historisches Museum Basel in der Barfüsserkirche 1894–1994. Rückblicke in die Museumsgeschichte. Herausgegeben von der Direktion des Historischen Museums Basel. Basel 1994, S. 38; 41. Siegfried: S. 23

Literatur

	Kleinhüningeranlage	*Strassenname*
	1	*Gruppe*
	E 2	*Plankoordinaten*
	1914	*Amtlich benannt*
	→ *Kleinhüningerstrasse*	*Siehe*
	Roth: S. 64	*Literatur*

	Kleinhüningerstrasse	*Strassenname*
	1	*Gruppe*
	E 3,2	*Plankoordinaten*
	1868	*Erstmals genannt*
	1896	*Amtlich benannt*
	Das ehemalige Fischerdorf Kleinhüningen, 1640 dem Markgrafen von Baden abgekauft,	*Bedeutung*

kam von 1892 bis 1907 in etappenweiser Eingemeindung als Quartier an die Stadt Basel. Die Dorfstrasse und die Strassennamen der unmittelbaren Nachbarschaft (Friedhofgasse, Pfarrgasse und Schulgasse) verweisen auf die Namengebung vor dieser Zeit, als bei der Kleinheit des Dorfs kein Zwang bestand, weniger allgemein gehaltene Strassennamen zu wählen.

Siehe auch → *Dorfstrasse, Friedhofsgasse, Kleinhüningeranlage, Pfarrgasse, Schulgasse*

Frühere Namen von Teilstücken Die Strasse entstand kurz nach der Entfestigung, aber spätestens 1868, und hiess bis 1896 ‹Klybeckstrasse› bzw. ‹Untere Klybeckstrasse›. Sie ersetzte den alten ‹Kleinhüninger(fuss)weg› vom Klybeckschloss bis zur Wiesenbrücke. Dieser verlief etwa auf der Strecke Klybeckstrasse–Inselstrasse–Gärtnerstrasse–Wiesendamm–Dorfstrasse. Die erste ‹Kleinhüningerstrasse› (heute ist davon nur ein kurzes Anfangsstück übrig) verlief vom Klybeckschloss südwestlich an den Unteren Rheinweg. Sie sollte eigentlich ‹Platanenstrasse› benannt werden.

Weiteres siehe → *Hunnenstrasse, Klybeckstrasse*

Literatur Fischer: Anhang S. 19. Hugger Paul: Kleinhüningen. Von der Dorfidylle zum Alltag eines Basler Industriequartiers. Basel 1984, Ill. 210–215. Roth: S. 64. Siegfried: S. 79–80

Strassenname	**Kleinriehen-Promenade**
Gruppe	22
Plankoordinaten	G 4
Erstmals genannt	1811
Amtlich benannt	1954
Siehe	→ *Bäumlihofstrasse*
Bedeutung	‹Kleinriehen›, alte Bezeichnung für das Landgut Bäumlihof zwischen Basel und Riehen.
Frühere Namen	In den Adressbüchern von 1811 bis 1854 kommen als Strassennamen ‹Galgenfeld›, ‹auf den Weihern›, ‹auf dem Bohner› und ‹Bäumlihof› vor. Auf dem Hoferplan von 1822 erscheint der ‹Weg gegen Klein Riehen›. 1861 benennt man die Strasse als ‹Bäumleinhofweg›. Später ist sie eine namenlose Fortsetzung der Kleinriehenstrasse.
Quellen	Adressbücher 1811–1854. Hoferplan 1822
Literatur	Roth: S. 64

Strassenname	**Kleinriehenstrasse**
Gruppe	22
Plankoordinaten	G 4
Erstmals genannt	1820
Amtlich benannt	1924
Siehe	→ *Bäumlihofstrasse*
Literatur	Roth: S. 64

Strassenname	**Klingelbergstrasse**
Gruppe	7
Plankoordinaten	D 5,4
Erstmals genannt	1811
Amtlich benannt	1861
Bedeutung	‹Klingelberg› war der Name eines an die Strasse angrenzenden Rebgeländes, das 1501 und 1545 erwähnt wird. Es gehörte wie ein gleichnamiges Feld im Kleinbasler Bann zum ehemaligen Kloster Klingental, der Buchstabe ‹n› hatte sich aber mit der Zeit in ein ‹l› verwandelt. Die Strasse bestand vor der Entfestigung der Stadt als Weg entlang dem Stadtgraben von der Höhe des Bernoullianums bis zum heutigen Frauenspital, der dann von der Stadtmauer in Richtung Davidsboden abbog.
Frühere Namen	Die Strasse erscheint noch ohne Namen auf dem Plan von Sebastian Münster von 1550 und im Adressbuch von 1811 einfach als ‹Klingelberg›.
Bemerkenswertes	Die Strasse zweigte auf der Höhe des Bernoullianums von der Mittleren Strasse ab

und führte entlang der Aussenmauer der Stadtbefestigung. Beim Bau des ersten französischen Bahnhofs vor dem St. Johanns-Tor in den 1840er Jahren führte man sie auch um die neuen Mauern der damals vorgenommenen Stadterweiterung herum. Die Klingelbergstrasse und die innerhalb der Stadtmauer angelegte Schanzenstrasse verliefen noch bis in die 1940er Jahre als parallele Strassen dem Spitalareal entlang, getrennt durch eine Grünanlage. Dieser parallel verlaufende Teil der Schanzenstrasse ist heute in der Klingelbergstrasse aufgegangen.

Weiteres siehe	→ *Klingental*
Quellen	*Adressbuch 1811. Münsterplan*
Literatur	*Fischer: Anhang S. 19. Roth: S. 65. Siegfried: S. 74*

Strassenname	**Klingental**
Gruppe	*16.2*
Plankoordinaten	*E 5*
Erstmals genannt	*1610*
Amtlich benannt	*1861*
Bedeutung	Dominikanische Klosterfrauen haben 1274 das Klingentalkloster gegründet. Der Name Klingental ist eigentlich ein ‹Import›. Das Kloster hatte Walter von Klingen gestiftet, es hatte seinen ersten Sitz 1256 im Wehratal zwischen Säckingen und Rheinfelden. Es hiess also nach seinem Stifter und dem Stiftungsort. In Kleinbasel hatten die Klosterfrauen ihr Domizil zunächst im ‹Kleinen Klingental› (Unterer Rheinweg 26) innerhalb der Kleinbasler Stadtmauern, aber seit 1278 zogen sie in eine Klosterkirche und in angrenzende Klosterbauten ausserhalb, in das ‹Grosse Klingental›. Nachträglich führte man die Stadtmauer um diese Bauten, was (vielleicht mit Ausnahme beim Bau der Kartause) die einzige mittelalterliche Stadterweiterung Kleinbasels darstellte. Nach der Reformation verpachtete die Stadt das Kloster und das Areal zu privater Nutzung. 1779, als die Kirche immer mehr zerfiel, hörten die reformierten Gottesdienste auf. Während der Helvetik (1798–1803) diente das schon zuvor teilweise als Kaserne für städtische Truppen benützte Klingentalkloster ausschliesslich zur Unterbringung französischer Einheiten. 1804 bestimmte der Kantonsrat das Grosse Klingental zur dauernden kantonalen Kaserne und das umliegende Gelände zum Exerzierplatz. Es fand aber auch für nichtmilitärische Zwecke Verwendung: Seit 1825 lag hinter dem Kreuzgang, an Rhein und Stadtmauer angelehnt, der älteste Turnplatz der Stadt; im Klosterhof waren Arbeitsplätze der ‹Lohnämtler›, der vom städtischen Bauamt, den früheren ‹Lohnherren›, angestellten Bauhandwerker; im Klosterhof war ein Weidegrund für Schafe und Kühe. 1860–1863 entstand auf dem Areal des Grossen Klingentals die städtische Kaserne. Die Stadt erwarb das Kleine Klingental und übergab es dem Armenkollegium, das dort in der Folge eine Arbeitsanstalt und Schulräumlichkeiten für Arme einrichten liess. 1865 kam ein Blattern- und Notspital in diese Räumlichkeiten, später eine Kochschule und ein Kinderhort. Heute beherbergt das Kleine Klingental die Basler Denkmalpflege; das Stadt- und Münstermuseum wird unter dem Namen ‹Klingentalmuseum› von einer privaten Trägerschaft weiterbetrieben.
Siehe auch	*Klingentalgraben, Klingentalstrasse*
Frühere Namen	Die Strasse erscheint 1610 als Teil der ‹Rhingassen nitsich› (Untere Rheingasse) und als ‹Gesslin gegen Klingenthal›. Im 19. Jahrhundert heisst die Strasse noch ‹Im Klingental›.
Weiteres siehe	→ *Kasernenstrasse, Klingelbergstrasse, Klingnaustrasse*
Quellen	*Adressbücher 1798–1862. Platter: S. 468–470*
Literatur	*Blum / Nüesch: S. 143–146. Fechter 1856: S. 141–144. Huber: S. 186. Meles / Wartburg: S. 17. Roth: S. 63. Siegfried: S. 17. Wackernagel: S. 304–310*

Klingental

Strassenname	**Klingentalgraben**
Gruppe	16.2, 23
Plankoordinaten	E 4
Erstmals genannt	1820
Amtlich benannt	1860
Siehe	→ Klingental

Frühere Namen Die Strasse führt über den Stadtgraben vor der Mauer dem ehemaligen Kloster Klingental entlang. Dieser Graben hiess aber nicht ‹Klingentalgraben›, sondern ‹Schindgraben›, weil man vor ihm auf dem ‹Schindanger› Tierkadaver und aus dem Rhein geländete Leichen verscharrte. (Schinden bedeutet, den Tieren das Fell abzuziehen.) Den Klingentalgraben liessen die Behörden schon 1820 als ersten Stadtgraben auffüllen und 1843 den ‹Schindangerweg› erstellen, der aber nicht in den Adressbüchern auftaucht.

Weiteres siehe → Aeschengraben
Literatur Blum / Nüesch: S. 107–108; 114. INSA: S. 171. Roth: S. 65. Siegfried: S. 17

Strassenname	**Klingentalstrasse**
Gruppe	16.2
Plankoordinaten	E 4
Amtlich benannt	1861
Siehe	→ Klingental
Literatur	Fischer: Anhang S. 19. Roth: S. 65. Siegfried: S. 17–18

Strassenname	**Klingnaustrasse**
Gruppe	1
Plankoordinaten	F 5
Amtlich benannt	1933

Bedeutung Klingnau, Aargauer Stadt an der Aare, 50 km östlich von Basel. Klingnau war eine Gründung und Besitz der Freiherren von Klingen. 1250 erbte es der Minnesänger Walter von Klingen, auf den das Basler Klingentalkloster zurückgeht. Dieser verkaufte Klingnau 1269 an das Bistum Konstanz. Das Kloster St. Blasien, das in Kleinbasel Besitz hatte, führte in Klingnau eine Propstei.

Weiteres siehe → Klingental
Literatur Roth: S. 65

Strassenname	**Klosterberg**
Gruppe	16.2
Plankoordinaten	E 6
Erstmals genannt	1251
Amtlich benannt	1861

Bedeutung Das Kloster der Reuerinnen (der Maria Magdalena geweiht) an den Steinen oder einfach das Steinenkloster war eines der ältesten der Stadt. Seine Gründung geht vielleicht schon auf die Mitte des 12. Jahrhunderts zurück. Die Gebäude und Güter lagen auf dem Areal und dem Vorplatz des heutigen Stadttheaters.

Siehe auch → Klostergasse, Stänzlergasse

Frühere Namen Die Strasse erscheint erstmals 1251 zusammen mit der Gegend hinter dem Kloster bis zum Ende der Steinentorstrasse als ‹Sturcowe›. Woher diese Bezeichnung und ähnliche wie ‹Sturcowe›, ‹Sturgowe›, ‹Sturckow› oder ‹Storckgau› stammen, ist ungeklärt.

Frühere Namen von Teilstücken 1610 nennt Felix Platter den oberen Klosterberg und die links hinab führende Gabelung des Klosterbergs ‹Stros genant der Steinenberg› und die von Klosterberg und Steinentorstrasse eingeschlossene Häusergruppe ‹Im Stock bi dem Steinen Kloster›. Die Bezeichnungen des gegabelten Klosterbergs und der von ihm und der Steinentorstrasse eingeschlossenen Häusergruppe waren auch in den Adressbüchern vor 1862 recht unübersichtlich. Der obere Teil des Klosterbergs vor der Gabelung wurde als ‹Klosterberg› selbst bezeichnet, die eine Gabelung hinunter zur Theaterstrasse als ‹Unterer Klosterberg›. Der übrige Teil der erwähnten Häusergruppe hiess ‹Hintere Steinenvorstadt›. Die gegen die Elisabethenstrasse gelegenen Häuser der Gabelung in Richtung der Heuwaage lagen am ‹Oberen Klosterberg›. Die gegen die Steinenvorstadt gelegenen Häuser des Anfangs der heutigen Steinentorstrasse gehörten zum ‹Unteren Klosterberg› und zur ‹Hinteren Steinenvorstadt›.

Bemerkenswertes — Das Steinenkloster diente ursprünglich der Aufnahme armer und bettelnder Frauen, nach der Reformation vor allem landwirtschaftlichen Zwecken. In der Klosterkirche fand 1691 die erste städtische Kaserne überhaupt Platz. In dieser sogenannten ‹Blömli-Kaserne› blieb die Basler Stadtgarnison oder Standestruppe, im Volksmund ‹Stänzler› genannte Berufssoldaten, bis 1856 untergebracht. 1833 entstand auf dem Klosterareal auch der erste Theaterbau Basels. Die Kaserne stand infolge der Auflösung der Standestruppe nach 1856 leer (die Polizeiunterkünfte befanden sich im Lohnhof). Man benutzte die Räumlichkeiten noch bis zu ihrem Abbruch 1868 als Universitäts- und Schulgebäude. Die letzten Reste der Klosterbauten verschwanden mit dem Neubau von Kunsthalle (1870–1872) und Stadttheater (1874–1875).

Weiteres siehe — → *Theaterstrasse*
Quellen — Adressbücher 1798–1862. Platter: S. XI; 214; 218
Literatur — Blum / Nüesch: S. 27–29. Fechter 1856: S. 108–110. Fischer: Anhang S. 19. Roth: S. 65. Siegfried: S. 24

Strassenname — **Klosterfiechtenweg**
Gruppe — 22
Plankoordinaten — EF 9
Amtlich benannt — 1928
Bedeutung — Der Hof Klosterfiechten gehörte zum Steinenkloster, seit der Reformation dem Staat. Sein Name muss von einem nahegelegenen Föhrenwald (lat. Pinus silvestris) stammen. (Nur die Föhren wurden im Mittelalter in Basel als Fichten bezeichnet.) Die Strasse ist auf einem alten Fussweg nach Klosterfiechten angelegt. 1858 zogen die Arbeitsanstalt und die kantonal-baslerische Versorgungs- und Erziehungsanstalt in die Hofgebäude. Heute sind dort die kantonalen Strafvollzugseinrichtungen Klosterfiechten untergebracht. Der Strassenname wird von 1928 an in den Adressbüchern erwähnt.

Weiteres siehe — → *Steinenberg*
Literatur — Roth: S. 65. Siegfried: S. 40

Klostergasse *Strassenname*
16.2 *Gruppe*
E 6,5 *Plankoordinaten*
1885 *Amtlich benannt*
→ *Klosterberg* *Siehe*
Roth: S. 65 *Literatur*

Kluserstrasse *Strassenname*
18 *Gruppe*
D 6 *Plankoordinaten*
1890 *Amtlich benannt*

Bedeutung — Die Burgruine Klus oder Schalenberg (benannt nach der Basler Adelsfamilie Schaler, der sie gehörte) wurde durch das Erdbeben von 1356 zerstört, man baute sie nicht wieder auf. Klus, Einschnitt am Blauen bei Pfeffingen, 10 km südlich von Basel. Der Klusbach fliesst dort hindurch nach Aesch. ‹Klus› ist ein allgemeiner Gattungsbegriff für ein solches kurzes, meist enges Quertal, entstanden durch die Erosionswirkung eines Gewässers während der langsamen Auffaltung der Jurahöhenzüge. Das Dorf Klus gehört zur Gemeinde Pfeffingen.

Bemerkenswertes — Die Kluser- und die Schalerstrasse treffen sich am Rütimeyerplatz.

Literatur — Fischer: Anhang S. 19. Roth: S. 66. Siegfried: S. 68

Strassenname	**Klybeckstrasse**
Gruppe	22
Plankoordinaten	E 4,3
Erstmals genannt	1806
Amtlich benannt	1861
Bedeutung	Das Landgut Klybeck war der ehemalige Sitz des Landvogts von Kleinhüningen, ein Weiherschloss und Grundstück (Klybeckmatten, Klybeckweiher) ausserhalb der Stadtmauern am Weg nach Kleinhüningen. Der Name Klybeck stammt wohl von einem Landeigentümer namens Klüb, Chlubo bzw. Chludbert. Die ursprüngliche und in der Mundart erhaltene Ortsbezeichnung lautet auch Klüben, Klübi oder Klybi, sie erscheint im 13. Jahrhundert erstmals. ‹Klybeck› und die Bezeichnung als Schloss kommt erst im 16. Jahrhundert auf, in Anlehnung an andere Schlossnamen mit der Endung -eck.
Siehe auch	→ *Schlossgasse*
Frühere Namen	Die Strasse soll auch ‹Bläsistrasse› genannt worden sein. Dieser Name findet sich aber nicht in den Adressbüchern von 1806 bis 1854, sondern nur der herkömmliche.
Frühere Namen von Teilstücken	Das kurz nach der Entfestigung ausgeführte Teilstück vom Unteren Rheinweg bis zum Treffpunkt von Klybeckstrasse und Kleinhüningerstrasse am Klybeckschloss sollte ursprünglich ‹Platanenstrasse› heissen. Die Wahl fiel dann aber auf ‹Kleinhüningerstrasse›. (Die heutige Kleinhüningerstrasse hiess eine Zeitlang auch ‹Klybeckstrasse› bzw. ‹Untere Klybeckstrasse›.) Heute gehört dieses Teilstück zur Klybeckstrasse.
Literatur	*Caprez Hanno: Die Namen der Strassen um das Ciba-Areal. In: Ciba-Blätter, Jg. 12, 1954, N° 133, S. 8. Roth: S. 66. Siegfried: S. 79–80*

Knöringerstrasse	*Strassenname*
2	*Gruppe*
C 4	*Plankoordinaten*
1929	*Amtlich benannt*
Knöringen (franz. Knœringue), elsässische Gemeinde in der ehemaligen Herrschaft Pfirt (franz. Ferrette), 14 km westlich von Basel.	*Bedeutung*
Roth: S. 66	*Literatur*

Kohlenberg	*Strassenname*
26	*Gruppe*
E 5	*Plankoordinaten*
1284	*Erstmals genannt*
1861	*Amtlich benannt*
Auf der Anhöhe entlang der alten inneren Stadtmauer und der Steinenvorstadt siedelten sich Köhler an, die für den Holzkohlebedarf der Stadt sorgten. Diese Gegend erscheint 1290 als ‹ze kolahusern›, der Strassenname in seiner heutigen (mundartlichen) Form ‹koliberg› tritt 1379 auf, schon 1302 der ‹mons dictus kolenhüsern› (‹sogenannter Kohlenhäuserberg›).	*Bedeutung*
→ *Kohlenberggasse*	*Siehe auch*
Der Kohlenberg ist die höchste Erhebung der ganzen Anhöhe, die sich gegen den Birsig absenkt und den Namen ‹Owe› (‹Aue›) hatte. 1287 heisst es ‹in monte uffen owe› (‹auf dem Berg auf der Au›), 1310 ‹uf kolehusern ze owe›. 1284 bereits taucht ein ‹molendinum uffen owe› (‹kleine Mühle [d.h. Kohlenmeiler] auf der Au›) auf. 1610 steht der Name ‹Kolenberg› sowohl für die Anhöhe als auch die Strasse, die Felix Platter zudem genauer als ‹Am Kolenberg den Graben ab› bezeichnet. Die Kanonengasse und die Kohlenberggasse sind ein ‹Gesslin› und die ‹ander Stros› und bilden zusammen das Gebiet ‹Auf dem Kolenberg›.	*Frühere Namen*
Den unteren Abschnitt des Kohlenbergs vor der Abbiegung rechnete man noch im	*Frühere Namen von Teilstücken*

15. Jahrhundert zur Steinenvorstadt oder nannte ihn ‹beim Eselthürmlin›. Vor 1861 gehörten die hier gegen St. Leonhard gelegenen Häuser zum ‹Ochsengraben›, die auf der anderen Strassenseite gegen die Steinenvorstadt gelegenen Häuser zum ‹Kohliberg›. Den obersten Abschnitt entlang der Kirche St. Leonhard auf dem zugeschütteten inneren Stadtgraben schloss man in den ‹Leonhardsgraben› ein, vor 1861 hiess er auch ‹Kohlenberggasse› oder ‹Oberer Kohlenberg› zur Unterscheidung vom ‹Unteren Kohlenberg›. Im Gegensatz zu den Vorstädten St. Johann, Spalen, Steinen, Aeschen und St. Alban, die im Mittelalter mit eigenen Vorstadtgesellschaften in die Stadt eingemeindet wurden, war der als offene Siedlung entstandene Kohlenberg eine Freistätte für Bettler und Fahrende, die sich hier unverfolgt drei Tage lang aufhalten durften. Die Fahrenden, auch ‹Freiheitsknaben› oder ‹Freiheiten› genannt, hatten bis ca. 1597 unter der Aufsicht des Reichsvogts und der städtischen Amtleute ihre eigene Gerichtsbarkeit, die sich auch über die übrige Bevölkerung des Kohlenbergs erstreckte. Denn ausserdem wohnte hier die niedrigste soziale Schicht der Dohlenreiniger, Lahmen, Warenträger, der Totengräber und auch der städtische Scharfrichter mit seinen Gehilfen.

Bemerkenswertes

Quellen Adressbücher 1798–1862. Platter: S. 198–200; Plan
Literatur Blum / Nüesch: S. 23. Fechter 1852: Plan. Fechter 1856: S. 111–113. Fischer: Anhang S. 20. Roth: S. 67. Siegfried: S. 14

Strassenname **Kohlenberggasse**
Gruppe 26
Plankoordinaten E 5,6
Erstmals genannt 1610
Amtlich benannt 1861
Siehe → Kohlenberg

1610 taucht die Kohlenberggasse als ‹Stros› auf. An der Ecke Kohlenberggasse und Kanonengasse lag das 1857 abgebrochene Haus des städtischen Scharfrichters, weswegen die Strasse auch ‹Henkergässlein› hiess. Der letzte Scharfrichter Basels, Peter Mengis (1769–1856), hatte bereits 1838 den Dienst quittiert und war an die Elisabethenstrasse gezogen. Neben Hinrichtungen besorgte der Scharfrichter überhaupt Körperstrafen wie z.B. Brandmarkungen und hatte als ‹Wasenmeister› die Aufgabe, totes Vieh zu verscharren. Ein weiterer Name für diese Strasse war ‹Kleiner Kohlenberg›.

→ Wasensträsschen *Weiteres siehe*

Blum / Nüesch: S. 23–24. Fischer: Anhang S. 20. Roth: *Literatur*
S. 67. Siegfried: S. 14

Kohlenstrasse *Strassenname*
28.1 *Gruppe*
D 3 *Plankoordinaten*
1899 *Amtlich benannt*
→ Gasstrasse *Siehe*
Roth: S. 67 *Literatur*

Kornhausgasse *Strassenname*
20 *Gruppe*
D 5 *Plankoordinaten*
1861 *Erstmals genannt*
1871 *Amtlich benannt*

Das Kornhaus war die nach der Reformation zum Lagerraum für Getreide und zum Getreidemarkt der Stadt umgewandelte Kirche des einstigen Klosters Gnadental. Im 19. Jahrhundert wurde es durch die Transportmöglichkeiten und -kapazitäten der Eisenbahn überflüssig, es diente fortan als Kaserne, Notunterkunft, Choleraspital und zuletzt als Turnhalle. 1890 riss man es ab und stellte an seinen Platz die Neubauten der All-

Bedeutung

gemeinen Gewerbeschule und des Gewerbemuseums, in denen sich heute Teile der Schule für Gestaltung mit öffentlicher Bibliothek, Textil- und Plakatsammlung befinden.

Frühere Namen Die Strasse entstand während der Entfestigung und hiess zuerst ‹Schützengasse›. Wegen der Verwechslungen mit dem Schützengraben und der Schützenmattstrasse taufte man sie aber zehn Jahre später um.

Weiteres siehe → Marktplatz, Spalenvorstadt
Literatur Blum / Nüesch: S. 21. Fischer: Anhang S. 20. Huber: S. 205–206. Roth: S. 67. Siegfried: S. 25

Strassenname	**Krachenrain**
Gruppe	7
Plankoordinaten	E 7,8
Amtlich benannt	1925
Siehe	→ Am Krayenrain
Bedeutung	Ein ‹Chrachen› ist eine meist enge und steile Schlucht oder Spalte. (Die Strasse verläuft zum Teil parallel zur Wolfschlucht an deren oberem Rand.)
Siehe auch	→ Krachenrainweglein
Literatur	Roth: S. 67

Strassenname	**Krachenrainweglein**
Gruppe	7
Plankoordinaten	E 7
Amtlich benannt	1970
Siehe	→ Krachenrain
Bemerkenswertes	Die Strasse erhielt irrtümlich zuerst den Namen des bereits bestehenden Sonnenbergwegleins.
Quellen	ANK: 1970

Kraftstrasse	*Strassenname*
28.1	*Gruppe*
D 3	*Plankoordinaten*
1901	*Amtlich benannt*
→ Gasstrasse	*Siehe*
Blum / Nüesch: S. 24. Roth: S. 67. Siegfried: S. 77	*Literatur*

Krakau-Strasse	*Strassenname*
6	*Gruppe*
F 7	*Plankoordinaten*
1996	*Amtlich benannt*
Krakau, neben Warschau das wichtigste wissenschaftliche und kulturelle Zentrum Polens. Die Gründung der Krakauer Universität geht auf das Jahr 1364 zurück. Die Technische Universität wurde 1945 gegründet, es befindet sich dort auch eine Akademie für Bergbau und Hüttenwesen. Verbindungen zwischen Basel und Krakau sind vor allem wissenschaftlicher Natur. In den 1520er Jahren hielt sich Jan Laski als Schüler des Erasmus von Rotterdam in Basel auf. Laski übernahm die Bibliothek des Erasmus nach dessen Tod und führte sie nach Krakau, wo sie allerdings nicht blieb. Die Universitäten Krakau und Basel betreiben einen regen Dozentenaustausch. Die Unesco hat Krakau zum Weltkulturerbe erklärt. Es ist eine der bedeutendsten Kunststädte Europas mit weitgehend erhaltener mittelalterlicher Bausubstanz. Wie Basel ist Krakau auch reich an Museen.	*Bedeutung*
ANK: 1996	*Quellen*

Kronenplatz	*Strassenname*
19	*Gruppe*
E 2	*Plankoordinaten*
1990	*Amtlich benannt*
Der Platz entstand in den 1950er oder 1960er Jahren durch den Abbruch des 1689 nament-	*Bedeutung*

lich erstmals erwähnten Wirtshauses ‹Zur Krone›, das früher Studenten häufig besucht hatten. Neben dem Wirtshaus ‹Drei Könige› und dem entfernt gelegenen ‹Neuhaus› war die ‹Krone› früher der einzige Gastbetrieb Kleinhüningens.

Quellen KB: 1990

Strassenname **Küchengasse**
Gruppe 7
Plankoordinaten E 6
Erstmals genannt 1820
Amtlich benannt 1861
Bedeutung Die ‹Küchenäcker›, auch ‹In der Kuchi› oder ‹In der obern Kuchi› genannt, gehörten dem bischöflichen Speiseamt. Die Küche des Bischofs bezog von diesem Land ihr Gemüse, was wahrscheinlich für die ‹Küchenäcker› auf dem Bruderholz auch zutraf. Die Küchengasse ist ein alter Weg, der ursprünglich die Elisabethenstrasse hinter dem noch im 14. Jahrhundert offenen, aber später zugemauerten Spitalscheuertor fortführte. Sie erscheint auf dem Hoferplan von 1820 als das ‹Küche Gäslein›.
Quellen Hoferplan 1820
Literatur Fischer: Anhang S. 20. Roth: S. 67. Siegfried: S. 45

Lachenalweglein	Lehenmattstrasse	Lichtstrasse	Lützelstrasse
Lachenstrasse	Leimenstrasse	Liesbergermatte	Luftgässlein
Landauerhofweg	Leimgrubenweg	Liesbergerstrasse	Luftmattstrasse
Landauerstrasse	Lenzgasse	Liestalerstrasse	Lukas Legrand-Strasse
Landauerwegli	Leonhardsberg	Lindenberg	Luzernerring
Landskronstrasse	Leonhardsgraben	Lindenhofstrasse	Lyon-Strasse
Lange Gasse	Leonhardskirchplatz	Lindenweg	
Largitzenstrasse	Leonhardsstapfelberg	Löwenbergstrasse	
Laufenburgerstrasse	Leonhardsstrasse	Löwenbergweglein	
Laufenstrasse	Lerchenstrasse	Lohnhofgässlein	
Laupenring	Letziplatz	Lohweg	
Lautengartenstrasse	Leuengasse	Lothringerstrasse	

Strassenname	**Lachenalweglein**
Gruppe	12.6
Plankoordinaten	F 7
Amtlich benannt	1982
Bedeutung	(De) Lachenal, zu Beginn des 17. Jahrhunderts aus Savoyen eingewanderte Flüchtlingsfamilie, 1615 eingebürgert. Aus der Familie stammten zuerst Grosshändler und Seidenfärber, dann Apotheker und Mediziner. Die Familie erlosch mit Friedrich Lachenal (1772–1854), der seinen Basler Lehrstuhl für Logik im Hungerjahr 1817 niederlegte, um der pietistischen Erweckungsbewegung der Baronin von Krüdener beizutreten. Bedeutendster Vertreter der Familie und eigentlicher Namensgeber der Strasse ist Wernhard de Lachenal (1736–1800), Arzt und Professor der Anatomie und Botanik. Er studierte in Strassburg Botanik, Chemie und Heilmittellehre, um wie sein Vater Apotheker zu werden. Er wandte sich aber der Medizin zu und liess sich 1763 als Arzt in Basel nieder. 1776 erhielt er durch Loswahl die Professur für Botanik und Anatomie. (Dieser Lehrstuhl wurde erst 1822 getrennt, die Anatomie unterrichtete dann der deutsche Emigrant Karl Gustav Jung.) Die anatomische Ausbildung im ‹Theatrum anatomicum› des alten Kollegiengebäudes am Rheinsprung hatte keinen guten Ruf. Die Lehrqualität in dem baufälligen Haus war schlecht; Lektionen als zukünftige Wundärzte erhielten vor allem noch Barbiergesellen. De Lachenal bemühte sich anfänglich persönlich um eine Verbesserung der anatomischen Ausbildung, überliess dieses Fachgebiet aber zunehmend seinem Assistenten und wandte sich der Reorganisation des Botanikunterrichts zu. Der botanische Garten, damals bei der Predigerkirche gelegen, diente nur noch dem Anbau von Gemüse, Obst und Wein, da dies die einzige Einnahmequelle des Universitätsgärtners war. De Lachenal sorgte für eine ausreichende Besoldung des Gärtners, damit im botanischen Garten wieder die Pflanzen angebaut werden konnten, die für den Vorlesungsbetrieb nötig waren. Zudem errichtete er ein Professorenwohnhaus im Garten. Die Kosten für die Reorganisation übernahm zu einem Viertel de Lachenal selbst und schenkte der Universität auch seine Bibliothek und sein Herbarium. Als hervorragender Pflanzenkenner war er ein Freund Albrecht von Hallers und stand mit Linné in wissenschaftlichem Kontakt. Die Büste von de Lachenal steht im heutigen Botanischen Garten, bei der Bernoullistrasse.
Weiteres siehe	→ Bauhinweglein, Brüglingerstrasse, Jungstrasse
Quellen	ANK: 1982–1983
Literatur	Rieder Marilise, Rieder Hans Peter, Suter Rudolf: *Basilea botanica.* Basel 1979, S. 186–188.

Lachenstrasse	Strassenname
7	Gruppe
C 4	Plankoordinaten
1904	Amtlich benannt
‹In den Lachen› (d.h. Wasserpfützen) ist ein alter Flurname beim Allschwilergraben.	Bedeutung
Roth: S. 68. Siegfried: S. 78	Literatur

Landauerhofweg	Strassenname
22	Gruppe
H 4	Plankoordinaten
1944	Amtlich benannt
→ Landauerstrasse	Siehe
Roth: S. 68	Literatur

Landauerstrasse	Strassenname
22	Gruppe
H 4	Plankoordinaten
1903	Amtlich benannt

Bedeutung	Der Landauerhof ist ein Landgut, das schon im Riehener Bann, aber an der Grenze zu Basel liegt. Heute ist dort die Freizeitanlage Landauer der Gemeinde Riehen eingerichtet.
Siehe auch	→ Landauerhofweg, Landauerwegli
Bemerkenswertes	Die Strasse ist als namenloser Feldweg bereits auf dem Hoferplan von 1822 verzeichnet.
Quellen	Hoferplan 1822
Literatur	Roth: S. 68. Siegfried: S. 88

Strassenname	**Landauerwegli**
Gruppe	22
Plankoordinaten	H 4
Amtlich benannt	1954
Siehe	→ Landauerstrasse

Strassenname	**Landskronstrasse**
Gruppe	18
Plankoordinaten	D 4
Amtlich benannt	1873
Bedeutung	Landskron, Sundgauer Burgruine oberhalb Leymen, 10 km südwestlich von Basel. Münch von Landskron hiess ein bischöflich-baslerisches Ministerialengeschlecht (ursprünglich unfreie Gefolgsleute im Ritterstand).
Literatur	Roth: S. 68. Siegfried: S. 67

Strassenname	**Lange Gasse**
Gruppe	31
Plankoordinaten	EF 6
Erstmals genannt	1820
Amtlich benannt	1860
Bedeutung	Die Lange Gasse hat ihren Namen entweder von ihrer beträchtlichen Länge oder von einem Grundbesitzer mit Namen Lang.
Frühere Namen	Die Strasse ist als namenloser Weg bereits auf dem Plan von Sebastian Münster aus dem Jahr 1550 eingezeichnet. Im Hoferplan von 1820 erscheint die Strasse als ‹das lange Gässlein›.
Weiteres siehe	→ Engelgasse
Quellen	Hoferplan 1820. Münsterplan
Literatur	Fischer: Anhang S. 20. Roth: S. 68. Siegfried: S. 31–32

Strassenname	**Largitzenstrasse**
Gruppe	2, 24.3
Plankoordinaten	C 4
Amtlich benannt	1925
Bedeutung	Largitzen, elsässische Gemeinde und Ausflugsziel an der Largue, 30 km westlich von Basel. Im Ersten Weltkrieg fanden an diesem Ort Kämpfe zwischen Deutschen und Franzosen statt.
Weiteres siehe	→ Bonfolstrasse
Literatur	Roth: S. 68

Strassenname	**Laufenburgerstrasse**
Gruppe	1, 3
Plankoordinaten	FG 4
Amtlich benannt	1969
Bedeutung	Laufenburg, aargauische bzw. badische Stadt am Rhein, 35 km östlich von Basel.
Quellen	KB: 1969

Strassenname	**Laufenstrasse**
Gruppe	1
Plankoordinaten	FE 7
Amtlich benannt	1895
Bedeutung	Laufen, Hauptort des gleichnamigen Baselbieter Bezirks, 16 km südwestlich von Basel. Der Bezirk Laufen gehörte zum Bistum Basel, gelangte 1792 zu Frankreich und 1815 zu Bern. Durch den neuen Kanton Jura seit 1979 geographisch vom Kanton Bern getrennt, entschied sich der Bezirk Laufen durch Volksentscheid zum Übertritt in den Kanton Basel-Landschaft (1993).
Bemerkenswertes	

Literatur   Das Laufental schliesst sich Baselland an. In: Basler Stadtbuch 1993. Basel 1994, S. 84–85. Roth: S. 68. Siegfried: S. 48

Strassenname   **Laupenring**
Gruppe   25.2
Plankoordinaten   C 6
Amtlich benannt   1897
Bedeutung   Laupen, bernische Stadt und Schloss an der Saane, bekannt durch die für Bern erfolgreiche Schlacht bei Laupen gegen Westschweizer Adelige im Jahr 1339.
Literatur   Roth: S. 69. Siegfried: S. 68

Strassenname   **Lautengartenstrasse**
Gruppe   7
Plankoordinaten   E 6
Amtlich benannt   1908
Bedeutung   Das Gartenareal, über das die Strasse führt, hiess nach dem Haus ‹Zur Laute› am Marktplatz, zu dem es gehörte, ‹Lautengarten›. Die nahegelegenen Häuser in der Malzgasse 28 und 30 heissen ‹Zum Lautengarten›.
Literatur   Roth: S. 69. Siegfried: S. 22

Strassenname   **Lehenmattstrasse**
Gruppe   7
Plankoordinaten   F 5 G 5,6,7
Erstmals genannt   1811
Amtlich benannt   1876
Bedeutung   Die landwirtschaftlich genützten ‹Lehenmatten› gehörten dem Kloster St. Alban, wurden aber als Lehen an Bauern gegeben, d.h. verpachtet.
Frühere Namen   Die Strasse taucht im Adressbuch von 1811 als ‹Auf den Lehen› auf, später auch als ‹bey der Birsbruck›, ‹Am St. Albanteich› oder als ‹Lehenweg›, im Adressbuch von 1862 und bis 1876 als ‹Lehenmattweg›.

Quellen   Adressbücher 1811–1876
Literatur   Fischer: Anhang: S. 20. Roth: S. 69. Siegfried: S. 32

Strassenname   **Leimenstrasse**
Gruppe   2
Plankoordinaten   D 5,6
Erstmals genannt   1859
Amtlich benannt   1861
Bedeutung   Leymen, elsässische Grenzgemeinde im gleichnamigen Tal, 10 km südwestlich von Basel. Der Ort ist alt, schon 728 taucht er als ‹Leimone› auf. Der Name könnte einer – allerdings sehr fragwürdigen – Theorie zufolge von keltisch ‹Lemos› (‹Ulme›) abstammen, man verstand aber später darunter ‹Leim›, Nebenform ‹Leimen›. ‹Leim› oder ‹Leimen› ist eine formbare Lehmerde, also z.B. Töpferton. Die Schaler von Leymen waren vom 13. bis zum 16. Jahrhundert eine in Basel eingebürgerte Adelsfamilie.
Bemerkenswertes   Die Strasse ist als eine der ersten nach der 1859 beschlossenen Entfestigung entstanden, vielleicht genau über einer früheren, im Mittelalter bestehenden ‹Leymen Strass›. Kurz nach Umbenennung der benachbarten alten ‹Mostackerstrasse› in Holbeinstrasse baten die Anwohner der Leimenstrasse ebenfalls um einen neuen Namen für ihre Strasse, da der alte unangenehme Assoziationen wecke, und schlugen ‹Holbeinallee›, ‹Erasmusstrasse› oder ‹Rudolfstrasse› vor. Dieses Gesuch lehnte der Regierungsrat 1876 ab.
Weiteres siehe   → Holbeinstrasse
Literatur   Roth: S. 69. Siegfried: S. 58–60

Strassenname   **Leimgrubenweg**
Gruppe   7
Plankoordinaten   F 7
Erstmals genannt   1820
Amtlich benannt   1887

Bedeutung	‹In den Leimgruben›, wie auch die benachbarten Flurnamen ‹Leimacker› und ‹Leimgraben› weisen auf die lehmige Beschaffenheit des Bodens hin, über den die Strasse führt.
Frühere Namen	Anfang des 19. Jahrhunderts hiess der Leimgrubenweg noch ‹Leimen-Strässlein›. Im Hoferplan von 1820 ist die Strasse der ‹Lehmgrubenweg›.
Literatur	Roth: S. 69. Siegfried: S. 42

Strassenname	**Lenzgasse**
Gruppe	30
Plankoordinaten	CD 4
Amtlich benannt	1907
Siehe	→ Herbstgasse
Bedeutung	Lenz, poetische Bezeichnung für den Frühling.
Literatur	Roth: S. 69. Siegfried: S. 78

Strassenname	**Leonhardsberg**
Gruppe	12.1.1
Plankoordinaten	E 5
Erstmals genannt	1485
Amtlich benannt	1861
Bedeutung	Als Gründungsdatum für die Kirche St. Leonhard und ihr nach der Regel des hl. Augustinus geführtes Chorherrenstift gelten die Jahre 1133/35. Einen romanischen Vorgängerbau setzte man zwischen 1050 und 1075 an. Dem Stift der zwölf Chorherren auf dem Areal des heutigen Lohnhofs soll das sagenhafte Schloss Wildegg vorangegangen sein. Ein legendärer Bericht sieht den Baubeginn der Kirche sogar im Jahr 1002. Der hl. Leonhard war ein fränkischer Ritter des 6. Jahrhunderts, der zunächst Eremit wurde, später aber eine zahlreiche Anhängerschaft um sich versammelte. Er kümmerte sich besonders um Arme, Kranke und schuldlos Gefangene. Er ist unter anderem der Patron der Bauern und des Viehs (der ‹Bauernherrgott›, mit zahlreichen Volksbräuchen), der kranken Kinder und der an Syphilis Erkrankten. Er hat seinen Kalendertag am 6. November.
Siehe auch	→ *Leonhardsgraben, Leonhardskirchplatz, Leonhardsstapfelberg, Leonhardsstrasse*
Frühere Namen	1485 hiess die Strasse einfach ‹Sprung›, in der Stadtbeschreibung von Thomas Platter aus dem Jahr 1610 ist der ‹St. Lienhardtsberg› der gesamte Abhang unterhalb der Kirche, die Strasse selbst die ‹Gassen an St. Lienhartsberg›.
Bemerkenswertes	Dem Stift St. Leonhard waren eine Schule und ein Spital unten am Leonhardsberg angegliedert. Diese Stiftung war die Vorläuferin des zwischen 1260 und 1265 an der Freien Strasse eingerichteten und dort bis 1842 befindlichen Bürgerspitals von Basel. Die Gründung dieses ‹hospitale pauperum› (‹Armenspital›), wo man bedürftige Fremde (‹peregrini vel miseri›) aufnahm, fällt vielleicht sogar in die Zeit der Gründung von Stift und Kirche selbst, worauf auch die Wahl des hl. Leonhard als Schutzheiligen hinweisen könnte. Das Spital von St. Leonhard bestand noch im 14. Jahrhundert neben dem Spital an der Freien Strasse, denn die zwei hiessen das alte bzw. das neue oder grosse Spital. Neben dem Spital gab es auch ein Siechenhaus (‹domus infirmorum / infirmariae›) auf Pachtgrund des Stifts. Die Existenz eines Gebäudes für Leprakranke weist darauf hin, dass die Gegend um St. Leonhard nicht zum ältesten Stadtgebiet gehört, auch im 13. Jahrhundert war die Bevölkerungsdichte hier nicht hoch. Das Siechenhaus verlegte man um 1265 nach St. Jakob an der Birs. Dies geschah wohl, weil sich das bewohnte Stadtgebiet in die Gegend bei St. Leonhard ausdehnte und die Leprakranken (Aussätzigen) von der übri-

gen Bevölkerung getrennt (aussätzig) leben mussten.

Weiteres siehe → Spitalstrasse
Quellen Platter: S. XII; 312
Literatur Blum / Nüesch: S. 88. Fechter 1856: S. 68–73. Huber: S. 35. Roth: S. 69. Sellner: S. 371–372. Siegfried: S. 13–14

Strassenname **Leonhardsgraben**
Gruppe 12.1.1, 23
Plankoordinaten DE5
Erstmals genannt 1610
Amtlich benannt 1861
Siehe → Leonhardsberg
Frühere Namen 1610 hiess die Strasse ‹Graben von Spalenvorstat biss an Kolenberg›. Nach der Nähe zum Spalenquartier kommt die Strasse auch unter den Bezeichnungen ‹In Spalenvorstadt›, ‹an den Spalen›, ‹uff dem Graben ausserhalb / hinter dem inneren Spalenturm› vor. Weitere Namen waren ‹uff S. Leonhardsberg›, ‹uff dem Graben by S. Leonhard›, ‹ausserhalb / hinter S. Leonhard›. Bis 1449 fanden die Übungen der Büchsen- oder Feuerschützen beim ‹St. Leonhardgraben› statt, weswegen die Strasse auch ‹by dem Schützenrain› hiess. Später verlegte man die Übungen auf die heutige Schützenmatte
Bemerkenswertes Der zugeschüttete alte Stadtgraben, auf dem die Strasse entstanden ist, verlief von der Kirche St. Leonhard bis zum alten Spalentor auf der Lyss der inneren Stadtmauer entlang. Die Strasse Auf der Lyss gehörte 1862–1970 zum Leonhardsgraben.
Weiteres siehe → Aeschengraben
Quellen Platter: S. XI; 194
Literatur Fischer: Anhang S. 20. Roth: S. 69–70. Siegfried: S. 14; 50

Strassenname **Leonhardskirchplatz**
Gruppe 12.1.1
Plankoordinaten E5
Erstmals genannt 1610
Amtlich benannt- 1861
Siehe → Leonhardsberg
Frühere Namen 1610 lautete die Bezeichnung ‹Auf S. Lienhart Kilchhof›.
Bemerkenswertes Der Leonhardskirchplatz ist auf dem ehemaligen Gartenareal der Kirche angelegt. Den ursprünglichen Leonhardskirchhof oder ‹Inneren Hof› umschlossen die Klostergebäude. Er war bis 1825 der Friedhof der St. Leonhardsgemeinde. Dann wurde dieser auf den Spalengottesacker (heute Areal von Universitätsbibliothek und Botanischem Garten) verlegt, wegen Platzmangels 1835 und 1845 vergrössert und schliesslich 1868 durch den Gottesacker auf dem Kannenfeld ersetzt.
Weiteres siehe → Kannenfeldpark
Literatur Blum / Nüesch: S. 88. Roth: S. 70. Siegfried: S. 14

Strassenname **Leonhardsstapfelberg**
Gruppe 12.1.1
Plankoordinaten E5
Erstmals genannt 15. Jahrhundert
Amtlich benannt 1861
Siehe → Leonhardsgraben, Stapfelberg
Frühere Namen Die Strasse taucht im 15. Jahrhundert als ‹Sprung› auf, im 16. Jahrhundert als ‹S. Lienhardsstegen› und im 18. Jahrhundert als ‹Stapfelgässlein› sowie bereits als Leonhardsstapfelberg. In den Adressbüchern von 1845 bis 1854 erscheint die Strasse als ‹Stapfelberg› bzw. ‹Staffelberg›, nachdem in den Adressbüchern seit 1798 die anliegenden Häuser zu benachbarten Strassen (‹Leonhardsberg› und ‹(Hinteres) Gerbergässlein›) gezählt worden waren.
Quellen Adressbücher 1798–1862
Literatur Roth: S. 70

Leonhardsstapfelberg

Strassenname	**Leonhardsstrasse**
Gruppe	12.1.1
Plankoordinaten	ED 5
Erstmals genannt	1610
Amtlich benannt	1860
Siehe	→ *Leonhardsgraben*
Frühere Namen von Teilstücken	Die Strasse innerhalb der Stadtmauer hatte zahlreiche Bezeichnungen: ‹Uf S. Lienhartsberg›, ‹Hinter S. Lienhart›, ‹Usserthalp S. Lienharts Brüggelin›, ‹Berg S. Leonhard›, ‹Uff dem Kolenberg›, ‹Auf S. Leonhardsgraben›, ‹Vor S. Leonhardstürmlin› und ‹Hinter S. Leonhardskirchen›. 1610 erscheint die Strasse als Sackgasse vom Leonhardsgraben bis zur Stadtmauer unter der Bezeichnung ‹ein Gesslin zuo dessen [Leonhardsgraben] Rechten handt›. Als alte ‹Missionsgasse› tritt sie im 19. Jahrhundert bis 1861 auf, da die 1815 gegründete Evangelische Missionsgesellschaft, kurz Basler Mission, von 1820 bis 1860 hier ihren Sitz (an der Stelle der heutigen Musikakademie) hatte, der schon damals Missionshaus hiess. Die Stadtmauer wurde erstmals 1859 am Ende dieser Sackgasse durchbrochen und der Stadtgraben wurde überbrückt. In den 1850er Jahren, spätestens aber 1860 entstand die Leonhardsstrasse ausserhalb der Stadtmauer als Abzweigung der ‹Mostacker Gässlein› genannten Strasse (heute Holbeinstrasse) und führte von der Socinstrasse bis zum Steinengraben. Als 1861 die Basler Mission vor das Spalentor in das 1857–1860 erbaute Haus an der heutigen Missionsstrasse umzog, wurde die ‹Missionsgasse› als kurzes Teilstück der Leonhardsstrasse zugeschlagen.
Weiteres siehe	→ *Missionsstrasse*
Quellen	Adressbücher 1798–1862. Platter: S. 196
Literatur	Blum / Nüesch: S. 23. Fischer: Anhang S. 20. Roth: S. 70. Siegfried: S. 14

Lerchenstrasse	*Strassenname*
15.2	*Gruppe*
E 7	*Plankoordinaten*
1908	*Amtlich benannt*
Lerchen (lat. Alaudidae), eurasisch-afrikanische Singvogelfamilie. Lerchen sind Charaktervögel der freien Fluren.	*Bedeutung*
→ *Amselstrasse*	*Weiteres siehe*
Roth: S. 70. Siegfried: S. 43	*Literatur*

Letziplatz	*Strassenname*
23	*Gruppe*
F 5	*Plankoordinaten*
1986	*Amtlich benannt*
Eine ‹Letzi› ist eine militärische Sperre in einem Tal oder in einer Senke. Die ‹Letzi› des St. Alban-Tals beim Mühlegraben ist das einzige erhalten gebliebene Stück der äusseren Stadtmauer vom Ende des 14. Jahrhunderts. Sie wurde 1977–1980 restauriert (Wehrgang und Mauerwerk) und rekonstruiert (Eckturm und Graben).	*Bedeutung*
→ *Beim Letziturm*	*Siehe auch*
→ *St. Alban-Vorstadt*	*Weiteres siehe*
Fischer: Anhang S. 35. Huber: S. 367	*Literatur*

Leuengasse	*Strassenname*
29	*Gruppe*
E 4	*Plankoordinaten*
1878	*Amtlich benannt*
→ *Vogel Gryff-Gässli*	*Siehe*
‹Leu›, Ehrenzeichen der Kleinbasler Ehrengesellschaft zum Rebhaus. Er tritt mit den beiden anderen Ehrenzeichen ‹Vogel Gryff› und ‹Wild Ma› am ‹Vogel-Gryff› auf, dem wichtigsten volkstümlichen Fest Kleinbasels.	*Bedeutung*
Roth: S. 70. Siegfried: S. 86	*Literatur*

Strassenname	**Lichtstrasse**
Gruppe	28.1
Plankoordinaten	D 3
Amtlich benannt	1899
Siehe	→ Gasstrasse
Bemerkenswertes	Bis ins beginnende 19. Jahrhundert hatte Basel keine öffentliche Strassenbeleuchtung, abgesehen von einigen Pechpfannen an den Strassenecken. Wer nach dem Eindunkeln noch hinaus ging, musste auf behördliche Anweisung hin eine Handlaterne mit sich tragen. Erst von 1829 an sorgten Öllampen für einigermassen erhellte Strassen, und die Laternentragpflicht wurde aufgehoben. In den 1830er Jahren begann die Diskussion um die Beleuchtung der Stadt mittels Gaslampen. Nach langwierigen Auseinandersetzungen um eine mögliche Schädigung der Basler Seidenbandindustrie durch Schmutzpartikel aus der Kohle-Gas-Verkokungsanlage, unnützen Lichterluxus und Abhängigkeit von aussen nahm die erste, noch private Gasfabrik 1852 den Betrieb auf. Um das seit 1868 staatliche Gaswerk nicht zu konkurrenzieren, nahm der Kanton die elektrische Lichtversorgung in eigene Regie und trieb ihren Aufbau nur zögernd voran. Das Elektrizitätswerk Basel im St. Johannquartier nahm seinen Betrieb Ende 1899 auf, ein Unterwerk am Steinenbachgässlein diente als Verteilerstation. Es versorgte anfangs 400 Bezüger (mit 15 000 Glühlampen) über ein Leitungsnetz mit Strom. Der Durchbruch gelang der mittels Wasserkraft bei Augst gewonnenen Elektrizität erst während des Ersten Weltkriegs wegen der Versorgungsengpässe bei der Kohle. Das Elektrizitätswerk Basel fusionierte 1978 mit dem 1900 eingerichteten Gas- und Wasserwerk Basel zu den Industriellen Werken Basel (IWB).
Literatur	Blum / Nüesch: S. 150–152. Roth: S. 70. Siegfried: S. 77. Teuteberg: S. 343–344

Liesbergermatte	Strassenname
1	Gruppe
E 7	Plankoordinaten
1990	Amtlich benannt
→ Liesbergerstrasse	Siehe
Fischer: Anhang S. 35	Literatur

Liesbergerstrasse	Strassenname
1	Gruppe
E 7	Plankoordinaten
1896	Amtlich benannt
Liesberg, Gemeinde im Baselbieter Bezirk Laufen, 20 km südwestlich von Basel.	Bedeutung
→ Liesbergermatte	Siehe auch
Roth: S. 70. Siegfried: S. 48	Literatur

Liestalerstrasse	Strassenname
1	Gruppe
G 5	Plankoordinaten
1903	Amtlich benannt
Liestal, Hauptstadt des Kantons Basel-Landschaft, 13 km südöstlich von Basel.	Bedeutung
Roth: S. 71. Siegfried: S. 37	Literatur

Lindenberg	Strassenname
14	Gruppe
E 5	Plankoordinaten
1610	Erstmals genannt
1861	Amtlich benannt
Wie die Bäumleingasse ist die Strasse nach einem oder mehreren Bäumen/Linden benannt worden. Der Name taucht aber erst spät auf. 1623 heisst sie ‹Bei den Linden›.	Bedeutung
Der Lindenberg hiess früher nach den beiden Strassen, die er verbindet, teils ‹obere Rheingasse›, teils ‹obere Utengasse›. In den Adressbüchern vor 1862 heisst die Strasse ‹Am Lindenberg›.	Frühere Namen

Frühere Namen von Teilstücken	Die ‹Ruoss Gesslin› (1610) bzw. ‹Russgässlein› (Adressbücher von 1798 bis 1854), ‹Rustgässlein› oder ‹Rheingässlein› genannte Strecke von Liegenschaft 2 bis 8 wurde 1861 in den Lindenberg integriert.
Quellen	Adressbücher 1798–1862. Platter: S. 456
Literatur	Fischer: Anhang S. 21. Roth: S. 71. Siegfried: S. 18. Wackernagel: S. 270–271

Strassenname	**Lindenhofstrasse**
Gruppe	22
Plankoordinaten	E 6
Amtlich benannt	1908
Bedeutung	‹Lindenhof› war der Name eines offenbar nach seinem Baumbestand benannten ehemaligen Landguts, über welches die Strasse führt.
Literatur	Roth: S. 71. Siegfried: S. 47

Strassenname	**Lindenweg**
Gruppe	14
Plankoordinaten	F 6
Amtlich benannt	1861
Bedeutung	Linde (lat. Tilia), einheimische Baumgattung mit zwei Arten: Sommer- und Winterlinde. Die Strasse ist vielleicht nach einer einstigen Lindenpflanzung in der Nähe benannt.
Literatur	Roth: S. 71. Siegfried: S. 36

Strassenname	**Löwenbergstrasse**
Gruppe	18
Plankoordinaten	E 7,8
Amtlich benannt	1966
Bedeutung	Löwenburg, Burgruine in der jurassischen Gemeinde Pleigne, 25 km südwestlich von Basel. Löwenburg, 1271 als ‹Lewenberc› erwähnt, war eine zu Lützel gehörende Propstei. An die Ständeversammlungen des Bischofs von Basel schickte die Propstei Löwenburg einen Vertreter. Beim Erdbeben von 1356 zerstört, wurde die Burg wiederaufgebaut und gelangte an die Familie Münch von Münchenstein. 1526 kam Löwenburg an die Abtei Lützel, die sie in der Folge zerfallen liess und in der Nähe ein repräsentatives Hofgut errichtete. Auf diesem befindet sich heute ein Museum, in dem prähistorische Funde und mittelalterliche Kampf- und Alltagsgegenstände gezeigt werden. Der ganze Komplex gehört seit 1956 der Christoph Merian Stiftung.
Siehe auch	→ Löwenbergweglein
Bemerkenswertes	Die Benennung einer Strasse nach Löwenburg (‹Löwenburgerstrasse›) schlug man schon 1919 vor. Damals allerdings, weil während des Ersten Weltkriegs (1914–1918) dort schweizerische Grenzbesetzungstruppen stationiert waren.
Weiteres siehe	→ Bonfolstrasse, Im Sesselacker
Quellen	ANK: 1966

Strassenname	**Löwenbergweglein**
Gruppe	18
Plankoordinaten	E 7 F 8
Amtlich benannt	1966
Siehe	→ Löwenbergstrasse
Quellen	ANK: 1966/1967

Strassenname	**Lohnhofgässlein**
Gruppe	20
Plankoordinaten	E 5
Erstmals genannt	1610
Amtlich benannt	1861
Bedeutung	Der Lohnhof (Leonhardskirchplatz 3) war früher Teil der Klosteranlagen von St. Leonhard und beherbergte das Chorherrenstift. Die Nutzung als Kloster endete 1525 mit der Reformation. 1668 richtete sich im von da an als Lohnhof bezeichneten Gebäudekomplex

	das Lohnamt ein, der Vorläufer des heutigen Baudepartements. Die Lohnherren beaufsichtigten und bezahlten die im städtischen Bauwesen arbeitenden Handwerker, die sogenannten Lohnämtler.	ein Museum und Räumlichkeiten für kulturelle Zwecke.	
Siehe auch		→ Kartausgasse, Leonhardsberg, Leonhardskirchplatz	Weiteres siehe
Frühere Namen	→ Im Lohnhof	Adressbücher 1798–1862. Platter: S. XII; 316; Plan	Quellen
	1610 bezeichnete Felix Platter die Strasse als ‹Gesslin von S. Lienhart Kilchhof uf den Barfuosser blatz›. Nach ihrer Lage und Gestalt hiess die Strasse auch ‹S. Lienhartsberg›, ‹S. Lienhartsgesslin›, ‹Sprung›, ‹S. Lienhartskirchweg›, ‹S. Lienharts Kirchgässlein›, ‹Vorderer S. Leonhardsberg›, in den Adressbüchern vor 1862 ‹Hinterer St. Leonhardsberg›.	Blum / Nüesch: S. 76; 88–89; 145. Roth: S. 71. Siegfried: S. 14	Literatur
		Lohweg	Strassenname
		19	Gruppe
		E 6	Plankoordinaten
		1896	Erstmals genannt
		1900	Amtlich benannt
Bemerkenswertes	Nach Abschaffung des Lohnamts war der Lohnhof seit 1821 das Gefängnis für Untersuchungsgefangene; dazu hatte man die Klosterzellen zu Haftzellen umgebaut. Weitere tiefgreifende Umbauten folgten 1855 und 1897. Der Lohnhof ersetzte die Kerker in den abgebrochenen ‹Eselstürmlein› und ‹Wasserturm› am unteren Steinenberg sowie die aufgegebene ‹Bärenhaut› (St. Albanschwibbogen, das ehemalige Tor der inneren Stadtmauer am Ende der Rittergasse). Auch für die Polizeihaft von Bettlern, Landstreichern oder Prostituierten diente der Lohnhof. Von 1840 an hatten sogenannte Polizeimänner und Landjäger hier ihr Quartier, die seit der Einrichtung der Polizei (1817) in der alten Rebleutenzunft (Freie Strasse 50) eingemietet waren. Ende der 1890er Jahre zog auch die Staatsanwaltschaft ein. Staatsanwaltschaft und Untersuchungsgefängnis haben seit Ende 1995 ihre Lokalitäten im Waaghof (eine Anspielung auf ‹Lohnhof› als im lokalen Bewusstsein fest verankerten Begriff für das Untersuchungsgefängnis, das sich jetzt an der Heuwaage befindet). Der freigewordene Lohnhof birgt seitdem Wohnungen, ein Hotel,	Die Gerberei ‹Zum Lohhof› stand am Ende der Steinenvorstadt bei der Heuwaage. Loh oder Lohe ist gemahlene Baumrinde (hauptsächlich von Eiche und Fichte), die beim Gerben verwendet wird.	Bedeutung
		Da der ursprüngliche Name ‹Lohhofweg› zu Verwechslungen mit dem Lohnhofgässlein führte, änderte man ihn in Lohweg ab.	Frühere Namen
		Als Abzweigung der Birsigstrasse ist der Lohweg schon auf dem Kellerplan von 1832 zu erkennen.	Bemerkenswertes
		Kellerplan	Quellen
		Roth: S. 71. Siegfried: S. 57–58	Literatur
		Lothringerstrasse	Strassenname
		9	Gruppe
		D 4	Plankoordinaten
		1880	Amtlich benannt
		Lothringen ist die historische Landschaft in Nordostfrankreich zwischen Vogesen und Champagne. Lothringen umfasst heute ungefähr die Departemente Vosges (Haupstadt Epinal), Moselle (Hauptstadt Metz) und Meurthe-et-Moselle (Hauptstadt Nancy).	Bedeutung
		Lothringen ist für Basel eigentlich keine Nachbarlandschaft. Nach dem Krieg mit Frankreich von 1870/1871 annektierte das Deutsche Reich Elsass und Lothringen von	Bemerkenswertes

Frankreich. (1918, nach dem Ersten Weltkrieg, kamen die Gebiete wieder zurück.) Als Teil des neuen Reichslands Elsass-Lothringen rückte es in den geopolitischen Horizont der Basler Namengebung für Strassen und wurde zum Pendant der bereits 1861 benannten Elsässerstrasse.

Weiteres siehe → Metzerstrasse
Literatur Roth: S. 71. Siegfried: S. 67

Strassenname **Lützelstrasse**
Gruppe 1
Plankoordinaten C 4
Amtlich benannt 1895
Bedeutung Lützel (franz. Lucelle), Siedlung im Kanton Jura an der Grenze zu Frankreich, 20 km südwestlich von Basel. Der Bach Lützel bildet von Lützel bis kurz vor Kleinlützel im Kanton Solothurn die Grenze und mündet bei Laufen in die Birs.
Bemerkenswertes In Lützel befand sich eine 1123 gestiftete Zisterzienserabtei. Als Besitzerin der Herrschaft Löwenburg hatte sie das Recht, an die Ständeversammlung des Fürstbistums Basel eigene Vertreter zu senden. Ihr Abt Konrad Holzacker wählte am Basler Konzil mit 32 anderen Geistlichen 1439 den Papst Felix V. Die Abtei wurde 1790 bei der Revolutionierung des Fürstbistums zerstört, der Grundbesitz wurde verkauft.
Literatur Roth: S. 72. Siegfried: S. 66

Strassenname **Luftgässlein**
Gruppe 19
Plankoordinaten E 5
Erstmals genannt 1610
Amtlich benannt 1861
Bedeutung Das Haus ‹Zum Luft› an der Bäumleingasse 18 ist das Eckhaus zum Luftgässlein. Der Hausname taucht 1537 als Sitz der Druckerei des Hieronymus Froben auf. Urkundlich belegt ist das Haus erstmals um das Jahr 1400 als ‹Camerers Hof›. Der ausgestorbene Basler Familienname ‹Luft› ist seit dem 14. Jahrhundert nachweisbar. Vielleicht gehörte das Haus einem Angehörigen dieser Familie, möglich ist auch, dass Lutfried, als Vorname eines früheren Eigentümers, in einer abgewandelten Form dem Haus den Namen gegeben hat.

1610 heisst die Strasse einfach ‹Gesslin biss zum Eschamerthurm›, 1651 und 1653 ‹Breygässlin› bzw. ‹Preygässlin›. Der heutige Strassenname erscheint seit 1702. *Frühere Namen*

Noch vor dem 16. Jahrhundert konnte unterschiedslos der oder die Luft gesagt werden. Im Basler Dialekt blieb die in der deutschen Sprache verlorene männliche Form mit der Bedeutung von Wind erhalten, weshalb auch der Hausname nicht geändert wurde. Im Haus ‹Zum Luft› starb 1536 der als Gast dort weilende Erasmus von Rotterdam. *Bemerkenswertes*

→ Frobenstrasse *Weiteres siehe*
Platter: S. XII; 428 *Quellen*
Roth: S. 72. Siegfried: S. 9 *Literatur*

Luftmattstrasse *Strassenname*
7 *Gruppe*
F 6 *Plankoordinaten*
1922 *Amtlich benannt*
Das Areal, über das die Strasse führt, gehörte entweder zum Haus ‹Zum Luft› oder einem Besitzer dieses Namens. *Bedeutung*

→ Luftgässlein *Weiteres siehe*
Roth: S. 72. Siegfried: S. 36 *Literatur*

Luzernerring

Strassenname	**Lukas Legrand-Strasse**
Gruppe	12.5
Plankoordinaten	G 4
Amtlich benannt	1925
Bedeutung	Lukas Legrand (1755–1836), Bandfabrikant und Politiker. (Der Familienname wird im Basler Dialekt ‹Leegrand›, mit Betonung auf der ersten Silbe, ausgesprochen.) Legrand studierte Philosophie und Theologie in Basel, Leipzig und Göttingen. Er gab aber 1779 die geistliche Laufbahn auf und wurde Seidenbandfabrikant. Wahrscheinlich kam er auf seinen ausgedehnten Reisen nach dem Studium enger mit aufklärerischen Ideen in Berührung, die er mit Engagement in seinem späteren Leben vertreten sollte. Er war ein Verehrer Voltaires, Humes und Friedrichs des Grossen. Als die Basler Obrigkeit die Schriften des letzteren wegen religiöser Bedenken 1789 verbot, legte er zu dessen Gunsten ein ‹Glaubensbekenntnis› vor dem Grossen Rat ab. Legrand war 1792–1798 letzter Landvogt von Riehen und 1797/1798 führend bei der Basler Revolution. 1798 wurde er in das Direktorium, die Regierung der neuen Helvetischen Republik, gewählt und somit der erste Basler in einer gesamtschweizerischen Regierung. Er stand den Finanzen vor. Aufgrund politischer Differenzen trat er schon 1799 aus dem Direktorium aus und nahm seine Tätigkeit als Seidenbandfabrikant wieder auf. 1804 verlegte er, auch bewogen durch Anfeindungen wegen seiner Tätigkeit als helvetischer Direktor, den Basler Wohnsitz und die Fabrik in Arlesheim nach Saint-Morand bei Altkirch im Elsass, seit 1812 wohnte er in Fouday in den Vogesen. Neben seiner politischen und unternehmerischen Laufbahn betätigte sich Legrand auch philanthropisch, in kirchlichen Angelegenheiten und in der Volksbildung. Er wirkte in der Gesellschaft zur Beförderung des Guten und Gemeinnützigen, wurde Vorsteher der Lesegesellschaft und arbeitete für das Basler Gymnasium Lehrpläne für Geschichte und Geographie aus. Er gehörte der Missions- und Bibelgesellschaft sowie der Christentums- und Traktatengesellschaft an.
Literatur	Basler Nachrichten, 29.5.1955. Roth: S. 72

Luzernerring	*Strassenname*
4	*Gruppe*
CD 4	*Plankoordinaten*
1898	*Amtlich benannt*
Luzern, Hauptstadt des gleichnamigen, seit 1322 dem Bund angehörigen Zentralschweizer Kantons.	*Bedeutung*
Roth: S. 72	*Literatur*

Lyon-Strasse	*Strassenname*
6	*Gruppe*
F 7,8	*Plankoordinaten*
1984	*Amtlich benannt*
Lyon, Hauptstadt des Departements Rhône, drittgrösste französische Stadt und wirtschaftlich-kulturelles Zentrum von Südostfrankreich. Die Messe von Lyon, 1419 erstmals erwähnt, hatte für Frankreich ähnliche Bedeutung wie die von Frankfurt für Deutschland. Über die Stoffindustrie und den Stoffhandel sowie über die Druckerindustrie hatte Lyon enge Verbindungen mit Basel. Viele Basler Kaufherren verbrachten einige Zeit in Lyon, um Verbindungen zu knüpfen und die französische Sprache zu erlernen. Alexandre Clavel, der Gründer der Farbstoff-Industrie in Basel, stammte aus Lyon.	*Bedeutung*
→ *Frankfurt-Strasse*	*Weiteres siehe*
ANK: 1984	*Quellen*

Magdenstrasse	Marignanoweglein	Mattenstrasse	Mönchsbergerstrasse	Münzgasse
Magdenweglein	Markgräflerstrasse	Matthäusstrasse	Mörsbergerstrasse	Muespacherstrasse
Magnolienpark	Markircherstrasse	Mauerstrasse	Morgartenring	Murbacherstrasse
Maiengasse	Marktgasse	Maulbeerstrasse	Mostackerstrasse	Murtengasse
Mailand-Strasse	Markthallenbrücke	Meisengasse	Mühlegraben	Muttenzerweg
Maispracherweg	Marktplatz	Meltingerstrasse	Mühlenberg	Mythenstrasse
Maja Sacher-Platz	Marschalkenstrasse	Messeplatz	Mülhauserstrasse	
Malzgasse	Martinsgässlein	Metzerstrasse	Mülhauserweglein	
Margarethenstich	Martinsgasse	Michelbacherstrasse	Müllheimerstrasse	
Margarethenstrasse	Martinskirchplatz	Missionsstrasse	Münchensteinerstrasse	
Mariasteinstrasse	Mathilde Paravicini-Strasse	Mittlere Rheinbrücke	Münsterberg	
Marignanostrasse		Mittlere Strasse	Münsterplatz	

Strassenname	**Magdenstrasse**
Gruppe	1
Plankoordinaten	G 4
Amtlich benannt	1946
Bedeutung	Magden, Gemeinde im Aargauer Bezirk Rheinfelden, 17 km östlich von Basel.
Siehe auch	→ *Magdenweglein*
Bemerkenswertes	Maisprach, Magden und Wintersingen sind Nachbargemeinden. Die 1946 nach ihnen benannten Strassen spiegeln durch ihre Lage die geographische Verteilung der Ortschaften.
Literatur	Roth: S. 73

Strassenname	**Magdenweglein**
Gruppe	1
Plankoordinaten	G 4
Amtlich benannt	1954
Siehe	→ *Magdenstrasse*
Literatur	Roth: S. 73

Strassenname	**Magnolienpark**
Gruppe	14
Plankoordinaten	F 6
Amtlich benannt	1955
Bedeutung	Magnolie (lat. Magnolia), nordamerikanisch-asiatische Baumgattung, als Ziergewächs eingeführt.
Literatur	Roth: S. 73

Strassenname	**Maiengasse**
Gruppe	32
Plankoordinaten	D 4,5
Amtlich benannt	1891
Bedeutung	‹Maie› ist der mundartliche Ausdruck für einen Blumenstrauss. Die Strasse führte zuerst als Privatweg über den Blumengarten eines Handelsgärtners. Ende des 19. Jahrhunderts ging sie in staatlichen Besitz über.
Literatur	Roth: S. 73. Siegfried: S. 77

Mailand-Strasse	*Strassenname*
6	*Gruppe*
F 8	*Plankoordinaten*
1984	*Amtlich benannt*
Mailand, zweitgrösste Stadt und wichtigster Handelsplatz Italiens, Hauptstadt der Lombardei. Das wirtschaftliche, wissenschaftliche und kulturelle Zentrum Norditaliens ist der Sammelpunkt für die meisten Eisenbahn- und Strassenverbindungen im Nord-Süd-Verkehr über die Alpen. Zahlreiche Basler Handelhäuser richteten im 19. Jahrhundert Sitze in der Metropole der Lombardei ein. Der frühere Name ‹Lampartergasse› (d.h. ‹Lombardengasse›) der heutigen Streitgasse erinnert daran, dass schon im Mittelalter Mailänder Kaufleute nach Basel zogen und sich schliesslich auch hier niederliessen.	*Bedeutung*
→ *Frankfurt-Strasse*	*Weiteres siehe*
ANK: 1984	*Quelllen*

Maispracherweg	*Strassenname*
1	*Gruppe*
G 4	*Plankoordinaten*
1946	*Amtlich benannt*
Maisprach, nördlichste Gemeinde des Baselbieter Bezirks Sissach, 19 km östlich von Basel.	*Bedeutung*
→ *Magdenstrasse*	*Weiteres siehe*
Roth: S. 73	*Literatur*

Maja Sacher-Platz	*Strassenname*
12.2	*Gruppe*
F 5	*Plankoordinaten*
1988	*Erstmals genannt*
1990	*Amtlich benannt*
Maja Sacher (1896–1989), Kunstförderin. Sie war die Tochter des Basler Architekten Fritz Stehlin und wollte ebenfalls Architektin werden. Da man in Paris, wo sie ihre Berufsausbildung begann, keine Frauen annahm, stu-	*Bedeutung*

dierte sie Bildhauerei in München und Paris. Sie heiratete 1920 den Industriellen Emanuel Hoffmann. Zugunsten der gemeinsamen Sammlertätigkeit gab sie das eigene Kunstschaffen auf und setzte sich gezielt für die Förderung neuer Kunststile, wie des Expressionismus, ein. 1925 zog sie mit ihrem Mann nach Paris, 1926 nach Brüssel, 1930 kehrten sie nach Basel zurück. Ihre Kunstförderung fand anfänglich kaum Verständnis in einem Basel, das damals hinsichtlich des Interesses an bildender Kunst als eine «Sandwüste» bezeichnet wurde. Die Emanuel Hoffmann-Stiftung gründete Maja Sacher 1933 zum Andenken an ihren 1932 tödlich verunglückten Ehemann (in zweiter Ehe war sie seit 1934 mit dem Dirigenten Paul Sacher [1903–1999] verheiratet). Die Stiftung fördert den Ankauf der Werke von Künstlern, «die sich neuer, in die Zukunft weisender, von der jeweiligen Gegenwart noch nicht allgemein verstandener Ausdrucksmittel bedienen». Die Werke fanden zunächst in der Kunsthalle Aufnahme, seit 1940 gelangten sie ins Kunstmuseum. Die Stiftung umfasst über 200 Werke von rund 100 Künstlerinnen und Künstlern. Eine Schenkung Maja Sachers, deren Wirken das Basler Kunstleben des 20. Jahrhunderts entscheidend geprägt hat, ermöglichte den Bau des 1980 eröffneten Museums für Gegenwartskunst im St. Alban-Tal.

Frühere Namen Der Platz vor dem Museum für Gegenwartskunst hiess im ersten Beschluss des Justizdepartements von 1988 ‹Klosterplatz› nach dem nahegelegenen ehemaligen St. Albankloster.

Weiteres siehe → Mathilde Paravicini-Strasse
Quellen KB: 1990
Literatur Basler Volksblatt, 2.11.1989. Basler Zeitung, 3.11.1989; 6.2.1996. Meier Hans: Es macht glücklich und erhält jung. Das Museum für Gegenwartskunst. In: Basler Stadtbuch 1980. Basel 1981, S. 163–172

Malzgasse

Malzgasse	*Strassenname*
32	*Gruppe*
F 5 E 5,6	*Plankoordinaten*
14. Jahrhundert	*Erstmals genannt*
1861	*Amtlich benannt*

Die an ‹Malenzei› oder Aussatz, d.h. Lepra, *Bedeutung*
Erkrankten lebten in einem Leprosorium (Siechenhaus) in der Nähe des Klosters St. Alban an der Malzgasse 9. Diese Einrichtung hat wohl schon vor der Gründung des Siechenhauses bei St. Jakob im Jahr 1260 bestanden.

Die Malzgasse (früher eindeutiger ‹Malenzgasse› oder ‹Malazgasse› genannt) hiess *Frühere Namen* lateinisch ‹vicus leprosorum› (‹Gasse der Leprakranken›). Vor der Benennung nach der ‹Malenzei› nannte man die Gegend der Strasse ‹Rebgarten›.

Von der Malzgasse heisst es, sie habe in hohem Mass die baslerische Kultur der Zurückhaltung und Kühlheit verkörpert. Die *Bemerkenswertes* frühere Abgeschiedenheit der Strasse und die Schlichtheit der Gebäude brachten ihr im 19. Jahrhundert den Ruf ein, die ‹baslerischste Gasse› gewesen zu sein.

→ Spitalstrasse *Weiteres siehe*
Bühler Hans: Die Malzgasse. In: Basler Stadtbuch 1964. *Literatur*
Basel 1963, S. 131–134. Fechter 1856: S. 103; Plan. Roth: S. 73. Siegfried: S. 22

Margarethenstich

Margarethenstich	*Strassenname*
12.1.2	*Gruppe*
D 7	*Plankoordinaten*
1820	*Erstmals genannt*
1932	*Amtlich benannt*
→ Margarethenstrasse	*Siehe*

Die Strasse erscheint im Hoferplan von 1820 *Frühere Namen*
als ‹Margrethe Lette Sträslein›. 1861 wurde sie in die Gundeldingerstrasse integriert. Seit 1932 ist sie unter ihrem jetzigen Namen wieder eine eigenständige Strasse.

Malzgasse

Bemerkenswertes	Eine Stichstrasse ist eigentlich eine Sackgasse mit Wendeplatz. Der Margarethenstich jedoch verbindet Gundelinger- mit Binningerstrasse.	linie verschiedene Namen tragen muss, Innere Margarethenstrasse.		
		→ Aeschenvorstadt, Elisabethenstrasse	*Weiteres siehe*	
Quellen	*Hoferplan 1820*	*Roth: S. 73–74. Roth Carl: Kirche und Landgut zu St. Margarethen. In: Basler Jahrbuch 1920. Basel 1919, S. 105–173. Sellner: S. 241–242. Siegfried: S. 44–45*	*Literatur*
Literatur	*Roth: S. 73. Siegfried: S. 44*		

Strassenname	**Margarethenstrasse**	**Mariasteinstrasse**	*Strassenname*
Gruppe	12.1.2	1	*Gruppe*
Plankoordinaten	E 6 D 6,7	DC 6	*Plankoordinaten*
Erstmals genannt	1811	1929	*Amtlich benannt*
Amtlich benannt	1861		
Bedeutung	Landgut und Klosterkirche St. Margarethen befinden sich auf dem Gebiet der Baselbieter Gemeinde Binningen. Die Kirche erscheint 1251 erstmals urkundlich. 1896 kaufte der Kanton Basel-Stadt das Landgut. Die Pfarrgemeinde St. Margarethen erstreckte sich ursprünglich bis an die alten Stadtgräben und nach St. Alban. Die Kirche St. Margarethen wurde aber im 14. Jahrhundert selbst zu einer Filiale der Ulrichs-, später Elisabethengemeinde bei der Aeschenvorstadt. Die hl. Margarethe aus Antiochia erlitt das Martyrium im Jahr 307. Sie widerstand der Legende nach einem Angriff des Teufels und wurde schliesslich wegen ihrer Unbeugsamkeit enthauptet. Sie gehört zu den 14 Nothelfern und ist u.a. Patronin der Frauen und Beschützerin vor Wunden. Ihr Kalendertag ist der 20. Juli.	Mariastein, Gemeinde der Solothurner Amtei Dorneck-Thierstein, ehemaliges Benediktinerkloster und Wallfahrtsort (‹Kapelle in Stein›) oberhalb der Strasse von Flüh nach Metzerlen, 11 km südwestlich von Basel. Mariastein ist nach Einsiedeln der zweitwichtigste Wallfahrtsort der Schweiz. Der Legende nach rettete 1380 eine Marienerscheinung ein Kind, als es von einem Felsvorsprung über 50 Meter tief hinabfiel. Den Ort verehrte man schon während des Basler Konzils im 15. Jahrhundert. Das Benediktinerkloster entstand 1646, die Solothurner Regierung hob es aber 1874 während des Kulturkampfes auf. Der Konvent ging ins Exil, einige Patres durften zur seelsorgerischen Betreuung bleiben. Nach einem kurzen Rückgang setzte der Pilgerstrom wieder ein. 1926 erhielt das aus dem 17. Jahrhundert stammende Gnadenbild die päpstliche Krönung. 1941 erlangte der von den Nationalsozialisten aus Bregenz vertriebene Konvent asylrechtliche Aufnahme, 1971 bekam das Kloster nach einer Volksabstimmung wieder die staatsrechtliche Anerkennung.	*Bedeutung*
Siehe auch	→ *Im Margarethenletten, Im Margarethental, Innere Margarethenstrasse, Margarethenstich*		
Bemerkenswertes	Die Strasse führte vom im 14. Jahrhundert zugemauerten Tor zu Spitalscheuren am Ende der Elisabethenstrasse nach St. Margarethen. Um 1900 verlängerte und leitete man sie aber in Richtung des ehemaligen Steinentors bis zur Heuwaage um. Das neue Teilstück heisst, gemäss dem Grundsatz, dass dieselbe Strasse vor und hinter einer Bahn-		
		Roth: S. 74	*Literatur*

Strassenname	**Marignanostrasse**
Gruppe	5, 25.2
Plankoordinaten	D 8 E 7,8
Amtlich benannt	1922
Bedeutung	Marignano (richtig: Melegnano), Ortschaft bei Mailand in der norditalienischen Region Lombardei, bekannt durch die von Franz I. von Frankreich gegen die eidgenössischen Truppen gewonnene Schlacht von Marignano (1515). Die Schlacht beendete die Expansion der Eidgenossenschaft gegen Süden; der Friedensvertrag mit Frankreich, die ‹Ewige Richtung›, kam im November 1516 zustande.
Siehe auch	→ Marignanoweglein
Bemerkenswertes	Die Marignanostrasse kreuzt die gleichzeitig benannte Novarastrasse. Beide bilden ein Ensemble der letzten grösseren Schlachten, die altschweizerisches Militär (abgesehen von den eidgenössischen Soldtruppen) im Ausland geführt hat.
Weiteres siehe	→ Novarastrasse
Literatur	Roth: S. 74

Strassenname	**Marignanoweglein**
Gruppe	5, 25.2
Plankoordinaten	DE 8
Amtlich benannt	1968
Siehe	→ Marignanostrasse
Quellen	ANK: 1970. KB: 1968

Strassenname	**Markgräflerstrasse**
Gruppe	9
Plankoordinaten	E 4
Amtlich benannt	1879
Bedeutung	Das Markgräflerland ist die südbadische Landschaft zwischen Freiburg im Breisgau und Basel. Der Name wurde gewählt, um in Südbaden den Besitz der ehemaligen Markgrafschaft Baden vom österreichischen Breisgau zu unterscheiden.
Weiteres siehe	→ Badenstrasse
Literatur	Roth: S. 74. Siegfried: S. 92

Strassenname	**Markircherstrasse**
Gruppe	2
Plankoordinaten	C 4
Amtlich benannt	1899
Bedeutung	Markirch (franz. Sainte-Marie-aux-Mines), Hauptort des gleichnamigen elsässischen Bezirks (‹canton›) in den Vogesen bei Schlettstadt, 80 km nördlich von Basel.
Literatur	Roth: S. 74

Strassenname	**Marktgasse**
Gruppe	26
Plankoordinaten	E 5
Amtlich benannt	1888
Siehe	→ Marktplatz
Bemerkenswertes	Die Marktgasse entstand erst 1888/1889 als Verbindungsstrasse über den vom Marktplatz bis zum Fischmarkt noch offenen Birsig. Da die den Birsig überwölbende Marktgasse um einige Meter höher lag als die nordwestliche Ecke des Marktplatzes, auf die sie zuführte, musste man diese ebenfalls erhöhen. Eine von Hut- bis Sattelgasse angelegte Treppe führte zu den alten Häusern hinab, bis ebenerdige Neubauten sie ersetzten. Vor dem Bau der Marktgasse gelangten die Wagen nur über die heute verschwundene ‹Spor(r)engasse› (vom Ende der Eisengasse bis zum Rathaus), die den Birsig überspannende ‹Brodlaube› und die ‹Storchengasse› (beide Gassen bilden heute die rechtwinklige Stadthausgasse) auf den Fischmarkt. 1908 kaufte der Staat den Häuserblock, der den zwischen ‹Schwanengasse› (zur Spiegelgasse hin) und ‹Kronengasse› (zur Eisengasse hin) offenen Birsig einfasste, und liess ihn abreissen. Die

‹Kronengasse› verbreiterte man als Marktgasse bis zur Flussmitte des Birsigs, die ‹Schwanengasse› überbaute man beidseitig. (Vgl. ABB. S. 14.) Die früheste Erwähnung der ‹Kronengasse› datiert von 1217 und lautet auf ‹under bulgon›. ‹Bulgen› waren lederne Reisesäcke, die man hier anfertigte. Die ‹Schwanengasse› taucht 1241 als ‹undern Salzcasten› auf. Der Verkauf des vorzugsweise aus Bayern eingeführten Salzes war ein obrigkeitliches Monopol und fand ebenfalls hier statt; deshalb galt die zu St. Peter ansteigende Gegend zwischen Fischmarkt und Rhein auch als ‹Salzberg›. Salz lagerte man im ‹Salzturm› am Rhein und in einem Haus an der Blumengasse. Der Detailhandel fand aus Salzkästen zu ebener Erde statt.

Weiteres siehe → *Eisengasse, Fischmarkt, Marktplatz, Schifflände, Spiegelhof*

Quellen Platter: S. 345

Literatur Blum / Nüesch: S. 184; 200. Fechter 1856: S. 51–52; 87–89. Roth: S. 74

Strassenname	**Markthallenbrücke**
Gruppe	20
Plankoordinaten	E 6
Amtlich benannt	1974
Bedeutung	Die Markthalle (Viaduktstrasse 10) entstand 1928/1929 auf dem ehemaligen Kohlenplatz der SBB als Ersatz für den Grossmarkt auf dem Barfüsserplatz. Das achteckige Kuppelgebäude in Betonschalenbauweise gehörte zu den modernsten und grössten (60 m Durchmesser) seiner Art.
Quellen	ANK: 1974
Literatur	Huber: S. 283

Marktplatz	*Strassenname*
26	*Gruppe*
E 5	*Plankoordinaten*
1191	*Erstmals genannt*
1861	*Amtlich benannt*

Der wichtigste Markt für den Verkauf der meisten Waren befand sich ursprünglich auf dem Münsterplatz. Nachdem der städtische Rat schon gegen Ende des 14. Jahrhunderts das bischöfliche Marktrecht erworben hatte, verlegte er den Münstermarkt mit dem Beginn des Basler Konzils im Jahr 1431 erst auf den Barfüsserplatz, dann auf seinen heutigen Platz vor dem Rathaus. Der Transfer von der Residenz des Bischofs auf dem Münsterhügel hinab ins Birsigtal in die Nähe der Zunfthäuser entsprach auch der Verlagerung der politischen Gewichte in Basel während des 15. Jahrhunderts.

Bedeutung

→ *Marktgasse, Martinskirchplatz*   *Siehe auch*

Auf dem heutigen Marktplatz hatte, vor der Verlegung des Markts und bis zum Bau eines Kornhauses beim Petersplatz (auf dem Gelände des heutigen Kollegiengebäudes der Universität) im Jahr 1438, hauptsächlich der Getreideverkauf stattgefunden. Die früheste Erwähnung des Platzes als ‹Kornmarkt› stammt aus dem Jahr 1191 im Personennamen Chunradus de Chornmergit (Konrad vom Kornmarkt). Noch in den Adressbüchern vor 1862 kommt er als ‹Kornmarkt› vor, obwohl der Volksmund ihn schon lange nur noch ‹Markt› (im Dialekt ‹Märt›) nannte.

Frühere Namen

Der Marktplatz dehnte sich in Süd–Nord-Richtung bis zu seiner Erweiterung ab 1890 nur vom Ausgang der Freien Strasse und der Gerbergasse bis zur Höhe des Rathauses aus. Die dort früher befindlichen Häuser formten als Verlängerung der Eisengasse die ehemalige ‹Spor(r)engasse›, so benannt nach den dort für Reiter hergestellten Stie-

Frühere Namen von Teilstücken

felsporen und 1349 erstmals als ‹undern sporren› erwähnt. In der ‹Spor(r)engasse› fand aber vom Anfang des 13. Jahrhunderts bis 1871 hauptsächlich der Fleischverkauf statt (Schlachthaus und Metzgerbänke); daher hiess sie auch nach der gemeinalemannischen Bezeichnung für Verkaufsstellen, insbesondere für Metzgerei und Schlachterei, ‹Scho(o)lgasse›, 1610 ‹Gassen vor der Schol›. Ein Teil des Platzes direkt vor dem Eingang in die heutige Marktgasse lag früher deutlich tiefer. Der Teilplatz hiess vor 1861 ‹Beim Kornmarktbrunnen›. Diesen Brunnen brach man 1888 ab, die Säule und die Statue kamen 1899 auf den Martinskirchplatz. Er heisst auch Sevogelbrunnen, da die ihn bekrönende Kriegergestalt (geschaffen 1546–1547) seit dem 19. Jahrhundert als Henman Sevogel, gefallener Hauptmann der Basler bei St. Jakob 1444, gedeutet wurde.

Bemerkenswertes Mitten unter dem Marktplatz verläuft der Birsig. Seit wann dieser überwölbt ist und der Marktplatz seine bis Ende des 19. Jahrhunderts bestehende Grösse gefunden hat, ist nicht bekannt, vielleicht erst nach 1231. Die Umgestaltung des Marktplatzes begann im Jahr 1888 mit dem Bau der Marktgasse und der Niveauanhebung des abgesenkten Teilplatzes am Eingang zur Marktgasse. Das Projekt, den Marktplatz durch den Abbruch des Häuserblocks zwischen ‹Sporengasse›, Marktgasse und Stadthausgasse zu erweitern, nahm das Volk in einer Abstimmung 1889 an. In einer zweiten Abstimmung 1891 entschied das Volk endgültig, den Marktplatz in seiner jetzigen Grösse zu belassen. Die Mehrzahl der Gebäude um den Platz entstand um die Jahrhundertwende. Das beherrschende Gebäude ist das aus dem Mittelalter stammende Basler Rathaus. Sein heutiges Aussehen erhielt es im Anschluss an die Vergrösserung des Marktplatzes. Als anfänglich dem Bischof verpflichtete Behörde ist der städtische Rat bereits unter Heinrich von Thun (1216–1238) belegt. Er entstand wohl aus den Gerichtsbehörden von Schultheiss (Privatklagen) und Vogt (öffentliche Klagen). Die erste städtische Verfassung mit einem Rat stammt von 1273. Das erste bekannte Rathaus befand sich Mitte des 13. Jahrhunderts am ‹Kornmarkt› (mitten auf dem Marktplatz gegenüber dem heutigen Rathaus). 1350 kauften Rat und Gericht ein Haus am Fuss des Martinshügels, wo das heutige, grössere Rathaus steht. 1354 erscheint es als «des ratz hus». Das damalige Rathaus erweiterte man 1359 um ein Nachbarhaus. Von 1504 bis 1514 entstand der Mittelteil des heutigen Rathauses mit den drei Bogeneingängen. Die Decken des Grossratsaales bemalte Hans Holbein. Das gleich hohe Flügelgebäude links kam 1608–1610 hinzu. Die grosse Erweiterung mit dem höher aufragenden Turm und dem auf der Seite angefügten Eckbau erfolgte zusammen mit dem Bau des Staatsarchivs von 1898 bis 1904. Die im Hof des Rathauses befindliche Statue des legendären Stadtgründers Munatius Plancus schuf der Bildhauer Hans Michel von Strassburg im Jahr 1580 als Dank für das ihm gewährte Bürgerrecht. Der Marktplatz war auch die prominenteste Richtstätte mit öffentlichem Pranger, benutzt bei besonders aufsehenerregenden und politischen Verbrechen. So liess der Rat 1691 die Anführer der städtischen Rebellion gegen die Alleinherrschaft und schlechte Finanzpolitik der privilegierten Familien Socin und Burckhardt sowie 1801 eine Kindsmörderin an diesem Ort köpfen.

→ *Barfüsserplatz, Fischmarkt, Marktgasse, Münsterplatz, Schlachthofstrasse, Stadthausgasse* *Weiteres siehe*

Adressbücher 1798–1862. Platter: S. 414 *Quellen*

Literatur	Blum / Nüesch: S. 63; 187–213. Das Basler Rathaus: Hg. von der Staatskanzlei des Kantons Basel-Stadt. Basel 1983. Fechter 1856: S. 41–51. Huber: S. 215–219. INSA: S. 180–181. Roth: S. 74

Marschalkenstrasse

Strassenname	**Marschalkenstrasse**
Gruppe	18
Plankoordinaten	CD 6
Amtlich benannt	1897
Bedeutung	Die Marschalk von Basel waren eine bischöflich-baslerische Ministerialenfamilie, wahrscheinlich verwandt mit der Familie der Schaler. Der Familienname selbst stammt vom Marschalkenamt. Der Marschall oder Marschalk führte die Aufsicht über die Stallungen, später den ganzen Hof und das Heer seines Herrn. Als die Familie 1414 erlosch, ging das Amt an die Herren von Eptingen über.
Bemerkenswertes	Ministerialen oder Dienstmannen waren ursprünglich Unfreie, die ihrem Herrn persönliche Hofdienste leisteten (Truchsess, Kämmerer, Schenk, Marschalk) oder Beamte oder Krieger waren. Ihr Amt wurde mit der Zeit erblich, und im 13. Jahrhundert waren die Ministerialen nicht mehr unfrei und zählten zum niederen Adel. In Basel besass der Ministerialadel eine besonders wichtige Stellung. Im Rat sassen bis vier Ritter und acht sogenannte Achtburger (die sogenannte Hohe Stube), die ihre Interessen gegenüber den Handwerkern und Kaufleuten verteidigten. Am Anfang des 16. Jahrhunderts verloren sie aber ihren Einfluss, und obwohl später immer noch Adelige unter den Basler Bürgern waren, spielten sie keine Rolle mehr.
Literatur	Roth: S. 74. Siegfried: S. 68

Martinsgässlein

Strassenname	**Martinsgässlein**
Gruppe	12.1.1
Plankoordinaten	E 5
Erstmals genannt	1610
Amtlich benannt	1861
Siehe	→ Martinskirchplatz
Frühere Namen	Felix Platter bezeichnet die Strasse 1610 als ‹S. Martins gesslin nitsich gegen der schol› (abwärts gegen das städtische Schlachthaus). 1712 lautet der Name ‹St. Martinskirchgässlein›.
Quellen	Platter: S. 448
Literatur	Fischer: Anhang S. 21. Roth: S. 75

Martinsgasse

Strassenname	**Martinsgasse**
Gruppe	12.1.1
Plankoordinaten	E 5
Erstmals genannt	1509
Amtlich benannt	1861
Siehe	→ Martinskirchplatz
Frühere Namen	1509 wird die Strasse einfach ‹Kilchgasse› genannt, da sie auf den Kirchhof von St. Martin hinführt, 1610 ‹S. Martins Gesslin›. ‹Auf St. Martins Berg› ist eine weitere Bezeichnung.
Quellen	Platter: S. 448
Literatur	Fischer: Anhang S. 21. Roth: S. 75

Martinskirchplatz

Strassenname	**Martinskirchplatz**
Gruppe	12.1.1, 17
Plankoordinaten	E 5
Erstmals genannt	1255
Amtlich benannt	1861
Bedeutung	Die Ursprünge der Kirche St. Martin reichen bedeutend weiter zurück als ihre Erwähnung als Basler Pfarrkirche im Jahr 1101. Ursprünglich war sie eine Filiale der Kleinhüninger Kirche der hl. Agathe. Das Münster war die Kirche des Bischofs und des Bistums, nicht der städtischen Kirchgemeinde; deren Seelsorge übernahm der Pfarrer von Klein-

hüningen. Nach der Gründung des Klosters St. Alban 1083 übernahm dieses die Kirche St. Martin und die Seelsorge der Stadt, wobei aber die Pfarrsprengel St. Martin und St. Alban getrennt blieben (die Scheidelinie befand sich auf der Höhe des Fahnengässleins). Der hl. Martin von Tours (um 316–397) war nach der Legende ein römischer Legionär, der aus Barmherzigkeit seinen Mantel mit einem Bettler teilte. Als sich Christus ihm darauf offenbarte, liess er sich taufen und wurde später Bischof von Tours. Seine Cappa (lat. Mantel) verwahrten die fränkischen Hofgeistlichen, woraus sich die Bezeichnung Kaplan entwickelt hat. Der hl. Martin ist u.a. der Schutzheilige Frankreichs, der Bettler, der katholischen Armeen und der Gänse. Sein Kalendertag ist der 11. November.

Siehe auch → Martinsgasse, Martinsgässlein

Frühere Namen Die Örtlichkeit erscheint als ‹apud ecclesiam Sancti Martini› erstmals 1255. Weitere Namen waren ‹sant Martins gesselin› (1432), ‹uff Sanct Martins Stegen› (1557), ‹an sant Martins Sprung› (1397) und ‹an sant Martinsberg›. Bis zum Jahr 1814 war der Platz als Friedhof in Gebrauch, weshalb er auch ‹St. Martinskirchhof› hiess. 1813/1814 grassierte eine Flecktyphusepidemie, an der 800 Menschen starben. Da die Anwohner des Kirchhofs wegen des in ihre Häuser eindringenden Wassers aus den Grabhügeln um ihre Gesundheit fürchteten, verbot man dort das weitere Bestatten von Leichen. Den Friedhof hob man 1851 auf, pflasterte und gestaltete ihn zu einem Platz um.

Frühere Namen von Teilstücken 1610 zählt der Platz zum ‹S. Martins Gesslin› (Martinsgasse), die Häuser gegenüber der Stirnseite der Kirche liegen aber ‹Im Winckel›. Die Bezeichnung ‹St. Martin› gilt in den Adressbüchern vor 1862 für die Martinsgasse und den anschliessenden Platz vor der Kirche, der ‹St. Martinskirchhof› taucht selbständig auf.

Quellen HGB: Martinskirchplatz. Platter: S. 448
Literatur Blum / Nüesch: S. 64. Fechter 1856: S. 55–56. Huber: S. 35–36. Roth: S. 75. Sellner: S. 377–380. Siegfried: S. 8

Mathilde Paravicini-Strasse

Strassenname	Mathilde Paravicini-Strasse
Gruppe	12.6
Plankoordinaten	F 6
Amtlich benannt	1964

Bedeutung Mathilde Paravicini (1875–1954), Lehrerin für Damenschneiderei und Betreuerin von Kriegsopfern. Sie gab von 1897–1938 Kurse im Nähen und Schneidern. Internationales Ansehen erlangte sie durch ihre karitative Tätigkeit. Während des Ersten Weltkriegs übernahm sie die Durchführung von Evakuierten- und Verwundetentransporten (rund 500 000 Personen) aus dem besetzten Frankreich. Dafür wurde sie zum Ritter der französischen Ehrenlegion geschlagen. Nach dem Weltkrieg engagierte sie sich im Hilfswerk für die Auslandschweizer und in der Pro Juventute. Im Zweiten Weltkrieg (1939–1945) baute sie zusammen mit dem Schweizerischen Roten Kreuz den Transport kriegsgeschädigter und Emigrantenkinder auf, die für einen dreimonatigen Aufenthalt in die Schweiz kamen. Sie übernahm besonders den Empfang und die Betreuung von französischen Staatsangehörigen (darunter 65 000 Kinder). Für ihren Einsatz erhielt sie die Ehrendoktorwürde der Medizinischen Fakultät der Universität Basel (1942), und die französische Regierung ernannte sie zum Offizier der Ehrenlegion (1946).

Frühere Namen Die Strasse erscheint vor 1964 in den Stadtplänen als ‹Engelgasse Sackgasse›.

Bemerkenswertes Mit Mathilde Paravicini fand 1964, abgesehen von den Kirchenpatroninnen St. Clara, St. Chrischona, St. Elisabeth und St. Margarethe, erstmals ein Frauenname zur Benennung einer Strasse Verwendung. Die ersten, aber noch abgelehnten Vorschläge von Frauennamen stammen aus dem Jahr 1918. Vier Strassen im St. Albanquartier sollten nach den Töchtern des ehemaligen Besitzers des Bodens, über den sie führten, ‹Sibylle-›, ‹Mathilde-›, ‹Helene-› und ‹Marthastrasse› heissen. 1921 schlug man der Regierung eine ‹Emma Kron-Strasse› (Dichterin und Gattin des freisinnigen Politikers Carl Brenner) und eine ‹Maria Theresia-Strasse› (die 1795 in Basel von den Franzosen freigelassene Tochter Ludwigs XVI.) vor. Die beschlossenen Namen waren dann ‹Locarnerstrasse› und ‹Fatiostrasse›. Die von parlamentarischer Seite angeregten und 1990 verwirklichten Bezeichnungen Julia Gauss-Strasse, Cécile Ines Loos-Anlage, und Maja Sacher-Platz sollen zu den Dutzenden von Strassen, die man nach Männern benannt hat, ausdrücklich ein Gegengewicht bilden. Die Künstlerin Meret Oppenheim kam auf eine Warteliste.

Weiteres siehe	→ Erikastrasse
Quellen	ANK: 1963/1964
Literatur	Basler Nachrichten, 29.5.1938; 14.6.1954. Fischer: S. 77–78; 82–83. National-Zeitung, 28.6.1946. Siegfried: S. 38

Strassenname	**Mattenstrasse**
Gruppe	7
Plankoordinaten	F 4
Erstmals genannt	1822
Amtlich benannt	1906
Bedeutung	‹Matte› ist die schweizerdeutsche Bezeichnung für eine Wiese, d.h. regelmässig geschnittenes Grasland.
Frühere Namen	Im Hoferplan von 1822 erscheint die Strasse als ‹Matt Weg›.
Quellen	Hoferplan 1822
Literatur	Roth: S. 75. Siegfried: S. 90

Matthäusstrasse	Strassenname
12.1.1	Gruppe
E 4	Plankoordinaten
1893	Amtlich benannt
Die Matthäuskirche wurde 1896 als neugotischer Kirchenbau, der erste auf Kleinbasler Boden (ausgenommen Kleinhüningen) seit der Reformation von 1529, fertiggestellt. Das Matthäusquartier entstand fast gänzlich von 1890 bis 1900 als Wohngebiet für die in der Industrie tätige Kleinbasler Bevölkerung. Der hl. Matthäus war Zöllner und wurde einer der zwölf Apostel Jesu. Das nach ihm benannte Evangelium verfasste er auf Aramäisch. Den Märtyrertod fand er nach der Legende in Äthiopien, das er während 33 Jahren bereiste. Er ist u.a. der Patron der Zoll-, Finanz- und Steuerbeamten und der Buchhalter. Sein Kalendertag ist der 21. September.	Bedeutung
→ Mörsbergerstrasse	Weiteres siehe
Meles / Wartburg: S. 85. Roth: S. 75. Sellner: S. 318–319. Siegfried: S. 90	Literatur

Mauerstrasse	Strassenname
17	Gruppe
EF 3	Plankoordinaten
1878	Erstmals genannt
1896	Amtlich benannt
Der Horburg-Gottesacker, 1890 eröffnet, war von einer langen Mauer umgeben. 1932 schloss man ihn für Bestattungen, als der Basler Zentralfriedhof am Hörnli eröffnet wurde. Auf der oberen Friedhofshälfte entstand 1951 ein Park, die andere hatte man in einem Landtausch der CIBA AG abgetreten.	Bedeutung
→ Gottesackerstrasse	Siehe auch
Vor ihrer Umbenennung im Jahr 1896 hatte die Strasse seit 1878 nach dem Fluss in ihrer Nähe ‹Wiesenstrasse› geheissen.	Frühere Namen

Bemerkenswertes	In Kleinbasel fanden seit altersher die Bestattungen vor allem auf dem Kirchhof von St. Theodor statt; daneben gab es auch Gräber im Klingental und bei St. Clara. Diese Friedhöfe schloss man nach der Eröffnung des neuen Gottesackers vor dem Riehentor im Jahr 1832 auf dem Areal der heutigen Rosentalanlage und des Messeparkhauses. Schon 1874 war aber zu wenig Platz vorhanden bzw. die Gräber zum dritten Mal hintereinander benützt worden, woraus sich unhaltbare sanitarische Zustände ergeben hatten. Als Ersatz wurde 1890 der Horburg-Gottesacker eröffnet, und 1898 konnte dort auch nach einem heftig geführten Abstimmungskampf mit äusserst knappem Ergebnis das erste Krematorium seinen Betrieb aufnehmen.
Weiteres siehe	→ Theodorskirchplatz
Literatur	Blum / Nüesch: S. 110–111; 118. Meles / Wartburg: S. 103–104. Roth: S. 75. Siegfried: S. 90

Strassenname	**Maulbeerstrasse**
Gruppe	14
Plankoordinaten	F 4
Amtlich benannt	1906
Bedeutung	(Weisser) Maulbeerbaum (lat. Morus alba), aus Ostasien stammender Zierbaum. Die Blätter werden als Nahrung für die Seidenraupe verwendet. In den 1850er Jahren missglückte auf einer dort befindlichen Maulbeerbaumpflanzung die Zucht von Seidenraupen.
Literatur	Roth: S. 75. Siegfried: S. 90

Strassenname	**Meisengasse**
Gruppe	15.2
Plankoordinaten	E 4
Amtlich benannt	1899
Bedeutung	Meisen (lat. Paridae), einheimische Singvogelfamilie.
Weiteres siehe	→ Amselstrasse
Literatur	Roth: S. 75

Strassenname	**Meltingerstrasse**
Gruppe	1
Plankoordinaten	D 6
Amtlich benannt	1929
Bedeutung	Meltingen, Gemeinde der Solothurner Amtei Dorneck-Thierstein, 18 km südlich von Basel. Der Strassenname erinnert auch an Heinrich Meltinger, seit 1523 Basler Bürgermeister. Beim Bildersturm vom 8. auf den 9.2.1529 während der Basler Reformation musste er aus Basel fliehen.
Literatur	Roth: S. 75

Strassenname	**Messeplatz**
Gruppe	26
Plankoordinaten	F 4
Amtlich benannt	1974
Bedeutung	Die ‹Schweizer Mustermesse› (seit 1992 ‹Messe Basel›), deren Wurzeln bis 1471 zurückreichen, fand erstmals 1916, während des Ersten Weltkrieges, als nationale Warenschau statt. Nachdem man die Ausstellungen zuerst in provisorischen Holzbauten untergebracht hatte, entstanden seit 1924 die festen Hallen des heutigen Messeplatzes auf dem Gelände des inzwischen verlegten ersten Badischen Bahnhofs. Das markante Rundhofgebäude mit der grossen Uhr (Hallen 10–21) ist ein Bau aus den Jahren 1953–1954. Gescheitert ist das in den 1990er Jahren diskutierte Projekt, die Mustermesse ins badische oder elsässische Grenzgebiet zu erweitern, was ihren internationalen Status verdeutlichen sollte. 1998/99 wurde ein Teil des Komplexes am Riehenring abgerissen

Messeplatz

und durch eine neue Halle ersetzt. Man erwägt ausserdem den Bau eines Hochhauses an der Ecke Messeplatz und Rosentalstrasse, gegenüber der Rosentalanlage.

Frühere Namen Der Messeplatz war bis zu seiner Benennung 1974 Teil der Clarastrasse.

Inoffizielle Namen Im Volksmund heisst der Messeplatz immer noch ‹Muschtermäss›.

Quellen ANK: 1974

Literatur Huber: S. 314. INSA: S. 181–182

Strassenname **Metzerstrasse**
Gruppe 2
Plankoordinaten D 4
Amtlich benannt 1897
Bedeutung Metz, lothringische Stadt und ehemalige Festung, 200 km nordwestlich von Basel, Hauptstadt des nordostfranzösischen Departements Moselle. Eigentlich liegt die Stadt schon ausserhalb des regionalen, d.h. elsässischen Horizonts, der für die Benennung von Strassen im nordwestlichen Basler Stadtgebiet bestimmend war. Da aber das Elsass mit Lothringen 1871 zum deutschen Reichsland Elsass-Lothringen vereinigt wurde und Metz neben Strassburg dessen zweitwichtigste Stadt war, erhielt Metz die Ehre einer Strassenbenennung ebenso wie Lothringen auch.

Weiteres siehe → Lothringerstrasse
Literatur Roth: S. 75

Strassenname **Michelbacherstrasse**
Gruppe 2
Plankoordinaten C 4
Amtlich benannt 1937
Bedeutung Michelbach-le-Haut und Michelbach-le-Bas, zwei Sundgauer Gemeinden, 11 km westlich und nordwestlich von Basel.

Literatur Roth: S. 76

Strassenname **Missionsstrasse**
Gruppe 16.2
Plankoordinaten D 5
Erstmals genannt 1811
Amtlich benannt 1861
Bedeutung Die ‹Evangelische Missionsgesellschaft in Basel›, kurz ‹Basler Mission›, wurde 1815 als Tochterorganisation der pietistischen Deutschen Christentumsgesellschaft gegründet und sollte das evangelische Christentum in der aussereuropäischen Welt verbreiten. Ihren Sitz hatte die Basler Mission seit 1820 zuerst an der Leonhardsstrasse (damals noch als ‹Missionsstrasse› bezeichnet), wo heute die Musikakademie steht. Den 1860 bezogenen Neubau an der heutigen Missionsstrasse stiftete Christoph Merian. Die Hauptwirkungsfelder der Basler Mission waren Afrika, Indien und Süd-China. Charakteristisch für die Missionsarbeit im 19. Jahrhundert waren die ausgeprägt europäische Führung, die Förderung des örtlichen Schulwesens und dorfbezogene Entwicklungsarbeit. Finanziell war die Mission eng mit der Missions-Handelsgesellschaft verflochten. Ihren personellen Höchststand hatte die Mission 1914 mit über 400 Missionaren und ihren Gattinnen in Übersee erreicht. Im weiteren Verlauf des 20. Jahrhunderts und besonders nach dem Zweiten Weltkrieg, mit der Unabhängigkeit der früheren Kolonien, wurde die Ökumenische Bewegung und die Anerkennung der aussereuropäischen Kulturen immer wichtiger. Das Engagement für basisbezogene Entwicklungsarbeit besteht weiterhin, die Förderung der Kommunikation zwischen der Schweiz und der ‹Dritten Welt› ist heute ein wesentlicher Teil der von der Basler Mission geleisteten Arbeit.

Frühere Namen Wahrscheinlich standen die Häuser, die im Adressbuch von 1806 als ‹Vor dem Thor› des Spalenquartiers liegend bezeichnet werden, an der späteren Missionsstrasse. In den Adressbüchern von 1811 bis 1854 erscheint die alte Landstrasse nach der Ortschaft, auf die sie zuführt, als ‹Burgfelderstrasse›. Nach weiter entfernten Orten benannt, wird sie auch als ‹Route d'Altkirch› oder ‹Route von Paris› erwähnt. Als Verlängerung der Spalenvorstadt hiess sie zudem auch ‹Äussere Spalenvorstadt›.

Weiteres siehe	→ *Leonhardsstrasse*
Quellen	*Adressbücher 1806–1854. Kellerplan*
Literatur	*Jenkins Paul: Kurze Geschichte der Basler Mission. In: Texte und Dokumente, N° 11. Basel 1989. Roth: S. 76. Siegfried: S. 50*

Mittlere Rheinbrücke

Strassenname	**Mittlere Rheinbrücke**
Gruppe	*11.1*
Plankoordinaten	*E 5*
Erstmals genannt	*1225*
Amtlich benannt	*1905*
Bedeutung	Bei ihrem Neubau in den Jahren 1903–1905 war diese Brücke neben Wettstein- und Johanniterbrücke die mittlere der drei damals bestehenden Strassenbrücken zwischen Gross- und Kleinbasel. (Die Eisenbahnbrücke im Osten der Stadt, am oberen Rheinknie zählte man nicht mit.)
Frühere Namen	Vor dem Neubau im 20. Jahrhundert hiess die aus dem 13. Jahrhundert stammende Brücke einfach die ‹Rheinbrücke›, nach der Erstellung der Brücken oberhalb und unterhalb die ‹Alte (Rhein-)Brücke›.
Bemerkenswertes	Das traditionell überlieferte Baudatum 1225 für die Alte Rheinbrücke ist nur insofern gültig, als die betreffende Quelle den Brückenbau als Projekt für dieses Jahr belegt. Mit Sicherheit in Betrieb war sie spätestens seit 1240. Die Alte Brücke war entgegen einer lange verbreiteten Meinung, die zu einem Basler Mythos geworden ist, nicht der erste oder einzige mittelalterliche Rheinübergang am Oberrhein bis zum Bodensee. Rheinfelden ging schon im 12. Jahrhundert voran. Der Brückenschlag hing auch nicht mit der Handelsroute über den Gotthardpass zusammen, die ja erst vom 14. Jahrhundert an einige Wichtigkeit erlangte. Der Brückenschlag war ein Unternehmen, das mit der Gründung von Kleinbasel eng zusammenhing und von dem sich der Bischof von Basel rechtsrheinisch einen politischen und wirtschaftlichen Machtzuwachs erhoffte. Die alte Brücke zählte nach einem ersten Ausbauschritt fünf Steinpfeiler auf der Kleinbasler und sechs bis acht Holzpfeiler auf der Grossbasler Seite. Der Grund für diese Zweiteilung ist nicht klar. Einerseits soll sich die Brückenbautechnik im 13. Jahrhundert wegen des auf Grossbasler Seite tieferen Rheins mit dem Einrammen von Pfählen begnügt haben. Anderseits sollen die Holzpfeiler einfachere und schnellere Reparaturen erlaubt haben. Die neue, sechsjochige Brücke besteht aus einem Eisenbetonkern mit Granitverkleidung. Die im Jahr 1478 erneuerte, Käppeli genannte kleine Kapelle der alten Brücke erhielt als Kopie auch auf der neuen wieder einen Platz. Den Abschluss der alten Brücke auf der Grossbasler Seite hatte das Rheintor gebildet, das man aber schon 1839 abbrach. An ihm angebracht war der Lällenkönig, eine Fratze aus Blech, die ihre von einem Uhrwerk betriebene Zunge in regelmässigen Abständen herausstreckte und an die Vergänglichkeit der Zeit erinnern sollte. Ursprünglich mag man sich von der Fratze auch eine abweisende, also schützende Wirkung gegen Böses erhofft haben; sie war eine Art städtisches Amulett. Eine volkstümliche Überlieferung deutete den Lällenkönig als Verspottung der Kleinbasler, die einst ein listiger Torwächter, der die Uhrzeit verstellte, verwirrt und so einen

Überfall auf Grossbasel verhindert haben soll. Damit erklärte man auch den Umstand, dass die Uhren der Stadt Basel bis 1798 gegenüber dem Umland um eine Stunde vorausgingen. Das Original des Lällenkönigs ist heute im Historischen Museum in der Barfüsserkirche zu sehen.

Literatur Blum / Nüesch: S. 170–175. Huber: S. 146. Roth: S. 76

Mittlere Strasse

Strassenname	**Mittlere Strasse**
Gruppe	32
Plankoordinaten	D 5,4
Erstmals genannt	1653
Amtlich benannt	1861

Bedeutung Die spätestens seit 1811 mit ihrem heutigen Namen bezeichnete Strasse war neben der oberen (heute Missionsstrasse / Burgfelderstrasse) und unteren (heute Elsässerstrasse) die mittlere der drei ins Elsass führenden Landstrassen. Die ebenfalls dort verlaufenden Davidsboden- und Klingelbergstrasse waren zu jener Zeit blosse Feldwege. Das Anfangsstück der Mittleren Strasse trennte man 1868 unter dem Namen Socinstrasse ab. 1653 erscheint die Strasse noch als ‹Neue Strassen› oder ‹Lange Gassen›, ersteres ein Hinweis darauf, dass sie jünger ist als die beiden anderen ehemaligen Landstrassen ins Elsass. Eine Entstehung im Zusammenhang mit der Festung Hüningen, die 1697 nach der 1648 erfolgten Einverleibung des Elsass in Frankreich fertiggestellt wurde, ist fraglich. Immerhin zweigt die Strasse von der Burgfelderstrasse in Richtung von Saint-Louis ab, das eine Ersatzgründung für das aufgehobene Dorf Hüningen war.

Frühere Namen

Quellen Adressbuch 1811
Literatur Roth: S. 76. Siegfried: S. 72–73

Mönchsbergerstrasse

Strassenname	**Mönchsbergerstrasse**
Gruppe	18
Plankoordinaten	F 7
Amtlich benannt	1903

Bedeutung Münchsberg, Baselbieter Burgruine am Blauen oberhalb Pfeffingen, 10 km südlich von Basel. Die Burg liess Ende des 13. Jahrhunderts die Basler Adelsfamilie Münch von Münchsberg erbauen. Seit dem Erdbeben von 1356 ist sie eine Ruine. Die Münch von Münchsberg sind einer von mehreren auf Burgen der umgebenden Landschaft ansässigen Zweige des bischöflich-baslerischen Dienstmannengeschlechts (usprünglich unfreie Gefolgsleute im Ritterstand) der Münch, das zu den führenden städtischen Adelsfamilien gehörte. Der Familienzweig Münch von Münchsberg erlosch 1356, die Familie Münch überhaupt 1759.

Weiteres siehe → Fürstensteinerstrasse
Literatur Roth: S. 76

Mörsbergerstrasse

Strassenname	**Mörsbergerstrasse**
Gruppe	18
Plankoordinaten	E 4
Erstmals genannt	1892
Amtlich benannt	1897

Bedeutung Mörsberg (franz. Morimont), Sundgauer Burgruine bei Ferrette, erstmals zerstört 1445, endgültig von französischen Truppen 1637. Die letzte Einbürgerung eines Angehörigen des sundgauischen Adelsgeschlechts derer von Mörsberg in Basel erfolgte 1562.

Frühere Namen Der erste Name der Strasse lautete 1892 auf ‹Friedlingerweg›. Als man diesen Namen aber nach Kleinhüningen vergab, lautete der Antrag des Baudepartements auf ‹Binzenweg›, das Gesuch der Anwohner auf ‹Obere Matthäusstrasse› oder ‹Matthäuskirchstrasse›. Die Entscheidung fiel zuerst auf ‹Mörsbergerweg›, und es kam zu einem weiteren Gesuch: Die Bezeichnung als Weg sei eine Zurückstufung, welche das Vermieten von Wohnungen erschwere. Dem Gesuch wurde entsprochen und aus dem ‹Mörsbergerweg› eine Mörsbergerstrasse.

Literatur Roth: S. 76. Siegfried: S. 93

Strassenname **Morgartenring**
Gruppe 25.2
Plankoordinaten C 5,6
Erstmals genannt 1820
Amtlich benannt 1898
Bedeutung Morgarten, Bergrücken südöstlich des Ägerisees, an der Grenze der Kantone Zug und Schwyz. In der Schlacht am Morgarten im Jahr 1315 besiegten die Truppen der drei Waldstätte Uri, Schwyz und Unterwalden das Heer des Herzogs Leopold I. von Österreich.
Frühere Namen von Teilstücken Der Morgartenring folgt von der Wanderstrasse bis zur General Guisan-Strasse dem Verlauf eines Teilstücks des alten Fussweges neben dem Herrengraben-Kanal, der aus dem 13. Jahrhundert stammt; 1820 erscheint dieser Weg als ‹der Herrn Graben›.
Weiteres siehe → Herrengrabenweg
Quellen Hoferplan 1820
Literatur Roth: S. 76

Strassenname **Mostackerstrasse**
Gruppe 7
Plankoordinaten D 5
Amtlich benannt 1877
Bedeutung Ein Mostacker ist ein Rebgelände; Most bezeichnete im alten Baseldeutsch jungen Wein. Als Verteidigungsmassnahme, die das unbemerkte und ungehinderte Anrücken feindlicher Truppen verhindern sollte, war die Stadt noch im 18. Jahrhundert von einem durchgehenden Gürtel von Rebenpflanzungen umgeben (Sturmleitern können nur bereits aufgerichtet durch unregelmässige Rebenpflanzungen getragen werden). Aber auch für die Wirtschaft der Stadt hatte der Weinbau bis zu Beginn des 18. Jahrhunderts eine grosse Bedeutung. In den 1870er Jahren bestand als letztes solches Gebiet der sogenannte Mostacker, auf dem die Strasse entstanden ist.

Die heutige Mostackerstrasse ist nicht die erste dieses Namens. Bis 1875 trug diesen die damals umbenannte Holbeinstrasse. *Bemerkenswertes*

→ Holbeinstrasse *Weiteres siehe*
Roth: S. 76–77. Siegfried: S. 52–54 *Literatur*

Mühlegraben *Strassenname*
26 *Gruppe*
F 5 *Plankoordinaten*
Ende 18. Jahrhundert *Erstmals genannt*
1884 *Amtlich benannt*
→ Mühlenberg *Siehe*
→ Aeschengraben *Weiteres siehe*
Roth: S. 77. Siegfried: S. 22 *Literatur*

Mühlenberg *Strassenname*
26 *Gruppe*
EF 5 *Plankoordinaten*
15. Jahrhundert *Erstmals genannt*
1861 *Amtlich benannt*
Im St. Alban-Tal standen an den beiden unteren Läufen des St. Alban-Teichs seit dem Mittelalter nicht weniger als 12 wasserkraftbetriebene Mühlen für gewerbliche Produktion. Dass dank dem grossen Papierbedarf des Basler Konzils seit dem 15. Jahrhundert die Papierherstellung dominierte, ist ein Basler Mythos; das damals verwendete Papier stammte, wie die Wasserzeichen zeigen, nicht aus Basel. An die enge Verbindung der Basler Papiermühlen im St. Alban-Tal mit *Bedeutung*

dem humanistischen Schrifttum soll das benachbarte Castellioweglein, benannt nach dem theologischen Publizisten Sebastian Castellio, erinnern. Der heutige Strassenname taucht 1564 als ‹Mühliberg› erstmals auf.

Siehe auch	→ Mühlegraben
Frühere Namen	Im 15. Jahrhundert heisst die Strasse ‹St. Albansberg› nach dem nahen Kloster St. Alban, ‹Kilchweg› 1438, ‹Kilchrain› 1439. Einfach als ‹Sprung› wird sie im Jahr 1444 bezeichnet und als ‹Reyn› im Jahr 1445, schliesslich wieder als ‹Kilchberg› im Jahr 1454. 1610 heisst sie zusammen mit dem heutigen St. Alban-Tal ‹S. Alban im Loch›. 1764 findet man den Namen ‹Oberer Mühliberg› und 1783 ‹Klosterberg›.
Bemerkenswertes	Die ursprünglich für die Getreideproduktion bestimmten Gallizianmühle und Stegreifmühle (St. Alban-Tal 35 und 37) wurden 1453 bzw. 1478 zu Papiermühlen ausgerüstet und bis Mitte des 19. Jahrhunderts als solche betrieben. Beide Mühlen baute man im 17. und 18. Jahrhundert um, die Stegreifmühle wurde nach ihrem vollständigen Abbrennen 1963 rekonstruiert. Seit 1980/82 bilden die Mühlen das Schweizerische Papiermuseum.
Weiteres siehe	→ Castellioweglein, St. Alban-Tal, St. Alban-Teich
Quellen	Platter: S. 248
Literatur	Blum / Nüesch: S. 39. Huber: S. 152–153. Roth: S. 77. Siegfried: S. 77

Strassenname	**Mülhauserstrasse**
Gruppe	2
Plankoordinaten	D 4
Amtlich benannt	1876
Bedeutung	Mülhausen (franz. Mulhouse), Hauptort des gleichnamigen oberelsässischen Arrondissements, 29 km nordwestlich von Basel. Mülhausen gehörte als Zugewandter Ort von 1515 bis 1798 zur Alten Eidgenossenschaft.

Am städtischen Rathaus sind noch heute die Wappen der alten eidgenössischen Orte zu sehen.

→ Mühlhauserweglein	Siehe auch
Roth: S. 77	Literatur

Mülhauserweglein	Strassenname
2	Gruppe
D 4	Plankoordinaten
1970	Erstmals genannt
→ Mülhauserstrasse	Siehe
ANK: 1970	Quellen

Müllheimerstrasse	Strassenname
3	Gruppe
E 4,3	Plankoordinaten
1877	Amtlich benannt
Müllheim, Stadt im Markgräflerland, 29 km nördlich von Basel.	Bedeutung

Münchensteinerstrasse	Strassenname
1	Gruppe
EF 6,7	Plankoordinaten
1811	Erstmals genannt
1861	Amtlich benannt
Münchenstein, Gemeinde im Baselbieter Bezirk Arlesheim, 5 km südlich von Basel. (Neu-)Münchenstein dehnt sich bis an die Stadt aus. Ursprünglich hiess die Gemeinde Geckingen. Ihren heutigen Namen hat sie vom ehemaligen Schloss Münchenstein, gegründet von Hugo von Münch in den 1270er Jahren. 1470 erwarb Basel die Herrschaft Münchenstein als Pfand, 1517 kam sie als Vogtei ganz in den Besitz der Stadt. Das Schloss wurde wegen der guten Amtsführung des auf ihr residierenden letzten Vogts Jakob Christoph Rosenburger während der Revolution von 1798 nicht wie die anderen Vogtssitze ge-	Bedeutung

plündert und verbrannt, sondern in Ruhe geräumt, an die Gemeinde Münchenstein verkauft und von dieser abgetragen.

Frühere Namen — Die Münchensteinerstrasse bildete den Anfang der Landstrasse entlang der Birs und in den Jura nach Moutier und Bern, weshalb sie auch ‹Route nach dem Münstertal› (bzw. nach Biel oder Bern) hiess. Ein anderer Name war ‹Neue Reinacherstrasse› im Gegensatz zur ‹Alten Reinacherstrasse›, der heutigen Reinacherstrasse.

Quellen — Adressbuch 1811. Kellerplan

Literatur — Fechter 1852: Plan. Roth: S. 77. Siegfried: S. 44

Münsterberg

Strassenname	**Münsterberg**
Gruppe	16.2
Plankoordinaten	E 5
Erstmals genannt	1284
Amtlich benannt	1861
Siehe	→ Münsterplatz

Frühere Namen — Der heutige Münsterberg zählte im Mittelalter auch zur Gegend ‹an den Schwellen› bei der Freien Strasse (1284 erstmals erwähnt). Schon zu dieser Zeit könnte die Strasse den Namen ‹Spitalsprung› bzw. ‹Spittelsprung› (auch ‹Spitalberg›) getragen haben, da sie vom Münsterberg steil abfallend auf das 1265 gegründete ‹Spital an den Schwellen› (später ‹Bürgerspital›) hinführte. Dieser Name blieb bis 1842 eine begründete Ortsangabe. Nach der Verlegung des Spitals von der Freien Strasse in den Markgräfischen Hof an der Hebelstrasse (damals noch ‹Neue Vorstadt›) war er irreführend und wurde deshalb 1861 fallengelassen. Das Spital an der Freien Strasse scheint zwischen 1260 und 1265 gegründet worden zu sein, die Initiative ging wohl vom Kloster St. Leonhard aus. Vom älteren Spital bei St. Leonhard unterschied man das Spital an der Freien Strasse durch die Bezeichnung als ‹neues› oder ‹grosses› Spital. Weitere Bezeichnungen waren ‹Spital der Dürftigen / der armen Lüten› oder ganz einfach ‹Spital von Basel›. Ein Neubau erfolgte Anfang des 16. Jahrhunderts. Das Spital war ursprünglich eine Anstalt mit dem Charakter eines Gotteshauses, Geistliche führten es. Eine Kapelle stand auf dem Spitalgelände, der Kirchhof lag zu St. Elisabethen. Im 14. Jahrhundert übernahm dann der städtische Rat eine gewisse Oberaufsicht. Bedürftige kamen im ‹niederen Spital› und Fremde, sogenannte Elende, in der aus dem 14. Jahrhundert stammenden Elendenherberge beim ‹Agtoten› (heute Barfüssergasse) unter, Kranke und Pfründer fanden Pflege im ‹oberen Spital›.

Weiteres siehe — → Spitalstrasse

Literatur — Blum / Nüesch: S. 77. Fechter 1856: S. 36. Roth: S. 77. Siegfried: S. 8

Münsterplatz

Strassenname	**Münsterplatz**
Gruppe	16.2
Plankoordinaten	E 5
Erstmals genannt	1139
Amtlich benannt	1861

Bedeutung — Das Münster Unserer Lieben Frau (der Hochaltar ist der hl. Maria Mutter Gottes geweiht) ist seit 1529 Basels reformierte Hauptkirche. Der Name Münster stammt vom lateinischen ‹Monasterium› (Kloster) als Bezeichnung des der Kirche angegliederten und anfänglich in Klausur lebenden vierundzwanzigköpfigen Domherrenstifts. Die erste Nachricht über das Basler Münster datiert vom Anfang des 9. Jahrhunderts unter Bischof Haito (763–836). Zwei erste Bauten aus dem 9. oder 10. und 11. Jahrhundert sind noch in Ansätzen erkennbar. Die Weihe eines Neubaus erfolgte 1019 in Anwesenheit des deutschen Kaisers Heinrich II. Nach einem Brand im Jahr 1185 folgte Ende des 12.

und Anfang des 13. Jahrhunderts wieder ein Neubau, der im Erdbeben von 1356 teilweise einstürzte. Der Wiederaufbau schloss sich unmittelbar daran an. Die beiden Kirchtürme entstanden Anfang und Ende des 15. Jahrhunderts als Teil der letzten Bauphase. Der Platz selbst wird 1139 ohne eigenen Namen als ‹locum [...], in quo praefata ecclesia constructa est› (‹der Ort [...], wo die erwähnte Kirche gebaut ist›), erwähnt. Auf dem Plan von Sebastian Münster von 1550 heisst er schon ausdrücklich Münsterplatz.

Siehe auch → Münsterberg

Frühere Namen Aus der städtischen Frühzeit stammt die Bezeichnung ‹Burg› (lateinisch ‹castrum›) oder ‹Auf Burg› (die Liegenschaft Münsterplatz 2 heisst noch so), die sich von der Befestigung herleitet, die das rechteckige Areal des Münsterplatzes umgab. Die Bezeichnung ‹Stiftshof› (lateinisch ‹atrium›) bezieht sich auf die den gesamten Münsterplatz umgebenden und früher von den Klerikern des Domstifts bewohnten Häuser. Im 19. Jahrhundert nannten ihn manche Leute auch nur den ‹Platz›.

Frühere Namen von Teilstücken Der Münsterplatz besteht eigentlich aus dem rechteckigen Hauptplatz vor dem Münster und dem Platz mit Baumbestand an der Nordseite des Münsters vor der Pfalz. Der Weg entlang der hier gelegenen Häuserzeile (Münsterplatz 5 bis 8) muss spätestens vor dem 18. Jahrhundert schon als ‹Hinter den Linden› bekannt gewesen sein, denn danach ersetzten Rosskastanien die seit dem 13. Jahrhundert bezeugten Linden.

Bemerkenswertes Der Münsterplatz ist ursprünglich eine antike Anlage. Frühere Besiedlungsspuren stammen aus keltischer Zeit, eine weitere keltische Siedlung (Basel-Gasfabrik) wurde auf dem Areal der ehemaligen Gasfabrik im Wohn- und Industrieviertel St. Johann gefunden. Die Datierung eines ‹oppidum› (befestigte Siedlung) reicht bis in die Mitte des 1. Jahrhunderts v. Chr. zurück. Es entstand wohl nach dem fehlgeschlagenen Auszug der Rauriker zusammen mit den Helvetiern im Jahr 58 v. Chr. Dem ‹oppidum› folgte ein römisches Kastell mit einer dorfähnlichen Siedlung (‹vicus›) im Bereich der heutigen Rittergasse und des Luftgässleins. Neuerdings vermutet man, das Kastell sei die bis vor kurzem in Augst lokalisierte, 44/43 v. Chr. von Munatius Plancus gegründete Kolonie gewesen. Das Haus ‹Zur Mücke› (Schlüsselberg 14) steht am Eckpunkt des Kastells auf dem Münsterhügel. Dort wurden spätrömische Baureste in situ konserviert. Die Anlage des 3. Jahrhunderts entsprach mit Gebäudeverteilung und Freiflächen weitgehend dem heutigen Münsterplatz. Eine Siedlungskontinuität nach dem Verfall des Imperium Romanum wurde bisher nicht zweifelsfrei belegt. Erst vom 8. Jahrhundert an sind wohl im Zusammenhang mit der damaligen Reorganisation des Bistums erneut verdichtete Bebauungsspuren auf dem Münsterplatz feststellbar. Der Münsterplatz stellte lange Zeit den Kern des städtischen Lebens dar. Im hohen und ausgehenden Mittelalter verlagerte sich der wirtschaftliche und politische Schwerpunkt Basels aber immer stärker in die Talstadt dem Birsig entlang. Bezeichnend ist die Verlegung des städtischen Marktes vom Münsterplatz weg auf den heutigen Marktplatz im 15. Jahrhundert. Auch die feierliche Beschwörung des Bundes mit den Eidgenossen am 13.7.1501 geschah auf dem Marktplatz. (Jedoch fand das Vereinigungsfest von Stadt und Landschaft Basel mit dem Aufrichten des Freiheitsbaumes am 22.1.1798 wieder auf dem Münsterplatz statt.) Noch heute weist der Münsterplatz keine stetige oder auffällige Rolle im städtischen Alltag auf. Meist suchen ihn Touristen zusammen mit dem

Münster auf, und nachts dient er als Parkplatz; im Sommer wird dort während kurzer Zeit ein Freilichtkino betrieben, ausserdem bildet er seit einigen Jahren einen der Standorte der zweiwöchigen Herbstmesse.

Literatur Blum / Nüesch: S. 44–57. Fechter 1856: S. 4–23. Huber: S. 8–15; 24–26; 34–35; 68–71. Roth: S. 77

Strassenname	**Münzgasse**
Gruppe	20
Plankoordinaten	E 5
Erstmals genannt	1534
Amtlich benannt	1973

Bedeutung Im Haus ‹Zur Münz› (Münzgasse 9) befand sich bis in die frühen 1820er Jahre die obrigkeitliche Münzstätte, wo man die Basler Geldstücke prägte (die Münzstätte Bern übernahm dann diese Aufgabe, nach 1833 verzichtete Basel ganz auf ein eigenes Münzsystem). Das Münzgebäude kaufte 1835 ein Privatmann; es wurde Ende des 19. Jahrhunderts abgebrochen.

Frühere Namen Als Fortsetzung des heutigen Gerbergässleins hiess die Strasse 1534 ‹Hindere Gerwergasse›, 1610 bezeichnete sie Felix Platter nach einer Stampfmühle als ‹Gesslin (unden am Birseck) zum Stampf›. Nach dem ‹Kuttelhaus› (Münzgasse 17), einem Korporationsgut der Metzgerzunft, war die Münzgasse vor 1861 als ‹Kuttelgasse› oder ‹Kuttelgässlin› bekannt. Überhaupt hatten die Metzger in diesem Quartier ihre Wohnstätten. Die erste amtliche Benennung von 1861 war ‹Münzgässlein›.

Frühere Namen von Teilstücken Das kurze Stück bei der ehemaligen Münzanstalt taucht in den Adressbüchern vor 1862 als ‹Hinter der Münz› auf. Die daran anschliessende Verbindung zur Hutgasse zählte damals zum ‹(Unteren) Spalenberg›.

Quellen Adressbücher 1798–1862. Platter: S. 336; 362
Literatur Blum / Nüesch: S. 92–93. Roth: S. 77–78. Siegfried: S. 13

Muespacherstrasse	*Strassenname*
2	*Gruppe*
C 4,5	*Plankoordinaten*
1900	*Amtlich benannt*

Muespach (-le-Bas, -le-Moyen, -le-Haut), dreiteilige elsässische Gemeinde an der Mündung des Müsbachs in den Gersbach, 16 km westlich von Basel. *Bedeutung*

Roth: S. 77 *Literatur*

Murbacherstrasse	*Strassenname*
2	*Gruppe*
D 4	*Plankoordinaten*
1897	*Amtlich benannt*

Murbach, elsässische Gemeinde mit ehemaliger Benediktinerabtei bei Guebwiller, 53 km nordwestlich von Basel. *Bedeutung*

Roth: S. 78 *Literatur*

Murtengasse	*Strassenname*
25.2	*Gruppe*
D 5,6	*Plankoordinaten*
1890	*Erstmals genannt*
1896	*Amtlich benannt*

Murten (franz. Morat), Hauptort des Solothurner Bezirks See. Bekannt ist der Ort durch die Schlacht bei Murten 1476, wo eidgenössische Truppen das burgundische Heer schlugen. *Bedeutung*

Da der Bau der Pauluskirche eigentlich an dieser Strasse geplant war, trug die in den 1890er Jahren angelegte Strasse zuerst den Namen ‹Paulusgasse›. Als die Pauluskirche am Steinenring 20 entstand, verlegte man auch den Strassennamen. Durch das Freiwerden des Strassennamens bot sich die Gelegenheit, einen Namen zu wählen, der mit der Burgunderstrasse, in die sie einmündet, ein Ensemble bildet. *Frühere Namen*

→ Burgunderstrasse, Paulusgasse *Weiteres siehe*
Roth: S. 78. Siegfried: S. 60 *Literatur*

Strassenname	**Muttenzerweg**
Gruppe	1
Plankoordinaten	G 7
Amtlich benannt	1875
Bedeutung	Muttenz, Gemeinde im Baselbieter Bezirk Arlesheim, 5 km südöstlich von Basel.
Literatur	Roth: S. 78

Strassenname	**Mythenstrasse**
Gruppe	10.2
Plankoordinaten	C 5
Amtlich benannt	1920
Bedeutung	Der Grosse Mythen (1903 m ü. M.) und der Kleine Mythen (1815 m ü. M.), zwei charakteristische Voralpengipfel bei Schwyz. Ihre Auffälligkeit rührt daher, dass sie geologisch gesehen Findlinge sind, d.h. Gesteinspakete, die bei der Alpenfaltung vor rund sechzig Millionen Jahren vom Süden in den Norden geschoben wurden.
Literatur	Roth: S. 78. Siegfried: S. 69–70

Nachtigallenwäldeli	Neuhausstrasse
Nadelberg	Neusatzsteg
Näfelserstrasse	Neusatzweglein
Nagelfluhweglein	Neuweilerplatz
Nasenweg	Neuweilerstrasse
Nauenstrasse	Nidwaldnerstrasse
Nauentunnel	Niklaus von Flüe-Strasse
Nauen-Unterführung	
Nenzlingerstrasse	Nonnenweg
Neubadstrasse	Novarastrasse
Neudorfstrasse	Nufenenstrasse
Neuensteinerstrasse	

Strassenname	**Nachtigallenwäldeli**
Gruppe	7
Plankoordinaten	DE 6
Amtlich benannt	1970
Bedeutung	Das Nachtigallenwäldeli, angelegt etwa 1840, ist durch den Bau und die nachträgliche Erweiterung des Zoologischen Gartens verschwunden. Der Name soll die Erinnerung an dieses Gehölz bewahren helfen.
Quellen	ANK: 1970

Strassenname	**Nadelberg**
Gruppe	31
Plankoordinaten	E 5
Erstmals genannt	1241
Amtlich benannt	1861
Bedeutung	Der früheste Namensbeleg stammt aus dem Jahr 1241, als ein Gelände ‹in monte dicto Nadelberg› (‹auf dem sogenannten Nadelberg›) erwähnt wird, eine Variante ist ‹Nadelgassen› von 1294. Ob der Name von der Geländeform, einem Häusernamen oder vom Nadlergewerbe abstammt, ist nicht entschieden. Einen Nadelberg gibt es ebenfalls bei Rixheim im Elsass und in Habsheim.
Frühere Namen	Im 14. und 15. Jahrhundert findet sich die Bezeichnung als ‹S. Petersberg› nach der Peterskirche bzw. dem Petersberg. Die im 18. Jahrhundert auftauchende und bis ins 19. Jahrhundert fortlebende Namensvariante ‹Adelberg› entstand wohl in Erinnerung an die adeligen Wohnsitze entlang der alten Stadtmauer des 11./13. Jahrhunderts auf der Hügelkante zwischen St. Peter und St. Leonhard. Dass diese Bezeichnung aber nicht die ursprüngliche ist, zeigt die aus dem Mittelalter stammende, wörtliche Übersetzung des Nadelbergs ins Lateinische als ‹mons acus› (lat. acus = Nadel).
Literatur	Fechter 1852: Plan. Fechter 1856: S. 98; Plan. Huber: S. 27–29. Roth: S. 79. Siegfried: S. 14–15

Näfelserstrasse	*Strassenname*
25.2	*Gruppe*
C 5	*Plankoordinaten*
1921	*Amtlich benannt*
Näfels, Glarner Ortschaft in der Nähe des Walensees, bekannt durch die Schlacht von Näfels im Jahr 1388, als Glarner Truppen ein österreichisches Heer schlugen.	*Bedeutung*
Roth: S. 79	*Literatur*

Nagelfluhweglein	*Strassenname*
32	*Gruppe*
F 7,8	*Plankoordinaten*
1974	*Amtlich benannt*
Nagelfluh ist ein Ablagerungsgestein. Es handelt sich um grobes Flussgeschiebe, das sich bei der Alpenfaltung vor rund 60 Millionen Jahren im ‹Molassemeer› des Mittellandes ablagerte und sich mit Kalk zu neuem Gestein verfestigte. Der Fussweg führt an einer kleinen Nagelfluhwand vorbei.	*Bedeutung*
ANK: 1974	*Quellen*

Nasenweg	*Strassenname*
15.1	*Gruppe*
G 6	*Plankoordinaten*
1925	*Amtlich benannt*
Nase (lat. Chondrostoma nasus), Karpfenfisch, früher in der Birs häufig vorkommend; der Überlauf des St. Albanteichs zur Birs heisst Nasenbächlein.	*Bedeutung*
Obwohl als Speisefische wegen der vielen Gräten von minderer Qualität (ein Karpfen kostete im Jahr 1613 1 Batzen, eine Nase 1 Rappen, also zehnmal weniger, manchmal erhielt man für 1 Rappen sogar zwei oder drei Nasen), assen traditionsbewusste Basler gebackene Nasen früher während des sogenannten Nasenstrichs (vom flussaufwärts ‹Streichen› der Fische an ihre Laichplätze)	*Bemerkenswertes*

am Rudolfstag (17. April). Man ging dafür nach St. Jakob und trank ‹Schweizerblut›, dort gewachsenen Blauburgunder, der so in Erinnerung an die Schlacht von St. Jakob 1444 hiess. In Anlehnung an den Fangort der Nase und die nach ihr benannten Strasse sind zwischen St. Albanteich und Birs noch drei Strassen nach Fischen benannt worden: Forellenweg, Hechtweg und Karpfenweg; die entsprechenden Fische sind hier freilich nicht anzutreffen. Der Salmenweg in Kleinhüningen dagegen ist am richtigen Ort.

Weiteres siehe	→ St. Jakobs-Strasse, Salmenweg
Literatur	Blum / Nüesch: S. 5; S. 180. Roth: S. 79. Siegfried: S. 36

Strassenname	**Nauenstrasse**
Gruppe	22
Plankoordinaten	EF 6
Erstmals genannt	1811
Amtlich benannt	1861
Bedeutung	Das Landgut ‹Nauenrain› lag zwischen Münchensteinerstrasse, Eisenbahnlinie und der heutigen Nauenstrasse. Die zugehörige Liegenschaft musste der Vergrösserung des Rangierbahnhofs der SBB weichen. Das Landgut gehörte wohl früher zu einem der Häuser ‹Zum Nauen›, die es in der Stadt mehrfach gab. ‹Nauen› ist das alemannische Wort für ein Schiff oder einen Nachen.
Siehe auch	→ Nauen-Unterführung, Nauentunnel
Frühere Namen	In den Adressbüchern von 1811 bis 1854 kommt die Strasse als ‹Nauengässlein› vor.
Quellen	Adressbücher 1811–1854
Literatur	Fischer: Anhang S. 22. INSA: S. 188. Roth: S. 79. Siegfried: S. 44

Nauentunnel	Strassenname
22	Gruppe
E 6	Plankoordinaten
1974	Amtlich benannt
→ Nauenstrasse	Siehe
Der zweispurige Nauentunnel unterquert den Centralbahnplatz und verbindet als Teil des innerstädtischen Schnellstrassennetzes (Cityring) die Nauenstrasse mit dem Heuwaage-Viadukt.	Bemerkenswertes
ANK: 1974	Quellen

Nauen-Unterführung	Strassenname
22	Gruppe
E 6	Plankoordinaten
1974	Amtlich benannt
→ Nauenstrasse	Siehe
Unter dem Bundesbahnhof und dem Centralbahnplatz liegt ein Netz von Fussgängerwegen und Ladenpassagen. Zu ihm gehören auch die Centralbahn-Passage, die Elisabethen-Passage und die Bahnhof-Unterführung in Richtung Gundeldinger Quartier.	Bemerkenswertes
ANK: 1974	Quellen

Nenzlingerstrasse	Strassenname
1	Gruppe
C 6	Plankoordinaten
1931	Amtlich benannt
Nenzlingen, Gemeinde im Baselbieter Bezirk Laufen, 12 km südlich von Basel.	Bedeutung
KB: 1947	Quellen
Roth: S. 79	Literatur

Neubadstrasse	Strassenname
21	Gruppe
DC 6	Plankoordinaten
1811	Erstmals genannt
1861	Amtlich benannt

Bedeutung	Die eisenhaltige Mineralquelle unweit des Allschwilerweihers entdeckte man im Jahr 1742. 1762 entstand dort ein Heilbad mit Badekabinen und Gästezimmern in Konkurrenz zu den bereits bestehenden (daher der Name Neubad) im Baselbiet und zu dem von der Basler Gesellschaft gerne besuchten Bad Ragaz.
Frühere Namen von Teilstücken	Das kurze Verbindungsstück vom Neuweilerplatz zum Neubadrain in Binningen folgt dem Verlauf eines Teilstücks des alten Fusswegs neben dem Herrengraben-Kanal, der schon aus dem 13. Jahrhundert stammt. Auf dem Hoferplan von 1820 erscheint dieser Weg als ‹der Herrn Graben›.
Weiteres siehe	→ Herrengrabenweg
Quellen	Adressbuch 1811. Hoferplan 1820
Literatur	Der Hausbesitzer, Oktober 1982. Roth: S. 79. Siegfried: S. 50

Strassenname	**Neudorfstrasse**
Gruppe	2
Plankoordinaten	C 3
Amtlich benannt	1938
Bedeutung	Neudorf (franz. Village-Neuf), elsässische Gemeinde zwischen Rhein und Hüninger Kanal, 6 km nördlich von Basel. Village-Neuf entstand nach der Mitte des 17. Jahrhunderts zusammen mit Saint-Louis als Neugründung anstelle des ehemaligen Dorfes Hüningen, auf dessen Boden die Festung Hüningen gebaut wurde.
Literatur	Roth: S. 80

Strassenname	**Neuensteinerstrasse**
Gruppe	18
Plankoordinaten	F 7
Amtlich benannt	1896
Bedeutung	Neuenstein, Schlossruine bei Wahlen im Baselbieter Bezirk Laufen, 17 km südlich von Basel. Die Burg gehörte ursprünglich den Ramsteinern. Seit dem Beginn des 14. Jahrhunderts besassen es die Herren von Neuenstein, ein zuvor ‹Am Kornmarkt› genanntes Basler Geschlecht, das im 16. Jahrhundert erloschen ist. Das Schloss wurde wiederholt zerstört, zuletzt im Dreissigjährigen Krieg, und ist seither eine Ruine.
Bemerkenswertes	Der Name Neuensteinerstrasse war ursprünglich für die heutige Benkenstrasse vorgesehen.
Weiteres siehe	→ Ramsteinerstrasse
Literatur	Huber: S. 171. Roth: S. 80

Strassenname	**Neuhausstrasse**
Gruppe	22
Plankoordinaten	EF 2
Amtlich benannt	1896
Bedeutung	‹Neuhaus› ist der Name eines ehemaligen Hofguts mit Gasthof beim Otterbach auf dem rechten Wieseufer.
Literatur	Roth: S. 80. Siegfried: S. 80

Strassenname	**Neusatzsteg**
Gruppe	7
Plankoordinaten	G 6
Amtlich benannt	1970
Siehe	→ Neusatzweglein
Quellen	ANK: 1970

Strassenname	**Neusatzweglein**
Gruppe	7
Plankoordinaten	G 6
Amtlich benannt	1974
Bedeutung	‹Neusatz› ist eine häufige Bezeichnung für eine neue Anpflanzung, vorwiegend von Reben. Die Bezeichnung ‹In den Neusetzen› für die Gegend bei St. Jakob taucht schon im 14. Jahrhundert auf.

Neusatzsteg

Siehe auch	→ Neusatzsteg
Bemerkenswertes	Die Adressbücher von 1811 bis 1854 unterscheiden zwischen den ‹Inneren Neusätzen› und den ‹Äusseren Neusätzen› (im Aeschenquartier, diesseits der Hardstrasse, und im St. Albanquartier, jenseits der Hardstrasse). Die beiden Strassen verbanden in direkter Linie Gellertstrasse, Hardstrasse und Engelgasse. Aus Anlass der amtlichen Neubenennung von 1860/1861 fasste man sie zusammen, und sie hiessen bis 1884 ‹In den Neusätzen›, danach ‹Neusatzweg›. Die Gegend hat eine gründliche Umgestaltung erfahren. Das heutige Neusatzweglein verläuft parallel zu den Bahngleisen. Ein Fussweg dem Bethesda-Spital entlang folgt dem alten ‹Neusatzweg›.
Literatur	Roth: S. 80. Siegfried: S. 32

Neuweilerplatz

Strassenname	**Neuweilerplatz**
Gruppe	2
Plankoordinaten	C 6
Amtlich benannt	1900
Siehe	→ Neuweilerstrasse
Literatur	Roth: S. 80. Siegfried: S. 50–51

Neuweilerstrasse

Strassenname	**Neuweilerstrasse**
Gruppe	2
Plankoordinaten	BC 6
Erstmals genannt	1820
Amtlich benannt	1900
Bedeutung	Neuweiler (franz. Neuwiller), elsässische Gemeinde am Mühlibach bei Biel-Benken, 6 km südwestlich von Basel. Die Strasse führt in die allgemeine Richtung von Neuwiller.
Siehe auch	→ Neuweilerplatz
Frühere Namen	Auf dem Hoferplan von 1820 erscheint die Strasse als ‹Neuwiller Sträslein›, bis 1900 heisst sie auch ‹Neuwyler Weg› oder ‹Neuwyler Strässchen›.
Quellen	Hoferplan 1820
Literatur	Roth: S. 80. Siegfried: S. 50–51

Nidwaldnerstrasse

Strassenname	**Nidwaldnerstrasse**
Gruppe	4
Plankoordinaten	C 5
Amtlich benannt	1921
Bedeutung	Nidwalden (amtl. Unterwalden nid dem Wald), Urschweizer Halbkanton, zusammen mit Obwalden den Kanton Unterwalden bildend; Hauptort ist Stans.
Weiteres siehe	→ Sarnerstrasse
Literatur	Roth: S. 81

Niklaus von Flüe-Strasse

Strassenname	**Niklaus von Flüe-Strasse**
Gruppe	12.1
Plankoordinaten	EF 8
Amtlich benannt	1937
Bedeutung	Niklaus von Flüe (1417–1487), genannt Bruder Klaus. Aus einer reichen Obwaldner Familie stammend, verliess er seine Frau und seine zehn Kinder 1467, um als Eremit in der Ranftschlucht bei Sachseln zu leben. Seine moralische Autorität soll einen Krieg verhindert haben, der nach den Burgunderfeldzügen zwischen den Stadt- und den Landkantonen wegen der zukünftigen Auslands- und Bündnispolitik auszubrechen drohte (Stanser Verkommnis von 1481). Die populäre Überlieferung schreibt ihm die Worte zu: «Stecket den Zun nit zu wit!» Die historische Forschung kann den Einfluss allerdings nicht bestätigen. Niklaus von Flüe wurde 1947 heiliggesprochen und ist der Patron der Schweizerischen Eidgenossenschaft. Sein Kalendertag ist der 21. März.
Literatur	Roth: S. 81. Sellner: S. 128–130

Strassenname	**Nonnenweg**
Gruppe	31
Plankoordinaten	D 5
Erstmals genannt	1811
Amtlich benannt	1861
Bedeutung	Einerseits führt man den Namen auf den Nonnenschmetterling zurück, der bei einem massenhaften Auftreten anfangs des 19. Jahrhunderts grosse Schäden an den Bäumen angerichtet hat. Anderseits erklärt man den Nonnenweg als Strasse auf einem früheren Grundstück des ehemaligen Frauenklosters Gnadental an der Spalenvorstadt.
Frühere Namen	Als Beweis für die Verbindung der Strasse mit dem Kloster Gnadental wird die früher häufige Bezeichnung als ‹Hurengässlein› angeführt. Der Name soll nach der Reformation aufgetaucht und als propagandistische Verunglimpfung im Glaubenskonflikt mit den Katholiken gedient haben. Die Strasse erscheint im Ryhinerplan von 1784 ohne Namen, im Adressbuch von 1811 heisst die Strasse ‹Nonnengässlein›.
Bemerkenswertes	Ein ‹Nonnenweg› bestand bis in die 1870er Jahre auch in Kleinbasel als Abzweigung der Klybeckstrasse an die Wiese. Sein Ausgangspunkt war etwa dort, wo heute die Mauerstrasse einmündet, er bog aber weiter nördlich ab. Die Raupen des Nonnenschmetterlings hatten die dortigen Nadelholzbestände stark dezimiert.
Weiteres siehe	→ Spalenvorstadt
Quellen	Adressbuch 1811. Ryhinerplan
Literatur	Blum / Nüesch: S. 12; 110. Roth: S. 81. Siegfried: S. 55–56

Strassenname	**Novarastrasse**
Gruppe	5, 25.2
Plankoordinaten	DE 8
Amtlich benannt	1922
Bedeutung	Novara ist die Hauptstadt der gleichnamigen Provinz in der norditalienischen Region Piemont. Die Stadt ist dadurch bekannt, dass eidgenössische Truppen einerseits im Jahr 1500 ihren italienischen Soldherrn im ‹Verrat von Novara› an den französischen Feind verkauften, anderseits im Jahr 1513 vor der Stadt eine Schlacht gewannen.
Bemerkenswertes	Die Erinnerung an den ‹Verrat von Novara›, ein höchst unehrenhaftes Kapitel der schweizerischen Militärgeschichte, stellt ein Kuriosum dar, obwohl die Schlacht für die Namengebung im Vordergrund gestanden hat. Die Stadt Novara ist sonst in keiner grösseren Stadt der Deutschschweiz oder der Romandie verewigt.
Weiteres siehe	→ Marignanostrasse
Literatur	Roth: S. 69

Strassenname	**Nufenenstrasse**
Gruppe	10.1
Plankoordinaten	C 6
Amtlich benannt	1933
Bedeutung	Nufenenpass (2478 m ü. M.), zweithöchste Passstrasse der Schweiz, zwischen dem oberen Rhonetal im Kanton Wallis und dem Val Bedretto im Kanton Tessin. Warentransporte haben schon seit der Frühgeschichte über den gut begehbaren Pass geführt; heute dient er vor allem dem Sommertourismus. Die Eröffnung der Fahrstrasse erfolgte 1969. Nufenen (1568 m ü. M.), Bündner Ortschaft im Hinterrheintal zwischen Splügen und Passo del San Bernardino.
Weiteres siehe	→ Bedrettostrasse
Literatur	Roth: S. 81

Ob der Wanne
Oberalpstrasse
Oberer Batterieweg
Oberer Rheinweg
Oberwilerstrasse
Obwaldnerstrasse
Ochsengasse
Oekolampadstrasse
Oetlingerstrasse
Offenburgerstrasse
Olsbergerweg
Oltingerstrasse

Ormalingerweg
Oscar Frey-Strasse
Oserweglein
Otterbachweg

Strassenname	**Ob der Wanne**
Gruppe	7
Plankoordinaten	E 9
Amtlich benannt	1994
Bedeutung	Eine Wanne ist eine gefässartig geformte Bodensenke. Die Strasse liegt oberhalb des ‹In der grossen Wanne› genannten Gebiets.
Quellen	ANK: 1994

Strassenname	**Oberalpstrasse**
Gruppe	10.1
Plankoordinaten	C 6
Amtlich benannt	1929
Bedeutung	Oberalppass (2044 m ü. M.), Passstrasse zwischen dem Urner Reusstal und dem Bündner Vorderrheintal. Die Fahrstrasse über den einfach passierbaren Oberalppass wurde 1862/1863 erstellt.
Literatur	Roth: S. 82

Strassenname	**Oberer Batterieweg**
Gruppe	7, 23
Plankoordinaten	E 8
Erstmals genannt	1820
Amtlich benannt	1922
Bedeutung	Der höchste Punkt des Bruderholzes (402,6 m ü. M.) erhielt den Namen ‹Batterie›, nachdem bei der Belagerung der Festung Hüningen im Jahr 1815 österreichische und schweizerische Truppen dort – wie auch an anderen Orten um die Stadt Basel herum – Batterien, d.h. Artilleriestellungen, angelegt hatten. Diese Anlagen erneuerte man jeweils während der späteren Grenzbesetzungen.
Siehe auch	→ Batterieanlage, Batterieweglein, Unter der Batterie, Unterer Batterieweg
Frühere Namen	Der Obere und der Untere Batterieweg sind auf dem alten, auch ‹Batterieweg› genannten Feldweg von der Gundeldingerstrasse zur Artilleriestellung hinauf entstanden. Sie erscheinen 1820 als ‹das obere Strässlein› und ‹das untere Strässlein›. Ein Teil des ‹unteren Strässleins› (nach Bottmingen führend) heisst heute Schäublinstrasse.
Bemerkenswertes	Zur Erinnerung an die Grenzbesetzung des Ersten Weltkriegs brachte man 1925 ein Sandsteinrelief an der Stützmauer der stadtwärts gerichteten Schanzenseite an. Das Denkmal zeigte drei martialische, halbnackte Männergestalten mit Speeren in der Hand. Weil die militärische Besetzung während des Landesstreiks von 1918 und des Generalstreiks von 1919 mit 5 Toten in Kleinbasel immer noch für Spannungen sorgte, erlitt das Denkmal ein ähnliches Schicksal wie der ebenfalls nach dem Ersten Weltkrieg erstellte ‹Fritz›, das Denkmal im jurassischen Les Rangiers, der gegen die eigene, jurassische Bevölkerung gerichtet zu sein schien. Das Basler Denkmal wurde schon vor der offiziellen Einweihung und in der Folge mehrmals absichtlich beschädigt. Es geriet immer stärker in Verfall, und man ersetzte es 1957 durch eine Bronzetafel, die an die im Aktivdienst von 1914–1918 und 1939–1945 gestorbenen Basler Soldaten erinnert.
Weiteres siehe	→ Oscar Frey-Strasse
Quellen	Hoferplan 1820
Literatur	Roth: S. 21. Siegfried: S. 40. Wanner Gustav Adolf: Rund um Basels Denkmäler. Basel 1975, S. 98–101

Strassenname	**Oberer Rheinweg**
Gruppe	11.1
Plankoordinaten	E 5
Erstmals genannt	vor 1860
Amtlich benannt	1860
Siehe	→ Rheingasse
Frühere Namen	Vor der amtlichen Benennung gehörten Oberer und Unterer Rheinweg kurze Zeit unter dem Namen ‹Rheinweg› zusammen.

Oberer Batterieweg

Bemerkenswertes	Die beiden Rheinwege entstanden vor und während der Entfestigung Basels. Kleinbasel hatte im Gegensatz zu Grossbasel auch eine rheinseitige Stadtmauer mit vier Öffnungen. Sie bestand aus einer Vormauer und einer höheren Hauptmauer. Die Vormauer von der Rheinbrücke rheinaufwärts brach man in den 1850er Jahren ab und legte den schon 1823–1824 erstellten Oberen Rheinweg neu an. Der Untere Rheinweg, für den zuerst der Name ‹Klingentalrheinweg› vorgesehen war, folgte 1860–1861, mit einem weiterem Ausbau bis in die 1890er Jahre.	
Weiteres siehe	→ Unterer Rheinweg	
Literatur	Blum / Nüesch: S. 106–107; 124–127. Fischer: Anhang S. 23. INSA: S. 189/225. Roth: S. 90. Siegfried: S. 19. Wackernagel: S. 240–252	

Strassenname	**Oberwilerstrasse**
Gruppe	1
Plankoordinaten	D 6,7
Erstmals genannt	1811
Amtlich benannt	1890
Bedeutung	Oberwil, Gemeinde im Baselbieter Bezirk Arlesheim, 5 km südwestlich von Basel.
Frühere Namen	Die Strasse folgt einem Stück des alten ‹Bachletten Strässleins› neben dem Rümelinbach.
Literatur	Roth: S. 82

Strassenname	**Obwaldnerstrasse**
Gruppe	4
Plankoordinaten	C 5
Amtlich benannt	1921
Bedeutung	Obwalden (amtl. Unterwalden ob dem Wald), Urschweizer Halbkanton, zusammen mit Nidwalden den Kanton Unterwalden bildend; Hauptort ist Sarnen.
Weiteres siehe	→ Sarnerstrasse
Literatur	Roth: S. 82

Ochsengasse	*Strassenname*
19	*Gruppe*
E 5	*Plankoordinaten*
1280	*Erstmals genannt*
1861	*Amtlich benannt*
Der Gasthof ‹Roter Ochsen›, unter dem Namen ‹Müleck› 1463 erstmals, seit 1511 unter seinem heutigen Namen erwähnt, ist heute ein Restaurant an der Ochsengasse 2. Ursprünglich befand er sich in der Liegenschaft Nummer 10.	*Bedeutung*
Der Name Ochsengasse ist erst Anfang des 19. Jahrhunderts aufgekommen. Die Ochsengasse nannte man in Anlehnung an die Untere Rheingasse und die Untere Rebgasse auch ‹Untere Utengasse›. Zusammen mit der Utengasse, ihrer Fortsetzung jenseits der Greifengasse, hiess die Strasse vom 14. Jahrhundert an auch ‹Kreuzgasse›. Noch früher, im Jahr 1280, findet sich der Name ‹Niedere Gasse› für die beiden Strassen.	*Frühere Namen*
HGB: Ochsengasse	*Quellen*
Blum / Nüesch: S. 146. Roth: S. 82	*Literatur*

Oekolampadstrasse	*Strassenname*
12.5, 12.7	*Gruppe*
C 5	*Plankoordinaten*
1924	*Amtlich benannt*
Johannes Oekolampad (1482–1531), eigentlich Johann Häussgen, Hüssgen oder Husschin (verstanden als ‹Haus-Schein›, gräzisiert zu Oekolampad aus griech. ‹oikos› = Haus und ‹lampas› = Fackel), aus Weinsberg (Württemberg), Theologe. Oekolampad war der bedeutendste Reformator Basels und hatte auch Einfluss auf die Reformation in Südwestdeutschland. Oekolampads Mutter war Baslerin; er selbst arbeitete 1515–1518 in der Druckerei Froben als Gehilfe des Erasmus von Rotterdam. Nach einem Klosteraufenthalt kam er 1522 nach Basel	*Bedeutung*

zurück und setzte sich für die Verbreitung des neuen Glaubens ein. Von 1523 an hielt er als Professor der Theologie Vorlesungen an der Universität und als Pfarrer von St. Martin Predigten, welche die Reformation in Basel entscheidend vorantrieben. 1528 heiratete er. Nach der Reformation von 1529 verfasste er die Reformationsordnung, das erste gedruckte Stadtgesetz, das die Grundlage der Basler reformierten Kirche bildete und ein strenger Sittenkodex war. Oekolampad wurde im Münsterkreuzgang begraben.

Weiteres siehe → Erasmusplatz, Frobenstrasse
Literatur Roth: S. 82. Teuteberg: S. 208–210

bekannter war Peter Offenburg, Bürgermeister zur Zeit des Bundesschlusses mit der Eidgenossenschaft (1501).

Roth: S. 82. Siegfried: S. 92. Teuteberg: S. 126–128 *Literatur*

Olsbergerweg	*Strassenname*
1	*Gruppe*
G 4	*Plankoordinaten*
1943	*Amtlich benannt*

Olsberg, Gemeinde im Aargauer Bezirk Rheinfelden, mit ehemaligem Zisterzienser-Kloster, 14 km östlich von Basel. *Bedeutung*

Roth: S. 82 *Literatur*

Strassenname	**Oetlingerstrasse**
Gruppe	3
Plankoordinaten	E 4
Amtlich benannt	1878
Bedeutung	Oetlingen, Ortsteil der badischen Kreisstadt Weil am Rhein, 8 km nördlich von Basel.
Literatur	Roth: S. 82

Oltingerstrasse	*Strassenname*
1	*Gruppe*
C 4	*Plankoordinaten*
1937	*Amtlich benannt*

Oltingen, Gemeinde im Baselbieter Bezirk Sissach, 29 km östlich von Basel. *Bedeutung*

Roth: S. 82 *Literatur*

Strassenname	**Offenburgerstrasse**
Gruppe	3
Plankoordinaten	E 4
Amtlich benannt	1894
Bedeutung	Offenburg, Kreisstadt in der badischen Weinbauregion Ortenau, 100 km nördlich von Basel. Anfang des 12. Jahrhunderts von den Zähringern gegründet, ab 1235 Reichsstadt und 1803 an Baden gegangen, war Offenburg 1848–1849 Ausgangspunkt der badischen Revolution. Bei dem Strassennamen schwingt auch die Erinnerung an die Basler Familie Offenburg mit, deren prominentester Vertreter der Grosskaufmann, Oberstzunftmeister und Diplomat Henmann Offenburg (1397–1459), der sogenannte ‹Wettstein des 15. Jahrhunderts›, war. Im 19. Jahrhundert

Ormalingerweg	*Strassenname*
1	*Gruppe*
G 4	*Plankoordinaten*
1967	*Amtlich benannt*

Ormalingen, Gemeinde im Baselbieter Bezirk Sissach, 23 km südöstlich von Basel. *Bedeutung*

ANK: 1966/1967 *Quellen*

Oscar Frey-Strasse	*Strassenname*
12.5, 25.3	*Gruppe*
E 8	*Plankoordinaten*
1952	*Amtlich benannt*

Oscar Frey (1893–1945), aus Schaffhausen, Militär. Frey war Oberst und Kommandeur des baselstädtischen Regiments 22 von 1936 bis 1942. Als Chef des militärischen Informa- *Bedeutung* tions- und Propagandadienstes ‹Heer und Haus› war er seit 1941 einer der zentralen Vertreter der ‹Geistigen Landesverteidigung› während des Zweiten Weltkrieges. Er war Mitglied der aus rund 400 Persönlichkeiten verschiedenster Parteien und Konfessionen bestehenden ‹Aktion Nationaler Widerstand› und trat vehement gegen die Anpassung an das nationalsozialistische Deutschland ein. Gegen Frey, der sich durch seine öffentlichen Vorträge stark exponierte, gab es wiederholte Interventionen von Seiten des Dritten Reiches und prodeutscher Militärs in der schweizerischen Armee. Wegen gesundheitlicher Probleme 1942 aus dem aktiven Dienst ausgetreten, verfasste er unter dem Pseudonym ‹Legatus› 1942–1945 vielbeachtete militärisch-politische Lagebeurteilungen in den ‹Basler Nachrichten›.

Bemerkenswertes Die Oscar Frey-Strasse liegt passenderweise im militärischen Ensemble des südwestlichen Bruderholzes mit den nach südalpinen Schlachtorten (Arbedo, Marignano, Novara) und nach der ehemaligen Geschützstellung (‹Batterie›) benannten Strassen. Auch gehört Frey, der letztlich an der im Aktivdienst erlittenen gesundheitlichen Beeinträchtigung starb, zu den im Dienst verstorbenen Militärs, an welche die Gedenktafel bei der Batterie erinnert.

Weiteres siehe → Oberer Batterieweg

Literatur Roth: S. 83

Strassenname	**Oserweglein**
Gruppe	12.3
Plankoordinaten	E 8
Amtlich benannt	1968
Siehe	→ Friedrich Oser-Strasse
Bedeutung	Friedrich Oser (1820–1891), Pfarrer, Dichter geistlich-patriotischer Lieder.
Quellen	ANK: 1968

Otterbachweg	*Strassenname*
11.1	*Gruppe*
FG 3	*Plankoordinaten*
1999	*Amtlich benannt*

Otterbach, benannt nach den einst an ihm lebenden Fischottern, natürlicher Abfluss der ‹oberen Matten› bei den Langen Erlen. In Kleinhüningen wurde er ‹Mühlebach› genannt. Seit 1823 wird der Bach künstlich mit Wasser der Wiese gespeist, sein Lauf wurde mehrmals verlegt (Rangierbahnhof-Bau). Er verläuft heute nördlich der Landesgrenze in den Langen Erlen, unterquert das Bahnhofsgelände der Deutschen Bahn und mündet ca. 100 Meter oberhalb der Wiesenstrasse in die Wiese. *Bedeutung*

KB: 1999 *Quellen*

Golder Eduard: Die Wiese, ein Fluss und seine Geschichte. o.O. 1991, S. 125–126 *Literatur*

Palmenstrasse	Peter Rot-Strasse	Pfluggässlein
Paracelsusstrasse	Petersgasse	Picassoplatz
Paradieshofstrasse	Petersgraben	Pilatusstrasse
Parkweg	Peterskirchplatz	Pilgerstrasse
Passwangsteg	Petersplatz	Pirolweg
Passwangstrasse	Pfalz	Post-Passage
Paulusgasse	Pfarrgasse	Prag-Strasse
Pelikanweg	Pfeffelstrasse	Prattelerstrasse
Pelikanweglein	Pfeffergässlein	Predigergässlein
Pestalozzistrasse	Pfeffingerstrasse	Predigerhofstrasse
Peter Merian-Strasse	Pfirteranlage	Pruntrutermatte
Peter Ochs-Strasse	Pfirtergasse	Pruntruterstrasse

Strassenname	**Palmenstrasse**
Gruppe	14
Plankoordinaten	D 5
Amtlich benannt	1891
Bedeutung	Palmen (lat. Palmae), sehr artenreiche, zu den Farngewächsen gehörende Pflanzenfamilie, meist tropisch-subtropische Bäume.
Bemerkenswertes	Im Iselinquartier wurden in den 1890er Jahren einige Strassen nach einheimischen Baumarten benannt: Ahorn-, Birken-, Buchen-, Eichen- und Föhrenstrasse. Die ebenfalls in diesem Quartier liegende Palmenstrasse, die ihren Namen vor den anderen erhielt, fällt durch die exotische Referenz aus dem Rahmen.
Literatur	Roth: S. 84

Strassenname	**Paracelsusstrasse**
Gruppe	12.6
Plankoordinaten	G 4
Erstmals genannt	1908
Amtlich benannt	1941
Bedeutung	Paracelsus (*1493 Einsiedeln, †1541 Salzburg), eigentlich Theophrastus Bombastus von Hohenheim, Arzt, Alchimist und Naturphilosoph. Der wegen seiner unorthodoxen Lehren erst lange nach seinem Tod anerkannte Paracelsus kam auf seinen Wanderungen auch nach Basel, wo er mit Unterstützung von Erasmus von Rotterdam und Johann Froben 1527 Stadtarzt wurde. Durch seine Vorträge an der Universität, die der herrschenden Lehrmeinung widersprachen, geriet er in Konflikt mit den Basler Ärzten und Apothekern. Um einer drohenden Verfolgung durch die Obrigkeit wegen Beschimpfung des Magistrats und hochgestellter Persönlichkeiten zu entgehen, floh er 1528 nach Colmar. Der Name Paracelsus ist eine Verbindung der griechischen Vorsilbe ‹para›-, die ‹bei›, ‹neben›, ‹beinahe› aber auch ‹falsch› bedeutet, mit Celsus, dem Namen des im ersten nachchristlichen Jahrhundert lebenden römischen Enzyklopädisten, von dessen umfangreichem Werk lediglich acht Bücher über die Medizin erhalten sind.
Frühere Namen	Im Surinam und Paracelsusstrasse entstanden 1941 als Umbenennungen des ‹Gotterbarmwegs›, der zusammen mit dem neuen Badischen Bahnhof um 1908 projektiert worden war und den alten ‹Gotterbarmweg›, die aufgehobene Strasse zwischen Schorenweg und Solitude, ersetzt hatte.
Weiteres siehe	→ *Erasmusplatz, Frobenstrasse, Im Surinam*
Literatur	Roth: S. 84

Strassenname	**Paradieshofstrasse**
Gruppe	22
Plankoordinaten	C 6
Amtlich benannt	1920
Bedeutung	Der Paradieshof liegt südwestlich von Binningen. Der Name des Hofs soll dessen schöne Lage unterstreichen.
Literatur	Roth: S. 84

Strassenname	**Parkweg**
Gruppe	7
Plankoordinaten	E 6
Amtlich benannt	1896
Bedeutung	Der Botanische Garten der Universität befand sich von 1836 bis zum Bau des Botanischen Instituts und der damit zusammenhängenden Verlegung an die Schönbeinstrasse in den 1890er Jahren auf dem vom Parkweg durchschnittenen Areal ausserhalb des Aeschentors. Zuvor war er im Garten des Predigerklosters angelegt, der mit dem Garten des 1808 von der badischen Regierung gekauften Markgräfler Hofs an der Hebelstrasse vereinigt worden war. Heute ist der

ehemalige Botanische Garten bzw. die Parkanlage überbaut.

Weiteres siehe → *Brüglingerstrasse, Gartenstrasse*
Literatur Blum / Nüesch: S. 5; 12; 17. Roth: S. 84. Siegfried: S. 47

Strassenname **Passwangsteg**
Gruppe 8.1
Plankoordinaten E 7
Amtlich benannt 1970
Siehe → *Passwangstrasse*
Quellen ANK: 1970

Strassenname **Passwangstrasse**
Gruppe 8.1
Plankoordinaten E 7,8
Amtlich benannt 1925
Bedeutung Passwang, Höhenzug des Solothurner Kettenjura (1204 m ü. M.) und Passstrasse mit Scheiteltunnel (943 m ü. M.), 21 km südlich von Basel.
Siehe auch → *Passwangsteg*
Literatur Roth: S. 84

Strassenname **Paulusgasse**
Gruppe 12.1.1
Plankoordinaten D 6
Amtlich benannt 1893
Bedeutung Wegen des Bevölkerungswachstums der Stadt beschloss 1889 der Grosse Rat den Bau einer zweiten Kirche für die Leonhardsgemeinde. Auf Vorschlag des Kirchengemeindevorstands 1892 sollte sie den Namen ‹Pauluskirche› erhalten (das umliegende ‹Paulusquartier› war nie offizielle Bezeichnung). 1898–1901 im neoromanischen Stil erbaut, zeigt sie als erste Basler Kirche bereits ‹vormoderne› Aspekte. Paulus (*5–15, †64), vor seiner Bekehrung Saulus genannt, war der sogenannte ‹Heidenapostel› und bedeutendster Missionar des Frühchristentums. Für seinen Glauben wurde er, da er als römischer Bürger nicht gekreuzigt werden durfte, von den Römern enthauptet. Er ist Patron u.a. der Theologen und der katholischen Presse und wird bei grosser Furcht angerufen. Sein Kalendertag ist der 30. Juni.

Huber: S. 230–231. Roth: S. 84. Sellner: S. 222–223   *Literatur*

Pelikanweg   *Strassenname*
15.2   *Gruppe*
D 6   *Plankoordinaten*
1890   *Amtlich benannt*
Pelikane (lat. Pelicanidae), Vogelfamilie, vor allem in warmen Binnengewässern vorkommend. Die Strasse liegt nahe beim Zoologischen Garten.   *Bedeutung*

→ *Pelikanweglein*   *Siehe auch*
→ *Amselstrasse, Zoo-Parkplatz*   *Weiteres siehe*
Roth: S. 84   *Literatur*

Pelikanweglein   *Strassenname*
15.2   *Gruppe*
D 6   *Plankoordinaten*
1893   *Amtlich benannt*
→ *Pelikanweg*   *Siehe*
→ *Amselstrasse, Zoo-Parkplatz*   *Weiteres siehe*
Roth: S. 84   *Literatur*

Pestalozzistrasse   *Strassenname*
12.7   *Gruppe*
D 4   *Plankoordinaten*
1876   *Erstmals genannt*
1893   *Amtlich benannt*
Johann Heinrich Pestalozzi (1746–1827), aus Zürich, Pädagoge und Schriftsteller. Er gründete und leitete verschiedene Waisenhäuser, in denen er gewerbliche Arbeit mit schulischem Unterricht zu verbinden   *Bedeutung*

suchte. Als Bildungs- und Erziehungsreformer betrachtete er den Menschen als grundsätzlich soziales Wesen, dessen Entwicklung im Rahmen der Familie zu erfolgen habe. Die Pestalozzistrasse hiess bis 1893 ‹Blochmonterstrasse›.

Frühere Namen

Weiteres siehe → Blochmonterstrasse

Literatur Roth: S. 84. Siegfried: S. 67

Strassenname **Peter Merian-Strasse**
Gruppe 12.6
Plankoordinaten E 6
Amtlich benannt 1896
Bedeutung Peter Merian (1795–1883), Geologe. Merian studierte seit 1815 in Göttingen. Er kehrte 1817 nach Basel zurück, und bereits 1820 erhielt er die Professur für Physik und Chemie. Er trat diese wegen eines Halsleidens 1835 an Friedrich Schönbein ab und wurde ausserordentlicher Professor für Geologie. Er war dreimal Rektor der Universität, von 1824–1866 Basler Ratsherr und von 1836 an im Kleinen Rat (Regierung), ferner Mitgründer der Freiwilligen Akademischen Gesellschaft. Dem Naturhistorischen Museum stand er seit 1821 vor; der Neubau des Museums an der Augustinergasse 1844–1849, der Ausbau von dessen Sammlungen sowie der Bibliothek gehen im wesentlichen auf sein Engagement zurück. Als Spezialist für Gesteinskunde verglich er die geologischen Verhältnisse im Rheintal oberhalb Basels mit denen süddeutscher Salzlagerstätten. Die daraufhin erfolgreich ausgeführten Bohrungen bei Rheinfelden und Pratteln erlaubten der Schweiz erstmals die Selbstversorgung mit Salz.

Weiteres siehe → Augustinergasse, Salinenstrasse, Schönbeinstrasse
Literatur Basler Nachrichten, 10./11.2.1883. Roth: S. 84

Peter Ochs-Strasse *Strassenname*
12.6 *Gruppe*
E 8 *Plankoordinaten*
1922 *Amtlich benannt*

Peter Ochs (1752–1821), Basler Politiker und Verfasser der grundlegenden ‹Geschichte der Stadt und Landschaft Basel›. Peter Ochs war führend bei der Revolutionierung der Eidgenossenschaft im Jahr 1798 und bei der Errichtung der Helvetischen Republik. Nach Lukas Legrand war er der zweite Basler Vertreter in der helvetischen Regierung (Direktorium), wurde aber schon 1799 zum Rücktritt gezwungen und wirkte nach 1803 wieder in der Basler Politik. Aufgrund der politischen und gesellschaftlichen Anfeindungen gegen ihn nahmen seine Söhne Eduard und Albert den Familiennamen His an. Die Strasse, die ursprünglich ‹Nietzschestrasse› heissen sollte, erhielt ihren Namen nach Ochs' 100. Todesjahr. Bei der Benennung war Ochs' Bedeutung als Historiograph, nicht jedoch als Politiker massgebend. Noch 1980 aber ging eine Anfrage an den Regierungsrat, warum dem «Verräter» Peter Ochs eine Strasse gewidmet werden konnte!
Bedeutung

→ Airolostrasse *Weiteres siehe*
Roth: S. 85 *Literatur*

Peter Rot-Strasse *Strassenname*
12.5 *Gruppe*
F 5,4 *Plankoordinaten*
1907 *Amtlich benannt*

Peter Rot († 1487), Politiker und Bürgermeister. Rot kam in den Basler Achtburgerrat 1452, in den Ritterrat 1454, 1455 wurde er Bürgermeister. 1475 und 1476 nahm er an den Burgunderkriegen teil, er war Anführer des Basler Kontingents in der Schlacht bei Murten. Wie sein Vater pilgerte er in Begleitung von Barfüssern (Franziskanern) 1453 zum
Bedeutung

Heiligen Grab nach Jerusalem. Die Franziskaner hatten seit dem 13. Jahrhundert einen Teil der Grabeskirche und das Grab selbst in ihrer Obhut. Die Wallfahrt nach Jerusalem und der dort am Heiligen Grab empfangene Ritterschlag gehörten zum Inbegriff christlicher Frömmigkeit. Nach dreieinhalbmonatiger Reise über Zürich, Einsiedeln, Meran, Venedig und das Mittelmeer erreichte Rot 1453 sein Ziel. Über seine Reise hinterliess er wie schon sein Vater handschriftliche Aufzeichnungen. Er stiftete nach der Wallfahrt einen für seine Grabkapelle in der Barfüsserkirche bestimmten, noch erhaltenen Flügelaltar. Die Achtburger- und Ratsfamilie Rot(h) ist in Basel seit dem 2. Viertel des 13. Jahrhunderts bis ca. 1530 nachweisbar.

Frühere Namen Das Namensprojekt lautete ursprünglich auf ‹Lörracherstrasse›, was zu Verwechslungen mit der gleichnamigen Strasse in Riehen geführt hätte. Die Peter Rot-Strasse nimmt den gewinkelten Verlauf des ‹Duttliwegs›, der früher die Verbindung zwischen Riehen- und Grenzacherstrasse herstellte, nur ungefähr auf. In den Adressbüchern vor 1862 wird diese Strasse als ‹Im Dutli› erwähnt. Das Duttlifeld war wohl nach einem früheren Landbesitzer so benannt. Den ‹Duttliweg› hob man schrittweise in der ersten Hälfte des 20. Jahrhunderts wegen neuer Strassenführungen und des Baus des Sportplatzes Landhof auf.

Weiteres siehe → Itelpfad
Literatur von Roda Burkard: Der Peter Rot-Altar. Basel 1986, S. 9–15. Roth: S. 85

Strassenname **Petersgasse**
Gruppe 12.1.1
Plankoordinaten E 5
Erstmals genannt 1285
Amtlich benannt 1861

Die Kirche St. Peter (eigentlich den Aposteln Petrus und Paulus sowie allen Aposteln und Heiligen geweiht), die erste urkundlich belegte Pfarrkirche Basels nach dem Münster seit 1035, geht wohl auf einen karolingischen Gründungsbau zurück (8./9. Jahrhundert). Die ältesten erhaltenen Bauteile stammen aus dem 13., das Schiff aus dem 14. Jahrhundert. Der hl. Petrus († 64–67), vor seiner Bekehrung Simon genannt, Fischer am See Genezareth, wurde, obwohl er Jesus dreimal verleugnet hatte, zum Führer der Apostel. Er war nach katholischer Lehre der erste Bischof von Rom, auf seine Vorrangstellung unter den Aposteln geht der Primat des Papstes (der immer auch Bischof von Rom ist) zurück. Petrus soll zusammen mit Paulus das Martyrium erlitten haben und auf eigenen Wunsch an einem umgekehrten Kreuz gestorben sein. Petrus ist der Patron zahlreicher Länder und Städte und u.a. der Fischer, der Büsser und der Beichtenden. Sein Kalendertag ist der 29. Juni. *Bedeutung*

→ *Petersgraben, Peterskirchplatz, Petersplatz* *Siehe auch*

Nach dem an dieser Strasse gelegenen Stadthof der ritterlichen Familie Münch von Landskron, die noch weitere Häuser in der Gegend von St. Peter besass, wird die Petersgasse 1285 erstmals mit dem Namen ‹vicus Monachorum› (‹Mönchsgasse›) erwähnt, 1296 als ‹münchen gasse›. Der Möchshof wurde später zur Elenden- oder Armenherberge. Nach 1853, als man den Bau abgerissen hatte, entstand hier die Herbergsgasse. 1388 heisst die Petersgasse als vom Blumenrain zu St. Peter hinaufführende Strasse ‹Petersberg›, 1791 aus der anderen Richtung her gesehen ‹Hinter Nadelberg› als Fortsetzung des Nadelbergs nach St. Peter. Weitere Namen: ‹Nüwe Stross› 1512, ‹Herbergberg› und ‹Herbergsgasse› 1682, ‹Kilchgasse› 1737. *Frühere Namen*

Frühere Namen von Teilstücken	Nach dem Haus ‹Zum schwarzen Pfahl› am Ausgang zum Blumenrain heisst der untere Teil der Strasse im Jahr 1610 bei Felix Platter ‹Schwartzen pfol gassen› oder ‹Hinter dem schwarzen Pfahl›. Die zur Petersgasse gehörige seitliche Sackgasse bergauf vor der Einmündung in den Blumenrain nennt er ‹Gässlin zum schwartzen pfahl›, im 19. Jahrhundert hiess sie ‹Im Winkel›.
Weiteres siehe	→ Herbergsgasse, Stiftsgasse
Quellen	Adressbücher 1798–1854. Platter: S. 262; 264
Literatur	Blum / Nüesch: S. 100–102. Fechter: S. 93–95. Huber: S. 36. Roth: S. 85. Sellner: S. 220–222. Siegfried: S. 14

Strassenname	**Petersgraben**
Gruppe	12.1.1, 23
Plankoordinaten	ED 5
Erstmals genannt	1610
Amtlich benannt	1861
Siehe	→ Petersgasse
Frühere Namen von Teilstücken	Der Petersgraben hat erst seit 1861 in seiner heutigen Länge einen einzigen Namen. Felix Platter nennt einen Teil der Strasse 1610 nach dem Verlauf ‹Stross uf dem Graben von der Nüwen vorstat [Hebelstrasse] bis an d'Spalen›. Der untere Teil von der Peterskirche bis zum ehemaligen Totentanz war der ‹St. Johannsgraben›, der obere auf der Höhe des alten Zeughauses (heute Kollegiengebäude der Universität) der ‹Zeughausgraben›. Andere bezeichneten die Strasse bei St. Peter als ‹Hinter St. Peter›, ‹By St. Petersberg› und ‹Spalengraben›. Die Strasse rechnete man sogar teilweise der senkrecht in sie einmündenden ‹Nüwen Vorstadt› zu.
Bemerkenswertes	Der alte Stadtgraben vor der zweiten, inneren Stadtmauer (im 13. Jahrhundert angelegt) ist erst seit Beginn des 19. Jahrhunderts in seiner vollen Breite aufgeschüttet. Die Strasse lag früher nur über der von der Innerstadt abgewandten Böschung des Grabens. Die 1984–1987 ausgeführte Überbauung Rosshof mit dem Wirtschaftswissenschaftlichen Zentrum der Universität erinnert durch die sandsteinverkleidete Schildmauer entlang des Petersgrabens an die mittelalterliche Befestigung der Stadt.
Weiteres siehe	→ Aeschengraben
Quellen	Platter: S. 178. StABS Bau H 4: 1.4.1861
Literatur	Blum / Nüesch: S. 17. Huber: S. 373–374. Roth: S. 86

Strassenname	**Peterskirchplatz**
Gruppe	12.1.1, 17
Plankoordinaten	DE 5
Erstmals genannt	1610
Amtlich benannt	1861
Siehe	→ Petersgasse
Frühere Namen von Teilstücken	Die Peterskirche, ihr Kreuzgang und die Gebäude des Chorherrenstifts mitsamt der Kirchenmauer bildeten noch zu Anfang des 19. Jahrhunderts ein geschlossenes Ensemble, in dem der Kirchhof, der 1836 aufgehobene Friedhof, lag. Nach dem Abbruch der Kirchenanbauten und der Entstehung eines freien Raums um die Kirche herum fasste man 1861 die zwei Strassen ‹Kirchgässlein› (ausserhalb der Kirchmauer, zwischen Petersgraben und Petersgasse, schon 1610 als ‹Kirchgesslin by S. Peter› erwähnt) und ‹Bei St. Peter› (innerhalb der Kirchenmauer, an der gegenüberliegenden Seite der Kirche) zum (St.) Peterskirchplatz zusammen. Vor der Kirche, gegen den Petersgraben hin, steht eine von Max Leu 1899 geschaffene Denkmalsbüste des Dichters Johann Peter Hebel (1760–1826).
Weiteres siehe	→ Stiftsgasse
Quellen	Basler Adressbuch 1854. Platter: S. 276
Literatur	Blum / Nüesch: S. 100. Roth: S. 86

Petersgraben

Strassenname	**Petersplatz**	→ *Theodor Herzl-Strasse, Zeughausstrasse*	*Weiteres siehe*
Gruppe	12.1.1	Platter: S. 180	*Quellen*
Plankoordinaten	D 5	Blum / Nüesch: S. 18–19. Fechter: S. 119–120. Huber: S. 48. Roth: S. 86	*Literatur*
Erstmals genannt	1233		
Amtlich benannt	1861		
Siehe	→ *Petersgasse*		

Frühere Namen — Die früheste Erwähnung des Petersplatzes stammt aus dem Jahr 1233 und lautet ‹[h]ortus S. Petri› (‹St. Petersgarten›). 1610 wird der ‹S. Petersblatz› bei Felix Platter als ‹Blatz genant› erwähnt. Die Abkürzung ‹Platz› für ‹Petersplatz› ist seit 1294 belegt. Weitere Namen sind ‹Platz uff S. Petersberg›, ‹Usswendig S. Peterskilchhof›. Den Platz zählte man auch zur Spalenvorstadt und zur ‹Neuen Vorstadt›.

Frühere Namen von Teilstücken — Der Weg entlang der tiefer gelegenen Häuser am unteren Ende des Petersplatzes (parallel zur Hebelstrasse und einmündend in den Petersgraben) erscheint 1610 als ‹Blatzgesslin›.

Bemerkenswertes — Seit dem 14. Jahrhundert ist der Petersplatz eine öffentliche Anlage. Die früheste Baumbepflanzung stammt von 1277, die zu Anfang des 15. Jahrhunderts durch eine weitere mit Linden, Eichen und Tannen ersetzt wurde. Die symmetrische Ausgestaltung des Platzes erfolgte 1778 unter der Anleitung des Basler Buchdruckers und Artilleriekommandanten Wilhelm Haas. An der Südseite des Petersplatzes liegt das 1937–1939 erbaute Kollegiengebäude der Universität. Auf seinem Areal stand zuvor das 1936 abgebrochene alte Zeughaus mit dem Werkhof (dort waren u.a. die städtische Schlosserei, Büchsenmacherei und Feuerwehrspritzen untergebracht), das seinerseits den 1775 abgebrannten, aus dem Spätmittelalter stammenden Vorgängerbau ersetzt hatte. Dieser wiederum war auf einem Teil des ersten jüdischen Friedhofs aus dem 13./14. Jahrhundert angelegt worden (südwestlicher Teil des Kollegiengebäudes).

Pfalz	*Strassenname*	
16.2	*Gruppe*	
E 5	*Plankoordinaten*	
1976	*Amtlich benannt*	
	Bedeutung	

‹Pfalz›, von lateinisch ‹palatium› (‹Palast›) abstammend, hiess ursprünglich der Sitz des Bischofs oder des Kaisers. Dieses Gebäude besteht nicht mehr, die Pfalz ist heute der gegen den Rhein gelegene Platz hinter dem Münsterchor. Als mehrere Bischöfe im 14. Jahrhundert im Schürhof (Münsterplatz 19) ihre Residenz hatten, bekam er den Namen ‹zer nuwen phallenz›. Die Pfalz, die heute mit einer einzigen hohen Stützmauer gegen den Rhein abfällt, senkte sich bis ins frühe 16. Jahrhundert in sechs Terrassen gegen den Rhein hinab. Der Umbau begann mit einer neuen Fundamentlegung 1467, die heutige Gestalt erhielt die Pfalz 1502–1512.

Fechter 1856: S. 18 — *Literatur*

Pfarrgasse	*Strassenname*
16.2	*Gruppe*
E 2	*Plankoordinaten*
1860	*Erstmals genannt*
1892	*Amtlich benannt*
→ *Kleinhüningerstrasse*	*Siehe*
Bachmann Emil: Die Basler Stadtvermessung. Basel 1969, S. 33. Roth: S. 86	*Literatur*

Pfeffelstrasse	*Strassenname*
12.3	*Gruppe*
DC 5	*Plankoordinaten*
1892	*Amtlich benannt*

Bedeutung	Gottlieb Konrad Pfeffel (1736–1809), aus Colmar, Schriftsteller. Pfeffel, bereits 1758 erblindet, gründete eine Erziehungsanstalt für adlige Kinder und schrieb unterhaltende Fabeln sowie poetische Erzählungen mit didaktischem Inhalt, von denen einige volkstümlich wurden. Er verkehrte mit dem Basler Bandfabrikanten und Mäzen Jakob Sarasin.
Bemerkenswertes	Die Pfeffelstrasse liegt in unmittelbarer Nachbarschaft zur Colmarerstrasse und zur Stöberstrasse, die nach einem Elsässer Schriftstellergeschlecht benannt ist.
Literatur	Roth: S. 86. Siegfried: S. 67

Strassenname	**Pfeffergässlein**
Gruppe	14, 26
Plankoordinaten	E 5
Amtlich benannt	1978
Bedeutung	Pfeffer (lat. Piper), tropische Pflanzengattung. Pfeffer gilt im Volksmund auch als Sammelbegriff für ‹Gewürze›. Der Strassenname erinnert an die im Mittelalter hier niedergelassenen Gewürzhändler und ruft gleichzeitig die Abstammung des Strassennamens Imbergässlein vom Gewürz Ingwer ins Gedächtnis.
Bemerkenswertes	Es lohnt sich, den Weg weit in das enge Sackgässlein hinein zu wagen. Linker Hand präsentiert sich Haus N° 11 als ‹Consulate› des Phantasiestaates ‹Kingdom of Lepmuria›, gegenüber, bei einem Tor zwischen N° 8 und N° 10, steht die Hausnummer 20 A in schwarzen Buchstaben auf einem weissem Emailschild – ein Relikt aus der Zeit, als das Pfeffergässlein noch ein Teil des Imbergässleins war. Zwingende Erwähnung muss finden, was zwischen dem Haus N° 8 und der Nummer 20 A zu sehen ist. Dort springt die Mauerlinie etwas zurück und bildet einen Winkel, in dem ein Strassenschild hängt, das den offiziellen Strassenschildern täuschend ähnlich sieht. Das Schild sieht man nur, wenn man bis zum Haus N° 10 geht und sich wieder in Richtung des Imbergässleins umdreht; dann kann man lesen: ‹Pfefferplätzchen›. Für diesen kleinen Winkel ist das ein grosser Name, aber es muss gar nicht um Grösse allein gehen. Beim Wort ‹Pfefferplätzchen› kann man auch an ein Gebäck (‹Plätzchen›) aus Lebkuchen (‹Pfefferkuchen›) denken (der Gedanke an die lokale Spezialität ‹Basler Leckerli› drängt sich geradezu auf). Wenn man ‹Pfefferplätzchen› liest, dabei die Imbergasse vor Augen hat und weiss, dass Lebkuchen mit Ingwer gewürzt wird, mag einem noch eher diese Wortspielerei als das amtliche Pfeffergässlein einen Wink geben, was sich hinter dem Wort ‹Imber› verbirgt.
Weiteres siehe	→ Imbergässlein
Quellen	ANK: 1978

Strassenname	**Pfeffingerstrasse**
Gruppe	1
Plankoordinaten	E 6,7
Erstmals genannt	1861
Amtlich benannt	1872
Bedeutung	Pfeffingen, Gemeinde im Baselbieter Bezirk Arlesheim, 10 km südlich von Basel. Das Pfeffingerschloss stand zuerst im Besitz der Grafen von Thierstein, seit 1522 des Bischofs von Basel. Es erlitt durch schwedische Truppen im Dreissigjährigen Krieg starke Beschädigungen und wurde nicht wieder aufgebaut.
Frühere Namen	Die Pfeffingerstrasse war ursprünglich ein Teil der Heumattstrasse, die der Bau des Centralbahnhofs zweiteilte. Sie hiess deswegen von 1861 bis 1872 ‹Äussere Heumattstrasse›.
Quellen	Übersichtsplan der Stadt Basel 1862; 1874; 1877
Literatur	Roth: S. 86

Strassenname	**Pfirteranlage**	
Gruppe	2	
Plankoordinaten	D 6	
Amtlich benannt	1990	
Siehe	→ *Pfirtergasse*	
Literatur	Fischer: S. 35	

Heute ist sie vom Strassengewölbe der Falknerstrasse über dem Flusslauf ersetzt.

→ Gerbergasse, Weisse Gasse — *Weiteres siehe*
Adressbuch 1840; 1862. Platter: S. XIII; 372; Plan — *Quellen*
Fischer: Anhang S. 23. Roth: S. 86 — *Literatur*

Strassenname	**Pfirtergasse**	
Gruppe	2	
Plankoordinaten	D 6	
Amtlich benannt	1871	
Bedeutung	Pfirt (franz. Ferrette), elsässische Ortschaft und frühere Grafschaft, 22 km westlich von Basel. Die Grafen von Pfirt hatten das Grossmarschallamt im Bistum Basel inne. 1648 kam Pfirt aus österreichischem Besitz an Frankreich.	
Siehe auch	→ *Pfirteranlage*	
Literatur	Roth: S. 86	

Strassenname	**Pfluggässlein**	
Gruppe	19	
Plankoordinaten	E 5	
Erstmals genannt	1294	
Amtlich benannt	1861	
Bedeutung	Das Eckhaus ‹Zum Pflug› (Freie Strasse 38) erscheint seit 1398 in Basler Urkunden, der Name ‹Pfluog gesslin› 1610 bei Felix Platter.	
Frühere Namen	Die Strasse soll auch zur in sie einmündenden Weissen Gasse gezählt oder nach ihr ‹Weisses Gässlein› geheissen haben. Ein weiterer Name war ‹Kuttel gesslin›.	
Frühere Namen von Teilstücken	Vor 1861 hiess das Strassenstück zwischen Weisser Gasse und Gerbergasse ‹Weissgässlein›. Auch die Brücke über den offenen Birsig gehörte dazu. Sie erscheint 1290 als ‹ponticulum [Brücklein] Snürlinssteg› (nach der im 13. Jahrhundert dort ansässigen Familie Snürlin) und wird 1294 nach dem Richtbrunnen an der Gerbergasse als ‹Richtbruck› erwähnt.	

Picassoplatz — *Strassenname*
12.2 — *Gruppe*
E 6 — *Plankoordinaten*
1974 — *Amtlich benannt*

Pablo Picasso (1881–1973), aus Malaga, Künstler. Die persönliche Beziehung des wohl bedeutendsten Malers des 20. Jahrhunderts zu Basel geht auf das Jahr 1967 zurück. Die Basler Bevölkerung stimmte mit einem Referendum dem Kredit für den Ankauf zweier Bilder Picassos in der Höhe von sechs Millionen Franken zu. Der Entscheid, eine so grosse Summe Geld für den Ankauf moderner Kunst auszugeben, veranlasste den erfreuten Picasso, dem Kunstmuseum weitere vier Bilder zu schenken. — *Bedeutung*

Der grundsätzliche Beschluss, eine Strasse nach Pablo Picasso zu benennen, fiel schon zu dessen Lebzeiten. Dies widersprach der üblichen Praxis, keine lebenden Personen zu ehren, und die Regierung sprach ausdrücklich von einer Ausnahme. Anstelle des Picassoplatzes hatte man auch die heutige Stänzlergasse für die Benennung nach dem spanischen Maler ins Auge gefasst. — *Bemerkenswertes*

→ ANK: 1974 — *Quellen*

Pilatusstrasse — *Strassenname*
10.2 — *Gruppe*
C 5,6 — *Plankoordinaten*
1920 — *Amtlich benannt*

Pilatus, mehrgipfeliger Bergstock (Esel 2120 m ü. M., Tomlishorn 2129 m ü. M.) und Ausflugsziel (Hotel Pilatus-Kulm seit 1858, — *Bedeutung*

Zahnradbahn seit 1886–1889, Seilbahn seit 1956) am Westufer des Vierwaldstättersees. Der Name stammt von der lokalen Pilatussage ab, die besagt, dass der Statthalter Pontius Pilatus nach seinem Selbstmord im Tiber versenkt werden sollte. Der Fluss aber weigerte sich, ihn anzunehmen, und bildete Sturmfluten. Zuletzt konnte die Leiche endlich im Bergsee auf dem Pilatus beigesetzt werden, der seither als verfluchter Ort galt. 1594 liess der Luzerner Rat den See entwässern und so den Bann brechen.

Literatur Roth: S. 86

Strassenname	**Pilgerstrasse**
Gruppe	*16.2*
Plankoordinaten	*D 5*
Amtlich benannt	*1895*
Bedeutung	Die von der Basler Mission, die ihren Sitz an der benachbarten Missionsstrasse hat, ausgebildeten Missionare verstanden sich als Pilger, d.h. christliche Wanderer, deren Wallfahrt in fremde Länder ging, wo sie das Evangelium verkünden sollten. Die Pilgerstrasse verbindet die Missionsstrasse mit dem Nonnenweg und bildet so mit diesen ein Ensemble mit christlicher Thematik.
Weiteres siehe	→ *Leonhardsstrasse, Nonnenweg*
Literatur	Roth: S. 87

Strassenname	**Pirolweg**
Gruppe	*15.2*
Plankoordinaten	*G 3*
Amtlich benannt	*1999*
Bedeutung	Pirol (lat. Oriolus oriolus), auch Pfingstvogel genannt, einziger heimischer Vertreter der Vogelfamilie der Pirole. Insektenfressender Bewohner lichter Wälder wie der Langen Erlen, wo die Strasse auch liegt.
Quellen	KB: 1999

Strassenname	**Post-Passage**
Gruppe	*20*
Plankoordinaten	*E 6*
Amtlich benannt	*1978*
Bedeutung	Das Postzentrum Basel 2 (Post-Passage 5) hat als regionales Hauptgebäude der PTT seinen Betrieb 1980 aufgenommem. Es entstand auf dem Areal des 1975 gesprengten alten Postgebäudes am Bahnhof, eines Baus aus den Jahren 1905–1908, und auf dem letzten Teil der Centralbahnstrasse bis zur Peter Merian-Strasse. Dieses verlorengegangene Strassenstück nimmt die Post-Passage als Durchgang wieder auf. Dem Neubau fiel zudem die frühere ‹Eilgutstrasse› zum Opfer.
Bemerkenswertes	Der amtliche Postbetrieb in Basel beginnt Anfang des 16. Jahrhunderts. Die Räte unterhielten besondere Läufer im Verkehr mit den Städten Mainz und Köln. Die früheste regelmässige Briefpost in Basel ist seit 1569 belegt. Das Postwesen war lange Zeit in privaten Händen, bis 1682 die städtische Kaufmannschaft das Recht zum alleinigen städtischen Postbetrieb erhielt. Die erste Poststube Basels befand sich am Ausgang der Sattelgasse in den Marktplatz (bei der Erstellung der Marktgasse abgebrochen). Von 1771 bis 1775 baute man das heutige Stadthaus als Posthaus für die städtische Kaufmannschaft. Während der Helvetik von 1798 bis 1803 wurde das Postwesen erstmals eine staatliche Aufgabe, danach fiel es wieder in die Zuständigkeit des Kantons. 1849 ging es endgültig an den neuen Bundesstaat. Der zunehmende Personen- und Warenverkehr hatte schon 1839 die Planung eines Neubaus auf dem Areal des Ende des 14. Jahrhunderts erbauten Kaufhauses zwischen Freier Strasse und Gerbergasse veranlasst. (In diesem Jahr stellte die Postverwaltung auch die ersten sechs öffentlichen Briefkästen auf; die charakteristischen Basler Briefkästen mit dem

Post-Passage

‹Basler Dybli› von Melchior Berri stammen jedoch erst von 1844/1845.) Der 1844 in Basel eröffnete Bahnverkehr steigerte den Warenfluss erheblich. Die 1852–1853 errichtete Hauptpost erhielt daher schon 1878–1880 einen Erweiterungsbau zur Rüdengasse hin. Das 1908 eröffnete Postgebäude am Bahnhof trug ebenfalls den wachsenden Raumbedürfnissen der Post Rechnung und entlastete die Hauptpost. Im 20. Jahrhundert erfolgten an der Hauptpost immer wieder Umbauten, 1977 eine gründliche Restaurierung.

Quellen ANK: 1978
Literatur Meister Ernst: Das neue Postbetriebs-Gebäude Basel 2. In: Basler Stadtbuch 1980. Basel 1981, S. 229–234. Pleuler Rudolf: Kurze Basler Postgeschichte. In: Schweizer Briefmarken-Zeitung. N° 3/1945, S. 73–79

Strassenname **Prag-Strasse**
Gruppe 6
Plankoordinaten F 7
Amtlich benannt 1996
Bedeutung Prag, Hauptstadt von Böhmen und der Tschechischen Republik. Die Stadt erlangte ihre erste kulturelle und wirtschaftliche Blüte unter König Karl, der gleichzeitig auch Kaiser Karl IV. des deutschen Reichs war. Er gründete 1348 die erste deutschsprachige Universität. Prag wurde wegen ihres grossen Wohlstandes auch ‹die goldene Stadt› genannt. Böhmen war im 19. Jahrhundert eines der ersten und bedeutendsten Zentren der europäischen Industrialisierung. Die 1918 gegründete Tschechoslowakei, ebenfalls mit der Hauptstadt Prag, gehörte bis zur Besetzung durch das nationalsozialistische Deutschland und der kommunistischen Machtergreifung zu den führenden Industrienationen der Welt. Nach dem Erdbeben von 1356, bei dem die Basler Archive verlorengegangen waren, bestätigte der bereits erwähnte Kaiser Karl IV. von Prag aus Basels Rechte und Freiheiten. Sein Sohn und sein Enkel, ebenfalls böhmische Könige und deutsche Kaiser, gestanden Basel weitere Freiheiten zu.

ANK: 1996 *Quellen*

Prattelerstrasse *Strassenname*
1 *Gruppe*
G 6 *Plankoordinaten*
1949 *Amtlich benannt*
Bedeutung
Pratteln, Gemeinde im Baselbieter Bezirk Liestal, 8 km südöstlich von Basel.

→ Adlerstrasse *Weiteres siehe*
Roth: S. 87 *Literatur*

Predigergässlein *Strassenname*
16.2 *Gruppe*
ED 5 *Plankoordinaten*
1517 *Erstmals genannt*
1888 *Amtlich benannt*
Bedeutung
Die Predigerkirche enstand nach 1233 als Klosterkirche des Dominikanerordens (1215 gegründeter Seelsorge- und Bettelorden, auch für die Inquisition zuständig) zuerst ausserhalb der Stadtmauern. Das heutige Erscheinungsbild geht im wesentlichen auf Bauten der Jahre 1261–1269 zurück. Zum Klosterareal gehörte auch die Friedhofsmauer mit dem aufgemalten spätmittelalterlichen Totentanz, die 1805 abgebrochen wurde.
1517 erscheint die Strasse als Verbindung zwischen St. Johanns-Vorstadt und ‹Lottergasse› (heute Spitalstrasse) und als einziger Zugang in die letztere unter dem Namen ‹Lottergesslin›, bei Felix Platter 1610 als ein ‹Gesslin in die Lottergasse›. In den Adress- *Frühere Namen*

büchern vor 1862 gehören die an ihr liegenden Häuser zur St. Johanns-Vorstadt, danach zu Totentanz und St. Johanns-Vorstadt.

Bemerkenswertes Die Stadt Basel wies die aufgehobene Klosterkirche 1572 den aus Frankreich vertriebenen und hier aufgenommenen Protestanten (ihre Bezeichnung ‹Hugenotten›, franz. ‹Huguetnots›, bedeutet ‹Eidgenossen›) als Gottesdienstlokal zu. Sie erschien deshalb unter dem Namen ‹Französische Kirche›, bis zu deren Kirchenbau am Holbeinplatz im Jahr 1868. Von 1868 bis 1874 diente der Chor als Salzlager. Seit 1877, nach einer umfassenden Renovierung, hält die Christkatholische Gemeinde ihre Gottesdienste in der Predigerkirche ab. In den Klosterräumlichkeiten befand sich seit 1767 das ‹Schellenwerk›, in dem zu Strafarbeit verurteilte Untertanen und Landesfremde eingesperrt wurden. Hierhin lieferte man von 1806 an auch die verurteilten und bisher im Waisenhaus an der Kartausgasse untergebrachten straffälligen Stadtbürger ein. Der Name ‹Schellenwerk› stammt wohl von den Hand- und Fussschellen, die man den Gefangenen anlegte. Die Wendung, jemanden ans Schellenwerk schlagen, gibt es schon seit dem 17. Jahrhundert. Eine andere, eher zweifelhafte Deutung versteht die Schellen als Glöckchen, welche die Gefangenen während der Strassenreinigung und anderen öffentlichen Arbeiten mit sich getragen hätten, damit sie im Falle des Ausreissens besser verfolgt werden konnten. 1864 kam die Strafanstalt unter dem Namen ‹Schällemätteli› an die Spitalstrasse, wo zuvor der erste französische Bahnhof gestanden hatte.

Weiteres siehe → Kartausgasse, Spitalstrasse, Totentanz
Quellen Adressbücher 1798–1862. Platter: S. 170
Literatur Blum / Nüesch: S. 16–17. Fechter 1856: S. 124–127. Huber: S. 37–38. Roth: S. 87; 110. Siegfried: S. 27

Predigerhofstrasse *Strassenname*
22 *Gruppe*
E 8,9 *Plankoordinaten*
1820 *Erstmals genannt*
1931 *Amtlich benannt*

Der Predigerhof und das benachbarte Predigerholz auf dem Bruderholz bei Reinach waren im Besitz des Basler Predigerklosters. Die Strasse erscheint 1820 als ‹Therwiler Strässlein›, 1852 als ‹Reinacher Strässlein›, weil sie zu diesen Dörfern hinführt *Bedeutung*

Frühere Namen

→ Predigergässlein *Weiteres siehe*
Hoferplan 1820; Packplan *Quellen*
Roth: S. 87 *Literatur*

Pruntrutermatte *Strassenname*
1 *Gruppe*
D 6,7 *Plankoordinaten*
1990 *Amtlich benannt*
→ Pruntruterstrasse *Siehe*
Fischer: Anhang S. 35 *Literatur*

Pruntruterstrasse *Strassenname*
1 *Gruppe*
D 6 *Plankoordinaten*
1877 *Amtlich benannt*

Pruntrut (franz. Porrentruy), Hauptort der Ajoie im Kanton Jura. Porrentruy war von 1529, während der Basler Reformation, bis 1792, als das Fürstbistum Basel zur kurzlebigen Raurachischen Republik und ein Jahr später zu einem französischen Departement wurde, Sitz der Bischöfe von Basel. *Bedeutung*

→ Pruntrutermatte *Siehe auch*
Der Name Pruntruterstrasse war ursprünglich für die Rütimeyerstrasse vorgesehen. *Bemerkenswertes*

Roth: S. 87 *Literatur*

Rämelstrasse	**Redingbrücke**	**Rheingasse**	**Ringgässlein**	**Rosentalstrasse**	**Rütimeyerplatz**
Ramsteinerstrasse	**Redingstrasse**	**Rheinländerstrasse**	**Rittergasse**	**Rosshofgasse**	**Rütimeyerstrasse**
Rankstrasse	**Rehhagstrasse**	**Rheinschanze**	**Rixheimerstrasse**	**Rotbergerstrasse**	**Rütlistrasse**
Rankweglein	**Reichensteinerstrasse**	**Rheinsprung**	**Rodersdorferstrasse**	**Rotterdam-Strasse**	**Rufacherstrasse**
Rappenbodenweg-Promenade	**Reinacherstrasse**	**Rheinweilerweg**	**Rodrisstrasse**	**Rudolf Steiner-Weg**	**Ryffstrasse**
	Reiterstrasse	**Riburgstrasse**	**Römergasse**	**Rudolfstrasse**	
Rappoltshof	**Rennweg**	**Riedbergstrasse**	**Röschenzerstrasse**	**Rüdengasse**	
Rastatterstrasse	**Reservoirstrasse**	**Riehenring**	**Röttelerstrasse**	**Rührbergerstrasse**	
Rauracherwegli	**Reservoirweglein**	**Riehenstrasse**	**Roggenburgstrasse**	**Rümelinbachweg**	
Realpstrasse	**Reusstrasse**	**Riehenteichstrasse**	**Rosenfeldpark**	**Rümelins-Passage**	
Rebgasse	**Reverenzgässlein**	**Riehentorstrasse**	**Rosengartenweg**	**Rümelinsplatz**	
Rebweg	**Rheinfelderstrasse**	**Rigistrasse**	**Rosentalanlage**	**Rümmingerstrasse**	

Strassenname	**Rämelstrasse**
Gruppe	*8.1, 24.1*
Plankoordinaten	*C 4,5*
Amtlich benannt	*1921*
Bedeutung	Rämel, Höhenzug des Kettenjuras bei Burg (Kanton Basel-Landschaft) an der französischen Grenze, 16 km südwestlich von Basel. Der Felskopf Rämelturm liegt auf 832 m ü. M. Es handelt sich auch um einen Truppenstandort während der Grenzbesetzung im Ersten Weltkrieg (1914–1918).
Weiteres siehe	→ *Bonfolstrasse*
Literatur	*Roth: S. 88*

Strassenname	**Ramsteinerstrasse**
Gruppe	*18*
Plankoordinaten	*F 5*
Amtlich benannt	*1889*
Bedeutung	Ramstein, Burgruine in der Baselbieter Gemeinde Bretzwil (Bezirk Waldenburg), 19 km südlich von Basel. Die Freiherren (1459 erloschene Linie) und Edelknechte (1697 erloschene Linie) von Ramstein gehörten zum alten Adel der Stadt Basel. Die Freiherren liessen nach der ersten Zerstörung von Ramstein 1303 durch bischöflich-baslerische Truppen das Schloss Gilgenberg als ihren neuen Sitz erbauen. Auch das Erdbeben von 1356 führte zu Beschädigungen. Die Edelknechte blieben auf dem wieder aufgebauten Ramstein, das ihnen seit 1471 ganz gehörte, aber durch Kauf 1518 an Basel kam. Die Regierung hob die Vogtei Ramstein auf, nachdem ein Feuer die Burg 1644 zerstört hatte. 1685 liess man sie fast gänzlich abtragen und übergab das Schlossgut wechselnden Lehenträgern, so auch Chevalier Lukas Schaub für seine Verdienste im Lachsfangstreit zwischen Hüningen und Basel im Jahr 1737.
Weiteres siehe	→ *Eptingerstrasse, Gilgenbergerstrasse, Neuensteinerstrasse, Salmenweg*
Literatur	*Roth: S. 88. Teuteberg: S. 96*

Rankstrasse	Strassenname
7	Gruppe
G 4,5	Plankoordinaten
1903	Amtlich benannt
Die Grenzacherstrasse verläuft von Basel Richtung Riehen zunächst in einer gewissen Distanz zum Rhein. Dann macht sie einen auffälligen Bogen zum Rhein hin, den sogenannten ‹Rank›, und führt unmittelbar der Uferböschung entlang. Der ‹Rank› befand sich ursprünglich auf der Höhe der heutigen Schwarzwaldallee, wurde aber um 1910 nach Osten verschoben.	Bedeutung
→ *Im Rankhof, Rankweglein*	Siehe auch
Der Sportplatz Rankhof entstand 1923. Seine Bedeutung nahm durch die Eröffnung des Stadions St. Jakob aus Anlass der Fussballweltmeisterschaft 1954 stark ab. 1993 riss man das alte Stadion ab und errichtete in Verbindung mit dem benachbarten Sportplatz Satusgrund bis 1996 das Sportzentrum Rankhof. Das Landgut Rankhof des Grundstücks ‹Im Rank› erscheint erstmals 1792 unter seinem heutigen Namen. Im Adressbuch von 1862 taucht es sogar als ‹Belle Rive› auf. Das zweiteilige alte Gutshaus beherbergt jetzt die Büros des Sportamts Basel-Stadt (ehemaliges Wohnhaus) und die Lagerräumlichkeiten für das Sport-Leihmaterial des Sportamtes (ehemaliges Ökonomiegebäude). Im Keller ist eine kleine Cafeteria eingerichtet.	Bemerkenswertes
→ *Stadionstrasse*	Weiteres siehe
Hänni Romano: Der Rankhof des FC Nordstern. In: Basler Stadtbuch 1996. Basel 1997, S. 191–196. Pusterla Max: Vom Landsitz ‹Belle Rive› zum Sportzentrum Rankhof. In: Basler Stadtbuch 1996. Basel 1997, S. 197–200. Roth: S. 88. Siegfried: S. 88–89	Literatur

Rappoltshof

Strassenname	**Rankweglein**
Gruppe	7
Plankoordinaten	G 5
Amtlich benannt	1967
Siehe	→ Rankstrasse
Quellen	ANK: 1966/1967

Strassenname	**Rappenbodenweg-Promenade**
Gruppe	7
Plankoordinaten	E 8
Amtlich benannt	1954
Bedeutung	Die Grundstücke ‹Rappenboden› und ‹Klein Rappenboden› gehörten entweder einem Besitzer namens Rapp oder zu dem 1468 erstmals erwähnten Haus ‹Zum Rappen› (Aeschenvorstadt 15). Für das Haus ‹Zum Rappen› spricht, dass zu diesem eine Ziegelei gehörte, und im ‹Rappenboden› konnte man Lehm für die Ziegelherstellung gewinnen. Hinter diese Erklärung gehört allerdings ein Fragezeichen, da das Haus ‹Zum Rappen› auch, wenn nicht sogar öfter, ‹Zum Raben› genannt wird (so z.B. im Adressbuch von 1862).
Bemerkenswertes	Bisher wurde nur der Name vergeben, die Strasse selbst aber noch nicht gebaut.
Quellen	KB: 1954
Literatur	Siegfried: S. 40

Strassenname	**Rappoltshof**
Gruppe	19
Plankoordinaten	E 5,4
Erstmals genannt	1339
Amtlich benannt	1861
Bedeutung	Ein ‹Rappoltshof›, dessen Namen sich wahrscheinlich von seinem Bauherrn oder Besitzer Ratpold oder Rappold ableitet, erscheint 1339 erstmals und danach immer wieder. Ein ‹Rappoltsgässlein› ist seit 1750 belegt. Die Liegenschaften Rappoltshof 3 und 9 hiessen ‹Rappoltshof› und ‹Zu St. Rappoltshof›.

Frühere Namen	1610 nennt Felix Platter die Strasse ‹Gesslin zur Cloren müle, genant Robertsloch›; 1675 wird ein ‹Rochusloch› erwähnt. Der bis zur offiziellen Benennung 1861 oft verwendete Name ‹(Im) Rumpel› erscheint im 17. Jahrhundert. Die Herkunft dieser Bezeichnung ist nicht geklärt. Sie könnte einerseits von dem Personennamen Ruombold, anderseits aber vom Lärm der in Rappoltshof 9 betriebenen Walk- und Stampfmühle herrühren.
Bemerkenswertes	Der Rappoltshof ist eine im rechten Winkel abknickende Durchfahrtsstrasse zwischen Kasernenstrasse und Claragraben. Ein schmaler Durchgang verbindet sie mit der Unteren Rebgasse. Es liegt keine Hofsituation vor. Der heutige Strassenverlauf ist erst durch die Quartier- und Strassenkorrektionen zu Beginn des 20. Jahrhunderts entstanden. ‹Rappoltshof› bezeichnete zuvor nur das längs der alten Kleinbasler Gewerbekanäle verlaufende Teilstück. Neben dem Rappoltshof und In den Ziegelhöfen bezeichnen alle anderen Basler Strassennamen auf -hof eine blind endende Strasse (Im Burgfelderhof, Im Ettingerhof, Im Grenzacherhof, Im Rankhof, Im Witterswilerhof, Im Zimmerhof), eine schlaufenförmig verlaufende Strasse (Duggingerhof) oder einen tatsächlichen Gebäudehof (Im Lohnhof, Spiegelhof).
Weiteres siehe	→ Teichgässlein
Quellen	Adressbücher 1798–1854. Platter: S. 498
Literatur	Blum / Nüesch: S. 143. Roth: S. 88. Siegfried: S. 19. Wackernagel: S. 332

Strassenname	**Rastatterstrasse**
Gruppe	3
Plankoordinaten	E 3
Amtlich benannt	1902
Bedeutung	Rastatt, badische Kreisstadt in der Rheinebene zwischen Baden-Baden und Karls-

Rauracherwegli

ruhe, im 18. Jahrhundert von den Markgrafen von Baden als Residenzstadt ausgebaut, 150 km nördlich von Basel. Der Rastatter Kongress (1797–1799) bewilligte die 1795 im Basler Frieden zwischen Preussen und Frankreich festgehaltene Abtretung des linken Rheinufers durch das Deutsche Reich an Frankreich. Auf dem Weg von den italienischen Kriegsschauplätzen zum Kongress machte Napoleon Bonaparte 1797 auch in Basel halt.

Literatur Roth: S. 88

Raueracherwegli	*Strassenname*
13	*Gruppe*
H 4	*Plankoordinaten*
1974	*Amtlich benannt*

Bedeutung Die keltischen Rauriker oder Rauraker sind die ersten bekannten Bewohner des Basler Raumes. Die älteste bisher bekannte Basler Siedlung, ‹Basel-Gasfabrik› im äusseren St. Johannquartier, wurde wohl von ihnen angelegt. Zusammen mit den benachbarten Helvetiern zogen sie im Jahr 58 v. Chr. nach Gallien, von wo sie nach der verlorenen Schlacht von Bibracte wieder zurückkehrten. Offenbar gaben sie aber die Siedlung von ‹Basel-Gasfabrik› auf und gründeten eine neue auf dem Münsterhügel. Die Römer nahmen diesen wiederum für ein Kastell in Besitz und gründeten das nach den Raurikern benannte Augusta Raurica.

Weiteres siehe → *Alemannengasse, Augsterweg, Gotenwegli*
Quellen ANK: 1974

Realpstrasse	*Strassenname*
10.4	*Gruppe*
C 6	*Plankoordinaten*
1910	*Amtlich benannt*

Realp, Urner Gemeinde im Urserental zwischen Andermatt und Furkapass. *Bedeutung*

Roth: S. 88 *Literatur*

Rebgasse	*Strassenname*
19, 29	*Gruppe*
E 5	*Plankoordinaten*
1280	*Erstmals genannt*
1861	*Amtlich benannt*

Das ‹Rebhaus› (Riehentorstrasse 11), das 1404 erstmals erwähnt ist und 1769 neu aufgebaut wurde, ist das Lokal der Rebleute, einer der drei Kleinbasler Ehrengesellschaften. Die Ehrengesellschaft hat es 1859 veräussert und 1997 wieder zurückgekauft. Der Anbau von Reben machte einen wesentlichen Teil des landwirtschaftlich genutzten Kleinbasler Bannes aus. Die Rebleute siedelten sich vor allem im südlichen Teil von Kleinbasel an. Das Wappentier der Gesellschaft zum Rebhaus ist der Löwe. Bis ins 19. Jahrhundert gab es keine strikte Trennung zwischen der quer zum Rhein liegenden ‹Oberen Rebgasse› (heute Riehentorstrasse), wo das Gesellschaftshaus der Rebleute mit dem Brunnen steht, der längs zum Rhein liegenden Rebgasse (1390 unter diesem Namen erstmals erwähnt) und der Unteren Rebgasse als Verlängerung derselben jenseits der Kleinbasel teilenden Greifengasse. *Bedeutung*

→ *Untere Rebgasse* *Siehe auch*
Frühere Namen

Kleinbasel ist eine geplante Stadtgründung mit regelmässigen Strassenzügen. Die Rebgasse und die Untere Rebgasse stellten die vom Rhein entfernteste der drei Längsstrassen in der rechteckigen Stadtanlage dar. 1280 und 1368 erscheinen sie deshalb als ‹Obere

Gassen›, 1686 heisst die Rebgasse ‹lange Strass›. Aus dem 14. Jahrhundert stammt die Bezeichnung ‹St. Clara Gasse› für die Strecke vor dem Kloster St. Clara.

Bemerkenswertes Während die Untere Rebgasse und die Riehentorstrasse (‹Obere Rebgasse›) seit dem Mittelalter im wesentlichen gleich lang geblieben sind, hat man die ursprünglich nur in die Riehentorstrasse einmündende Rebgasse in den 1890er Jahren über diese hinaus bis zur Theodorskirche verlängert.

Quellen Adressbücher 1798–1854. Kellerplan. Platter: S. XIII; 492
Literatur Blum / Nüesch: S. 130–131. Fechter 1856: Plan. Meles / Wartburg: S. 25; 31; 59; 129. Roth: S. 89. Siegfried: S. 18. Wackernagel: S. 322

Strassenname	**Rebweg**
Gruppe	14
Plankoordinaten	E 2
Amtlich benannt	1896
Bedeutung	Weinrebe (lat. Vitis vinifera), als Kulturpflanze aus der eurasischen Wildrebe gezüchtet. Ausgedehnte Rebenpflanzungen erstreckten sich rings um Basel, sowohl für die Weinherstellung als auch zum Schutz vor militärischen Angriffen (Reben erschwerten das unbemerkte und schnelle Vorankommen grösserer Verbände). Der Rebweg liegt allerdings weitab von den früheren Kleinbasler Stadtmauern.
Weiteres siehe	→ Mostackerstrasse, Rebgasse
Literatur	Fischer: Anhang S. 23. Siegfried: S. 80

Strassenname	**Redingbrücke**
Gruppe	12.5
Plankoordinaten	G 6
Amtlich benannt	1933
Siehe	→ Redingstrasse
Quellen	Stadtplan: 1974

Redingstrasse	*Strassenname*
12.5	*Gruppe*
G 6	*Plankoordinaten*
1876	*Amtlich benannt*
Die Familie Reding ist ein altadeliges Schwyzer Geschlecht. Ob man bei der Benennung der Strasse an eine bestimmte Person gedacht hat, ist nicht überliefert. Wahrscheinlich dürfte Aloys Reding (1765–1818) in Betracht kommen. Reding war, obwohl selbst Feind der revolutionären Ordnung, von Oktober 1801 bis April 1802 Landammann und damit Oberhaupt der Helvetischen Republik. Auf seiner Durchreise nach Paris im Januar 1802 errichteten ihm konservative Basler einen Triumphbogen in der Stadt.	*Bedeutung*
→ Redingbrücke	*Siehe auch*
D[avid] J[ohann] H[einrich]: Gemüthliche Wanderungen eines Baslers auf heimathlichem Boden mit Ausflügen nach verwandten Gegenständen. Basel 1821. Roth: S. 89. Siegfried: S. 38	*Literatur*

Rehhagstrasse	*Strassenname*
8.1	*Gruppe*
E 8	*Plankoordinaten*
1945	*Amtlich benannt*
Rehhag (1018 m ü. M.), Höhenzug des Kettenjuras bei Waldenburg, 23 km südöstlich von Basel.	*Bedeutung*
Roth: S. 89	*Literatur*

Reichensteinerstrasse	*Strassenname*
18	*Gruppe*
D 6,7 E 6	*Plankoordinaten*
1889	*Amtlich benannt*
Reichenstein, auch Oberbirseck genannt, Schlossruine oberhalb von Arlesheim, 7 km südöstlich von Basel. Die Familie Reich war ein bischöflich-baslerisches Dienstmannengeschlecht (usprünglich unfreie Gefolgs-	*Bedeutung*

leute im Ritterstand) mit zahlreichen Ämtern in der Stadt, das im 13. Jahrhundert die Burg erhielt und dieser ihren Namen gab. Die Reich behielten ihr Basler Stammhaus bis 1749, den Hauptbesitz erwarben sie im Elsass und in Baden. Reichenstein blieb bis 1813 im Besitz dieser Familie. In der Burg lebte aber schon seit dem 17. Jahrhundert niemand mehr, heute ist nur noch der Wohnturm erhalten und genutzt.

Literatur Roth: S. 89

Strassenname **Reinacherstrasse**
Gruppe 1
Plankoordinaten F 7,8
Erstmals genannt 1811
Amtlich benannt 1871
Bedeutung Reinach, Gemeinde im Baselbieter Bezirk Arlesheim, 6 km südlich von Basel. Die Strasse folgt der früheren Landstrasse nach Reinach. Im Adressbuch von 1811 heisst die Strasse ‹Alte Rynacherstrasse› (die ‹Neue Reinacherstrasse› ist die heutige Münchensteinerstrasse), später heisst sie auch einfach ‹Dreyspitz›.
Quellen Adressbücher 1811–1854
Literatur Roth: S. 89. Siegfried: S. 44

Strassenname **Reiterstrasse**
Gruppe 23
Plankoordinaten C 6
Erstmals genannt 1820
Amtlich benannt 1898
Bedeutung Die Reiterstrasse (Reiterei = Kavallerie) bildete zusammen mit der nicht mehr vorhandenen ‹Militär›- und ‹Kriegerstrasse› (heute General Guisan-Strasse) ein Ensemble, das an die Verwendung der Schützenmatte für soldatische Übungen erinnerte.
Frühere Namen von Teilstücken Die Reiterstrasse folgt dem Verlauf eines Teilstücks des alten Fussweges neben dem Herrengraben-Kanal, der schon aus dem 13. Jahrhundert stammt. 1820 erscheint dieser Weg als ‹der Herrn Graben›.

→ Herrengrabenweg, Schützenmattstrasse *Weiteres siehe*
Hoferplan 1820 *Quellen*
Fischer: Anhang S. 23. Roth: S. 89 *Literatur*

Rennweg *Strassenname*
31 *Gruppe*
F 6 *Plankoordinaten*
1861 *Amtlich benannt*

Das ‹Renn(en)feld› ist schon seit dem 14. Jahrhundert urkundlich belegt. Der Name ‹Rennweg› für einen alten Fernverkehrsweg ist im deutschen Sprachraum häufig. In Basel kennt man ihn seit dem 15. Jahrhundert. Eine weitere Deutung sieht im Rennweg eine Strasse, auf der volkstümliche oder militärische (Reiter-)Rennen stattfanden. *Bedeutung*

Der Name ‹Rennweg› erscheint in den Adressbüchern nicht vor 1862, und auf den Plänen des 19. Jahrhunderts ist auch kein solcher Weg verzeichnet. Vielleicht war mit dem ‹Rennweg› des 14. Jahrhunderts die heutige Gellertstrasse gemeint, als Fernverbindung nach St. Jakob und von da aus ins Mittelland. Der 1861 amtlich vorgesehene Name war zuerst ‹Hintere Göllertstrasse›. *Bemerkenswertes*

Roth: S. 89. Siegfried: S. 35 *Literatur*

Reservoirstrasse *Strassenname*
28.2 *Gruppe*
EF 8 *Plankoordinaten*
1922 *Amtlich benannt*

Das Basler Wasserreservoir auf dem Bruderholz entstand zuerst als private Unternehmung mit staatlicher Konzession in den Jahren 1864–1866. Der Staat kaufte es 1875 auf, nachdem es zwischen den Behörden und der ‹Gesellschaft für die Wasserversorgung der *Bedeutung*

Stadt Basel› zu keiner Einigung über die Entsorgung des Abwassers gekommen war. Der steigende Wasserbedarf der Stadt, aber auch Probleme mit der schwankenden Menge und mit der zweifelhaften Qualität des sogenannten Grellinger-Wassers (das Wasser gelangt aus über 40 Quellen im Pelzmühle- und im Kaltbrunnental bei Grellingen sowie bei Angenstein ins Reservoir auf dem Bruderholz) machten seither einen starken Kapazitätsausbau nötig. Die Nutzung des Grundwassers der Wiese in den Langen Erlen begann gemäss Untersuchungen von Karl Ludwig Rütimeyer schon 1879. 1903–1906 entstand die neue Reservoir- und Filteranlage für das Quellwasser der Juraquellen auf dem Bruderholz. Der Wasserturm mit Aussichtsterrasse, erbaut 1925–1926, gehört zur Anlage des Basler Wasserreservoirs auf dem Bruderholz. Er dient der Wasserversorgung für die zu Beginn des 20. Jahrhunderts besiedelten Anhöhen bei Basel (Bruderholz, Chrischona), für die der Leitungsdruck des eigentlichen Wasserreservoirs nicht ausreicht. 1962 nahm die Hardwasser AG ihren Betrieb auf; als ein weiterer Kapazitätsausbau gelang 1964 die Anreicherung des Basler Grundwassers durch Zufuhr aus Wiese und Rhein. Die Grundwasseranlagen in den Langen Erlen und in der Hard stellen zusammen über 90% der Basler Wasservorräte, der Rest stammt aus dem Wasserreservoir auf dem Bruderholz und dem Reservoir Herrenweg beim Schiessplatz Allschwiler Weiher.

Siehe auch → *Beim Wasserturm, Reservoirweglein Wasserturm-Promenade*

Weiteres siehe → *Brunngässlein, Rütimeyerstrasse, Wasserstrasse*

Literatur *Blum / Nüesch: S. 159–163. Die Wasserversorgung von Basel-Stadt. Herausgegeben von den Industriellen Werken Basel. Basel 1995. INSA: S. 195. Meles / Wartburg: S. 98–99. Roth: S. 89. Teuteberg: S. 341–342*

Reservoirweglein — *Strassenname*
28.2 — *Gruppe*
EF 8 — *Plankoordinaten*
1974 — *Amtlich benannt*
→ *Reservoirstrasse* — *Siehe*
ANK: 1974 — *Quellen*

Reusstrasse — *Strassenname*
10.3, 11.1 — *Gruppe*
C 6 — *Plankoordinaten*
1909 — *Amtlich benannt*

Reuss, 159 km langer Nebenfluss der Aare, Quelle im Gotthardgebiet und Mündung bei Windisch (AG). — *Bedeutung*

Man schreibt in Basel tatsächlich Reusstrasse (nicht Reussstrasse oder Reuss-Strasse) und kann das auf dem offiziellen Stadtplan sowie auf den Strassenschildern lesen. Zwei statt drei ‹s› sind bereits nach alter Rechtschreibung falsch gewesen. — *Bemerkenswertes*

Roth: S. 89 — *Literatur*

Reverenzgässlein — *Strassenname*
29, 32 — *Gruppe*
E 5 — *Plankoordinaten*
1450 — *Erstmals genannt*
1970 — *Amtlich benannt*

Die Herkunft des Strassennamens ist nicht eindeutig geklärt. Es bieten sich zwei Deutungen an. ‹(Mit) Reverenz› bedeutet ‹Verzeihung›, ‹mit Verlaub›. Der Name der früher durch Kot und Unrat stark verschmutzten Strasse könnte daher kommen, dass man beim Reden die als ordinär empfundene alte Bezeichnung von 1610, ‹Schis Gesslin gegen der Utengassen› (‹Scheissgässlein gegen die Utengasse›), mit dieser Entschuldigungsfloskel verband. Man hätte also von ‹dem – (mit) Reverenz – Scheissgässlein› gesprochen. Nur noch vom Reverenz- — *Bedeutung* gässlein sprach man spätestens seit Ende der 1780er Jahre. ‹Reverenz› bezeichnet aber auch eine ehrerbietige Verbeugung. So kann in dem Strassennamen auch eine Anspielung auf die Reverenz stecken, die die Kleinbasler Ehrenzeichen ‹Vogel Gryff›, ‹Leu› und ‹Wild Ma› jeweils am ‹Vogel Gryff›, dem wichtigsten volkstümlichen Brauch Kleinbasels, den Vorgesetzten und Meistern der Ehrengesellschaften in allen Teilen des alten Kleinbasels erweisen.

Frühere Namen Neben dem oben genannten ‹Scheissgässlein› wurden auch ‹Ruessgasslin›, ‹Allmentgässlin› (beide 1450), ‹Hagengässlein› und ‹Goldgässlein› (beide 1457) erwähnt.

Quellen Platter: S. 460

Literatur Blum / Nüesch: S. 129. Roth: S. 89

Strassenname **Rheinfelderstrasse**

Gruppe 1, 3

Plankoordinaten F 5

Erstmals genannt 1806

Amtlich benannt 1878

Bedeutung Rheinfelden, zwei Nachbarstädte auf dem deutschen und dem schweizerischen (aargauischen) Rheinufer, 15 km östlich von Basel.

Frühere Namen Die Rheinfelderstrasse ist, noch ohne Namen, schon auf dem Münsterplan von 1550 abgebildet. Vor 1878 war sie das der Stadt am nächsten gelegene Teilstück der dann an den Wettsteinplatz umgeleiteten Grenzacherstrasse (erstmals 1806 erwähnt) bis zum ehemaligen Riehentor.

Weiteres siehe → *Grenzacherstrasse*

Literatur Roth: S. 90

Rheingasse *Strassenname*

11.1 *Gruppe*

E 5 *Plankoordinaten*

13. Jahrhundert *Erstmals genannt*

1861 *Amtlich benannt*

Rhein, mitteleuropäischer Hauptstrom, zwei Quellen (Vorderrhein und Hinterrhein) im Kanton Graubünden, Mündung in die Nordsee. Der Rhein durchfliesst sein jetziges Flussbett bei Basel mit der charakteristischen Biegung etwa seit dem dritten Jahrtausend v. Chr. *Bedeutung*

→ *Oberer Rheinweg, Rheinschanze, Rheinsprung, Untere Rheingasse, Unterer Rheinweg* *Siehe auch*

1368 heisst die Strasse ‹obre Gasse›, doch erscheint sie schon früher unter ihrem heutigen Namen, so 1347 als ‹Ringasse›. *Frühere Namen*

Bis zur Strassenkorrektion am Ende der 1850er Jahre war das oberste Stück der Rheingasse beim Reverenzgässlein so eng, dass zwei Pferdewagen einander kaum passieren konnten. Dieser Teil hiess deshalb im Volksmund ‹Meerenge›. In den Adressbüchern vor 1862 hiess der Abschnitt vom Schafgässlein bis zur Greifengasse ‹An der Rheinbrücke›, wozu auch das kurze Stück der Greifengasse bis zur Rheinbrücke gehörte. *Frühere Namen von Teilstücken*

Die Rheingasse wurde bei der planmässigen Kleinbasler Stadtgründung im 13. Jahrhundert zusammen mit der Uten- und der Rebgasse als die dem Rhein nächstgelegene Längsstrasse angelegt. Die klare Trennung in Rheingasse, die oberhalb, und Untere Rheingasse, die unterhalb der Greifengasse liegt, bestand in den Adressbüchern schon vor der amtlichen Namengebung im Jahr 1861. *Bemerkenswertes*

Adressbücher 1798–1854. HGB: Rheingasse. Platter: S. 450; 468; Plan *Quellen*

Blum / Nüesch: S. 129. Fechter 1856: Plan. Roth: S. 90. Wackernagel: S. 254; 291 *Literatur*

Strassenname	**Rheinländerstrasse**
Gruppe	9
Plankoordinaten	D 4
Amtlich benannt	1899
Bedeutung	Rheinland (amtlich ‹Rheinprovinz› bezeichnet), 1822 etablierte und zu Preussen gehörige Provinz zwischen der Pfalz und den Niederlanden beidseits, aber vor allem links des Rheins (die Strasse liegt inmitten des elsässischen Ensembles von Grossbasel-West). Hauptstadt war Koblenz. 1946 wurde das Rheinland unter die deutschen Bundesländer Nordrhein-Westfalen, Rheinland-Pfalz und das Saarland aufgeteilt.
Literatur	Roth: S. 90

Strassenname	**Rheinschanze**
Gruppe	11.1, 23
Plankoordinaten	D 4
Amtlich benannt	1880
Siehe	→ Rheingasse
Bemerkenswertes	Die Strasse führt entlang des kurzen Befestigungsstücks zwischen St. Johanns-Tor und Thomasturm am Rhein. Die als Verteidigungswerk wohl unzulängliche Rheinschanze konnte bei niedrigem Wasserstand zu Fuss umgangen werden. Schon 1806 trug man Schanze und Turm so weit ab, dass eine erhöhte und mit Brustwehr versehene Promenade entstand. In dieser exponierten Lage befand sich zudem seit 1831 ein Pulvermagazin. Die Rheinschanze erhielt ihre jetzige Gestalt in den 1880er Jahren.
Literatur	Blum / Nüesch: S. 15. Roth: S. 90

Strassenname	**Rheinsprung**
Gruppe	11.1
Plankoordinaten	E 5
Erstmals genannt	14. Jahrhundert
Amtlich benannt	1861
Siehe	→ Rheingasse

Frühere Namen	Die frühesten Erwähnungen der Strasse stammen aus dem 14. Jahrhundert und bezeichnen sie wegen ihrer Steilheit als ‹Rheinhalde› oder einfach als ‹Sprung›. 1610 erscheint ‹Sprung zur Rhinbruck› oder ‹Gassen am Sprung by dem Underen Collegio›. Das ‹Untere Collegium› (zur Unterscheidung vom ‹Oberen Kollegium› im ehemaligen Augustinerkloster) oder die ‹Alte Universität› am Rheinsprung 9 war das erste Universitätsgebäude der Stadt. Diese hatte es der Universität bei ihrer Gründung im Jahr 1460 zur Verfügung gestellt. Heute beherbergt es das Zoologische Institut. Ein weiterer Name für den Rheinsprung war ‹St. Martinsberg› nach der nahegelegenen Martinskirche.
Frühere Namen von Teilstücken	Im Adressbuch von 1798 erscheint der oberste Teil der Strasse vor der Augustinergasse als ‹Obere Augenweid›, nach den Häusern ‹Zur Augenweide› und ‹Zur kleinen Augenweide› (Liegenschaften 20 und 22).
Quellen	Adressbuch 1798. Platter: S. 444
Literatur	Blum / Nüesch: S. 60–61. Fechter 1856: S. 24. Huber: S. 74–75; 204. Roth: S. 90

Rheinweilerweg	Strassenname
3	Gruppe
E 3	Plankoordinaten
1890	Amtlich benannt
Rheinweiler, Ortsteil der badischen Gemeinde Bad Bellingen, 18 km nördlich von Basel.	Bedeutung
Roth: S. 90	Literatur

Riburgstrasse	Strassenname
1	Gruppe
G 4	Plankoordinaten
1936	Amtlich benannt
Riburg, Teil der Gemeinde Möhlin im aargauischen Bezirk Rheinfelden, 18 km östlich	Bedeutung

von Basel. Seit 1846 wird dort eine Saline betrieben, die erstmals die schweizerische Selbstversorgung mit Salz herstellte.

Weiteres siehe	→ Salinenstrasse
Literatur	Roth: S. 90

hof ab 1910 an seinem heutigen Standort gebaut wurde, gliederte man diese Strasse dem bisherigen Riehenring als Verlängerung an.

Quellen	Hoferplan 1822
Literatur	Blum / Nüesch: S. 117; 119. Roth: S. 91. Siegfried: S. 35

Strassenname	**Riedbergstrasse**
Gruppe	8.1
Plankoordinaten	E 8
Amtlich benannt	1945
Bedeutung	Riedberg (935 m ü. M.), Höhenzug des solothurnisch-basellandschaftlichen Kettenjuras oberhalb von Nunningen, 18 km südlich von Basel.
Literatur	Roth: S. 90

Strassenname	**Riehenring**
Gruppe	1
Plankoordinaten	E 3,4 F 3–5
Erstmals genannt	1822
Amtlich benannt	1904
Siehe	→ Riehenstrasse
Frühere Namen von Teilstücken	Die Strasse, auf dem Hoferplan von 1822 zwischen Klingentalstrasse und Horburgstrasse mit ‹Neuhaus Fussweg› bezeichnet, sollte gemäss einer Planung von 1860 unter dem Namen ‹Riehenringweg› vom damaligen Badischen Bahnhof (zwischen heutiger Isteinerstrasse und Riehenring gelegen) zum Rhein führen. Sie entstand aber 1863 zuerst nur als kurzes Anfangsstück entlang des Schienentrassees in Richtung Rhein. 1904 wurde der ‹Riehenringweg› zum Riehenring, gleichzeitig mit dem ‹Bläsiringweg›, der ebenfalls einen entsprechend kürzeren Namen erhielt. Das Teilstück von der Riehenstrasse bis zur Horburgstrasse (der Riehenring geht heute bis zur Wiese) hiess ursprünglich ‹(Deutsche) Bahnhofstrasse›, da es dem ehemaligen Badischen Bahnhof entlangführte. Als der Bahn-

Riehenstrasse	Strassenname
1	Gruppe
FE 5 FG 4	Plankoordinaten
1806	Erstmals genannt
1861	Amtlich benannt
Riehen, grössere der beiden baselstädtischen Landgemeinden, 5 km nordöstlich von Basel. Die alte Landstrasse nach Riehen, im Adressbuch von 1806 bereits als Riehenstrasse erwähnt, führte über eine kurze Strecke vor dem Riehentor dem Riehenteich entlang. Die Häuser auf der Strassenseite zum Kanal hin lagen in den Adressbüchern von 1811 bis 1854 ‹Am Teich›, die anderen ‹an der Riehenstrasse›.	Bedeutung
	Frühere Namen von Teilstücken
Adressbücher 1806–1854	Quellen
Roth: S. 91. Siegfried: S. 86	Literatur

Riehenteichstrasse	Strassenname
11.2	Gruppe
F 4	Plankoordinaten
1845	Erstmals genannt
1907	Amtlich benannt
→ Teichgässlein	Siehe
1861 erhielt die Strasse den Namen ‹Riehenteichweg›. Die Liegenschaften an der Strasse gehörten vorher zur Riehenstrasse oder lagen ‹am Teich›. Dieser Name taucht für die Riehenteichstrasse erstmals im Adressbuch von 1845 auf, man verwendete ihn aber schon seit 1811 auch für Liegenschaften an der Riehenstrasse.	Frühere Namen
Adressbücher 1811–1845	Quellen
Roth: S. 91	Literatur

Strassenname	**Riehentorstrasse**
Gruppe	23
Plankoordinaten	E 5
Erstmals genannt	1383
Amtlich benannt	1861

Bedeutung: Das Riehentor war der südliche Eingang nach Kleinbasel. Seine frühesten Erwähnungen datieren von 1265 und 1284 und lauten ‹porta que ducit versus Riehein› (‹Tor, das nach Riehen führt›) und ‹porta iuxta S. Theodorum› (‹Tor bei St. Theodor›). 1342 heisst es das ‹obere tor, da man wider Riehen usgat›. Der Name ‹tor ze elenden crütz› (1450) oder ‹heiliges Kreuztor› stammt von dem Wegkreuz mit Kapelle vor der Stadt. Das Riehentor war eine umfangreiche Befestigungsanlage, die seit den 1780er Jahren verfiel. 1840 war nur noch das eigentliche Tor vorhanden, das 1864 als zweites Stadttor nach dem Aeschentor ganz abgebrochen wurde.

Frühere Namen: Im 15. Jahrhundert bezeichnete man die Strasse als ‹in der obern Stadt›, 1481 und auch noch 1710 als ‹Kilchgasse›, im 18. Jahrhundert als ‹Obere Rheingasse›, ‹Obere Rebgasse› und ‹beim Rebhaus› wegen des Gesellschaftshauses der Rebleute (Riehentorstrasse 11).

Frühere Namen von Teilstücken: Der unterste Teil der Strasse, der vom Lindenberg an das 1858 abgebrochene Mauertörlein zum Rheinufer führte, wird 1383 als ‹Lesserstürlingasse› erwähnt. Dieses wiederum hiess nach einem gewissen Johann Lesser, der an dieser Strasse Grund und Häuser besass. Für diese Strecke finden sich auch die Namen ‹Rheingässlein›, ‹oberes Rheingässlein›, ‹oberes Rheintorgässlein› und vor 1861 ‹Rheinweg›. Ebenfalls vor 1861 heisst die Strecke vom Lindenberg bis zur Rebgasse ‹Obere Rebgasse›, die Strecke von der Rebgasse bis zum Riehentor ‹Beim Riehen-Thor›.

Bemerkenswertes: Als die Regierung 1871 die Umbenennung der ‹Neuen Vorstadt› in Hebelstrasse prüfen liess, schlug man auch für andere Strassen neue Namen vor. Für die Riehentorstrasse kam ‹Wettsteinstrasse› in Betracht.

Quellen: Adressbücher 1798–1854. Platter: Plan. StABS Bau H 4: 6.6. 1871

Literatur: Blum / Nüesch: S. 122–123; 130. Fechter 1856: S. 134–135; Plan. Roth: S. 91. Wackernagel: S. 231–233; 241; 272; 275

Rigistrasse	Strassenname
10.2	Gruppe
C 5,6	Plankoordinaten
1920	Amtlich benannt

Bedeutung: Die (auch der) Rigi, mehrgipfeliger (Rigi-Kulm 1798 m ü. M., Rigi-Scheidegg 1665 m ü. M.) Bergstock und Aussichtsberg der Schwyzer Voralpen zwischen Vierwaldstätter- und Zugersee. Zum Berg hinauf führt die 1868–1871 vom Basler Ingenieur Niklaus Riggenbach erbaute älteste Zahnradbahn Europas.

Literatur: Roth: S. 92

Ringgässlein	Strassenname
19	Gruppe
E 5	Plankoordinaten
1458	Erstmals genannt
1861	Amtlich benannt

Bedeutung: Das Eckhaus Freie Strasse 56 findet man urkundlich erstmals 1458 als ‹Hus genant zem grünen Ringe oben an der frienstrass am Palastgesslin›. Der Name Ringgässlein, seit 1626 bekannt, ist seit dem 18. Jahrhundert gültig.

Frühere Namen: Der Name ‹Palastgesslin› stammt vom Haus ‹Zum Palast› am Ringgässlein 2. Im Jahr 1610 ist das ‹Grienen ring gesslin› belegt, das im 17. Jahrhundert zusammen mit dem heutigen Namen die Bezeichnung ‹Palastgässlein› zu verdrängen beginnt.

Quellen: HGB: Freie Strasse. Platter: S. XIII; 404–405

Literatur: Fischer: Anhang S. 23. Roth: S. 92

Strassenname	**Rittergasse**
Gruppe	16.2
Plankoordinaten	E 5
Erstmals genannt	1324
Amtlich benannt	1861
Bedeutung	Die Kapelle des Deutschritterordens (Rittergasse 29) liess die Stadt bereits im 16. Jahrhundert profanieren und als Fruchtschütte nützen. Die Gründung des Ordens als Bruderschaft für den Kampf gegen das Heidentum und für die Pflege kranker deutscher Pilger erfolgte im Jahr 1190 während des dritten Kreuzzuges. Bedeutung erlangte der Deutschritterorden im Mittelalter durch seinen ausgedehnten Herrschaftsbereich im Baltikum und als Finanzmacht. In Basel war er spätestens seit 1268 bis zur Reformation präsent, als er das Areal übernahm, auf dem die 1844/1845 sowie 1989 umgebaute Kapelle steht.
Frühere Namen	Die ursprüngliche Bezeichnung als ‹St. Ulrichsgassen› (1324) stammt von der Kirche St. Ulrich, dem Augsburger Bischof Udalricus (890–973, 993 heiliggesprochen) geweiht. Sie war die Pfarrkirche einer der ältesten Kirchgemeinden der Stadt. Den Bau riss man 1887 ab, nachdem er seit dem 18. Jahrhundert für verschiedenste Zwecke, als Lagergebäude, Stall und Schulzimmer verwendet worden war. Felix Platters Umschreibung der Strasse aus dem Jahr 1610 lautet ‹Von S. Alban Thurm bis an Münsterblatz›. Der ‹St. Albans-Turm› war die sogenannte Bärenhaut (Rittergasse 26), der zum Gefängnis umgenutzte Schwibbogen (Torbau) der inneren Stadtmauer.
Frühere Namen von Teilstücken	Die Strecke vom Münsterplatz bis zur Bäumleingasse, 1861 der Rittergasse angeschlossen, trug den Namen ‹Hinter dem Münster›, das der Rittergasse angeschlossene Seitengässlein (Nummern 9 bis 21) die Bezeichnung ‹hinder Ramstein› nach dem 1727–1732 erbauten Stadtplais ‹Grosser Ramsteinerhof› (Rittergasse 17). 1610 hiess es ‹Gesslin zum Utemerhof›, nach der Liegenschaft ‹Utenheimerhof› bzw. ‹Hohenfirstenhof› bzw. ‹Kleiner Ramstein› (Rittergasse 19). Es trug auch den Namen ‹Fürstengässlein›. Bis ins 20. Jahrhundert nannte der Volksmund die Sackgasse scherzhaft auch ‹Hundskehri›, weil dorthin häufig Hunde zur Versäuberung geführt wurden. Im Adressbuch von 1798 erscheint die Strecke vor dem ehemaligen Sitz des Ritterordens als ‹Deutsches Haus›. 1959 integrierte man die kurze Strasse ‹Münsterhof› in die Rittergasse. Das Antistitium und das alte Pfarrhaus als einzige Liegenschaften an dieser Strasse konnten dabei ihre Hausnummern 1 und 2 behalten, da es zuvor gar keine Rittergasse 1 und 2 gegeben hatte.
Bemerkenswertes	Eine stadtwärts gelegene Seitenstrasse der Rittergasse, die enge Sackgasse ‹Hasengässlein›, existiert nicht mehr. Sie lag auf dem Areal des 1885 erbauten Realschulhauses. An ihr lag das Wohnhaus von Christian Wurstisen, dem Verfasser der ersten ‹Basler Chronik›, und das ‹Guggeri Haus›, in dem 1818 Jacob Burckhardt geboren wurde. Nach diesem Haus hiess die Strasse auch ‹Gesslin hinderen zum Guggeri›, ‹Gesslin zu Guggeri Hus› oder ‹Gesslin gegem Guggero›. Der Vischersche Garten hinter dem Münster war im 19. Jahrhundert ebenso wie der Forcartsche Garten (heute nicht mehr bestehend) bei der Dufourstrasse eine der wichtigsten Sehenswürdigkeiten der Stadt.
Quellen	Adressbücher 1798–1854. ANK: 1959. Platter: S. 424–428
Literatur	Blum / Nüesch: S. 40–44. Fechter 1856: S. 25–27; Plan. Fischer: Anhang S. 23. Huber: S. 115. Roth: S. 92

Strassenname	**Rixheimerstrasse**
Gruppe	2
Plankoordinaten	C 5
Amtlich benannt	1892
Bedeutung	Rixheim, elsässische Gemeinde bei Mulhouse, 26 km nordwestlich von Basel.
Literatur	Roth: S. 92

Strassenname	**Rodersdorferstrasse**
Gruppe	1, 24.1
Plankoordinaten	C 4
Amtlich benannt	1921
Bedeutung	Rodersdorf, Gemeinde der Solothurner Amtei Dorneck-Thierstein im Leimental, 13 km südwestlich von Basel. Rodersdorf war auch Truppenstandort während der Grenzbesetzung im Ersten Weltkrieg (1914–1918).
Weiteres siehe	→ Bonfolstrasse
Literatur	Roth: S. 92

Strassenname	**Rodrisstrasse**
Gruppe	1
Plankoordinaten	D 6
Amtlich benannt	1929
Bedeutung	Rodris, Siedlung in der Solothurner Amtei Dorneck-Thierstein an der Strasse von Nunningen nach Grellingen, zur Gemeinde Nunningen gehörig, 16 km südlich von Basel.
Literatur	Roth: S. 92

Strassenname	**Römergasse**
Gruppe	13
Plankoordinaten	F 5
Amtlich benannt	1878
Bedeutung	Die römische Eroberung und Besiedlung der Basler Region begann in der zweiten Hälfte des 1. Jahrhunderts v. Chr. Das Zentrum lag bei Augusta Raurica, verlagerte sich aber mit den Germaneneinfällen und den inneren Streitigkeiten des Reichs im 4./5. Jahrhundert zum Münsterhügel, mit einem auf dem Kleinbasler Rheinufer vorgelagerten Brückenkopf (offenbar erst 374 gebaut). Die Römerzeit, d.h. die Epoche der von Rom abhängigen Verwaltung endete im 5. Jahrhundert.
Weiteres siehe	→ Augsterweg, Burgweg
Literatur	Roth: S. 92

Strassenname	**Röschenzerstrasse**
Gruppe	1
Plankoordinaten	E 7
Amtlich benannt	1924
Bedeutung	Röschenz, Gemeinde im Baselbieter Bezirk Laufen, 17 km südwestlich von Basel.
Literatur	Roth: S. 92

Strassenname	**Röttelerstrasse**
Gruppe	3, 18
Plankoordinaten	G 4
Amtlich benannt	1933
Bedeutung	Rötteln, Burgruine und Herrschaft der alten Markgrafschaft Baden oberhalb von Lörrach im Wiesental, 10 km nordöstlich von Basel. Französische Truppen zerstörten die Burg 1678 und bauten Teile des Mauerwerks in die Festung Hüningen ein, die ihrerseits 1815 geschleift wurde. Die Burg entstand nicht wieder, die Verwaltung der Herrschaft Rötteln kam nach Lörrach, zeitweise sogar nach Basel. Rötteln ist heute ein Stadtteil von Lörrach. Die Ruine Rötteln ist ein beliebtes Ausflugsziel für Wanderer und Schulklassen.
Weiteres siehe	→ Wettsteinallee
Literatur	Roth: S. 93

Strassenname	**Roggenburgstrasse**	
Gruppe	1, 24.1	
Plankoordinaten	BC 4	
Amtlich benannt	1921	
Bedeutung	Roggenburg, westlichste Gemeinde des Baselbieter Bezirks Laufen, 23 km südwestlich von Basel. Roggenburg war auch Truppenstandort während der Grenzbesetzung im Ersten Weltkrieg (1914–1918).	
Weiteres siehe	→ Bonfolstrasse	
Literatur	Roth: S. 92	

Strassenname	**Rosenfeldpark**	
Gruppe	7	
Plankoordinaten	E 6	
Erstmals genannt	1951	
Amtlich benannt	1959	
Bedeutung	Der Landsitz ‹Rosenfeld›, eine Villa in französischem Stil mit umgebender Parkanlage wurde 1857 erbaut. Die Einwohnergemeinde Basel hat Grundstück und Bau 1951 erworben und der Öffentlichkeit als Park zur Verfügung gestellt.	
Quellen	ANK: 1959	
Literatur	Basler Nachrichten, 19.9.1951	

Strassenname	**Rosengartenweg**	
Gruppe	22	
Plankoordinaten	F 5	
Erstmals genannt	vor 1861	
Amtlich benannt	1861	
Bedeutung	Das ‹Rosengartengut› war ein Landsitz an der Grenzacherstrasse. Die Strasse ist wahrscheinlich in den 1850er Jahren entstanden.	
Literatur	Roth: S. 93. Siegfried: S. 88	

Strassenname	**Rosentalanlage**	
Gruppe	22	
Plankoordinaten	F 4	
Amtlich benannt	1959	
Siehe	→ Rosentalstrasse	
Weiteres siehe	→ Mauerstrasse	
Quellen	ANK: 1959	

Strassenname	**Rosentalstrasse**	
Gruppe	22	
Plankoordinaten	F 4	
Amtlich benannt	1907	
Bedeutung	‹Zum Rosental› hiess ein Landsitz am alten Mattweg (heute Mattenstrasse) 2 und 4.	
Siehe auch	→ Rosentalanlage	
Bemerkenswertes	Die Rosentalstrasse wurde unter dem Namen ‹Surinamweg› als langezogene Parallelstrasse zwischen Riehenstrasse und Riehenteichstrasse projektiert. Durch den Bau des neuen Badischen Bahnhofs Anfang des 20. Jahrhunderts entstand sie aber nur stark verkürzt.	
Literatur	Meles / Wartburg: S. 129. Roth: S. 93. Siegfried: S. 88	

Strassenname	**Rosshofgasse**	
Gruppe	19	
Plankoordinaten	ED 5	
Erstmals genannt	1610	
Amtlich benannt	1861	
Bedeutung	Der Rosshof am Nadelberg 20 war früher der obrigkeitliche Pferdestall und Kutschenpark, ‹Marstall› (zusammengesetzt aus Mähre, d.h. Pferd, und Stall) genannt und 1510 bereits erwähnt.	
Frühere Namen	Die Rosshofgasse zählte auch zum Nadelberg oder trug wie das ganze Areal die Bezeichnung ‹S. Petersberg›. 1610 nennt Felix Platter sie einfach ‹Gesslin vom Nodelberg zum Spalen schwibogen›. Die Adressbücher vor 1862 führen sie als ‹Hinter dem Spahlenthurm› auf, da sie vom Nadelberg auf das alte, innere Stadttor zu führte.	
Bemerkenswertes	Die Besiedlung des Rosshofareals zwischen Petersgraben und Nadelberg hat nach	

archäologischen Erkenntnissen bereits vor 1000 eingesetzt. Eine bauliche Kontinuität vom Spätmittelalter bis heute weist aber nur der Rosshof selbst auf. Ein Teil des Rosshofareals wurde 1984–1987 mit dem Wirtschaftswissenschaftlichen Zentrum der Universität Basel neu überbaut. In die Pflastersteine des Hof sind konzentrisch verlaufende Marmorbänder eingelegt, auf denen man die Namen berühmter Pferde aus Geschichte, Literatur und Mythologie lesen kann.

Quellen Adressbücher 1798–1854
Literatur Huber: S. 46; 373. Roth: S. 93. Siegfried: S. 19

Strassenname **Rotbergerstrasse**
Gruppe 18
Plankoordinaten D 6
Amtlich benannt 1890
Bedeutung Rotberg, Solothurner Burg am Fuss des Blauen bei Mariastein, 12 km südöstlich von Basel. Sie stammt wohl aus dem 13. Jahrhundert und ist eine Gründung der Herren von Rotberg, einem bischöflich-baslerischen Dienstmannengeschlecht (ursprünglich unfreie Gefolgsleute im Ritterstand). Mit dem Niedergang der bischöflichen Herrschaft zog sich die Familie aus der Stadt zurück und nahm ihren Sitz im Schloss Rheinweiler. Die Anlage Rotberg verkaufte sie 1515 an Solothurn. Man ruinierte sie 1640 vollständig durch die Entfernung des Holzwerkes. Inzwischen ist sie renoviert und zur ‹Jugendherberge Rotberg› umfunktioniert worden.

Literatur Meyer: S. 220–221. Roth: S. 93

Rotterdam-Strasse *Strassenname*
6 *Gruppe*
F 7,8 *Plankoordinaten*
1984 *Amtlich benannt*
Bedeutung

Rotterdam, zweitgrösste Stadt der Niederlande mit dem grössten Hafen Europas. Rotterdam, Ausgangspunkt der Rheinschiffahrt nach Basel, ist schon im 15. Jahrhundert Handelspartner von Basel. Der berühmteste Rotterdamer, der nach Basel kam, war Erasmus von Rotterdam im 16. Jahrhundert. (Die enge Beziehung Basels zu Rotterdam hat auch die Idee deutlich gemacht, die beiden Städte sich gemeinsam als Kulturstadt Europas 2001 bewerben zu lassen.) Das wirtschaftliche Wachstum der Niederlande seit dem 17. Jahrhundert machte Rotterdam zum wichtigsten Hafen des Landes und schliesslich Europas. Heute gelangt ein grosser Teil (rund 20%) der in die Schweiz importierten Waren auf dem Schiffsweg von Rotterdam über den Rhein nach Basel.

ANK: 1984 *Quellen*
Fischer: S. 48–49 *Literatur*

Rudolf Steiner-Weg *Strassenname*
12.7 *Gruppe*
F 8 *Plankoordinaten*
1970 *Amtlich benannt*
Bedeutung

Rudolf Steiner (1861–1925), Philosoph. Rudolf Steiner begründete die Anthroposophie, eine christlich gefärbte Weltanschauung mit spekulativ-mythischen Elementen und wissenschaftlichem Anspruch. Das Zentrum der Anthroposophie ist die ‹Freie Hochschule für Geisteswissenschaften›, das sogenannte Goetheanum in Dornach, 1913 zuerst als Holzkonstruktion erbaut, 1925–1928 nach der Zerstörung durch Brandstiftung als Betonbau nach Plänen Steiners neu errichtet.

Bemerkenswertes	Die Strasse ist wegen ihrer Benützung als Weg zur Rudolf Steiner-Schule zur Benennung ausgewählt worden.
Quellen	ANK: 1970

Strassenname	**Rudolfstrasse**
Gruppe	12.5
Plankoordinaten	D 5
Amtlich benannt	1877
Bedeutung	Rudolf I. von Habsburg (*1218 Limburg im Breisgau, †1291 Speyer) war deutscher König von 1273 bis 1291. Er kam 1239 in den Besitz der Grafschaft Habsburg und stieg bald zum mächtigsten Landesherrn auf. Seine Wahl zum deutschen König beendete das Interregnum, er bekämpfte das in dieser Zeit übermächtig gewordene Raubrittertum. Durch seine Hausmachtpolitik begründete er die führende Stellung der Habsburger im Reich. Noch als Reichsgraf belagerte Rudolf I. 1273 Basel. Als er zum König gewählt wurde, unterwarf sich ihm der Basler Bischof als neuem Oberhaupt. Die Bürgerschaft hatte schon lange mit dem Habsburger sympathisiert, dessen Macht dem Handel Sicherheit versprach. Rudolfs Ehefrau Anna und die beiden Söhne Karl und Hartmann sind in Basel begraben. Im Seidenhof (Blumenrain 34) steht eine Statue, die volkstümlich für das authentische Abbild Rudolfs I. gehalten wurde.
Bemerkenswertes	Die Thannerstrasse, welche die Rudolfstrasse kreuzt, sollte einmal ‹Kaiserstrasse› heissen, ein ohnehin unkorrekter Verweis, denn Rudolf war nie Deutscher Kaiser.
Weiteres siehe	→ Friedrichsstrasse, Habsburgerstrasse, Thannerstrasse
Literatur	Roth: S. 93

Strassenname	**Rüdengasse**
Gruppe	19
Plankoordinaten	E 5
Erstmals genannt	1286
Amtlich benannt	1878
Bedeutung	1393 erscheint das Eckhaus ‹Zum swartzen Rüden› (ein Rüde ist ein männlicher Hund) erstmals, in der Folgezeit tritt es auch nur als ‹Hus zem Ruden› (1400) auf. Der Strassenname ‹Rüdengässlein› findet sich seit 1587, wobei er auch in baseldeutscher Mundart als ‹Riedengässlein› (Adressbücher vor 1862) vorkommt.
Frühere Namen	Wie für die Münzgasse und die Pfluggassse findet man auch für die Rüdengasse den alten Namen ‹Kuttelgasse› (1550) nach dem hier ansässigen Metzgergewerbe.
Frühere Namen von Teilstücken	Das Strassengewölbe der Rüdengasse liegt teilweise über dem Birsig und geht auf eine alte Brücke über den Fluss zurück. Diese Brücke wird 1286 und 1330 als ‹Menlisteg› erwähnt, nach einem Basler Juden mit Namen Menlin. Später hiess sie ‹Kuttelbrücke› und ‹Steinin Bruck› (1439).
Quellen	Adressbücher 1798–1854. HGB: Rüdengässlein
Literatur	Blum / Nüesch: S. 71–72. Fechter 1856: S. 56; Plan. Roth: S. 93

Strassenname	**Rührbergerstrasse**
Gruppe	3
Plankoordinaten	F 5
Amtlich benannt	1915
Bedeutung	Rührberg, Ortsteil der badischen Gemeinde Grenzach-Wyhlen, 8 km östlich von Basel.
Literatur	Roth: S. 93

Strassenname	**Rümelinbachweg**		**Rümelinsplatz**	*Strassenname*
Gruppe	11.2		19	*Gruppe*
Plankoordinaten	ED 6		E 5	*Plankoordinaten*
Erstmals genannt	1811		13. Jahrhundert	*Erstmals genannt*
Amtlich benannt	1861		1861	*Amtlich benannt*
Siehe	→ Rümelinsplatz			*Bedeutung*

Frühere Namen Der Rümelinbachweg ist ohne Namen auf dem Ryhinerplan von 1784 abgebildet. In den Adressbüchern von 1811 bis 1854 erscheint die Strasse als ‹Laustampfberg› oder ‹Lohstampfberg› (Aufstieg) und ‹Lohstampfweg› (Anhöhe), benannt nach dem ‹Lohhof› mit benachbarter Stampfmühle am Ende der Steinenvorstadt. ‹Lohe› ist der Name für gemahlene Baumrinde, welche die Gerber verwendeten. Der Rümelinbachweg führt dem Lauf des heute überdeckten Rümelinbachs entlang, der die erwähnte Lohstampfe (heute ‹Steinenmühle› genannt) mit Wasserkraft versorgte. Das ‹Gesslin zum schmalen steg› (1610), d.h. zur ‹Lohhofbrücke›, verband die Steinenvorstadt mit der Steinentorstrasse bei der Heuwaage, solange der Birsig noch nicht überwölbt war.

Weiteres siehe → Lohweg
Quellen Adressbücher 1811–1854. Ryhinerplan
Literatur Blum / Nüesch: S. 24. Roth: S. 93

Strassenname	**Rümelins-Passage**
Gruppe	19
Plankoordinaten	E 5
Amtlich benannt	1998
Siehe	→ Rümelinsplatz

Bemerkenswertes Die Passage führt als Durchgang durch die Liegenschaften von der Gerbergasse zum Rümelinsplatz hinauf.

Der Name Rümelinsplatz ist seit 1581 urkundlich belegt. Die Rümelinsmühle (Rümelinsplatz 1), wohl nach einem Besitzer mit Namen Rümelin benannt, war möglicherweise die älteste (ihr Name ist seit 1362 belegt), sicher die wichtigste Anlage zur Ausnützung der Wasserkraft des Rümelinbach genannten Gewerbekanals. Sie versah, mit Turbinen ausgestattet, noch bis ins 20. Jahrhundert ihren Dienst. Wann man den Gewerbekanal bei St. Margarethen in Binningen vom Birsig abgeleitet hat, ist nicht bekannt; sicher war er aber bereits im 13. Jahrhundert in Betrieb. Der Rümelinbach hiess zu dieser Zeit auch ‹Oberer Birsig› (‹birsicus superior›) oder ‹Kleiner Birsig› (‹birsicus minor›) oder einfach nur ‹Teich›. Das vom Birsig abgeleitete Wasser floss in zwei Armen durch die Sattelgasse und die Hutgasse beim Marktplatz in den Fluss zurück. Neben der Benützung des Rümelinbachs für gewerbliche Zwecke diente er auch zur Abfallentsorgung, was grosse hygienische Probleme verursachte. Zu Beginn des 20. Jahrhunderts hob man den Rümelinbach als Gewerbekanal auf, sein Wasser verwendete man nur noch zum Schwemmen der Kanalisation. Mitte des 20. Jahrhunderts ist die Strecke des Rümelinbachs durch den Zoologischen Garten aufgehoben worden. Der Bach speist aber noch die Wasserversorgung des Zoos.

Siehe auch → Rümelinbachweg
Frühere Namen Die erste Erwähnung stammt noch aus dem 13. Jahrhundert als ‹vicus zer Walchen› (‹Gasse zur Walke›). Die Bezugnahme auf dieses Gebäude setzt sich mit Bezeich-

nungen wie ‹ob Rümelins mülin hinuf› (1423) oder ‹gegen der Rimmelins Mühlin hinüber› (1726) bis 1861 fort, als den damals gebräuchlichen Namen ‹Hinter der Rümelinsmühle› der schon vorher benutzte und heute gültige Name ersetzte. Die Nähe des Platzes zu anderen Strassen drückte sich in Namen aus wie ‹Unden an S. Lienhartsberg› (1380) und ‹Unden an dem Höberg› (1399) oder er zählte zur in ihn einmündenden ‹Kuttelgasse› (heute Münzgasse). 1610 erscheint der Rümelinsplatz bei Felix Platter als Teil der Strassen ‹Vom Spalenberg bis zuo Rimelis müle› (Schnabelgasse) und ‹Gesslin unden am Birseck zum Stampf› (Münzgasse).

Weiteres siehe	→ St. Albanteich-Promenade, Teichgässlein
Quellen	HGB: Rümelinsplatz. Platter: S. XII; 326; 364
Literatur	Blum / Nüesch: S. 93. Fechter 1856: S. 64–65. Gruner Georg: Die Basler Gewerbekanäle und ihre Geschichte. In: Basler Stadtbuch 1978. Basel 1979, S. 23–42. Roth: S. 94. Siegfried: S. 13

Strassenname	**Rümmingerstrasse**
Gruppe	3
Plankoordinaten	G 4
Amtlich benannt	1934
Bedeutung	Rümmingen, badische Gemeinde im Kandertal, 11 km nördlich von Basel.
Literatur	Roth: S. 94

Strassenname	**Rütimeyerplatz**
Gruppe	12.6
Plankoordinaten	D 6
Amtlich benannt	1904
Siehe	→ Rütimeyerstrasse
Literatur	Roth: S. 94

Strassenname	**Rütimeyerstrasse**
Gruppe	12.6
Plankoordinaten	D 6
Amtlich benannt	1897
Bedeutung	Karl Ludwig Rütimeyer (1825–1895), aus Biglen (Kt. Bern), Biologe und Medizinprofessor der Universität Basel. Rütimeyer studierte als Pfarrerssohn in Bern zuerst Theologie, dann Medizin. Nach dem Studium unternahm er eine ausgedehnte Reise durch Europa, um sich in Zoologie und Geologie weiterzubilden. Er kam auf Empfehlung Peter Merians 1855 als ordentlicher Professor für vergleichende Anatomie und Zoologie nach Basel. Im Doppelamt stand er zudem dem Naturhistorischen Museum an der Augustinergasse und der Anatomischen Sammlung vor. Er zeichnete sich als Tierpaläontologe aus und nahm als einer der ersten schweizerischen Wissenschafter den Evolutionsgedanken von Darwin auf, mit dem er in persönlichem wissenschaftlichem Austausch stand. In seinen Schriften zeigte er aber Eigenständigkeit; er lehnte es vor allem ab, die Evolution nur mechanistisch zu erklären (‹Über die Herkunft der Tierwelt›, 1867). Die Anlage des Grundwasserpumpwerks Lange Erlen geht auf seine Messungen zurück.
Siehe auch	→ Rütimeyerplatz
Bemerkenswertes	Die Rütimeyerstrasse hätte ursprünglich ‹Pruntruterstrasse› benannt werden sollen.
Weiteres siehe	→ Augustinergasse, Peter Merian-Strasse, Reservoirstrasse
Literatur	Basellandschaftliche Zeitung, 10.1.1996. Basler Zeitung, 22.11.1995. Roth: S. 94

Strassenname	**Rütlistrasse**
Gruppe	25.5
Plankoordinaten	D 5
Amtlich benannt	1880
Bedeutung	Auf dem Rütli (Grütli, d.h. ‹gerodetes Land›), einer Bergwiese am Westufer des Urnersees, beschworen der Überlieferung nach die Vertreter der drei Urkantone Uri, Schwyz und Unterwalden 1291 den ersten Bund der Eidgenossen. Wegen der drohenden Hotelüberbauung im Zuge des aufkommenden Tourismus kaufte die ‹Schweizerische Gemeinnützige Gesellschaft› 1859 das Rütli und übergab es den Bundesbehörden als unveräusserbares Nationaleigentum.
Literatur	Roth: S. 94

Strassenname	**Rufacherstrasse**
Gruppe	2
Plankoordinaten	DC 5
Amtlich benannt	1890
Bedeutung	Rufach (franz. Rouffach), Hauptort des gleichnamigen elsässischen Bezirks (‹canton›), am Vogesenfuss gelegen, 50 km nordwestlich von Basel.
Literatur	Roth: S. 93

Strassenname	**Ryffstrasse**
Gruppe	12.5
Plankoordinaten	D 4
Amtlich benannt	1876
Bedeutung	Andreas Ryff (1550–1603), Tuchhändler, Politiker und Chronist. Ryff gilt als typischer Vertreter der Basler Kaufmannsschicht, die durch ihren Reichtum und ihre Beziehungen zu führenden Stellungen im politischen Leben gelangte. Seine Ämterlaufbahn begann Ryff erst im Alter von 41 Jahren. Er wirkte am Stadtgericht, am Waisenamt, in der Finanz- und Kirchengutverwaltung und als oberster Stadthauptmann. In dieser Position zeichnete er sich besonders bei der unblutigen Beendigung des sogenannten Rappenkrieges von 1594 aus, als das Baselbiet gegen eine Steuererhöhung rebellierte, die dessen endgültigen Loskauf von der früheren bischöflichen Herrschaft finanzieren sollte. Ryff war 1593–1603 Vertreter Basels an der eidgenössischen Tagsatzung und in verschiedenen diplomatischen Missionen. In Liestal erinnert die Stiftungstafel von 1605 an der Ecke Rathausstrasse und Spitalgasse an den Neubau des alten Spitals durch Andreas Ryff und seine Frau Margarethe Brunner im Jahr 1602. Schenkungen von ihm erhielten auch Schule und Universität. Er leitete erste Ausgrabungen bei Augst und schrieb eine Geschichte des Rappenkrieges sowie eine der Eidgenossenschaft (unter dem Titel ‹Zirkel der Eidgenossenschaft›). Kulturhistorisch wertvoll sind die Aufzeichnungen seiner Reisen und eine Autobiographie. Seine Grabtafel befindet sich im Münsterkreuzgang.
Literatur	Roth: S. 94. Teuteberg: S. 246–251. Trog Hans: Das Reisebüchlein des Andreas Ryff. In: Basler Jahrbuch 1891. Basel 1890, S. 182–222

Säckingerstrasse	Schäferweg	Schifflände	Schöllenenstrasse	Schulgasse	Sesselackerweglein
Sägebergweglein	Schäublinstrasse	Schiffmühlestrasse	Schönaustrasse	Schwarzwaldallee	Sevogelplatz
Sägergässlein	Schäublinweglein	Schillerstrasse	Schönbeinstrasse	Schwarzwaldbrücke	Sevogelstrasse
Sängergasse	Schaffhauserrheinweg	Schlachthofstrasse	Schönenbergstrasse	Schwarzwaldstrasse	Sierenzerstrasse
Säntisstrasse	Schafgässlein	Schlangenweglein	Schönenbergweglein	Schwarzwaldtunnel	Singerstrasse
Salinenstrasse	Schalerstrasse	Schleifenbergstrasse	Schönenbuchstrasse	Schweizergasse	Singerweg
Salmenweg	Schanzenstrasse	Schlettstadterstrasse	Schönmattstrasse	Schwörstadterstrasse	Sissacherstrasse
Sandgrubenstrasse	Schauenburgerstrasse	Schliengerweg	Schopfheimerstrasse	Seltisbergerstrasse	Socinstrasse
Sandgrubenweglein	Scheltenstrasse	Schlossgasse	Schorenweg	Seltisbergerweglein	Solitudepark
Sarnerstrasse	Scheltenweglein	Schlüsselberg	Schützengraben	Sempacherstrasse	Solitude-Promenade
Sattelgasse	Scherkesselweg	Schnabelgasse	Schützenmattpark	Sennheimerstrasse	Solothurnerstrasse
Schäfermatte	Schertlingasse	Schneidergasse	Schützenmattstrasse	Septerstrasse	Sommergasse

onnenbergstrasse	Spiegelbergstrasse	St. Alban-Berg	Starenweglein	Steinentorstrasse	St. Johanns-Ring
onnenbergweglein	Spiegelgasse	St. Alban-Graben	Steinbühlallee	Steinenvorstadt	St. Johanns-Vorstadt
onnenweg	Spiegelhof	St. Alban-Kirchrain	Steinbühlplatz	Sternenbergerstrasse	Stöberstrasse
palenberg	Spitalstrasse	St. Alban-Rheinweg	Steinbühlweg	Sternengasse	Strassburgerallee
palen-Durchgang	Spittelmattweg	St. Alban-Ring	Steinenbachgässlein	St. Galler-Ring	Streitgasse
palengraben	Sportplatz	St. Alban-Tal	Steinenberg	Stiftsgasse	Stuttgart-Strasse
palenring	Schützenmatte	St. Alban-Talstrasse	Steinengraben	St. Jakobs-Strasse	Südquaistrasse
palentorweg	Stachelrain	St. Albanteich-	Steinenmühlesteg	St. Jakobs-Weglein	Sulzerstrasse
palenvorstadt	Stadionstrasse	Promenade	Steinenring	St. Johanns-Park	Sundgauerstrasse
peiserstrasse	Stadthausgasse	St. Alban-Vorstadt	Steinenschanze	St. Johanns-Parkweg	Sustenstrasse
perrstrasse	Stänzlergasse	Stapfelberg	Steinenstapfelberg	St. Johanns-Platz	
perrweglein	St. Alban-Anlage	Starenstrasse	Steinentorberg	St. Johanns-Rheinweg	

Strassenname	**Säckingerstrasse**
Gruppe	3
Plankoordinaten	G 4
Amtlich benannt	1969
Bedeutung	Bad Säckingen, badische Stadt am Rhein, 26 km östlich von Basel.
Quellen	KB: 1969

Strassenname	**Sägebergweglein**
Gruppe	7
Plankoordinaten	F 5,6
Amtlich benannt	1996
Bedeutung	Bis ins 19. Jahrhundert stand an der Halde zwischen der heutigen Zürcherstrasse und dem St. Albanteich / Weidenweg die einzige Sägerei Grossbasels. Das eigentliche Sägewerk lag am St. Albanteich, das Wohnhaus mit den Büroräumen an der Zürcherstrasse. Der Name ‹Sägiberg› für die Halde blieb volkstümlich, auch nachdem die hinaufführende Strasse von ‹Brückliberg› (eigentlich die Anhöhe entlang der Zürcherstrasse in Richtung des Gellert, benannt nach der Brücke über den St. Albanteich, wo sich Zürcherstrasse und Weidenweg trennen) in Zürcherstrasse umbenannt worden war.
Quellen	ANK: 1996

Strassenname	**Sägergässlein**
Gruppe	26
Plankoordinaten	E 5
Erstmals genannt	1407
Amtlich benannt	1861
Bedeutung	Mehrere Sägereien befanden sich in dieser Strasse, die einem Arm des Riehenteichs entlang führt. Die bekannteste war in der Liegenschaft Sägergässlein 1 und 3, sie gehörte von 1533 bis 1907 der Familie Merian. Das ‹Segengesslin› wird zusammen mit dieser Sägerei erstmals 1407 erwähnt, das Gebäude ist schon seit 1344 bekannt.
Frühere Namen	1438 erscheint die Strasse unter dem Namen ‹Synnegesslin›, 1610 unter dem Namen ‹Gesslin zum Ochsen› nach dem Wirtshaus ‹Zum Ochsen›. Der ‹Sinne› ist der Ort, wo die Fässer auf die Einhaltung des obrigkeitlichen Masses geprüft werden.
Bemerkenswertes	Es ist unklar, ob die Bezeichnungen ‹lang Cunrats gesseli› (1350) und ‹Beltzgässlin› (1437) sich auf die Sägergasse oder auf das um 1900 aufgehobene ‹Badergässlein› zwischen Ochsengasse und Webergasse beziehen. Ein Haus ‹Zum Beltz› gab es im ‹Badergässlein›. Als Betreiber einer Sägerei an der Sägergasse erscheinen im 14. Jahrhundert zwei Männer namens Cunrat / Conrad.
Quellen	HGB Sägergässlein. Platter: S. 472
Literatur	Fechter 1856: Plan. Roth: S. 95. Wackernagel: S. 295; 297

Strassenname	**Sängergasse**
Gruppe	31
Plankoordinaten	DC 5
Amtlich benannt	1913
Bedeutung	Es gibt in den amtlichen Akten keine Begründung für diesen Strassennamen. Möglicherweise haben eine grosse Wagnerfeier zum hundertsten Geburtstag des Komponisten vom 12.1.1913 und ein Solistenkonzert mit Pablo Casals vom folgenden Abend inspirierend gewirkt. Da bereits ein Strassenname an das eidgenössische Turnerfest von 1912 erinnerte, ist es wahrscheinlich, dass auch die Sängerfeste, stellvertretend für die musikalischen, als damals gleichwertige Grossveranstaltungen und Publikumsmagnete geehrt werden sollten.
Literatur	Roth: S. 95

Strassenname	**Säntisstrasse**
Gruppe	*10.2*
Plankoordinaten	*C 6*
Amtlich benannt	*1928*
Bedeutung	Säntis, höchster Gipfel (2503 m ü. M.) der Alpsteingruppe in den Appenzeller Alpen. Seit 1882 befindet sich dort eine metereologische Station, die seit 1977 automatisch funktioniert. Von der Schwägalp aus führt eine Seilbahn auf den Gipfel, wo eine Umsetzerstation für Radio, Fernsehen und Funk installiert ist.
Literatur	*Roth: S. 96*

Strassenname	**Salinenstrasse**
Gruppe	*26*
Plankoordinaten	*F 6*
Amtlich benannt	*1925*
Bedeutung	Die Saline Schweizerhalle (‹Halle› ist ein altes Wort für eine Stätte, wo Salz aufbereitet wurde) bei Pratteln begann 1837 ihren Betrieb, nachdem ein Jahr zuvor die dortigen Salzvorkommen entdeckt worden waren. Die Saline Schweizerhalle stellte erstmals die schweizerische Selbstversorgung mit diesem Grundversorgungsstoff her, für welche die damals bekannten alpinen Lagerstätten nicht ausreichten.
Bemerkenswertes	Vor der Salinenstrasse war eine heute verschwundene Strasse ebenfalls nach dem Salz benannt. Die ehemalige ‹Schwanengasse› längs der heutigen Marktgasse hiess im Mittelalter auch ‹Salzgasse› nach dem an ihr betriebenen Salzhandel.
Weiteres siehe	→ *Adlerstrasse, Marktgasse, Peter Merian-Strasse*
Literatur	*Blum / Nüesch: S. 176. Roth: S. 95*

Strassenname	**Salmenweg**
Gruppe	*15.1*
Plankoordinaten	*E 2*
Amtlich benannt	*1896*

Bedeutung	Salm (lat. Salmo salar), Bezeichnung für den Europäischen oder auch Atlantischen Lachs, einen Raubfisch, der zum Laichen in europäische und nordamerikanische Flüsse wandert. Bis zu den Rheinkorrektionen in den 1930er Jahren war der Salm ein typischer Basler Speisefisch, den man bei Kleinhüningen in grossen Mengen fing. Dass er ein Arme-Leute-Essen gewesen sei, ist eine Legende, denn schon im 16. Jahrhundert war der Salm der teuerste einheimische Fisch. Auch die Geschichte vom Dienstboten-Reglement, das höchstens zweimal pro Woche Lachs als Mahlzeit zuliess, ist ein Wandermärchen; sie findet sich in London, Freiburg/Br. und anderswo.
Bemerkenswertes	1736 kam es zum sogenannten Lachsfangstreit, zu einem der kuriosesten Kapitel der Basler Geschichte. Eine Massenschlägerei von Kleinhüninger und Hüninger Fischern verursachte grosse diplomatische Spannungen zwischen Basel und Frankreich. Angeblich ging es dabei um alte Fischfangrechte und Grenzziehungen, tatsächlich aber um die Machtverhältnisse am Oberrhein und um die Festung Hüningen.
Weiteres siehe	→ *Hüningerstrasse, Nasenweg*
Literatur	*Blum / Nüsch: S. 178–181. Bürgin Edi: Lachs à la Bâloise. In: Basler Stadtbuch 1966. Basel 1965, S. 155–163. Roth: S. 95*

Strassenname	**Sandgrubenstrasse**
Gruppe	*22*
Plankoordinaten	*F 4*
Erstmals genannt	*1820*
Amtlich benannt	*1906*
Bedeutung	‹Sandgrube› heisst der nach 1745 für den Seidenbandfabrikanten Achilles Leisler erbaute Landsitz an der Riehenstrasse 154. Der Repräsentationsbau aus der Blütezeit barocker Architektur in Basel beherbergt seit 1954 das

Kantonale Lehrerseminar (heute Pädagogisches Institut Basel-Stadt).

Siehe auch → *Sandgrubenweglein*

Frühere Namen Der ‹Weg von der Sandgrube› ist bereits 1820 erwähnt.

Bemerkenswertes Die Lokalität Sandgrube verweist auf den ehemaligen Erwerbszweig der Sandfrauen und Sandmänner. Diese verkauften hausierend den in der Sandgrube gewonnenen feinen Sand, der als Scheuermittel für den Hausputz diente.

Literatur Roth: S. 95

Strassenname	**Sandgrubenweglein**
Gruppe	22
Plankoordinaten	F 4,5
Amtlich benannt	1954
Siehe	→ *Sandgrubenstrasse*
Literatur	Roth: S. 95

Strassenname	**Sarnerstrasse**
Gruppe	4
Plankoordinaten	C 5
Amtlich benannt	1921
Bedeutung	Sarnen, Hauptort des Halbkantons Obwalden, am Sarnersee gelegen.
Bemerkenswertes	Neben seinem Hauptort ist auch der Halbkanton Obwalden zum Namensgeber für eine Basler Strasse geworden. Gleiches gilt für den Halbkanton Nidwalden, dessen Hauptort, Stans, man allerdings übergangen hat.
Literatur	Roth: S. 95

Strassenname	**Sattelgasse**
Gruppe	26
Plankoordinaten	E 5
Erstmals genannt	1230
Amtlich benannt	1861

Bedeutung Die Sattler boten in dieser Strasse ledernes Rüstzeug für Pferde an, während auf dem Marktplatz gegenüber in der heute verschwundenen ‹Spor(r)engasse› wahrscheinlich mehrheitlich eisernes Rüstzeug verkauft wurde. Die erste Erwähnung der Sattelgasse stammt aus dem Jahr 1230 und lautet lateinisch ‹vicus sellarum›.

Frühere Namen Die Sattelgasse, in der sich wohl wie in der ganzen Gegend Krämer angesiedelt hatten, rechnete man auch zur Schneidergasse und bezeichnete sie mit deren ehemaligem Namen ‹Under den Kremern› (lateinisch ‹sub institoribus›). Der Name ‹vicus Spengliorum› verweist darauf, dass die Spengler, die eiserne Beschläge und Klammern (für Harnische) verfertigten, zusammen mit Sattlern und Sporenmachern, hier eine Art Dienstleistungszentrum für die städtische Reiterei eingerichtet hatten. Bei Felix Platter findet sich 1610, benannt nach der Metzgerei (‹School›), die zwischen Sattelgasse und ‹Sporengasse› lag, ‹Scholgesslin› und die Umschreibung ‹Von der Schnidergassen gegen der Schol›. In den Adressbüchern vor 1862 wird die Strasse als ‹Hinter der School› erwähnt.

Frühere Namen von Teilstücken Der mittlere Teil der Sattelgasse trug 1361 den Namen ‹ze nidervalle› (‹zum Niederfall›). Der nachfolgende Teil hiess ‹hinter der School› oder ‹Hinter der Metzg›.

Bemerkenswertes ‹Sattelgasse› hiess vor 1861 die Sackgasse, die von der Strasse ‹Hinter der School› (der heutigen Sattelgasse) in Richtung Hutgasse abzweigte. Im Adressbuch von 1798 erscheint sie als ‹Bey der Schleiffe›. 1861 fasste man die Strasse ‹Hinter der School› und die ‹Sattelgasse› unter dem Namen der letzteren zusammen. Als man die Sackgasse 1907/1909 verbreitern und verlängern liess, erhielt sie einen eigenen Namen: Glockengasse.

Weiteres siehe → *Glockengasse, Marktplatz*

Quellen Adressbücher 1798–1854. Platter: S. XII; 332; 340

Literatur Fechter 1856: S. 78; Plan. Roth: S. 95

Strassenname	**Schäfermatte**
Gruppe	*31*
Plankoordinaten	*E 2*
Amtlich benannt	*1990*
Siehe	→ Schäferweg
Literatur	*Fischer: Anhang S. 36*

Strassenname	**Schäferweg**
Gruppe	*31*
Plankoordinaten	*E 2*
Amtlich benannt	*1929*
Bedeutung	Die Herkunft des Strassennamens ist nicht belegt. Vielleicht weideten Schafe auf oder neben dem Land, über das die Strasse führt.
Siehe auch	→ Schäfermatte
Literatur	*Roth: S. 96*

Strassenname	**Schäublinstrasse**
Gruppe	*12.3*
Plankoordinaten	*D 8 E 7,8*
Erstmals genannt	*1820*
Amtlich benannt	*1951*
Bedeutung	Schäublin, aus Riehen stammende Basler Familie, 1852 eingebürgert. Johann Jakob Schäublin (1822–1901) erhielt 1838–1840 in der Anstalt Beuggen die Ausbildung zum Lehrer. Nach der ersten Amtszeit in der Riehener Dorfschule war er 1846–1866 Mathematik- und Gesangslehrer an der Basler Realschule (nachmals Realgymnasium), 1866–1898 Leiter des bürgerlichen Waisenhauses. Er gehörte dem Grossen Rat von 1858 bis 1884 an. Als namhafter Gesangspädagoge verfasste er zahlreiche Schriften. Sein Hauptwerk ist die Sammlung ‹Lieder für Jung und Alt›. Die Sammlung löste das noch aus dem Jahr 1743 stammende Gesangbuch für die Kirchen von Basel ab. 1855 erstmals herausgegeben, hatte das Werk einen ungeheuren Erfolg. Schon die dritte Auflage betrug 12 000 Exemplare. Bis zum Tod Schäublins erschienen 91 Auflagen, denen noch bis weit ins 20. Jahrhundert zahlreiche weitere gefolgt sind.
Siehe auch	→ Schäublinweglein
Frühere Namen	1820 erscheint die Strasse als Teil des ‹unteren Strässleins› von Gundeldingen auf das Bruderholz. Dessen Abzweigung unter dem Namen ‹das obere Gässlein› führte zu einer Geschützstellung (die heutige Batterieanlage).
Weiteres siehe	→ Oberer Batterieweg
Quellen	*Hoferplan 1820*
Literatur	*Heitz Fritz: Johann Jakob Schäublin. In: Der Reformation verpflichtet. Basel 1979, S. 119–124. Roth: S. 96*

Strassenname	**Schäublinweglein**
Gruppe	*12.3*
Plankoordinaten	*D 8*
Amtlich benannt	*1970*
Siehe	→ Schäublinstrasse
Bemerkenswertes	Die Strasse erhielt irrtümlicherweise zuerst den bereits vergebenen Namen Marignanoweglein.
Quellen	*ANK: 1970*

Strassenname	**Schaffhauserrheinweg**
Gruppe	*4, 11.1*
Plankoordinaten	*E F 5*
Erstmals genannt	*1873*
Amtlich benannt	*1878*
Bedeutung	Schaffhausen, Hauptstadt des gleichnamigen Kantons, am rechten Rheinufer gelegen.
Frühere Namen	Vor der Benennung nach Schaffhausen hiess die Strasse ‹Burgrheinweg›, nach dem Flurnamen ‹Burg›, der dem Burgweg seinen Namen gegeben hat.
Weiteres siehe	→ Burgweg
Literatur	*Fischer: Anhang S. 24. Roth: S. 96. Siegfried: S. 92*

Schäfermatte

Strassenname	**Schafgässlein**		**Schanzenstrasse**	*Strassenname*
Gruppe	19		23	*Gruppe*
Plankoordinaten	E 5		D 4,5	*Plankoordinaten*
Erstmals genannt	14. Jahrhundert		1811	*Erstmals genannt*
Amtlich benannt	1861		1861	*Amtlich benannt*

Bedeutung — Das Eckhaus ‹Zum Schaf› (Rebgasse 16 / Schafgässlein 14) wurde im 17. Jahrhundert zum Namensgeber für die Strasse. In Urkunden des 16. Jahrhunderts erscheint es als Herberge ‹Zum goldenen Schaf›.

Frühere Namen — Im 14. und 15. Jahrhundert heisst die Strasse ‹Hiltmars gasse› oder ‹Hiltmars gesslin›, vom 15. bis 18. Jahrhundert wird sie als ‹Silbergässlein› oder ‹Silberberggässlein› erwähnt, nach dem Eckhaus ‹Zum Silberberg› (Utengasse 11). Aus dem Jahr 1670 stammt der Name ‹Wettinger Gässlein›, wohl nach dem ‹Wettingerhof›, dem früheren Namen der ‹Burgvogtei› (Rebgasse 12/14).

Quellen — Platter: S. 486
Literatur — Roth: S. 96. Wackernagel: S. 315

Schanzenstrasse

Bedeutung — Der erhöhte Weg auf dem Erdwall (Schanze) hinter der Stadtmauer um die Neue Vorstadt (Hebelstrasse) und die St. Johanns-Vorstadt war schon um 1800 zu einer mit Bäumen besetzten Promenade umgestaltet worden. Johann Peter Hebel dichtet in ‹Z' Basel an mi'm Rhi›: «Uf der grüene Schanz, in der Sunne Glanz […]» Mit dieser ‹Grünen Schanze› ist am ehesten der nach Süden ausgerichtete Teil der Befestigung gemeint, der entlang der heutigen Klingelbergstrasse auf dem Gelände des Bernoullianums und des Hebelschanze genannten Parks führt.

Frühere Namen — In den Adressbüchern vor 1862 erscheint die Strasse als ‹Auf der St. Johannschanze› (1826) oder ‹St. Johann-Schanze› (1811).

Bemerkenswertes — Die Schanzenstrasse führt in ihrem Teilstück von der Spitalstrasse zur Johanniterbrücke nicht entlang der alten Stadtbefestigung, sondern mitten durch Stadtgebiet. Die Mauer lief entlang der Linie Spitalstrasse – Wilhelm His-Strasse–Johanniterstrasse, bis diese zum Rhein abbiegt, und von dort in gerader Linie zum St. Johanns-Tor.

Quellen — Adressbücher 1811–1854
Literatur — Roth: S. 96

Strassenname	**Schalerstrasse**		**Schauenburgerstrasse**	*Strassenname*
Gruppe	18		18	*Gruppe*
Plankoordinaten	D 6		F 5	*Plankoordinaten*
Amtlich benannt	1897		1895	*Amtlich benannt*

Bedeutung — Die bischöflich-baslerische Ministerialenfamilie (ursprünglich unfreie Gefolgsleute im Ritterstand) Schaler hiess nach dem latinisierten Namen ihres Stadtsitzes ‹Zur Leitern› (lat. scalarii). Die Schaler, seit dem 12. Jahrhundert in Basel nachweisbar, hatten während mehrerer Generationen die wichtigsten Ämter der Stadt inne und waren die Anführer des Adels. Seit dem Beginn des 15. Jahrhunderts zogen sie sich aus der Stadt zurück. Die Familie starb in männlicher Linie um 1450 aus, worauf der Name durch Heirat auf die Herren von Leimen überging, die sich fortan Schaler von Leimen nannten.

Literatur — Roth: S. 96

Schauenburgerstrasse

Bedeutung — Alt-Schauenburg, Burgruine bei Frenkendorf, 9 km südöstlich von Basel. Die Burg stammt wohl aus dem späten 13. Jahrhundert, sie stürzte beim Erdbeben von 1356 ein. Die benachbarte, ebenfalls beschädigte ältere, vielleicht schon aus dem 11. Jahrhundert stammende Burgruine Neu-Schauenburg wurde wieder aufgebaut und erhielt deswegen ihren irreführenden Namen. Die Herren von Schauenburg waren vielleicht die Erbauer der zwei Burgen, sind aber erst im 13. Jahrhundert sicher belegt; im 14. Jahrhundert erlischt die Familie. Die zusehends zur Ruine verkommene Burg wechselte mehrmals die Besitzer. 1502 übernahmen sie Beginen (fromme Frauen ohne Ordenszugehörigkeit), 1505 die Stadt, die sie nach der Reformation aufgab. Das Bad Alt-Schauenburg nahm 1644 seinen Betrieb auf und besteht noch heute. Das in den ehemaligen Klosteranlagen eingerichtete Bad Neu-Schauenburg stammt aus dem Jahr 1691, ging aber schon im frühen 19. Jahrhundert wieder ein.

Weiteres siehe	→ Eptingerstrasse
Literatur	Meyer: S. 80–81; 111–112. Roth: S. 96

Strassenname	**Scheltenstrasse**
Gruppe	8.2
Plankoordinaten	E 8
Amtlich benannt	1930
Bedeutung	Schelten (franz. La Scheulte), Gemeinde im Berner Bezirk Moutier, 24 km südlich von Basel. Der Scheltenpass liegt auf 1051 m ü. M., der dort entspringende Scheltenbach (franz. Scheulte) mündet vor Delémont in die Birs.
Siehe auch	→ Scheltenweglein
Literatur	Roth: S. 96

Strassenname	**Scheltenweglein**
Gruppe	8.2
Plankoordinaten	E 8
Amtlich benannt	1970
Siehe	→ Scheltenstrasse
Quellen	ANK: 1970

Scherkesselweg	*Strassenname*
7	*Gruppe*
G 6	*Plankoordinaten*
1820	*Erstmals genannt*
1887	*Amtlich benannt*
Das Scherkesselgut ist möglicherweise nach einem früheren Besitzer benannt, der Kesselschmied war und den man scherzeshalber ‹Scher (den) Kessel› rief. Der alte Allmendweg, auf dem die Strasse angelegt ist, heisst auf dem Hoferplan von 1820 ‹das obere Galgen Weglein›, benannt nach dem früher dort befindlichen Galgen.	*Bedeutung*
	Frühere Namen
→ Galgenhügel-Promenade	*Weiteres siehe*
Hoferplan 1820	*Quellen*
Roth: S. 96–97. Siegfried: S. 35	*Literatur*

Schertlingasse	*Strassenname*
12.5	*Gruppe*
DE 6	*Plankoordinaten*
1877	*Amtlich benannt*
Sebastian Schertlin (1496–1577), von Burtenbach (Schwaben), evangelischer Söldnerführer. Schertlin studierte in Tübingen, wo er 1518 die Magisterwürde erlangte. Aber an Stelle einer Lehrtätigkeit begann er eine Soldatenkarriere. Er nahm bis 1529 an verschiedenen Kriegszügen gegen die Türken und gegen den französischen König teil. 1531 trat er in die Dienste der Stadt Augsburg und führte 1546 das Heer der oberdeutschen Städte im Schmalkaldischen Krieg gegen den deutschen Kaiser an. Nach der Niederlage musste er flüchten und kam mit seiner Frau 1547 nach Basel. Diversen diplomatischen Pressionen von Seiten des deutschen Kaisers (Schertlin war in Reichsacht) und der katholischen Innerschweizer ausgesetzt, wiesen ihn die Räte 1551 aus der Stadt, wo seine Frau zurückblieb. Er zog daraufhin nach Frankreich und führte dort wieder eine Soldtruppe	*Bedeutung*

an, für die er 1552 auch in Basel, wohin er weiterhin gute Kontakte hatte, Leute anwarb. Nach Ausbleiben des französischen Soldes und dank der Aussöhnung mit dem deutschen Kaiser Karl V. kehrte er 1553 in seine Heimat zurück und starb dort 1577. Schertlin zeichnete sich während seines Aufenthaltes in Basel dadurch aus, dass er als Schutz vor der aufkommenden Artillerie eine wesentliche Verstärkung der Stadtmauer empfahl. Die Stadt liess daraufhin von 1548 an die Festungsbollwerke ‹Wagdenhals› und ‹Dornimaug› (nördlich und südlich von Steinentor und Birsigeinfluss in die Stadt) und das ‹Fröschenbollwerk› (hinter dem heutigen Schützengraben, benannt nach der ehemaligen ‹Fröschengasse›, heute Schützenmattstrasse) errichten. Der Name ‹Wagdenhals› (‹Wagden-Hals›) ist eine Herausforderung an einen potentiellen Feind und bedeutet soviel wie ‹Versuch's nur! Wirst schon sehen›. Der Name ‹Dornimaug› (‹Dorn-im-Aug›) drückt aus, dass es der Stachel im Fleisch des angreifenden Gegners sein soll. Den beiden Bollwerken lagerte man im 17. Jahrhundert jeweils zusätzlich einen keilförmigen Festungswall vor, die Steinen- bzw. die Elisabethenschanze. Nach der Entfestigung wurden das Bollwerk Dornimaug und die Steinenschanze in den 1860er Jahren in eine Parkanlage umgewandelt.

Siehe auch → *Beim Wagdenhals, Bollwerk-Promenade, Elisabethenschanze, Steinenschanze, Wallstrasse*

Weiteres siehe → *Schützenmattstrasse*

Literatur *National-Zeitung, 23.11.1947. Roth: S. 97. Siegfried: S. 56*

Strassenname **Schifflände**

Gruppe 26, 28.4

Plankoordinaten E 5

Erstmals genannt 1343

Amtlich benannt 1861

Die Mündung des Birsigs in den Rhein bietet einen natürlichen Anlegeplatz für Schiffe in der Nähe der heutigen Mittleren Brücke. Neben dem Münsterplatz scheint die Schifflände einer der frühesten Siedlungsplätze Basels gewesen zu sein. Der benachbarte, 1829 abgebrochene Salzturm am Blumenrain galt lange Zeit als das älteste Gebäude der Stadt. Die Anlegestelle benützte man bis 1839, als wegen der Verbesserung der Landstrassen und des Baus von Eisenbahnen die Basler Rheinschiffahrt sich trotz dem Einsatz von Schaufelraddampfern nicht mehr rentierte. Bis 1892 reichte die Rheinschiffahrt nur von Rotterdam bis Mannheim. Erst zu Beginn des 20. Jahrhunderts kam es erneut zum Einsatz von Lastschiffen, die heute in den neugebauten Häfen bei Basel gelöscht werden. Auch die Schifflände wird seitdem von der Personenschiffahrt wieder als Anlegeplatz benützt. *Bedeutung*

Die Strasse, die oberhalb der Schiffsanlegestelle durchführte, wird 1343 als ‹Strasse wider den Rin› erwähnt, 1457 als ‹Ringasse›. Nach benachbarten Strassen hiess sie oder Teile von ihr auch ‹Predigergässlein›, ‹Blumengässlein› und ‹Kronengässlein›. Seit 1784 heisst sie dann ‹Neue Strasse›. Diesen Namen ersetzt erst seit 1861 der heutige. *Frühere Namen*

An der Schifflände gab es umfangreiche Strassenkorrekturen, weshalb ihr heutiger Verlauf und ihre Ausdehnung gegenüber früher verändert sind. Diese Korrektionen müssen schon im 18. Jahrhundert begonnen haben (‹Neue Strasse›) und haben bis zum Anfang des 20. Jahrhunderts fortgedauert. *Bemerkenswertes*

→ *Hafenstrasse* *Weiteres siehe*

Platter: S. 260 *Quellen*

Blum / Nüesch: S. 164–168. Huber: S. 289. INSA: S. 196. Roth: S. 97. Siegfried: S. 10 *Literatur*

Strassenname	**Schiffmühlestrasse**
Gruppe	26
Plankoordinaten	D 3
Amtlich benannt	1899
Bedeutung	Kurz hinter der Grenze zu Frankreich, wo der Rhein besonders stark gekrümmt und reissend ist, befand sich auf dem Gebiet der Gemeinde Hüningen eine auf einem Schiff im Rhein installierte Mühle, die dem Hüninger Bürgermeister Blanchard gehörte. Mühlenschiffe ergänzten den Mahlbetrieb zu Land und sicherten die Versorgung im Fall einer Trockenlegung der Gewerbekanäle. Diese Schiffmühle machten wahrscheinlich französische Soldaten am 25.7.1815 während der dritten Belagerung der Festung Hüningen los, um sie gegen die österreichische Pontonbrücke bei Rheinweiler einzusetzen. Die Schiffmühle strandete aber am gegenüberliegenden Ufer bei der Mündung der Wiese. Angeblich zur Vergeltung für die gescheiterte Aktion und trotz der Bitten Blanchards liess der französische Festungskommandant auf Basel 40 Bomben schiessen, allerdings mehrheitlich wirkungslos. Diese Beschiessung, der erste direkte Angriff auf die Stadt Basel seit ihrer Belagerung durch Graf Rudolf von Habsburg im Jahr 1273, nahm die Schweizer Heeresleitung zum Anlass für einen Einfall in die Franche-Comté, um in letzter Minute noch beim Feldzug gegen Napoleon mitzuwirken. Der Einmarsch nahm aber ein schnelles Ende, als die Innerschweizer Truppenkörper meuterten.
Bemerkenswertes	Die Schiffmühlestrasse verläuft völlig abgelegen an der Grenze zu Frankreich. Keine Namenstafeln zeigen ihren Beginn oder ihr Ende an.
Weiteres siehe	→ Hüningerstrasse, St. Albanteich-Promenade
Literatur	Kiechel Lucien: Geschichte der Stadt und ehemaligen Festung Hüningen. In: Das Markgräflerland. Heft 1, 1987, S. 46–47. Lutz Markus: Die Festung Hüningen von ihrer Anlage bis zu ihrer Schleifung. Basel 1816, S. 63–65. Roth: S. 97. Siegfried: S. 76

Schillerstrasse	*Strassenname*
12.3	*Gruppe*
E 7	*Plankoordinaten*
1898	*Amtlich benannt*
Johann Christoph Friedrich Schiller (1759–1805), aus Marbach (Württemberg), neben Johann Wolfgang Goethe der bedeutendste Schriftsteller der deutschen Klassik, Verfasser des schweizerischen Nationaldramas ‹Wilhelm Tell› (1804).	*Bedeutung*
Die Schillerstrasse und die Tellstrasse bilden einen Winkel, in den auch die Uhlandstrasse mündet.	*Bemerkenswertes*
→ Tellstrasse, Uhlandstrasse	*Weiteres siehe*
Roth: S. 97. Siegfried: S. 49	*Literatur*

Schlachthofstrasse	*Strassenname*
20	*Gruppe*
DC 3	*Plankoordinaten*
1889	*Amtlich benannt*
Der 1970 eröffnete zentrale Schlachthof bei der Landesgrenze (Schlachthofstrasse 55), wo auch der kantonale Tierarzt und das Veterinäramt domiziliert sind, ersetzte nach einer 42jährigen (!) Planungs- und Bauzeit die alte Schlachtanstalt, die 1870 an der Elsässerstrasse 4 eröffnet worden war. Diese hatte wiederum die aus dem Mittelalter stammenden drei, ‹Scho(o)len› genannten, Metzgereien und Schlachtereien Basels abgelöst. Der nur im Alemannischen vorkommende Name ‹Scholen› ist wohl aus ‹scalae› entstanden, was auf lateinisch ‹Stufen› bedeutet und die stufenartige Anlage der Metzgerbänke bezeichnet, wo zuoberst das beste und zuunterst das schlechteste Fleisch ausgelegt werden musste. Andere, kaum über-	*Bedeutung*

zeugende Erklärungen leiten das Wort vom Schälen, d.h. Häuten der geschlachteten Tiere ab oder von Bezeichnungen für Teile an den Hüften und am Schweif. Die ‹Grosse Schol› befand sich seit dem frühen 14. Jahrhundert in der heute aufgehobenen Sporengasse beim Marktplatz und ersetzte die alte ‹Schol›, die in einem Gebäude am Ausgang der Sattelgasse untergebracht war, das später als erstes Postgebäude Basels bis 1756 diente. Die ‹Grosse Schol› schloss man 1871, benützte sie aber noch bis 1887 als Verkaufshalle. Daneben gab es seit 1430 bis in die 1880er Jahre die ‹Neue Schol› im Bereich Barfüsserplatz und Weisse Gasse und die Kleinbasler ‹Kleine Schol›. Sie lag im rheinabwärts gelegenen Eckhaus Waldeck an der alten Rheinbrücke gegenüber dem heutigen Café Spitz. Die älteste Zunftordnung für die Metzger stammt von 1248. Die Basler Metzger zeichneten sich in der Bewahrung der Zunftordnung bis weit ins 19. Jahrhundert besonders aus. Ausschliesslich in den Scholen durfte der Fleischverkauf stattfinden. Es gab bis zur Öffnung des Schlachthauses keine Quartiermetzgereien, und die Metzgerfamilien vererbten die Fleischbänke als obrigkeitliches Lehen unter sich weiter. Erst die Eröffnung des Schlachthofs und die seit 1875 existierende Gewerbefreiheit setzten der Machtstellung der Zunft zu Metzgern im Fleischverkauf der Stadt ein Ende. 1881 erfolgte die Gründung des Basler Metzgervereins.

Weiteres siehe → Fabrikstrasse

Literatur Blum / Nüesch: S. 14; 75; 98; 148; 196–199. Fechter 1856: S. 50–51. Roth: S. 97. Siegfried: S. 77. Wanner Gustav Adolf: Der Basler Metzgerverband. Basel 1981

Schlangenweglein *Strassenname*
15.3 *Gruppe*
E 8 F 7,8 *Plankoordinaten*
1954 *Amtlich benannt*

Schlangen (lat. Serpentes), weltweit verbreitete Unterordnung der Reptilien mit 2500 Arten. *Bedeutung*

Zusammen mit der in der Nähe liegenden Eichhornstrasse, dem Eichhornweglein und dem Igelweglein erinnert die Strasse an die für das Waldgebiet des Bruderholz typischen Tiere. *Bemerkenswertes*

→ Eichhornstrasse, Eichhornweglein, Igelweglein *Weiteres siehe*

Roth: S. 97 *Literatur*

Schleifenbergstrasse *Strassenname*
8.1 *Gruppe*
F 4,5 *Plankoordinaten*
1944 *Amtlich benannt*

Schleifenberg, Höhenzug des Tafeljuras bei Liestal mit einem Aussichtsturm, 13 km südöstlich von Basel. *Bedeutung*

Roth: S. 97 *Literatur*

Schlettstadterstrasse *Strassenname*
2 *Gruppe*
D 5 *Plankoordinaten*
1877 *Amtlich benannt*

Schlettstadt (franz. Sélestat), elsässische Stadt am Fuss der Vogesen, 78 km nördlich von Basel. *Bedeutung*

Roth: S. 97. Siegfried: S. 66 *Literatur*

Schliengerweg *Strassenname*
3 *Gruppe*
E 4,3 *Plankoordinaten*
1890 *Amtlich benannt*

Schliengen, badische Gemeinde im Landkreis Lörrach, 23 km nördlich von Basel. Sie *Bedeutung* stand einst unter der Herrschaft des Bischofs von Basel.

Literatur Roth: S. 97

Schlossgasse

Strassenname	**Schlossgasse**
Gruppe	22
Plankoordinaten	E 3
Amtlich benannt	1896
Siehe	→ Klybeckstrasse
Bemerkenswertes	Die Schlossgasse ist auf einem alten Zufahrtsweg vom Rhein zum Klybeckschloss entstanden.
Literatur	Roth: S. 97. Siegfried: S. 90

Schlüsselberg

Strassenname	**Schlüsselberg**
Gruppe	19
Plankoordinaten	E 5
Erstmals genannt	1243
Amtlich benannt	1861
Bedeutung	Das Zunfthaus der Kaufleute ‹Zum Schlüssel› (Eckhaus Freie Strasse 25) stammt aus den 1480er Jahren und hat seither mehrere Umbauten erfahren, letztmals 1985. Es ist eines der wenigen Zunfthäuser Basels, die mehr oder weniger in ihrer baulichen Substanz aus dem Mittelalter oder der frühen Neuzeit erhalten geblieben sind. Die erste Erwähnung der Strasse als ‹Schlisselberg› stammt aus dem Jahr 1610.
Frühere Namen	Die erste Nennung der Strasse als ‹Sygmundsgasse› stammt aus dem Jahr 1243, die Bezeichnung ‹Schlüsselsprung› aus dem Jahr 1569, weitere Namen sind ‹Schlossberg› oder einfach ‹Sprung›.
Quellen	Platter: S. 398; 438
Literatur	Fechter 1856: S. 20. Huber: S. 42; 66. Roth: S. 98

Schnabelgasse

Strassenname	**Schnabelgasse**
Gruppe	19
Plankoordinaten	E 5
Erstmals genannt	14. Jahrhundert
Amtlich benannt	1861
Bedeutung	Das Haus ‹Zum Schnabelstall› (Schnabelgasse 8) gehörte seit 1419 als Stallung des Wirts ‹zem Snabel› zur gleichnamigen Herberge am Rindermarkt (heute Gerbergasse). Die Herberge ‹Zum Schnabel› soll ihren Namen im 14. Jahrhundert erhalten haben, weil ihr Besitzer Johann Brunnass durch eine grosse Nase oder ein loses Mundwerk bekannt war. Der Name ‹Schnabel(stall)gässlein› wird seit 1740 erwähnt und etablierte sich dann. Nach dem Wirtshaus ‹Zum Schnabel› wurde wohl auch das Grundstück ‹Schnabelboden› (zwischen heutiger Elsässerstrasse, Hüningerstrasse und französischer Grenze) benannt.
Frühere Namen	‹Sodgasse› oder ‹Bi dem dürren Sod› sind Bezeichnungen aus dem 14. bis 16. Jahrhundert nach einem dort befindlichen Brunnen, die auch für den heutigen Gemsberg Verwendung fanden. 1488 heisst die Strasse ‹Scherbengesslin›, ein Name der sich auch als ‹Scharbengässelin› bis ins 18. Jahrhundert hält. 1610 fasst Felix Platter Schnabelgasse und Rümelinsplatz unter der Umschreibung ‹Vom Spalenberg bis zuo Rimelis müle› zu einer Strasse zusammen.
Weiteres siehe	→ Gemsberg
Quellen	HGB: Schnabelgasse. Platter: S. XII; 324
Literatur	Fechter 1856: S. 74; Plan. Roth: S. 98. Siegfried: S. 13

Strassenname	**Schneidergasse**
Gruppe	26
Plankoordinaten	E 5
Erstmals genannt	1272
Amtlich benannt	1861
Bedeutung	Wie viele andere Handwerker siedelten sich die Schneider seit dem 11. Jahrhundert links des Birsigs an und gaben einer Strasse den Namen. Dieser ist aber erst seit 1610 als ‹Schnidergassen› urkundlich belegt.
Frühere Namen	Die erste Erwähnung der Strasse stammt von 1272 und lautet auf ‹inter institores› (‹unter den Krämern›). Als Fortführung des Spalenbergs trug sie auch den Namen ‹Unterer Spalenberg›.
Weiteres siehe	→ Andreasplatz, Imbergasse
Quellen	Platter: S. 328
Literatur	Fechter 1856: S. 80. Roth: S. 98. Siegfried: S. 13

Strassenname	**Schöllenenstrasse**
Gruppe	10.1
Plankoordinaten	C 6
Amtlich benannt	1945
Bedeutung	Schöllenen, Urner Felsschlucht der Reuss zwischen Andermatt und Göschenen. Die Schöllenenstrasse mit der Teufelsbrücke (1306 erstmals erwähnt, 1728 neu errichtet, 1888 eingestürzt; daneben die neue Teufelsbrücke von 1830 und die Autostrassenbrücke von 1955) machte als Saumpfad den St. Gotthard seit dem 13. Jahrhundert für den Verkehr passierbar, gewann aber erst seit dem 14. Jahrhundert an Bedeutung. Die in den Fels gehauenen Stufen (lat. scaliones) gaben der Schlucht den Namen. Das sogenannte Urnerloch aus dem Jahr 1707/1708 ist der erste Strassentunnel der Schweiz.
Weiteres siehe	→ Gotthardstrasse
Literatur	Roth: S. 98

Schönaustrasse	*Strassenname*
3, 18	*Gruppe*
F 4	*Plankoordinaten*
1908	*Amtlich benannt*
Schönau, badische Stadt im Wiesental, 34 km nordöstlich von Basel. Die Freiherren von Schönau waren ein vorderösterreichisches Adelsgeschlecht, das in der Linie Schönau-Wehr und Zell die Ortschaft Stetten als Lehen der Äbtissin von Stetten besass.	*Bedeutung*
Roth: S. 98	*Literatur*

Schönbeinstrasse	*Strassenname*
12.6	*Gruppe*
D 5	*Plankoordinaten*
1653	*Erstmals genannt*
1868	*Amtlich benannt*
Christian Friedrich Schönbein (1799–1868), aus Metzingen (Württemberg), Chemiker. Schönbein studierte in Tübingen, Erlangen, Paris und London. Auf Einladung von Peter Merian kam er 1828 nach Basel, wo er 1835 Professor der Physik und Chemie an der Universität wurde; seit 1852 beschränkte er sich auf die Professur für Chemie. Er entdeckte 1839 bei der Elektrolyse von Wasser das Ozon, das seinen griechischen Namen vom eigentümlichen Geruch hat (‹ozon› = ‹das Riechende›). 1846 stellte er erstmals Schiessbaumwolle her, was ihn zum Wegbereiter der modernen Sprengstoffindustrie machte. Die ersten Versuche mit der Schiessbaumwolle fanden auf der Schützenmatte statt. Er erforschte auch die Oxidation sowie die chemische Zusammensetzung von Gesteinen und der Erdkruste. Politisch gehörte Schönbein zur konservativen Bürgerschaft. Während der Trennungswirren mit der Landschaft trat er in das akademische Freikorps ein. 1840 erhielt er das Ehrenbürgerrecht, von 1848 an gehörte er dem Grossen	*Bedeutung*

	Rat an. Schliesslich war er 1860 einer der Gründer und erster Präsident der Basler Hebelstiftung.	Schönenebuch war auch Truppenstandort während der Grenzbesetzung im Ersten Weltkrieg (1914–1918).	
Frühere Namen	Die Schönbeinstrasse, die bereits auf dem Plan von Sebastian Münster von 1550 namenlos abgebildet ist, war ursprünglich das Anfangsstück der Mittleren Strasse, als diese noch eine der Landstrassen durch das Gebiet des heutigen Wohnviertels St. Johann ins Elsass war.	→ *Bonfolstrasse*	*Weiteres siehe*
		Roth: S. 98	*Literatur*
		Schönmattstrasse	*Strassenname*
		8.2	*Gruppe*
		D 6,7	*Plankoordinaten*
Weiteres siehe	→ *Mittlere Strasse, Peter Merian-Strasse*	1918	*Amtlich benannt*
Quellen	*Münsterplan*	Schönmatt, Anhöhe des Tafeljuras und beliebtes Ausflugsziel oberhalb Arlesheim im Kanton Solothurn, 8 km südöstlich von Basel.	*Bedeutung*
Literatur	*Basler Nachrichten, 11.9.1963. Roth: S. 98. Siegfried: S. 72–73*		
		Roth: S. 98	*Literatur*
Strassenname	**Schönenbergstrasse**		
Gruppe	8.1	**Schopfheimerstrasse**	*Strassenname*
Plankoordinaten	E 8	3	*Gruppe*
Amtlich benannt	1966	FG 4	*Plankoordinaten*
Bedeutung	Schönenberg, Höhenzug (1193 m ü. M.) des Kettenjuras oberhalb des Scheltenbachs, 25 km südlich von Basel.	1969	*Amtlich benannt*
		Schopfheim, badische Stadt im Wiesental, 20 km nordöstlich von Basel.	*Bedeutung*
Siehe auch	→ *Schönenbergweglein*		
Weiteres siehe	→ *Im Sesselacker*	KB: 1969	*Quellen*
Quellen	*ANK: 1966*		
		Schorenweg	*Strassenname*
		7	*Gruppe*
Strassenname	**Schönenbergweglein**	F 4,3 G 3	*Plankoordinaten*
Gruppe	8.1	1811	*Erstmals genannt*
Plankoordinaten	E 8	1862	*Amtlich benannt*
Amtlich benannt	1967	‹Schoren› oder ‹an der Schorren› ist eine alte Bezeichnung für das Gebiet zwischen Eglisee und Badischem Bahnhof, die auf den Familiennamen ‹Schorr› zurückgeht und in zahlreichen Benennungen auftritt, so ‹Schorewäldeli› (offiziell ‹Egliseeholz›), ‹Schorenfabrik› (‹Hagenbach'sche Bleiche›), der ‹Schorensteg› bzw. die ‹Schorenbrücke› (Schorenweg 7) über den Riehenteich und die Siedlung ‹Schorenmatten› (erbaut 1929).	*Bedeutung*
Siehe	→ *Schönenbergstrasse*		
Quellen	*ANK: 1967*		
Strassenname	**Schönenbuchstrasse**		
Gruppe	1, 24.1		
Plankoordinaten	C 5		
Amtlich benannt	1921		
Bedeutung	Schönenbuch, Gemeinde im Baselbieter Bezirk Arlesheim, 7 km westlich von Basel.		
		→ *In den Schorenmatten*	*Siehe auch*

Frühere Namen	Der Schorenweg wird als ‹Hohle Gasse› und ‹bei der Schorenbrücke› in den Adressbüchern von 1811 bis 1854 erwähnt. Die Strasse setzte sich als ‹Schohren Strass› (Hoferplan 1822) bzw. ‹Gotterbarm› (Adressbücher) fort bis zur Riehenstrasse und führte von dort als ‹Heimath Gass› (Hoferplan 1822) weiter bis zur Grenzacherstrasse bei der Solitude.
Bemerkenswertes	Zu den Einrichtungen, die nach den Schoren hiess, gehörte auch die ehemalige ‹Schorenanstalt›. Auf der rechten Seite des Riehenteichs stand seit 1853 die erste und grösste kommerzielle Armenerziehungsanstalt der Schweiz, die als Sehenswürdigkeit galt. Die ‹Schorenanstalt› setzte gegen 200 Mädchen im Sinne der ‹Erziehung durch Arbeit› als Fabrikarbeiterinnen in der ihr angegliederten Schappe-Spinnerei ein. Unterbringung und Behandlung der ‹Schoremaitli› trafen gegen Ende des 19. Jahrhunderts auf immer stärkere Kritik, 1906 hob man die ‹Schorenanstalt› auf. Die auf dem anderen Teichufer liegende, 1910 gebaute Eglisee-Badeanstalt war auch als ‹Badeanstalt in der Schoren› bekannt.
Weiteres siehe	→ An der hohlen Gasse
Quellen	Adressbücher 1811–1854. Hoferplan 1822
Literatur	Blum / Nüesch: S. 120–121. Meles / Wartburg: S. 107. Roth: S. 99. Siegfried: S. 83

Strassenname	**Schützengraben**
Gruppe	7, 23
Plankoordinaten	D 5
Erstmals genannt	1820
Amtlich benannt	1861
Siehe	→ Schützenmattstrasse
Frühere Namen	Der Schützengraben entlang des Stadtgrabens von der Schützenmattstrasse bis zum Spalentor erscheint auf dem Hoferplan von 1820 ohne Namen. Er bildete einen Teil des ‹Wegs zum Schiessplatz› (Kellerplan von 1832), nachdem man im ausgehenden 14. Jahrhundert das Tor ‹Zum steinernen Kreuz› an der heutigen Kreuzung von Schützenmattstrasse und Schützengraben zugemauert und nach 1548 durch das Fröschenbollwerk ersetzt hatte. Nach dem Beschluss zur Entfestigung galt für eine kurze Zeit der Name ‹Spalengraben› für den heutigen Schützengraben. Den Stadtgraben schüttete man 1864–1866 zu und legte die Strasse 1869 als Allee an.
Weiteres siehe	→ Aeschengraben
Quellen	Hoferplan 1820. Kellerplan
Literatur	Blum / Nüesch: S. 8. Roth: S. 99. Siegfried: S. 53; 57

Strassenname	**Schützenmattpark**
Gruppe	7
Plankoordinaten	D 6
Erstmals genannt	1499
Amtlich benannt	1970
Siehe	→ Schützenmattstrasse
Bemerkenswertes	Der Park entstand auf dem ehemaligen Schiessplatz der Stadt. In der vom restlichen Park abgetrennten Anlage zwischen Weiherweg, Schützenmattstrasse und Steinenring befand sich der 1873 aufgefüllte Teuchelweiher. Dort steht auch das 1561 gebaute Feuerschützenhaus, heute kurz ‹Schützenhaus› genannt.
Weiteres siehe	→ Weiherweg
Quellen	ANK: 1970
Literatur	Blum / Nüesch: S. 9. Roth: S. 99

Strassenname	**Schützenmattstrasse**
Gruppe	7, 23
Plankoordinaten	D 5,6
Erstmals genannt	1327
Amtlich benannt	1861
Bedeutung	Auf der Schützenmatte fanden seit 1449 die Schiessübungen der Feuerschützen statt.

Das heute noch existierende Feuerschützenhaus (Schützenmattstrasse 56) stammt von 1561–1564. Im 19. Jahrhundert diente die Wiese für mehrere eidgenössische Anlässe (Schützenfest, 400-Jahr-Feier der Schlacht bei St. Jakob an der Birs). Weil die Schiessanlage durch das Stadtwachstum für die immer näher gelegenen Häuser und deren Bewohner eine zunehmende Gefahr darstellte, hob man sie auf. 1898–1899 erfuhr der westliche Teil der Schützenmatte eine Umgestaltung zur Festwiese (heute Sportplatz Schützenmatte), der östliche wurde zu einem Park.

Siehe auch → *Fröschgasse, Schützengraben, Schützenmattpark, Sportplatz Schützenmatte*

Frühere Namen Die Schützenmattstrasse gab es in ihrer heutigen Ausdehnung von der Spalenvorstadt bis zum Schützenmattpark vielleicht bereits vor 1300. 1257 und 1280 werden Äcker beim heutigen Schützenmattpark erwähnt. Ende des 13. Jahrhunderts ummauerte man die Spalenvorstadt, zu welcher auch der innerhalb der Stadtbefestigung gelegene Teil der Schützenmattstrasse gehörte. Das Tor ‹Zum steinernen Kreuz› am Ende der Schützenmattstrasse (an der Kreuzung Schützengraben und Schützenmattstrasse) erscheint erstmals 1327. Das Tor legt nahe, dass um diese Zeit bereits eine Strasse gab, deren Ziel vermutlich die Äcker beim heutigen Schützenmattpark waren. Nachdem das Tor im ausgehenden 14. Jahrhundert zugemauert und nach 1548 durch das von Sebastian Schertlin empfohlene Fröschenbollwerk ersetzt worden war, blieb die (innere) Schützenmattstrasse bis zur Stadtentfestigung in den 1860er Jahren eine Sackgasse. Die vor der Stadtmauer verbliebene (äussere) Schützenmattstrasse bildete zusammen mit einem Weg entlang des heutigen Schützengrabens zum Spalentor seit der Mitte des 15. Jahrhunderts die ‹Schützen Matten Strasse› oder den ‹Weg zum Schiessplatz›. Im Adressbuch von 1811 taucht sie als ‹Schützenmattgasse› auf. Der Mauerdurchbruch stellte die Ausdehnung und den Verlauf der Schützenmattstrasse bis zur Schützenmatte, wie sie bis zum ausgehenden 14. Jahrhundert bestanden hatte, wieder her.

Frühere Namen von Teilstücken Der innere Teil der Schützenmattstrasse erscheint 1480 als ‹Crützgasse›, benannt nach dem ehemaligen Tor ‹Zum steinernen Kreuz›. Der üblicherweise gebrauchte und 1861 amtlich ersetzte Name war aber ‹Fröschgasse›. Dieser Name soll vom ehemaligen Teuchelweiher beim Schiessplatz auf der Schützenmatte und von den darin lebenden Fröschen stammen. Diese wiederum gaben dem Fröschenbollwerk seinen Namen, auf das die ‹Fröschgasse› als Sackgasse hinführte. Die heutige Fröschgasse ist ein beabsichtigtes déja-vu der alten Fröschgasse: Sie liegt in der Nähe eines Weihers und einer Schützenanlage (Allschwilerweiher und -schiessplatz).

Bemerkenswertes Vor der Benutzung der Schützenmatte als Schiessplatz der Feuerschützen fanden deren Übungen im Leonhardsgraben statt. Feuerwaffen scheint es in Basel seit den 1360er Jahren gegeben zu haben. Im Gegensatz zu den Feuerschützen benutzten die Stachelschützen die Armbrust. Die Schiessübungen mit dieser Waffe fanden beim heute noch vorhandenen Stachelschützenhaus (Petersplatz 10) zwischen Petersplatz und Botanischem Garten statt. Obwohl Feuerwaffen die Armbrust im 15. Jahrhundert ablösten, bestand die Gesellschaft der Stachelschützen noch bis 1856. Schützengraben, Schützenmattstrasse, Schützenmattpark, Sportplatz Schützenmatte, Wielandplatz, General Guisan-Strasse (ehemals Militär- und Kriegerstrasse), Guisan-Promenade und Reiterstrasse bilden ein militärisches Namensensemble.

Weiteres siehe	→ *General Guisan-Strasse, Reiterstrasse, Schertlingasse, Wielandplatz*
Quellen	Adressbuch 1811. Kellerplan
Literatur	Fechter 1856: S. 113–114; 120–123. INSA: S. 210–211. Roth: S. 99. Siegfried: S. 50–51

Strassenname	**Schulgasse**
Gruppe	20
Plankoordinaten	E 2
Erstmals genannt	1860
Amtlich benannt	1892
Siehe	→ *Kleinhüningerstrasse*
Frühere Namen	1860 hiess die Strasse ‹Schulhaus-Gasse›, ein weiterer Name aus dieser Zeit war ‹Kronengasse›.
Literatur	Bachmann Emil: Die Basler Stadtvermessung. Basel 1969, S. 33. Fischer: Anhang S. 25. Roth: S. 99

Strassenname	**Schwarzwaldallee**
Gruppe	9
Plankoordinaten	G 5 F 5,4,3
Amtlich benannt	1881
Bedeutung	Vierspurige Strasse vor dem Badischen Bahnhof. Schwarzwald, rechtsrheinisches Randgebirge der Oberrheinischen Tiefebene und höchstes Mittelgebirge Südwestdeutschlands (160 km lang und 60 km breit; höchste Erhebung ist der Feldberg mit 1493 m ü. M.).
Siehe auch	→ *Schwarzwaldbrücke, Schwarzwaldstrasse, Schwarzwaldtunnel*
Literatur	Roth: S. 100

Strassenname	**Schwarzwaldbrücke**
Gruppe	9
Plankoordinaten	G 5
Amtlich benannt	1973
Siehe	→ *Schwarzwaldallee*
Bemerkenswertes	Die Schwarzwaldbrücke ersetzt seit 1973 die 1955 eingeweihte und bald darauf wieder abgebrochene St. Alban-Brücke. Diese Brücke wurde als Projekt bereits 1876 erwähnt und taucht erstmals im Baulinienplan von 1901 auf. Sie verband das St. Alban-Quartier mit Kleinbasel und lag auf der Linie Schwarzwaldallee–Liestalerstrasse. Die zehnspurige Schwarzwaldbrücke liegt etwas weiter östlich in Richtung Eisenbahnbrücke.
Quellen	ANK: 1973
Literatur	Flückiger Roland: Brücken am Rhein. In: Verhandlungen der Naturforschenden Gesellschaft Basel. 1992, Vol. 102 (2), S. 357–369

Schwarzwaldstrasse	Strassenname
9	Gruppe
GF 5	Plankoordinaten
1973	Amtlich benannt
→ *Schwarzwaldallee*	Siehe
Die Schwarzwaldstrasse verbindet Schwarzwaldbrücke und Schwarzwaldtunnel. Sie ist Teilstück der schweizerischen Autobahn A2 (früher N2), die in Basel an das deutsche Autobahnnetz (A5/E54) anschliesst.	Bemerkenswertes
ANK: 1973	Quellen

Schwarzwaldtunnel	Strassenname
9	Gruppe
F 4	Plankoordinaten
1976	Amtlich benannt
→ *Schwarzwaldallee*	Siehe
Der Schwarzwaldtunnel verläuft unterhalb der für den städtischen Verkehr angelegten Schwarzwaldallee.	Bemerkenswertes
ANK: 1976	Quellen

Schweizergasse	Strassenname
13, 25.5	Gruppe
D 6	Plankoordinaten
1871	Amtlich benannt

Schwarzwaldtunnel

Bedeutung Der Name ‹Schweiz› leitet sich vom Kanton Schwyz bzw. dessen Hauptort ab. Die älteste Schreibweise stammt aus dem 10. Jahrhundert und lautet ‹suites›. Möglicherweise ist das Wort keltischen Ursprungs und stammt von der allerdings nicht urkundlich belegten Bezeichnung ‹alpes suetas› (‹Schweinsberge›). Die Lautveränderung von ‹Schwyz› zu ‹Schweiz› beginnt im 14. Jahrhundert. Im 17. Jahrhundert wird ‹Schweiz› vorherrschend (auch für den heutigen Kanton und Hauptort Schwyz) gebraucht. Die klare Trennung von Schweiz und Schwyz geht auf Johann Heinrich Müllers ‹Schweizergeschichte› von 1786 zurück. ‹Schweiz› als Bezeichnung für die Eidgenossenschaft taucht im 14. Jahrhundert auf, erstmals auf einem offiziellen Dokument aus dem Jahr 1415. Als ‹Eidgenossen› bezeichnete man ursprünglich alle Gemeinschaften, die mit anderen in einem Bundesverhältnis standen. Der Begriff ist älter als die Schweizerische Eidgenossenschaft, und Bern z.B., das ihr seit 1353 angehörte, nannte den Herzog von Savoyen noch 1424 einen ‹Eitgenossen›. Die Verengung des Begriffs auf die dreizehnörtige Eidgenossenschaft erfolgte besonders nach den Burgunderkriegen im letzten Viertel des 15. Jahrhunderts. Bis ins 18. Jahrhundert wurde ‹Eidgenossen› gegenüber dem im Ausland gerne verwendeten ‹Schweizer› bevorzugt. Wie oben erwähnt, konnte ‹Schweizer› sowohl einen Eidgenossen als auch einen heutigen Schwyzer bedeuten, was dem sehr lockeren Staatenbund, wo jeder Kanton gegen aussen als eigener Staat auftrat, zutiefst widerstrebte. Erst das erwachende übergeordnete Nationalgefühl des 19. Jahrhunderts brach dem Kollektivbegriff ‹Schweizer› Bahn. ‹Schweiz› als amtliche Staatsbezeichnung erscheint 1803 mit der Mediation.

Siehe auch → *Eidgenossenweg*

Ursprünglich sollte die Strasse ‹Winkelriedgasse› genannt werden, ein Winkelriedplatz ist aber im Wohnviertel Gundeldingen entstanden. *Frühere Namen*

Möglicherweise ist die Strasse zu Ehren der in Basel während des deutsch-französischen Krieges von 1870/1871 stationierten Schweizer Grenztruppen benannt worden. *Bemerkenswertes*

Roth: S. 100. Siegfried: S. 68 *Literatur*

Schwörstadterstrasse *Strassenname*

3	*Gruppe*
F 5	*Plankoordinaten*
1931	*Amtlich benannt*

Schwörstadt, badische Gemeinde am Rhein oberhalb Rheinfelden, 21 km östlich von Basel. *Bedeutung*

Roth: S. 100 *Literatur*

Seltisbergerstrasse *Strassenname*

1	*Gruppe*
EF 8	*Plankoordinaten*
1954	*Amtlich benannt*

Seltisberg, Gemeinde im Baselbieter Bezirk Liestal, 13 km südöstlich von Basel. *Bedeutung*

→ *Seltisbergerweglein* *Siehe auch*

Roth: S. 100 *Literatur*

Seltisbergerweglein *Strassenname*

1	*Gruppe*
F 8	*Plankoordinaten*
1954	*Amtlich benannt*

→ *Seltisbergerstrasse* *Siehe*

Roth: S. 100 *Literatur*

Sempacherstrasse *Strassenname*

25.2	*Gruppe*
E 6,7	*Plankoordinate*
1874	*Amtlich benannt*

Bedeutung	Sempach, luzernische Kleinstadt am gleichnamigen See, bekannt durch die Schlacht von Sempach im Jahr 1386, bei der eidgenössische Truppen das habsburgische Heer schlugen. Der Sempacherbrief von 1393 regelte das allgemeine schweizerische Kriegsrecht.
Siehe auch	→ Winkelriedplatz
Bemerkenswertes	Die Sempacherstrasse führt am Winkelriedplatz vorbei. Das Sempacherlied aus dem 15. Jahrhundert beschreibt, wie der Unterwaldner Arnold von Winkelried durch den Opfertod (er stürzte sich in die Langspiesse der Feinde) seinen Kameraden die sprichwörtlich gewordene Gasse in den habsburgischen Heerhaufen bahnte.
Literatur	Roth: S. 100

Strassenname	**Sennheimerstrasse**
Gruppe	2
Plankoordinaten	D 6 C 5
Amtlich benannt	1881
Bedeutung	Sennheim (franz. Cernay), Hauptort des gleichnamigen elsässischen Bezirks («canton») am Vogesenfuss, 41 km nordwestlich von Basel.
Literatur	Roth: S. 100

Strassenname	**Septerstrasse**
Gruppe	2, 24.3
Plankoordinaten	C 4
Amtlich benannt	1924
Bedeutung	Sept (franz. Seppois-le-Bas und Seppois-le-Haut), elsässische Doppelgemeinde an der Strecke nach Montbéliard, 31 km westlich von Basel. Im Ersten Weltkrieg fanden an diesem Ort Kämpfe zwischen Deutschen und Franzosen statt.
Weiteres siehe	→ Bonfolstrasse
Literatur	Roth: S. 100

Sesselackerweglein	Strassenname
7	Gruppe
F 7	Plankoordinaten
1966	Amtlich benannt
→ Im Sesselacker	Siehe
ANK: 1965/1966	Quellen

Sevogelplatz	Strassenname
12.5, 25.3	Gruppe
F 6	Plankoordinaten
1919	Amtlich benannt
→ Sevogelstrasse	Siehe
Das Projekt für den Platz gab es seit dem Ende der 1890er Jahre unter dem Namen ‹Schweizerplatz›. Ein anderer projektierter ‹Sevogelplatz› wurde 1861 benannt, aber nie ausgeführt. Er hätte an der Kreuzung Sevogelstrasse / Engelgasse liegen sollen.	Bemerkenswertes
Roth: S. 100	Literatur

Sevogelstrasse	Strassenname
12.5, 25.3	Gruppe
F 6	Plankoordinaten
1861	Amtlich benannt
Henman Sevogel (*nach 1400, †1444), Basler Hauptmann. Sevogel war Basler Achtburger und Herr zu Wildenstein. Von Sevogel ist ausser einigen Rechtsstreiten wenig bekannt, er hielt sich nur selten in der Stadt auf. Er befand sich 1444 vor der Schlacht von St. Jakob mit einem Kontingent von rund 200 Mann in Liestal. Zu ihnen stiess die eidgenössische Vorhut von 1200 Mann, die eigenmächtig den Kampf mit dem überlegenen französischen Heer begann. Sevogel wurde am Tag der Schlacht getötet, es ist aber unklar, von wem. Als Basler Hauptmann hatte er vom Rat den Befehl erhalten, nicht anzugreifen. Es besteht die Vermutung, dass er nicht im Kampf fiel, sondern dass ihn	Bedeutung

seine eigene Truppe, die mit den Eidgenossen in den Kampf zog, umbrachte, als er ihr den Aufbruch verbot. Der Brunnen beim Staatsarchiv (eigentlich der vom Marktplatz verlegte Kornmarktbrunnen) heisst seit dem 19. Jahrhundert auch Sevogelbrunnen, weil man die ihn bekrönende Figur als den Basler Helden deutete.

Siehe auch → Sevogelplatz

Literatur Roth: S. 100. Vischer-Merian Karl: Henman Sevogel von Basel und sein Geschlecht. Basel 1880, S. 35–48

Strassenname **Sierenzerstrasse**
Gruppe 2
Plankoordinaten C 5
Amtlich benannt 1892
Bedeutung Sierenz, Hauptort des gleichnamigen elsässischen Bezirks («canton»), an der Strasse von Basel nach Mulhouse gelegen, 15 km nordwestlich von Basel.
Literatur Roth: S. 101

Strassenname **Singerstrasse**
Gruppe 7
Plankoordinaten F 6,7
Amtlich benannt 1929
Bedeutung → Singerweg
Literatur Roth: S. 101

Strassenname **Singerweg**
Gruppe 7
Plankoordinaten G 6
Amtlich benannt 1861
Bedeutung Das Landgut ‹Zum Singer› aus dem 19. Jahrhundert, der alte ‹Byfangacker› an der St. Jakobsstrasse, hiess nach seinem Besitzer Martin Singer-Schneider aus Langenbruck. Das damals noch der Christoph Merian Stiftung gehörende Hofgut wurde 1919 aufgegeben.

Siehe auch → Singerstrasse
Literatur Fischer: Anhang S. 25. Roth: S. 101. Siegfried: S. 36

Strassenname **Sissacherstrasse**
Gruppe 1
Plankoordinaten F 6
Amtlich benannt 1905
Bedeutung Sissach, Hauptort des gleichnamigen Baselbieter Bezirks, 19 km südöstlich von Basel.
Literatur Roth: S. 101

Strassenname **Socinstrasse**
Gruppe 12.6
Plankoordinaten D 5
Erstmals genannt 1811
Amtlich benannt 1900
Bedeutung August Socin (1837–1899), Professor an der Universität Basel und Chirurg. Socin bestand das Doktorexamen in Würzburg im Jahr 1857, kam 1858/1859 als Assistenzarzt nach Basel und wurde bereits 1862 Direktor der chirurgischen Abteilung des Bürgerspitals. Er erlangte Bedeutung durch seine Schriften zur Kriegschirurgie, die er aufgrund seiner Erfahrungen in den Karlsruher Lazaretten während des deutsch-französischen Krieges von 1870/1871 verfasst hatte. Auf dem Chirurgenkongress von Washington 1887 war er Vizepräsident. Ebenfalls wichtig waren seine Arbeiten auf dem Gebiet der Erkrankungen von Prostata und Kropf und der antiseptischen Behandlung von Wunden. Er gründete aus eigenen Mitteln 1888 das ‹Bakteriologische Institut›. Von 1872 bis 1884 gehörte er dem Grossen Rat an, wo er Mitglied der Sanitätskommission war.

Frühere Namen Die Socinstrasse erscheint, noch ohne Namen, erstmals auf dem Ryhinerplan von 1784. Sie war bis zu ihrer Benennung im

Jahr 1900 das Anfangsstück der Allschwilerstrasse. Vor 1861 galt sie auch als ‹Allschwiler Strässlein›, so im Hoferplan von 1822, im Unterschied zur alten ‹Allschwiler Strasse›, die direkt von der Schützenmattstrasse ausging (oberstes Teilstück der Austrasse).

Quellen	Hoferplan 1822. Ryhinerplan
Literatur	National-Zeitung, 24.1.1899. Roth: S. 101

Strassenname	**Solitudepark**
Gruppe	22
Plankoordinaten	FG 5
Amtlich benannt	1987
Siehe	→ Solitude-Promenade
Literatur	Fischer: Anhang S. 36

Strassenname	**Solitude-Promenade**
Gruppe	22
Plankoordinaten	FG 5
Amtlich benannt	1954
Bedeutung	‹Solitude› (‹Einsamkeit›), gebaut 1845/1846 vom Bandfabrikanten Emanuel Hoffmann-Preiswerk (1798–1861) als Landgut mit Gartenanlage für die Sommermonate. Seit 1924 im Besitz der Einwohnergemeinde, die sie zum öffentlichen Park umgestalten liess. Die Villa selbst ist ein Tagesheim für Kinder von Angestellten der Firma F. Hoffmann-La Roche.
Siehe auch	→ Solitude-Park
Bemerkenswertes	Auf dem Gelände des Solitudeparks eröffnete 1996 als rheinaufwärts gelegener Nachbarbau das von der Firma F. Hoffmann La Roche AG gestiftete ‹Museum Jean Tinguely›, in dem zahlreiche Plastiken des Künstlers ausgestellt sind.
Literatur	Basler Zeitung, 12.9.1992; 19.9.1996. Roth: S. 101

Solothurnerstrasse	Strassenname
1	Gruppe
E 6,7	Plankoordinaten
1874	Erstmals genannt
1879	Amtlich benannt
Solothurn, Hauptstadt des gleichnamigen, seit 1481 dem Bund angehörenden Kantons in der Nordwestschweiz und im Mittelland. Der Übersichtlichkeit wegen erhielt die ‹Äussere Heumattstrasse› 1879 ihren heutigen Namen. Den Namen ‹Äussere Heumattstrasse› hatte vor 1874 bereits die heutige Pfeffingerstrasse getragen.	Bedeutung
	Frühere Namen
→ Heumattstrasse	Weiteres siehe
Roth: S. 101. Siegfried: S. 45	Literatur

Sommergasse	Strassenname
30	Gruppe
D 4	Plankoordinaten
1894	Amtlich benannt
→ Herbstgasse	Siehe
Roth: S. 101	Literatur

Sonnenbergstrasse	Strassenname
8.1	Gruppe
E 7	Plankoordinaten
1925	Amtlich benannt
Sonnenberg (1136 m ü. M.), Südhang der Passwangkette des Solothurner Kettenjuras zwischen Scheltenpass und Passwang, 26 km südlich von Basel.	Bedeutung
→ Sonnenbergweglein	Siehe auch
Roth: S. 101	Literatur

Strassenname	**Sonnenbergweglein**	
Gruppe	8.1	
Plankoordinaten	E 8	
Amtlich benannt	1966	
Siehe	→ Sonnenbergstrasse	
Weiteres siehe	→ Krachenrainweglein	
Quellen	ANK: 1966/1970	

Strassenname	**Sonnenweg**	
Gruppe	32	
Plankoordinaten	F 6	
Amtlich benannt	1896	
Bedeutung	Die Sonne hat man als Namensgeberin wohl gewählt, um dem Namen der Strasse einen freundlichen Klang zu geben.	
Literatur	Roth: S. 101	

Strassenname	**Spalenberg**
Gruppe	31
Plankoordinaten	ED 5
Erstmals genannt	1230
Amtlich benannt	1861

Bedeutung Das Wort ‹Spalen› (in mittelalterlichen Urkunden ‹Spalon›) ist in seiner Bedeutung und Herkunft nicht geklärt. Üblicherweise versteht man es als lokalen Sonderbegriff für Pfähle, verwandt mit dem lateinischen ‹palus›. Die Pfähle bringt man wiederum mit einer frühen Palisadenwehr beim Spalenberg bzw. um das besiedelte Gebiet links des Birsigs noch vor der ersten Stadtmauer des späten 11. Jahrhunderts in Verbindung. Darauf könnten die Grünpfahlgasse und die ehemalige ‹Schwarzpfahlgasse› (heute Petersgasse) hinweisen. Die Unklarheiten beim Begriff ‹Spalen› zeigen sich auch darin, dass er den Bewohnern Basels schon im Mittelalter unverständlich war. Für ‹Spalon› gibt es in lateinisch geschriebenen Urkunden keine Übersetzungen, sondern nur latinisierte Formen wie ‹spalea› (Einzahl) oder ‹spali› und ‹spaleae› (Mehrzahl).

→ Spalen-Durchgang, Spalengraben, Spalenring, Spalentorweg, Spalenvorstadt   *Siehe auch*

Die erste Erwähnung der Strasse stammt von 1230 und lautet ‹vicus spale(a)e› (‹Spalengasse›). Häufige Ortsbezeichnungen waren ‹prope spalon› oder ‹apud spaleam› (‹nahe bei / bei den Spalen›). Nach dem am Spalenberg häufig betriebenen Schmiedehandwerk hiess die Strasse auch ‹smit(t)-gasse› (14. Jahrhundert). Aus der Nähe zum Rosshof erklärt sich wohl der Name ‹Rossberg› (1403). Eine im 18. Jahrhundert verwendete französische Übersetzung des Begriffs ‹Spalen› mit ‹Saint Paul› scheint eher absurd, auch wenn das ehemalige Nonnenkloster Gnadental in der jüngeren Spalenvorstadt dem Apostel Paulus geweiht war.   *Frühere Namen*

Der untere Teil des Spalenbergs zählte im Mittelalter auch zur ‹Winhartsgasse› (heute Hutgasse), 1523 zu den ‹Inneren Spalen›, der mittlere erscheint 1524 als ‹Pfluggasse›, 1776 als ‹St. Paulus Berg›. 1610 umschreibt Felix Platter die Strasse vom alten Tor der inneren Stadtmauer oben am Petersgraben bis zum Heuberg mit ‹Vom Spalen schwibogen bis an Heuberg›, den folgenden Teil nennt er dann in Unterscheidung zu dieser ‹ersten Spalen gassen› einfach ‹Spalenberg›. 1861 fasste man die Strassen ‹Unterer Spahlenberg› (von Hutgasse bis Gemsberg), ‹Oberer Spahlenberg› (von Gemsberg bis Heuberg) und ‹Beim Spahlenthurm› (von Heuberg bis zum alten Tor der inneren Stadtmauer am Petersgraben) unter dem heutigen Strassennamen zusammen.   *Frühere Namen von Teilstücken*

National bekannt wurde die Strasse in den 1950er Jahren durch die Radioserie ‹Spalebärg 77a – bis Ehrsams zum schwarze Kaffi› (die Hausnummer 77a existiert nicht).   *Bemerkenswertes*

Adressbücher 1798–1854. Platter: S. XII; 294; 318.   *Quellen*
Fechter 1856: S. 76–77. Roth: S. 102. Siegfried: S. 12   *Literatur*

Strassenname	**Spalen-Durchgang**
Gruppe	31
Plankoordinaten	ED 5
Amtlich benannt	1970
Siehe	→ Spalenberg
Bemerkenswertes	Die kurze, überdeckte Fussgängerpassage führt durch die Liegenschaft Spalenberg 51 und verbindet den Spalenberg mit dem Leonhardsgraben.
Quelle	ANK: 1970

Strassenname	**Spalengraben**
Gruppe	31
Plankoordinaten	D 5
Erstmals genannt	1610
Amtlich benannt	1871
Siehe	→ Spalenberg
Frühere Namen von Teilstücken	Nach dem Petersplatz, der früher einfach ‹Platz› genannt wurde, hiess die innerhalb der Stadtmauer gelegene und vom Spalentor bis zum Petersplatz verlaufende Strasse ‹Platzgässlein›, 1610 ‹ein gesslin zum Spalen thor an der rinckmaur›. Dieses 1861 amtlich benannte ‹Platzgässlein› ging 1871 im Spalengraben auf.
Weiteres siehe	→ Aeschengraben, Petersplatz
Quellen	Platter: S. 182
Literatur	Roth: S. 102. Siegfried: S. 75

Strassenname	**Spalenring**
Gruppe	31
Plankoordinaten	D 5
Erstmals genannt	1861
Amtlich benannt	1901
Siehe	→ Spalenberg
Frühere Namen	Parallel zur 1861 zuerst ‹Spalenringweg› benannten und noch nicht ausgeführten Strasse, aber durch das alte Trassee der Elsässerbahn getrennt, verlief der ‹Steinenmüllerweg›. Er hiess nach dem Grundstück ‹Im Steinemüller›, das seinen Namen vom Besitzer, dem Müller in der Steinen, hatte. Seit 1871 war die Strasse nur noch der ‹Müllerweg›, da Ortsunkundige sie früher oft irrtümlicherweise in der Nähe der Steinenmühle gesucht hatten. 1877 fasste man den anschliessenden ‹Äusseren Spalenringweg› (ebenfalls parallel zum ‹Spalenringweg› verlaufend und durch das Eisenbahntrassee von ihm getrennt) und den ‹Müllerweg› unter dem Namen der zweiten Strasse zusammen. ‹Spalenringweg› und ‹Müllerweg› vereinigte man 1901 zum Spalenring, als man die alte Bahnstrecke der Elsässerbahn aufhob.
Bemerkenswertes	Das 1860 angelegte alte Verbindungstrassee der Elsässerbahn an den Centralbahnhof ersetzte 1901 das neue, weiter westlich und tiefgelegt verlaufende Trassee. 1901–1904 wurden auf dem alten Trassee die Strassen Kannenfeldstrasse–Spalenring–Steinenring – Viaduktstrasse als Hauptverkehrsachse für Grossbasel ausgebaut.
Literatur	Fischer: Anhang S. 22; 25–26. INSA: S. 130; 215; 225. Roth: S. 102. Siegfried: S. 35; 57

Strassenname	**Spalentorweg**
Gruppe	23
Plankoordinaten	D 5
Erstmals genannt	1859
Amtlich benannt	1861
Siehe	→ Spalenberg
Bemerkenswertes	Da ‹Spalen› eigentlich das Gebiet des Spalenbergs bezeichnet, stand das erste Spalentor an der inneren Stadtmauer zwischen Spalenberg und Spalenvorstadt. Als ‹Spalenschwibbogen› oder ‹Spalenturm› diente es später als Arrestkerker. Der Staat liess es 1837 abbrechen. Es erscheint erstmals 1231 als Tor ‹ze Spalon›. Dagegen hiess das heute bestehende Spalentor am Ende der Spalenvorstadt noch 1361 Tor ‹vor Spalon›. Das Spa-

Spalenvorstadt

lentor ist zu einem Basler Wahrzeichen geworden. Es wurde 1290 sowohl als ‹porta exterior›, ‹äusseres Tor›, als auch nach einem Anwohner als ‹Voglerstor› erstmals erwähnt, war aber nur eines von drei Toren, die ursprünglich die Mauer der Spalenvorstadt öffneten. Es gab im 14. Jahrhundert das später zugemauerte Tor an der Lyss (1290 als ‹porta magistri Egelolfi›, ‹Meister Eglofs Tor›, erstmals erwähnt) und das ebenfalls später zugemauerte Tor an der Schützenmattstrasse (1287 einfach als ‹porta Spalon›, 1297 explizit nach einem ausserhalb aufgestellten und den Bann der städtischen Gerichtsbarkeit anzeigenden Steinkreuz als ‹steinin crüztor› erwähnt).

Weiteres siehe → Schützenmattstrasse

Literatur Blum / Nüesch: S. 22. Fechter 1856: S. 76; 114–115. Roth: S. 102. Siegfried: S. 61

Strassenname	**Spalenvorstadt**
Gruppe	*31*
Plankoordinaten	*D 5*
Erstmals genannt	*1284*
Amtlich benannt	*1861*
Siehe	→ *Spalenberg*

Frühere Namen Bis 1280/1290 hatten die Ansiedlungen vor dem alten Spalentor der inneren Stadtmauer am Eingang zum Spalenberg noch keine Ummauerung. 1297 aber heisst es von der Spalenvorstadt, dass sie nicht einfach ein ‹suburbium› (d.h. Vorstadt), sondern ein ‹burgum› (d.h. befestigte Siedlung) sei. Die Spalenvorstadt besass wie andere Vorstädte eine eigene Ummauerung, die Ende des 14. Jahrhunderts in der äusseren Stadtbefestigung aufging. Die Strasse ist noch früher belegt. Gemäss einer Urkunde von 1284 lag ein Haus «in suburbio civitatis Basiliensis ante portam dictam spalon in fine duarum stratarum publicarum, quarum una protenditur versus villam Blatzheim, alia versus Almswilr» («in der Basler Vorstadt vor dem Spalentor am Ende zweier Strassen, von denen eine nach dem Dorf Blotzheim führt, die andere nach Allschwil»). Die ‹Strasse nach Blotzheim› ist die Spalenvorstadt, die ‹Strasse nach Allschwil› ist die Strasse Auf der Lyss. Der Strassenname kommt in zahlreichen Varianten vor: ‹suburbium extra spalon / ante spaleam / ante spalon›, ‹suburbium dictum spalon›, ‹Vorstadt Spalon / ze Spalon / vor Spalon / an den Spalen›, ‹an den usseren Spalen›, ‹vor dem inneren Spalentor›.

Bemerkenswertes An der Ecke Spalenvorstadt und Petersgraben stand das Nonnenkloster Gnadental. Die Gebäude vor dem inneren Spalentor waren 1231–1250 von den Barfüssern benutzt worden, 1253–1259 von Zisterzienserinnen, die dann nach Michelfelden zogen. 1266 bezogen Clarissen das verlassene Kloster, verlegten ihren Sitz aber 1279 nach Kleinbasel in das nach ihnen benannte Kloster St. Clara. Sie wurden sogleich durch andere Clarissen aus Gnadental zwischen Bremgarten und Mellingen ersetzt, und der Ortsname Gnadental ging auf das Basler Kloster über. Die förmliche Aufnahme in den Orden der hl. Clara von Assisi geschah 1289, obwohl die Klosterfrauen schon vorher als diesem zugehörig galten. Nach der Aufhebung des Klosters im Zuge der Reformation richtete man darin das städtische Kornhaus ein; 1890 entstand dort der Bau der Allgemeinen Gewerbeschule und des Gewerbemuseums.

Weiteres siehe → *Clarastrasse, Kornhausgasse, Missionsstrasse*

Literatur Baer Casimir Hermann: Die Kunstdenkmäler des Kantons Basel-Stadt, Band III. Die Kirchen, Klöster und Kapellen, erster Teil: St. Alban bis Kartause. Basel 1941. In: Gesellschaft für schweizerische Kunstgeschichte (Hg.): Die Kunstdenkmäler der Schweiz, S. 291–301; 361–371. Fechter 1856: S. 113–116. Roth: S. 102

Strassenname	**Speiserstrasse**
Gruppe	*12.5, 28.5*
Plankoordinaten	*GF 6*
Amtlich benannt	*1913*
Bedeutung	Johann Jakob Speiser (1813–1856), Bankier und Eisenbahndirektor. Speiser absolvierte 1828–1831 in Lausanne eine kaufmännische Lehre und hielt sich mehrere Jahre im Ausland (Marseille, Bordeaux, Liverpool) auf. 1839 kehrte er nach Basel zurück und gründete 1843 zusammen mit anderen die ‹Giro- und Depositenbank› (seit 1845 ‹Bank in Basel›), deren Direktor er bis 1855 war. In der Folge war er noch an mehreren Bankgründungen ausserhalb Basels beteiligt. Im Auftrag des Bundesrats verfasste er von 1849 an Gutachten und Gesetzesvorschläge, welche die Abschaffung der kantonalen Münzhoheit empfahlen und auf denen das heutige schweizerische Münzsystem beruht. Es war auch Speiser, der gegen die Konkurrenz des süddeutschen Guldens die Anlehnung an den dezimalen französischen Franken empfahl. Der Kampf der ‹Frankenfüssler› gegen die ‹Guldenfüssler› endete mit der Abstimmung vom 26.4.1850 im Nationalrat. Die Münzen liess der Bundesstaat anfangs in Paris und Strassburg prägen; 1854 wurde die erste schweizerische Münzstätte eingerichtet. Seit 1852 gehörte Speiser dem provisorischen Verwaltungsrat der in Basel gegründeten ‹Schweizerischen Centralbahn› an, deren Direktor er 1853 wurde. Neben dem Ausbau des Bahnnetzes befürwortete er den Bau einer Gotthardeisenbahn. Er starb 1856 im Alter von erst 43 Jahren.
Bemerkenswertes	Das Projekt zur Speiserstrasse lautete zuerst auf den Namen ‹Schöntal(er)strasse›, nach einer zur Gemeinde Langenbruck im Baselbieter Bezirk Waldenburg gehörenden Siedlung. Dort befand sich bis zur Reformation ein Kloster von Benediktinerinnen, das nach einer Marienerscheinung gestiftet wurde und auch Wallfahrtsort war.
Weiteres siehe	→ *Achilles Bischoff-Strasse, Centralbahnplatz*
Literatur	*Basler Woche, 13.3.1953. National-Zeitung, 11.5.1950. Roth: S. 103. Siegfried: S. 38*

Strassenname	**Sperrstrasse**
Gruppe	*32*
Plankoordinaten	*E 4*
Erstmals genannt	*1822*
Amtlich benannt	*1864*
Bedeutung	Vor der Entfestigung der Stadt musste nach Torschluss an der Sperre vor dem Toreingang (hier Bläsitor) ein Sperrgeld bezahlt werden, das mit der nach Torschluss verstrichenen Zeit fortlaufend zunahm.
Siehe auch	→ *Sperrweglein*
Frühere Namen	1860 hiess die Strasse, auf dem Hoferplan von 1822 auch als ‹Kleines Strässlein› erscheinend, bereits ‹Sperrsträsschen›. Man benannte sie aber 1861 amtlich in ‹Fabrikstrasse› um, nach der an ihr liegenden Sarasinschen Seidenbandfabrik. Auf Ansuchen der Anwohner erhielt sie 1864 wieder ihren alten Namen.
Quellen	*Hoferplan 1822*
Literatur	*Fischer: Anhang S. 15. Roth: S. 103. Siegfried: S. 84*

Strassenname	**Sperrweglein**
Gruppe	*32*
Plankoordinaten	*E 4*
Amtlich benannt	*1996*
Siehe	→ *Sperrstrasse*
Quelle	*ANK: 1996*

Strassenname	**Spiegelbergstrasse**
Gruppe	*18*
Plankoordinaten	*E 8*
Amtlich benannt	*1966*

Bedeutung	Spiegelberg war der Name einer bischöflich-baslerischen Ministerialenfamilie (usprünglich unfreie Gefolgsleute im Ritterstand) mit hervorragender Stellung in Solothurn, im 16. Jahrhundert erloschen. Die Schlossruine Spiegelberg (franz. Muriaux) in den Berner Freibergen war der Stammsitz der Familie. Kunigunde von Spiegelberg, Tochter des verstorbenen Schultheissen von Solothurn und Besitzerin der Herrschaft Halten-Kriegstetten, lebte in Basel, stand aber unter der Vormundschaft Solothurns. Als sie ihre Verlobung zugunsten einer neuen löste, gerieten zunächst die Familien, später auch die Städte Basel, Bern und Solothurn in Streit. Der zum Tagsatzungsthema gewordene Rechtsstreit wurde von Probst Neidhard von Ulm im Namen des Papstes entschieden und 1463/66 endgültig beigelegt.
Weiteres siehe	→ Im Sesselacker
Quellen	ANK: 1966

Strassenname	**Spiegelgasse**
Gruppe	19
Plankoordinaten	E 5
Erstmals genannt	14. Jahrhundert
Amtlich benannt	1861
Bedeutung	Das Eckhaus ‹Zum Spiegel› (Spiegelgasse 2, 1461 erstmals erwähnt) hiess auch ‹Zum grossen Spiegel› oder ‹Spiegelhof›. Der ‹Spiegelhof› (Spiegelgasse 6–12, erbaut 1938/1939) ist heute das städtische Verwaltungsgebäude für das Polizei- und Militärdepartement und die Öffentliche Krankenkasse. Sein zentraler Hof ist als öffentlicher Durchgang zur Herbergsgasse gestaltet und nach dem Gebäude benannt. Die früheste Erwähnung der Spiegelgasse unter ihrem heutigen Namen stammt von 1477. Die Bezeichnung als Gasse war noch bis in die 1930er Jahre passend. Im Rahmen der Innenstadtkorrektur, die sich bis in die 1960er Jahre fortsetzte, folgten die Verbreiterung und Verlängerung der Strasse und der Bau des 110 Meter langen Spiegelhof-Gebäudes.
Siehe auch	→ Spiegelhof
Frühere Namen	Die Strasse bezeichnete man im Mittelalter auch als ‹Salzberg›, so wie die gesamte ansteigende Gegend links des Birsigs zwischen Fischmarkt und Rhein, wo der Salzverkauf stattfand. Andere Namen waren ‹vicus zem Horn› im Jahr 1361 und ‹Gasse wider Gundolzbrunnen› im Jahr 1402.
Bemerkenswertes	Die Spiegelgasse war vor der Korrektion am Ende der 1930er Jahre nur etwa halb so lang wie heute. An ihrem Ende gegen den Fischmarkt hin begann der ‹Petersberg›, ein heute aufgehobener, verwinkelter Häuserkomplex mit drei zur Petersgasse hinaufführenden Strassen, die unten einen gemeinsamen Ausgang zum Fischmarkt hatten. Die erste, parallel zum Kellergässlein gelegene hiess ‹Brunnen gesslin› (1610), ‹Brunngässlein› (1854) oder ‹Fischbrunnengässlein›. Zwei sich gabelförmig teilende und dann wieder zusammenlaufende Strassen wurden vor 1861 als ‹Herbrigberg› oder ‹Herbergberg› (obere Gabel) und ‹Unterer Herbergberg› (untere Gabel) bezeichnet. Der ‹Untere Herbergberg› erscheint im 13. Jahrhundert erstmals als ‹zem vinstren Swibogen›, 1311 als ‹Neue Gasse›. Dieses sehr verwinkelte Areal hiess seit 1861 ‹St. Petersberg›. Einige Häuser der durch den Bau der Marktgasse verschwundenen ‹Schwanengasse› erhielten eine doppelte Numerierung mit ‹St. Petersberg› (St. Petersberg 20 war z. B. auch der Eingang zu Schwanengasse 6).
Weiteres siehe	→ Herbergsgasse
Quellen	Adressbücher 1798–1862. Platter: S. 278
Literatur	Fechter 1856: S. 88–91; Plan. Huber: S. 239–240. Roth: S. 103

Strassenname	**Spiegelhof**
Gruppe	19
Plankoordinaten	E 5
Amtlich benannt	1937
Siehe	→ Spiegelgasse
Bemerkenswertes	Der Spiegelhof ist der Innenhof des gleichnamigen Gebäudes. Spiegelhof und Im Lohnhof verweisen als einzige Strassennamen Basels, die auf -hof enden, auf eine Hofsituation.
Weiteres siehe	→ Rappoltshof
Literatur	Roth: S. 103

Strassenname	**Spitalstrasse**
Gruppe	20
Plankoordinaten	E 5 D 5,4
Erstmals genannt	1313
Amtlich benannt	1861
Bemerkenswertes	Das sogenannte ‹Bürgerspital› kam 1842, nach intensiven Bemühungen des Arztes Karl Gustav Jung, von der Freien Strasse in den Markgräfischen Hof (Hebelstrasse 4). Dieser Barockbau aus den Jahren 1698–1705, eine Rückzugsresidenz der Markgrafen von Baden, war seit 1808 in städtischem Besitz; die Universität unterhielt nebenan bis 1836 ihren Botanischen Garten. 1814 diente der Bau als Lazarett für die durchziehenden alliierten Truppen. Das frühere Spital an der Freien Strasse gegenüber dem Münsterberg (bis 1861 ‹Spitalsprung›) zog sich in unregelmässiger Anordnung bis zur Streitgasse hinab. Sein Ansehen war nicht hoch, die hygienischen Verhältnisse galten als zweifelhaft. Schon 1805 berieten die Behörden über bauliche Massnahmen. Eine Untersuchung im Jahr 1834 zeigte, dass das alte Spital nicht mehr sanierbar war, weshalb beschlossen wurde, an anderem Ort ein neues einzurichten. Unter erheblichem finanziellen Aufwand erfolgte 1838–1842 der Umbau des Markgräfischen Hofs zum Bürgerspital, der es erlaubte, das jahrhundertealte Spital in der Freien Strasse zu schliessen. Die weiteren Ausbauten im Geviert Hebelstrasse–Petersgraben–Spitalstrasse–Schanzenstrasse und die dezentralen Spezialkliniken haben den Neubauten (besonders Klinikum 1, erbaut 1938–1945, und Klinikum 2, erbaut 1971–1978) des 20. Jahrhunderts aber weitgehend weichen müssen. Durch den Bau des Klinikums 1 an der Spitalstrasse verschwanden nicht nur alte Spitalbauten. Auch die über ihr Areal führenden ‹Hintere Spitalstrasse› und ‹Davidsgasse› wurden aufgehoben.
Frühere Namen	Mit der Verlegung des Spitals von der Innenstadt in die Vorstadt St. Johann führten zwei alte innerstädtische Strassennamen in die Irre, da nach 1842 der ‹Spitalsprung› (heute Münsterberg) und das ‹Spitalgässlein› (heute Barfüssergasse) am ‹falschen› Ort waren. 1861 ersetzte man den anstössig empfundenen Namen ‹Lottergasse›, der auf dort im Mittelalter in günstiger Nähe zum Petersplatz ansässige Spielleute, sogenannte ‹Lotter›, zurückgeht, durch den Namen Spitalstrasse.
Bemerkenswertes	Das Spitalwesen in Basel beginnt wohl mit dem Spital bei St. Leonhard, das möglicherweise schon aus dem späten 11. Jahrhundert stammt. Für das Spital des Klosters St. Alban (1417 nach einem Brand aufgehoben), wo Pilger und Bedürftige Unterkunft und Essen fanden, gibt es eine Stiftungsurkunde aus dem Jahr 1278. Das Bürgerspital an der Freien Strasse gegenüber dem Münsterberg, früher auch ‹Spital an den Schwellen› genannt, scheint eine Gründung der Jahre zwischen 1260 und 1265 zu sein. Vor der Einrichtung des Siechenhauses bei St. Jakob wurden die Leprakranken in entsprechenden Häusern des Klosters St. Alban (Malzgasse) und beim alten Spital von St. Leon-

hard untergebracht und gepflegt. Um 1480 scheint noch ein weiteres Spital bei der Kreuzkapelle vor dem Spalentor gestanden zu haben. Für Geisteskranke gab es bis zur Eröffnung der ‹Friedmatt› im 19. Jahrhundert keine speziell eingerichteten Unterbringungsmöglichkeiten.

Weiteres siehe → Brüglingerstrasse, Friedmattweglein, Jungstrasse, Leonhardsberg, Malzgasse, Münsterberg, St. Jakobs-Strasse

Literatur Blum / Nüesch: S. 17–18; 77–78. Fechter 1856: S. 29–33; 120; Plan. Huber: S. 63; 308–310; 354; Roth: S. 103

Strassenname **Spittelmattweg**
Gruppe 7
Plankoordinaten G 3
Erstmals genannt 1822
Amtlich benannt 1950
Bedeutung Der Spittelmatthof, bereits auf Riehener Gemeindeboden, und die Spittelmatte gehörten, wie ihre Namen es sagen, zum Basler Spitalbesitz.
Frühere Namen von Teilstücken Auf dem Hoferplan von 1822 erscheint die Strasse noch als namenloser Feldweg, als ‹Spitalmattweg› erstmals im Adressbuch von 1893.
Quellen Adressbuch 1893. Hoferplan 1822

Strassenname **Sportplatz Schützenmatte**
Gruppe 7, 21, 23
Plankoordinaten CD 6
Amtlich benannt 1974
Siehe → Schützenmattstrasse
Frühere Namen von Teilstücken Die Vorläufer des Sportplatzes Schützenmatte sind der ‹Old Boys Sportplatz› (1922 eingeweiht) und der ‹Turnplatz Schützenmatte› (1924 eingeweiht).
Quellen ANK: 1974

Stachelrain *Strassenname*
26 *Gruppe*
F 5 *Plankoordinaten*
1903 *Amtlich benannt*
→ Am Krayenrain, Fischerweg *Siehe*
Die Strasse liegt leicht versetzt zur einst projektierten Verlängerung der Peter Rot-Strasse, die über die ‹Sevogelbrücke› mit dem Ufer des St. Alban-Tals verbunden werden sollte. *Bemerkenswertes*
Roth: S. 103 *Literatur*

Stadionstrasse *Strassenname*
21 *Gruppe*
G 6 *Plankoordinaten*
1932 *Erstmals genannt*
1949 *Amtlich benannt*
Das Fussballstadion St. Jakob (volkstümlich ‹Joggeli› genannt) wurde für die von der Schweiz ausgerichtete Fussballweltmeisterschaft von 1954 gebaut. Es hatte rund 52 000 Plätze. (Die Sportanlage St. Jakob wurde bereits 1942 als grösste ihrer Art in der Schweiz eröffnet. Die gedeckte Sporthalle kam 1975 dazu.) Da es baulichen und sicherheitstechnischen Anforderungen nicht mehr genügte, wurde es 1998 abgerissen. An seiner Stelle wird ein neues mit 36 500 Plätzen entstehen. 1932 wurde die Strasse als Teilstück des Ulmenwegs erstellt. *Bedeutung*

Frühere Namen
→ Rankstrasse *Weiteres siehe*
Basler Zeitung, 2.12.1998. Huber: S. 336. Roth: S. 103 *Literatur*

Stadthausgasse *Strassenname*
20 *Gruppe*
E 5 *Plankoordinaten*
1320 *Erstmals genannt*
1861 *Amtlich benannt*
Das Stadthaus entstand 1771–1775 als Posthaus für die städtische Kaufmannschaft. *Bedeutung*

Nachdem 1853 die neue Post an der Freien Strasse eröffnet worden war, fand Ende der 1850er Jahre ein Umbau statt, und die Bürgergemeinde Basel, die das Gebäude schon seit 1803 besass, richtete darin ihren Sitz ein. Die Basler Bürgergemeinde hat ihre institutionellen Wurzeln in der Helvetik (1798–1803). Sie ist aber erst seit 1876 von der Einwohnergemeinde der Stadt Basel getrennt (bis dahin hatten nur Stadtbürger Stimm- und Wahlrecht in Gemeindeangelegenheiten), deren Geschäfte von den kantonalen Behörden im Stadtstaat übernommen werden. Die Bürgergemeinde, der alle Bürgerinnen und Bürger der Stadt Basel angehören, hat seither in den von ihr verwalteten Institutionen (Bürgerspital, Fürsorgeamt, Waisenhaus) wichtige soziale Aufgaben. So stehen u.a. die Christoph Merian Stiftung, die Leonhard Paravicini-Stiftung sowie die 20 Zünfte, die drei Vorstadtgesellschaften und die drei Kleinbasler Ehrengesellschaften unter ihrer Aufsicht. Schliesslich verfügt die Bürgergemeinde auch über umfangreichen Liegenschafts- und Grundbesitz; die Forstverwaltung betreut rund 1000 ha Wald.

Frühere Namen von Teilstücken

Die rechtwinklige Stadthausgasse entstand 1861 aus dem Zusammenzug der beiden Strassen ‹Storchengasse› (Verbindung zwischen Fischmarkt und Schneidergasse) und ‹Bei der Brodlaube› (Verbindung zwischen Totengässlein und Eisengasse / ehemaliger ‹Sporengasse›). Die ‹Storchengasse› hiess nach der 1443 erstmals erwähnten Wirtschaft ‹Zum Storchen›. An der Stelle des ehemaligen ‹Storchen› stehen heute das Restaurant ‹Zum Storchen› und das weit in den Petersberg hineingetriebene Gebäude des Basler Finanzdepartements. Die nach den Verkaufsständen der Bäcker benannte ‹Brodlaube› befand sich an der Stelle der dort ursprünglich den Birsig überquerenden, 1320 erwähnten ‹nüwen bruggen›. Auf dieser ‹Neuen Brücke› standen die sechs Buden der ‹Altbüetzer› (Schuhflicker), weshalb die Strasse auch ‹unter den Altbüetzern› hiess. Als ‹Obere Brodlaube› erscheint die Grünpfahlgasse 1683, im Gegensatz zur ‹Unteren Brodlaube› (Adressbuch von 1798), der heutigen Stadthausgasse.

→ *Post-Passage*   *Weiteres siehe*

Adressbücher 1798–1862   *Quellen*

Blum / Nüesch: S. 99. Fechter 1852: Plan. Fechter 1856: S. 83. Fürstenberger Markus: I bi-n-e Basler. Rund um die Bürgergemeinde der Stadt Basel. In: Sandoz-Gazette. Basel 1984. Huber: S. 77; 361. Roth: S. 103–104   *Literatur*

Stänzlergasse   *Strassenname*

23   *Gruppe*

E 6   *Plankoordinaten*

1610   *Erstmals genannt*

1974   *Amtlich benannt*

→ *Klosterberg*   *Siehe*

   Frühere Namen

Die erste Erwähnung der nach der Stadtgarnison des Standes Basel (‹Stänzler›) benannten Strasse findet sich 1610 bei Felix Platter als ‹Gesslin bis zur bruck am Birsig›. In den Adressbüchern vor 1862 erscheint sie als ‹Steinenbruck›. Der heute vom Birsigparkplatz überdeckte Birsig floss damals noch offen zwischen Steinenvorstadt und Steinentorstrasse. Vor der Benennung als Stänzlergasse gehörten die Liegenschaften zur Steinenvorstadt, der Theaterstrasse und der Steinentorstrasse.

Gegen die Bezeichnung als Stänzlergasse gab es Widerstand mit dem Hinweis darauf, dass erstens die ‹Stänzler›, bei ihrer Auflösung 1856 nur noch ein trauriger Haufen verkommener Gestalten gewesen waren und dass zweitens der Begriff ‹Stänzler› auch als Zuhälter (vom Slangausdruck ‹Stänz› bzw. ‹Stenz› abgeleitet) gedeutet werden könnte.   *Bemerkenswertes*

Es gab einen Rekurs, über den das Verwaltungsgericht Basel-Stadt negativ entschied. Der Entscheidung für den Namen Stänzlergasse gingen drei erfolglose Vorschläge voran, die Verbindung Steinenvorstadt–Klosterberg ‹Rudolf Gelpke-Strasse› (Initiator des Basler Rheinhafens), ‹Paul Koelner-Strasse› (Basler Lokalhistoriker) oder ‹Picassostrasse› zu benennen.

Quellen Adressbuch 1798–1862. ANK: 1967; 1974–1977. Platter: S. 208

Strassenname	**St. Alban-Anlage**
Gruppe	12.1.1
Plankoordinaten	EF 6
Erstmals genannt	1811
Amtlich benannt	1871
Siehe	→ St. Alban-Tal
Frühere Namen	In den Adressbüchern von 1811 bis 1854 heisst die Strasse ‹zwischen dem Aeschen- und St. Albanthor›. Die erste amtliche Benennung lautete 1861 ‹St. Albanthorgraben›. Im Hoferplan von 1820 ist die Strasse vor der Festungsmauer zwischen den eingrenzenden Stadttoren der ‹St. Alban-Torweg› und der ‹Aeschen-Torweg›. Der Name ‹Speer Strasse› bezeichnete den Weg entlang von Graben und Mauer auf der Länge der heutigen St. Alban-Anlage und Aeschengraben.
Quellen	Adressbuch 1845. Hoferplan 1820
Literatur	Roth: S. 14

Strassenname	**St. Alban-Berg**
Gruppe	12.1.1
Plankoordinaten	F 6
Amtlich benannt	1968
Siehe	→ St. Alban-Tal
Quellen	ANK: 1968

Strassenname	**St. Alban-Graben**
Gruppe	12.1.1, 23
Plankoordinaten	E 5
Erstmals benannt	1610
Amtlich benannt	1861
Siehe	→ St. Alban-Tal
Frühere Namen	

Als ‹Graben by der Thuomprobstey› bezeichnet Felix Platter die Strasse im Jahr 1610. Die Dompropstei (Amtshaus des Münsterpropsts, St. Alban-Graben 7) ersetzte 1825–1826 ein Wohnungsneubau, das Haus Bachofen.

Den St. Alban-Graben, zur Befestigungsanlage der inneren Stadtmauer gehörig und aus dem 13. Jahrhundert stammend, schüttete man 1775–1786/1815 zu, um damit Bauland zu gewinnen. Die Fortsetzung zum Rheinufer hin, der 1805 ausgefüllte Harzgraben, ist heute vom letzten Stück der Wettsteinbrücke überdeckt. Entlang dem St. Alban-Graben gegen die Vorstadtseite hin bestand schon eine Strasse mit einer Häuserzeile. Das alte Stadttor der inneren Mauer, den St. Alban-Schwibbogen, riss man 1878 beim Bau der Wettsteinbrücke ab. *Bemerkenswertes*

→ Aeschengraben	*Weiteres siehe*
Platter: S. 252	*Quellen*
Blum/Nüesch: S. 33; 35–37. Huber: S. 109–110. Roth: S. 14	*Literatur*

St. Alban-Kirchrain	*Strassenname*
12.1.1	*Gruppe*
F 5	*Plankoordinaten*
1503	*Erstmals genannt*
1861	*Amtlich benannt*
→ Am Krayenrain, St. Alban-Tal	*Siehe*
	Frühere Namen

Die Strasse erscheint unter zahlreichen verschiedenen Namen, die z. T. das heutige St. Alban-Tal einbeziehen: ‹In den Mühlenen› 1503, ‹Im Loch› 1538, ‹Beim Schindelhof› 1666, ‹Beim kleinen Schindelhof› 1692, ‹St. Albanthorberg› 1726, ‹Hinterer Kloster-

St. Alban-Tal

weg› 1844. Im Adressbuch von 1840 zählt sie zum ‹St. Alban-Thal› und zur ‹St. Alban-Thorgasse› (St. Alban-Vorstadt vom St. Albantor bis zur Malzgasse).

Quellen   Adressbuch 1840
Literatur   Roth: S. 14

Strassenname   **St. Alban-Rheinweg**
Gruppe   *12.1.1*
Plankoordinaten   *EFG 5*
Erstmals genannt   *1860*
Amtlich benannt   *1861*
Siehe   → *St. Alban-Tal*
Frühere Namen   Als der St. Alban-Rheinweg seinen amtlichen Namen erhielt, bestand er nur aus einem kurzen Strassenstück zwischen den beiden Teicharmen, das man vorher zum ‹St. Alban-Thal› gerechnet hatte. Man verlängerte ihn danach, auch zur Eindämmung des Hochwassers, rheinauf- und rheinabwärts erheblich und baute ihn zu einer Promenade aus (besonders 1884–1893). Die ersten Häuser des neuen St. Alban-Rheinwegs, befanden sich ausserhalb der Stadtmauer und gehörten vor 1861 noch zur zum Rhein hin verlängerten Weidengasse.

Literatur   Blum / Nüesch: S. 39. Huber: S. 369. Roth: S. 15

Strassenname   **St. Alban-Ring**
Gruppe   *12.1.1*
Plankoordinaten   *F 6,7*
Erstmals genannt   *1861*
Amtlich benannt   *1901*
Siehe   → *St. Alban-Tal*
Frühere Namen   Der ‹St. Alban Ringweg› wurde zusammen mit den anderen Ringwegen 1901 in St. Alban-Ring umgetauft. Die Häuser des neuen ‹St. Alban-Ringwegs›, gehörten vor 1861 noch zur ‹Gellert› bezeichneten Strasse.

Quellen   Adressbuch 1845; 1862
Literatur   Roth: S. 15

Strassenname   **St. Alban-Tal**
Gruppe   *12.1.1*
Plankoordinaten   *F 5*
Erstmals genannt   *(1090)*
Amtlich benannt   *1861*
Bedeutung

Das St. Alban geweihte Kloster war das erste der Stadt. Bischof Burkhard von Fenis gründete es nach 1083 als ein Cluniazenserpriorat (Benediktinerkloster mit einem vom Abt des Hauptklosters Cluny gewählten Prior als Vorsteher) mit zwölf Mönchen. Spuren des Kirchenbaus gehen aber bis um 700, vielleicht noch weiter zurück. Ein in Basel verehrter Albanus erscheint schon um 855. Es ist aber nicht bekannt, welchem hl. Albanus die Kirche geweiht worden ist. Kloster und Kirche St. Alban hatten reichen Grundbesitz (die Grenzen ihres Areals waren der Eingang in die Rittergasse, von da dem Rheinufer entlang zur Birs bis St. Jakob, St. Jakobs-Strasse, Lange Gasse und den Häusern der St. Alban-Vorstadt entlang zurück zur Rittergasse) und einträgliche geistliche Pfründen. Neben den für den eigentlichen Klosterbetrieb erbauten Gebäuden gab es spätestens seit 1278 eine Herberge für fremde Pilger und eine Krankenstube, die man aber 1417 nach einem Brand schloss. Vielleicht gab es in der Malzgasse bereits 1260 ein Siechenhaus. Kloster und Kirche sind, Anfang des 19. Jahrhunderts für die Bedürfnisse einer kleinen Gemeinde reduziert, in Teilen erhalten geblieben.

→ St. Alban-Anlage, St. Alban-Berg, St. Alban-Graben, St. Alban-Kirchrain, St. Alban-Rheinweg, St. Alban-Ring, St. Alban-Talstrasse, St. Alban-Vorstadt

Siehe auch

Das St. Alban-Tal ist von seiner Anlage her eine mittelalterliche Streusiedlung und keine wirkliche Strasse. Wenn man früher vom St. Alban-Tal sprach, meinte man eher ein Quartier als einen Strassenzug. Die genaue Unterscheidung aller Strassen bei St. Alban hat erst die amtliche Benennung von

Frühere Namen

1861 gebracht. Noch im Adressbuch von 1845 rechnete man die Strassen dort unterschiedslos dem ‹St. Alban-Thal› zu. Die Ansiedlung im St. Alban-Tal erscheint erstmals 1090 als ‹villa› (Herrenhof) und 1106 als ‹suburbium› (Vorstadt). Es ist unbekannt, wie stark der damalige Strassenverlauf dem heutigen entsprach. Nach den zahlreichen Gewerbemühlen, welche der aus der Birs abgeleitete St. Albanteich antrieb, hiess die Gegend auch ‹in den Mühlenen›, nach der Lage am niedrigen Rheinufer ‹S. Alban im Loch› oder einfach ‹(im) Loch›.

Inoffizielle Namen Die baseldeutsche Mundart bezeichnet nicht nur das St. Alban-Tal, also die Strasse, sondern die ganze tiefliegende Gegend am Rheinufer als ‹Dalbeloch›. Das Wort ‹Dalbe›, das man auch für die anderen mit St. Alban-beginnenden Strassen und auch einige Strassen im Umkreis verwendet, ist zudem im Begriff ‹Dalbenesisch› enthalten, der die in dieser Gegend gesprochene, besonders ausgeprägte und fast stilisierte Variante des Baseldeutschen bezeichnet.

Bemerkenswertes Im St. Alban-Tal finden sich Siedlungsreste, die, wie es scheint, bis auf die spätrömische Zeit zurückgehen. Von der Geländeterrasse aus lässt sich gut zum anderen Rheinufer übersetzen, wo im Raum Burgweg und Alemannengasse römische Mauerreste existierten und wo man auch eine früh- und eine hochmittelalterliche Siedlung vermutet. Noch heute verkehrt zwischen diesen beiden Ufern die sogenannte St. Alban-Fähre. Im St. Alban-Tal hat möglicherweise schon seit jeher ein vom Münsterhügel unabhängiger Siedlungskern mit einem rechtsrheinischen Pendant bestanden. Die Ansiedlung im St. Alban-Tal zeichnete sich als Gewerbezentrum aus. Die dort stehenden Mühlen trieb der Gewerbekanal St. Albanteich an. Diese Gewerbemühlen hatten entscheidenden Einfluss auf das Wirtschaftsleben im mittelalterlichen Basel. Von besonderer Bedeutung ist, dass sich im St. Alban-Tal die Basler Papierindustrie entwickelte. Mitte des 19. Jahrhunderts wurde das St. Alban-Tal zum ersten Industriequartier Grossbasels (Seidenbandfabrikation). Es geriet bis in die 1950er Jahre in einen schlechten baulichen Zustand. Seither und besonders in den 1980er Jahren hat dank der Initiative und mit Mitteln der Christoph Merian Stiftung eine planmässige Erneuerung stattgefunden, die über reines Erhalten der historischen Bausubstanz hinausgeht. Der auffälligste Bau in diesem Konzept von Alt und Neu ist das Museum für Gegenwartskunst am St. Alban-Rheinweg.

→ Burgweg, Malzgasse, Mühlenberg, St. Albanteich-Promenade *Weiteres siehe*

Adressbuch 1845. Platter: S. 248 *Quellen*
Baer Casimir Hermann: Die Kunstdenkmäler des Kantons Basel-Stadt, Band III. Die Kirchen, Klöster und Kapellen, erster Teil: St. Alban bis Kartause. Basel 1941, S. 43–44. In: Gesellschaft für Schweizerische Kunstgeschichte (Hg.): Die Kunstdenkmäler der Schweiz. Baur Sarasin Esther: St. Alban-Tal in Basel. Bern 1992 (Schweizerische Kunstführer GSK, N°529/530). Fechter 1856: S. 101–106; Plan. Huber: S. 28–30; 365–366. Meles / Wartburg: S. 13–14. Roth: S. 15. Siegfried: S. 21–22. Suter Rudolf: Die Sanierung des St. Alban-Tals im Rückblick. In: Basler Stadtbuch 1988. Basel 1989, S. 23–36 *Literatur*

St. Alban-Talstrasse

St. Alban-Talstrasse	*Strassenname*
12.1.1	*Gruppe*
F 6	*Plankoordinaten*
1904	*Amtlich benannt*
→ St. Alban-Tal	*Siehe*
Roth: S. 15	*Literatur*

Strassenname	**St. Albanteich-Promenade**
Gruppe	11.2
Plankoordinaten	G 5,6
Amtlich benannt	1943
Bedeutung	Der wahrscheinlich im 12. Jahrhundert angelegte St. Albanteich ist der älteste und wasserreichste der drei mittelalterlichen Gewerbekanäle Basels (St. Albanteich, Rümelinbach und Riehenteich) und als einziger noch in seiner vollen Länge erhalten. Ursprünglich wurde der St. Albanteich in der Brüglingerebene von einem Seitenarm der Birs, später bei der Neuen Welt direkt von der durch ein Wuhr gestauten Birs abgeleitet. Er fliesst nach Norden, bis er in der Gegend des Gellerts nach Westen zur niedrigen Geländeterrasse von St. Alban abbiegt, woher er seinen Namen hat. Der Kanal hiess auch einfach nur ‹Teich› oder ‹Birs›. Im St. Alban-Tal teilt er sich in zwei in den Rhein mündende Arme. Im Mittelalter trieb er zahlreiche Mühlen an, zuerst besonders zur Mehlherstellung, dann auch zur Papierproduktion. So kam es zu den Namen ‹Mahlmühlenteich› für den vorderen Teich, ‹Papiererteich› für den hinteren. Der Teich gehörte zum Kloster St. Alban, die St. Albanteich-Korporation bekam ihn 1336 zu Nutzung und Unterhalt als Lehen. Die Oberhoheit ging nach der Reformation an die weltlichen Behörden Basels über. Heute steht der Korporation das alleinige Nutzungsrecht des Birswassers am Wuhr in der Neuen Welt zu; die Unterhaltskosten teilt sie mit dem Kanton. Nur noch das 1980 installierte und in Betrieb genommene Wasserrad der Stampfe im ‹Schweizerischen Papiermuseum› (früher ‹Gallicianmühle›) nutzt den Teich in alter Weise. Er übernimmt heute andere städtische Aufgaben, so speist er den ‹St. Alban-See› auf dem Areal der einstigen Gartenbau-Ausstellung ‹Grün 80›.
Weiteres siehe	→ Mühleberg, Rümelinsplatz, St. Alban-Tal, Teichgässlein
Literatur	Blum / Nüesch: S. 38. Fechter 1856: S. 101; 104–105. Golder Eduard: Die altehrwürdige Korporation St. Alban-Teich. In: Basler Stadtbuch 1987. Basel 1988, S. 141–144. Roth: S. 15

Strassenname	**St. Alban-Vorstadt**
Gruppe	12.1.1
Plankoordinaten	E 5 F 5,6
Erstmals genannt	1284
Amtlich benannt	1861
Siehe	→ St. Alban-Tal
Frühere Namen	
Bemerkenswertes	Die Strasse St. Alban-Tal führt von einer Geländeterrasse am Rheinufer hinauf zur St. Alban-Vorstadt, die ungefähr auf gleicher Höhe wie der Münsterhügel liegt. 1284 werden folglich ‹in monte S. Albani› (‹auf dem St. Alban-Berg›) erhobene Zinseinkünfte erwähnt. Der jüngere Teil der St. Alban-Vorstadt, vom heutigen St. Alban-Tor bis zum ehemaligen Brigittentor an der Malzgasse, hiess im 14. Jahrhundert ‹Neue Stadt›, noch 1709 wird er als ‹Äussere S. Albanvorstadt› erwähnt, 1727 als ‹Thorweg›, im Adressbuch von 1840 als ‹St. Alban-Thorgasse›. Der ältere Teil erscheint noch im Adressbuch von 1798 einfach als ‹St. Alban›. Die beiden Siedlungskerne Basel (ausgehend vom Münsterhügel) und St. Alban sind wohl im 13. Jahrhundert durch die Ansiedlungen entlang der St. Alban-Vorstadt zusammengewachsen. Die Vorstadt blieb allerdings von der Stadt durch die innere Stadtmauer getrennt und hatte spätestens 1284 ihre eigene Befestigung. Die Mauer verlief von der Rittergasse entlang der St. Alban-Vorstadt bis zur Malzgasse, von da schräg hinunter ins St. Alban-Tal zum Kloster. In den 1330er Jahren verlängerte man die Befestigung bis zum heutigen St. Albantor. Der Einbezug

| | | → Amselstrasse | Weiteres siehe |
| | von St. Alban ins eigentliche Stadtgebiet erfolgte nach dem Erdbeben von 1356 durch den Bau der äusseren Stadtmauer. | Roth: S. 104 | Literatur |

Weiteres siehe	→ Letziplatz		
Quellen	Adressbuch 1798; 1840	**Starenweglein**	Strassenname
Literatur	Fechter 1856: S. 103; 105–106; Plan. Huber: S. 28–30. Roth: S. 15. Siegfried: S. 21–22. Teuteberg René: Das Kloster St. Alban und die Vorstadtgesellschaft zum hohen Dolder. Basel 1992	15.2	Gruppe
		E 7	Plankoordinaten
		1970	Amtlich benannt
		→ Starenstrasse	Siehe
		ANK: 1970	Quellen

Strassenname	**Stapfelberg**	**Steinbühlallee**	Strassenname
Gruppe	32	7	Gruppe
Plankoordinaten	E 5	CB 6	Plankoordinaten
Erstmals genannt	vor 1861	1943	Erstmals genannt
Amtlich benannt	1861	1954	Amtlich benannt
Bedeutung	‹Stapfeln› ist die mundartliche Bezeichnung für die Treppenstufen, mit denen diese steile alte Gasse ausgelegt ist.	→ Steinbühlplatz	Siehe
Frühere Namen	1394 erscheint die Strasse als ‹Rosberg›, vereinzelt auch als ‹Rossberg›. Um 1700 wechselte der Name, die Strasse galt als Teil des Schlüsselbergs. In den Adressbüchern von 1798 bis 1854 gehören die Gebäude des Stapfelbergs zum Schlüsselberg und zur ‹(Unteren) Freien Strasse›.	Die Strasse hiess von 1943 an zuerst ‹Steinbühlstrasse›.	Frühere Namen
		Roth: S. 104	Literatur
		Steinbühlplatz	Strassenname
		7	Gruppe
		C 6	Plankoordinaten
		1920	Amtlich benannt
Bemerkenswertes	Der in den Adressbüchern von 1845 und 1854 erwähnte ‹Stapfelberg› ist der heutige Leonhardsstapfelberg.	Der Steinbühl in Allschwil ist ein entlang dem alten Verlauf des Dorenbachs entstandener Schuttkegel aus Kies.	Bedeutung
Quellen	Adressbuch 1845; 1854. HGB: Stapfelberg	→ Steinbühlallee, Steinbühlweg	Siehe auch
Literatur	Roth: S. 104. Siegfried: S. 9	→ Dorenbach-Promenade	Weiteres siehe
		Roth: S. 104. Siegfried: S. 62	Literatur

Strassenname	**Starenstrasse**	**Steinbühlweg**	Strassenname
Gruppe	15.2	7	Gruppe
Plankoordinaten	E 7	BC 6	Plankoordinaten
Amtlich benannt	1911	1920	Amtlich benannt
Bedeutung	Star oder Europäischer Star (lat. Sturnus vulgaris), eurasischer Zugvogel. Wie der Spatz ein ausgesprochener Kulturfolger und verbreitet in Parks und Gärten.	→ Steinbühlplatz	Siehe
		Roth: S. 104	Literatur
Siehe auch	→ Starenweglein		

Strassenname	**Steinenbachgässlein**
Gruppe	11.1, 11.2
Plankoordinaten	E 5,6
Erstmals genannt	1610
Amtlich benannt	1861
Bedeutung	‹Steinenbach› ist eine besondere Bezeichnung des Rümelinbachs entlang der Steinenvorstadt.
Frühere Namen	1610 gehören die Häuser an der Strasse zur ‹Steinenvorstat hieharwerts dem Birseck›. Weitere Namen waren ‹An den obern Steinen›, ‹An den Steinen auf dem hintern Bach›, ‹Auf dem Bach an den vorderen Steinen› und ‹Weg am sogenannten Hintern Bach›. Mit Bezug auf Birsig und Rümelinbach bzw. Steinenbach hiess die Strasse in den Adressbüchern von 1798 bis 1854 ‹Hinterer Bach›.
Weiteres siehe	→ *Steinenvorstadt*
Quellen	Adressbücher 1798–1854
Literatur	Roth: S. 104. Siegfried: S. 24

Strassenname	**Steinenberg**
Gruppe	7
Plankoordinaten	E 5
Erstmals genannt	1231
Amtlich benannt	1861
Siehe	→ *Steinenvorstadt*
Frühere Namen	Den Steinenberg rechnete man im Mittelalter allgemein zur ‹Steinenvorstadt›, ebenso wie die anderen Strassen dieser Gegend. Der Name Steinenberg erscheint 1400.
Frühere Namen von Teilstücken	Der unterste Teil, wo die Strasse den Birsig überquert hiess ‹Steinensteg›, auch ‹langer Steg› (1577), da die Brücke nicht nur über das Flussbett, sondern auch über die breiten seitlichen Geröllablagerungen führte. Um in die Innenstadt zu gelangen, musste auch der bis 1821 bestehende ‹Steinengraben› oder ‹Rahmengraben› der inneren Stadtmauer entlang des Steinenbergs überbrückt werden. Auf den Barfüsserplatz gelangte man durch das über dem Birsig errichtete ‹Eseltürmlein› (abgebrochen 1820/1821).

Bemerkenswertes

Der Steinenberg war bis spät ins 19. Jahrhundert eine gewerblich-landwirtschaftlich genutzte Gegend. Am oberen Steinenberg fand bis 1850 auf der Seite zur Innenstadt der Grossviehmarkt statt, auf der anderen Seite, aber zum unteren Steinenberg hin, bis 1875 der Schweinemarkt. Auf dem Areal zwischen Steinenberg und Klosterberg befanden sich die Gebäude des ehemaligen Steinenklosters, in denen sich bis 1856 die Soldaten der Stadtgarnison, die ‹Stänzler›, eingerichtet hatten. 1840 wurde das Verwaltungsgebäude des Kaufhauses am Steinenberg eröffnet. Die Strasse wurde im späten 19. Jahrhundert zur eigentlichen ‹Kulturmeile› Basels (die ‹Vergnügungsmeile› ist im 20. Jahrhundert die Steinenvorstadt geworden). Seit 1808 gab es Bestrebungen, ein Gesellschaftshaus für kulturelle Anlässe zu bauen, die bis dahin nur in Zunfthäusern und im ehemaligen Augustinerkloster stattfinden konnten. 1824–1826 baute man schliesslich auf dem durch Beseitigung der alten Befestigungsanlagen gegen den Barfüsserplatz hin freigewordenen Gelände das Stadtcasino, dessen Hauptfassade auf den Steinenberg wies. 1938–1941 riss man es ab und ersetzte es durch einen Neubau. 1875–1876 fügte man als Nachbarbau auf dem Gelände des Kaufhauses den Musiksaal am Steinenberg an. Dazu kam 1905 der Hans-Huber-Saal für Kammerkonzerte. 1873–1875 entstand an der Ecke Steinenberg und Theaterstrasse das Stadttheater, das 1904 abbrannte und 1909 durch einen gleichgestalteten Neubau ersetzt wurde, den man 1975 abriss. Die benachbarte Kunsthalle am oberen Steinenberg entstand mit ihrem Haupttrakt 1869–1872, mehrere Bauetappen folgten bis 1930. Die ‹Kulturmeile› fiel durch

Steinenschanze

den Neubau des mehr zum Klosterberg hin versetzten Theaters in den 1970er Jahren auseinander. Der dadurch entstandene, begrünte Vorplatz an der Stelle des ehemaligen Stadttheaters gab und gibt zu Kontroversen Anlass. Einerseits lobt man ihn als Oase in der Stadt, anderseits kritisiert man ihn als Baulücke. Das Projekt der Regierung, an diesem Ort ein neues Schauspielhaus bauen zu lassen, stiess Ende der 1990er Jahre auf heftigen Widerstand und wurde inzwischen zurückgezogen.

Weiteres siehe	→ Klosterberg, Stänzlergasse, Theaterstrasse
Literatur	Blum / Nüesch: S. 24–29; 33. Huber: S. 103–105; 190–192; 245. Roth: S. 104

Steinengraben

Strassenname	**Steinengraben**
Gruppe	7, 23
Plankoordinaten	D 5 E 5,6
Amtlich benannt	1861
Siehe	→ Steinenvorstadt
Frühere Namen	Der frühere Stadtgraben hiess auch ‹Eglofsgraben›, benannt nach dem ‹Eglofstor› an der Lyss.
Weiteres siehe	→ Aeschengraben, Holbeinplatz
Literatur	Roth: S. 104

Steinenmühlesteg

Strassenname	**Steinenmühlesteg**
Gruppe	19
Plankoordinaten	E 6
Amtlich benannt	1970
Bedeutung	Die Steinenmühle liegt am Steinenbachgässlein 42, nicht zu verwechseln mit dem gleichnamigen Restaurant mit der Nummer 34. Die erste Erwähnung der am Rümelinbach genannten Gewerbekanal gelegenen Steinenmühle datiert von 1356, sie ist aber wahrscheinlich älter. Sie war ursprünglich im Besitz der Klosterfrauen des Steinenklosters. Nach der Reformation gehörte sie dann dem jeweiligen sogenannten Steinenmüller. 1905 stellte sie ihren Betrieb ein.
Quellen	ANK: 1970

Steinenring

Strassenname	**Steinenring**
Gruppe	7
Plankoordinaten	D 6
Erstmals genannt	1860
Amtlich benannt	1901
Siehe	→ Steinenvorstadt
Frühere Namen	Die erste Benennung lautete 1860 noch ‹Steinenringweg›.
Weiteres siehe	→ Spalenring
Literatur	Fischer: Anhang S. 26. Roth: S. 105

Steinenschanze

Strassenname	**Steinenschanze**
Gruppe	7, 23
Plankoordinaten	E 6
Amtlich benannt	1959
Siehe	→ Schertlingasse, Steinenvorstadt
Frühere Namen	Vor der Benennung von 1959 trug die Anlage nach der zum Teil noch stehenden ‹Steinenschanze› aus dem 17. Jahrhundert den Namen ‹alte Schanz›.
Quellen	ANK: 1959; 1970

Steinenstapfelberg

Strassenname	**Steinenstapfelberg**
Gruppe	7
Plankoordinaten	E 6
Amtlich benannt	1951
Siehe	→ Stapfelberg, Steinenvorstadt
Quellen	KB: 1951

Steinentorberg

Strassenname	**Steinentorberg**
Gruppe	23
Plankoordinaten	E 6
Erstmals genannt	1811
Amtlich benannt	1860
Siehe	→ Steinenvorstadt

Frühere Namen — Die Strasse, auf dem Münsterplan von 1550 bereits abgebildet, erscheint im Adressbuch von 1811 als ‹Auf dem Steinenthorberg›.
Quellen — Adressbuch 1811. Münsterplan. Platter: S. 212
Literatur — Fischer: Anhang S. 26. INSA: S. 219.

Strassenname — **Steinentorstrasse**
Gruppe — 23
Plankoordinaten — E 6
Erstmals genannt — 1251
Amtlich benannt — 1861
Siehe — → Steinenvorstadt
Bedeutung — Das Steinentor erscheint im 14. Jahrhundert erstmals als ‹des Hers Thor›. 1866 wurde es abgebrochen.
Frühere Namen — Die Steinentorstrasse wird zusammen mit dem Klosterberg 1251 als ‹Sturgow› (Bedeutung ungeklärt) erwähnt. 1610 erscheint die Strasse bei Felix Platter als die ‹Steinenvorstat änen dem Birseck› (‹Steinenvorstadt jenseits des Birsigs›), die heutige Steinenvorstadt als ‹Steinenvorstat hieharwerts des Birsecks› (‹Steinenvorstadt diesseits des Birsigs›). Das Teilstück nach der Gabelung zum heutigen Klosterberg hiess in den Adressbüchern von 1798 bis 1854 ‹Hintere Steinen(vorstadt)› im Gegensatz zur ‹Vorderen Steinen(vorstadt)›, der heutigen Steinenvorstadt; die Strecke bis zum Steinentor hiess ‹Thorsteinen›. Dieser Name behauptete sich in den mündlichen Überlieferungen bis weit ins 20. Jahrhundert hinein.
Weiteres siehe — → Klosterberg
Quellen — Adressbücher 1798–1854. Platter: S. XI; 200; 210
Literatur — Blum / Nüesch: S. 6–7; 29. Fechter 1856: S. 110; Plan. Fischer: Anhang S. 26. Roth: S. 105

Strassenname — **Steinenvorstadt**
Gruppe — 7
Plankoordinaten — E 5,6
Erstmals genannt — 1231
Amtlich benannt — 1861
Bedeutung — Die Bezeichnung ‹an den Steinen› (1231 lateinisch ‹ad lapides› oder ‹in lapidibus›) rührt vom Geröll her, das der bis ins 14. Jahrhundert noch nicht eingefasste Birsig ablagerte. Noch zu jener Zeit standen am rechten Ufer Weiden und andere Bäume zur Uferbefestigung. Die Bezeichnung ‹Vorstadt an den Steinen› (‹suburbium ad / apud lapides›) bezog sich ursprünglich auf die ganze Ansiedlung vor der inneren Stadtmauer entlang den Ufern des Birsigs (Steinenbach) zwischen Rümelinbach und Steinenkloster. Hier hatten sich vor allem Weber und Bleicher niedergelassen.
Siehe auch — → Steinenbachgässlein, Steinenberg, Steinengraben, Steinenmühlesteg, Steinenring, Steinenschanze, Steinenstapfelberg, Steinentorberg, Steinentorstrasse
Frühere Namen — 1610 wird die Strasse als ‹Steinenvorstat hieharwerts des Birsecks› (‹Steinenvorstadt diesseits des Birsigs›) erwähnt, die Steinentorstrasse als ‹Steinenvorstat änen dem Birseck› (‹Steinenvorstadt jenseits des Birsigs›). In den Adressbüchern von 1798 bis 1854 heisst sie ‹Vordere Steinen(vorstadt)› im Gegensatz zur ‹Hinteren Steinenvorstadt› oder ‹Thorsteinen›, der heutigen Steinentorstrasse.
Inoffizielle Namen — Die mundartliche Bezeichnung ‹Staine› bezeichnet konkret die Steinenvorstadt, nicht die umgebenden Strassen, die auch mit Steinen- anfangen. Nach den vielen Kinos, die sich in der Strasse befinden, nennt sie der Volksmund zudem ‹Kinostrasse›.
Bemerkenswertes — In der ‹Staine› und auf dem ‹Barfi› (Barfüsserplatz) hat sich die städtische ‹Vergnügungsmeile› etabliert. Die Entwicklung zur wichtigen Geschäftsstrasse setzte nach dem Bau der Lohhofbrücke über den Birsig 1883 ein, wo-

durch die Strasse keine Sackgasse mehr war, sondern einen direkten Zugang zur Heuwaage erhielt.

Quellen Platter: S. 198; 200; 210
Literatur Fechter 1856: S. 108. INSA: S. 220

Strassenname **Sternenbergerstrasse**
Gruppe 18
Plankoordinaten EF 7
Amtlich benannt 1903
Bedeutung Sternenberg, Solothurner Burgruine aus dem 13. Jahrhundert bei Hofstetten, 11 km südöstlich von Basel. Die ehemalige Herrschaft Rotberg, wo die Burg liegt, war ein Lehen des Bistums Basel an die Herren von Thierstein. 1526 kaufte die Stadt Basel die Burg, die noch vor 1529 an Solothurn überging. Die Burg zerfiel bald darauf, in den 1950er Jahren erfolgte die Konservierung der Ruine.
Weiteres siehe → Fürstensteinerstrasse
Literatur Roth: S. 105. Siegfried: S. 43

Strassenname **Sternengasse**
Gruppe 19
Plankoordinaten E 6
Erstmals genannt 1320
Amtlich benannt 1929
Bedeutung Das Haus ‹Zum Sternen› aus dem 14. Jahrhundert gilt als das vielleicht älteste Gasthaus der Stadt. Wegen der Verbreiterung der Aeschenvorstadt, wo es ursprünglich stand, wurde es wie das Haus ‹Zum goldenen Löwen› abgetragen und 1975 an anderer Stelle (St. Alban-Rheinweg) neu aufgebaut. Das ‹Sternengässlein›, wie es in den Adressbüchern seit 1798 und seit 1861 amtlich hiess, hat man 1929 zur Gasse erhoben.
Frühere Namen Die Strasse zählte im Mittelalter sowohl zur Aeschenvorstadt als auch zur Elisabethenstrasse (‹Bei Spitalscheuren›, ‹Bei / hinter S. Elisabethen›) und verband, rechtwinklig verlaufend, beide miteinander. Heute ist das kurze Stück von der Elisabethenstrasse bis zur Abzweigung in Richtung Hirschgässlein Teil der Hermann Kinkelin-Strasse. In der Folge erscheint sie unter zahlreichen verschiedenen Namen: 1439 heisst sie ‹Nüwe Gasse›, 1456 ‹Binzengesslin› und 1472 ‹Flachen Gesslin›. Weitere Namen sind ‹Trutgesslin› 1476, ‹Blauwnergesslin› 1488 und ‹Renzengessli› 1524. Ebenfalls kommen vor: ‹Smids Gessli› 1508, ‹Güterweg› 1561, ‹Kropffgasse› 1571, ‹Rätzengässlin› 1588, ‹St. Jacobsgässlin› (nach dem Jakobsbrunnen am Eingang zum gegenüberliegenden Brunngässlein) 1601, ‹Schwadergässlin› 1610, ‹Sternengässlin› 1637. Schliesslich finden sich noch ‹Munigässlin› 1749 und ‹Rosengässlin› 1764.

→ Aeschenvorstadt *Weiteres siehe*
Platter: S. 226 *Quellen*
Blum / Nüesch: S. 31. Fischer: Anhang S. 26. Roth: S. 106 *Literatur*

St. Galler-Ring *Strassenname*
4 *Gruppe*
C 5,6 *Plankoordinaten*
1899 *Amtlich benannt*
St. Gallen, Hauptstadt des gleichnamigen, seit 1803 dem Bund zugehörigen Ostschweizer Kantons. *Bedeutung*

In der Nähe der Strasse befand sich ein Grundstück mit dem Namen ‹Auf dem St. Galler›, nach einem ehemaligen Besitzer so genannt. *Bemerkenswertes*

Roth: S. 45 *Literatur*

Strassenname	**Stiftsgasse**
Gruppe	*16.2*
Plankoordinaten	*E 5*
Erstmals genannt	*1610*
Amtlich benannt	*1861*
Bedeutung	Die Kirche St. Peter erhielt ihr Chorherrenstift (die zur juristischen Person erhobene und mit Vermögen ausgestattete Körperschaft der Geistlichen einer Kirche) um 1233. Die Gebäude des Stifts bildeten ein Ensemble mit der Peterskirche. Das Stift erlosch nicht durch die Reformation. 1463 kam es als weltliches Chorherrenstift zur Universität, so dass noch bis zur Universitätsreform von 1815 sechs Professoren das Einkommen eines ‹Kanonikats› (Stiftsamts) bezogen.
Frühere Namen	1610 heisst die Strasse zur Unterscheidung vom ‹Kirchgesslin by S. Peter› das ‹ander Kilchgesslin›.
Weiteres siehe	→ Petersgasse, Peterskirchplatz
Quellen	Platter: S. XII; 276
Literatur	Fechter 1856: S. 94. Roth: S. 106

Strassenname	**St. Jakobs-Strasse**
Gruppe	*12.1.2, 25.2*
Plankoordinaten	*E 6 F 6,7 G 7*
Erstmals genannt	*1284*
Amtlich benannt	*1861*
Bedeutung	Die dem hl. Jakob geweihte Kapelle (1894 abgebrochen), die dem Ort den Namen gegeben hat, stammte möglicherweise aus dem 13. Jahrhundert. Die Brücke, an der sie lag, war während langer Zeit die einzige Verbindung über die Birs zwischen Basel und Muttenz. Daher hiess die Siedlung, bestehend aus Kapelle, Zollhaus und Siechenhaus, bis etwa 1418 ‹Birsbruck›. Als dann eine stabilere Brücke bei der Mündung in den Rhein gebaut wurde, erhielt die Siedlung den neuen Namen nach dem heiligen Jakob. Der heilige Jakob war einer der bevorzugtesten Jünger Jesu. Als erster der Apostel erlitt er nach der Legende das Martyrium durch Enthauptung im Jahr 44. Sein Kalendertag ist der 25. Juli (‹Jakobi›). Er ist der Patron Spaniens und Portugals sowie der Winzer, Pilger und Reisenden (die Kapelle stand an einer Verbindungsstrasse).
Siehe auch	→ St. Jakobs-Weglein
Frühere Namen	Die erste Erwähnung der Strasse datiert von 1284, eine Urkunde erwähnt Grundstücke ‹iuxta viam leprosorum versus brugelingen› (‹neben der Strasse der Leprakranken gegen Brüglingen hin›). Der Name St. Jakobs-Strasse bestand schon vor der amtlichen Benennung 1861. Allerdings bezeichnete man die Strasse nach dem 1823 erstellten Sommerkasino auch eine Zeitlang als ‹Kasinostrasse›.
Bemerkenswertes	Das Siechenhaus (Leprakolonie) zu St. Jakob an der Birs scheint um 1265, gleichzeitig mit dem Spital an den Schwellen in der Freien Strasse, gegründet worden zu sein und das alte Siechenhaus zu St. Leonhard ersetzt zu haben. Das Siechenhaus schloss seine Pforten 1842, als im neuen Bürgerspital eine besondere Abteilung für Hautkranke entstand. Allerdings war die Lepra in Basel schon Ende des 17. Jahrhunderts ausgestorben. Das 1679 dem Waisenhaus inkorporierte Siechenhaus war deshalb 1677 in eine Pfrundanstalt (mit Stiftungen unterhaltenes Versorgungsheim für Arme und Mittelllose) umgewandelt worden, in der auch unheilbar Kranke Unterkunft fanden. Beim Siechenhaus zu St. Jakob fand der Endkampf der Schlacht bei St. Jakob an der Birs 1444 statt. Dort traf eine eigenmächtig ausgerückte Vorhut des eidgenössischen Heeres auf das feindliche französische Söldnerheer, die sogenannten Armagnaken, und wurde von diesem bis auf wenige Überlebende vernichtet. An der Gabelung der St. Jakob-Strasse in

ihre Fortsetzung nach St. Jakob und in die Münchensteinerstrasse steht heute das zweite St. Jakobs-Denkmal. An seinem Platz stand ursprünglich eine nach der Reformation profanierte St. Katharinen-Kapelle (zuletzt als Bannwartshäuslein benutzt). Sie galt als Gedenkkapelle, wird aber bereits 1437 erstmals erwähnt. 1805 baute man hier das erste St. Jakobs-Denkmal, von Marquard Wocher in neugotischem Stil gestaltet. Als es baufällig wurde, folgte 1872 das heutige Denkmal von Ferdinand Schlöth. Das Denkmal steht aber nicht am Ort der Schlacht, sondern da, wo das baslerische Entsatzheer für die bedrängte Vorhut «mit jomer» umkehrte, weil man einen Angriff auf die unverteidigte Stadt befürchtete.

Weiteres siehe	→ Eidgenossenweg, Sevogelstrasse, Spitalstrasse
Quellen	Adressbuch 1845
Literatur	Blum / Nüesch: S. 4–5. Fechter 1856: S. 72–74. Gedenkbuch zur Fünfhundertjahrfeier der Schlacht bei St. Jakob an der Birs. Herausgegeben von der Historischen und Antiquarischen Gesellschaft zu Basel. Basel 1944, S. 159–191. Huber: S. 107–108. Roth: S. 59. Siegfried: S. 31–32

Strassenname	**St. Jakobs-Weglein**
Gruppe	12.1.2, 25.2
Plankoordinaten	G 7
Amtlich benannt	1970
Siehe	→ St. Jakobs-Strasse
Quellen	ANK: 1970

Strassenname	**St. Johanns-Park**
Gruppe	12.1.1
Plankoordinaten	D 4
Amtlich benannt	1986
Siehe	→ St. Johanns-Vorstadt
Quellen	ANK: 1986
Literatur	Fischer: Anhang S. 35

St. Johanns-Parkweg	*Strassenname*
12.1.1	*Gruppe*
D 4	*Plankoordinaten*
1986	*Amtlich benannt*
→ St. Johanns-Vorstadt	*Siehe*
ANK: 1986	*Quellen*
Fischer: Anhang S. 35	*Literatur*

St. Johanns-Platz	*Strassenname*
12.1.1	*Gruppe*
D 4	*Plankoordinaten*
1874	*Amtlich benannt*
→ St. Johanns-Vorstadt	*Siehe*

Der Platz liegt zum Teil auf dem 1868 aufgehobenen inneren St. Johanngottesacker von 1771 zwischen der Stadtmauer und der St. Johanns-Vorstadt. Den 1845 angelegten äusseren St. Johanngottesacker (‹Spitalgottesacker vor dem St. Johannstor›) hob man 1868 auf, da er voll belegt war. Auf seinem Gelände richtete sich die Stadtgärtnerei ein und blieb dort bis 1985. Die in den späten 1980er Jahren leerstehende (alte) Stadtgärtnerei nutzten Jugendliche und alternative Bevölkerungsgruppen für ihre Aktivitäten. Nach einer heftigen Auseinandersetzung mit den Behörden («Macht aus der alten Stadt eine Gärtnerei!») und einem ablehnenden Volksentscheid über ein alternatives Kulturzentrum (8.5.1988) wurden die Anlagen vollständig geräumt und bis 1992 der St. Johanns-Park geschaffen. *Bemerkenswertes*

INSA: S. 206. Roth: S. 60	*Literatur*

St. Johanns-Rheinweg	*Strassenname*
12.1.1	*Gruppe*
E 5,4 D 4	*Plankoordinaten*
1610	*Erstmals genannt*
1872	*Amtlich benannt*
→ St. Johanns-Vorstadt	*Siehe*

Frühere Namen von Teilstücken	Das Anfangsstück vom Petersgraben zum Rheinufer hinab, wo sich eine Bootsanlegstelle befand, bezeichnet Felix Platter 1610 als ‹Rhinhalden, eine stross hinab zum Rhin›.
Quellen	Platter: S. 166
Literatur	Roth: S. 60

St. Johanns-Ring

Strassenname	**St. Johanns-Ring**
Gruppe	12.1.1
Plankoordinaten	D 4,5
Erstmals genannt	1820
Amtlich benannt	1901
Siehe	→ St. Johanns-Vorstadt
Frühere Namen von Teilstücken	Das obere Teilstück von Burgfelderstrasse bis Mittlere Strasse erscheint auf dem Hoferplan von 1820 als ‹Gurli Gässlein›, das untere, auf dem Ryhinerplan von 1784 namenlos abgebildet, als das ‹grosse Davids Boden Gässlein›. 1861 benennt man die Strasse amtlich ‹St. Johanns-Ringweg›.
Quellen	Hoferplan 1820. Ryhinerplan
Literatur	Roth: S. 60

St. Johanns-Vorstadt

Strassenname	**St. Johanns-Vorstadt**
Gruppe	12.1.1
Plankoordinaten	E 5,4 D 4
Erstmals genannt	1272
Amtlich benannt	1861
Bedeutung	Die Niederlassungen des geistlichen Ritterordens der Johanniter, Ordenshaus und Kapelle, sind seit 1219 urkundlich belegt. Der Johanniterorden, auch Malteserorden genannt, ist aus einer um 1050 gegründeten Krankenpflegebruderschaft hervorgegangen. Im Johanniterhaus (St. Johanns-Vorstadt 84/88, seit 1806 in Privatbesitz, bis 1823 Sitz der Basler Freimaurerloge, abgebrochen 1929) beim St. Johanns-Tor kamen kranke und bedürftige Pilger unter und fanden Pflege und Verpflegung. Der hl. Johannes der Täufer kündigte die Ankunft des Messias an. Herodes Antipas liess ihn auf Wunsch seiner Tochter Salome und deren Mutter Herodias enthaupten und den Kopf auf einem silbernen Tablett präsentieren. Der hl. Johannes wird bei Furcht, Krämpfen und gegen die Tanzwut angerufen. Sein Kalendertag ist der 24. Juni.
Siehe auch	→ Johanniterbrücke, Johanniterstrasse, St. Johanns-Park, St. Johanns-Parkweg, St. Johanns-Platz, St. Johanns-Rheinweg, St. Johanns-Ring
Frühere Namen von Teilstücken	Das Stadttor ‹ze Crüze› der Burkhardschen Stadtmauer diente im Mittelalter ebenso der Namensgebung der St. Johanns-Vorstadt wie des Blumenrains. Die 1272 noch als offen bezeugte Vorstadt ‹ze Kreuz› erhielt um das Jahr 1300 eine Befestigung, allerdings nur bis zur Höhe der heutigen Johanniterbrücke, wo das erste St. Johanns-Tor stand. Das nahegelegene, aber erst 1389 in die Stadtbefestigung einbezogene Johanniterhaus gab dem neuen Tor den Namen, der sich allmählich auch auf die gesamte Vorstadt übertrug. 1289 erscheint die Strecke vom ersten St. Johanns-Tor bis zum Johanniterhaus beim heutigen St. Johanns-Tor zwar als ‹vor St. Johannsthor›, 1366 aber noch als Vorstadt ‹vor Kreuz› im Gegensatz zur erwähnten Vorstadt ‹ze Kreuz› innerhalb des ersten St. Johanns-Tors. Die Vorstadt ‹ze Sant Johans› erscheint 1449, 1610 heisst die Strasse wie heute, ‹S. Johans vorstat›. Andere Namen waren ‹Strasse zu Crutz› im 15. Jahrhundert und ‹Kleine Lottergasse› 1794 oder ‹Schelmengasse›.
Inoffizielle Namen	In der Mundart wird die Strasse als ‹Santihans›(-Vorstadt) bezeichnet.
Weiteres Siehe	→ Blumenrain
Literatur	Blum / Nüesch: S. 15–16. Fechter 1856: S. 127–129; Roth: S. 60–61

Strassenname	**Stöberstrasse**
Gruppe	12.3
Plankoordinaten	CD 5
Amtlich benannt	1892
Bedeutung	Stöber heisst eine elsässische Literatenfamilie. Daniel Ehrenfried Stöber (1775–1835) war Jurist in Strassburg. Er schrieb elsässische Mundartgedichte und gab zusammen mit Johann Peter Hebel das ‹Alsatische Taschenbuch› heraus. Seine Söhne, der Pfarrer Adolf (1810–1892) und der Lehrer und Historiker August (1808–1884), wirkten in Mülhausen. Sie sammelten elsässische Sagen und Erzählungen und waren auch als Volksschriftsteller tätig.
Bemerkenswertes	Die Stöberstrasse liegt unmittelbar neben der Pfeffelstrasse, benannt nach dem Elsässer Schriftsteller Gottlieb Konrad Pfeffel (1736–1809).
Literatur	Roth: S. 106

Strassenname	**Strassburgerallee**
Gruppe	2
Plankoordinaten	D 4 C 4,5
Amtlich benannt	1877
Bedeutung	Strassburg (franz. Strasbourg), Hauptstadt des Departements Bas-Rhin, 120 km nördlich von Basel. Strassburg ist eine römische Gründung (‹Argentorate›) und das wirtschaftliche und kulturelle Zentrum des Elsass, ferner Sitz des Europarates und des Europäischen Parlaments. Die freie Reichsstadt war im 15. Jahrhundert durch die Niedere Vereinigung mit Basel, Colmar und Schlettstadt verbündet. 1681–1871 gehört Strassburg zu Frankreich, 1871–1919 zum Deutschen Reich, 1919–1940 wieder zu Frankreich, 1940–1945 zum Dritten Reich und seit 1945 erneut zu Frankreich.
Bemerkenswertes	Die Strassburgerallee sollte ursprünglich ‹Sundgauerallee› heissen.
Literatur	Roth: S. 106

Strassenname	**Streitgasse**
Gruppe	19
Plankoordinaten	E 5
Erstmals genannt	14. Jahrhundert
Amtlich benannt	1861
Bedeutung	Das Haus ‹Zum Streit› (Streitgasse 18) erscheint erstmals 1307 als ‹domus dicta zem Stritt› (‹Haus genannt zum Streit›). Der heutige Strassenname wird 1510 als ‹Strittgassen› erwähnt und setzte sich im 17. Jahrhundert durch.
Frühere Namen	Als ältere Strassennamen finden sich seit dem 14. Jahrhundert ‹Spiessgasse› nach dem Haus ‹Zum Spiess› (Streitgasse 4) und ‹Lampartergasse›. Dieser Strassenname und die Häusernamen ‹Zum kleinen Mailand› (Streitgasse 16) und ‹Zum grossen Mailand› (Streitgasse 18) gehen auf die im 13. Jahrhundert in Basel ansässigen und eingebürgerten lombardischen Kaufleute zurück. Der Name ‹an den Schwellen› galt zudem wie für Münsterberg, Bäumleingasse und die obere Freie Strasse auch für die Streitgasse.
Literatur	Roth: S. 106. Siegfried: S. 11

Strassenname	**Stuttgart-Strasse**
Gruppe	6
Plankoordinaten	F 8
Amtlich benannt	1996
Bedeutung	Stuttgart, Hauptstadt des deutschen Bundeslandes Baden-Württemberg. Studenten und Gelehrte aus Stuttgart kamen schon mit der Eröffnung der Universität 1460 nach Basel. Der Stuttgarter Theologe Martinus Cellarius (1499–1564), genannt Borrhaus, war wiederholt Rektor der hiesigen Universität. Im 16. Jahrhundert hatte Herzog Ulrich IV. von Württemberg eine enge Beziehung zu Basel, als er 1519–1534 in Basel im Exil weilte. An die Herzöge von Württemberg erinnerte bis in die 1930er Jahre der ‹Württembergerhof›, an dessen Stelle heute das Kunstmu-

seum steht. Stuttgart hatte seit dem 19. Jahrhundert engere Beziehungen zu Basel, als verschiedene Stuttgarter Firmen Vertretungen in Basel eröffneten. Besonders intensive Kontakte bestanden zudem zwischen der Basler und der Stuttgarter Bibelgesellschaft.

Quellen   *ANK: 1996*

Strassenname   **Südquaistrasse**
Gruppe   *28.4*
Plankoordinaten   *EF 2*
Amtlich benannt   *1946*
Siehe   *→ Hafenstrasse*
Literatur   *Roth: S. 106*

Strassenname   **Sulzerstrasse**
Gruppe   *2*
Plankoordinaten   *D 5,6*
Amtlich benannt   *1891*
Bedeutung   Sulz (franz. Soultz), Hauptort des gleichnamigen elsässischen Bezirks (‹canton›), am Fuss der Vogesen bei Guebwiller gelegen, 45 km nordwestlich von Basel.
Literatur   *Roth: S. 106*

Strassenname   **Sundgauerstrasse**
Gruppe   *9*
Plankoordinaten   *C 4*
Amtlich benannt   *1916*
Bedeutung   Der Sundgau ist die oberelsässische Hügellandschaft zwischen den südlichen Ausläufern der Vogesen, dem Jura und der Oberrheinischen Tiefebene. Sundgau bezeichnete ursprünglich das gesamte Oberelsass, später verengte sich der Begriff auf die habsburgischen Besitzungen südlich von Mülhausen.

Es handelt sich um die zweite Strasse mit diesem Namen. Die frühere ‹Sundgauerstrasse› wurde 1897 in Arnold Böcklin-Strasse umbenannt.   *Bemerkenswertes*

Roth: S. 107   *Literatur*

Sustenstrasse   *Strassenname*
10.1   *Gruppe*
C 6   *Plankoordinaten*
1948   *Amtlich benannt*

Susten, Gebirgsstock der Zentralschweizer Alpen (Sustenhorn 3504 m ü. M.). Die Sustenpassstrasse (2304 m ü. M.) verbindet das Urner Meiental mit dem Berner Haslital. Die Passstrasse mit Scheiteltunnel (2224 m ü. M.) ist seit 1946 in Betrieb.   *Bedeutung*

Die Sustenstrasse war wie die Grimselstrasse früher ein Teilstück der Strasse In den Ziegelhöfen.   *Frühere Namen*

Roth: S. 107   *Literatur*

Tannenfluhweg	Theodorsgraben	Tödistrasse
Tanzgässlein	Theodorsgraben-	Totengässlein
Teichgässlein	anlage	Totentanz
Tellplatz	Theodorskirchplatz	Tramweglein
Tellstrasse	Therwilerstrasse	Trillengässlein
Tessinstrasse	Thiersteinerallee	Tüllingerstrasse
Thannerstrasse	Thiersteinerrain	Türkheimerstrasse
Theatergässlein	Thiersteinersteg	Turnerstrasse
Theater-Passage	Thiersteinerweglein	
Theaterstrasse	Thumringerstrasse	
Theodor Herzl-Strasse	Tiefenbodenweglein	
	Tiergartenrain	

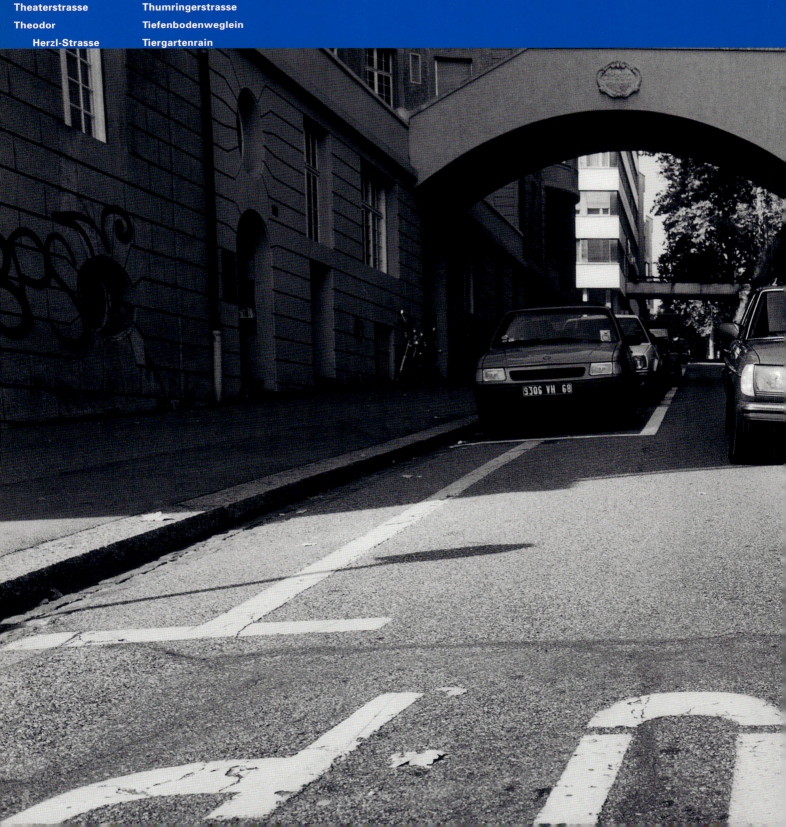

Strassenname	**Tannenfluhweg**
Gruppe	8.3
Plankoordinaten	E 7
Amtlich benannt	1944
Bedeutung	Tannenfluh, Erhebung des Tafeljuras am Dornachberg, 8 km südlich von Basel.
Literatur	Roth: S. 108

Strassenname	**Tanzgässlein**
Gruppe	19
Plankoordinaten	E 5
Erstmals genannt	1610
Amtlich benannt	1899
Bedeutung	Auf dem alten Haus ‹Zum Tanz› (Eisengasse 20) waren bis 1777 Fresken von Hans Holbein zu sehen. Sie wurden übertüncht, nur Kopien und eine Arbeitsskizze geben eine Vorstellung von der Fassadenbemalung. Beim Neubau des Hauses 1908 brachte man an den Balkonbrüstungen Reliefs an, die an Holbein erinnern sollen. Neben dem Haus ‹Zum Tanz› gibt es auch das Haus ‹Zum hintern Tanz› (Fischmarkt 2).
Bemerkenswertes	Das ‹Dantzgesslin› erwähnt 1610 erstmals Felix Platter als Verbindung zwischen dem Anfang der ehemaligen ‹Kronengasse› (heute durch den rheinwärts gelegenen Teil der Marktgasse ersetzt) und der Eisengasse. Die Aufnahme in das Strassenverzeichnis erfolgte aber erst mit den Strassenkorrektionen im Bereich Fischmarkt und Schiffländequ am Ende des 19. Jahrhunderts. Als Folge dieser Arbeiten verschwanden die beiden Parallelstrassen, das weiter vom Rhein entfernte ‹Riesengässlein›, auch ‹Helmgässlein› genannt, zwischen Fischmarkt und Eisengasse und das näher zum Rhein gelegene ‹Kronengässlein› zwischen ‹Kronengasse› und Eisengasse.
Quellen	Platter: S. 436; 352
Literatur	Blum / Nüesch: S. 66; 177. Roth: S. 108

Strassenname	**Teichgässlein**
Gruppe	11.2
Plankoordinaten	E 5
Erstmals genannt	1610
Amtlich benannt	1861
Bedeutung	Der Riehen- oder Kleinbasler Teich war ein im 13. Jahrhundert von der Wiese abgeleiteter Gewerbekanal, der entscheidend zur industriellen Entwicklung Kleinbasels beitrug. Neben einigen Mühlen ausserhalb der Mauern trieb er mehr als ein Dutzend Mühlen, Sägereien und ein Schleifwerk im nördlichen Kleinbasel an. Der Riehenteich teilte sich etwa beim Anfang der heutigen Isteinerstrasse am Messeplatz in zwei Arme. Der eine Arm floss zum Riehentor, wo er den Stadtgraben bis zur heutigen Drahtzugstrasse mit Wasser füllte. Dort mündete auch der andere Arm, ‹Krummer Teich› genannt, wieder in ihn ein. Vom Stadtgraben flossen zwei Teiche durch vergitterte Einlässe in der Stadtmauer nach Kleinbasel: der ‹Untere Teich› beim Rappoltshof und von da entlang der Webergasse zum Kleinen Klingental in den Rhein, der andere beim Clarahof. Dieser teilte sich in zwei weitere Arme, den ‹Mittleren Teich› entlang dem ehemaligen ‹Badergässlein› und den ‹Oberen Teich› entlang dem Teichgässlein, die sich auf der Höhe der Unteren Rheingasse wieder vereinigten und dort in den Rhein mündeten. Die Erwähnung von 1610 lautet auf ‹Dich gesslin zum dich›.
Siehe auch	→ Riehenteichstrasse
Bemerkenswertes	Gegen Ende des 19. Jahrhunderts begann die Diskussion um die Aufhebung des Teichs. Einerseits machte man auf die starke Verschmutzung durch das Ablasswasser der Teichbetriebe aufmerksam, anderseits wollten die Basler Wasserwerke das Teichwasser selbst nutzen. 1907 löste man die Teichkorporation auf, in der alle Gewerbebetriebe

zusammengeschlossen waren, die das Teichwasser nutzten; das Teichnetz selbst wurde bis 1917 aufgehoben. Der übriggebliebene Teil des Riehenteichs sorgt heute für die Stromerzeugung im Riehenteich-Kraftwerk, anschliessend mündet er unter dem Erlenpark wieder in die Wiese.

Weiteres siehe	→ Bändelgasse, Rümelinsplatz, St. Albanteich-Promenade
Quellen	*Platter: S. 492*
Literatur	*Meles / Wartburg: S. 67. Roth: S. 108*

Strassenname	**Tellplatz**
Gruppe	*25.4*
Plankoordinaten	*E 7*
Amtlich benannt	*1874*
Siehe	→ *Tellstrasse*
Literatur	*Roth: S. 108*

Strassenname	**Tellstrasse**
Gruppe	*25.4*
Plankoordinaten	*EF 7*
Amtlich benannt	*1873*
Bedeutung	Wilhelm Tell, der mythische schweizerische Nationalheld, taucht nicht vor 1470 in den historischen Quellen und in der Geschichtsschreibung auf. Ähnliche Sagen sind aus dem nordischen Raum bekannt. Das erste volkstümliche Tellenlied stammt von 1474. Die bedeutendste literarische Umsetzung der Sage ist das Bühnenstück ‹Wilhelm Tell› von Friedrich Schiller, nach dem auch eine Nachbarstrasse benannt wurde.
Siehe auch	→ *Tellplatz*
Weiteres siehe	→ *Schillerstrasse*
Literatur	*Roth: S. 108. Siegfried: S. 48*

Tessinstrasse	*Strassenname*
10.3, 11.1	*Gruppe*
C 6	*Plankoordinaten*
1909	*Amtlich benannt*
Der Tessin, Hauptfluss des gleichnamigen Kantons mit der Quelle am Nufenenpass und der Mündung bei Pavia in den Po.	*Bedeutung*
Da die Tessinstrasse parallel zur Reussstrasse liegt und durch Querstrassen mit ihr verbunden ist, liegt es nahe, an den Fluss, und nicht an den gleichnamigen Kanton, als eigentlichen Namensgeber zu denken.	*Bemerkenswertes*
Roth: S. 108	*Literatur*

Thannerstrasse	*Strassenname*
2	*Gruppe*
DC 5	*Plankoordinaten*
1877	*Amtlich benannt*
Thann, Hauptort des gleichnamigen elsässischen Arrondissements, am Fuss der Vogesen gelegen, 45 km nordwestlich von Basel.	*Bedeutung*
Für die Thannerstrasse schlug man zuerst den Namen ‹Kaiserstrasse› vor; dies in Anlehnung an die nach König Rudolf von Habsburg benannte Rudolfstrasse.	*Bemerkenswertes*
→ *Rudolfstrasse*	*Weiteres siehe*
Roth: S. 108. Siegfried: S. 65	*Literatur*

Theatergässlein	*Strassenname*
20	*Gruppe*
E 6	*Plankoordinaten*
1987	*Amtlich benannt*
→ *Theaterstrasse*	*Siehe*
	Frühere Namen
1610 ist die Strasse als ‹Gesslin zum Steg über den Birsig› erwähnt. Der seit 1948/1950 vom Birsigparkplatz überdeckte Birsig floss damals noch offen zwischen Steinenvorstadt und Steinentorstrasse.	
ANK: 1970. Platter: S. 210	*Quellen*
Fischer: Anhang S. 36	*Literatur*

Strassenname	**Theater-Passage**
Gruppe	20
Plankoordinaten	E 5,6
Amtlich benannt	1978
Siehe	→ Theaterstrasse
Quellen	ANK: 1978

Strassenname	**Theaterstrasse**
Gruppe	20
Plankoordinaten	E 5,6
Erstmals genannt	1231
Amtlich benannt	1861
Bedeutung	Die ersten Theateraufführungen von Wandertruppen fanden vor dem 19. Jahrhundert auf öffentlichen Plätzen, in privaten Räumen oder in Zunftsälen statt. Spielmöglichkeiten bestanden auch im ‹Ballenhaus› (Saalbau für das Ballspiel, das ‹jeu de paumes›) auf dem Petersplatz, das man in der Mitte des 17. Jahrhunderts an die Stelle der heutigen Theaterturnhalle (Theaterstrasse 12) verlegte. 1807 versah man das Ballenhaus mit Bühne und Zuschauerraum. Der erste wirkliche Theaterbau entstand 1834 mit dem ‹Blömleintheater› gegenüber dem Ballenhaus auf Initiative einer privaten Aktiengesellschaft. 1875 ging dann das neue Theater auf dem Platz der ehemaligen Blömleinkaserne auf, gleichzeitig begann der Kanton mit der öffentlichen Subventionierung. Dieses Theater brannte 1904 ab, wurde aber bis 1909 identisch wiederaufgebaut. In der Zwischenzeit diente der Stadt das ‹Bömly-Sommertheater› an der Clarastrasse, auch ‹Floratheater› genannt, als Übergangslösung. 1975 folgte der gegen den Klosterberg hin verlegte Theaterneubau. Das Schauspiel wurde bis zum Jahr 2001 als Dauerprovisorium in der Komödie (Steinenvorstadt) untergebracht. Ende der 1990er Jahre plante die Regierung, auf dem durch den Neubau frei gewordenen Platz am Steinenberg ein Schauspielhaus zu errichten. Inzwischen soll es im Ganthaus an der Steinentorstrasse entstehen, finanziert grösstenteils durch eine Gruppe anonymer Spenderinnen (‹Ladies First›).
Siehe auch	→ Steinenberg, Theatergässlein, Theater-Passage
Frühere Namen	Wie die Steinenvorstadt zählte man die Strasse im Mittelalter insgesamt zur ‹Vorstadt an den Steinen›. Felix Platter nennt sie 1610 ‹Stross bim Margstal›, 1612 erscheint sie als ‹Blatz bi dem Margstal›. ‹Marstall› war der Name für die städtischen Stallungen, die sich etwa auf der Höhe der Strassenseite des heutigen Theaterbaus befanden.
Frühere Namen von Teilstücken	Die Theaterstrasse entstand 1861 durch den Zusammenzug der Strassen ‹bei dem Rossmarkt› (gegen die Steinentorstrasse hin) und ‹Blömlein› (gegen den Steinenberg hin). Der Rossmarkt diente auch dem Grossviehhandel. Der Name ‹Blömlein› war mit der Kaserne der Stadtgarnison verbunden. ‹Blömli› ist eine Dialektvariante von ‹Plänli› (‹Plänlein›), der Bezeichnung für den ebenen (planen) Appellplatz der Truppe.
Weiteres siehe	→ Klosterberg, Steinenberg
Quellen	Adressbücher 1798–1862. Platter: S. 216
Literatur	Blum / Nüesch: S. 26–27; 116. Fechter 1856: Plan. Huber: S. 104–105; 338–341. Roth: S. 108–109

Strassenname	**Theodor Herzl-Strasse**
Gruppe	12.5
Plankoordinaten	C 4
Erstmals genannt	1877
Amtlich benannt	1960
Bedeutung	Theodor Herzl (1860–1904), aus Budapest, Schriftsteller (‹Der Judenstaat›, 1896). Theodor Herzl versuchte die Kräfte des politischen Zionismus zu bündeln, der politischen Bewegung zur Schaffung eines eigenen Staates für die Juden, die ihr Ziel

1948 mit der Gründung Israels erreichte. Der erste Zionistenkongress fand unter Herzls Leitung im Jahr 1897 im Basler Stadtcasino statt. Eine von ihm geheimgehaltene Tagebuchnotiz lautet: «In Basel habe ich den Judenstaat gegründet.»

Frühere Namen Vor der Umbenennung war die Strasse ein Teil der Belforterstrasse.

Bemerkenswertes Die Theodor Herzl-Strasse führt am 1903 eröffneten Israelitischen Friedhof vorbei. Zwar gab es seit 1805 wieder eine jüdische Gemeinde in Basel (1798 war die Niederlassungsfreiheit durch die Helvetische Republik eingeführt worden, blieb aber in der Folge bis 1859 faktisch aufgehoben). Die Gemeinde, die nach der vorgängigen Benutzung einfacher Gebetshäuser seit 1867 auch eine Synagoge in der Stadt hatte, musste ihre Toten aber auf dem jüdischen Friedhof von Hegenheim im Elsass bestatten. Der Eröffnung des Basler Friedhofs gingen vergebliche Versuche voraus, ein Grundstück in Binningen oder Bottmingen zu erwerben.

Weiteres siehe → *Grünpfahlgasse*
Quellen KB: 1960
Literatur Guth-Dreyfus Katia: 175 Jahre Israelitische Gemeinde Basel. In: Basler Stadtbuch 1980. Basel 1981, S. 153–162.
INSA: S. 222–223

Strassenname **Theodorsgraben**
Gruppe 12.1.1, 23
Plankoordinaten EF 5
Amtlich benannt 1861
Siehe → *Theodorskirchplatz*
Bemerkenswertes Das erste Haus, das zum neuen Theodorsgraben zählte, gehörte im Adressbuch von 1845 zur Grenzacherstrasse.
Weiteres siehe → *Aeschengraben*
Quellen Adressbuch 1845
Literatur Roth: S. 109

Theodorsgrabenanlage *Strassenname*
12.1.1 *Gruppe*
EF 5 *Plankoordinaten*
1970 *Amtlich benannt*
→ *Theodorskirchplatz* *Siehe*
KB: 1970 *Quellen*

Theodorskirchplatz *Strassenname*
12.1.1, 17 *Gruppe*
E 5 *Plankoordinaten*
1349 *Erstmals genannt*
1860 *Amtlich benannt*

Die Theodorskirche ist die ursprüngliche *Bedeutung*
Pfarrkirche von Kleinbasel, gelegen zwischen den alten Kleinbasler Siedlungszentren am Burgweg und am Lindenberg. Alemannische Gräber an diesem Ort könnten auf eine Kirchenanlage nach der Mitte des 1. Jahrtausends hinweisen. Der heutige Bau stammt aus dem ersten Viertel des 14. Jahrhunderts und vom Ende des 15. Jahrhunderts. Der hl. Theodor von Amaseia war Soldat des römischen Heers im Osten des Reiches. Er wurde als Christ verhört und aufgefordert, seinem Glauben abzuschwören. Stattdessen setzte er den Tempel der Kybele in Amaseia in Brand. Er selbst erlitt dafür den Märtyrertod durch Verbrennung im Jahr 306. Sein Kalendertag ist der 9. November. Er ist der Patron der Reiter und der Künstler und war vor dem hl. Markus auch der Patron Venedigs.

→ *Theodorsgraben, Theodorsgrabenanlage* *Siehe auch*
Der Platz wird erstmals im Jahr 1349 als *Frühere Namen*
‹Kilchhof ze Sant Joder› urkundlich erwähnt. Der heutige Theodorskirchplatz entstand 1860 durch die Umbenennung von Teilen der ‹oberen Kirchgasse› und der ‹unteren Kirchgasse› (heute Kirchgasse und Kartausgasse).

Der Friedhof von St. Theodor findet sich *Bemerkenswertes*
schon 1256 als ‹cimiterium ulterioris Basilee›

(‹Friedhof des jenseitigen Basels›) in den Quellen und diente als solcher bis 1830. Bis ins 18. Jahrhundert befanden sich hier die Gräber der Stadtbürger, die der Niedergelassenen und Fremden aber im Klingental. Seit 1636 (nach der vorletzten Pestwelle in Basel) wurden Klagen über seine Begrenztheit und Überfüllung laut, weshalb man sein Areal in den Jahren nach 1779, 1805 und 1831 vergrösserte. 1832 wurde dann der neue Gottesacker vor dem Riehentor (heute Rosentalanlage und Mustermesse-Parkhaus) eröffnet; er blieb bis Ende der 1880er Jahre der einzige Friedhof Kleinbasels. Den Kirchhof von St. Theodor hob man auf, 1856 entstand dort das Theodorsschulhaus.

Weiteres siehe	→ Mauerstrasse
Literatur	Blum / Nüesch: S. 118; 135–138. Huber: S. 26; 37. Roth: S. 109. Wackernagel: S. 278–288

Strassenname	**Therwilerstrasse**
Gruppe	1
Plankoordinaten	D 6
Amtlich benannt	1896
Bedeutung	Therwil, Gemeinde im Baselbieter Bezirk Arlesheim, 6 km südwestlich von Basel.
Literatur	Roth: S. 109

Strassenname	**Thiersteinerallee**
Gruppe	18
Plankoordinaten	FE 7
Erstmals genannt	1820
Amtlich benannt	1874
Bedeutung	Thierstein, Solothurner Burgruine bei Büsserach im Lüsseltal, 19 km südlich von Basel. Sie ist die Stammburg der 1519 ausgestorbenen Grafen von Thierstein. Die Thiersteiner bildeten ursprünglich mit den Hombergern eine Familie und übten die Landgrafschaft im Sisgau und im Frickgau aus. Die Thiersteiner siedelten sich wohl um 1180–1190 auf der neuen Burg Thierstein an (die alte befand sich bei Gipf-Oberfrick). Mit dem Niedergang ihrer Macht und der Teilung in eine Farnsburger und eine Pfeffinger Linie im 14. Jahrhundert verloren die Thiersteiner auch die alleinige Kontrolle über ihre Stammburg, die der Pfeffinger Linie gehörte. Besonders Solothurn übte im Lüsseltal immer grösseren Einfluss aus und kam schliesslich 1522 in den völligen Besitz der Burg. Diese wurde Sitz der Landvogtei. Nach dem französischen Einmarsch und der Revolution von 1798 verkaufte man sie, heute befindet sich ein Klubhaus des Schweizer Alpenclubs (SAC), Sektion Basel in der Ruine.
Siehe auch	→ Thiersteinerrain, Thiersteinersteg, Thiersteinerweglein
Frühere Namen	Die erste namentliche Erwähnung der Strasse im Jahr 1820 lautet ‹Allee Gross Peter›. Bis 1874 hiess sie ‹Grosspeterstrasse› oder ‹Grosspeterssträsslein›.
Weiteres siehe	→ Grosspeterstrasse
Quellen	Hoferplan 1820
Literatur	Roth: S. 109. Siegfried: S. 43

Thiersteinerrain	*Strassenname*
18	*Gruppe*
E 7,8	*Plankoordinaten*
1912	*Amtlich benannt*
→ Am Krayenrain, Thiersteinerallee	*Siehe*
Roth: S. 109	*Literatur*

Thiersteinersteg	*Strassenname*
18	*Gruppe*
E 7	*Plankoordinaten*
1970	*Amtlich benannt*
→ Thiersteinerallee	*Siehe*
ANK: 1970	*Quellen*

Strassenname	**Thiersteinerweglein**
Gruppe	18
Plankoordinaten	E 8
Amtlich benannt	1954
Siehe	→ Thiersteinerallee
Literatur	Roth: S. 109

Strassenname	**Thumringerstrasse**
Gruppe	3
Plankoordinaten	G 4
Amtlich benannt	1930
Bedeutung	Tumringen (das ‹h› stammt aus der historischen Schreibweise), Ortsteil der badischen Kreisstadt Lörrach, 11 km nordöstlich von Basel.
Literatur	Roth: S. 109

Strassenname	**Tiefenbodenweglein**
Gruppe	7
Plankoordinaten	E 8
Amtlich benannt	1958
Siehe	→ Im tiefen Boden
Bedeutung	‹Im tiefen Boden›, langgestrecktes Grundstück unterhalb des höchsten Punkts des Bruderholzes.
Quellen	KB: 1958

Strassenname	**Tiergartenrain**
Gruppe	21
Plankoordinaten	D 6
Amtlich benannt	1903
Siehe	→ Am Krayenrain, Zoo-Parkplatz
Bedeutung	Tiergarten, alte deutsche Bezeichnung für einen zoologischen Garten.
Literatur	Roth: S. 109

Tödistrasse	Strassenname
10.2	Gruppe
C 6	Plankoordinaten
1933	Amtlich benannt
Tödi, vergletscherter Gebirksstock mit drei Gipfeln (Piz Russein 3614 m ü. M.) der Glarner Alpen an der Grenze zu Graubünden.	Bedeutung
Roth: S. 109	Literatur

Totengässlein	Strassenname
17	Gruppe
E 5	Plankoordinaten
13. Jahrhundert	Erstmals genannt
1861	Amtlich benannt
Die Toten der St. Petersgemeinde, deren Mitglieder vorwiegend am Fuss des Petersbergs wohnten, wurden durch diese Strasse zum Kirchhof von St. Peter hinaufgetragen. Die Erklärung, dass der Name von den zahlreichen Opfern des Erdbebens von 1356 an dieser Strasse herrühre, muss falsch sein, da die ‹Totgassun› schon im 13. Jahrhundert erwähnt wird. Die Wirtsstube ‹zer neuen Bruck› am Fuss des Totengässleins, wo die Trauergemeinde vorbeizog, hiess auch ‹zem Süfzen›.	Bedeutung
Fechter 1856: S. 83. Roth: S. 110	Literatur

Totentanz	Strassenname
17	Gruppe
E 5	Plankoordinaten
1233	Erstmals genannt
1861	Amtlich benannt
Der Totentanz oder der ‹Tod von Basel›, das Freskogemälde in 39 Bildern eines unbekannten spätmittelalterlichen Künstlers, befand sich auf der innenseitigen Kirchhofmauer der Predigerkirche. Der Totentanz war eine international berühmte Sehenswürdigkeit; das verhinderte nicht, dass in	Bedeutung

Tiergartenrain

einer unbewilligten Aktion aus Anlass einer anstehenden Strassenkorrektur (direkte Verbindung der Spitalstrasse zum Petersgraben, vorher war die Spitalstrasse nur über das Predigergässlein zugänglich) die Mauer am 5.8.1805 abgerissen wurde. Zuvor hatte man allerdings den Gemäldezyklus zeichnerisch aufgenommen und einige Stücke herausgelöst, die heute im Historischen Museum Basel zu besichtigen sind.

Frühere Namen Die Örtlichkeit erscheint 1233 erstmals als ‹ein platz [bei der] vorstatt zum Creutz›, nach der Namensänderung dieser Vorstatt ist sie ein Teil der St. Johanns-Vorstadt. 1766 heisst sie ‹Rheinschänzlein›, seit Ende des 18. Jahrhunderts erscheint der heutige Name. Nach ihrer Lage werden im Mittelalter ebenfalls die Bezeichnungen ‹ante portam crucis› (‹vor dem Kreuztor›, 1251), ‹versus sanctum Johannem› (‹gegen St. Johann›, 1255), später ‹Gegen dem Prediger Hoof hinüber› (1727) und ‹Gegen der Prediger Kirchhof über› verwendet.

Weiteres siehe → Predigergässlein

Quellen HGB: Totentanz. Urkundenbuch der Stadt Basel. Hg. von der historischen und antiquarischen Gesellschaft zu Basel. Bearbeitet von Rudolf Wackernagel und Rudolf Thommen. Basel 1890–1910. 11 Bde, Bd. 1, S. 91

Literatur Blum / Nüesch: S. 16. Roth: S. 110

Strassenname **Tramweglein**

Gruppe 32

Plankoordinaten F 8

Amtlich benannt 1976

Bedeutung Die Bezeichnung ‹Tram› oder ‹Tramway› für Strassenbahn tauchte um 1870 auf. Das aus dem Bergbau stammende Wort ‹Tram› bedeutet ‹Balken›. Die ‹Balkenwege› machten die engen Schächte für die dort zum Materialtransport verwendeten Karren befahrbar. Das 1881 eingeführte ‹Rösslitram› als erstes öffentliches Verkehrsmittel auf den Basler Strassen war kein Tram, da es nicht auf Schienen fuhr. Es handelte sich um von Pferden gezogene Omnibusse, die ähnlich wie Tramwagen aussahen. Der Entscheid, ein öffentliches Tramnetz einzurichten, fiel erst 1892. Die Einweihung der ersten Tramstrecke fand am 4.5.1895 statt, zwei Tage später nahmen die elektrischen Strassenbahnen den fahrplanmässigen Betrieb zwischen dem alten Badischen Bahnhof und dem Centralbahnhof auf. 1897 kam ein eigentlich für die Stadt Waldenburg in Schlesien bestimmter Wagen nach Basel, der grün gestrichen war. Durch diesen Zufall erhielt das baselstädtische Tram seine charakteristische Farbe, die heute aber durch bunte Reklameanstriche einiger Trieb- und Anhängerwagen konkurrenziert wird. Der Ausbau des dichten Tramnetzes war bis 1934 abgeschlossen. Autobusse setzte man seit 1930 ein. In den Nachkriegsjahren gab es, der Idee der automobilgerechten Stadt gemäss, eine heftige Diskussion darüber, den Tramverkehr zugunsten der Autobusse gänzlich einzustellen. Ende der 1960er Jahre begann ein Umdenken, das sich besonders in den Protesten für ein Gratistram manifestierte. 1971 folgte der Grundsatzbeschluss des Parlaments, dem öffentlichen Verkehr wieder Priorität einzuräumen. Das Umweltschutzabonnement von 1985 leitete ein massives Wachstum des Fahrgastaufkommens ein; viele schweizerische und europäische Städte haben das Konzept übernommen. Mit dem Ausbau des Bahnhofs zu ‹Euroville› werden erstmals seit 1934 neue Tramstrecken gelegt, für die Überlandbahnen 10 und 11.

Der Strassenname rührt daher, dass es sich hier um eine Fusswegverbindung zur Tramstation ‹Jakobsberg› handelt. *Bemerkenswertes*

ANK: 1976 *Quellen*

Literatur	Appenzeller Stephan: 1895: Basel erhält ein Tram. In: Basler Stadtbuch 1995. Basel 1996, S. 32–35. Marrer Pius: 100 Jahre öffentlicher Nahverkehr. In: Basler Stadtbuch 1982. Basel 1983, S. 153–156

Strassenname	**Trillengässlein**
Gruppe	31
Plankoordinaten	E 5
Erstmals genannt	1385
Amtlich benannt	1861
Bedeutung	Die Strasse erscheint als ‹Trüllengässlin› seit 1710 unter ihrem heutigen Namen. Die Herkunft des Wortes oder Namens ‹Trille› ist nicht geklärt. Eine Deutung geht davon aus, dass ein ‹Trille› oder ‹Trülle› genanntes Drehkreuz hier den Verkehr regelte. Eine andere Erklärung sieht in der ‹Trille› ein Drehkreuz, dass dem noch lange Zeit mitten in der Stadt gehaltenen Vieh den Zugang in die Strasse versperrte, auch könnte ein Anwohner namens ‹Trillo› der Strasse ihren Namen gegeben haben. Schliesslich gibt es die Vermutung, dass die Strasse nach einem ‹Trille› genannten, drehbaren Käfig zur Bestrafung von Delinquenten benannt worden sein könnte.
Frühere Namen	Die erste Erwähnung der Strasse, aus dem Jahr 1385 stammend, lautet auf ‹Ob dem dürren Sod›, nach dem Brunnen am Gemsberg. Vom 14. bis zum 17. Jahrhundert war der Name der Strasse hauptsächlich ‹Scharbengässlein› oder ‹Scherbengässlein›, nach dem Haus ‹Zum Scharben› (Trillengässlein 5). Im 16. und 17. Jahrhundert gab es jeweils kurzfristig die Variante ‹Fischergässlein›.
Quellen	HGB: Trillengässlein
Literatur	Blum / Nüesch: S. 193. Roth: S. 110. Siegfried: S. 15

Tüllingerstrasse	Strassenname
3	Gruppe
G 4	Plankoordinaten
1924	Amtlich benannt
Ober- und Unter-Tüllingen, Ortsteile der badischen Kreisstadt Lörrach auf dem Tüllinger Hügel zwischen Weil am Rhein und Lörrach, 7 km nordöstlich von Basel.	Bedeutung
Roth: S. 110	Literatur

Türkheimerstrasse	Strassenname
2	Gruppe
D 5	Plankoordinaten
1877	Amtlich benannt
Türkheim (franz. Turckheim), elsässische Gemeinde bei Colmar, 65 km nördlich von Basel.	Bedeutung
Roth: S. 110	Literatur

Turnerstrasse	Strassenname
32	Gruppe
F 5	Plankoordinaten
1911	Amtlich benannt
1912 fand das eidgenössische Turnerfest auf der Schützenmatte in Basel statt. Der Strassenname aus dem Jahr 1911 ist ein vorweggenommener Hinweis darauf.	Bedeutung
Roth: S. 110	Literatur

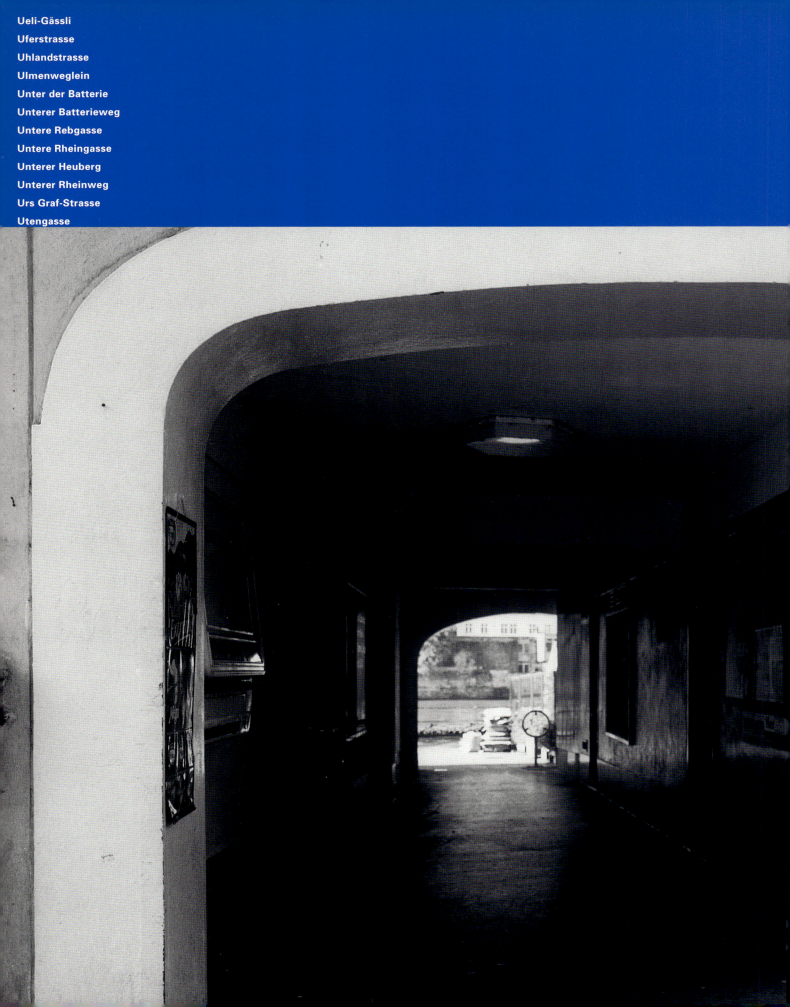

Ueli-Gässli
Uferstrasse
Uhlandstrasse
Ulmenweglein
Unter der Batterie
Unterer Batterieweg
Untere Rebgasse
Untere Rheingasse
Unterer Heuberg
Unterer Rheinweg
Urs Graf-Strasse
Utengasse

Strassenname	**Ueli-Gässli**
Gruppe	29
Plankoordinaten	E 5
Amtlich benannt	1970
Siehe	→ *Vogel Gryff-Gässli*
Bedeutung	‹Ueli›, als Narren verkleidete Begleiter der Ehrenzeichen der drei Kleinbasler Ehrengesellschaften am ‹Vogel Gryff›, dem wichtigsten volkstümlichen Festtag Kleinbasels.
Quellen	ANK: 1970

Strassenname	**Uferstrasse**
Gruppe	28.4
Plankoordinaten	E 3,2
Amtlich benannt	1896
Siehe	→ *Inselstrasse*
Literatur	Roth: S. 111

Strassenname	**Uhlandstrasse**
Gruppe	12.3
Plankoordinaten	E 7
Amtlich benannt	1898
Bedeutung	Ludwig Uhland (1787–1862), aus Tübingen, liberaler Politiker, Volkskundler und Dichter. Durch seine Hochzeitsreise in die Innerschweiz beeinflusst, schrieb er eine Ballade auf Tells Tod. Seine singbare Lyrik war sehr beliebt und wurde zum Teil volkstümlich (‹Der gute Kamerad›, ‹Des Sängers Fluch›).
Weiteres siehe	→ *Schillerstrasse*
Literatur	Roth: S. 111

Strassenname	**Ulmenweglein**
Gruppe	14
Plankoordinaten	G 6
Amtlich benannt	1872
Bedeutung	Ulme (lat. Ulmus), europäische Baumgattung. Besonders die Feld-Ulme dient als Nutzbaum. Möglicherweise stand in der fraglichen Gegend eine Ulmenpflanzung.
Literatur	Roth: S. 111. Siegfried: S. 36

Unter der Batterie	*Strassenname*
7, 23	*Gruppe*
E 8	*Plankoordinaten*
1922	*Amtlich benannt*
→ *Oberer Batterieweg*	*Siehe*
‹Batterie›, ehemalige Geschützstellung auf dem Bruderholz.	*Bedeutung*
Roth: S. 21	*Literatur*

Unterer Batterieweg	*Strassenname*
7, 23	*Gruppe*
E 7	*Plankoordinaten*
1820	*Erstmals genannt*
1938	*Amtlich benannt*
→ *Oberer Batterieweg*	*Siehe*
‹Batterie›, ehemalige Geschützstellung auf dem Bruderholz.	*Bedeutung*
Roth: S. 21	*Literatur*

Untere Rebgasse	*Strassenname*
19, 29	*Gruppe*
E 5,4	*Plankoordinaten*
1280	*Erstmals genannt*
1861	*Amtlich benannt*
→ *Rebgasse*	*Siehe*
1280 und 1386 erscheint die Strasse zusammen mit der Rebgasse als ‹obere Gassen›, 1572 als ‹Clarengasse›, die Strecke gegen das Bläsitor im 18. Jahrhundert als ‹Obere Webergasse›. Felix Platter unterscheidet sie 1610 nicht von der ‹Rebgassen› rheinaufwärts.	*Frühere Namen*
In den frühen Adressbüchern um die Wende vom 18. zum 19. Jahrhundert wird das Teilstück zwischen Teichgässlein und Webergasse mit dem Namen ‹Bey der Sternen-	*Frühere Namen von Teilstücken*

Ueli-Gässli

mühle› bezeichnet. Die Sternenmühle (Ende 13. Jahrhundert erstmals erwähnt), bis 1896 als Farbholzmühle noch benutzt, hatte die Hausnummer Untere Rebgasse 8.

Quellen Adressbuch 1798; 1806. Platter: S. XIII; 492; 498; Plan
Literatur Fechter 1856: Plan. Roth: S. 89

Strassenname **Untere Rheingasse**
Gruppe 11.1
Plankoordinaten E 5
Erstmals genannt 1260
Amtlich benannt 1861
Siehe → Rheingasse
Frühere Namen 1260 ist die Strasse ‹die hintere Gasse›, 1481 die ‹nidre Ryngasse›, ‹Wider Klingenthal› im 15. Jahrhundert nach dem nahen Kloster und die ‹Vordere Rheingasse› im 16. Jahrhundert. Im 16. und 17. Jahrhundert findet sich ‹Nidere Rheingasse›, 1702 ‹Vordere Webergasse› und 1715 ‹Webergasse› nach dem lokalen Gewerbe. Die erste Erwähnung unter dem heutigen Namen als ‹undre Ringasse› stammt aber schon aus dem Jahr 1466.
Frühere Namen von Teilstücken Das ganz kurze Anfangsstück der Unteren Rheingasse bis zum Durchgang an den Unteren Rheinweg (heute Vogel Gryff-Gässli) trug vor 1862 die Bezeichnung ‹Bei der Rheinbrücke›.
Literatur Fechter 1856: Plan. Roth: S. 90. Wackernagel: S. 291

Strassenname **Unterer Heuberg**
Gruppe 27
Plankoordinaten E 5
Erstmals genannt 1273
Amtlich benannt 1861
Siehe → Heuberg
Frühere Namen Die früheste Erwähnung der Strasse datiert von 1273 und lautet auf ‹vicus textorum› (‹Webergasse›), benannt nach den dort ansässigen Handwerkern. 1402 heisst die Strasse ‹Rossberg› nach dem nahen Rosshof, 1610 ‹Gassen vom Heuberg nitsich›.

In Haus Nummer 21 befand sich von 1849 bis 1867 die erste Synagoge der dritten jüdischen Gemeinde Basels. In Anspielung auf das neben der Synagoge geschächtete Kleinvieh wird der nach hinten führende Weg neben dem Haus noch heute ‹Güggeli-Allee› (‹Hühner-Allee›) genannt und ist auch so mit einem Schild angeschrieben. *Bemerkenswertes*

→ Grünpfahlgasse *Weiteres siehe*
Platter: S. 310 *Quellen*
Fechter 1856: S. 76; Plan. Roth: S. 54 *Literatur*

Unterer Rheinweg *Strassenname*
11.1 *Gruppe*
E 3–5 *Plankoordinaten*
1860 *Amtlich benannt*
→ Oberer Rheinweg, Rheingasse *Siehe*
Fischer: Anhang S. 23. Roth: S. 90 *Literatur*

Urs Graf-Strasse *Strassenname*
12.2 *Gruppe*
FG 6 *Plankoordinaten*
1950 *Amtlich benannt*
Urs Graf (1485–1527), aus Solothurn, Illustrator und Goldschmied. Graf wurde in Solothurn zum Goldschmied ausgebildet und bildete sich in Strassburg und Zürich weiter. Von 1509 an arbeitete er in Basel als Zeichner für die Druckereien Petri und Amerbach. Er nahm seit 1511 an mehreren Kriegszügen teil und führte auch sonst ein rauflustiges Leben, das ihm mehrere Gefängnisstrafen wegen verbotenen ‹Reislaufens› (Söldnerdiensten), Misshandlung seiner Gattin, Beschimpfung der Räte und Liederlichkeit einbrachte. Gleichzeitig scheint er aber auch sehr beliebt gewesen zu sein. So flüchtete er 1518 vor einer über ihn verhängten Strafe aus *Bedeutung*

Basel, konnte aber wieder unbehelligt zurückkehren. 1522 wegen weiterer Vergehen inhaftiert, wurde er 1523 auf auswärtige Bitten hin freigelassen. Er übernahm immer wieder wichtige Posten in seiner Zunft und erhielt Aufträge von der Obrigkeit. In seinen eigenwilligen und technisch perfekten Zeichnungen stellte er besonders das Volks- und Reisläuferleben in drastischer Weise dar. Die Bilder zeichnen sich durch schonungslosen Realismus, derben Humor und satirische Details aus. Den Bildern fügte er oft kräftige Sinnsprüche bei. Sein Bild ‹Das Schlachtfeld› (1521), das auf seinen Erlebnissen in der Schlacht von Marignano beruht (er war 1512 Basler Bürger geworden und nahm im Basler Kontingent an den Mailänder Zügen teil), ist eines der wichtigsten schweizerischen Historienbilder. Grafs künstlerischer Einfluss blieb allerdings gering, beherrschend war zu seiner Zeit Hans Holbein d. J.

Bemerkenswertes Die Strasse sollte zuerst ‹Isaak Iselin-Strasse› nach dem Basler Philosophen und Aufklärer Isaak Iselin (1728–1782) heissen, sie führt aber nicht am Isaak Iselin-Schulhaus vorbei.

Literatur Roth: S. 111. Siegfried: S. 38

Strassenname	**Utengasse**
Gruppe	31
Plankoordinaten	E 5
Erstmals genannt	1284
Amtlich benannt	1861
Bedeutung	Wahrscheinlich war ein gewisser ‹Uto› der Namensgeber der Strasse, der Name erscheint schon 1284.
Frühere Namen	Im 15. Jahrhundert und später findet man den Namen ‹Crützgasse›, im 18. Jahrhundert ‹Rutengasse›, im 19. Jahrhundert die Variante ‹Udengasse›.
Literatur	Roth: S. 111

Vesalgasse
Viaduktstrasse
Vogel Gryff-Gässli
Vogelsangstrasse
Vogelsangweglein
Vogesenstrasse
Volkensbergerstrasse
Voltamatte
Voltaplatz
Voltastrasse

Strassenname	**Vesalgasse**
Gruppe	12.6
Plankoordinaten	D 5
Amtlich benannt	1886
Bedeutung	Andreas Vesal (1514–1564), aus Brüssel, Mediziner. Mit Leichensektionen begründete er den anatomischen Anschauungsunterricht. Sein für das Verständnis des menschlichen Körpers grundlegendes Werk ‹De humani corporis fabrica libri septem› (‹Sieben Bücher über den kunstvollen Bau des menschlichen Körpers›), illustriert mit Holzschnitten von Schülern Tizians, druckte Johannes Oporin 1543 in Basel. Vesal hatte sich 1542 hier immatrikuliert und hielt selbst Vorlesungen. Später war er Hofarzt beim deutschen Kaiser und beim spanischen König. Das in der Sammlung des Anatomischen Instituts Basel aufbewahrte und von Vesal präparierte Skelett ist das älteste bekannte Anatomiepräparat der Welt. Die Strasse führt über das Areal des 1883 nach Kleinbasel in die Kaserne verlegten städtischen Werkhofs. Hier baute man 1885 das ‹Vesalianum› (Vesalgasse 1), das Institut für Anatomie und Physiologie der Universität, heute Biochemisches Institut und Physiologisches Institut der Universität Basel.
Frühere Namen	1658 hiess die Strasse als Durchgang zwischen den heutigen Liegenschaften Spalenvorstadt 14 und 16 ‹Karrenhofgässlein›.
Literatur	Blum / Nüesch: S. 20–21. Roth: S. 112. Siegfried: S. 25–26

Strassenname	**Viaduktstrasse**
Gruppe	28.3
Plankoordinaten	ED 6
Amtlich benannt	1901
Bedeutung	Der Viadukt über das Birsigtal war seit 1858 für die Elsässerbahn als Verbindung zum Centralbahnhof in Betrieb und wurde 1902–1903 zur Strassenbrücke umgebaut.
Literatur	Roth: S. 112

Strassenname	**Vogel Gryff-Gässli**
Gruppe	29
Plankoordinaten	E 5
Erstmals genannt	1610
Amtlich benannt	1970
Bedeutung	Der ‹Vogel Gryff› ist der Wappenhalter und das Ehrenzeichen der Kleinbasler Ehrengesellschaft zum Greifen. ‹Vogel Gryff› ist auch der Name des seit 1520 belegten volkstümlichen Festtags, an dem die Ehrenzeichen (‹Vogel Gryff›, ‹Wild Ma› und ‹Leu›) der drei Gesellschaften zum Greifen, zur Hären und zum Rebhaus in ritualisierten Tänzen zusammen mit ihren kostümierten Begleitern (‹Ueli›), Trommlern und Fahnenträgern durch Kleinbasel ziehen. Es ist dies seit dem Zusammenschluss der vorher getrennt abgehaltenen Umzüge im Jahr 1838 turnusgemäss der 13., 20. oder 27. Januar.
Siehe auch	→ Leuengasse, Ueli-Gässli, Wild Ma-Gässli
Frühere Namen	1610 umschreibt Felix Platter die Strasse als häuserloses ‹Gesslin zum Rhin›.
Bemerkenswertes	Der Brauch des Vogel Gryff ist wohl aus der militärischen Musterung der drei in der Gründungszeit Kleinbasels im 13. Jahrhundert etablierten Ehrengesellschaften entstanden, zeigt aber auch urtümlich-heidnische Züge. Der Greif der gleichnamigen Gesellschaft, verwandt mit dem sagenhaften Basilisken, dem Hüter des Basler Wappens, und der Löwe der Gesellschaft zum Rebhaus sind besonders im höfisch-ritterlichen Bereich verbreitete heraldische Zeichen, die für Macht und Stärke stehen und später in den volkstümlichen Bereich aufgenommen worden sind. Der Wilde Mann, auch ein heraldisches Zeichen eher aus der bürgerlichen Sphäre, hat den stärksten volkstümlich-mythologischen Hintergrund. Er trägt als Attribut ein Tännchen, ist mit Efeublättern und roten Äpfeln behangen und hat den Charakter eines Vegetationsdämons, womit auch seine Weidlingsfahrt auf dem Rhein am

Morgen des Festtages zusammenhängt. Der Name ‹Ueli› für die Begleiter der Ehrenzeichen wird erstmals 1721 erwähnt. Die Ueli haben die Aufgabe, mit Sammelbüchsen Spenden einzuholen, die dann für soziale Zwecke verwendet werden. Der typisierte Name und die in der ersten Hälfte des 19. Jahrhunderts entwickelte Kleidung (gestreiftes Kostüm mit Schellenkappe) weisen ihn als Narren aus. Von den seit 1937 vier Uelis ist der sogenannte ‹Bader› des Rebhauses die volkskundlich interessanteste. Bis 1833 führte er den Löwen dreimal um den Brunnen vor dem Rebhaus, dann riss sich der Löwe los und warf den Ueli ins Wasser. Das Umkreisen des Brunnens und die Wassertaufe sind als alter Fruchtbarkeitsritus zu deuten. Die Strassenbenennung nach den Gestalten des Kleinbasler Volksbrauchs hat eine längere Geschichte. Die Greifengasse hat ihren Namen vom Haus ‹Zum Greifen›, nicht nach der Greifengestalt. Die Leuengasse wurde 1878 ausdrücklich in Anlehnung an die Greifengasse benannt. Der Strassenname bezieht sich aber nicht auf ein Haus, sondern auf die Löwengestalt und ist mundartlich gefärbt. Den Wilden Mann bzw. ‹Wild Ma› überging oder vergass man damals. 1970 holte man das Versäumnis nach, und zusätzlich erhielten die Gestalt des ‹Vogel Gryff› und des ‹Ueli› je einen eigenen Strassennamen.

Weiteres siehe → *Greifengasse, Joh. Jak. Spreng-Gässlein*

Quellen ANK: 1970. Platter: S. 468

Literatur Knuchel Eduard Fritz: Vogel Gryff. Die Umzüge der Klein-Basler Ehrenzeichen. Ihr Ursprung und ihre Bedeutung. Basel 1944. Meier Eugen A.: Vogel Gryff. Geschichte und Brauchtum der drei Ehrengesellschaften Kleinbasels. Basel 1987, S. 145–160

Vogelsangstrasse — *Strassenname*
7 — *Gruppe*
F 4 — *Plankoordinaten*
1811 — *Erstmals genannt*
1933 — *Amtlich benannt*

‹Vogelsang›, ein häufiger Flurname, bezeichnet ein Grundstück, an dem entweder zahlreiche Singvögel vorkommen oder das einem gleichnamigen Besitzer gehörte. Der Kleinbasler ‹Vogelsang› lag etwa zwischen Vogelsangstrasse und -weglein sowie Wettsteinallee. — *Bedeutung*

→ *Vogelsangweglein* — *Siehe auch*

Das Anfangsstück der Strasse ist auf dem Plan von Samuel Ryhiner aus dem Jahr 1784 gerade noch sichtbar. 1822 erscheint ein ‹Weg ins Vogelsang› zweimal: der eine führt von der Riehenstrasse zur ehemaligen ‹Heymath Gass› (etwa heutige Paracelsusstrasse), von diesem Weg ist ein Teil noch in der heutigen Vogelsangstrasse und dem Vogelsangweglein erhalten; der andere, weiter südlich gelegen, führt vom Hirzbrunnenquartier zur ‹Heymath Gass›. In den Adressbücher von 1811 bis 1854 wird die nördlichere Strasse als ‹(Im) Vogelsang› erwähnt. Von 1861 bis 1933 war sie dann der ‹Vogelsangweg›. — *Frühere Namen*

Adressbücher 1811–1854. Hoferplan 1822. Ryhinerplan — *Quellen*

Roth: S. 112. Siegfried: S. 87 — *Literatur*

Vogelsangweglein — *Strassenname*
7 — *Gruppe*
F 4 — *Plankoordinaten*
1954 — *Amtlich benannt*
→ *Vogelsangstrasse* — *Siehe*
Roth: S. 112 — *Literatur*

Vogesenstrasse — *Strassenname*
9 — *Gruppe*
D 4 — *Plankoordinaten*
1872 — *Amtlich benannt*

Bedeutung	Vogesen oder Wasgen(wald), linksrheinisches Mittelgebirge am Oberrheingraben. Höchste Erhebung ist der Grosse Belchen (franz. Grand Ballon) mit 1423 m ü. M.
Siehe auch	→ Wasgenring
Bemerkenswertes	Die Strasse sollte ursprünglich ‹Pariserstrasse› benannt werden. Sie entstand auf dem Eisenbahntrassee der französischen Ostbahn, unmittelbar vor dem einstigen Bahnhof auf dem Schällemätteli.
Weiteres siehe	→ Hagentalerstrasse
Literatur	Roth: S. 112. Siegfried: S. 66

Strassenname	**Volkensbergerstrasse**
Gruppe	2
Plankoordinaten	C 4
Amtlich benannt	1944
Bedeutung	Volkensberg (franz. Folgensbourg), elsässische Gemeinde an der Quelle des Liesbachs, 11 km westlich von Basel.
Literatur	Roth: S. 112

Strassenname	**Voltamatte**
Gruppe	12.6, 28.5
Plankoordinaten	D 3,4
Amtlich benannt	1990
Siehe	→ Voltastrasse
Weiteres siehe	→ Gasstrasse
Literatur	Fischer: Anhang S. 36

Strassenname	**Voltaplatz**
Gruppe	12.6, 28.5
Plankoordinaten	D 4
Amtlich benannt	1958
Siehe	→ Voltastrasse
Bemerkenswertes	Vor 1958 wurde mit ‹Voltaplatz› die Strassenkreuzung von Mülhauser- und Voltastrasse bezeichnet. Danach erhielt die Kreuzung Elsässer- und Voltastrasse den Namen. Sie hatte im Volksmund schon lange so geheissen, was immer wieder zu Missverständnissen geführt hatte.
Weiteres siehe	→ Gasstrasse
Literatur	Roth: S. 112

Strassenname	**Voltastrasse**
Gruppe	12.6, 28.5
Plankoordinaten	D 4
Amtlich benannt	1897
Bedeutung	Alessandro Volta (1745–1827), italienischer Physiker und Konstrukteur der ersten Stromquelle mit hoher Spannung (‹Voltasche Säule›). Nach ihm ist die Masseinheit ‹Volt› für die elektrische Spannung benannt. Volta unternahm drei Reisen nach Genf, um die dortigen Gelehrten (u.a. Henri de Saussure) zu treffen. Basel besuchte er am 26.9.1777. Sein eintägiger Aufenthalt bestand vor allem aus einem Ausflug nach Augusta Raurica. In einem Brief an Teresa Ciceri Castiglioni lobte er die berühmte Aussichtsterrasse des Gasthofs Drei Könige, von wo aus er in den Rhein spucken könne. Basel sei eine grosse Stadt mit breiten Strassen, vielen hässlichen und einigen schönen Häusern. Ihm fiel die herrschende Geschäftigkeit und das beginnende Modebewusstsein der Frauen auf, bei einigen jüngeren das tiefe Dekolleté anstelle des Schnürmieders. Alles in allem bezeichnete Volta den Besuch als angenehm, doch gefiel ihm Zürich besser.
Siehe auch	→ Voltamatte, Voltaplatz
Bemerkenswertes	Die Voltastrasse gehört zu einem Ensemble von Strassennamen, die an die Industrialisierung im 19. Jahrhundert erinnern.
Weiteres siehe	→ Gasstrasse
Literatur	Roth: S. 112. Siegfried: S. 77. Zanichelli Nicola: Epistolario di Alessandro Volta. Bologna 1949, Vol. I, S. 188–189

Vogesenstrasse

Wachtelstrasse	Wasserturm-	Wettsteinallee	Wiesensteg	Wittlingerweglein
Waldeckstrasse	Promenade	Wettsteinbrücke	Wiesenstrasse	Wolf-Passerelle
Waldenburgerstrasse	Wattstrasse	Wettsteinplatz	Wildensteinerstrasse	Wolfschlucht-
Waldighoferstrasse	Webergasse	Wettsteinstrasse	Wild Ma-Gässli	Promenade
Waldshuterstrasse	Weidengasse	Wielandplatz	Wildschutzweg	Wolfschluchtweglein
Walkeweg	Weiherhofstrasse	Wien-Strasse	Wilhelm His-Strasse	Wollbacherstrasse
Wallstrasse	Weiherweg	Wiesenallee	Wilhelm Klein-Strasse	Wyhlenweglein
Wanderstrasse	Weilerweg	Wiesendamm	Winkelriedplatz	
Wartenbergstrasse	Weisse Gasse	Wiesendamm-	Wintergasse	
Wasensträsschen	Weissensteinstrasse	Promenade	Wintersingerweg	
Wasgenring	Welschmattstrasse	Wiesenplatz	Wintersingerweglein	
Wasserstrasse	Westquaistrasse	Wiesenschanzweg	Wittlingerstrasse	

Strassenname	**Wachtelstrasse**
Gruppe	15.2
Plankoordinaten	F 8
Amtlich benannt	1905
Bedeutung	Wachtel (lat. Coturnix coturnix), kleinster heimischer Hühnervogel, verbreitet bis nach Ostasien.
Bemerkenswertes	Bisher ist nur der Name vergeben, die Strasse selbst ist noch nicht gebaut.
Weiteres siehe	→ Amselstrasse

Strassenname	**Waldeckstrasse**
Gruppe	18
Plankoordinaten	F 7
Amtlich benannt	1921
Bedeutung	Waldeck, Burgruine oberhalb des Birsigs, zwischen Leymen und Rodersdorf, 13 km südwestlich von Basel. Die Hauptanlage stammt aus dem 13. Jahrhundert, geht aber auf wohl wesentlich ältere Anlagen zurück. Die Burg ist möglicherweise der Stammsitz der Herren von Rotberg. Sie wurde nach ihrer Zerstörung beim Erdbeben von 1356 nicht wieder aufgebaut.
Weiteres siehe	→ Fürstensteinerstrasse
Literatur	Roth: S. 113

Strassenname	**Waldenburgerstrasse**
Gruppe	18
Plankoordinaten	F 5
Amtlich benannt	1895
Bedeutung	Die Waldenburg ist eine von zwei Befestigungsanlagen der Froburger beim gleichnamigen Städtchen (die andere zerfiel schon bald nach ihrer Erbauung um 1200). Der Name bedeutet ‹Burg der Walschen›, d.h. der Romanen. Ein froburgisches Dienstmannengeschlecht (ursprünglich unfreie Gefolgsleute im Ritterstand) nannte sich nach der Burg. 1400 kam die Herrschaft an Basel, worauf ein Basler Landvogt seinen Sitz im Schloss hatte. Die Bevölkerung zerstörte das Schloss während der Basler Revolution im Jahr 1798. 1929–1930 erfolgte eine Restauration. Waldenburg, Hauptort des gleichnamigen Baselbieter Bezirks, an der Strasse zum Ober-Hauenstein, 22 km südöstlich von Basel.
Weiteres siehe	→ Eptingerstrasse
Literatur	Roth: S. 113

Waldighoferstrasse	*Strassenname*
2	*Gruppe*
C 4	*Plankoordinaten*
1944	*Amtlich benannt*
Waldighofen, elsässische Gemeinde an der Ill, 21 km westlich von Basel.	*Bedeutung*
Roth: S. 113	*Literatur*

Waldshuterstrasse	*Strassenname*
3	*Gruppe*
G 4	*Plankoordinaten*
1969	*Amtlich benannt*
Waldshut-Tiengen, Kreisstadt des badischen Landkreises Waldshut, am Rhein gelegen, 38 km östlich von Basel.	*Bedeutung*
KB: 1969	*Quellen*

Walkeweg	*Strassenname*
26	*Gruppe*
FG 7	*Plankoordinaten*
1820	*Erstmals genannt*
1932	*Amtlich benannt*
Eine Tuchwalke stand am St. Albanteich bei St. Jakob. Hier wurde feuchtes Wollgewebe durch Walken (Kneten) zur Verfilzung gebracht.	*Bedeutung*

Frühere Namen	Der Weg ist alt und wird schon früher mit den Varianten ‹Wallenweg›, ‹Am Walenweg› oder ‹Walcken Weg› erwähnt.	
Quellen	Hoferplan 1820	
Literatur	Roth: S. 113. Siegfried: S. 44	

Strassenname	**Wallstrasse**
Gruppe	23
Plankoordinaten	E 6
Erstmals genannt	1610
Amtlich benannt	1861
Siehe	→ Schertlingasse
Frühere Namen von Teilstücken	Die Wallstrasse erscheint 1610 bei Felix Platter in der Umschreibung als ‹Stros, so an der rinckmauren hinauf zum polwerch zeucht, bis zuo S. Elsbethen hinuf den Steinenberg›, also als Strasse entlang der inneren Stadtmauerseite. Andere Namen der Strasse waren ‹Bollwerksgasse› und ‹Bastionsstrasse›.
Bemerkenswertes	Die Wallstrasse verlief, ausgehend vom Ende der Elisabethenstrasse, ursprünglich nur entlang der Befestigungsanlagen. Das neue rechtwinkelige Teilstück zurück zur Elisabethenstrasse führt über das Areal der ehemaligen Spitalscheune mit ihren Gebäuden, die man bei der Neuanlage der Strasse 1859–1860 abgebrochen hatte.
Quellen	Platter: S. 212
Literatur	Blum / Nüesch: S. 31. Roth: S. 113. Siegfried: S. 23

Strassenname	**Wanderstrasse**
Gruppe	31
Plankoordinaten	C 6
Erstmals genannt	1820
Amtlich benannt	1898
Bedeutung	Man vermutet – faute de mieux –, dass die Strasse den Namen von den Ausflüglern erhielt, die auf ihr zum Allschwiler Naherholungsgebiet wanderten.

Die Wanderstrasse folgt vom Wielandplatz bis zum Morgartenring dem Verlauf eines Teilstücks des alten Fusswegs neben dem Herrengraben-Kanal, der schon aus dem 13. Jahrhundert stammt. 1820 erscheint dieser Weg als ‹der Herrn Graben›.	*Frühere Namen von Teilstücken*
→ Herrengrabenweg	*Weiteres siehe*
Hoferplan 1820	*Quellen*
Roth: S. 113. Siegfried: S. 50	*Literatur*

Wartenbergstrasse	*Strassenname*
18	*Gruppe*
F 6	*Plankoordinaten*
1895	*Amtlich benannt*
Wartenberg (481 m ü. M.), Anhöhe des Tafeljuras über Muttenz mit drei Burgruinen, 6 km südöstlich von Basel. Der Wartenberg diente auch als Steinbruch für die Stadt Basel. Die vorderste der drei Burgruinen geht warscheinlich schon auf eine römische Warte zurück. Die Burgen waren wohl alter Besitz der Hochkirche von Strassburg. Von 1300 an kamen sie allmählich unter Basler Herrschaft; seit 1517 gehörten sie vollständig der Stadt Basel. Diese liess sie verfallen.	*Bedeutung*
Roth: S. 113	*Literatur*

Wasensträsschen	*Strassenname*
7	*Gruppe*
C 4	*Plankoordinaten*
1820	*Erstmals genannt*
1880	*Amtlich benannt*
‹Wasenboden› bedeutet einen feuchten, von einem Rasen (= Wasen) bedeckten Grund, der auf einer kleinen Anhöhe (= Boden) liegt. Die Strasse Im Wasenboden liegt auf diesem Grund, das Wasensträsschen, das früher erheblich länger war und an der französischen Grenze endete (etwa dort, wo heute die Strasse Am Bachgraben verläuft),	*Bedeutung*

führt entlang dem ‹Wasenrain› genannten Hang.

Siehe auch → Im Wasenboden

Frühere Namen 1820 erscheint die Strasse als das ‹Waasen Sträslein›.

Bemerkenswertes ‹Wasen› hat auch die Bedeutung des Schindangers, wo früher der sogenannte ‹Wasenmeister› (Abdecker) Tierkadaver vergrub (Körper zerfallen in einer feuchten Umgebung viel rascher als in einer trockenen). In der Nähe des Wasenbodens bildete der alte Dorenbach früher zeitweise einen ‹Kaibenloch› genannten Wassertümpel. ‹Kaib› ist ein anderes Wort für Aas oder verfaulte Tierleiche. Im Basler ‹Wasenboden› sind aber wohl keine Tiere vergraben worden, da solche Plätze gewöhnlich näher bei der Stadt lagen. Der Klingentalgraben in Kleinbasel, früher ‹Schindgraben› genannt, war ein solcher Ort. Der Flurname Wasenboden stammt wohl eher daher, dass der Wasenmeister das fragliche Grundstück landwirtschaftlich nutzte.

Weiteres siehe → Flughafenstrasse

Quellen Hoferplan 1820

Literatur Roth: S. 114. Siegfried: S. 72–73

Strassenname **Wasgenring**

Gruppe 9

Plankoordinaten C 4,5

Amtlich benannt 1921

Siehe → Vogesenstrasse

Bedeutung ‹Wasgen› oder ‹Wasgenwald›, frühere deutsche Bezeichnung für die Vogesen.

Literatur Roth: S. 114

Strassenname **Wasserstrasse**

Gruppe 28.2

Plankoordinaten D 4

Amtlich benannt 1890

→ Gasstrasse

Die Basler Wasserversorgung aus Brunnen genügte seit der zweiten Hälfte des 19. Jahrhunderts quantitativ und qualitativ nicht mehr den Erfordernissen einer sich industrialisierenden und anwachsenden Stadt. Nach der Choleraepidemie im Jahr 1855 und zunehmender Typhusgefahr im Zusammenhang mit dem sanitarischen Zustand der Stadt war sie zu einem ernsten Problem geworden. Die neuen Möglichkeiten der Trinkwasserversorgung nach dem staatlichen Aufkauf des Wasserreservoirs auf dem Bruderholz und dem beginnenden Ausbau eines Leitungsnetzes wurden schnell genützt. 1889 verfügten über 80% aller Mehrfamilienhäuser bereits über einen Wasseranschluss, der den täglichen Gang zum öffentlichen Brunnen unnötig machte. Eine umfassende Kanalisation der Abwässer Basels nahm das Volk nach einer Abstimmung im Jahr 1896 an. Seit 1983 werden die Abwässer der Stadt in der ARA (Abwasserreinigungsanlage) gereinigt.

→ Brunngässlein, Reservoirstrasse

Meles / Wartburg: S. 98–99. Roth: S. 114

Siehe Bemerkenswertes

Weiteres siehe
Literatur

Wasserturm-Promenade *Strassenname*

28.2 *Gruppe*

E 8 *Plankoordinaten*

1954 *Amtlich benannt*

→ Reservoirstrasse *Siehe*

Roth: S. 114 *Literatur*

Wattstrasse *Strassenname*

12.6, 28.5 *Gruppe*

D 4 *Plankoordinaten*

1910 *Amtlich benannt*

James Watt (1736–1819), englischer Ingenieur. Er konstruierte 1765 die erste kommerziell *Bedeutung* nutzbare Dampfmaschine, mit der die industrielle Revolution begann. 1775 gründete er die erste Dampfmaschinenfabrik. Die Maschinen wurden anfangs vor allem in der Stoffweberei eingesetzt; Lokomotiven wurden erst nach 1800 gebaut. Die nach James Watt benannte Masseinheit ‹Watt› bezeichnet die elektrische Leistung.

Weiteres siehe	→ *Gasstrasse*
Literatur	*Roth: S. 114*

Strassenname	**Webergasse**
Gruppe	*26*
Plankoordinaten	*E 5*
Erstmals genannt	*1346*
Amtlich benannt	*1861*
Bedeutung	Enweder rührt der Name von einem ‹Clingentaler Weber huss› her, wo im Auftrag des Klosters Klingental Webarbeiten ausgeführt wurden, oder allgemein von dem in dieser Strasse beheimateten Kleinbasler Webergewerbe.
Frühere Namen	Im 15. Jahrhundert erscheint die Strasse unter dem Namen ‹Bindgasse› und als ‹Gasse als man zu S. Blesin Tor gat›.
Frühere Namen von Teilstücken	In den Adressbüchern vor 1862 erscheint das Teilstück zwischen Ochsengasse und Unterer Rheingasse als ‹Untere Webergasse›.
Bemerkenswertes	Ähnlich den nach anderen Gewerbezweigen benannten Strassen dem Birsig entlang gab es im 14. Jahrhundert auch eine Grossbasler ‹Weberstrasse›. Der Name verschwand, und die Strasse heisst heute Unterer Heuberg.
Weiteres siehe	→ *Unterer Heuberg*
Quellen	*Adressbücher 1798–1854. HGB: Ochsengasse; Webergasse*
Literatur	*Fechter 1856: S. 76. Roth: S. 114. Wackernagel: S. 297–298*

Weidengasse	*Strassenname*
14	*Gruppe*
F 5	*Plankoordinaten*
1811	*Erstmals genannt*
1861	*Amtlich benannt*
Weide (lat. Salix), Pflanzengattung von Bäumen und Sträuchern der nördlichen und gemässigten Zonen. Womöglich handelte es sich bei den Weidenpflanzungen am St. Albanteich wie bei denen entlang dem Birsig in den Steinen um einen Schutz vor Überschwemmungen.	*Bedeutung*
In den Adressbüchern von 1811 bis 1854 heisst die Strasse ‹Weidengässlein›.	*Frühere Namen*
Adressbücher 1811–1854	*Quellen*
Roth: S. 114	*Literatur*

Weiherhofstrasse	*Strassenname*
22	*Gruppe*
BC 6	*Plankoordinaten*
1920	*Amtlich benannt*
Das Landgut Weiherhof und die Weihermatt liegen zwischen Bottmingen und Allschwiler Wald auf Oberwiler Boden, 4 km südwestlich von Basel. Dort entspringt das Weiherbächli und fliesst zu den Weihern bei der Herzogenmatt im Allschwiler Wald, die den Dorenbach speisen. Die Weiherhofstrasse führt bis zur Kantonsgrenze in Richtung des Allschwilerweihers, der sein Wasser vom Dorenbach bezieht.	*Bedeutung*
→ *Dorenbach-Promenade*	*Weiteres siehe*
Roth: S. 114	*Literatur*

Weiherweg	*Strassenname*
11.2	*Gruppe*
D 5,6	*Plankoordinaten*
1820	*Erstmals genannt*
1872	*Amtlich benannt*

Bedeutung	Der ‹Schützenmattweiher› oder ‹Teuchelweiher› wurde wohl im 13. Jahrhundert angelegt und von der ‹Herrengraben› genannten Ableitung des Dorenbachs gespeist. Er diente zum Schwemmen der hölzernen Leitungsrohre (‹Teuchel›) der städtischen Wasserversorgung. Ein Jahr nach der Strassenbenennung schüttete man den Weiher zu.
Frühere Namen von Teilstücken	Der Weiherweg, auf dem Ryhinerplan von 1784 noch ohne Namen abgebildet, folgt dem Verlauf eines Teilstücks des alten Fusswegs neben dem Herrengraben-Kanal, der schon aus dem 13. Jahrhundert stammt. 1820 erscheint dieser Weg als ‹der Herrn Graben›.
Weiteres siehe	→ Herrengrabenweg, Schützenmattpark
Quellen	Hoferplan 1820. Ryhinerplan
Literatur	Roth: S. 114. Siegfried: S. 61

Strassenname	**Weilerweg**
Gruppe	3
Plankoordinaten	E 2
Amtlich benannt	1872
Bedeutung	Weil am Rhein, badische Kreisstadt am Fuss des Tüllinger Hügels, 5 km nördlich von Basel.
Literatur	Roth: S. 114

Strassenname	**Weisse Gasse**
Gruppe	12.8
Plankoordinaten	E 5
Erstmals genannt	1290
Amtlich benannt	1861
Bedeutung	Höchstwahrscheinlich war ein Anwohner namens ‹Hugo der Weisse› namengebend für die Strasse. Ihre erste Erwähnung stammt von 1290 und lautet ‹Vicus dictus des Wizen gasse› (‹die des Weissen Gasse genannte Strasse›). Ebenfalls im 13. Jahrhundert heisst es von einem Haus, es liege ‹in vico Hugonis albi› (‹in der Gasse des Weissen Hugo›).
Literatur	Fechter 1856: S. 36. Roth: S. 114. Siegfried: S. 11

Weissensteinstrasse	*Strassenname*
8.1	*Gruppe*
E 7,8	*Plankoordinaten*
1925	*Amtlich benannt*
Weissenstein (1294 m ü. M.), Gipfel des Solothurner Kettenjuras, benannt nach der weissen Färbung des Kalksteins. Die Passstrasse (1279 m ü. M.) verbindet Solothurn und Moutier.	*Bedeutung*
Roth: S. 114	*Literatur*

Welschmattstrasse	*Strassenname*
8.2	*Gruppe*
C 4,5	*Plankoordinaten*
1921	*Amtlich benannt*
Hinter- und Vorder-Welschmatt (‹Wältschimatt›), zwei Siedlungen am gleichnamigen Höhenzug des Kettenjuras nahe Roggenburg, 23 km südwestlich von Basel. Hier waren auch während der Grenzbesetzung im Ersten Weltkrieg (1914–1918) Truppen stationiert.	*Bedeutung*
→ Bonfolstrasse	*Weiteres siehe*
Siegfried: S. 69	*Literatur*

Westquaistrasse	*Strassenname*
28.4	*Gruppe*
E 2	*Plankoordinaten*
1922	*Amtlich benannt*
→ Hafenstrasse	*Siehe*
Roth: S. 115	*Literatur*

Strassenname	**Wettsteinallee**
Gruppe	12.5
Plankoordinaten	F 5
Erstmals genannt	1878
Amtlich benannt	1915
Siehe	→ Wettsteinbrücke
Frühere Namen	Die Wettsteinallee wurde 1878 unter dem Namen ‹Röttelerstrasse› projektiert. Diese sollte in gerader Linie etwa bis zur Höhe des heutigen Sportplatzes Landhof verlaufen. 1902 war die Strasse erst bis zur Rheinfelderstrasse und 1920 bis zum ehemaligen Eisenbahntrassee zwischen altem Badischen Bahnhof an der Mustermesse und Eisenbahnbrücke ausgeführt. Man gab ihren geplanten Verlauf auf und führte sie auf dem Bahntrassee weiter.
Literatur	Meles / Wartburg: S. 58–59; 129. Roth: S. 115

Strassenname	**Wettsteinbrücke**
Gruppe	12.5
Plankoordinaten	E 5
Amtlich benannt	1878
Bedeutung	Johann Rudolf Wettstein (1594–1666), Bürgermeister von Basel 1645–1666. Als eines der zentralen politischen Ereignisse der schweizerischen Geschichte erreichte er die völkerrechtliche Loslösung der Eidgenossenschaft vom Heiligen Römischen Reich Deutscher Nation auf dem Friedenskongress von Münster im Jahr 1648. 1653 war er massgeblich an der Unterdrückung des Baselbieter Bauernaufstandes und an der harten Bestrafung der Anführer beteiligt. 1661 setzte er sich für den Ankauf des Amerbachkabinetts ein, dessen Bestände den Grundstock der heutigen öffentlichen Basler Museumssammlungen bilden.
Siehe auch	→ Wettsteinallee, Wettsteinplatz, Wettsteinstrasse
Bemerkenswertes	Über einen Brückenbau zwischen Harzgraben (Grossbasel) und Waisenhaus (Kleinbasel), also dort, wo heute die Wettsteinbrücke verläuft, stellten Private und die Regierung seit 1843 Erörterungen an. 1854 begann hier ein Fährverkehr. 1857, während des sogenannten Neuenburger Handels, schlugen schweizerische Truppen wegen der von Preussen drohenden Kriegsgefahr eine Schiffsbrücke an dieser Stelle. Eine feste Brücke aus Eisenfachwerk entstand 1877–1879. Die ingenieurtechnischen und ästhetischen Diskussionen über die wegen der unterschiedlichen Uferhöhen ansteigende Brücke wiederholten sich in den 1980er und 1990er Jahren, als die baufällige alte Brücke, mit Ausnahme der Pfeiler, durch eine neue (1996 eröffnet) ersetzt werden musste.
Weiteres siehe	→ Wiesenschanzweg
Literatur	Blum / Nüesch: S. 36–37; 124–125. Gauss Julia, Stoecklin Alfred: Bürgermeister Wettstein. Basel 1953. Huber: S. 146–147. Roth: S. 115. Teuteberg: S. 252–259

Wettsteinplatz	Strassenname
12.5	Gruppe
EF 5	Plankoordinaten
1878	Amtlich benannt
→ Wettsteinbrücke	Siehe
Roth: S. 115	Literatur

Wettsteinstrasse	Strassenname
12.5	Gruppe
E 5	Plankoordinaten
1878	Amtlich benannt
→ Wettsteinbrücke	Siehe
Die Wettsteinstrasse sollte 1878 zuerst ‹Waisenhausgasse› heissen.	Frühere Namen
Fischer: Anhang S. 27. Roth: S. 115. Siegfried: S. 17	Literatur

Strassenname	**Wielandplatz**		**Wien-Strasse**	*Strassenname*
Gruppe	12.5, 25.3		6	*Gruppe*
Plankoordinaten	CD 6		F 8	*Plankoordinaten*
Amtlich benannt	1898		1996	*Amtlich benannt*

Bedeutung Aus der Familie Wieland stammen mehrere bedeutende Juristen und Offiziere der Stadt. Da der Platz am Anfang der General Guisan-Strasse und bei der Schützenmatte liegt, kommen vor allem die Offiziere als Namengeber in Betracht, insbesondere Johannes Wieland (1791–1832), Sohn des Bürgermeisters und Gesandten am Wiener Kongress Johann Heinrich Wieland (1758–1832). Johannes Wieland wurde im Jahr 1807 mit 16 Jahren Leutnant im 2. Schweizerregiment Napoleons, schon 1808 Hauptmann. Im spanischen Feldzug geriet er 1809 in Gefangenschaft. Er floh aus einem schottischen Gefängnisschiff, kehrte über Norwegen und Dänemark nach Frankreich zurück und nahm weiterhin an den Feldzügen des französischen Kaisers teil. 1814 erlitt er in einer der letzten Schlachten auf französischem Boden schwere Verwundungen. Nach der Absetzung Napoleons kehrte er in die Schweiz zurück und wurde erster Polizeidirektor Basels. Als Schweizer Oberst warb er mit publizistischen Mitteln für eine gemeinsame eidgenössische Armee an Stelle der kantonalen Truppen, wie sie nach 1815 wieder eingeführt worden waren. Wieland schritt zu Beginn des basellandschaftlichen Aufstandes der 1830er Jahre mit harten militärischen Mitteln ein. Eine Gehirnerkrankung führte 1832 zu seinem Tod.

Bedeutung Wien, Hauptstadt Österreichs. Die Stadt hatte die ersten regen Beziehungen zu Basel wohl während des Basler Konzils. Nach der Reformation waren die Beziehungen zur katholischen Residenzstadt der deutschen bzw. habsburgischen Kaiser hauptsächlich wirtschaftlicher Natur. Es darf auch nicht vergessen werden, dass Basel lange Zeit unter habsburgischem Einfluss stand und dass noch bis ins 17. Jahrhundert grosse Teile des Elsass und bis um 1800 das Fricktal und der Breisgau zum habsburgischen ‹Vorderösterreich› gehörten. Der Wiener Kongress von 1815 beschloss, das ehemalige fürstbischöfliche Birseck dem Kanton Basel zuzuschlagen. Im 19. Jahrhundert entstanden enge wissenschaftliche Beziehungen zwischen den Städten. An den Universitäten wirkten Gelehrte aus beiden Städten. Von 1987 bis 1995 leitete der Basler Peter Dukor (1937–1995) das Wiener Sandoz-Forschungsinstitut, ein wichtiges Zentrum für Immunologie.

Quellen ANK: 1996

Weiteres siehe	→ *Schützenmattstrasse*		**Wiesenallee**	*Strassenname*
Literatur	Basler Zeitung, 20.5.1996. Roth: S. 115. Siegfried: S. 64		11.1	*Gruppe*
			E 3	*Plankoordinaten*
			1917	*Amtlich benannt*
			→ *Wiesenplatz*	*Siehe*

Bemerkenswertes Bisher ist nur der Name vergeben, die Strasse selbst aber noch nicht gebaut.

Wiesendamm	*Strassenname*
11.1	*Gruppe*
E 2,3	*Plankoordinaten*
1896	*Amtlich benannt*

Wiesendamm-Promenade

Bedeutung	Die erste Nachricht von einer Flusskorrektion der einst mäandrierenden Wiese stammt aus dem Jahr 1562. Zu Beginn des 19. Jahrhunderts wurde sie auf Kleinhüninger Gebiet durch Leitwerke in eine gerade Richtung gezwungen. Später baute man ein Doppelprofil mit einem Flussbett für Normal- und Mittelwasser und einem erweiterten mit Hochwasserdämmen. In den 1880er und 1890er Jahren wurden Uferverbauungen auf Riehener und auf deutschem Gebiet eingeleitet, seit 1906 besitzt die Wiese von Zell bis Kleinhüningen ein durchgehend ausgebautes Flussbett mit Dammbauten. Nach Hochwassern im Frühjahr 1999 begann man an einigen Stellen mit der Renaturierung.
Weiteres siehe	→ *Wiesenplatz*
Literatur	Golder Eduard: Die Wiese, ein Fluss und seine Geschichte. o.O. 1991, S. 14–71. Roth: S. 115

Wiesendamm-Promenade

Strassenname	**Wiesendamm-Promenade**
Gruppe	11.1
Plankoordinaten	EFG 3
Amtlich benannt	1974
Siehe	→ *Wiesendamm*
Quellen	ANK: 1974

Wiesenplatz

Strassenname	**Wiesenplatz**
Gruppe	11.1
Plankoordinaten	E 3
Amtlich benannt	1896
Bedeutung	Wiese, 82 km langer rechter Rheinzufluss, Quelle am Feldberg, Mündung bei Kleinhüningen.
Siehe auch	→ *Wiesenallee, Wiesensteg, Wiesenstrasse*
Weiteres siehe	→ *Wiesendamm, Wiesenschanzweg*
Literatur	Roth: S. 115

Wiesenschanzweg

Strassenname	**Wiesenschanzweg**
Gruppe	11.1, 23
Plankoordinaten	E 4,3
Amtlich benannt	1890
Bedeutung	Französische Truppen warfen 1799 während des 2. Koalitionskriegs entlang des linken Wieseufers sechzehn Verteidigungsanlagen (‹Schanzen›) auf, die 1856 von schweizerischen Truppen erneuert wurden, da wegen des Neuenburger Handels ein Krieg mit Preussen drohte. In Neuenburg, das 1856 sowohl schweizerischer Kanton als auch preussisches Fürstentum (seit 1707) war, hatten Royalisten einen, allerdings gescheiterten, Staatsstreich versucht. Als der Bundesrat die vom preussischen König geforderte Freilassung der Putschisten verweigerte, ordneten die Schweiz und Preussen die Teilmobilmachung an. Durch internationale Vermittlung kam es zur Einigung. Die Schweiz liess die Gefangenen frei, und der preussische König verzichtete auf sein Fürstentum. Auf die angebotene Entschädigungssumme von einer Million Franken verzichtete er. Er hatte zwei Millionen gefordert, hielt es aber für unwürdig, zu markten. Der Wiesenschanzweg verläuft etwa entlang der Schanze N° 11 von 1856.
Weiteres siehe	→ *Wiesenplatz*
Literatur	Golder Eduard: Die Wiese, ein Fluss und seine Geschichte. o.O. 1991, S. 76–78. Roth: S. 115. Siegfried: S. 81

Wiesensteg

Strassenname	**Wiesensteg**
Gruppe	11.1
Plankoordinaten	E 3
Amtlich benannt	1974
Siehe	→ *Wiesenplatz*
Literatur	ANK: 1974

Strassenname	**Wiesenstrasse**
Gruppe	11.1
Plankoordinaten	E 3
Amtlich benannt	1896
Siehe	→ Wiesenplatz
Literatur	Roth: S. 115

Strassenname	**Wildensteinerstrasse**
Gruppe	18
Plankoordinaten	G 5
Amtlich benannt	1896

Bedeutung Schloss Wildenstein, bei Bubendorf, 17 km südöstlich von Basel. Das Schloss ist eine Gründung der Herren von Eptingen, der dort residierende Familienzweig nannte sich Eptinger von Wildenstein. 1500 kam das Schloss in den Besitz der Stadt Basel, sie verkaufte es aber weiter, worauf es mehrmals den privaten Besitzer wechselte. Der mittelalterliche Wohnturm wurde um 1700 zu einem Schloss und Landsitz umgebaut und in der zweiten Hälfte des 19. Jahrhunderts sowie um die Jahrhundertwende mit Elementen der damaligen Burgromantik (Schlosspark, zusätzliche Türme) ergänzt. 1995 kaufte der Kanton Basel-Landschaft die Anlage. Schloss Wildenstein ist heute der Öffentlichkeit zugänglich gemacht und für Anlässe zu mieten. Die Inszenierung der Burgromantik ist Teil des Restaurierungskonzepts: Im Kellerverlies liegt eine Puppe als ‹Gefangener› in Ketten. Schloss und Schlossgut stehen unter kantonalem Schutz.

Literatur Basler Zeitung, 15.5.1997. Roth: S. 116

Strassenname	**Wild Ma-Gässli**
Gruppe	29
Plankoordinaten	E 5
Erstmals genannt	1610
Amtlich benannt	1970
Siehe	→ Vogel Gryff-Gässli

Bedeutung ‹Wild Ma›, Ehrenzeichen der Kleinbasler Ehrengesellschaft zur Hären. Der ‹Wild Ma› tritt mit den beiden anderen Ehrenzeichen ‹Vogel Gryff› und ‹Leu› am ‹Vogel Gryff› auf, dem wichtigsten volkstümlichen Brauch Kleinbasels.

Frühere Namen 1610 umschreibt Felix Platter die Strasse als häuserlose ‹Rossdrencke zum Rhin›.

Literatur ANK: 1970. Platter: S. 450

Wildschutzweg	*Strassenname*
11.2	*Gruppe*
G 3	*Plankoordinaten*
1946	*Amtlich benannt*

Bedeutung Der Name hat nichts mit dem am anderen Ende der Langen Erlen gelegenen Tierpark oder mit freilebendem Wild zu tun. Er bedeutet eigentlich ‹Wild-Schuss-Weg› und bezieht sich auf den Rückfluss von überschüssigem Wasser aus dem dort abgeleiteten Riehenteich in die Wiese. Der Begriff des ‹wilden Schusses› wird bei starker Wasserführung klar. Die Verwechslung mit dem ‹Wildschutz› entstand dadurch, dass die Dialektform von ‹Schuss› früher ‹Schutz› lautete.

Literatur Roth: S. 116

Wilhelm His-Strasse	*Strassenname*
12.6	*Gruppe*
D 4	*Plankoordinaten*
1844	*Erstmals genannt*
1931	*Amtlich benannt*

Bedeutung Wilhelm His (1831–1904), Mediziner. His, Enkel von Peter Ochs, studierte seit 1849 in Basel, Berlin, Würzburg und Wien und war 1857–1872 Professor der Medizin in Basel, bevor er nach Leipzig ging. Sein Lehramt übernahm der Neffe Friedrich Miescher. His führte wichtige anatomische Studien des

Nervensystems und der menschlichen Embryonalentwicklung durch. Als Mitglied des Grossen Rats war er für das öffentliche Gesundheitswesen und die Schulhygiene verantwortlich. 1889 veranlasste er als Präsident der 1886 gegründeten internationalen ‹Anatomischen Gesellschaft› die Vereinheitlichung der anatomischen Nomenklatur. His gilt in medizinischen Kreisen als Begründer der modernen Anatomie. (Das Institut für Anatomie liegt ganz in der Nähe an der Pestalozzistrasse; die nach dem Mediziner His benannte Strasse ist zudem eine Seitenstrasse der Spitalstrasse.) Über die Medizin hinaus wurde er bekannt, als er 1894 das Skelett von Johann Sebastian Bach identifizierte. Beim Ausschachten der Johanniskirche in Leipzig war man auf einen Sarg mit dem Skelett eines Mannes gestossen, von dem man gemäss Überlieferung vermutete, dass es sich um Bach handle. In Zusammenarbeit mit His modellierte ein Bildhauer durch Weichteilrekonstruktion aus dem Schädel einen Kopf. Der Vergleich mit den Bachporträts zeigte, dass es sich tatsächlich um den Komponisten handelte.

Frühere Namen Die Wilhelm His-Strasse war bis 1931 das Teilstück der damaligen ‹Johanniterstrasse› zwischen St. Johanns-Vorstadt und Spitalstrasse.

Weiteres siehe → Friedrich Miescher-Strasse, Peter Ochs-Strasse
Literatur Roth: S. 116

Strassenname **Wilhelm Klein-Strasse**
Gruppe 12.5
Plankoordinaten C 4
Amtlich benannt 1924
Bedeutung Wilhelm Klein (1825–1887), Journalist und Politiker. Klein gilt als der führende Politiker des Basler Linksfreisinns in den ersten Jahren des Bundesstaates und als Hauptwidersacher der konservativen Basler Ratsmehrheit bis zur Verfassungsrevision von 1875. Klein studierte Mathematik in Basel und Berlin. Er nahm 1844 am gescheiterten ersten Freischarenzug gegen Luzern teil, wofür er in Basel wegen Verursachens von Aufruhr acht Tage Gefängnis erhielt. 1845 trat er dem Grütliverein bei, dem führenden politischen Reformverein des 19. Jahrhunderts mit erst links-freisinniger und später immer stärker sozialdemokratischer Ausrichtung. Den Grütliverein präsidierte er von 1848 bis 1856. 1847 nahm er im kleinen Basler Artilleriekontingent am Sonderbundskrieg teil. Seit 1850 war er Lehrer an der Realschule. Er behielt dieses Amt bis 1861, als er die Redaktion des im Vorjahr gegründeten ‹Schweizerischen Volksfreundes› übernahm, der späteren ‹National-Zeitung›. Seit 1850 gehörte er dem Grossen Rat an, 1863–1878 und 1881–1887 dem Nationalrat, 1867–1872 dem Kleinen Rat als Präsident des Sanitätskollegiums, 1875–1878 und 1881–1887 dem Regierungsrat. Er setzte sich für die revidierte Bundesverfassung von 1874 ein und wirkte an der Basler Verfassung von 1875 entscheidend mit. Durch die Wahlniederlage gegen die Konservativen, infolge der Abspaltung der Arbeiterschaft von den Freisinnigen in der Grossratswahl von 1878, wurde seine kantonale politische Tätigkeit unterbrochen. Der konservativ beherrschte Grosse Rat wählte Klein aus dem Regierungsrat ab und machte ihn damit arbeitslos. Bis zur Wiederwahl im Jahr 1881 hatte er das Amt des eidgenössischen Fabrikinspektors inne, wofür er aber sein Nationalratsmandat niederlegen musste. In Basel-Stadt setzte er sich für ein soziales Schulsystem ein; er war in seiner ersten Amtsperiode als Regierungsrat Vorsteher des Erziehungsdepartementes. In seiner zweiten Amtsperiode von 1881 an

Wolf-Passerelle

stand er dem Sanitätsdepartement vor; in diese Zeit fällt auch der Bau der Kantonalen Heil- und Pflegeanstalt Friedmatt, zu der die Wilhelm Klein-Strasse hinführt.

Weiteres siehe → Friedmattweglein
Literatur National-Zeitung, 6.10.1925. Roth: S. 116. Teuteberg: S. 336–337.

Strassenname **Winkelriedplatz**
Gruppe 25.4
Plankoordinaten E 7
Amtlich benannt 1874
Siehe → Sempacherstrasse
Bedeutung Winkelried, der Überlieferung nach Held in der Schlacht von Sempach.
Literatur Roth: S. 116

Strassenname **Wintergasse**
Gruppe 30
Plankoordinaten D 4
Amtlich benannt 1894
Siehe → Herbstgasse
Quellen Roth: S. 116

Strassenname **Wintersingerweg**
Gruppe 1
Plankoordinaten G 4
Amtlich benannt 1946
Bedeutung Wintersingen, Gemeinde im Baselbieter Bezirk Sissach, 18 km südwestlich von Basel.
Siehe auch → Wintersingerweglein
Weiteres siehe → Magdenstrasse
Literatur Roth: S. 116

Wintersingerweglein *Strassenname*
1 *Gruppe*
G 4 *Plankoordinaten*
1970 *Amtlich benannt*
→ Wintersingerweg *Siehe*
ANK: 1970 *Literatur*

Wittlingerstrasse *Strassenname*
3 *Gruppe*
G 4 *Plankoordinaten*
1934 *Amtlich benannt*
Wittlingen, badische Gemeinde im Kandertal, 13 km nördlich von Basel. *Bedeutung*
→ Wittlingerweglein *Siehe auch*
Roth: S. 116 *Literatur*

Wittlingerweglein *Strassenname*
3 *Gruppe*
G 4 *Plankoordinaten*
1954 *Amtlich benannt*
→ Wittlingerstrasse *Siehe*
Roth: S. 116 *Literatur*

Wolf-Passerelle *Strassenname*
7 *Gruppe*
F 7 *Plankoordinaten*
1979 *Amtlich benannt*
→ Auf dem Wolf *Siehe*
‹Auf dem Wolf›, Flurname für die Gegend zwischen Brüglingen, Münchensteinerstrasse und St. Jakobs-Strasse. Die Wolf-Passerelle überquert als Fussgängerweg den Güterbahnhof SBB Wolf. *Bedeutung*
ANK: 1979 *Quellen*

Strassenname	**Wolfschlucht-Promenade**
Gruppe	7
Plankoordinaten	E 7,8
Amtlich benannt	1954
Bedeutung	Die Wolfschlucht ist ein tiefer Geländeeinschnitt mit natürlich belassener Bewaldung auf dem Bruderholz. Wie die Wolf-Passerelle und Auf dem Wolf erinnern die Wolfschlucht-Promenade und das Wolfschluchtweglein daran, dass bis ins 19. Jahrhundert hinein Wolfsrudel in der Nähe der Stadt auftraten.
Weiteres siehe	→ Auf dem Wolf
Literatur	Roth: S. 117

Strassenname	**Wolfschluchtweglein**
Gruppe	7
Plankoordinaten	E 7
Amtlich benannt	1970
Siehe	→ Wolfschlucht-Promenade
Quellen	ANK: 1970

Strassenname	**Wollbacherstrasse**
Gruppe	3
Plankoordinaten	G 4
Amtlich benannt	1930
Bedeutung	Wollbach, Ortsteil der badischen Stadt Kandern, 14 km nördlich von Basel.
Literatur	Roth: S. 117

Strassenname	**Wyhlenweglein**
Gruppe	3
Plankoordinaten	H 4
Amtlich benannt	1968
Bedeutung	Wyhlen, Ortsteil der badischen Gemeinde Grenzach-Wyhlen zwischen Rhein und Schwarzwaldsüdfuss, 7 km östlich von Basel.

Zähringerstrasse
Zeglingerweg
Zeglingerweglein
Zeughausstrasse
Ziegelstrasse
Zoo-Parkplatz
Zu den drei Linden
Zürcherstrasse
Zum Bischofstein
Zum Hilsenstein
Zur Gempenfluh
Zwingerstrasse

Zwölfjucharten-
weglein

Strassenname	**Zähringerstrasse**
Gruppe	18
Plankoordinaten	E 4
Amtlich benannt	1894
Bedeutung	Die aus Schwaben stammenden Herzöge von Zähringen gründeten Freiburg im Breisgau, Fribourg und Bern und waren Lehensträger im Mittelland. Die Burg Zähringen liegt nordöstlich von Freiburg im Breisgau. Die Adelsfamilie starb 1218 aus, Haupterben waren die Kiburger, nach deren Aussterben (1263/64) die Habsburger ehemals zähringische Rechte übernahmen.
Literatur	Roth: S. 118

Strassenname	**Zeglingerweg**
Gruppe	1
Plankoordinaten	G 4
Amtlich benannt	1967
Bedeutung	Zeglingen, Gemeinde im Baselbieter Bezirk Sissach, 28 km südöstlich von Basel. In Zeglingen gibt es schon seit der Eisenzeit (seit dem 8. Jahrhundert v. Chr.) Zivilisationsspuren, die sich über die Römer- und die Frankenzeit fortsetzen.
Siehe auch	→ Zeglingerweglein
Quellen	ANK: 1966/1967

Strassenname	**Zeglingerweglein**
Gruppe	1
Plankoordinaten	G 4,5
Amtlich benannt	1967
Siehe	→ Zeglingerweg
Quellen	ANK: 1966/1967

Strassenname	**Zeughausstrasse**
Gruppe	23
Plankoordinaten	F 7,6
Erstmals genannt	nach 1900
Amtlich benannt	1912

Bedeutung	Das Basler Zeughaus (Zeughausstrasse 2) ist ein Bau von 1913–1914. Es ersetzte das alte, 1775 eingerichtete Zeughaus am Petersplatz. Das alte Zeughaus, das seinerseits ein abgebranntes älteres Zeughaus ersetzt hatte, stand noch bis 1937 am Ort des heutigen Kollegiengebäudes der Universität. Es umschloss den Werkhof, wo die Stadt öffentliche Arbeiten ausführen und städtische Maschinen und Fahrzeuge (z.B. Feuerspritzen) aufbewahren liess. Über seinen Abbruch entschied 1936 eine Volksabstimmung.
Frühere Namen	Die Strasse entstand nach 1900 als ‹Lagerhausstrasse›.
Literatur	Roth: S. 118

Ziegelstrasse	*Strassenname*
26	*Gruppe*
C 4	*Plankoordinaten*
1910	*Amtlich benannt*
Die namengebende Ziegelbrennerei befand sich in Allschwil.	*Bedeutung*
Roth: S. 118	*Literatur*

Zoo-Parkplatz	*Strassenname*
21	*Gruppe*
D 6	*Plankoordinaten*
1990	*Amtlich benannt*
Der Zoologische Garten Basel (im Volksmund ‹Zolli› genannt) besteht seit 1874. Die ursprüngliche Anlage wurde seit ihren Anfängen mehrere Male erweitert und grundlegend umgestaltet. Das erste Konzept bestand vorwiegend in einer isolierten Gehegehaltung mit architektonischen Verweisen auf die Herkunftsländer der Tiere. Dies sollte dem Publikum eine Art Reise in ferne Länder ermöglichen, so dass hier auch bis in die 1930er Jahre ‹Völkerschauen› vorwiegend mit Menschen aus Indien, Schwarz- und Nordafrika stattfanden. Heute sind die	*Bedeutung*

Bemerkenswertes	Anlagen in die Landschaft eingebettet und sollen eine möglichst naturnahe Haltung der Tiere erlauben, in deren Lebensweise das Publikum einen Einblick erhält. Auf Tiere wie die Eisbären, deren Lebensweise mit den Bedingungen eines Zoos zu sehr in Konflikt gerät, verzichtet die Zooleitung in Zukunft. Neben dem Tiergartenrain weisen als Ensemble exotischer Tiernamen auch Pelikanweg, -weglein, Flamingosteg und Antilopenweg auf den Zoologischen Garten hin.
Weiteres siehe	→ Aeschengraben
Literatur	Fischer: Anhang S. 36. Geigy Rudolf, Brägger Kurt, Wackernagel Hans: 100 Jahre Zoologischer Garten. In: Basler Stadtbuch 1974. Basel 1975, S. 9–32. Huber: S. 233

Strassenname	**Zu den drei Linden**
Gruppe	7
Plankoordinaten	GH 4
Amtlich benannt	1943
Bedeutung	An dem alten Allmendweg standen drei Linden, ‹bei der Linden› ist ein alter Flurname. Der ‹Lindenacker› befand sich auf dem alten ‹Galgenfeld› zwischen Allmend- und Hirzbrunnenstrasse. Bereits auf dem Hoferplan von 1822 gibt es einen namenlosen Feldweg vom Allmendweg zum Bäumlihof, der ungefähr wie die heutige Strasse verläuft.
Quellen	Hoferplan 1822
Literatur	Roth: S. 34

Strassenname	**Zürcherstrasse**
Gruppe	4
Plankoordinaten	F 6,5 G 5
Erstmals genannt	1811
Amtlich benannt	1871
Bedeutung	Zürich, Hauptstadt des gleichnamigen, 1351 dem Bund beigetretenen Kantons.
Frühere Namen von Teilstücken	Im Plan von Sebastian Münster aus dem Jahr 1550 hat die Strasse noch keinen Namen. Das abfallende Strassenstück vom St. Alban-Tor bis zur Brücke über den St. Albanteich heisst in den Adressbüchern von 1811 bis 1871 ‹Brückliberg›. Man nannte es auch ‹Teichbrückberg›. Hinter der Brücke vereinigte sich die Strasse mit der Weidengasse zur ‹Breiten Strasse› (1811 ‹in der Breite› genannt), die nach Birsfelden und dann als Landstrasse nach Zürich führte. Die ‹Breite› war das freie, ebene Feld zwischen St. Alban und Birsmündung, das als ‹in der Gebreite› urkundlich schon im 14. Jahrhundert erwähnt wird. 1871 benannte man eine Strasse, die von der ‹Breiten Strasse› zur in den 1850er Jahren neuerstellten Arbeitersiedlung in der Breite führte, amtlich ‹In der Breite›. Um Verwechslungen zu verhindern, gab man der ‹Breiten Strasse› und dem ‹Brückliberg› als der Verlängerung in die Stadt den gemeinsamen Namen Zürcherstrasse.

Siehe auch	→ In der Breite
Quellen	Adressbücher 1811–1871. Münsterplan
Literatur	Huber: S. 167–169. Roth: S. 118. Siegfried: S. 29–30

Strassenname	**Zum Bischofstein**
Gruppe	18
Plankoordinaten	F 5
Amtlich benannt	1946
Bedeutung	Bischofstein, Baselbieter Burgruine auf einem Felsvorsprung oberhalb Sissach. 19 km südöstlich von Basel. Die Burg ist eine Gründung der Herren von Eptingen, die sie unter die Lehenshoheit des Basler Bischofs stellten und nach ihm benannten. Der dort ansässige Zweig der Eptinger hiess Eptinger von Bischofstein. Beim Erdbeben von 1356 zerstört, wurde die Burg nicht wieder aufgebaut. 1560 kaufte die Stadt Basel die Ruine, 1937–1938 erfolgte eine Restauration.
Literatur	Roth: S. 25

Zu den drei Linden

Strassenname	**Zum Hilsenstein**
Gruppe	*18*
Plankoordinaten	*E 7*
Amtlich benannt	*1943*
Bedeutung	Hilsenstein oder Hülzistein, Solothurner Burgruine zwischen Dornach und Hochwald, 9 km südlich von Basel. Die urkundlich nicht erfasste Burg bestand wohl nur kurze Zeit im 13. Jahrhundert. Wahrscheinlich bewohnte sie ein um 1300 erloschener Zweig der Basler Adelsfamilie Münch, der sich ‹Gempener› nannte.
Literatur	Meyer: S. 205. Roth: S. 55

Strassenname	**Zur Gempenfluh**
Gruppe	*8.3*
Plankoordinaten	*F 8*
Amtlich benannt	*1944*
Bedeutung	Gempenfluh (765 m ü. M.), auch Gempenstollen oder Schartenfluh genannt, Anhöhe des Solothurner Tafeljuras zwischen Dornach und Gempen, 9 km südlich von Basel. Auf der benachbarten Lampenmatt vereinigten sich die Zürcher mit den Solothurner Truppen vor der Schlacht von Dornach (1499).
Siehe auch	→ *Gempenfluhweglein*
Literatur	Roth: S. 45

Strassenname	**Zwingerstrasse**
Gruppe	*12.6*
Plankoordinaten	*E 6,7*
Erstmals genannt	*1905*
Amtlich benannt	*1912*
Bedeutung	Theodor Zwinger (1533–1588), Arzt und Universalgelehrter. Zwinger, dessen Vater 1538 verstorben war, wandte sich auf Veranlassung seines Onkels, des Buchdruckers Johannes Oporin (der seinerseits Gehilfe bei Paracelsus war), literarischen Studien zu. Mit Basilius Amerbach verband ihn eine lebenslange Freundschaft. Er ging mit 15 Jahren ohne Erlaubnis seines Vormunds nach Lyon und arbeitete dort in einer Druckerei. 1553 kehrte er zurück, verliess die Stadt aber schon bald wieder und studierte in Padua Medizin. 1559 wurde er Doktor der Medizin. 1565 trat er die Nachfolge Sebastian Castellios als Professor für Griechisch an der Basler Universität an, 1571 erhielt er die Professur für Ethik und 1580 für theoretische Medizin. Zwinger und Felix Platter überarbeiteten 1570 die Statuten der medizinischen Fakultät, die bis ins 19. Jahrhundert gültig bleiben sollten. Die Zusammenarbeit mit Platter und Jean Bauhin führte zur ersten Blüte der medizinischen Fakultät in Basel. Zwinger war zudem Autor einer lateinisch verfassten Reiseanleitung, einer Beschreibung Basels und des ‹Theatrum vitae humanae›. Letzteres war eine Sammlung von beispielhaften Erzählungen aus dem Mittelalter und der Antike; sie sollten den Pfarrern als Erläuterung und Illustration bei der Bibelauslegung helfen. Das ‹Theatrum› erschien von 1565 bis 1586 in drei ständig erweiterten Ausgaben mit zuletzt 4373 Seiten in fünf Bänden. Das Buch hatte europaweit Erfolg, die katholische Kirche setzte es aber wegen seiner eindeutig reformatorischen Ausrichtung auf den Index verbotener Bücher.
Frühere Namen	Das Strassenprojekt lautete ursprünglich auf den Namen ‹Zwingenstrasse›, benannt nach der gleichnamigen Gemeinde im heutigen Baselbieter Bezirk Laufen.
Weiteres siehe	→ *Amerbachstrasse, Bauhinweglein, Castellioweglein, Paracelsusstrasse*
Literatur	Basler Nachrichten, 10.9.1965. Roth: S. 118. Siegfried: S. 49

Strassenname	**Zwölfjuchartenweglein**
Gruppe	7
Plankoordinaten	EF 8,9
Amtlich benannt	1994
Bedeutung	Die Juchart(e) ist ein altes schweizerisches Flächenmass von etwa 0,36 ha (3600 Quadratmeter). Das Grundstück ‹In den zwölf Jucharten›, auf das sich der Strassenname bezieht, war also rund 43 200 Quadratmeter gross. Das Wort stammt von ‹Joch› ab und bezeichnet die ungefähre Fläche Land, die man an einem Tag mit einem Joch (d.h. mit zwei) Ochsen pflügen kann.
Quellen	ANK: 1994

Anhang

Thematische Gruppen

Die folgenden thematischen Gruppen sind keine abschliessende Zusammenstellung der Basler Strassennamen. Sie ergeben sich teils aus der Benennungspolitik zur Zeit ihrer Entstehung, teils sind es Gruppierungen des Autors. Es hätten auch weitere oder andere Gruppen zusammengestellt werden können, und je nach Interpretation könnten einzelne Strassen anderen Gruppen zugeordnet werden. Die Liste gibt also auch Anregungen für eigene Zusammenstellungen.

Überblick

1 **Nordwestliche Schweiz**
2 **Elsässische und lothringische Orte**
3 **Süddeutsche Orte**
4 **Schweizer Kantone und Kantonshauptorte**
5 **Südalpine Ortschaften**
6 **Europäische Städte**
7 **Lokale Flurnamen**

8 **Jura**
   8.1 *Berge und Pässe*
   8.2 *Geländenamen*
   8.3 *Fluhen*

9 **Regionale Landschafts- und Geländenamen**

10 **Alpen**
   10.1 *Pässe*
   10.2 *Berge*
   10.3 *Flüsse*
   10.4 *Ortschaften*

11 **Gewässer**
   11.1 *Natürliche Gewässer*
   11.2 *Künstliche Gewässer*

12 **Personen**
   12.1 *Heilige*
   12.1.1 *Stadt*
   12.1.2 *Umgebung*
   12.1.3 *Übrige*

   12.2 *Kunst und Kunstförderung*
   12.3 *Literatur*
   12.4 *Druckerwesen*
   12.5 *Städtische Politik und Geschichte*
   12.6 *Naturwissenschaft und Medizin*
   12.7 *Geisteswissenschaften und Theologie*
   12.8 *Übrige*

13 **Völker**
14 **Pflanzen**

15 **Tiere**
   15.1 *Fische*
   15.2 *Vögel*
   15.3 *Übrige*

16 **Christliche und kirchliche Gebäude**
   16.1 *Heilige*
   16.2 *Übrige*

17 **Friedhöfe**
18 **Adel und Burgen**
19 **Private Gebäude**
20 **Öffentliche Gebäude**
21 **Freizeit- und Erholungsanlagen**
22 **Landsitze und Hofgüter**
23 **Militärische Anlagen**

24 **Erster Weltkrieg**
   24.1 *Standorte von Schweizer Truppen bei Basel*
   24.2 *Standorte von Basler Truppen im Tessin*
   24.3 *Umkämpfte Orte im Elsass*

25 **Patriotische Namengebung**
   25.1 *1501*
   25.2 *Schlachten*
   25.3 *Militärs*
   25.4 *Symbolfiguren*
   25.5 *Übriges*

26 **Gewerbe, Handel und Industrie**
27 **Landwirtschaft**

28 **Technik und Infrastruktur**
   28.1 *Energie*
   28.2 *Wasserversorgung*
   28.3 *Eisenbahn*
   28.4 *Hafen*
   28.5 *Personen*

29 **Kleinbasler Volksbrauch**
30 **Jahreszeiten**
31 **Ungeklärte Namen**
32 **Varia**

Detaillierte Auflistung

1 Nordwestliche Schweiz
Aescherstrasse
Allschwilerplatz
Allschwilerstrasse
Anwilerstrasse
Arlesheimerstrasse
Augsterweg
Bärschwilerstrasse
Bättwilerstrasse
Beinwilerstrasse
Benkenstrasse
Bettingerweg
Binningerstrasse
Birsfelderstrasse
Bonfolstrasse
Dachsfelderstrasse
Delsbergerallee
Dittingerstrasse
Dorfstrasse
Dornacherstrasse
Duggingerhof
Gempenstrasse
Giebenacherweg
Grellingerstrasse
Hersbergerweg
Hochwaldstrasse
Hofstetterstrasse
Im Ettingerhof
Im Witterswilerhof
Kastelstrasse
Kleinhüingeranlage
Kleinhüingerstrasse
Klingnaustrasse

Laufenburgerstrasse
Laufenstrasse
Liesbergermatte
Liesbergerstrasse
Liestalerstrasse
Lützelstrasse
Magdenstrasse
Magdenweglein
Maispracherweg
Mariasteinstrasse
Meltingerstrasse
Münchensteinerstrasse
Muttenzerweg
Nenzlingerstrasse
Oberwilerstrasse
Olsbergerweg
Oltingerstrasse
Ormalingerweg
Pfeffingerstrasse
Prattelerstrasse
Pruntrutermatte
Pruntruterstrasse
Reinacherstrasse
Rheinfelderstrasse
Riburgstrasse
Riehenring
Riehenstrasse
Rodersdorferstrasse
Rodrisstrasse
Röschenzerstrasse
Roggenburgstrasse
Schönenbuchstrasse
Seltisbergerstrasse

Seltisbergerweglein
Sissacherstrasse
Solothurnerstrasse
Therwilerstrasse
Wintersingerweg
Wintersingerweglein
Zeglingerweg
Zeglingerweglein

2 Elsässische und lothringische Orte
Altkircherstrasse
Bartenheimerstrasse
Belforterstrasse
Blotzheimerstrasse
Blotzheimerweg
Bollweilerstrasse
Burgfelderplatz
Burgfelderstrasse
Buschweilerweg
Buschweilerweglein
Colmarerstrasse
Dammerkirchstrasse
Ensisheimerstrasse
Häsingerstrasse
Hagenaustrasse
Hagentalerstrasse
Hegenheimerstrasse
Hüningerstrasse
Im Burgfelderhof
Kaysersbergerstrasse
Kembserweg
Knöringerstrasse

Largitzenstrasse
Leimenstrasse
Markircherstrasse
Metzerstrasse
Michelbacherstrasse
Mülhauserstrasse
Mülhauserweglein
Muespacherstrasse
Murbacherstrasse
Neudorfstrasse
Neuweilerplatz
Neuweilerstrasse
Pfirteranlage
Pfirtergasse
Rixheimerstrasse
Rufacherstrasse
Schlettstadterstrasse
Sennheimerstrasse
Septerstrasse
Sierenzerstrasse
Strassburgerallee
Sulzerstrasse
Thannerstrasse
Türkheimerstrasse
Volkensbergerstrasse
Waldighoferstrasse

3 Süddeutsche Orte
Badenweilerstrasse
Bellingerweg
Bergalingerstrasse
Beuggenstrasse
Beuggenweg
Binzenstrasse
Breisacherstrasse
Brombacherstrasse
Efringerstrasse
Eimeldingerweg
Freibugersteg
Freiburgerstrasse
Grenzacher-Promenade
Grenzacherstrasse
Haltingerstrasse
Hiltalingerstrasse
Im Grenzacherhof
Isteinerstrasse
Kandererstrasse
Laufenburgerstrasse
Müllheimerstrasse
Oetlingerstrasse
Offenburgerstrasse
Rastatterstrasse
Rheinfelderstrasse
Rheinweilerweg
Rührbergerstrasse
Röttelerstrasse
Rümmingerstrasse
Säckingerstrasse
Schliengerweg
Schönaustrasse
Schopfheimerstrasse
Schwörstadterstrasse
Thumringerstrasse
Tüllingerstrasse
Waldshuterstrasse
Weilerweg
Wittlingerstrasse
Wittlingerweglein
Wollbacherstrasse
Wyhlenweglein

4 Schweizer Kantone und Kantonshauptorte
Appenzellerstrasse
Bellinzonastrasse
Bellinzonaweglein
Bernerring
Bündnerstrasse
Luzernerring
Nidwaldnerstrasse
Obwaldnerstrasse
Sarnerstrasse
Schaffhauserrheinweg
St. Galler-Ring
Zürcherstrasse
(historisch signifikante Schweizer Orte → 25.2)

5 Südalpine Ortschaften
Airolostrasse
Airoloweglein
Arbedostrasse
Asconastrasse
Bedrettostrasse
Bellinzonastrasse
Bellinzonaweglein
Biascastrasse
Faidostrasse
Giornico-
   Promenade
Giornicostrasse
Marignanostrasse
Marignanoweglein
Novarastrasse

6 Europäische Städte
Bordeaux-Strasse
Brüssel-Strasse
Frankfurt-Strasse
Hamburg-Strasse
Krakau-Strasse
Lyon-Strasse
Mailand-Strasse
Prag-Strasse
Rotterdam-Strasse
Stuttgart-Strasse
Wien-Strasse

7 Lokale Flurnamen
Am Krayenrain
An der hohlen Gasse
Arabienstrasse
Auberg
Auf dem Hummel
Auf dem Wolf
Auf der Alp

Austrasse
Bachgraben-Promenade
Bachlettenstrasse
Batterieanlage
Batterieweglein
Baumgartenweg
Beim Buremichelskopf
Bruderholzallee
Bruderholzrain
Bruderholzstrasse
Bruderholzweg
Brunnmattstrasse
Buremichelskopfanlage
Buremichelskopf-Promenade
Burgweg
Byfangweg
Davidsbodenstrasse
Davidsbodenweglein
Davidsrain
Dreihäusernweglein
Engelgasse
Entenweidstrasse
Erdbeergraben
Erlenparksteg
Erlenparkweg
Erlenstrasse
Feierabendstrasse
Florastrasse
Galgenhügel-Promenade
Gartenstrasse
Gellertpark
Gellertstrasse
Gellertweglein
Grienstrasse
Grosspeterstrasse
Hangweglein
Hardrain
Hardstrasse
Hechtliacker
Herrenweg
Heumattstrasse
Hirzbodenpark

Hirzbodenweg
Höhenweg
Hölleweglein
Holeestrasse
Hummelweglein
Hundsbuckelweglein
Im Davidsboden
Im Heimatland
Im Holeeletten
Im langen Loh
Im Margarethenletten
Im Margarethental
Im Rheinacker
Im Sesselacker
Im Spitzacker
Im tiefen Boden
Im Wasenboden
In den Klostermatten
In den Klosterreben
In den Schorenmatten
In der Breite
Inselstrasse
Itelpfad
Jakobsbergerholzweg
Jakobsbergerstrasse
Jakobsbergerweglein
Kannenfeldpark
Kannenfeldplatz
Kannenfeldstrasse
Kannenfeldweglein
Klingelbergstrasse
Krachenrain
Krachenrainweglein
Küchengasse
Lachenstrasse
Lautengartenstrasse
Lehenmattstrasse
Leimgrubenweg
Luftmattstrasse
Mattenstrasse
Mostackerstrasse
Nachtigallenwäldeli

Neusatzsteg
Neusatzweglein
Ob der Wanne
Oberer Batterieweg
Parkweg
Rankstrasse
Rankweglein
Rappenbodenweg-Promenade
Rosenfeldpark
Sägibergweglein
Scherkesselweg
Schorenweg
Schützengraben
Schützenmattpark
Schützenmattstrasse
Sesselackerweglein
Singerstrasse
Singerweg
Spittelmattweg
Sportplatz Schützenmatte
Steinbühlallee
Steinbühlplatz
Steinbühlweg
Steinenberg
Steinengraben
Steinenring
Steinenschanze
Steinenstapfelberg
Steinenvorstadt
Tiefenbodenweglein
Unter der Batterie
Unterer Batterieweg
Vogelsangstrasse
Vogelsangweglein
Wasensträsschen
Wolf-Passerelle
Wolfschlucht-Promenade
Wolfschluchtweglein
Zu den drei Linden
Zwölfjuchartenweglein

8 Jura

8.1 Berge und Pässe
Adlerstrasse
Belchenstrasse
Blauenstrasse
Fringelistrasse
Fringeliweglein
Glaserbergstrasse
Hasenmattstrasse
Hasenmattweglein
Hauensteinstrasse
Helfenbergstrasse
Hohe Winde-Steg
Hohe Winde-Strasse
Kienbergstrasse
Passwangsteg
Passwangstrasse
Rämelstrasse
Rehhagstrasse
Riedbergstrasse
Schleifenbergstrasse
Schönenbergstrasse
Schönenbergweglein
Sonnenbergstrasse
Sonnenbergweglein
Weissensteinstrasse

8.2 Geländenamen
Felsplattenstrasse
Ingelsteinweg
Kahlstrasse
Kaltbrunnen-Promenade
Kaltbrunnenstrasse
Scheltenstrasse
Scheltenweglein
Schönmattstrasse
Welschmattstrasse

8.3 Fluhen
Bürenfluhstrasse
Bürenfluhweglein
Eggfluhstrasse
Gempenfluhweglein
Tannenfluhweg
Zur Gempenfluh

9 Regionale Landschafts- und Geländenamen
Badenstrasse
Birseckstrasse
Birseckweglein
Burgunderstrasse
Elsässerheinweg
Elsässerstrasse
Feldbergstrasse
Hörnliweglein
Jurastrasse
Käferholzstrasse
Lothringerstrasse
Markgräflerstrasse
Rheinländerstrasse
Schwarzwaldallee
Schwarzwaldbrücke
Schwarzwaldstrasse
Schwarzwaldtunnel
Sundgauerstrasse
Vogesenstrasse
Wasgenring

10 Alpen

10.1 Pässe
Furkastrasse
Gotthardstrasse
Grimselstrasse
Grimselweglein
Nufenenstrasse
Oberalpstrasse
Schöllenenstrasse
Sustenstrasse

10.2 Berge
Mythenstrasse
Pilatusstrasse
Rigistrasse
Säntisstrasse
Tödistrasse

10.3 Flüsse
Reussstrasse
Tessinstrasse
(nach dem Rhein benannte Strassen → 11.1)

10.4 Ortschaften
Airolostrasse
Airoloweglein
Bedrettostrasse
Biascastrasse
Bristenstrasse
Erstfeldstrasse
Faidostrasse
Göschenenstrasse
Realpstrasse

11 Gewässer

11.1 Natürliche Gewässer
Altrheinweg
Am Bachgraben
Birsig-Durchgang
Birsig-Parkplatz
Birsigstrasse
Birskopfsteg
Birskopfweglein
Birsstrasse
Dorenbach-Promenade
Dorenbachviadukt
Eglisee-Parkplatz
Egliseestrasse
Egliseeweglein
Elsässerrheinweg
Giessliweg
Innerer Egliseeweg
Mittlere Rheinbrücke
Oberer Rheinweg
Otterbachweg
Reussstrasse

Rheingasse
Rheinschanze
Rheinsprung
Schaffhauserrheinweg
Steinenbachgässlein
Tessinstrasse
Untere Rheingasse
Unterer Rheinweg
Wiesenallee
Wiesendamm
Wiesendamm-Promenade
Wiesenplatz
Wiesenschanzweg
Wiesensteg
Wiesenstrasse

11.2 Künstliche Gewässer
Herrengrabenweg
Riehenteichstrasse
Rümelinbachweg
St. Albanteich-Promenade
Steinenbachgässlein
Teichgässlein
Weiherweg
Wildschutzweg

12   Personen
12.1 Heilige
12.1.1 Stadt
Andreasplatz
Bläsiring
Claragraben
Clarahofweg
Claramatte
Claramattweg
Claraplatz
Clarastrasse
Elisabethenanlage
Elisabethen-Passage
Elisabethenschanze
Elisabethenstrasse
Leonhardsberg

Leonhardsgraben
Leonhardskirchplatz
Leonhardsstapfelberg
Leonhardsstrasse
Martinsgässlein
Martinsgasse
Martinskirchplatz
Matthäusstrasse
Paulusgasse
Petersgasse
Petersgraben
Peterskirchplatz
Petersplatz
St. Alban-Anlage
St. Alban-Berg
St. Alban-Graben
St. Alban-Kirchrain
St. Alban-Rheinweg
St. Alban-Ring
St. Alban-Tal
St. Alban-Talstrasse
St. Alban-Vorstadt
St. Johanns-Park
St. Johanns-Parkweg
St. Johanns-Platz
St. Johanns-Rheinweg
St. Johanns-Ring
St. Johanns-Vorstadt
Theodorsgraben
Theodorsgrabenanlage
Theodorskirchplatz

12.1.2 Umgebung
Chrischonastrasse
Chrischonaweglein
Im Margarethenletten
Im Margarethental
Innere Margarethenstrasse
Margarethenstich
Margarethenstrasse
St. Jakobs-Strasse
St. Jakobs-Weglein

12.1.3 Übrige
Elftausendjungfern-Gässlein
Niklaus von Flüe-Strasse

12.2 Kunst und Kunstförderung
Amerbachstrasse
Arnold Böcklin-Strasse
Birmannsgasse
Emanuel Büchel-Strasse
Fäschengasse
Fäschenweglein
Hans Huber-Strasse
Hermann Suter-Strasse
Holbeinplatz
Holbeinstrasse
Maja Sacher-Platz
Picassoplatz
Urs Graf-Strasse

12.3 Literatur
Brantgasse
Cécile Ines Loos-Anlage
C.F. Meyer-Strasse
Erasmusplatz
Friedrich Oser-Strasse
Gottfried Keller-Strasse
Gotthelfplatz
Gotthelfstrasse
Hebelplatz
Hebelschanze
Hebelstrasse
Hermann Albrecht-Strasse
Joh. Jak. Spreng-Gässlein
Oserweglein
Pfeffelstrasse
Schäublinstrasse
Schäublinweglein
Schillerstrasse
Stöberstrasse
Uhlandstrasse

12.4 Druckerwesen
  Amerbachstrasse
  Cratanderstrasse
  Frobenstrasse
  Henric Petri-Strasse

*12.5 Städtische Politik
  und Geschichte*
  Achilles Bischoff-Strasse
  Aeneas Silvius-Strasse
  Brennerstrasse
  Christoph Merian-Park
  Christoph Merian-Platz
  Emil Angst-Strasse
  Eugen Wullschleger-Strasse
  Falknerstrasse
  Fatiostrasse
  Friedrichstrasse
  Fritz Hauser-Promenade
  Fritz Hauser-Strasse
  Gustav Wenk-Strasse
  Hagenbachstrasse
  Hauserweglein
  Heinrichsgasse
  Hermann Kinkelin-Strasse
  Lukas Legrand-Strasse
  Oekolampadstrasse
  Oscar Frey-Strasse
  Peter Ochs-Strasse
  Peter Rot-Strasse
  Redingbrücke
  Redingstrasse
  Rudolfstrasse
  Ryffstrasse
  Schertlingasse
  Sevogelplatz
  Sevogelstrasse
  Speiserstrasse
  Theodor Herzl-Strasse
  Wettsteinallee
  Wettsteinbrücke
  Wettsteinplatz
  Wettsteinstrasse
  Wielandplatz
  Wilhelm Klein-Strasse

12.6 Naturwissenschaft und Medizin
  Albert Schweitzer-Strasse
  Bauhinweglein
  Bernoullistrasse
  Bungestrasse
  Edisonstrasse
  Eulerstrasse
  Fatiostrasse
  Friedrich Miescher-Strasse
  J. J. Balmer-Strasse
  Jungstrasse
  Lachenalweglein
  Mathilde Paravicini-Strasse
  Paracelsusstrasse
  Peter Merian-Strasse
  Rütimeyerplatz
  Rütimeyerstrasse
  Schönbeinstrasse
  Socinstrasse
  Vesalgasse
  Voltamatte
  Voltaplatz
  Voltastrasse
  Wattstrasse
  Wilhelm His-Strasse
  Zwingerstrasse

*12.7 Geisteswissenschaften
  und Theologie*
  Andreas Heusler-Strasse
  Bachofenstrasse
  Brantgasse
  Castellioweglein
  Daniel Fechter-Promenade
  De Wette-Strasse
  Erasmusplatz
  Fechterweglein
  Hagenbachstrasse
  Jacob Burckhardt-Strasse
  Julia Gauss-Strasse
  Karl Barth-Platz
  Karl Jaspers-Allee
  Oekolampadstrasse
  Pestalozzistrasse
  Rudolf Steiner-Weg

12.8 Übrige
  Aeschengraben
  Aeschenplatz
  Aeschenvorstadt
  Beckenstrasse
  Bonergasse
  Dufourstrasse
  General Guisan-Strasse
  Guisan-Promenade
  Weisse Gasse
  (Kollektivnamen → 18)

13 Völker
  Alemannengasse
  Eidgenossenweg
  Gotenwegli
  Hunnenstrasse
  Rauracherwegli
  Römergasse
  Schweizergasse

14 Pflanzen
  Ahornstrasse
  Akazienweg
  Bäumleingasse
  Birkenstrasse
  Buchenstrasse
  Cedernweg
  Eichenstrasse
  Föhrenstrasse
  Holderstrasse
  Imbergässlein
  Kastanienweg
  Kirschblütenweg

Lindenberg
Lindenweg
Magnolienpark
Maulbeerstrasse
Palmenstrasse
Pfeffergässlein
Rebweg
Ulmenweglein
Weidengasse

15 Tiere

15.1 *Fische*
Forellenweg
Hechtweg
Karpfenweg
Nasenweg
Salmenweg

15.2 *Vögel*
Amselstrasse
Drosselstrasse
Fasanenstrasse
Finkenweg
Flamingosteg
Lerchenstrasse
Meisengasse
Pelikanweg
Pelikanweglein
Pirolweg
Starenstrasse
Starenweglein
Wachtelstrasse

15.3 *Übrige*
Antilopenweg
Eichhornstrasse
Eichhornweglein
Igelweglein
Immengasse
Schlangenweglein
(Weitere nach Flurnamen
→ *7, 8)*

16 Christliche und kirchliche Gebäude

16.1 *Heilige*
(→ *12.1.1 und 12.1.2*)

16.2 *Übrige*
Augustinergasse
Barfüssergasse
Barfüsserplatz
Johanniterbrücke
Johanniterstrasse
Kapellenstrasse
Kartausgasse
Kirchgasse
Klingental
Klingentalgraben
Klingentalstrasse
Klosterberg
Klostergasse
Missionsstrasse
Münsterberg
Münsterplatz
Pfalz
Pfarrgasse
Pilgerstrasse
Predigergässlein
Rittergasse
Stiftsgasse

17 Friedhöfe
Friedhofgasse
Gottesackerstrasse
Hörnliweglein
Leonhardskirchplatz
Martinskirchplatz
Mauerstrasse
Peterskirchplatz
Theodorskirchplatz
Totengässlein
Totentanz

18 Adel und Burgen
Andlauerstrasse
Angensteinerstrasse
Bärenfelserstrasse
Baldeggerstrasse
Bechburgerstrasse
Blauensteinerstrasse
Blochmonterstrasse
Eptingerstrasse
Falkensteinerstrasse
Farnsburgerstrasse
Flachsländerstrasse
Froburgstrasse
Fürstensteinerstrasse
Gilgenbergerstrasse
Habsburgerstrasse
Hasenberg
Hochbergerplatz
Hochbergersteg
Hochbergerstrasse
Homburgerstrasse
Kluserstrasse
Landskronstrasse
Löwenbergstrasse
Löwenbergweglein
Marschalkenstrasse
Mönchsbergerstrasse
Mörsbergerstrasse
Neuensteinerstrasse
Ramsteinerstrasse
Reichensteinerstrasse
Röttelerstrasse
Rotbergerstrasse
Schalerstrasse
Schauenburgerstrasse
Schönaustrasse
Spiegelbergstrasse
Sternenbergerstrasse
Thiersteinerallee
Thiersteinerrain
Thiersteinersteg
Thiersteinerweglein

Waldeckstrasse
Waldenburgerstrasse
Wartenbergstrasse
Wildensteinerstrasse
Zähringerstrasse
Zum Bischofstein
Zum Hilsenstein

19 Private Gebäude
Beim Goldenen Löwen
Blumengasse
Blumenrain
Casinostrasse
Dolderweg
Drei König-Weglein
Fahnengässlein
Gansgässlein
Gemsberg
Glockengasse
Greifengasse
Grünpfahlgasse
Hirschgässlein
Im Zimmerhof
Imbergässlein
Kellergässlein
Kirschgartenstrasse
Kronenplatz
Lohweg
Luftgässlein
Ochsengasse
Pfluggässlein
Rappoltshof
Rebgasse
Ringgässlein
Rosshofgasse
Rüdengasse
Rümelinsplatz
Schafgässlein
Schlüsselberg
Schnabelgasse
Spiegelgasse
Spiegelhof

Steinenmühlesteg
Sternengasse
Streitgasse
Tanzgässlein
Untere Rebgasse

20 Öffentliche Gebäude
Archivgässlein
Friedmattweglein
Herbergsgasse
Im Lohnhof
Kaufhausgasse
Kornhausgasse
Lohnhofgässlein
Markthallenbrücke
Münzgasse
Post-Passage
Schlachthofstrasse
Schulgasse
Spitalstrasse
Stadthausgasse
Theatergässlein
Theater-Passage
Theaterstrasse

21 Freizeit- und Erholungsanlagen
Badweglein
Eisweglein
Neubadstrasse
Sportplatz Schützenmatte
Stadionstrasse
Tiergartenrain
Zoo-Parkplatz

22 Landsitze und Hofgüter
Bäumlihofstrasse
Brüglingerstrasse
Dreirosenanlage
Dreirosenbrücke
Dreirosenstrasse
Gundeldingerrain

Gundeldingerstrasse
Hasenberg
Hirzbrunnenallee
Hirzbrunnen-Promenade
Hirzbrunnenschanze
Hirzbrunnenstrasse
Hofweglein
Horburgpark
Horburgstrasse
Im Rankhof
Im Surinam
Kleinriehen-Promenade
Kleinriehenstrasse
Klosterfiechtenweg
Klybeckstrasse
Landauerhofweg
Landauerstrasse
Landauerwegli
Lindenhofstrasse
Nauenstrasse
Nauentunnel
Nauen-Unterführung
Neuhausstrasse
Paradieshofstrasse
Predigerhofstrasse
Rosengartenweg
Rosentalanlage
Rosentalstrasse
Sandgrubenstrasse
Sandgrubenweglein
Schlossgasse
Solitudepark
Solitude-Promenade
Weiherhofstrasse

23 Militärische Anlagen
Aeschengraben
Batterieanlage
Batterieweglein
Beim Letziturm
Beim Wagdenhals
Bollwerk-Promenade

Claragraben
Elisabethenschanze
Fröschgasse
Hebelschanze
Hirzbrunnenschanze
Kanonengasse
Kasernenstrasse
Klingentalgraben
Leonhardsgraben
Letziplatz
Oberer Batterieweg
Petersgraben
Reiterstrasse
Rheinschanze
Riehentorstrasse
Schanzenstrasse
Schützengraben
Schützenmattstrasse
Spalentorweg
Sportplatz Schützenmatte
Stänzlergasse
St. Alban-Graben
Steinengraben
Steinenschanze
Steinentorberg
Steinentorstrasse
Theodorsgraben
Unter der Batterie
Unterer Batterieweg
Wallstrasse
Wiesenschanzweg
Zeughausstrasse

24 Erster Weltkrieg

24.1 *Standorte von Schweizer Truppen bei Basel*
Bonfolstrasse
Felsplattenstrasse
Rämelstrasse
Rodersdorferstrasse
Roggenburgstrasse
Schönenbuchstrasse

24.2 *Standorte von Basler Truppen im Tessin*
Airolostrasse
Arbedostrasse

24.3 *Umkämpfte Orte im Elsass*
Dammerkirchstrasse
Largitzenstrasse
Septerstrasse

25 Patriotische Namengebung

25.1 *1501*
Bundesplatz
Bundesstrasse

25.2 *Schlachten*
Arbedostrasse
Burgunderstrasse
Dornacherstrasse
Giornico-Promenade
Giornicostrasse
Laupenring
Marignanostrasse
Marignanoweglein
Morgartenring
Murtengasse
Näfelserstrasse
Novarastrasse
Sempacherstrasse
St. Jakobs-Strasse
St. Jakobs-Weglein

25.3 *Militärs*
Dufourstrasse
Oscar Frey-Strasse
General Guisan-Strasse
Guisan-Promenade
Sevogelplatz
Sevogelstrasse
Wielandplatz

25.4 *Symbolfiguren*
Helvetiaplatz
Tellplatz
Tellstrasse
Winkelriedplatz

25.5 *Übriges*
Eidgenossenweg
Rütlistrasse
Schweizergasse

26 Gewerbe, Handel und Industrie
Bändelgasse
Bleichestrasse
Drahtzugstrasse
Fabrikstrasse
Färberstrasse
Fischerweg
Fischmarkt
Gärtnerstrasse
Gerberberglein
Gerbergässlein
Gerbergasse
Hammerstrasse
Hutgasse
Imbergässlein
In den Ziegelhöfen
Kohlenberg
Kohlenberggasse
Marktgasse
Marktplatz
Messeplatz
Mühlegraben
Mühlenberg
Pfeffergässlein
Sägergässlein
Salinenstrasse
Sattelgasse
Schiffländi
Schiffmühlestrasse
Schneidergasse

Stachelrain
Walkeweg
Ziegelstrasse

27 Landwirtschaft
Ackermätteli
Ackerstrasse
Allmendstrasse
Heuberg
Heuwaage
Heuwaage-Viadukt
Unterer Heuberg

28 Technik und Infrastruktur

28.1 Energie
Gasstrasse
Kohlenstrasse
Kraftstrasse
Lichtstrasse

28.2 Wasserversorgung
Beim Wasserturm
Reservoirstrasse
Reservoirweglein
Wasserstrasse
Wasserturm-Promenade

28.3 Eisenbahn
Am Bahndamm
Bad. Bahnhof-Passage
Bahnhof-Unterführung
Bahnweglein
Centralbahn-Passage
Centralbahnplatz
Centralbahnstrasse
Eisenbahnbrücke
Eisenbahnweg
Güterstrasse
Viaduktstrasse

28.4 Hafen
Hafenstrasse
Schifflände
Südquaistrasse
Uferstrasse
Westquaistrasse

28.5 Personen
Achilles Bischoff-Strasse
Edisonstrasse
Falknerstrasse
Speiserstrasse
Voltamatte
Voltaplatz
Voltastrasse
Wattstrasse

29 Kleinbasler Volksbrauch
Greifengasse
Leuengasse
Rebgasse
Reverenzgässlein
Ueli-Gässli
Untere Rebgasse
Vogel Gryff-Gässli
Wild Ma-Gässli

30 Jahreszeiten
Lenzgasse
Sommergasse
Herbstgasse
Wintergasse

31 Ungeklärte Namen
Auf der Lyss
Eisengasse
Erikastrasse
Freie Strasse
Jägerstrasse

Lange Gasse
Nadelberg
Nonnenweg
Rennweg
Sängergasse
Schäfermatte
Schäferweg
Spalenberg
Spalen-Durchgang
Spalengraben
Spalenring
Spalenvorstadt
Trillengässlein
Utengasse
Wanderstrasse
Webergasse

32 Varia
Bannwartweg
Brunngässlein
Eiserner Steg
Flughafenstrasse
Friedensgasse
Grenzstrasse
Hochstrasse
Im Heimgarten
Maiengasse
Malzgasse
Mittlere Strasse
Nagelfluhweglein
Reverenzgässlein
Sonnenweg
Sperrstrasse
Sperrweglein
Stapfelberg
Totengässlein
Tramweglein
Turnerstrasse

Quellen und Literatur

Angaben, auf die nicht besonders verwiesen wird, kamen vom Grundbuch- und Vermessungsamt (insbesondere aus Grundbuchplänen von Rudolf Falkner, ca. 1860) oder stammen aus Judith Fischers Vorarbeiten zum vorliegenden Buch, die in Manuskriptform vorliegen, sowie aus Lexika. Wertvolle Hinweise gaben auch Elisabeth Berger (Liestal), Hansjörg Huck (Basel) und Stefan Hess (Basel).

Häufig benutzte Quellen und Literatur haben Sigeln erhalten. Sie stehen im folgenden kursiv.

Für die Distanzangaben zwischen Basel und anderen Orten wurde die Regio-Karte Basel, Binzen-Lörrach o.J. (Stand 1992) sowie die Schulkarte Basel-Stadt und Basel-Landschaft, Ausgabe 1995, hrsg. vom Erziehungsdepartement des Kantons Basel-Stadt und der Erziehungs- und Kulturdirektion des Kantons Basel-Landschaft, verwendet. Referenzpunkt für die Distanzmessungen ist die verkehrsreichste Strassenkreuzung Basels, der Aeschenplatz.

Ungedruckte Quellen

ANK. Akten der Nomenklaturkommission. Basel-Stadt

Baader Friedrich: Plan des Gross Basel Stadtbannes [Basel, um 1830]. Staatsarchiv des Kantons Basel-Stadt: Planarchiv A 1, 3

Baader Friedrich: Plan des Klein Basel Stadtbannes nebst den angrenzenden Gemeinden des Kantons Basel Stadttheiles [Basel, nach 1833]. Staatsarchiv des Kantons Basel-Stadt: Planarchiv A 1, 4

HGB. Historisches Grundbuch der Stadt Basel. Staatsarchiv des Kantons Basel-Stadt

Hoferplan 1820. Hofer Johann Heinrich: Geometrischer Plan des Banns der mehreren Stadt Basel (1820). Staatsarchiv des Kantons Basel-Stadt: Planarchiv G 5, 1–17

Hoferplan 1822. Hofer Johann Heinrich: Geometrischer Plan des Banns der minderen Stadt (1822). Staatsarchiv des Kantons Basel-Stadt: Planarchiv G 5, 18–24

Meyer Georg Friedrich: Der Mehreren Stadt Basell Zwing und Bann, A° 1682. Staatsarchiv des Kantons Basel-Stadt: Planarchiv I 1, 13

Meyer Jacob: Der mehrern Statt Basell Zwing und Banns geometrischer Grundriss … (1653). Staatsarchiv des Kantons Basel-Stadt: Planarchiv T 7

StABS Bau H 4. Bauakten H 4. Staatsarchiv des Kantons Basel-Stadt

Gedruckte Quellen

Die lokalen Adressen- und Strassenverzeichnisse sind unter wechselnden Namen (Adressen-Buch, Hand- und Adressenbuch, Neues Adressen-Buch, Neues Nummern-Büchlein, Verzeichnis) erschienen. Als Sigle wird für diese generell die Bezeichnung ‹Adressbuch›/‹Adressbücher› sowie das jeweilige Publikationsjahr verwendet.

Adressbuch der Stadt Basel. Basel 1880ff.

Adressbuch 1798. Verzeichnis sämmtlicher Häuser und Gebäude der Stadt Basel, nebst dem Namen ihrer Besitzer und der Strassen. Nach Ordnung der Nummern zusammengetragen. Basel, gedruckt und zu finden bey Samuel Flick, Buchhändler an der Schifflände. 1798

Adressbuch 1806. Verzeichnis sämmtlicher Häuser und Gebäude der Stadt Basel, nebst dem Namen ihrer Besitzer und Bewohner, mit Benennung der Strassen, nach Ordnung der Nummern und den neuesten Quartierlisten zusammengetragen. Basel 1806 in der Samuel Flickischen Buchhandlung an der Schifflände

Adressbuch 1811. Verzeichnis sämmtlicher Häuser und Gebäude der Stadt Basel und ihres Bahns. Nach Ordnung der Nummern und der Quartiere aus dem Kadasterbuch und den neuesten Quartierlisten zusammmengetragen. Basel 1811 im Verlag von Samuel Flick,

Buchdrucker und Buchhändler an der Schifflände

Adressbuch 1823. Adressen-Buch für die Stadt Basel. Herausgegeben von M. Heinrich Weiss. Basel 1823, gedruckt bei Felix Schneider, Buchdrucker

Adressbuch 1826. Adressen-Buch für die Stadt Basel. Herausgegeben von M. Heinrich Weiss. Basel 1826

Adressbuch 1834. Neues Nummern-Büchlein der Grossen und kleinen Stadt Basel und deren Bahn. Herausgegeben von M. Heinrich Weiss, alt Provisor Basel, 1834. Gedruckt bey Jakob Heinrich von Mechel

Adressbuch 1840. Neues Nummern- & Adressbuch der Stadt Basel. Unter Zugrundlegung der neuen Strassen- und Häuserbezeichnung. Basel [1840]

Adressbuch 1845. Neues Nummern-Büchlein der grossen und kleinen Stadt Basel und deren Bann. Herausgegeben von Daniel Hieronymus Weiss. Basel, in Kommission bei Leonhard Gessler, Buchbinder. 1845

Adressbuch 1850. Neues Adressen-Buch (Nummernbüchlein) der Stadt Basel. Herausgegeben von J. G. Wölfflin Basel 1850

Adressbuch 1854. Hand- und Adressbuch der Stadt Basel. Basel, 1854. Verlag von J. L. Fuchs

Adressbuch 1862. Neues Nummern- & Adressbuch der Stadt Basel. Im Auftrag einer hohen Regierung herausgegeben. Mit einem Plan der Stadt. Basel, 1862. Verlag von Otto Stuckert

Der Stadt Basel Bann mit den unteren Vogteyen Münchenstein, Riehen und Kleinhüningen. Emanuel Büchel. Basel 1737

KB. Kantonsblatt Basel-Stadt

Kellerplan. Grundriss der Stadt Basel mit Benutzung der [!] Ryhinerschen Plans, gezeichnet und herausgegeben von Heinrich Keller in Zürich, 1832

Löffelplan. Situationsplan der Stadt Basel aufgenommen in den Jahren 1857, 1858, 1859 durch L[udwig] Löffel. Mit Benützung der Aufnahmen der äusseren Stadtteile von Rudolf Falkner

Mählyplan. Friedrich Mähly: Malerischer Plan der Stadt Basel, aufgenommen und herausgegeben von Friedrich Maehly. Basel 1847

Merianplan. Merian Matthäus: Vogelschauplan der Stadt Basel (1615, erschienen 1617)

Münsterplan. Plan der Stadt Basel von Sebastian Münster (1550). In: Bachmann Emil: Die Basler Stadtvermessung. Basel 1969, S. 7

Obrist A.: Plan de la Ville de Basle. Plan der Stadt Basel. Situation. Tracée par A. Obrist. Anton Zemp sct. Basel 1845

Packplan. Pack Isaak: Plan des Bannes der grösseren Stadt Basel eingeteilt in 3 Bannwart Bezirke … aufgenommen durch Isaac Pack Genie-Oberleutnant herausgegeben durch das Gescheid der mehrern Stadt. Basel 1852

Platter. Platter Felix: Beschreibung der Stadt Basel 1610 und Pestbericht 1610/11. Im Auftrag der Historischen und Antiquarischen Gesellschaft zu Basel hg. und kommentiert von Valentin Lötscher. Basel, Stuttgart 1987

Ryhinerplan. Ryhiner Samuel: Grundriss der Stadt Basel im Jahr 1784

Übersichts Plan der Stadt Basel. Lithographie von Fr. Bruder in Basel

Übersichtsplan der Stadt Basel 1874

Übersichtsplan der Stadt Basel 1877

Urkundenbuch der Stadt Basel. Hg. von der historischen und antiquarischen Gesellschaft zu Basel. Bearbeitet von Rudolf Wackernagel und Rudolf Thommen. 11 Bde. Basel 1890–1910

Literatur

Abend-Zeitung

Appenzeller Stephan: 1895: Basel erhält ein Tram. In: Basler Stadtbuch 1995. Basel 1996, S. 32–35

d'Aujourd'hui Rolf, Schön Udo: Archäologische Grabungen bei St. Andreas. In: Basler Stadtbuch 1987. Basel 1988, S. 227–236

d'Aujourd'hui Rolf: Zum genius Loci von Basel. Ein zentraler Ort im Belchen-System. In: Basler Stadtbuch 1997. Basel 1998, S. 125–138

Bachmann Emil: Die Basler Stadtvermessung. Basel 1969

Baer Casimir Hermann: Die Kunstdenkmäler des Kantons Basel-Stadt, Band III. Die Kirchen, Klöster und Kapellen, erster Teil: St. Alban bis Kartause. Basel 1941. In: Gesellschaft für schweizerische Kunstgeschichte (Hg.): Die Kunstdenkmäler der Schweiz

Bär Oskar: Geographie der Schweiz. Lehrmittelverlag des Kantons Zürich (Hg.). o.O. 1979

Basellandschaftliche Zeitung

Basler Anzeiger

Basler Nachrichten

Basler Volksblatt

Basler Woche

Basler Zeitung

Baur Hans: Hermann Suter. In: Basler Jahrbuch 1927. Basel 1926, S. 1–25

Baur Sarasin Esther: St. Alban-Tal in Basel. Bern 1992 (Schweizerische Kunstführer GSK, N° 529/530)

Bernoulli Carl Albrecht: Johann Jakob Bachofen und das Natursymbol. Basel 1924

Bischoff Karl: Das Haus zur ‹Gens›. In: Basler Jahrbuch 1921. Basel 1920, S. 120–143

Blum / Nüesch. Blum Ernst, Nüesch Theodor: Basel einst und jetzt. Eine kulturhistorische Heimatkunde. Basel 1913

Boerlin Paul-Henry: Basler Gärten – Bäumlihof. Basel 1972

Brönnimann Rolf: Villen des Historismus. Basel 1982

Brun Carl (Red.): Schweizerisches Künstler-Lexikon. 4 Bde. Frauenfeld 1905–1917

Bühler Hans, Bienz Georg, Buchmann Willi: Die Freie Strasse – eine Basler Geschäftsstrasse. In: Regio Basiliensis, Jg. 17, H. 2, 1976, S. 72–98

Bühler Hans: Der «Bäumlihof» («Klein-Riehen»). In: Basler Stadtbuch 1972. Basel 1971, S. 41–57

Bühler Hans: Die Malzgasse. In: Basler Stadtbuch 1964. Basel 1963, S. 131–134

Bürgin Edi: Lachs à la Bâloise. In: Basler Stadtbuch 1966. Basel 1967, S. 155–163

Burckhardt-Finsler Albert: Die Freie Strasse zu Basel. In: Basler Jahrbuch 1905. Basel 1904, S. 133–158

Burger Arthur: Brunnengeschichte der Stadt Basel. Basel 1970

Burgermeister Gaby: Die Flurnamen der Gemeinde Bettingen. Basel und Frankfurt am Main 1995

Caprez Hanno: Die Namen der Strassen um das CIBA-Areal. In: CIBA-Blätter, Jg. 12, 1954, N° 133, S. 6–11

Christoph Merian Stiftung [Informationsbroschüre]. Basel 1994

Das Laufental schliesst sich Baselland an. In: Basler Stadtbuch 1993. Basel 1994, S. 84–85

D[avid] J[ohann] H[einrich]: Gemüthliche Wanderungen eines Baslers auf heimathlichem Boden mit Ausflügen nach verwandten Gegenständen. Basel 1821

Der Hausbesitzer

Die Wasserversorgung von Basel. Herausgegeben von den Industriellen Werken Basel. Basel 1995

Fechter 1852. Fechter Daniel: Das alte Basel, dargestellt nach seiner allmählichen Erweiterung bis zum Erdbeben 1356. In: Gesellschaft zur Beförderung des Guten und Gemeinnützigen (Hg.). Neujahrsblatt N° 30, 1852

Fechter 1856. Fechter Daniel Albert: Topographie mit Berücksichtigung der Cultur- und Sittengeschichte. Nebst einem Plane der Stadt. In: Basler Historische Gesellschaft (Hg.): Basel im vierzehnten Jahrhundert. Basel 1856, S. 1–146

Feldges Uta, Ritter Markus: Das Zunfthaus zu Safran. In: Basler Stadtbuch 1979. Basel 1980, S. 103–120

Fischer. Fischer Judith: Engelgasse und Höllenweglein. Strassennamen in Basel: Aspekte der Namengebung und Bestandesaufnahme der Namen zu verschiedenen Zeitepochen. Universität Basel, unveröffentlichte Lizentiatsarbeit 1993

Flatt Robert: Prof. Dr. Hermann Kinkelin. Basler Jahrbuch 1914. Basel 1913, S. 302–332

Flückiger Roland: Brücken am Rhein. In: Verhandlungen der Naturforschenden Gesellschaft Basel. 1992, Vol. 102 (2), S. 357–369

Frohnmeyer Ida: Von Basels alten Gassen. In: Die Garbe, Schweizerisches Familienblatt, Jg. 31, H. 18, 15. Juni 1948, S. 556–562

Fürstenberger Markus: I bi-n-e Basler. Rund um die Bürgergemeinde der Stadt Basel. In: Sandoz-Gazette. Basel 1984

Gauss Julia, Stoecklin Alfred: Bürgermeister Wettstein. Basel 1953

Gedenkbuch zur Fünfhundertjahrfeier der Schlacht bei St. Jakob an der Birs. Herausgegeben von der Historischen und Antiquarischen Gesellschaft zu Basel. Basel 1944

Geigy Rudolf, Brägger Kurt, Wackernagel Hans: 100 Jahre Zoologischer Garten. In: Basler Stadtbuch 1974. Basel 1975, S. 9–32

Golder Eduard: Die altehrwürdige Korporation St. Alban-Teich. In: Basler Stadtbuch 1987. Basel 1988, S. 141–144

Golder Eduard: Die Wiese, ein Fluss und seine Geschichte. o.O. 1991

Gruner Georg: Die Basler Gewerbekanäle und ihre Geschichte. In: Basler Stadtbuch 1978. Basel 1979, S. 23–42

Guth-Dreyfus Katia: 175 Jahre Israelitische Gemeinde Basel. In: Basler Stadtbuch 1980. Basel 1981, S. 153–162

Hänggi Max: Was uns Karl Jaspers lehrt. In: Basler Stadtbuch 1983. Basel 1984, S.129ff.

Hänni Romano: Der Rankhof des FC Nordstern. In: Basler Stadtbuch 1996. Basel 1997, S. 191–196

Heitz Fritz: Johann Jakob Schäublin. In: Der Reformation verpflichtet. Basel 1979, S. 119–124

Hergenröther Joseph Cardinal, Kaulen Franz (Red.): Kirchenlexikon oder Encyklopädie der katholischen Theologie und ihrer Hülfswissenschaften. 12 Bde. Freiburg / Breisgau 1882–1901

Huber. Huber Dorothee: Architekturführer Basel. Die Baugeschichte der Stadt Basel und ihrer Umgebung. Architekturmuseum Basel (Hg.). Basel 1993

Hugger Paul: Kleinhüningen. Von der «Dorfidylle» zum Alltag eines Basler Industriequartiers. Basel 1984

Idiotikon. Staub Friedrich, Tobler Ludwig, Beckmann Albert, Gröger Otto, Wanner Hans, Dalcher Peter (Red.): Schweizerisches Idiotikon. Wörterbuch der schweizerdeutschen Sprache. 14 Bde. Frauenfeld 1881–1987

INSA. Birkner Othmar, Rebsamen Hanspeter (Red.): INSA. Inventar der neueren Schweizer Architektur 1850–1920. Herausgegeben von der Gesellschaft für schweizerische Kunstgeschichte. Bd. 2: Basel, Bellinzona, Bern. Zürich 1986

Jenkins Paul: Kurze Geschichte der Basler Mission. In: Texte und Dokumente, N° 11. Basel 1989

Jösel Martin: Am Heuberg spukt es: David Joris. In: Basler Stadtbuch 1996. Basel 1997, S. 225–227

Kaegi Werner: Jacob Burckhardt. Eine Biographie. Bd. I–VII. Basel 1947–1982

Kiechel Lucien: Geschichte der Stadt und ehemaligen Festung Hüningen. In: Das Markgräflerland. 1987, Heft 1, S. 5–71

Kirschbaum-Reimer Emil, Wirz Peter: Der Tierpark Lange Erlen. 125 Jahre Erlen-Verein. In: Basler Stadtbuch 1996. Basel 1997, S. 88–92

Knapp Charles, Borel Maurice, Attinger Victor (Hg.): Geographisches Lexikon der Schweiz. Deutsche Ausgabe besorgt von Heinrich Brunner. 6 Bde. Neuenburg 1905–1910

Knuchel Eduard Fritz: Vogel Gryff. Die Umzüge der Klein-Basler Ehrenzeichen. Ihr Ursprung und ihre Bedeutung. Basel 1944

Koelner Paul: Die Safranzunft in Basel und ihre Handwerke und Gewerbe. Basel 1935

Kollektivgesellschaft Mengis + Zier (Hg.): Schweizer Lexikon 91. 6 Bde. Luzern 1992

Kradolfer Wilhelm: Aeschenvorstadt und Aeschenplatz im Wandel der Zeiten. Eine geschichtliche Studie zur Eröffnung des Coop-Hauses Basel, August 1958. Basel 1958

Krieger Anton, Obser Karl: Badische Biographien: Bd. VI. Heidelberg 1935

Lindt Andreas: Karl Barth (1886–1968). In: Basler Stadtbuch 1970. Basel 1969, S. 142–148

Linn Andreas: Das private Gellertgut – ein öffentlicher Park. In: Basler Stadtbuch 1992. Basel 1993, S. 101–106

Ludwig Carl: Erinnerungen an die Schwimmschule. In: Basler Stadtbuch 1962. Basel 1961, S. 84–92

Lutz Markus: Die Festung Hüningen von ihrer Anlage bis zu ihrer Schleifung. Basel 1816

Marrer Pius: 100 Jahre öffentlicher Nahverkehr. In: Basler Stadtbuch 1982. Basel 1983, S. 153–156

Maurer François: Die Kunstdenkmäler des Kantons Basel-Stadt, Band IV. Die Kirchen, Klöster und Kapellen, zweiter Teil: St. Katharina bis St. Niklaus. Basel 1961. In: Gesellschaft für schweizerische Kunstgeschichte (Hg.): Die Kunstdenkmäler der Schweiz

Maurer François: Die Kunstdenkmäler des Kantons Basel-Stadt, Band V. Die Kirchen, Klöster und Kapellen, dritter Teil: St. Peter bis Ulrichskirche. Basel 1966. In: Gesellschaft für schweizerische Kunstgeschichte (Hg.): Die Kunstdenkmäler der Schweiz

Meier Eugen A.: Vogel Gryff. Geschichte und Brauchtum der drei Ehrengesellschaften Kleinbasels. Basel 1987, S. 145–160

Meier Eugen A., Pfister-Burckhalter Margarethe, Schmid Markus: Andreas Cratander – ein Basler Drucker und Verleger der Reformationszeit. Basel 1967

Meier Hans: Es macht glücklich und erhält jung. Das Museum für Gegenwartskunst. In: Basler Stadtbuch 1980. Basel 1981, S. 163–172

Meister Ernst: Das neue Postbetriebs-Gebäude Basel 2. In: Basler Stadtbuch 1980. Basel 1981, S. 229–234

Meles / Wartburg. Meles Brigitte, von Wartburg Beat (Red.): Leben in Kleinbasel: 1392–1892–1992; Das Buch zum Jubiläum «600 Joor Glai- und Groossbasel zämme». Basel 1992

Meyer. Meyer Werner: Burgen von A bis Z. Burgenlexikon der Regio. Basel 1981

Meyer-Gutzwiller Paul: Karl Jaspers und Basel. Basler Stadtbuch 1970. Basel 1969, S. 149–163

Moosbrugger-Leu Rudolf: Fünf kritische Bemerkungen zum sogenannten Belchen-System. In: Das Markgräflerland. 1996, Heft 2, S. 74–83

Muschg Walter: Gotthelf und Basel. In: Basler Jahrbuch 1954. Basel 1953, S. 75–130

Muster Hans Peter: Das Hirzbrunnenquartier. In: Basler Stadtbuch 1987. Basel 1988, S. 51–63

National-Zeitung

Neue Zürcher Zeitung

Ochs. Ochs Peter: Geschichte der Stadt und Landschaft Basel. Basel 1786–1832. 8 Bde.

Oeri Hans Georg: Das Brüglinger Gut im Wandel. In: Basler Stadtbuch 1982. Basel 1981, S. 155–165

Petignat Raymond: Das «Hörnli» – Park der Besinnung. In: Basler Stadtbuch 1982. Basel 1981, S. 167–170

Pleuler Rudolf: Kurze Basler Postgeschichte. In: Schweizer Briefmarken-Zeitung. N° 3/1945, S. 73–79

Pusterla Max: Vom Landsitz «Belle Rive» zum Sportzentrum Rankhof. In: Basler Stadtbuch 1996. Basel 1997, S. 197–200

Richter Erhard: Das Grenzacher Horn war wichtigster Steinlieferant für die Stadt Basel und die Festung Hüningen. In: Das Markgräflerland. 1997, Heft 1, S. 81–87

Rieder Marilise, Rieder Hans Peter, Suter Rudolf: Basilea botanica. Basel 1979

von Roda Burkard: Der Peter Rot-Altar. Basel 1986

Roth Carl: Kirche und Landgut zu St. Margarethen. In: Basler Jahrbuch 1920. Basel 1919, S. 104–173

Roth. Roth Paul: Die Strassennamen der Stadt Basel. Basel 1959

Schenk Rolf: Das Gundeldingerquartier. In: Basler Stadtbuch 1984. Basel 1985, S. 77–88

Schweizerisches Idiotikon. Wörterbuch der schweizerdeutschen Sprache. Gesammelt auf Veranstaltung der Antiquarischen Gesellschaft in Zürich unter Beihülfe aus allen Kreisen des Schweizervolkes. Frauenfeld 1881ff.

Seiler Adolf: Die Ortsnamen Lys und Lysbüchel. In: Alemannia. Zeitschrift für Sprache, Kunst und Altertum besonders des alemannisch-schwäbischen Gebiets. NF Bd. 2, 1901, S. 259–288

Sellner. Sellner Albert Christian: Immerwährender Heiligenkalender. Mit einem Register aller Schutzpatrone. Frankfurt am Main 1993

Settelen-Trees Daniela (Red.): Historisches Museum Basel in der Barfüsserkirche 1894–1994. Rückblicke in die Museumsgeschichte. Herausgegeben von der Direktion des Historischen Museums Basel. Basel 1994

Siegfried. Siegfried Paul: Basels Strassennamen. Basel 1921

Socin, Adolf: Johann Jakob Spreng. Ein baslerischer Gelehrter und Dichter aus dem XVIII. Jahrhundert. Basler Jahrbuch 1893. Basel 1893, S. 227–250

Stadt Tambour

Stohler Gerhard: Johann Jakob Balmer, Wegbereiter der Atomphysik. In: Basler Stadtbuch 1985. Basel 1986, S. 70–75

Suter Rudolf: Die Christoph Merian Stiftung 1886–1986. Basel 1985

Suter Rudolf: Die Odyssee des Thomas Platter-Hauses. In: Basler Stadtbuch 1974. Basel 1975, S. 197–204

Suter Rudolf: Die Sanierung des St. Alban-Tals im Rückblick. In Basler Stadtbuch 1988. Basel 1989, S. 23–36

Suter Rudolf: Von der alten zur neuen Aeschenvorstadt. Basel 1991

Teuteberg. Teuteberg René: Basler Geschichte. Basel 1988 (2. Auflage)

Teuteberg René: Das Kloster St. Alban und die Vorstadtgesellschaft zum hohen Dolder. Basel 1992

Teuteberg René: Wer war Jacob Burckhardt? Basel 1997

Thieme Hans: Ein Basler in Niederländisch-Indien. In: Basler Stadtbuch 1970. Basel 1969, S. 39–52

Trachsler Beat: Das vielseitige Werk des Basler Zeichners Emanuel Büchel (1705–1775). Basel 1973

Trog Hans: Das Reisebüchlein des Andreas Ryff. In: Basler Jahrbuch 1891. Basel 1890, S. 182–222

Tschudin Peter: Handwerk, Handel, Humanismus. Zur Geschichte von Papier, Schrift und Druck in Basel. Basel 1984

Türler Heinrich, Godet Maurice, Attinger Victor (Hg.): Historisch-biographisches Lexikon der Schweiz. 6 Bde. Neuenburg 1921–1934

Vischer-Merian Karl: Henman Sevogel von Basel und sein Geschlecht. Basel 1880

Vögelin Hans Adolf: Das St. Johann-Quartier. In: Basler Stadtbuch 1983. Basel 1984, S. 177–187

Wackernagel. Wackernagel Rudolf: Beiträge zur geschichtlichen Topographie von Kleinbasel. In: Historisches Festbuch zur Basler Vereinigungsfeier 1892. Basel 1892, S. 221–335

Wanner Gustav Adolf: Christoph Merian 1800–1858. Basel 1958

Wanner Gustav Adolf: Der Basler Metzgerverband. Basel 1981

Wanner Gustav Adolf: Rund um Basels Denkmäler. Basel 1975

Wullschleger Max: Der Heuwaage-Viadukt – eine gute städtebauliche Lösung. In: Basler Stadtbuch 1965. Basel 1964, S. 227–230

Zanichelli Nicola (Hg.): Epistolario di Alessandro Volta. Vol. I. Bologna 1949, S. 188–189

Zeugin Ernst: Beuggen und das Baselbiet. o.O. 1965

Zschokke Peter: 50 Jahre Basler Kunstkredit. Basel 1969

Wichtige Quellen und Literatur für die Erforschung der Basler Strassennamen, kurz erläutert:

Platter (1610/1611)

Die erste gesamthafte Aufzeichnung der Basler Strassen findet man in der Stadtbeschreibung von 1610 und dem Pestbericht von 1611 des Arztes Felix Platter. Das Werk war für den privaten Gebrauch bestimmt und zählte minutiös alle Strassen, daran liegende Häuser und dort lebende Personen auf. Dank dieser einzigartigen Arbeit sind die Basler Strassen und ihre Namen der frühen Neuzeit im Innerstadtbereich nahezu lückenlos dokumentiert.

Merianplan (1615)

Der Vogelschauplan des Matthäus Merian von 1615 visualisiert Platters Strassenbeschreibungen vorzüglich. Beide zusammen ermöglichen eine präzise Erfassung des Strassenbildes im frühen 17. Jahrhundert und einen Vergleich mit der späteren Entwicklung. Sehr nützlich ist dazu die vergleichende Zusammenstellung des Merianplans mit dem Löffelplan von 1862 in der Ausgabe von Platters Stadtbeschreibung und Pestbericht aus dem Jahr 1987.

Der Plan im Masstab 1 : 1400 basiert wohl auf der älteren Arbeit des Malers Hans Bock, der die Stadt im Jahr 1585–1588 vermessen und auf einem Grundriss aufgezeichnet hatte. Einen späten Nachkommen hat der Plan im Mählyplan von 1847, der die Stadt ebenfalls in der Vogelschau darstellt.

Meyerkarten (1653/1682)

Die Karten der Lohnherren Jakob und Friedrich Meyer (Vater und Sohn) aus dem 17. Jahrhundert sind von einiger Bedeutung für die Erfassung des Wegnetzes ausserhalb der Stadt. Ihre «geometrischen Grundrisse der Mehreren Stadt Basel Zwing und Bann» von 1653 und 1682 ermöglichen ein Ablesen der Landstrassen und Wege in den späteren Aussenquartieren und dem Bruderholz. Die Meyerschen Karten dienten als Grundlage für weitere, nur in Details verbesserte Karten des 18. Jahrhunderts.

Ryhinerplan (1784) und Kellerplan (1832)

Im Zusammenhang mit militärischen Baumassnahmen an den Stadtmauern verfertigte der Artilleriehauptmann Samuel Ryhiner im Jahr 1784 einen Plan der Stadt Basel im Masstab von 1 : 5000. Das Werk enthält alle Grundstücke und Gebäude der Stadt innerhalb der Gräben und ist dank dem angewendeten Messtischverfahren der erste genauere Übersichtsplan der Stadt. Noch im Jahr 1832 fand der Ryhinerplan Wiederverwendung. Korrigiert durch neuere Vermessungen, diente er als Vorlage für den im gleichen Masstab ausgeführten Stadtplan von Heinrich Keller.

Adressbücher ab 1798

Aus Anlass der durchgehenden Numerierung aller Häuser von Gross- und Kleinbasel im Jahr 1798 gab noch im gleichen Jahr Samuel Flick das ‹Verzeichnis sämmtlicher Häuser und Gebäude der Stadt Basel, nebst der Namen ihrer Besitzer und der Strassen – Nach Ordnung der Nummern zusammengetragen› heraus. Das ebenfalls von Samuel Flick herausgegebene Adressbuch von 1811, ‹Verzeichnis sämmtlicher Häuser und Gebäude der Stadt Basel und ihres Banns – Nach Ordnung der Nummern und der Quartiere aus dem Katasterbuch und den neuesten Quartierlisten zusammengetragen›, zählt erstmals konsequent die Strassen vor den Stadttoren auf. Die Adressbücher, in Abständen von jeweils nur wenigen Jahren erschienen, ermöglichen seit dem Beginn des 19. Jahrhunderts einen nahezu lückenlosen, wenn auch nicht von Widersprüchlichkeiten oder Unsicherheiten freien Überblick über die Basler Strassennamen. Sie sind auch familiengeschichtlich aufschlussreich, da sich in ihnen z.B. nachschlagen lässt, wer wann wo gewohnt hat.

Hoferplan (1820/1822)

Die Pläne Johann Heinrich Hofers aus den Jahren 1820/1822 im Masstab 1 : 4000 enthalten die Banngrenzen, Allmenden, Strassen, Gewässer und Grundstücke ausserhalb der Stadt. Das damalige Strassennetz bis zu den Gemeindegrenzen ist gut erfasst. Isaac Packs ‹Plan des Bannes der grössern Stadt Basel, eingeteilt in 3 Bannwartbezirke› von 1852 beruht darauf.

Mählyplan (1845/1847)

Der Vogelschauplan des Friedrich Mähly von 1845 (Aquarell) und von 1847 (Stahlstich) zeigt aus einer ähnlichen Perspektive wie der Merianplan von 1615 ein Basel, das sich mehr als zweihundert Jahre lang nicht verändert zu haben scheint. An Details wird jedoch deutlich, wieviel hinzugekommen oder verlorengegangen ist. Unübersehbar ist der Bahnhof, als Ankündigung der Moderne. Der Plan ist weniger für die Erforschung des Strassenverlaufs wichtig als für die Rekonstruktion des Stadtbilds, das damit von 1615 bis 1845 vollständig bekannt ist.

Fechter (1856)

Die erste wissenschaftliche Aufarbeitung der Basler Strassen und ihrer Namen mit Hilfe alter Pläne und Akten bietet Daniel Albert Fechters ‹Topographie mit Berücksichtigung der Cultur und Sittengeschichte. Nebst einem Plane der Stadt.› In: Basel im vierzehnten Jahrhundert. Geschichtliche Darstellungen zur fünften Säcularfeier des Erdbebens am S. Lucastage 1356. Hg. von der Basler Historischen Gesellschaft. Basel 1856. Basierend auf Vorarbeiten im Neujahrsblatt von 1852, führt das Werk in Form eines sehr anschaulich geschriebenen Stadtrundganges das Stadtbild und das Alltagsleben im Basel des 14. Jahrhunderts vor. Die mittelalterlichen Strassennamen werden anhand von Zitaten aus Originaldokumenten belegt und sind auf einem beiliegenden Stadtplan bildlich situiert. Fechters ‹Topographie› ist das Grundlagenwerk zur Erklärung der Basler Strassennamen.

Löffelplan (1857–1859/1862)

In den Jahren 1857–1859 vermassen Ludwig H. Löffel und Rudolf Falkner die Innenstadt und die Aussenquartiere. Ihre Aufnahmen stellte Löffel 1862 zu einem mehrteiligen Übersichtsplan (‹Situationsplan der Stadt Basel aufgenommen in den Jahren 1857, 1858, 1859. Unter Benützung der Aufnahmen der äussern Stadtteile von R. Falkner.›) zusammen, weswegen dieser auch seinen Namen trägt. Der Löffelplan ist der wichtigste Übersichtsplan für Basel im Zustand vor der Entfestigung und der Zeit des Stadtwachstums. Er wird noch heute von der Nomenklaturkommission für die Benennung von Strassen nach alten Flurnamen konsultiert.

Adressbuch 1862

Eine Commission ad hoc zur Neubenennung der Strassen erarbeitete ein ‹Neues Nummern- und Adressbuch der Stadt Basel›, das sämtliche Strassen mit alten und neuen Namen sowie alle Häuser mit alten und neuen Nummern verzeichnet. Um die Umstellung zu erleichtern, sind ausser den neuen Hausnummern auch noch die alten Hausnamen angegeben. Ausserdem verzeichnet es die Hausbesitzer, Bürger und Einwohner. Das Adressbuch ist lokalhistorisch besonders wertvoll und erlaubt in zahlreichen Fällen die Lokalisierung von Liegenschaften, die in alten Quellen erwähnt werden, aber nicht mehr existieren.

Wackernagel (1892)

Fechters ‹Topographie› ist für Kleinbasel leider nur sehr summarisch. Aus Anlass der Fünfhundertjahrfeier ergänzte Rudolf Wackernagel die fehlenden Angaben zu den Kleinbasler Strassennamen im Mittelalter.

Historisches Grundbuch (ca. 1900–1930)

Das Historische Grundbuch im Staatsarchiv, von Karl Stehlin (1859–1934) in den ersten drei Jahrzehnten des 20. Jahrhunderts erstellt, ist ein Zettelkatalog mit ca. 200 000 Quellenauszügen. Die Quellenauszüge enthalten Angaben zu den Basler Strassen, Häusern und deren Besitzern bis ins 19. Jahrhundert. Die Ordnung folgt dem Adressbuch von 1862. Das Historische Grundbuch ist die bedeutendste Grundlage für die geschichtliche Erforschung der Basler Strassen und Häuser.

Siegfried (1921)

Paul Siegfried (1878–1938) übernahm in «Basels Strassennamen» von 1921 das Konzept von Fechter, die Strassennamen von Basel in der Form eines Stadtrundganges zu erklären. Da er dies für die 1921 amtlich gültigen Strassennamen tat, ist sein Buch das erste eigentliche Strassennamenbuch Basels. Die Bedeutung der aktuellen, manchmal auch früheren Namen wird in unterhaltender Form erläutert; oft macht Siegfried eine spitze Bemerkung über seiner Meinung nach verfehlte Namensgebungen. Es ist die erste Bestandesaufnahme der Politik bei der Vergabe von Strassennamen und bietet immer noch einen unverzichtbaren Überblick darüber, welche Gruppen von Strassennamen in welchen Quartieren zu finden sind.

Roth (1959)

Ein anderes Konzept verfolgt das 1959 erschienene Nachfolgewerk zu Siegfried, «Die Strassennamen der Stadt Basel» von Paul Roth. Das Buch ist als Nachschlagewerk gedacht; die Strassennamen sind in alphabetischer Reihenfolge aufgeführt, die Erläuterungen in knappe Stichworte gefasst. Roth verbindet Fechter und Siegfried, indem er neben der Deutung der aktuellen Strassennamen auch ältere Bezeichnungen mit Jahresangaben in den Text aufnimmt.

Index

Index ehemaliger und inoffizieller Strassen- und Örtlichkeitsnamen. Die Pfeile (→) verweisen auf die heutigen Strassennamen, unter denen Angaben zu den indexierten Strassen- und Ortsnamen zu finden sind.

Zur alphabetischen Ordnung: Die Umlaute Ä, Ö, Ü zählen als Doppellaute Ae, Oe, Ue (‹Äussere Spalenvorstadt› also vor ‹Agtoten›). Zusammengesetzte Namen werden ungeachtet der Leerschläge und Satzzeichen eingeordnet (‹Beim Spahlenthurm› kommt also vor ‹Bei Spitalscheuren›).

Adelberg → Nadelberg
Adlerbergstrasse → Adlerstrasse
ad virgines → Barfüssergasse
Aeschen → Aeschenvorstadt
Aeschen-Torweg → St. Alban-Anlage
Äussere Allschwilerstrasse →
　Allschwilerstrasse
Äussere Heumattstrasse → Heumattstrasse
　→ Pfeffingerstrasse →
　Solothurnerstrasse
Äussere Holbeinstrasse → Holbeinstrasse
Äussere Kannenfeldstrasse →
　Kannenfeldstrasse
(Äussere) Kartausgasse → Alemannengasse
Äussere Neusätze → Neusatzweglein
Äusserer Spalenringweg → Spalenring
Äussere S. Albanvorstadt →
　St. Alban-Vorstadt
Äussere Spalenvorstadt → Missionsstrasse
Agtoten → Münsterberg
Alban-Anlage → Aeschenplatz
Allee → Akazienweg
Allee Gross Peter → Thiersteinerallee
Allmendweg → Allmendstrasse
Allmentgässlin → Reverenzgässlein
Allschwilergass → Allschwilerstrasse
Allschwiler Strässlein → Socinstrasse
Allschwiler Strasse → Socinstrasse
Almswiler Strasse → Allschwilerstrasse
(Alte) Kleinhüningerstrasse →
　Gärtnerstrasse
Alte Reinacherstrasse →
　Münchensteinerstrasse

Alte (Rhein-)Brücke →
　Mittlere Rheinbrücke
Alter Rheinweg → Hiltalingerstrasse
Alte Rynacherstrasse → Reinacherstrasse
alte Schanz → Elisabethenschanze →
　Steinenschanze
Am Aeschenthor → Aeschenvorstadt
Am Bäumlein → Bäumleingasse →
　Freie Strasse
Am Dorenbach bei Binningen →
　Bachlettenstrasse
Am Herrengraben → Herrengrabenweg
Am Kolenberg den Graben ab →
　Kohlenberg
Am Lindenberg → Lindenberg
Am Sprung zur Rhinbruck →
　Elftausendjungfern-Gässlein
Am St. Albanteich → Lehenmattstrasse
Am Teich → Riehenstrasse →
　Riehenteichstrasse
Am Walenweg → Walkeweg
An den obern Steinen →
　Steinenbachgässlein
An den Schwellen → Bäumleingasse →
　Freie Strasse → Münsterberg →
　Streitgasse
An den Spalen → Gemsberg → Heuberg →
　Leonhardsgraben
An den Steinen auf dem hintern Bach →
　Steinenbachgässlein
an den usseren Spalen → Spalenvorstadt
An der inneren Spalen → Heuberg
ander Kilchgesslin → Stiftsgasse

An der Rheinbrücke → Greifengasse → Rheingasse
an der Riehenstrasse → Riehenstrasse
An der Ringmauer → Aeschengraben
ander Stros → Kohlenberg
an sant Martinsberg → Martinskirchplatz
an sant Martins Sprung → Martinskirchplatz
ante portam crucis → Totentanz
ante portam dictam des Spitals schürentor → Elisabethenstrasse
ante suburbium spitalschuren → Elisabethenstrasse
apud ecclesiam Sancti Martini → Martinskirchplatz
apud spaleam → Spalenberg
atrium → Münsterplatz
Aue → Kohlenberg
Auf Burg → Münsterplatz
Auf dem Bach an den vorderen Steinen → Steinenbachgässlein
auf dem Berg auf der Au → Kohlenberg
auf dem Bohner → Kleinriehen-Promenade
auf dem Gotterbarm → Im Surinam
Auf dem Kolenberg → Kohlenberg
auf dem St. Alban-Berg → St. Alban-Vorstadt
Auf dem Steinenthorberg → Steinentorberg
Auf den Lehen → Lehenmattstrasse
auf den Weihern → Kleinriehen-Promenade
auf der Au → Kohlenberg
Auf der Burg → Burgweg
Auf der Leis → Auf der Lyss
Auf der St. Johannschanze → Schanzenstrasse
Auf S. Leonhardsgraben → Leonhardsstrasse
Auf S. Lienhart Kilchhof → Leonhardskirchplatz
Auf St. Martins Berg → Martinsgasse
Augustinergessli → Brunngässlein
ausserhalb / hinter S. Leonhard → Leonhardsgraben

Bachletten Strässlein → Bachlettenstrasse → Oberwilerstrasse
Badergässlein → Sägergässlein
Badtgesslin → Badweglein
Bäumlein → Bäumleingasse
Bäumleinhofweg → Kleinriehen-Promenade
Bäumlihof → Kleinriehen-Promenade
Bahnhofstrasse → Isteinerstrasse
Bahnhofstrasse (Deutsche) → Riehenring
Bankenplatz → Aeschenvorstadt
Bannwartweg → Chrischonastrasse
Barfi → Barfüsserplatz
Barfüsserkirchhof → Barfüsserplatz
Barfüssersteg → Barfüsserplatz
Bastionsstrasse → Wallstrasse
Batterieweg → Oberer Batterieweg
Bei / hinter S. Elisabethen → Sternengasse
bei dem Rossmarkt → Theaterstrasse
Bei der Brodlaube → Stadthausgasse
Bei der Milchsuppe → Gustav Wenk-Strasse
Bei der Rheinbrücke → Rheingasse
bei der Schorenbrücke → Schorenweg
bei der Sodgasse → Gemsberg
Beim Aeschenthor → Aeschenvorstadt
beim Eselthürmlin → Kohlenberg
Beim kleinen Schindelhof → St. Alban-Kirchrain
Beim Kornmarktbrunnen → Marktplatz
beim Rebhaus → Riehentorstrasse
Beim Riehen-Thor → Riehentorstrasse
Beim Schindelhof → St. Alban-Kirchrain
Beim Spahlenthurm → Spalenberg
Bei Spitalscheuren → Sternengasse
Bei St. Peter → Peterskirchplatz
Beltzgässlin → Sägergässlein
Benedikt La Roche-Strasse → Achilles Bischoff-Strasse
Bergers Gesslin → Hirschgässlein
Berg S. Leonhard → Leonhardsstrasse
bey der Birsbruck → Lehenmattstrasse

Bey der Schleiffe → Glockengasse
Bey der Sternenmühle → Untere Rebgasse
Beym Kaufhaus → Gerbergasse
Bi dem dürren Sod → Schnabelgasse
Bindgasse → Webergasse
Binningersteg → Bachlettenstrasse → Birsigstrasse
Binningerstrasse (Obere) → Bachlettenstrasse
Binzengesslin → Sternengasse
Binzenweg → Mörsbergerstrasse
Birsstrasse → Grellingerstrasse
Bläsiringweg → Bläsiring → Riehenring
Bläsistrasse → Klybeckstrasse
Blatz → Petersplatz
Blatz bi dem Margstal → Theaterstrasse
Blatzgesslin → Petersplatz
Blatz vor dem Spital → Freie Strasse
Blauwnergesslin → Sternengasse
Bleichen Weg → Bleichestrasse
Bleichenweg → Bleichestrasse
Blochmonterstrasse → Pestalozzistrasse
Blömlein → Theaterstrasse
Blömli → Theaterstrasse
Blumengässlein → Schifflände
Blumengasse (alt) → Blumengasse
Blumenplatz → Blumenrain
Bollwerkgasse → Bollwerk-Promenade
Bollwerkgasse-Promenade → Bollwerk-Promenade
Bollwerksgasse → Wallstrasse
Bombenstrasse → Bonfolstrasse
Bourglibemerstrasse → Elsässerstrasse
Bourgliberstrasse → Elsässerstrasse
Brandgasse → Brantgasse
brediger gassen → Blumenrain
Breite Strasse → Zürcherstrasse
Breygässlin → Luftgässlein
Brodlaube → Grünpfahlgasse → Marktgasse → Stadthausgasse
Brückliberg → Zürcherstrasse
Brüggligerweg → Brüglingerstrasse

Brüglinger Sträslein → Brüglingerstrasse
Brüglingerweg → Brüglingerstrasse
Brunnen gesslin → Spiegelgasse
Brunngässlein → Spiegelgasse
Bündtenweg → Bonergasse
Burg → Münsterplatz →
　　Schaffhauserrheinweg
Burgergasse → Greifengasse
Burgfelderstrasse → Missionsstrasse
Burgfelderweg → Burgfelderstrasse
Burgrheinweg → Schaffhauserrheinweg
burgum → Spalenvorstadt
by dem Schützenrain → Leonhardsgraben
By der alten Elenden Herberg uff der Lys →
　　Auf der Lyss
by Eglofstor → Auf der Lyss
Byfangstrasse → Byfangweg
By St. Petersberg → Petersgraben
castrum → Münsterplatz
Clarahofstrasse → Clarahofweg
Clarengasse → Untere Rebgasse
Communications Strasse nach Klein Hü-
　　ningen → Hochbergerstrasse
Crützgasse → Greifengasse →
　　Schützenmattstrasse → Utengasse
Dänenstrasse → Bonfolstrasse
Dalbe → St. Alban-Tal
Dalbeloch → St. Alban-Tal
das lange Gäslein → Lange Gasse
das obere Gässlein → Schäublinstrasse
das obere Galgen Weglein → Scherkesselweg
das obere Strässlein → Oberer Batterieweg
das untere Strässlein → Oberer Batterieweg
Davidsboden → Davidsbodenstrasse
Davidsgasse → Davidsbodenstrasse
der Herrn Graben → Morgartenring →
　　Neubadstrasse → Reiterstrasse →
　　Wanderstrasse → Weiherweg
Deuchelgässlein → Archivgässlein
(Deutsche) Bahnhofstrasse → Riehenring
Deutsches Haus → Rittergasse
die hintere Gasse → Untere Rheingasse

Dorfweg → Dorfstrasse
Drathzug → Drahtzugstrasse
Dreyspitz → Reinacherstrasse
Duttliweg → Chrischonastrasse →
　　Peter Rot-Strasse
Egloffplatz → Holbeinplatz
Ein gesslin vom Polwerch, so beschlossen
　　auf den blatz reichend →
　　Bernoullistrasse
ein gesslin zum Spalen thor an der rinck-
　　maur → Spalengraben
ein Gesslin zuo dessen [Leonhardsgraben]
　　Rechten handt → Leonhardsstrasse
ein platz [bei der] vorstatt zum Creutz →
　　Totentanz
Eitelpfadgesslin → Itelpfad
Ekgesslin → Hirschgässlein
Emma Kron-Strasse → Brennerstrasse →
　　Mathilde Paravicini-Strasse
Engelgässlein → Engelgasse
Engelgasse Sackgasse →
　　Mathilde Paravicini-Strasse
Engelstrasse → Engelgasse
Enges Gesslin → Brunngässlein
Ente Wayd Gäslein → Entenweidstrasse
Erasmusgasse → Brantgasse
Erasmusstrasse → Leimenstrasse
Erdbeerenstrasse → Güterstrasse
Erdbeerstrasse → Erdbeergraben
Erlenweg → Erlenstrasse
Eschemergraben, -vorstadt, -platz →
　　Aeschenvorstadt, -vorstadt, -platz
Eseltürligasse → Gerbergasse
Eseltürmlein → Steinenberg
Evakuiertenstrasse → Bonfolstrasse
Fabrikstrasse → Sperrstrasse
faubourg des cendres → Aeschenvorstadt
Feierabendgässlein → Holbeinstrasse
Fischbrunnengässlein → Spiegelgasse
Fischergässlein → Trillengässlein
Fischer Weg → Bonergasse
Fischmarktgässlein → Eisengasse

Flachen Gesslin → Sternengasse
Fliegerstrasse → Bonfolstrasse
Flöschstrasse → Clarahofweg
Flugplatzstrasse → Flughafenstrasse →
　　Gustav Wenk-Strasse
Freiburg → Elsässerstrasse
Freie Strasse (Untere) → Stapfelberg
Freii → Freie Strasse
Friedlingerweg → Mörsbergerstrasse
Friedmatt → Friedrich Miescher-Strasse
Frienstros Gassen → Freie Strasse
Frienstros unden → Freie Strasse
Fröschgasse → Schertlingasse →
　　Schützenmattstrasse
Fürstengässlein → Rittergasse
Fussweg → Flughafenstrasse
Gärtnerweg → Gärtnerstrasse
Gässlin zum schwartzen pfahl → Petersgasse
Galgenfeld → Kleinriehen-Promenade →
　　Im Surinam
Gansgesslin → Imbergässlein
gasse als man wider sant Claren uffhin gat
　　→ Greifengasse
Gasse als man zu S. Blesin Tor gat →
　　Webergasse
Gasse der Leprakranken → Malzgasse
Gasse, die auf deutsch Gerberstrasse
　　genannt wird → Gerbergasse
Gassen am Sprung by dem Underen
　　Collegio → Rheinsprung
Gassen an St. Lienhartsberg →
　　Leonhardsberg
Gassen hinab zum beumlein →
　　Bäumleingasse
Gassen vom Heuberg nitsich →
　　Unterer Heuberg
Gassen vom Heuberg zum Kalten Keller →
　　Gemsberg
Gassen vor der Schol → Marktplatz
gassen ze Crüz → Blumenrain
Gassen zuo S. Joder → Kirchgasse
Gasse wider Gundolzbrunnen →

Spiegelgasse
Gasse zur Walke → Rümelinsplatz
Gegen dem Lüsbüchel → Elsässerstrasse
Gegen dem Prediger Hoof hinüber → Totentanz
Gegen der Prediger Kirchhof über → Totentanz
gegen der Rimmelins Mühlin hinüber → Rümelinsplatz
Geiselnstrasse → Bonfolstrasse
Gellert → Gellertstrasse → St. Alban-Ring
Gerbergässlein (Hinteres) → Leonhardsstapfelberg
Gerbergasse → Gerbergässlein → Gerbergasse
Gesslin → Kohlenberg
Gesslin auf dem Kolenberg → Kanonengasse
Gesslin biss zum Eschamerthurm → Luftgässlein
Gesslin bis zur bruck am Birsig → Stänzlergasse
Gesslin gegem Collegio → Archivgässlein
Gesslin gegen Klingenthal → Klingental
Gesslin gegen S. Martin → Archivgässlein
Gesslin hinder ars → Glockengasse
Gesslin hinderen → Brunngässlein
Gesslin hinderen zum Guggeri → Rittergasse
Gesslin in die Lottergasse → Predigergässlein
Gesslin, so ans bluomen gesslin goth → Blumengasse
Gesslin (unden am Birseck) zum Stampf → Münzgasse
Gesslin unden am Birseck zum Stampf → Rümelinsplatz
Gesslin vom Nodelberg zum Spalen schwibogen → Rosshofgasse
Gesslin von Rimelins müle zum Rindermerckt → Grünpfahlgasse
Gesslin von S. Lienhart Kilchhof uf den

Barfuosser blatz → Lohnhofgässlein
Gesslin zum badt → Badweglein
Gesslin zum Herbrigsberg → Blumengasse
Gesslin zum Ochsen → Sägergässlein
Gesslin zum Rhin → Vogel Gryff-Gässli
Gesslin zum schmalen steg → Rümelinbachweg
Gesslin zum Steg über den Birsig → Theatergässlein
Gesslin zum Utemerhof → Rittergasse
Gesslin zur Cloren müle, genant Robertsloch → Rappoltshof
Göllerträsslein → Gellertstrasse
Goldgässlein → Reverenzgässlein
Gotterbarm → Im Surinam → Schorenweg
Gotterbarmweg → Eugen Wullschleger-Strasse → Im Surinam → Paracelsusstrasse
Graben by der Thuomprobstey → St. Alban-Graben
Graben von Spalenvorstat biss an Kolenberg → Leonhardsgraben
Granatenstrasse → Bonfolstrasse
Grempergasse → Greifengasse
Grienen ring gesslin → Ringgässlein
grosses Davids Boden Gässlein → Davidsbodenstrasse → St. Johanns-Ring
Grosspeterträsslein → Thiersteinerallee
Grosspeterstrasse → Thiersteinerallee
Güggeli-Allee → Unterer Heuberg
Güterweg → Sternengasse
Gundeldingerträsschen → Gundeldingerstrasse
Gundeli-Passerelle → Bruderholzstrasse
Gurli Gässlein → St. Johanns-Ring
Hagengässlein → Reverenzgässlein
Handelsbank → Aeschenvorstadt
Hardträsslein → Hardstrasse
Hard → Hardstrasse
Harnischgässlein → Blumengasse
Hasengässlein → Rittergasse
Heerdsträsslein → Hardstrasse

Heertsträsslein → Hardstrasse
Hegenheimer Fussweg → Blotzheimerstrasse
Hegenheimer Fusswegs → Buschweilerweg
Hegner Stross → Hegenheimerstrasse
Heimatgasse → Chrischonastrasse
Heimath Gass → Schorenweg
Helenenstrasse → Mathilde Paravicini-Strasse
Helmgässlein → Eisengasse
Helmgässlein → Fischmarkt → Tanzgässlein
Henkergässlein → Kohlenberggasse
Henri Guisan-Strasse → Gustav Wenk-Strasse
Herberberg → Herbergsgasse → Petersgasse → Spiegelgasse
Herbergsgasse → Petersgasse
Herbrigberg → Herbergsgasse → Spiegelgasse
Herdsträsslein → Hardstrasse
Herrengraben → Herrengrabenweg
Herrengraben-Fussweg → Herrengrabenweg
Herrenmattweg → Grenzacherstrasse
Heumatt Gasse → Gundeldingerstrasse
Heumattgasse → Heumattstrasse
Heymath Gass → Im Surinam → Vogelsangstrasse
Hiltmars gasse → Schafgässlein
Hiltmars gesslin → Schafgässlein
Hinderaffreten → Glockengasse
Hinder den Barfüssen → Barfüssergasse
Hindere Gerwergasse → Münzgasse
hinder Ramstein → Rittergasse
hinter dem Eschemer Bollwerk → Aeschengraben
Hinter dem Münster → Rittergasse
Hinter dem schwarzen Pfahl → Petersgasse
Hinter dem Spahlenthurm → Rosshofgasse
Hinter den Linden → Münsterplatz
Hinter der Metzg → Sattelgasse
Hinter der Münz → Münzgasse

Hinter der Rümelinsmühle → Rümelinsplatz
Hinter der School → Glockengasse → Sattelgasse
Hintere Bahnhofstrasse → Eugen Wullschleger-Strasse → Im Surinam → Isteinerstrasse
hintere Gölhard Straas → Gellertstrasse
Hintere Göllertstrasse → Rennweg
Hinterer Bach → Steinenbachgässlein
Hinterer Burgweg → Alemannengasse
Hinterer Dorfweg → Bonergasse
Hinterer Gotterbarmweg → Eugen Wullschleger-Strasse
Hinterer Klosterweg → St. Alban-Kirchrain
Hinterer St. Leonhardsberg → Lohnhofgässlein
Hinteres Gerbergässlein → Gerbergässlein
(Hinteres) Gerbergässlein → Leonhardsstapfelberg
Hintere Steinen(vorstadt) → Steinentorstrasse → Klosterberg
hinterm Stöcklin → Barfüsserplatz
Hinter Nadelberg → Petersgasse
Hinter S. Leonhardskirchen → Leonhardsstrasse
Hinter S. Lienhart → Leonhardsstrasse
Hinter St. Peter → Petersgraben
Hohle Gasse → Schorenweg
Holbeinallee → Leimenstrasse
Holee Sträslein → Holeestrasse
Holeeweg → Holeestrasse
Holländerstrasse → Bonfolstrasse
Holzplatz → Barfüsserplatz
Holz Weg → Erlenparkweg
[h]ortus S. Petri → Petersplatz
Hunckhelingässlin → Hirschgässlein
Hundskehri → Rittergasse
Hurengässlein → Nonnenweg
Ickerpfadt → Itelpfad
Igkhardpfad → Itelpfad
Iltisgässlein → Dolderweg

im / am Burggässlin → Burgweg
Im Davidsboden → Davidsbodenstrasse
Im Dutli → Chrischonastrasse → Peter Rot-Strasse
Im Feierabend → Feierabendstrasse
Im Flösch → Clarahofweg
Im Klingental → Klingental
Im Loch → St. Alban-Kirchrain
(im) Loch → St. Alban-Tal
Im Magdon → Barfüssergasse
Im Magtum → Barfüssergasse
(Im) Rumpel → Rappoltshof
Im Steinemüller → Spalenring
Im Stock bi dem Steinen Kloster → Klosterberg
Im Vogelsang → Eugen Wullschleger-Strasse
(Im) Vogelsang → Vogelsangstrasse
Im Winckel → Martinskirchplatz
Im Winkel → Petersgasse
in dem agtot an den Swellen → Barfüssergasse
in dem agtum → Barfüssergasse
In dem Loch → Barfüssergasse
in dem magtun → Barfüssergasse
in dem Wiele → Andreasplatz
In den Mühlenen → St. Alban-Kirchrain → St. Alban-Tal
In den Neusätzen → Neusatzweglein
in der alten Rindermarktgasse → Gerbergasse
in der Basler Vorstadt vor dem Spalentor am Ende zweier Strassen, von denen eine nach dem Dorf Blotzheim führt, die andere nach Allschwil → Spalenvorstadt
in der Breite → Zürcherstrasse
in der Eseltürleingasse → Gerbergasse
In der Frienstros oben → Freie Strasse
in der Gasse zum Eptingerbrunnen → Bäumleingasse
in der Kreuzgasse → Blumenrain
in der obern Stadt → Riehentorstrasse

in der Spiegelgasse genannten Strasse → Augustinergasse
in der St. Andreasgasse → Imbergässlein
In der Tiefe → Freie Strasse
in monte S. Albani → St. Alban-Vorstadt
in monte uffen owe → Kohlenberg
Innere Allschwilerstrasse → Allschwilerstrasse
Innere Kannenfeldstrasse → Kannenfeldstrasse
Innere Neusätze → Neusatzweglein
Inneres, Mittleres und Äusseres Gundeldingen → Gundeldingerstrasse
Innere Spalen → Spalenberg
In Spalenvorstadt → Leonhardsgraben
in suburbio civitatis Basiliensis ante portam dictam spalon in fine duarum stratarum publicarum, quarum una protenditur versus villam Blatzheim, alia versus Almswilr → Spalenvorstadt
inter cerdones → Gerbergasse
inter institores → Schneidergasse
in vico antiqui fori boum → Gerbergasse
in vico crucis → Blumenrain
in vico dicto Spiegelgaz → Augustinergasse
in vico Esilturli → Gerbergasse
in vico ferreo → Eisengasse
in vico St. Andree → Imbergässlein
in vico ze Eptingerbrunnen → Bäumleingasse
Inwendig dem Spalentor → Heuberg
Isaak Iselin-Strasse → Urs Graf-Strasse
Isenlis Gesseli → Brunngässlein
Isingazza → Eisengasse
iuxta stratam Sotgassen → Gemsberg
iuxta viam leprosorum versus brugelingen → St. Jakobs-Strasse
Jeckerpfad → Itelpfad
Johanniterstrasse → Wilhelm His-Strasse
Judengässlein → Grünpfahlgasse
Judenschulgässlin → Grünpfahlgasse

Kaiserstrasse → Rudolfstrasse →
    Thannerstrasse
Kaltkellergässlein → Kellergässlein
Kanonenweg → Dolderweg
Karrenhofgässlein → Vesalgasse
Kartausgasse (Äussere) → Alemannengasse
Kasinostrasse → Casinostrasse →
    St. Jakobs-Strasse
Kilchberg → Mühlenberg
Kilchgasse → Martinsgasse → Petersgasse
    → Riehentorstrasse
Kilchhof ze Sant Joder →
    Theodorskirchplatz
Kilch- oder Kirchgässlein → Kartausgasse
Kilchrain → Mühlenberg
Kilchweg → Mühlenberg
Kinostrasse → Steinenvorstadt
Kirchgässlein → Peterskirchplatz
Kirchgesslin by S. Peter → Peterskirchplatz
    → Stiftsgasse
Kirchweg → Kirchgasse
klein Davids Boden Gässlein →
    Davidsbodenstrasse
Kleine Lottergasse → St. Johanns-Vorstadt
Kleiner Kohlenberg → Kohlenberggasse
Kleines Gesslin → Brunngässlein
Kleines Strässlein → Sperrstrasse
Kleinhüninger(fuss)weg →
    Kleinhüningerstrasse
Kleinhüningerstrasse → Hochbergerstrasse
    → Kleinhüningerstrasse →
    Klybeckstrasse
Kleinhüningerstrasse (Alte) →
    Gärtnerstrasse
Kleinkemberserweg → Bellingerweg
Klingelberg → Klingelbergstrasse
Klingentalgraben → Kohlenberggasse
Klingentalrheinweg → Oberer Rheinweg
Klosterberg → Klosterberg → Mühlenberg
Klosterplatz → Maja Sacher-Platz
Klybeckstrasse → Kleinhüningerstrasse →
    Klybeckstrasse

Kohlenberggasse → Kohlenberg
Kohliberg → Kohlenberg
Kolenberg → Kohlenberg
Korbgässlein → Blumengasse
Kornmarkt → Gerbergasse →
    Marktplatz
Krautgasse → Bonergasse
Kremergasse → Greifengasse
Krempergasse → Greifengasse
Krenzacherstrass → Grenzacherstrasse
Kreutzgassen → Greifengasse
Kreuzgasse → Blumenrain → Greifengasse
    → Ochsengasse
Kriegerstrasse → General Guisan-Strasse
Kronengässlein → Eisengasse → Schifflände
    → Tanzgässlein
Kronengasse → Fischmarkt → Marktgasse
    → Schulgasse
Kropffgasse → Sternengasse
Krummes Gässlein → Feierabendstrasse
Kurzer Steg → Birsig-Parkplatz
Kuttelbrücke → Rüdengasse
Kuttelgässlin → Münzgasse
Kuttelgasse → Münzgasse → Rüdengasse →
    Rümelinsplatz
Kuttel gesslin → Pfluggässlein
Lagerhausstrasse → Zeughausstrasse
Lampartergasse → Streitgasse
lang Cunrats gesseli → Sägergässlein
Lange Gasse → Kellergässlein
Lange Gassen → Mittlere Strasse
langer Steg → Steinenberg
Lange Stege / Stiege →
    Elftausendjungfern-Gässlein
lange Strass → Rebgasse
Laustampfeberg → Rümelinbachweg
Lehenmattweg → Lehenmattstrasse
Lehenweg → Lehenmattstrasse
Lehmgrubenweg → Leimgrubenweg
Leimenplatz → Holbeinplatz →
    Holbeinstrasse
Leimen-Strässlein → Leimgrubenweg

Leonhardsberg → Gemsberg →
    Leonhardsstapfelberg
Leonhardsgraben → Kohlenberg
Lesserstürlingasse → Riehentorstrasse
Lettenstrasse → Birsigstrasse →
    Hirzbodenweg
Locarnerstrasse → Mathilde Paravicini-
    Strasse
Loch (im) → St. Alban-Tal
Lörracherstrasse → Chrischonastrasse →
    Peter Rot-Strasse
Löwenburgerstrasse → Bonfolstrasse →
    Löwenbergstrasse
Lohhofbrücke → Rümelinbachweg
Lohhofweg → Lohweg
Lohstampfberg → Rümelinbachweg
Lohstampfweg → Rümelinbachweg
Lottergasse → Predigergässlein →
    Spitalstrasse
Lottergesslin → Predigergässlein
Lustbergli → Hasenberg
Malazgasse → Malzgasse
Malenzgasse → Malzgasse
Margarethenlettensträsschen →
    Gundeldingerstrasse
Margrethe Lette Strässlein →
    Margarethenstich
Maria Theresia-Strasse →
    Mathilde Paravicini-Strasse
Marktgasse → Hutgasse
Markt → Marktplatz
Marthastrasse →
    Mathilde Paravicini-Strasse
Martins Treppe →
    Elftausendjungfern-Gässlein
Mathildenstrasse →
    Mathilde Paravicini-Strasse
Matthäuskirchstrasse → Mörsbergerstrasse
Matt Weg → Mattenstrasse
Meerenge → Rheingasse
Menlisteg → Rüdengasse
Merianstrasse → Grellingerstrasse

Metzgerstrasse → Fabrikstrasse
Milchsuppen-Weg → Flughafenstrasse
Milchsuppe → Flughafenstrasse →
 Friedrich Miescher-Strasse → Gustav
 Wenk-Strasse
Militärstrasse → General Guisan-Strasse
Missionsgasse → Leonhardsstrasse
Mittlere Strasse → Hammerstrasse
Mönchsgasse → Petersgasse
Mördergässlein → Drahtzugstrasse
Mörsbergerweg → Mörsbergerstrasse
mons acus → Nadelberg
mons S. Andree → Imbergässlein
Mons St. Leonhardi → Heuberg
Mosesgässlein → Archivgässlein
Mostackergässchen → Holbeinstrasse
Mostackergässlein → Holbeinstrasse
Mostacker Gässlein → Leonhardsstrasse
Mostackersträsschen → Holbeinstrasse
Mostackerstrasse → Holbeinstrasse →
 Leimenstrasse
Mostacker → Holbeinstrasse
Müllerweg → Spalenring
münchen gasse → Petersgasse
Münsterhof → Rittergasse
Münzgässlein → Kellergässlein →
 Münzgasse
Munigässlin → Sternengasse
Munimattenweg → Birsigstrasse
Muny Matten Weeg → Birsigstrasse
Muschtermäss → Messeplatz
Nauengässlein → Nauenstrasse
Neben dem Herren Graben →
 Herrengrabenweg
neben der Strasse der Leprakranken gegen
 Brüglingen hin → St. Jakobs-Strasse
Neue Brücke → Stadthausgasse
Neue Gasse → Spiegelgasse
Neue Reinacherstrasse → Münchensteiner-
 strasse → Reinacherstrasse
Neuer Weg → Horburgstrasse
Neue Stadt → St. Alban-Vorstadt

Neue Strassen → Mittlere Strasse
Neue Strasse → Schifflände
Neue Vorstadt → Hebelstrasse →
 Münsterberg → Petersplatz
Neuhaus Fussweg → Riehenring
Neusatzweg → Neusatzweglein
Neuwiller Sträslein → Neuweilerstrasse
Neuwyler Strässchen → Neuweilerstrasse
Neuwyler Weg → Neuweilerstrasse
Nidere Rheingasse → Untere Rheingasse
nidre Kilchgasse → Kartausgasse
nidre Ryngasse → Untere Rheingasse
Niedere Gasse → Ochsengasse
Nietzsche-Strasse →
 Achilles Bischoff-Strasse →
 Airolostrasse
nigertenpfad → Itelpfad
Nonnengässlein → Nonnenweg
Norwegerstrasse → Bonfolstrasse
nüwe bruggen → Stadthausgasse
Nüwe Gasse → Sternengasse
Nüwer Barfüsserplatz → Barfüsserplatz
Nüwer Platz → Barfüsserplatz
Nüwe Stross → Petersgasse
Nüwe Vorstadt → Petersgraben
nüwe vorstatt by sant peter → Hebelstrasse
Ob dem dürren Sod → Trillengässlein
(Obere) Binningerstrasse →
 Bachlettenstrasse
Obere Binningerstrasse → Birsigstrasse
Obere Brodlaube → Grünpfahlgasse →
 Stadthausgasse
Obere Brunnmattstrasse → Bachofenstrasse
Obere Gassen → Rebgasse →
 Untere Rebgasse
Obere Gerbergasse → Gerbergasse
Obere Kilchgasse → Kartausgasse
Obere Kirchgasse → Kirchgasse
obere Kirchgasse → Theodorskirchplatz
Obere Matthäusstrasse →
 Mörsbergerstrasse
Obere Rebgasse → Riehentorstrasse

obere Rheingasse → Lindenberg →
 Riehentorstrasse
Oberer Herberberg → Herbergsgasse
Oberer Klosterberg → Klosterberg
Oberer Kohlenberg → Kohlenberg
Oberer Mühliberg → Mühlenberg
Oberer Spahlenberg → Spalenberg
oberes Rheingässlein → Riehentorstrasse
oberes Rheintorgässlein → Riehentorstrasse
Oberes Schützenmattgässlein → Austrasse
 → Feierabendstrasse
obere Utengasse → Lindenberg
Obere Webergasse → Untere Rebgasse
obre Gasse → Rheingasse
ob Rümelins mülin hinuf → Rümelinsplatz
Ochsengraben → Kohlenberg
Old Boys Sportplatz →
 Sportplatz Schützenmatte
Owe → Kohlenberg
Palastgässlein → Ringgässlein
Palastgesslin → Ringgässlein
Pariserstrasse → Hagentalerstrasse →
 Vogesenstrasse
Parkweg → Erlenparkweg
Paul Koelner-Strasse → Stänzlergasse
Paulusgasse → Murtengasse
Petersberg → Herbergsgasse → Petersgasse
Petersplatz → Petersplatz
Pfefferplätzchen → Pfeffergässlein
Pfluggasse → Spalenberg
phaffen vorstatt → Hebelstrasse
Picassostrasse → Stänzlergasse
Place de la Douane → Barfüsserplatz
Plänlein → Theaterstrasse
Plänli → Theaterstrasse
Plätzli → Barfüsserplatz
Platanenstrasse → Kleinhüningerstrasse →
 Klybeckstrasse
Platzgässlein → Spalengraben
Platz uff S. Petersberg → Petersplatz
Platz → Barfüsserplatz → Münsterplatz →
 Petersplatz → Spalengraben

ponticulum [Brücklein] Snürlinssteg → Pfluggässlein
Predigergässlein → Schifflände
Preygässlin → Luftgässlein
prope spalon → Spalenberg
Pruntruterstrasse → Rütimeyerstrasse
Rätzengässlin → Sternengasse
Rahmengraben → Steinenberg
Rappengässlein → Aeschenvorstadt
Rebgarten → Malzgasse
Rebgassen → Untere Rebgasse
Reinacher Sträslein → Predigerhofstrasse
Renzengessli → Sternengasse
Reyn → Mühlenberg
Rheinbrücke → Mittlere Rheinbrücke
Rheingässlein → Lindenberg → Riehentorstrasse
Rheinhalde → Rheinsprung
Rheinschänzlein → Totentanz
Rheinsprung zur St. Martinskirche → Elftausendjungfern-Gässlein
Rheinweg → Oberer Rheinweg → Riehentorstrasse
Rheinweilerweg → Gottesackerstrasse
Rhingassen nitsich → Klingental
Rhinhalden, eine stross hinab zum Rhin → St. Johanns-Rheinweg
Richtbruck → Pfluggässlein
Riehenringweg → Riehenring
Riehenteichweg → Riehenteichstrasse
Riesengässlein → Eisengasse → Fischmarkt → Tanzgässlein
Rindermarkt → Gerbergasse
Ringasse → Rheingasse → Schifflände
Rochusloch → Rappoltshof
Röttelerstrasse → Wettsteinallee
Rosberg → Stapfelberg
Rosengässlin → Sternengasse
Rossberg → Spalenberg → Stapfelberg → Unterer Heuberg
Rossdrencke zum Rhin → Wild Ma-Gässli
Rotenfan gesslin → Fahnengässlein

Route d'Altkirch → Missionsstrasse
Route nach dem Münstertal → Münchensteinerstrasse
Route von Paris → Missionsstrasse
Rudolf Gelpke-Strasse → Stänzlergasse
Rudolfstrasse → Leimenstrasse
Ruessgasslin → Reverenzgässlein
Rufberg → Heuberg
Rumpel (Im) → Rappoltshof
Ruoss Gesslin → Lindenberg
Russgässlein → Lindenberg
Rustgässlein → Lindenberg
Rutengasse → Utengasse
Saint Paul → Spalenberg
S. Alban im Loch → Mühlenberg → St. Alban-Tal
Saltzgazza → Fischmarkt
Salzberg → Fischmarkt → Spiegelgasse
Salzgasse → Fischmarkt → Salinenstrasse
sant Claren gassen → Greifengasse
Santihans → St. Johanns-Vorstadt
sant Martins gesselin → Martinskirchplatz
Sattelgasse → Glockengasse
Scharbengässelin → Schnabelgasse
Scharbengässlein → Trillengässlein
Scheissgässlein → Reverenzgässlein
Schelmengasse → St. Johanns-Vorstadt
Scherbengässlein → Trillengässlein
Scherbengesslin → Grünpfahlgasse → Schnabelgasse
Scheurenfeld → Bruderholzstrasse
Schindangerweg → Kohlenberggasse
Schindgraben → Kohlenberggasse
Schlachthausstrasse → Fabrikstrasse
Schlossberg → Schlüsselberg
Schlossgasse → Gemsberg → Heuberg
Schlüsselsprung → Schlüsselberg
Schnaphahne Weg → Im Surinam
Schneidergässchen → Friedhofgasse
Schnurrenfeldweg → Bruderholzstrasse
Schnurrenweg → Bruderholzstrasse → Hochstrasse

Schöntal(er)strasse → Speiserstrasse
Schohren Strass → Im Surinam → Schorenweg
Scholgesslin → Sattelgasse
Schützengasse → Kornhausgasse
Schützen Matten Strasse → Schützenmattstrasse
Schützenmattgasse → Schützenmattstrasse
Schulhausgasse → Schulgasse
Schurrenfeld → Bruderholzstrasse
Schwadergässlin → Sternengasse
Schwanengasse → Blumengasse → Fischmarkt → Marktgasse → Salinenstrasse → Spiegelgasse
Schwartzen pfol gassen → Petersgasse
Schwedenstrasse → Bonfolstrasse
Schweizerplatz → Sevogelplatz
Schwibogen → Blumenrain
Seibi → Barfüsserplatz
Sibyllenstrasse → Mathilde Paravicini-Strasse
Silberberggässlein → Schafgässlein
Silbergässlein → Schafgässlein
S. Johans vorstat inneren schwibogen bis an Bluomenplatz → Blumenrain
S. Johans vorstat → St. Johanns-Vorstadt
S. Lienhardsstegen → Leonhardsstapfelberg
S. Lienhartsberg → Lohnhofgässlein
S. Lienhartsgesslin → Lohnhofgässlein
S. Lienharts Kirchgässlein → Lohnhofgässlein
S. Lienhartskirchweg → Lohnhofgässlein
Slozgazzun → Heuberg
S. Martins gesslin nitsich gegen der schol → Martinsgässlein
S. Martins Gesslin → Martinsgasse → Martinskirchplatz
Smids Gessli → Sternengasse
smit(t)gasse → Spalenberg
Sodgasse → Gemsberg → Schnabelgasse
Sommer-Casino → Christoph Merian-Park
Sonnenbergweglein → Krachenrainweglein

Spalen → Spalenberg

Spalenberg → Spalenberg

Spalenberg (Unterer) → Münzgasse

Spalengasse → Spalenberg

Spalengraben → Petersgraben → Schützengraben

Spalenringweg → Spalenring

Spanierstrasse → Bonfolstrasse

Speer Strasse → Aeschengraben → St. Alban-Anlage

Sperrsträsschen → Sperrstrasse

S. Petersberg → Kellergässlein → Nadelberg → Rosshofgasse

S. Petersblatz → Petersplatz

Spiegelgassen → Augustinergasse

Spiegelgasse → Augustinergasse → Blumengasse

Spiessgasse → Streitgasse

Spiesshofgasse → Heuberg

Spitalberg → Münsterberg

Spitalgässlein → Barfüssergasse → Spitalstrasse

Spitalmattweg → Spittelmattweg

Spitalsprung → Münsterberg → Spitalstrasse

Spittelsprung → Münsterberg

Spor(r)engasse → Marktgasse

Sprenggasse → Joh.Jak.Spreng-Gässlein

Sprung bei Höberg → Gemsberg

Sprung zur Rhinbruck → Rheinsprung

Sprung → Leonhardsberg → Leonhardsstapfelberg → Lohnhofgässlein → Mühlenberg → Rheinsprung → Schlüsselberg

Stadtgrabenstrasse → Aeschengraben

Staffelberg → Leonhardsstapfelberg

Staine → Steinenvorstadt

St. Alban-Brücke → Schwarzwaldbrücke

St. Albanringweg → Froburgstrasse

St. Alban Ringweg → St. Alban-Ring

St. Albansberg → Mühlenberg

St. Alban-Thal → St. Alban-Kirchrain →

St. Alban-Rheinweg → St. Alban-Tal

St. Albanthorberg → St. Alban-Kirchrain

St. Alban-Thorgasse → St. Alban-Kirchrain → St. Alban-Vorstadt

St. Albanthorgraben → St. Alban-Anlage

St. Alban-Thorweg → St. Alban-Anlage

St. Alban → St. Alban-Vorstadt

St. Andreasberg → Imbergässlein

St. Andreasgasse → Imbergässlein

Stapfelberg → Leonhardsstapfelberg

Stapfelgässlein → Leonhardsstapfelberg

St. Clara Gasse → Rebgasse

Stegen zur linchen Hand → Elftausendjungfern-Gässlein

Steinbühlstrasse → Steinbühlallee

Steinenbruck → Birsig-Parkplatz → Stänzlergasse

Steinen Bruck → Rüdengasse

Steinengraben → Steinenberg

Steinenmüllerweg → Spalenring

Steinenringweg → Steinenring

Steinensteg → Steinenberg

Steinenvorstadt → Steinenberg → Steinentorstrasse → Theaterstrasse

Steinenvorstat änen dem Birseck → Steinentorstrasse → Steinenvorstadt

Steinenvorstat hieharwerts dem Birseck → Steinenbachgässlein

Steinenvorstat hieharwerts des Birsecks → Steinentorstrasse → Steinenvorstadt

Steinin Stegen → Elftausendjungfern-Gässlein

St. Elisabethen → Elisabethenstrasse

Sternenbergstrasse → Birsigstrasse

Sternengässlin → Sternengasse

Sternengasse → Hermann Kinkelin-Strasse

Stiftshof → Münsterplatz

St. Jacobsgässlin → Sternengasse

St. Johann-Ringweg → St. Johanns-Ring

St. Johann-Schanze → Schanzenstrasse

St. Johannsgraben → Petersgraben

St. Johanns-Ringweg → Davidsbodenstrasse

St. Lienhardsberg → Heuberg

St. Lienhardtsberg → Leonhardsberg

St. Martinsberg → Rheinsprung

St. Martinskirchgässlein → Martinsgässlein

St. Martinskirchhof → Martinskirchplatz

St. Martins Stegen → Elftausendjungfern-Gässlein

St. Martin → Martinskirchplatz

Stock → Barfüsserplatz

Storchengasse → Marktgasse → Stadthausgasse

Storchen → Stadthausgasse

Storckgau → Klosterberg

St. Paulus Berg → Spalenberg

St. Petersberg → Spiegelgasse

St. Petersgarten → Petersplatz

Strassburgerstrasse → Arnold Böcklin-Strasse

Strasse nach Allschwil → Spalenvorstadt

Strasse nach Blotzheim → Spalenvorstadt

Strasse nach St. Louis → Elsässerstrasse

Strasse wider den Rin → Schifflände

Strasse zu Crutz → St. Johanns-Vorstadt

Strass nach Freiburg → Freiburgerstrasse

Strass nach Freyburg → Horburgstrasse

Stros genant der Steinenberg → Klosterberg

Stross bim Margstal → Theaterstrasse

Stros, so an der rinckmauren hinauf zum polwerch zeucht, bis zuo S. Elsbethen hinuf den Steinenberg → Wallstrasse

Stross uf dem Graben von der Nüwen vorstat [Hebelstrasse] bis an d'Spalen → Petersgraben

Stros → Kohlenberggasse

St. Ulrichsgasse → Rittergasse

Sturckow → Klosterberg

Sturcowe → Klosterberg

Sturgowe → Klosterberg

Sturgow → Steinentorstrasse

sub institoribus → Sattelgasse

Suburbium civitatis novum → Hebelstrasse

Suburbium Clericorum → Hebelstrasse

suburbium dictum spalon → Spalenvorstadt
suburbium extra spalon / ante spaleam / ante spalon → Spalenvorstadt
suburbium → Spalenvorstadt → St. Alban-Tal
Sundgauerstrasse → Arnold Böcklin-Strasse → Brennerstrasse
Surinamweg → Rosentalstrasse
Sutergasse → Gerbergasse
Sygmundsgasse → Schlüsselberg
Synnegesslin → Sägergässlein
Teichbrückberg → Zürcherstrasse
Teufelsgässlein → Archivgässlein
Therwiler Sträslein → Predigerhofstrasse
Thomas Platter-Strasse → Blochmonterstrasse
Thorsteinen → Steinentorstrasse → Steinenvorstadt
Thorweg → St. Alban-Vorstadt
tiefes Gässlein → Archivgässlein
Tiefe → Freie Strasse
Tramweglein → Hohe Winde-Steg
Trutgesslin → Sternengasse
Turnplatz Schützenmatte → Sportplatz Schützenmatte
Udengasse → Utengasse
Uf den Schwellen → Freie Strasse
uff dem Graben ausserhalb / hinter dem inneren Spalenturm → Leonhardsgraben
uff dem Graben by S. Leonhard → Leonhardsgraben
Uff dem Kolenberg → Leonhardsstrasse
uff dem Lysgraben → Auf der Lyss
uffen owe → Kohlenberg
uff S. Leonhardsberg → Leonhardsgraben
uff Sanct Martins Stegen → Martinskirchplatz
uf kolehusern ze owe → Kohlenberg
Uf S. Lienhartsberg → Leonhardsstrasse
Unden an dem Höberg → Rümelinsplatz

Unden an S. Lienhartsberg → Rümelinsplatz
under bulgon → Fischmarkt → Marktgasse
Under den Kremern → Sattelgasse
under den obern gerwern → Gerbergässlein
undern Salzcasten → Fischmarkt → Marktgasse
undern sporren → Marktplatz
unter den Altbüetzern → Stadthausgasse
Unter den Becherern → Freie Strasse
Unter den Bulgen → Fischmarkt
unter den Gerbern → Gerbergasse
unter den Krämern → Schneidergasse
Unter den Salzkasten → Fischmarkt
Untere Brodlaube → Stadthausgasse
Untere Freienstrasse → Freie Strasse
(Untere) Freie Strasse → Stapfelberg
Untere Gerbergasse → Gerbergasse
Untere Kilchgasse → Kartausgasse
Untere Kirchgasse → Kirchgasse
untere Kirchgasse → Theodorskirchplatz
Untere Klybeckstrasse → Kleinhüningerstrasse → Klybeckstrasse
Untere Landstrass → Elsässerstrasse
Untere Rheinbrückenstrasse → Feldbergstrasse
Unterer Herberberg → Herbergsgasse → Spiegelgasse
Unterer Klosterberg → Klosterberg
Unterer Kohlenberg → Kohlenberg
Unterer Spahlenberg → Spalenberg
(Unterer) Spalenberg → Münzgasse
Unterer Spalenberg → Schneidergasse
Unteres Schützenmattgässlein → Austrasse
unteres Strässlein → Schäublinstrasse
Untere Utengasse → Ochsengasse
Untere Webergasse → Webergasse
Usserthalp S. Lienharts Brüggelin → Leonhardsstrasse
Usswendig S. Peterskilchhof → Petersplatz
Valckners Gesslin → Brunngässlein
vardellingassen → Imbergässlein

Venedig-Strasse → Rotterdam-Strasse
versus sanctum Johannem → Totentanz
Vichmerkt → Gerbergasse
vicus fori → Hutgasse
vicus leprosorum → Malzgasse
vicus Monachorum → Petersgasse
vicus, qui vulgo dicitur Gerwerstraze → Gerbergasse
vicus spale(a)e → Spalenberg
vicus Spenglariorum → Sattelgasse
vicus swel(l)on → Freie Strasse
vicus textorum → Unterer Heuberg
vicus zem Horn → Spiegelgasse
vicus zer Walchen → Rümelinsplatz
Viehmarkt → Gerbergasse
villa → St. Alban-Tal
Vischmergkt → Kellergässlein
Vogelsang (Im) → Vogelsangstrasse
Vogelsangweg → Vogelsangstrasse
Vom Spalenberg bis zuo Rimelis müle → Rümelinsplatz → Schnabelgasse
Vom Spalen schwibogen bis an Heuberg → Spalenberg
Von der Schnidergassen gegen der Schol → Sattelgasse
Von S. Alban Thurm bis an Münsterblatt → Rittergasse
Vor dem Bläsithor → Drahtzugstrasse
vor dem inneren Spalentor → Spalenvorstadt
vor dem sogenannten Spitalscheurentor → Elisabethenstrasse
Vor dem Thor → Missionsstrasse
Vordere Gerbergässlein → Gerbergässlein
vordere Gölhard Straas → Gellertstrasse
Vordere Rheingasse → Untere Rheingasse
Vorderer S. Leonhardsberg → Lohnhofgässlein
Vordere Steinen(vorstadt) → Steinentorstrasse → Steinenvorstadt
Vordere Webergasse → Untere Rheingasse

vor der Spitalscheurenvorstadt → Elisabethenstrasse
vor Kreuz → St. Johanns-Vorstadt
Vor S. Leonhardstürmlin → Leonhardsstrasse
vor St. Johannsthor → St. Johanns-Vorstadt
Vorstadt an den Steinen → Theaterstrasse
Vorstadt Spalon / ze Spalon / vor Spalon / an den Spalen → Spalenvorstadt
Waasen Rayn → Flughafenstrasse
Waasen Sträslein → Wasensträsschen
Wäscherweg → Bonergasse
Waisenhausgasse → Wilhelm His-Strasse
Walcken Weg → Walkeweg
Walkestrasse → Brüglingerstrasse
Wallenweg → Walkeweg
Webergasse → Untere Rheingasse → Unterer Heuberg
Weeg auf das Bruder Holtz → Bruderholzweg
Weg am sogenannten Hintern Bach → Steinenbachgässlein
Weg auf die Burg → Burgweg
Weg gegen den Drahtzug → Drahtzugstrasse
Weg gegen Klein Riehen → Kleinriehen-Promenade
Weg ins Vogelsang → Vogelsangstrasse
Weg von der Sandgrube → Sandgrubenstrasse
Weg von Klein Hüningen → Hochbergerstrasse
Weg zum Schiessplatz → Schützengraben → Schützenmattstrasse
Weidengässlein → Weidengasse
Weisses Gässlein → Pfluggässlein
Weissgässlein → Pfluggässlein
Wettinger Gässlein → Schafgässlein
Wettsteinstrasse → Riehentorstrasse
wider / bei den Spalen → Spalenberg
Wider Klingenthal → Untere Rheingasse
Wiesenstrasse → Mauerstrasse

Wilhelm-Tell-Strasse → Friedensgasse
Winardsgassun → Hutgasse
Winhartsgasse → Spalenberg
Winkelriedgasse → Schweizergasse
Witterswilerstrasse → Witterswilerhof
ze Crüze → Blumenrain → St. Johanns-Vorstadt
ze Kreuz → St. Johanns-Vorstadt
zem vinstren Swibogen → Spiegelgasse
ze nidervalle → Sattelgasse
ze Sant Johans → St. Johanns-Vorstadt
Ze Spittelschüren → Elisabethenstrasse
Zeughausgraben → Petersgraben
Zuchthausgässlein → Kartausgasse
Zum dürren Sod → Gemsberg
zum steinernen Kreuz → Schützengraben → Schützenmattstrasse
Zuo S. Elsbethen → Elisabethenstrasse
Zur Milchsuppe → Friedrich Miescher-Strasse
Zwingenstrasse → Zwingerstrasse
zwischen dem Aeschen- und St. Albanthor → St. Alban-Anlage

Abbildungsnachweis

Die Basler Strassen und ihre Namen

1 Grundriss der Stadt Basel mit Benutzung der [!] Ryhinerschen Plans, gezeichnet und herausgegeben von Heinrich Keller in Zürich, 1832. Staatsarchiv des Kantons Basel-Stadt: Planarchiv K2, 50'
2 Grundriss der Stadt Basel mit Benutzung der [!] Ryhinerschen Plans, gezeichnet und herausgegeben von Heinrich Keller in Zürich, 1832. Staatsarchiv des Kantons Basel-Stadt: Planarchiv K2, 50'
3 Situationsplan der Stadt Basel aufgenommen in den Jahren 1857, 1858, 1859 durch L[udwig] Löffel. Mit Benützung der Aufnahmen der äusseren Stadtteile von Rudolf Falkner. Staatsarchiv des Kantons Basel-Stadt: Planarchiv H2, 54
4 Grundbuch- und Vermessungsamt des Kantons Basel-Stadt
5 Claude Giger, Basel
6 Nomenklaturkommission des Kantons Basel-Stadt

Die Basler Strassennamen – linguistisch betrachtet

1 Bider & Tanner AG, Basel
2 Armin Roth, Basel
3 Armin Roth, Basel
4 Hofer Johann Heinrich: Geometrischer Plan des Banns der mehreren Stadt Basel (1820). Staatsarchiv des Kantons Basel-Stadt: Planarchiv G 5, 17
5 Hofer Johann Heinrich: Geometrischer Plan des Banns der minderen Stadt (1822). Staatsarchiv des Kantons Basel-Stadt: Planarchiv G 5, 24

Die bauliche Entwicklung der Stadt Basel

1 d'Aujourd'hui Rolf: Die Entwicklung Basels vom keltischen Oppidum zur hochmittelalterlichen Stadt. Überblick Forschungsstand 1989. Archäologische Bodenforschung des Kantons Basel-Stadt. 2. Auflage, Basel 1990, Abb. 2, S. 27 (Ausstellung Ciba-Geigy, 1980, Zeichnung: H. Eichin)
2 d'Aujourd'hui Rolf: Die Entwicklung Basels vom keltischen Oppidum zur hochmittelalterlichen Stadt. Überblick Forschungsstand 1989. Archäologische Bodenforschung des Kantons Basel-Stadt. 2. Auflage, Basel 1990, Abb. 19, S. 40 (Zeichnung: H. Eichin)
3 Universitätsbibliothek Basel
4 d'Aujourd'hui Rolf: Die Entwicklung Basels vom keltischen Oppidum zur hochmittelalterlichen Stadt. Überblick Forschungsstand 1989. Archäologische Bodenforschung des Kantons Basel-Stadt. 2. Auflage, Basel 1990, Abb. 33, S. 55 (Zeichnung: H. Eichin)
5 Staatsarchiv des Kantons Basel-Stadt: Bildersammlung, Wolf 2124 (Foto: Franco Meneghetti, Basel)
6 Staatsarchiv des Kantons Basel-Stadt: Bildersammlung, Wack D 155 (Foto: Franco Meneghetti, Basel)
7 Bürgergemeinde der Stadt Basel

8 Staatsarchiv des Kantons Basel-Stadt:
Bildersammlung, Wolf 2093
(Foto: Franco Meneghetti, Basel)
9 Armin Roth, Basel
10 Lili Kehl, Basel
11 Staatsarchiv des Kantons Basel-Stadt:
Bildersammlung, Wolf 2120
(Foto: Franco Meneghetti, Basel)
12 Staatsarchiv des Kantons Basel-Stadt:
Bildersammlung, Wack D 114
(Foto: Franco Meneghetti, Basel)
13 Armin Roth, Basel
14 Staatsarchiv des Kantons Basel-Stadt:
Bildersammlung, II, 352
(Foto: Franco Meneghetti, Basel)
15 Staatsarchiv des Kantons Basel-Stadt:
Bildersammlung, Wack C 118
(Foto: Franco Meneghetti, Basel)
16 Staatsarchiv des Kantons Basel-Stadt:
Bildersammlung, III, 70
(Foto: Franco Meneghetti, Basel)
17 Grundbuch- und Vermessungsamt des
Kantons Basel-Stadt: Maringplan
18 Statistisches Amt und Grundbuch- und
Vermessungsamt des Kantons Basel-
Stadt
19 Staatsarchiv des Kantons Basel-Stadt:
Bildersammlung, Höflinger-Photo
N° B 160
(Foto: Franco Meneghetti, Basel)
20 Staatsarchiv des Kantons Basel-Stadt:
Bildersammlung, Wolf 1389
(Foto: Franco Meneghetti, Basel)
21 Staatsarchiv des Kantons Basel-Stadt:
Bildersammlung, Wack C 80
(Foto: Franco Meneghetti, Basel)
22 Basler Denkmalpflege
23 Staatsarchiv des Kantons Basel-Stadt,
Planarchiv: F 3, 70
(Foto: Franco Meneghetti, Basel)
24 Lili Kehl, Basel

25 Staatsarchiv des Kantons Basel-Stadt:
Bildersammlung, II, 585
(Foto: Franco Meneghetti, Basel)
26 Novartis AG, Basel (ehem. Ciba-Archiv)
27 Lili Kehl, Basel
28 Lili Kehl, Basel
29 Staatsarchiv des Kantons Basel-Stadt:
Bildersammlung, Schneider 72*
(Foto: Franco Meneghetti, Basel)
30 Basler Denkmalpflege
31 Armin Roth, Basel

Die Strassennamen A–Z

Alle Fotos von Armin Roth, Basel

Stadtplan

Die Stadtplanausschnitte auf den Seiten 483, 484, 487 und 489 sind reproduziert mit der Bewilligung des Grundbuch- und Vermessungsamtes des Kantons Basel-Stadt vom 16. November 1998. Alle Rechte vorbehalten. Die Stadtplanausschnitte auf den Seiten 480, 481, 482, 485, 486 und 488 sind reproduziert mit Bewilligung der Kant. Vermessungsämter BS und BL vom 16. November 1998. Alle Rechte vorbehalten.

Stadtplan

480 Stadtplan Übersicht

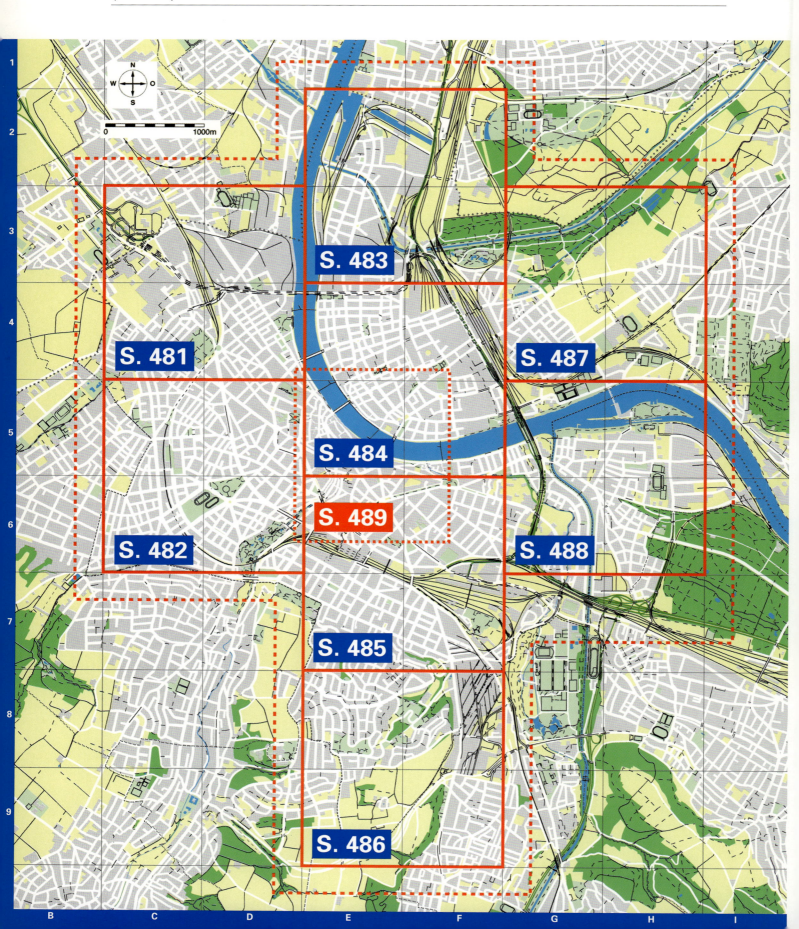

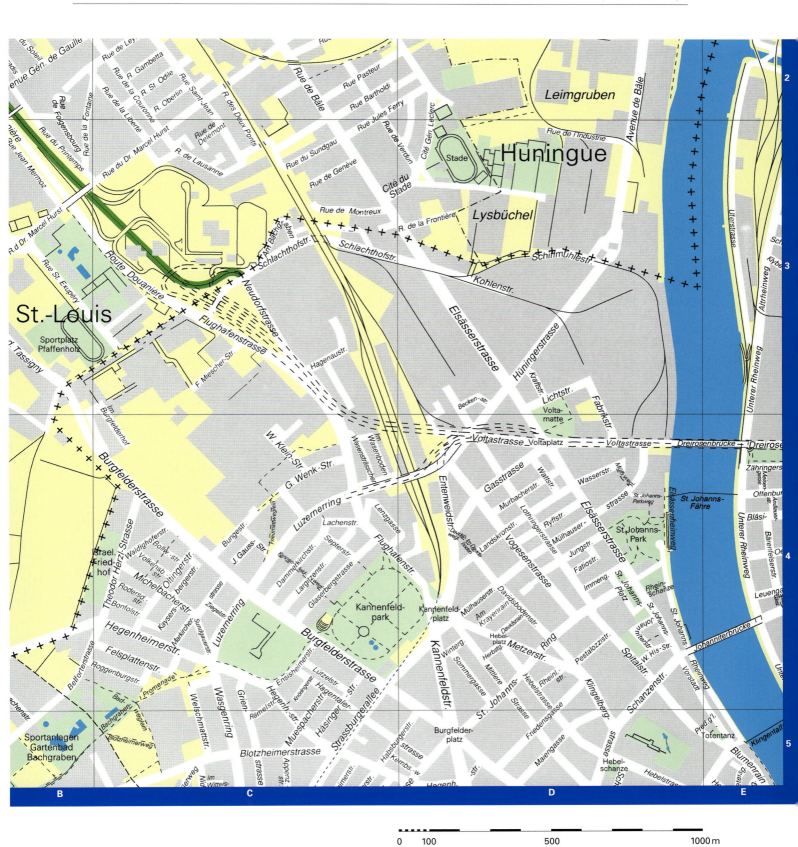

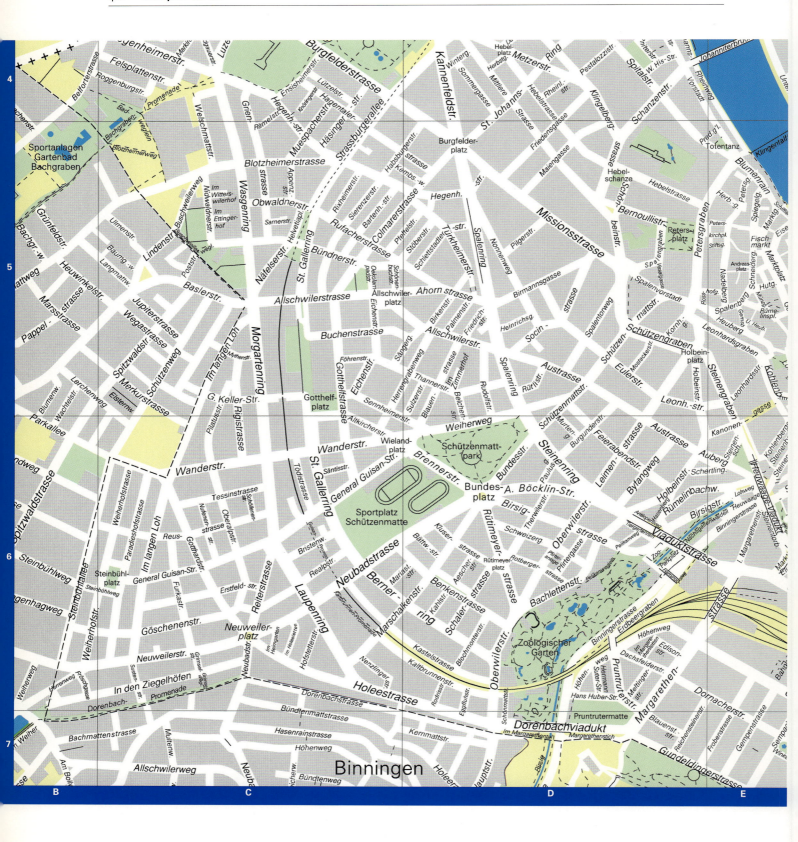

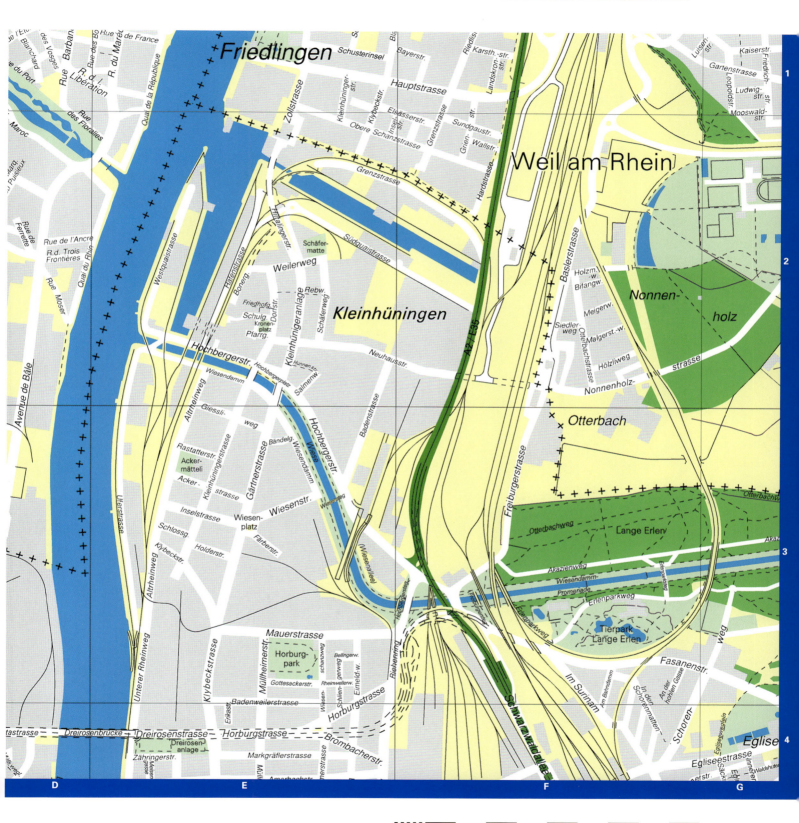

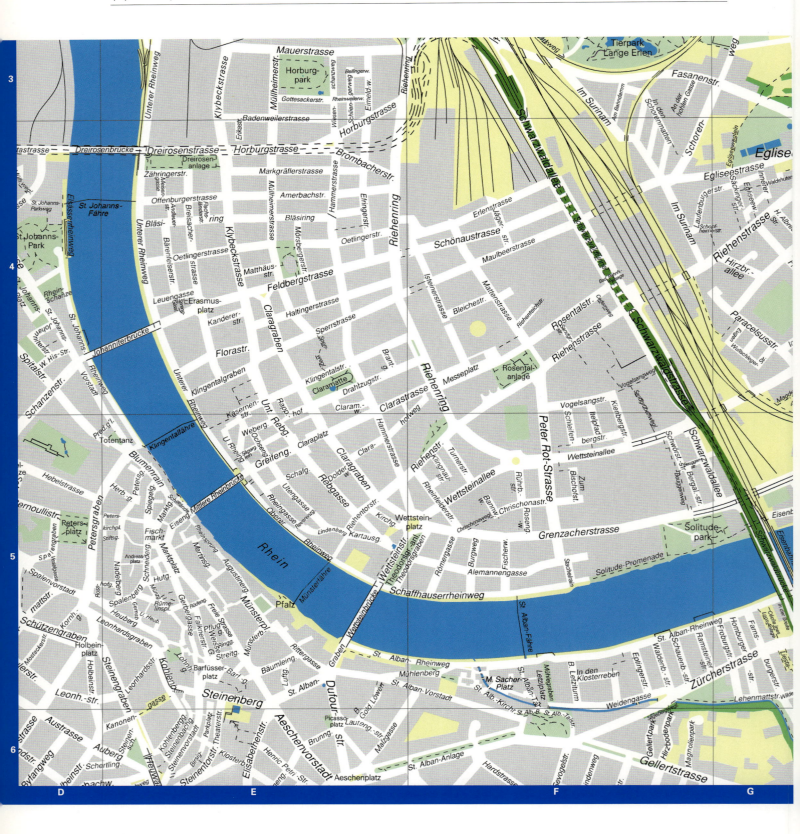

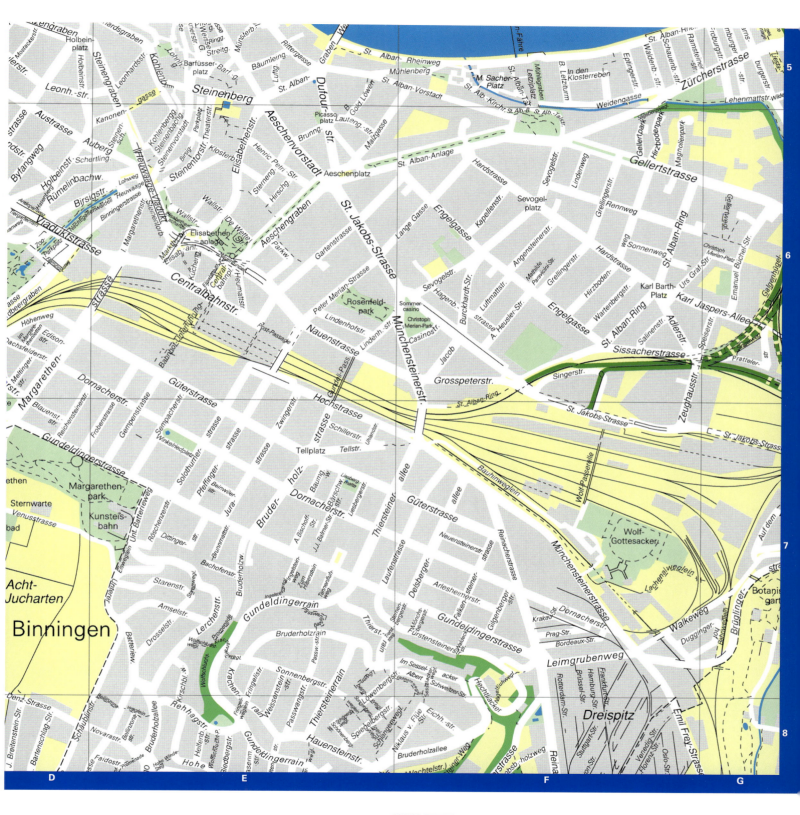

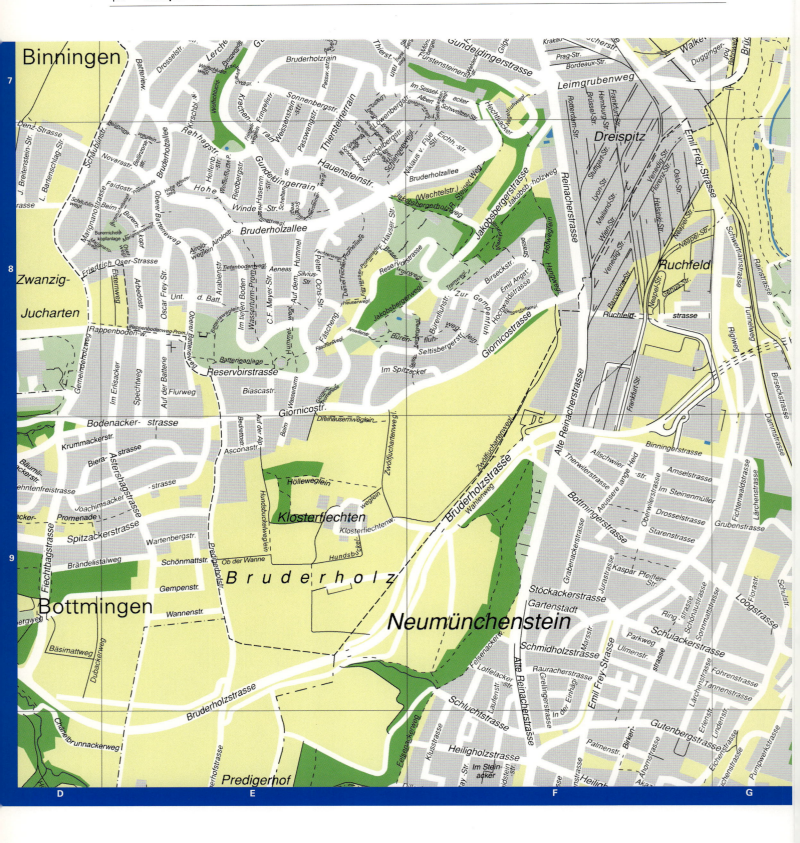

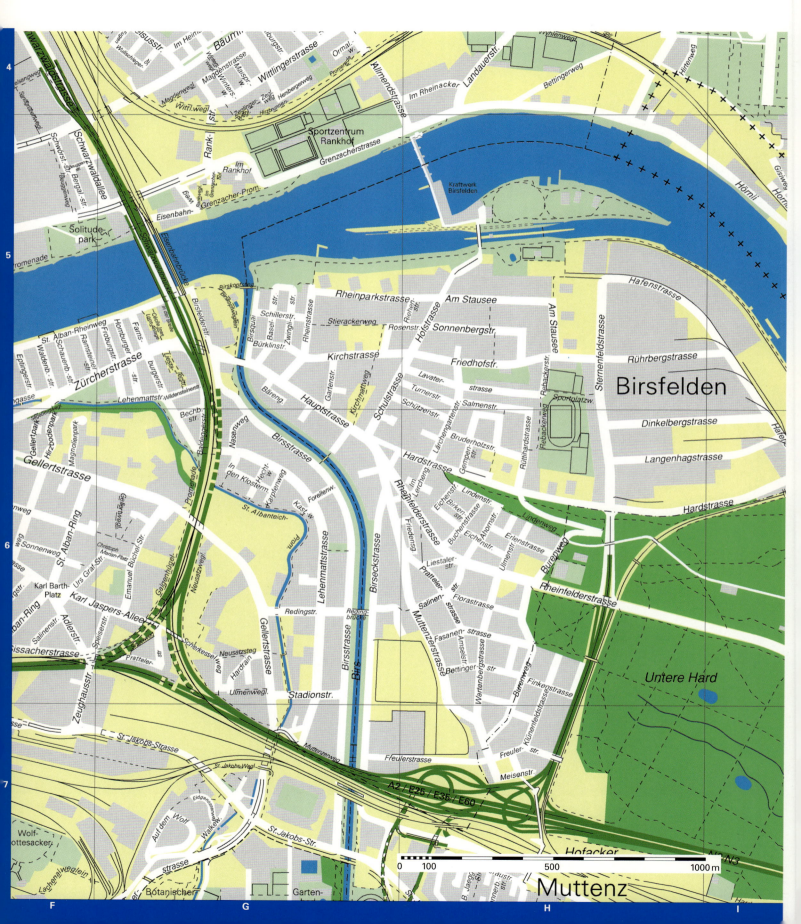

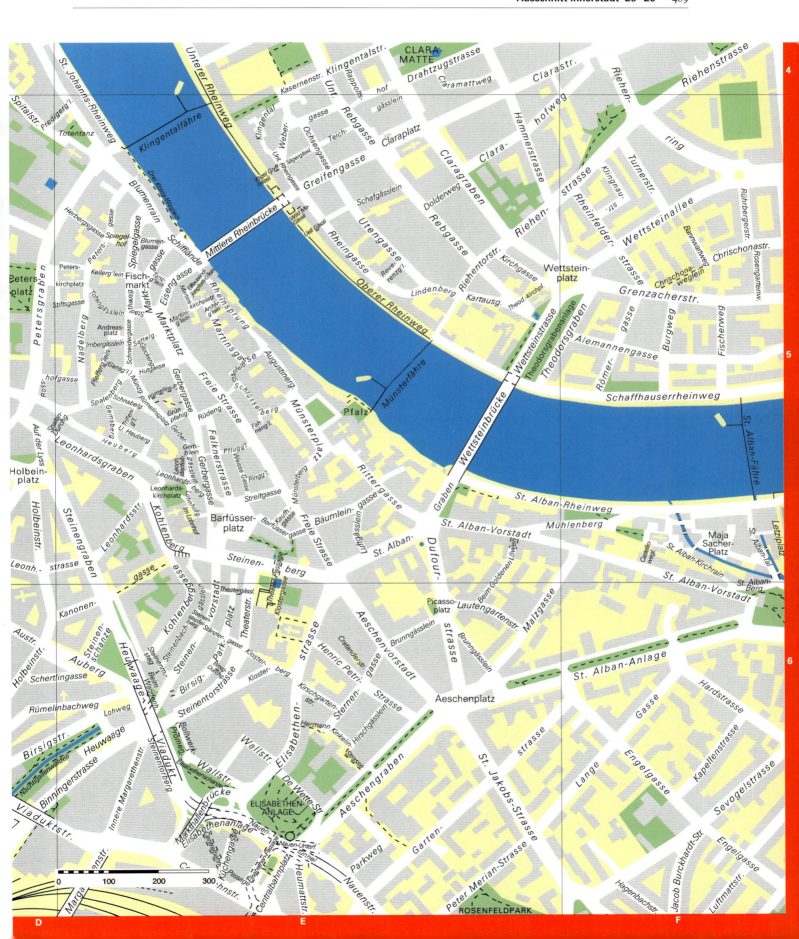